TABLEAU

HISTORIQUE ET PITTORESQUE

DE PARIS.

IMPRIMERIE DE COSSON, RUE GARANCIÈRE, N° 5.

TABLEAU
HISTORIQUE ET PITTORESQUE
DE PARIS,

DEPUIS LES GAULOIS JUSQU'A NOS JOURS.

Dédié au Roi,

Par J. B. de Saint-Victor.

Seconde Edition,

REVUE, CORRIGÉE ET AUGMENTÉE.

TOME SECOND. — SECONDE PARTIE.

Miratur molem.... Magalia quondam.
ÆNEID., lib. I.

PARIS,

A LA LIBRAIRIE CLASSIQUE ÉLÉMENTAIRE,

CHEZ LESAGE, RUE DU PAON, N° 8.

M DCCC XXII.

QUARTIER SAINT-MARTIN.

Ce quartier est borné à l'orient par les rues Barre-du-Bec, de Sainte-Avoie et du Temple exclusivement; au septentrion, par le faubourg Saint-Martin jusqu'aux barrières inclusivement; à l'occident, par la rue Saint-Martin et par la grande rue du faubourg du même nom inclusivement; et au midi, par la rue de la Verrerie inclusivement, depuis le coin de la rue Saint-Martin jusqu'au coin de la rue Barre-du-Bec.

On y comptoit, en 1789, soixante-trois rues, treize culs-de-sac, trois églises paroissiales, dont une collégiale, trois communautés d'hommes, deux couvents de filles, deux hôpitaux, un théâtre, etc.

PARIS SOUS LOUIS XI.

L'église de Saint-Martin-des-Champs, à laquelle ce quartier doit son nom, fut souvent visitée par Louis XI. On lit qu'il avoit une grande vénération pour les reliques nombreuses qu'elle possédoit; et que, chaque fois qu'il venoit leur rendre hommage, il y déposoit des pièces d'or dont le nombre devint assez considérable pour que, dans une circonstance urgente, les religieux de cette maison demandassent au parlement la permission de les employer aux besoins de leur communauté, ce qui leur fut accordé par un arrêt de l'an 1475.

Avant de raconter le règne de ce prince, qui offre un grand spectacle, il convient de compléter le tableau que nous avons présenté de l'état politique et religieux de la société en France, depuis que les Capets avoient commencé à monter sur le trône jusqu'au quinzième siècle, où nous venons d'entrer : il manque encore quelques grands traits à ce tableau.

On a vu comment ces princes, irrités et fatigués de l'opposition continuelle qu'ils rencontroient dans leur noblesse, de ses ligues sans cesse renaissantes, de ses révoltes qui alloient souvent jusqu'à compromettre leur propre existence, imaginèrent de créer un nouvel ordre dans l'État, en accordant aux habitants des cités des droits politiques dont le résultat fut d'accroître encore les périls de leur position, et de leur créer un ennemi de plus, ennemi qui les réduisit souvent à des extrémités que jusqu'alors ils n'avoient point connues. Par quel aveuglement allèrent-ils ainsi chercher au-dessous d'eux de si dangereux secours, tandis qu'ils négligeoient, ou, pour mieux dire, qu'ils sembloient redouter, qu'ils s'efforçoient d'affoiblir la puissance auguste et salutaire qui plus d'une fois avoit déjà sauvé la société, qui d'elle-même venoit s'offrir à eux pour la sauver encore? puissance également favorable aux peuples et aux rois, puisque c'étoit en rendant ceux-ci meilleurs qu'elle consolidoit le pouvoir de ceux-là, et tellement que, si les rois eussent voulu sincèrement se réunir à elle, il eût été impossible de leur opposer la moindre résistance, et que même on ne l'eût pas tenté.

Cet aveuglement a sa source dans les plus profondes misères du cœur humain. Il est hors de doute que la puissance de l'Eglise, représentée par son chef, pouvoit, plus facilement et plus efficacement que les rois d'alors, apaiser ces tempêtes que tant de passions déchaînées suscitoient autour d'eux ; mais cette puissance ne vouloit point déroger de sa céleste origine, et devenir entre les mains de ces princes temporels un instrument dont ils pussent se servir à leur gré. Elle promettoit de maintenir les peuples dans leur légitime dépendance ; mais elle prétendoit en même temps protéger les peuples contre leurs violences et leurs passions : elle imposoit également ses lois divines à ceux qui commandoient et à ceux qui devoient obéir. Les peuples les eussent écoutées sans peine : l'orgueil des rois ne voulut point les entendre ; et nous verrons comment, pour avoir voulu secouer ce joug, ils apprirent à leurs sujets à le briser.

Ce n'étoit point dès les premiers instants de la conquête, et lorsque les barbares étoient encore à peine chrétiens et ne comprenoient qu'imparfaitement le christianisme, que l'Eglise avoit pu exercer dans toute sa plénitude cette puissance qu'elle tient d'en haut, et qui tend sans cesse à tout ramener à son unité : ce fut par degrés qu'elle la développa au milieu de cette société naissante, et à mesure qu'elle y étendoit sa lumière : car c'est en éclairant qu'elle subjugue; et ceux qui ont cru trouver dans cet accroissement graduel de son influence une preuve d'artifice dans sa conduite et d'usurpation dans ses actes, se sont montrés bien ignorants de ce qui constitue la légitimité du pouvoir, sa force et sa durée. C'est par le *développement* que s'établit tout ce qui est fort, durable, légitime; et cette loi universelle régit également le monde physique et celui des intelligences. Dans les premiers moments de la conquête, les esprits, encore grossiers, tout en admirant la doctrine que leur avoient apportée les prêtres chrétiens, s'inquiétoient peu d'où lui venoit son inaltérable unité, impossible cependant sans un chef unique, à moins d'un miracle perpétuel. Ils l'apprirent par degrés, et par degrés ils arrivèrent à cette soumission sans réserve à l'autorité spirituelle, soumission qui, sous la seconde race, fut, nous le répétons, le salut de la monarchie et de la société.

Plusieurs causes, qui dès cette époque n'existoient déjà plus, avoient concouru à en arrêter la ruine sous la première dynastie, malgré tant de désordres et de troubles intérieurs dont elle étoit agitée jusque dans ses fondements; et ces causes, nous les avons plus d'une fois laissé entrevoir. Le respect que l'on portoit à la famille de Clovis, la puissance personnelle des rois comme grands propriétaires, le caractère guerrier de la plupart d'entre eux, l'absence presque totale d'ennemis extérieurs qui pussent accroître les dangers de tant de discordes intestines (ce qui du moins est réel jusque dans les derniers temps où parurent les Sarrasins), par-dessus tout la multitude innombrable de ces hommes *libres* et *armés*, qui ne se soulevoient contre un prince que parce qu'ils défendoient les droits d'un autre, et qui, combattant pour détrôner tel ou tel monarque, n'en demeuroient pas moins fidèles à la monarchie et au sang de leurs rois : voilà ce qui maintint la France au milieu de tant d'orages qui entourèrent son berceau. Les *nobles* composoient alors à eux seuls toute la nation ; alors il n'y avoit qu'un seul ORDRE dans l'État, et cet ordre étoit la *noblesse*, cette noblesse qui, suivant l'expression très-vive de Montesquieu, nous apparoît sans cesse toute couverte de sueur, de poussière et de sang.

Mais les esprits s'ouvrant de jour en jour davantage aux célestes clartés de l'Evangile, ses ministres dévoiloient insensiblement, à ceux qui avoient l'intelligence, l'organisation merveilleuse de ce gouvernement que Dieu lui-même avoit constitué pour durer jusqu'à la fin des temps, et apprenoient à ces nouveaux chrétiens à tourner leurs regards vers la chaire de PIERRE, centre de l'unité, à faire de ses préceptes la règle de leur bonne foi, à régler de même leurs actions d'après ses commandements ; et lorsque Pepin se fut ouvert la route du trône, les Francs étoient déjà assez avancés dans cette connoissance pour que ce chef de la seconde dynastie pût tenter avec succès d'y affermir sa famille, en appelant le souverain pontife à consacrer le pouvoir encore incertain et chancelant que lui avoient conquis son génie et ses exploits.

Alors commença en France l'existence *politique* du clergé; et lorsqu'après quelques règnes cette race, dont les chefs de la noblesse s'étoient d'abord déclarés les contempteurs et les ennemis (1), eut commencé à dégénérer, sans s'arrêter un seul instant dans cette longue et rapide dégénération; qu'une invasion terrible d'hommes du nord, plus barbares encore que ceux qui avoient fait la conquête des Gaules, pénétrant dans toutes les parties de la France, eut réduit presque tous ses habitants au droit de la défense naturelle; que les vassaux, profitant de ces malheurs publics et de l'anarchie qui en étoit la suite inévitable, se furent établis en révolte permanente contre la royauté; et que, de toutes parts, l'oppression du foible et l'impunité du fort, relâchant tous les liens de la société, sembloient devoir en amener l'entière dissolution, alors, et nous l'avons déjà dit, elle se jeta tout entière dans les bras de la religion (2), société indestructible qui seule, au

---

Voyez t. Ier, 2e partie, p. 489.
Ibid. 1re partie, p. 335..

milieu de cet effrayant désordre, conservoit l'ordre admirable de ses institutions, et son chef unique, et son inviolable hiérarchie. La religion s'empara donc d'un pouvoir qu'elle seule alors étoit capable d'exercer ; ses lois, désormais le seul lien social, parce qu'elles étoient les seules qui fussent reconnues de tous sans contestation, continrent à la fois les peuples et les rois, toujours amies de ceux-ci, mais en même temps toujours protectrices de ceux-là. C'est ainsi que le clergé forma un second ORDRE dans l'État, ordre vénérable, qui, sous la seconde race, fut pour la monarchie ce que la noblesse avoit été sous la première, et qui n'abandonna les rois de cette race malheureuse que lorsque eux-mêmes se furent abandonnés.

Le désordre social étoit à son comble au moment où le premier des Capets succéda au dernier des Carlovingiens ; et nous avons fait voir comment, sans l'appui du clergé, cette race nouvelle eût passé plus vite encore que l'autre, quoiqu'elle fût en effet fort au-dessus d'elle par le courage, les talents et tant de nobles qualités qui s'y montrèrent comme héréditaires. Les papes exercèrent donc, sans aucune contestation, pendant les premiers règnes des princes capétiens, cette puissance absolue et vénérable, dont toutes les classes de la société sentoient également le besoin ; mais dès lors il fut facile d'entrevoir que les monarques, satisfaits sans doute de contenir par son intervention tant de sujets indociles et turbulents, ne la supporteroient qu'avec impatience lorsqu'elle étendroit son action jusque sur eux-mêmes. Or, cette puissance, inexorable pour tout ce qui est désordre, et poursuivant le vice partout où elle le rencontre, prétendoit protéger jusque sur le trône les saintes lois du mariage; et, non moins prévoyante dans l'avenir que vigilante pour le présent, sachant quels risques peut courir un clergé pauvre et que le besoin de vivre met dans la dépendance du pouvoir temporel, elle s'étoit constituée gardienne des biens et des droits des églises, ne souffroit point qu'on osât y porter atteinte sans son aveu, et ses foudres qui châtioient les sujets rebelles n'épargnoient point les rois avares et voluptueux.

Mieux affermis sur leur trône, et voyant leur autorité devenir de jour en jour plus étendue et moins contestée, les monarques françois formèrent bientôt le dessein de s'affranchir par degrés d'un joug qu'une sage politique eut dû leur faire trouver utile et léger, si les passions des hommes n'étoient pas, dans tous les temps, ce qu'il y a de plus opposé à leurs vrais intérêts. La juridiction temporelle du clergé causoit quelques ombrages à saint Louis lui-même; et déjà sous son règne on avoit essayé d'y porter quelques atteintes (1).

---

(1) *Voyez* t. Ier, 2e partie, p. 717. — Aussi est-il remarquable

Elle fut attaquée plus ouvertement, avec plus de suite et de succès sous les règnes suivants; et peu à peu ces princes se frayèrent la route qui devoit les conduire hostilement jusqu'au trône pontifical qu'ils vouloient, sinon détruire, du moins abaisser jusqu'à leur niveau.

Il est très-remarquable que le premier roi de France qui se soit mis en révolte déclarée contre le chef de l'Église, est le même qui imagina de donner au peuple des droits politiques et d'en former un troisième ORDRE dans l'État. Ainsi il créoit une force aveugle et impétueuse, et brisoit en même temps le seul frein qui pût constamment la lui assujettir et lui fournir des moyens sûrs de la diriger à son gré! C'est que ce frein l'incommodoit lui-même, parce que, nous devons le répéter encore, les papes, qui vouloient que les peuples fussent obéissants et fidèles, exigeoient que le gouvernement des rois fût juste, religieux et paternel. Dans la querelle fameuse et à jamais déplorable de Philippe-le-Bel avec Boniface VIII, le pape avoit évidemment raison; le monarque qui attaquoit ses droits comme défenseur des priviléges de l'Église

---

que cette circonstance de sa vie a valu quelques éloges à ce grand et saint roi de la part des philosophes libéraux, ce qui n'est guère moins plaisant que de les voir louer niaisement l'*ultramontain* Fénélon, et plus niaisement encore le *Dieu* de Fénélon, parce que cet illustre évêque est auteur d'un livre qui a été condamné par la cour de Rome.

avoit tort ; et ces torts devinrent des crimes lorsqu'à une résistance injuste et opiniâtre succédèrent des outrages inouïs et des violences sacriléges, qui montrèrent aux peuples que ce qui étoit l'objet de leur vénération pouvoit être impunément insulté par leurs souverains. Le séjour de quelques papes en France leur apprit ensuite que ces mêmes souverains pouvoient faire de ces premiers pasteurs du monde chrétien des instruments de leur politique ambitieuse; et la suprématie temporelle de Rome en reçut des atteintes nouvelles que le grand schisme d'Occident rendit à jamais irréparables. Ce schisme, dont il n'est point de notre sujet de donner ici l'histoire, produisit deux grands maux : non-seulement il contribua à affoiblir de jour en jour davantage le respect des peuples pour le chef suprême de la religion ; mais, ce qui étoit plus dangereux encore, il accoutuma les esprits à soumettre à leurs jugements ce qui avoit été jusqu'alors pour eux la première et la plus irréfragable des autorités. Sous prétexte de chercher un remède à la division qui désoloit l'Église, on se jeta dans le système désastreux de la *souveraineté des conciles*, dont le principe caché étoit la *souveraineté du peuple* ; et en effet il étoit si difficile d'établir l'une sans admettre l'autre, que l'on voit tous les théologiens qui s'infatuèrent alors de ces idées nouvelles soutenir simultanément ces deux souverainetés dont ils avoient parfaitement saisi la liaison nécessaire : ainsi l'esprit de révolte s'introduisoit peu à peu jusque dans le sein même de l'Eglise; et dès cette époque commencent à se manifester ces premiers symptômes de dissolution sociale, que nous avons déjà signalés.

Il ne manquoit plus que la convocation d'un concile pour développer tant de ferments de discorde dont la chrétienté étoit sourdement agitée. Celui de Constance fut assemblée en 1414 pour mettre fin au schisme : il le fit cesser en effet par l'élection de Martin V; mais, en consacrant les maximes dangereuses que ce malheureux événement avoit fait naître, il donna naissance à un autre schisme dont les suites devoient être encore plus funestes; et le concile de Bâle, qui le suivit de très-près (1), fit voir quels progrès effrayants avoient faits en si peu d'années ces idées de licence et de rébellion. Dès sa deuxième session, on le voit approuver les décrets du concile de Constance sur la supériorité des conciles à l'égard des papes. Passant bientôt toutes les bornes, il n'eut pas honte d'aller lui-même inviter les princes temporels à s'associer à son entreprise contre le chef de l'Eglise, en leur offrant des décrets nouveaux, dont le résultat étoit de légitimer à son égard leur entière indépendance, et de briser les derniers

---

(1) Il fut convoqué en 1431.

liens par lesquels ils étoient encore retenus. Cependant qu'arriva-t-il de ce même concile qui, de sa propre autorité, se mettoit ainsi au-dessus de toute autorité, et qui en vint à cet excès de fureur de déposer celui-là même qui l'avoit convoqué? Pour toute réponse à cet acte de révolte et de démence, Eugène IV ordonna aux évêques qui le composoient de se séparer : dès ce moment le concile ne fut plus qu'un *conciliabule;* et abandonnés de tout le monde, les plus opiniâtres, après avoir résisté quelque temps, se virent enfin forcés d'obéir. Mais quoiqu'il eût été ainsi démontré par le fait, et par un fait des plus éclatants, qu'un concile que le pape *seul* avoit le droit de convoquer, qu'il avoit *seul* encore le droit de dissoudre au moment où il jugeroit à propos de le faire, ne pouvoit être un pouvoir supérieur à celui qui le créoit ou le détruisoit à son gré, on n'en continua pas moins de soutenir en théorie ce qui étoit absurde et impossible dans la pratique; et le même esprit de mutinerie qui avoit fait naître ces tristes prétentions, continua de les maintenir dans les siècles suivants à travers tous les désordres, tous les malheurs, tous les crimes, toutes les hérésies qu'elles ont fait naître, et les a prolongées jusqu'à ces derniers temps, où elles semblent cependant vouloir prendre fin, le mal qu'elles ont produit étant arrivé à son comble.

Nous avons déjà dit que Charles VII, qui régnoit alors en France, avoit à la fois rejeté et reçu les actes du concile de Bâle (1), d'une part en continuant de reconnoître le pape qu'il avoit déposé, de l'autre en acceptant les décrets par lesquels ce concile établissoit sa prétendue suprématie, et les réglements nouveaux qu'il avoit faits relativement à la discipline de l'Eglise. Ce fut dans une assemblée solennelle qu'il tint à Bourges (2), et où furent entendus les ambassadeurs du concile et ceux d'Eugène, que furent reçus ces réglements dont se composa la fameuse *pragmatique-sanction*, véritable origine de ces *servitudes* de l'Eglise gallicane, que l'on appelle dérisoirement ses *libertés*. La pragmatique sanction fut vérifiée et enregistrée au parlement, et les choses en étoient là lorsque Louis XI monta sur le trône.

On ne peut douter que la première pensée de ce prince, en succédant à son glorieux père, n'ait été d'achever ce que celui-ci avoit si glorieusement commencé, et d'user des moyens nouveaux que sa sagesse avoit créés et transmis à ses successeurs, pour anéantir sans retour la puissance des grands vassaux. Il poursuivit en effet ce dessein avec une infatigable persévérance ; nous allons faire voir qu'il l'exécuta avec une rare habileté. Mais ce même prince dont l'œil subtil et pénétrant

---

(1) *Voyez* 1re partie de ce 2e volume, p. 426.
(2) En 1432.

sembloit lire jusque dans les plus secrètes pensées de ses ennemis, dont la main adroite et sûre se faisoit comme un jeu de dénouer toutes leurs trames, et qui, dans cette lutte terrible où il se vit engagé, sut tout prévoir et tout prévenir, s'aperçut peut-être encore moins qu'aucun de ses prédécesseurs des progrès inquiétants que faisoit la puissance nouvelle qu'ils avoient créée, qui avoit continué de s'agrandir sous leurs auspices, et dont ils s'étoient fait un si dangereux auxiliaire. Il est remarquable, et il nous semble que l'on n'en a point été jusque ici assez frappé, que ce fut sous le règne du monarque le plus absolu qui eût encore régné sur la France depuis l'origine de la monarchie, que commença à se consolider, à suivre une marche plus savamment combinée, le troisième ordre introduit depuis peu de temps dans le gouvernement de l'État, et qui jusqu'alors s'étoit montré flottant au milieu de tous les intérêts. On le voit, dès ce moment, se faire des intérêts très-distincts, des intérêts qui lui sont propres; et c'est dans le *parlement* de Paris, tiré en partie de son sein, que s'établit le centre d'action de ce parti populaire; c'est par lui qu'il est habituellement représenté. Il arriva donc, et par le même principe qui avoit rendu aux rois insupportable pour eux-mêmes le pouvoir suprême des papes, ce pouvoir qui contenoit si admirablement leurs sujets, que ces nouveaux démagogues s'en déclarèrent les ennemis *au nom du peuple* dont ils s'étoient faits les représentants, et les ennemis les plus ardents et les plus acharnés, mettant ainsi en pratique, et au détriment de leurs propres souverains, les leçons de révolte et d'indépendance que ceux-ci n'avoient point cessé de leur donner. Deux fois le bon sens de Louis XI le poussa à vouloir abolir la *pragmatique sanction;* deux fois le parlement s'y opposa avec une liberté, ou pour mieux dire avec une audace qui auroit dû lui ouvrir les yeux, s'ils n'eussent été fascinés par cette illusion que l'on peut appeler *héréditaire*, et qui le portoit à croire que ce n'étoit qu'en élevant le peuple qu'il pouvoit contenir la noblesse, et rétablir une sorte d'équilibre dans l'Etat. Il alla même plus loin dans ce système qu'aucun autre de ses prédécesseurs; et nous ne craignons pas de le dire, jamais prince ne fut plus imprudemment populaire que ce Louis XI, que l'on ne peut considérer sans doute comme un noble et vertueux caractère, mais qui est bien loin de mériter l'épithète de *tyran*, si injustement attachée à son nom, et depuis si légèrement et si souvent répétée. La suite des événements va prouver ce qu'étoit au fond cette prétendue tyrannie, et nous allons en reprendre le récit, maintenant que nous avons tracé cette esquisse rapide de l'état de la société religieuse en France depuis l'origine de la monarchie et de ses rapports divers avec la société politique, ayant ainsi présenté à nos lecteurs un fil qui les conduira, ce nous semble, avec quelque sûreté à travers tant d'agitations intestines, tant de catastrophes extraordinaires qui vont, pour ainsi dire, se presser les unes sur les autres jusqu'à la dernière de toutes, qui est en même temps la plus horrible, la plus sanglante, et dans laquelle s'est à jamais perdue notre antique monarchie, encore que, dans sa bonté, la Providence ait voulu nous conserver la famille de nos rois; et désormais, pouvant sans cesse remonter aux causes, il leur sera facile de mieux comprendre et d'apprécier plus sûrement les effets.

Les événements qui s'étoient passés pendant les dernières années du règne de Charles VII étoient déjà de sinistres avant-coureurs des orages qui menaçoient le règne suivant. Les seigneurs avoient dès lors perdu sans doute la plus grande partie de leur influence sur les peuples désabusés, et dans la France proprement dite, le pouvoir du roi ne rencontroit presque plus d'obstacles; mais le duc de Bretagne régnoit toujours en souverain dans ses États; et la puissance du duc de Bourgogne étoit peut-être plus grande que celle du roi lui-même. Séparés l'un de l'autre seulement par la Normandie, ces deux vassaux pouvoient, au premier signal, inonder de troupes cette province, et à la fois l'envahir et y opérer une jonction redoutable. Ils communiquoient par la mer avec les

Anglois, toujours maîtres de Calais, et qui, au milieu des révolutions sanglantes qui les agitoient, n'avoient renoncé ni à leurs projets ni à leurs prétentions chimériques sur la France. Tous les deux, suivant la marche ordinaire de tous les gouvernemens, visoient à s'agrandir, à se rendre indépendans, et ne voyoient pas sans de vives alarmes l'accroissement progressif de la prérogative royale. N'osant pas alors s'y opposer à force ouverte, ils attisoient les mécontentemens, ils prenoient part secrètement aux révoltes des grands (1). Le duc de Bourgogne surtout, au sein d'une paix apparente et forcée, étoit réellement contre le roi dans un état de guerre perpétuelle. Tandis que Charles refusoit de favoriser la rébellion du fils de son vassal, celui-ci donnoit dans sa cour un asile au dauphin révolté contre son père; ajourné à la cour comme pair de France dans la procédure entamée contre le duc d'Alençon, il n'avoit répondu à cet appel qu'en levant des troupes et en réclamant les articles du traité d'Arras qui le dispensoient de toute sujétion personnelle; et cependant, infidèle lui-même, peu de temps après, à ce traité qu'il rappeloit sans cesse, il n'avoit pas craint de prendre,

---

(1) Ils entrèrent, par exemple, dans la révolte des princes du sang et des grands seigneurs contre le roi en 1442. Cette révolte avoit été précédée de la guerre connue sous le nom de *la Praguerie*, dont le dauphin fut complice, et où il n'étoit question de rien moins que de détrôner son père pour le mettre à sa place.

sans la participation du roi, divers engagements avec l'Angleterre. Enfin ce n'étoient que plaintes, que méfiances, que démêlés continuels qui sembloient à tout moment devoir dégénérer en rupture ouverte, et qui sans doute eussent fini par les dernières violences, sans la considération particulière qu'inspiroit la personne du roi, et peut-être sans le grand âge de Philippe-le-Bon, prince magnifique et voluptueux jusqu'au milieu des glaces de l'âge, et qui trouvoit des douceurs dans le repos.

(1461.) Louis étoit encore dans les Etats de son vassal lorsqu'il apprit la mort du roi son père. Il partit aussitôt pour la France, non sans quelques alarmes sur les dispositions que Charles avoit pu faire à son sujet, et persuadé que tous ceux qui remplissoient les premières places de l'Etat étoient autant d'ennemis disposés, s'il étoit possible, à lui contester ses droits légitimes. Cette idée, dont il étoit frappé, développa, dès ces premiers instants, ce caractère inquiet et soupçonneux qu'on lui a justement reproché, et qui contribua sans doute à aggraver les agitations de son règne. En effet, dans ces alarmes qui le tourmentoient sur les dispositions de la France à son égard, il avoit engagé le duc de Bourgogne à rassembler des troupes pour lui ouvrir l'entrée de ses Etats; et cent mille hommes formoient le cortége avec lequel les deux princes s'acheminoient vers Reims, où le nouveau monarque vouloit avant tout se faire sacrer. Mais l'empressement avec lequel les villes ouvroient leurs portes, et celui de tous les ordres de l'Etat à venir lui faire leurs soumissions, ayant promptement dissipé ces vaines inquiétudes, elles se reportèrent aussitôt sur l'ami trop puissant qui l'accompagnoit; et, sans oser cependant les lui témoigner trop ouvertement, il ne fut tranquille que lorsqu'il eut persuadé à Philippe de congédier sa nombreuse armée, et de ne garder avec lui qu'une escorte de quatre mille hommes. Alors il affecta, et dans le voyage et pendant la cérémonie, de le combler d'honneurs et de marques de considération, ce qui parut toucher tellement le vieux duc, qu'il rendit hommage au roi non-seulement pour ses domaines relevant de la couronne, mais encore pour toutes ses autres possessions, quoique les conventions d'Arras l'exemptassent formellement de cet acte de sujétion. Dans cette intelligence, en apparence si parfaite, les deux princes prirent ensemble la route de Paris, où le roi fit son entrée avec une pompe à laquelle jusque là il n'y avoit rien eu de comparable : le cortége se montoit à plus de douze mille hommes; l'or et les pierreries éclatoient sur les habits des seigneurs et sur les harnois de leurs chevaux. Au milieu d'un si brillant appareil, Louis, donnant déjà des preuves de cette manie bizarre qui lui fit dédaigner, souvent jusqu'à l'indécence; ce faste extérieur, si propre cependant à relever encore la dignité royale, s'avançoit monté sur un cheval blanc, « vêtu, disent les » chroniques, d'une robe de soie blanche sans » manches, et affublé d'un petit chapeau lo- » queté (1). » Quatre bourgeois de Paris soutenoient au-dessus de sa tête un dais de drap d'or; et les cours souveraines vinrent le recevoir aux portes de la ville. Du reste, les cavalcades bizarres, les mascarades, les représentations de mystères et tous les autres jeux en usage à cette époque se répétèrent sur sa route jusqu'à son arrivée à la cathédrale. Là le monarque, après avoir fait sa prière et prêté le serment accoutumé, alla tenir *cour plénière* au palais, qu'il quitta le lendemain pour s'établir au château des Tournelles.

Le caractère de Louis n'étoit pas seulement ombrageux, il étoit encore absolu, capricieux et vindicatif. Ces passions haineuses, qu'il sut depuis si bien contenir ou dissimuler lorsque son intérêt le lui commandoit, l'entraînèrent, dans ces premiers moments du pouvoir, à une démarche qui lui causa depuis d'amers repentirs, et l'exposa à de grands dangers. Par un coup d'autorité le plus impolitique qu'il fût possible d'imaginer, il destitua presque tous les officiers civils et militaires

---

(1) Découpé en pointes.

qui avoient obtenu leurs emplois de Charles VII ; il en fit même emprisonner quelques-uns, et ce bouleversement général remplit d'abord tous les cœurs d'alarmes, et jeta les premiers germes du mécontentement. Il l'augmenta bientôt par des taxes nouvelles et exorbitantes qui dans plusieurs villes excitèrent même de séditions.

(1462.) Cependant, dès cette époque, il commençoit à mettre en usage les manœuvres de cette politique insidieuse qui depuis fut le principal ressort de toutes les opérations de son règne; et tandis qu'il prodiguoit au duc de Bourgogne, et surtout au comte de Charolois son fils, les marques de la plus tendre amitié et d'une confiance sans bornes, il renouveloit secrètement avec les Liégeois, ces ennemis déclarés de leur maison, l'alliance que Charles VII avoit contractée avec eux. Mais soit que ses intrigues n'eussent point échappé aux regards du jeune comte, soit plutôt que cet esprit violent et ambitieux prévît ce que la puissance du monarque françois pouvoit apporter d'obstacles aux projets qu'il formoit déjà pour l'agrandissement des Etats qui lui étoient destinés, on le vit dès lors commencer à lui susciter des ennemis et à se rendre l'âme des complots qui se tramèrent contre son autorité. Dans un voyage que le roi fit à Tours, ce prince, qui étoit venu l'y joindre sous prétexte d'un pélerinage, eut des conférences secrètes avec les envoyés du duc de

Bretagne, conférences dont Louis fut informé sans pouvoir en pénétrer le mystère, mais qui le déterminèrent à éloigner de la cour le comte de Charolois avant l'arrivée du duc, qui venoit lui-même, suivant l'usage établi au commencement de chaque règne, renouveler la cérémonie de l'hommage. Les inquiétudes de ce vassal étoient les mêmes que celles de la maison de Bourgogne : elles furent encore augmentées par un voyage que le roi fit dans ses Etats, où il voulut exercer une violence (1) à laquelle le duc crut devoir s'opposer. Tous les deux se séparèrent très-mécontents l'un de l'autre, et celui-ci se confirma dans la pensée qu'il n'y avoit plus de sûreté pour lui que dans son alliance avec les ennemis de son suzerain. On vit aussi dès ce moment le roi, frappé de la terreur qu'il inspiroit à ses vassaux, bien informé d'ailleurs que la liaison commencée entre le duc de Bretagne et le comte de Charolois se resserroit de jour en jour davantage, ne pas perdre une seule occasion de traverser les desseins de ce dernier, et de lui causer des mortifications dont l'effet étoit d'aigrir encore davantage cette âme plus ardente et non moins vindicative que la sienne.

Cependant le nombre des ennemis du gouver-

---

(1) Il vouloit faire enlever Françoise d'Amboise, veuve de Pierre II, dernier duc de Bretagne, dans le dessein de la faire épouser au duc de Savoie.

nement augmentoit dans l'intérieur; et plusieurs actes d'une rigueur excessive exercés mal à propos sur d'anciens serviteurs de son père avoient porté la haine contre Louis au dernier degré d'animosité. Le duc et le comte se mirent aussitôt en rapport avec les mécontents, parmi lesquels on comptoit le comte de Dunois, le duc de Bourbon, et Charles, duc de Berri, propre frère du roi, qui croyoit avoir à se plaindre de la modicité de son apanage, et qu'on aigrissoit à dessein pour en faire l'instrument principal des complots qui se tramoient contre sa propre maison. Louis, confusément instruit qu'il se formoit contre lui des associations dangereuses, ne pouvoit cependant percer ce labyrinthe d'intrigues et de cabales (1); sa situation devenoit de jour en jour plus difficile; mais le grand talent de ce prince étoit moins d'éviter le danger que de trouver des ressources pour s'en tirer lorsqu'il y étoit engagé. Soit que ce fût un simple effet de sa haine contre le comte de Charolois, soit qu'il fût guidé par cette politique raffinée dout il donna depuis tant de preuves, il avoit trouvé le moyen de semer la division entre le duc

---

(1) Il entra dans cette conspiration un nombre infini de personnes, parmi lesquelles il y avoit même des dames et des demoiselles. Elle fut quatre ans à se former, et cependant le secret en fut si bien gardé, qu'elle ne fut découverte qu'au moment même de l'exécution, et lorsqu'il n'étoit plus temps d'y apporter remède.

de Bourgogne et son fils ; et cette mésintelligence, au moyen de laquelle la cour de ce prince se trouvoit partagée, l'occupoit assez pour qu'il ne pensât point à se mêler des affaires de ses voisins. Il étoit surtout très-éloigné de se brouiller avec le roi qui l'accabloit à dessein des plus vifs témoignages d'amitié et de bienveillance. Tranquille de ce côté, sûr également qu'il n'avoit rien à craindre des Anglois encore fatigués de leurs dissensions intestines, jugeant bien qu'il étoit impossible que le duc de Bretagne ne fût pas un des principaux moteurs d'un complot dont les fils lui échappoient, mais dont l'existence lui étoit démontrée, Louis prit la résolution hardie de déconcerter les conjurés en portant sur-le-champ la guerre dans les Etats de ce perfide vassal. Ses mesures furent prises dans un si profond secret, les mouvements des troupes se firent avec tant de précautions, que le duc ne sortit de la sécurité dans laquelle il étoit plongé que lorsque l'armée du roi bordoit déjà ses frontières, et étoit sur le point d'inonder ses Etats. Surpris par une inexcusable imprévoyance, il eut recours à la ruse pour échapper au danger qui le menaçoit. Il promit tout ce qu'on voulut, demandant seulement au roi de rassembler les états de son royaume et de les consulter avant de signer un traité définitif; et ce qui ne peut assez étonner de la part de Louis, c'est qu'au lieu d'écraser un ennemi dont la soumission apparente ne pouvoit lui imposer, il lui accorda le délai demandé et renvoya ses troupes. Cette faute, qui n'est pas la seule qu'il ait commise dans cette circonstance, devient d'autant plus inexplicable que l'étroite intimité qui régnoit entre ce prince et le comte de Charolois ne cessoit point d'être l'objet de ses plus vives alarmes. Il sembloit par là prendre plaisir à les augmenter encore; et en effet le duc, dès qu'il se vit hors de danger, n'en travailla qu'avec plus d'ardeur à susciter à son ennemi assez d'embarras pour qu'il se trouvât hors d'état de pouvoir une seconde fois le réduire à de semblables extrémités. (1363.) Ses messagers parcoururent aussitôt toute la France, portant à tous les princes du sang et aux plus grands seigneurs des lettres dans lesquelles il leur peignoit sous les couleurs les plus sinistres les desseins et la politique du roi à leur égard, et les pressoit, au nom de leurs plus chers intérêts, de prévenir par leur réunion et leur résistance ouverte les malheurs dont ils étoient menacés. Ces caractères hautains et indépendants n'étoient déjà que trop disposés à suivre de tels conseils; et l'esprit de haine et de révolte contre un roi qui vouloit réellement être le maître étoit si généralement répandu que le duc de Bretagne ne rencontra pas un seul sujet fidèle disposé à révéler la trahison. Tous s'unirent à lui et s'engagèrent réciproquement les uns avec les autres.

Il ne manquoit plus que la jonction du duc de Bourgogne aux conjurés pour que la perte du monarque parût inévitable. Jusque là Philippe ne s'étoit point montré disposé à entrer dans aucune ligue contre Louis; et, quoiqu'il y eût entre eux de fréquents démêlés toujours relatifs aux clauses du traité d'Arras, ils n'étoient cependant pas assez violents pour produire une rupture ouverte, que le vieillard sembloit même vouloir éviter. Un incident, dont le comte de Charolois profita avec la plus grande dextérité, changea ces dispositions : le roi, toujours occupé des intrigues mystérieuses qui l'environnoient, instruit que le vice-chancelier de Bretagne avoit fait plusieurs voyages en Flandre, et qu'il étoit alors à la cour d'Angleterre, donna commission à l'un de ses officiers de l'enlever à son retour, espérant découvrir par ce coup hardi le nœud de tous ces complots. Cet officier, instruit sans doute que l'envoyé breton devoit se rendre auprès du comte de Charolois, vint se poster avec un vaisseau armé à l'entrée d'un petit port de la Hollande, où ce prince venoit de se rendre. Mais il arriva qu'étant imprudemment descendu à terre il fut reconnu et pris. Aussitôt le comte fit répandre le bruit que le dessein de Louis avoit été de le faire enlever. La politique peu scrupuleuse du monarque, qui tout récemment venoit de s'emparer, par des moyens à peu près pareils, d'un des fils du duc de Savoie, donna de la vraisemblance à cette accusation, sur laquelle les historiens les plus graves n'ont osé prononcer (1), mais qui semble entièrement dénuée de vraisemblance, si l'on réfléchit qu'une telle violence eût été directement contre les intérêts de ce prince, au moment où il avoit à craindre un soulèvement général qu'une démarche aussi odieuse auroit en quelque sorte légitimé. Quoi qu'il en soit, cet événement commença à jeter des alarmes dans l'esprit du vieux duc de Bourgogne; elles furent même si vives que, se trouvant alors à quelques lieues du roi sur les frontières de la Picardie, il ne s'y crut pas en sûreté et partit précipitamment pour l'Artois. (1464.) Ce fut en vain que Louis fit auprès de lui tous les efforts possibles pour se justifier; vainement lui envoya-t-il un ambassadeur pour redemander le prisonnier. La réponse de Philippe fit voir qu'il ne croyoit point à sa justification, et la liberté de son agent lui fut refusée. Bientôt, au comte de Charolois, dont les plaintes amères ne cessoient d'aigrir les ressentiments de son père, vint se joindre le duc de Bourbon, l'un des principaux chefs de la nouvelle ligue. Il avoit un grand ascendant sur Philippe, dont il étoit le parent; et il sut lui peindre avec tant de force les dangers

---

(1) Quelques-uns affirment cependant que l'entreprise étoit dirigée contre le comte de Charolois lui-même; et le P. Daniel semble adopter cette opinion.

auxquels tous les princes se trouvoient exposés de la part d'un monarque qui ne faisoit consister sa grandeur que dans leur abaissement, que le duc ébranlé consentit que son fils levât des troupes, mais uniquement pour surveiller les entreprises de Louis et sans projet d'entamer une guerre offensive. Un premier engagement de la part de son père étoit tout ce que demandoit le comte. Tandis qu'il formoit une armée, le parti des mécontents ne cessoit de s'accroître : on conspiroit contre le roi, dans sa cour, près de lui, sous ses yeux, sans qu'il pût parvenir à connoître aucun de ses ennemis, quoique des avis multipliés vinssent chaque jour redoubler ses alarmes. Une aiguillette verte attachée à la ceinture étoit le signe de reconnoissance adopté par les conjurés; et les écrivains contemporains rapportent que la cathédrale de Paris leur servit plus d'une fois de rendez-vous. Enfin Louis, dévoré d'inquiétudes, et se repentant amèrement d'avoir épargné si long-temps le duc de Bretagne, le moteur secret et l'âme de tous ces complots, résolut de l'attaquer encore une seconde fois, mais plus efficacement que la première. Toutefois, avant de prendre un parti aussi violent, il jugea que les circonstances lui commandoient des ménagements bien pénibles sans doute pour son esprit inflexible et altier; et l'on vit ce prince, qui jusqu'alors avoit affecté de dédaigner les grands, les convoquer à Tours dans une assemblée solennelle, où ses griefs contre le duc furent exposés, et dans laquelle il les établit en quelque sorte juges entre son vassal et lui. Quelques-uns de nos historiens ont admiré naïvement le dévouement sans bornes que lui témoignèrent alors les chefs de la noblesse, et prétendent que ce fut sa dureté envers le duc d'Orléans (1) qui lui aliéna de nouveau les esprits. Nous ne pouvons adopter une semblable opinion; et, quoiqu'il soit difficile de justifier entièrement les caprices impérieux du monarque, il suffit d'avoir quelque connoissance du cœur humain pour reconnoître que les vices particuliers de son caractère influoient moins ici sur les déterminations de ces rebelles que le caractère nouveau qu'avoit pris l'autorité royale. Ces preuves de dévouement n'étoient qu'une perfidie de plus : la plupart étoient engagés avec le duc de Bretagne, et la révolte étoit sur le point d'éclater. Ce duc, condamné par l'assemblée de Tours, s'humilia devant le roi, lui envoya une ambassade pour demander grâce,

---

(1) Le duc s'étoit permis de faire quelques représentations sur les abus du gouvernement, et de hasarder quelques paroles en faveur du duc de Bretagne; ce qui irrita tellement le roi, qu'il l'accabla des plus sanglants reproches, l'accusant publiquement de prendre, contre son souverain, le parti des révoltés. On prétend que la douleur que ce prince ressentit d'un tel affront hâta la fin de ses jours. Il mourut en effet peu de temps après; mais il faut observer qu'il étoit âgé de soixante-quatorze ans.

souscrivit à tout pour gagner du temps ; et tandis que Louis, qu'il avoit si souvent trompé, se laissoit amuser encore par ces vaines démonstrations, le duc de Berri, se livrant enfin aux conjurés, partit inopinément de la cour et se réfugia en Bretagne, d'où il fit publier un manifeste contenant ses griefs contre son frère et les motifs de son évasion.

Son départ fut le signal de la révolte : le roi, enflammé de colère, veut sur-le-champ porter en Bretagne le fer et la flamme ; il ordonne au duc de Bourbon de lever des troupes, et de se hâter de venir le joindre : celui-ci ne lui répond que par les reproches les plus amers sur son administration, et par une déclaration formelle du parti qu'il a pris avec les autres grands du royaume de s'unir étroitement « pour l'engager à changer de système, à » réformer les abus, le tout *par compassion pour* » *le pauvre peuple* (1). » Le duc de Calabre se déclara aussitôt après lui, et sa défection fut suivie de celle de tous les autres princes et seigneurs. Ceux mêmes que le roi avoit le plus comblés de bienfaits, le duc d'Alençon et le comte d'Armagnac, se rallièrent aux mécontents, preuve nouvelle que les motifs apparents que l'on présentoit pour justifier cette rébellion n'étoient pas les

---

(1) C'est de ce prétexte, mis continuellement en avant par les conjurés, que cette guerre reçut le nom de *guerre du bien public.*

véritables. Au moment même où ces choses se passoient au cœur du royaume, un ennemi plus dangereux à lui seul que tous les autres ensemble, le comte de Charolois, après avoir fait enfin connoître à son père la ligue puissante à laquelle il étoit lié par les plus pressants intérêts, lui déclara qu'il alloit porter la guerre en France, de manière que, de tous les points de ses États, le monarque, pressé entre de si nombreux et de si implacables ennemis, sembloit être au moment d'éprouver une révolution aussi funeste que celle qui avoit failli arracher le sceptre à son père et renverser de fond en comble sa maison.

La supériorité de son génie le sauva. Il avoit sur ses ennemis cet avantage si prodigieux de l'unité d'action et de conseil : il en profita avec un courage et une habileté qu'on ne peut s'empêcher d'admirer. La monarchie n'étoit plus heureusement ce qu'elle avoit été : le temps étoit passé où l'on pensoit à lever des troupes lorsqu'il s'agissoit de commencer la guerre ; une force militaire disciplinée, et dans une activité permanente, étoit aux ordres du monarque ; il avoit pour lui les peuples, qui trouvoient incomparablement plus de douceur sous une autorité ferme et régulière que sous la tyrannie capricieuse des seigneurs ; placé au centre de tant de chefs de partis, qui, réunis en apparence pour un intérêt commun, n'avoient en effet pour but que des intérêts particuliers, il n'étoit question que de les diviser pour les affoiblir, et même pour anéantir ce formidable appareil. Louis se fortifie d'abord de l'alliance du duc de Milan ; grièvement offensé par le roi d'Angleterre, il dissimule son dépit, et obtient de ce côté une prorogation de trêve ; des négociations adroitement entamées avec son frère, bien qu'elles n'eussent obtenu aucun succès décidé, commencent à jeter de la méfiance parmi les rebelles ; il fait publier solennellement une amnistie pour tous ceux qui, dans six semaines, rentreront dans le devoir; un ordre général est donné, partout et au même instant, pour la sûreté des villes, dont les fortifications sont réparées, les garnisons renforcées ; et tandis que les comtes d'Eu et de Nevers, sur la Somme, le duc du Maine sur les frontières de la Normandie, surveillent les mouvements du duc de Bretagne et du comte de Charolois, le roi, à la tête d'un corps d'armée de quatorze mille hommes, traverse rapidement le Poitou, une partie du Berri, et, sans s'arrêter à faire aucun siége de ville, se précipite sur les États du duc de Bourbon, le plus foible des princes ligués, et que par cela même il avoit sagement jugé nécessaire d'attaquer le premier.

Ce qu'il avoit prévu ne manqua pas d'arriver : le duc de Bourbon, pensant que tout l'effort de Louis se porteroit d'abord contre ses puissants alliés, n'avoit point songé à sa propre sûreté. Surpris à l'improviste par une armée si supérieure (1) aux troupes qu'il pouvoit lui opposer, il consentit, dans son premier trouble, à mettre bas les armes, et à se soumettre aux conditions que le roi voulut lui dicter. Reprenant ensuite courage à l'arrivée du duc de Nemours et des comtes d'Armagnac et d'Albret, qui vinrent se joindre à lui à la tête de leurs troupes, et soutenu d'un renfort que lui envoyoit le duc de Bourgogne, il rompit presque aussitôt ses premières conventions, et entreprit de résister. Mais toutes ces forces réunies étoient loin encore d'égaler les troupes royales; et Louis, ne laissant pas aux rebelles le temps de respirer, y trouva même cet avantage, qu'au lieu d'un seul ennemi il en réduisit en même temps plusieurs. Une trève fut signée avec ces princes; et quoiqu'elle ne fût que conditionnelle, que même le roi ne doutât pas qu'ils ne tarderoient pas à la rompre, satisfait pour le moment d'avoir dérangé leur concert avec les chefs de la ligue, le comte de Charolois et le duc de Bretagne, il tourna sa marche du côté de ces deux redoutables adversaires, dont le premier, suivi de vingt-six mille Flamands, s'avançoit vers la Somme, tandis que l'autre dirigeoit son armée le long des rives de la Seine. Le rendez-vous des confédérés étoit dans

---

(1) Elle s'étoit accrue, dans la marche du roi, de plus de dix mille hommes.

l'Ile-de-France, où l'on avoit décidé d'établir le théâtre de la guerre.

Le comte de Charolois ne rencontra sur sa route que de foibles obstacles : la plupart des villes de Picardie lui ouvrirent leurs portes, ou se rendirent à la première sommation. Il se hâtoit d'arriver dans l'Ile-de-France, bien persuadé qu'il alloit y trouver l'armée du duc de Bretagne et les troupes que le maréchal de Bourgogne s'étoit engagé à lui amener. Son étonnement fut grand d'arriver seul au rendez-vous. Le maréchal, coupé par l'armée des royalistes, qui s'étoit emparée de tous les passages, se trouvoit dans l'impossibilité de le joindre; l'armée du duc de Bretagne avoit éprouvé des retards par le refus qu'avoit fait le duc de Vendôme de lui donner passage sur ses terres, acte de courage et de fidélité qui, dans ces circonstances extrêmes, sauva peut-être la monarchie. Le comte, déconcerté, mais cependant soutenu par le vice-chancelier de Bretagne, qui lui annonçoit l'arrivée prochaine des troupes bretonnes, résolut de faire une tentative pour se rendre maître de Paris.

Il fut proposé d'abord dans le conseil de tenter de s'en emparer de vive force; mais la ville étoit trop bien fortifiée pour qu'une semblable entreprise pût être praticable, et cet avis fut rejeté. On essaya alors d'intimider les Parisiens, en développant à la vue de leurs remparts toute l'armée bourguignonne rangée en bataille. Le comte conçut même l'espérance que cet aspect guerrier pourroit ranimer quelques restes de l'ancien parti attaché à sa maison; mais les habitants de Paris, malheureux pendant plus d'un siècle par la fureur des factions, n'ayant trouvé de relâche à des maux si prolongés que sous l'autorité monarchique, étoient entièrement détrompés; et l'on pouvoit les mettre alors au nombre des sujets sur lesquels le roi avoit le plus droit de compter. Il n'avoient pas attendu ce moment pour faire éclater leur zèle; et, dès la première nouvelle de la guerre, les bourgeois de cette ville s'étoient empressés de prendre les armes à la première réquisition que leur en avoit faite Charles de Melun leur gouverneur. Le guet avoit été augmenté; on avoit distribué les postes, rétabli les chaînes, et les portes de la ville, à l'exception de deux, furent aussitôt exactement murées; enfin ils avoient fait preuve d'une telle ardeur pour le service du roi, que Louis députa quatre de ses officiers pour les en remercier. Peu de temps après que ces dispositions eurent été faites, le maréchal de Gamaches, sorti de Péronne, étoit venu se renfermer avec un corps de troupes dans la ville assiégée, et ce renfort avoit encore redoublé la résolution des bourgeois et de la garnison. Ils se hasardèrent même à faire des sorties, dans lesquelles ils obtinrent sur l'ennemi de petits avantages. Le comte de Charolois, voyant que rien ne pouvoit ébranler leur fidélité, essaya une ruse de guerre qui ne lui réussit pas davantage. Quatre hérauts d'armes vinrent, de sa part, se présenter à la porte Saint-Denis, demandant le passage et des vivres, avec menaces, en cas de refus, de tout saccager. Tandis qu'ils amusoient ainsi par leurs discours l'officier qui commandoit à cette porte, deux compagnies de l'armée bourguignonne s'avançoient secrètement vers le faubourg Saint-Lazare, dont les barrières furent sur le point d'être forcées. Mais, l'alarme ayant été donnée aussitôt, la milice bourgeoise se porta avec rapidité sur le point attaqué, et repoussa les Bourguignons, qui, foudroyés en même temps par l'artillerie des remparts, se retirèrent en désordre et avec une perte considérable.

Le comte de Charolois, désespérant alors de s'emparer de Paris, prit la résolution de marcher au-devant du duc de Bretagne, et d'opérer sa jonction avec lui, dans quelque lieu que ce fût. Le roi étoit à Orléans lorsqu'il apprit cette nouvelle. L'avis de son conseil fut d'aller droit au duc de Charolois et de lui livrer bataille avant la réunion des deux armées. C'étoit sans doute le meilleur; mais le roi s'obstina à suivre le sien, qui étoit au contraire de l'éviter en faisant un détour, et d'aller par sa présence rassurer les Parisiens. Alors ses généraux résolurent de le tromper dans l'intention de le servir, et dirigèrent tellement la marche des troupes que les deux armées se rencontrèrent dans la plaine de Long-Jumeau, près de Montlhéry. Là fut livrée cette bataille fameuse et singulière, dans laquelle les deux princes donnèrent des preuves égales de sang-froid et d'intrépidité, et dont les succès furent tellement balancés, que chacun d'eux crut d'abord l'avoir perdue, et que le lendemain tous les deux prétendirent l'avoir gagnée. Cependant les terreurs et les inquiétudes de Louis furent plus grandes que celles de son ennemi, car il s'enfuit à Corbeil, le laissant maître du champ de bataille. Cette retraite, le bruit même qui se répandit qu'il avoit été tué dans le combat, donnèrent au comte de Charolois les apparences du triomphe, tandis qu'on agitoit réellement dans son conseil si l'on ne reprendroit pas à toute hâte la route de la Bourgogne, et que des fuyards de son armée furent trouvés jusqu'aux portes de Paris, et massacrés ou faits prisonniers par ses habitants.

La disparition de l'armée royale rendit bientôt le courage à cette troupe abattue; et passant d'une extrémité à l'autre, le comte de Charolois en conçut une confiance et un orgueil qui depuis influèrent sur toutes les actions de sa vie. Il opéra le même jour sa réunion avec le duc de Bretagne, tandis que le roi, qui, de son côté, ne trouvoit plus d'obstacle, marchoit vers Paris, où il entra deux jours après la bataille. Ainsi, par une suite de cette action, non moins singulière que l'action elle-même, deux armées qui s'étoient crues mutuellement vaincues trouvèrent dans cette défaite mutuelle tous les avantages qu'elles avoient voulu obtenir de la victoire.

La présence du roi et l'arrivée successive de ses troupes donnèrent un nouveau degré d'énergie aux Parisiens; et le monarque, par des manières populaires qui furent toujours dans sa politique, et que les circonstances présentes avoient malheureusement rendues nécessaires, acheva d'y gagner tous les cœurs. Il visitoit familièrement les principaux bourgeois, s'entretenoit avec eux, les admettoit même à sa table. A ces marques de bonté, si puissantes pour toucher le vulgaire, il joignit des bienfaits réels dont l'effet fut plus puissant encore. La plupart des impôts furent abolis, les priviléges de la ville confirmés; mais ce qui toucha le plus les Parisiens, ce fut l'admission au conseil de six bourgeois notables, de six membres de l'université, et d'un nombre égal de membres du parlement, pour y prendre part à l'administration et aider à l'expédition des affaires les plus pressées. Louis, après s'être ainsi adroitement assuré des dispositions d'une ville qu'il lui étoit si important de conserver, crut pouvoir sans aucun risque s'en éloigner et exécuter le dessein qu'il avoit formé de parcourir la Normandie, tant pour en tirer les troupes qu'il y avoit laissées que pour faire prendre les armes à la noblesse du pays.

Cependant le comte de Charolois, ayant rassemblé tous les corps qui s'étoient dispersés à la journée de Montlhéry, s'avança vers Paris au moment même où le roi venoit de le quitter. Ce fut alors que se fit réellement cette réunion menaçante des princes confédérés. Les ducs de Berri et de Bretagne accompagnoient le comte avec leur armée; le duc de Bourgogne envoyoit à son fils un renfort considérable de cavalerie; on vit successivement arriver les princes et seigneurs que Louis avoit d'abord forcés de se soumettre, les ducs de Bourbon et de Nemours, le comte d'Armagnac, le seigneur d'Albret; le duc de Calabre vint bientôt se réunir à cette foule d'ennemis, amenant avec lui le premier corps de Suisses qui soit entré dans le royaume. Bientôt l'Ile-de-France put à peine contenir les troupes dont elle étoit inondée : on y comptoit plus de cent mille chevaux. Toutefois, dans l'espérance que les confédérés conservoient encore de gagner les Parisiens, ils firent observer à cette nombreuse armée la plus exacte discipline. Elle passa la Seine sur des ponts de bateaux, parce que les assiégés avoient repris, dans le temps de la bataille de Montlhéry, les ponts de Saint-Cloud et de Charenton; et s'étendant ensuite en demi-cercle, elle ferma toute la partie septentrionale de Paris qui s'étend de l'un à l'autre pont : les troupes du roi occupoient le côté du midi.

Malgré l'inutilité de ses premiers efforts, l'idée

de s'introduire dans Paris à la faveur d'une négociation occupoit toujours le comte de Charolois. La présence du duc de Berri, à qui les révoltés donnoient le titre de régent du royaume, la terreur que pouvoit inspirer une armée si formidable, commandée par ce qu'il y avoit de plus grand dans la France, le motif apparent de leur réunion qui étoit le *bien du peuple*, surtout l'absence du roi, tout sembloit présenter les circonstances les plus favorables pour intimider ou séduire. Il fut décidé qu'on demanderoit une conférence aux Parisiens; et des lettres du duc de Berri furent adressées à cet effet au parlement, au clergé, à l'université, au corps municipal. Cette démarche ébranla les esprits, et Melun, gouverneur de la ville, quoiqu'il fût à la tête d'une garnison nombreuse, ne put empêcher que l'entrevue ne fût acceptée.

Elle se passa au camp des confédérés, où les députés de la ville de Paris furent reçus avec l'appareil le plus imposant (1). Le comte de Dunois parla au nom des princes : sa harangue, dans laquelle la personne du roi fut très-maltraitée, et la

---

(1) Lorsqu'on les admit à l'audience, le duc de Berri, comme représentant le souverain, étoit seul assis et couvert. Le comte de Charolois, les ducs de Bretagne et de Calabre, ayant la tête nue, et du reste armés de toutes pièces, se tenoient debout aux deux côtés du siège.

violence de son gouvernement peinte sous les couleurs les plus odieuses, se termina par une apologie de la conduite des princes « que tant d'abus
» avoient réduits à prendre les armes, et à se
» rendre à Paris pour demander *le commun jugement des François* et l'assemblée des trois
» états, afin de remédier aux vices de l'administration : *que vraiment Loys étoit leur roi, mais
» qu'à leur dignité appartenoit de l'exhorter et
» admonester* de suivre les traces de ses prédécesseurs, de se conformer aux lois, et *d'avoir
» pitié du peuple.* » A ces plaintes et aux promesses d'un meilleur avenir étoient entremêlées des menaces de livrer les environs de la capitale à tous les ravages de la guerre, si l'on persistoit à leur en refuser l'entrée.

Toutefois cette conférence, si facilement accordée, n'eut point le résultat que les princes en avoient espéré ; et les Parisiens, fermes dans leur devoir, refusèrent absolument de recevoir l'armée ennemie dans leurs murs sans la permission du roi. Tandis que ces choses se passoient, le monarque, à qui on en avoit porté la nouvelle, revenoit à toute hâte à Paris, tremblant que les intrigues des rebelles ne fussent parvenues à lui enlever une ville à laquelle il attachoit à la fois son salut et celui de l'Etat (1).

---

(1) Guillaume, seigneur de Montmorenci, déjà sorti de l'en-

Il y arriva le 28 août, amenant avec lui un renfort considérable de troupes; et, jugeant que la sévérité étoit aussi nécessaire dans cette circonstance que sa feinte douceur l'avoit été dans l'autre, il parut très-irrité, et traita avec la plus grande rigueur tous ceux qui avoient pris part aux délibérations faites sur les propositions des princes. Les principaux agents de cette conférence furent exilés; il destitua le gouverneur de la ville; Chartier, évêque de Paris et chef de la députation, ne dut qu'à son caractère sacré d'être plus épargné que les autres; mais le roi, qui l'accabla des plus vifs reproches, forma dès lors le projet de lui faire faire un jour son procès comme criminel de lèse-majesté; et il l'auroit exécuté, si la mort de ce prélat, arrivée peu de temps après, ne l'eût mis à l'abri de son courroux. Ce prince profita ensuite, avec l'activité qui lui étoit propre, de la confiance que sa présence répandoit parmi les habitants pour hasarder contre ses ennemis d'utiles entreprises:

---

fance à cette époque, et qui vivoit encore soixante ans après, lorsqu'en 1525 le parlement s'assembla pour donner ordre à la sûreté de Paris, après la fatale journée de Pavie, rapporta qu'il avoit entendu dire à Louis XI, dans le temps de la *guerre du bien public*, « qu'il falloit qu'il gardât sa bonne ville de Paris, et que,
» s'il plaisoit à Dieu qu'il y pût entrer le premier devant ses
» ennemis, il se sauveroit, et avec sa couronne sur la tête; mais
» que, si ses ennemis y entroient les premiers que lui, il seroit en
» danger. » (*Regist. du Parlement.*)

on fit journellement des sorties dans lesquelles les royalistes eurent presque toujours l'avantage; et telle étoit l'heureuse position que la prévoyance du roi avoit fait prendre à ses troupes, que l'abondance régnoit dans la ville assiégée, tandis que l'armée des assiégeants étoit en proie aux horreurs de la plus cruelle famine. Cette particularité est d'autant plus remarquable que jusqu'alors, dans les siéges que Paris avoit essuyés, on n'avoit pris aucune mesure pour le préserver de ce fléau; et nous verrons encore cette ville, lorsque Henri IV se présentera devant ses portes, presqu'aussitôt affamée qu'investie.

Ces sorties devinrent si fréquentes et si vigoureuses qu'elles forcèrent les ennemis, qui avoient poussé leurs postes avancés jusqu'à Bercy, qu'on appeloit alors *la Grange aux Merciers*, de se retirer à Conflans, où étoit le quartier du comte de Charolois. Les royalistes occupoient la rive opposée de la Seine, où ils avoient élevé des batteries qui en défendoient l'accès, et les rendoient maîtres des passages : les princes, à qui il eût été si facile de s'en emparer dans le principe, essayèrent de réparer cette faute; et, pour y parvenir, le comte de Charolois entreprit de jeter un pont de bateaux sur la Seine, vis-à-vis du Port-à-l'Anglois. Des batteries, postées à propos sur ce point, foudroyèrent les Bourguignons lorsqu'ils voulurent tenter le passage; et leur pont, détaché du rivage par la hardiesse d'un archer, fut détruit et abandonné au courant. Une tentative nouvelle pour faire passer des troupes sur le pont de Charenton n'eut pas un succès plus heureux. Cependant il ne s'engageoit point d'action décisive : ce n'étoit ni l'intention ni l'intérêt de Louis, qui ne cherchoit qu'à fatiguer ses ennemis et à les diviser pour profiter de leur fatigue et de leur découragement.

Ces divisions, plus utiles au roi que des victoires, commençoient déjà à éclater parmi les confédérés; et leur réunion, uniquement fondée sur l'intérêt personnel, malgré le vain étalage de leur zèle patriotique, devoit avoir le sort de toutes les associations de ce genre, dans lesquelles l'allié le plus foible ne tarde pas à s'apercevoir qu'il n'est qu'un vil instrument dans la main du plus fort, et de la méfiance passe presque ausssitôt à l'inimitié. Il suffisoit de temporiser pour produire de semblables effets; et Louis, si supérieur en habileté à ses ennemis, dans le temps même qu'il usoit leurs forces en les obligeant à rester dans l'inaction, suscitoit encore au comte de Charolois des ennemis sur ses frontières et dans ses propres États. Les Liégeois, excités par ses intrigues, venoient de faire une irruption dans le Brabant, et les habitants de Dinant ravageoient le comté de Namur; de manière qu'on vit à la fois les ducs de Nemours, d'Armagnac et plusieurs autres, s'apercevant trop tard qu'ils ne faisoient une guerre incertaine et ruineuse qu'au profit du Bourguignon, chercher à entamer des négociations avec le roi; et le comte de Charolois, menacé chez lui des dangers les plus pressants, témoigner lui-même le désir de faire la paix. Ces dispositions produisirent une trêve qui se prolongea quelques jours, et pendant laquelle on essaya de travailler à un accommodement définitif.

Les conférences se tinrent à la Grange-aux-Merciers : les prétentions des princes furent d'abord si excessives, qu'encore que le roi, dans sa politique artificieuse, fût disposé à tout accorder pour dissiper la ligue, il crut devoir contester quelques points, afin de ne jeter aucun soupçon sur sa bonne foi. Les difficultés s'élevèrent principalement sur l'apanage du duc de Berri : l'intérêt des princes ligués étoit visiblement d'élever dans le sein même de la France une nouvelle puissance rivale de celle du souverain; et leurs demandes à ce sujet passèrent tellement toutes les bornes, que Louis, en refusant d'y accéder, put en tirer parti pour exciter l'indignation publique, ranimer le zèle des Parisiens, et prouver à la France que les obstacles à la paix ne venoient point de lui. La publicité qu'il leur donna eut un plein succès; et cette confiance qu'il témoignoit à son peuple produisit un tel enthousiasme, que, sur le bruit qui se répandit qu'on devoit livrer aux Bourguignons la porte de la Bastille, les bourgeois, de leur propre mouvement, prirent les armes, tendirent les chaînes, posèrent des corps-de-garde, et allumèrent des feux dans toutes les rues. Ce bruit n'étoit que trop véritable : car on s'aperçut le lendemain que la porte Saint-Antoine étoit restée ouverte, et qu'on avoit encloué l'artillerie dont elle étoit environnée. Les soupçons du roi se portèrent aussitôt sur Charles de Melun, à qui il avoit confié la garde de la Bastille. Il avoit déjà quelques raisons de voir un traître dans cet officier; mais il en eut aussi d'assez fortes pour ne pas éclater dans ce moment, et pour remettre sa vengeance à des temps plus favorables. Du reste, les lâches trahisons qui éclatoient de tous les côtés sembloient justifier la sévérité quelquefois cruelle dont il usoit dans ses vengeances. Le commandant de Boulogne venoit d'être arrêté pour avoir voulu livrer cette place aux Anglois; un coup de main avoit livré Péronne à l'un des lieutenants du comte de Charolois, et l'on soupçonnoit fortement le duc de Nevers, qui en étoit gouverneur, d'avoir favorisé cette entreprise; Pontoise fut rendu de la même manière au duc de Bretagne; enfin la ville de Rouen tomba dans le même temps au pouvoir du duc de Bourbon, par la plus odieuse des perfidies (1). Environné de

---

(1) Elle fut livrée par la dame de Varennes, veuve de Pierre de Proze, sénéchal de Normandie, tué à la bataille de Montlhéry. Cette femme perfide, que le roi avoit comblée de bienfaits,

traîtres et d'ennemis, menacé chaque jour de complots même contre sa personne (1), le monarque n'étoit pas moins pressé de conclure la paix à quelque prix que ce fût, que les princes, dont l'armée, épuisée par la famine et par les maladies, ne pouvoit plus tenir devant Paris. Ces derniers événements le décidèrent même à ne plus rejeter aucune demande, à ne plus mettre le moindre obstacle aux négociations entamées. Leur résultat fut le fameux traité de Conflans, par lequel le comte de Charolois rentra en possession des villes sur la Somme, rachetées par le roi au duc de Bourgogne, et obtint en outre une foule de concessions. Par le même traité, le duc de Berri eut pour son apanage le duché de Normandie avec la suzeraineté de la Bretagne et d'Alençon ; le duc de Bretagne, les comtés d'Étampes et de Montfort, et le gouvernement de la Normandie ; tous les autres princes et seigneurs, des terres, des villes, des châteaux, comme si la France eût été une

---

le trompoit par des lettres où elle l'assuroit qu'elle avoit donné les meilleurs ordres pour la sûreté de la ville, tandis qu'elle introduisoit le duc dans la citadelle.

(1) Les ennemis avoient fait répandre dans Paris des libelles séditieux, dans lesquels le monarque et ses ministres n'étoient point épargnés. On commençoit déjà à commettre des désordres dans la ville, et l'évêque d'Evreux, Balue, l'un des plus intimes confidents de Louis, fut attaqué la nuit rue Barré-du-Bec, reçut deux coups d'épée, et ne dut son salut qu'à la vitesse de sa mule.

proie qui dût leur être partagée ; traité, du reste, tellement honteux et révoltant, que sa violence même le rendoit impraticable, et que, s'il eût été exécuté, Louis eût été, plus qu'aucun de ses prédécesseurs, réduit au vain titre de roi. Il se parjuroit en le signant, car il étoit bien résolu à ne pas le tenir, ne cherchant qu'à gagner du temps pour mettre la désunion entre les princes ligués (1); mais ces vassaux insolents, qui réduisoient leur roi à de telles extrémités, étoient encore plus coupables que lui.

Toutefois il se pressa trop de conclure ; et comme on ne peut accuser ce prince d'avoir manqué de courage, on est forcé de convenir que la sagacité de son esprit ne le servit pas dans cette circonstance, et qu'il avoit conçu sur sa situation des frayeurs qui lui en exagéroient le danger. S'il eût attendu encore quelque temps, il eût pu voir cette armée si formidable, réduite aux dernières extrémités de la misère et de la faim, se fondre en quelque sorte sous ses yeux. En effet, aussitôt

---

(1) Ce fut dans cette intention qu'il eut une entrevue particulière pendant le siége avec le comte de Charolois, qu'il alla trouver lui-même, quoiqu'une semblable démarche ne convînt point à sa dignité, et qu'elle ne fût même pas sans quelque danger. Mais ce qu'il avoit prévu ne manqua pas d'arriver : les autres seigneurs en conçurent de l'inquiétude et de la jalousie, affectèrent de tenir conseil ensemble sans y appeler le comte de Charolois, et furent même sur le point de se séparer de lui.

après la signature du traité, la première demande que firent les chefs de la ligue fut qu'on leur fournît des vivres; et ce fut un spectacle remarquable de voir des assiégés, après une longue défense, procurer aux assiégeants la subsistance dont ils manquoient.

Ainsi finit la guerre du bien public, le seul des grands événements de ce règne dans lequel la ville de Paris ait joué un rôle important. Cette guerre, qui sembloit devoir renverser de fond en comble la monarchie et le monarque, et la paix déshonorante qui la suivit, contribuèrent au contraire à raffermir l'une et l'autre, en éclairant ce prince sur ses fautes, et en lui offrant, pour se tirer à l'avenir d'une situation aussi extrême, des ressources que la tournure de son esprit fin et dissimulé le rendoit plus propre qu'un autre à faire valoir. Convaincu par une si triste expérience que les grands de l'Etat étoient ses ennemis irréconciliables, il vit qu'il n'avoit d'espoir de salut que dans leur désunion; et dès ce moment toutes ses pensées, toutes ses actions, tous les traités qu'il fit, toutes les faveurs qu'il accorda, tendirent à ce but unique de mettre leurs intérêts en opposition, et de les affoiblir en les désunissant.

Ce fut ainsi que, mettant à profit les divisions qui ne tardèrent pas à s'élever entre son frère et le duc de Bretagne, il sut adroitement gagner celui-ci, en lui confirmant tous les avantages qu'il avoit obtenus dans le traité, et du reste, tranquille du côté du comte de Charolois, à qui il avoit suscité des embarras dans ses États héréditaires, rentrer de vive force dans la Normandie, six semaines après l'avoir donnée au duc de Berri. Tandis qu'il combattoit ainsi par les armes et la politique des ennemis puissants qu'il ne pouvoit séduire, il n'étoit pas de moyens qu'il n'employât pour regagner les seigneurs qui avoient pris part à la guerre du bien public. Tous ceux qui se présentèrent à lui furent reçus avec la plus grande faveur et un entier oubli du passé; souvent il ne dédaigna pas de faire lui-même les premières démarches. Abolitions générales et particulières, promesses, bienfaits, il mit tout en usage; satisfait même de rendre suspects à leurs alliés ceux qui ne revenoient à lui que pour le tromper, il les traitoit quelquefois avec une bienveillance plus marquée que les autres. Aussi actif, aussi intrépide que le comte de Charolois, il fut heureux et pour la France et pour lui qu'il eût sur cet implacable adversaire une si grande supériorité de vues et de conduite : car il est hors de doute que le projet de celui-ci étoit de détruire de fond en comble la monarchie, et d'en partager les dépouilles avec les complices de sa rébellion; et ce fut surtout après la mort de son père que ces funestes projets éclatèrent dans toute leur violence.

(1467.) Vainqueur des Liégeois que le roi avoit

abandonnés par une politique aussi fausse que perfide (car cet esprit si rusé et si perçant commit quelquefois les fautes les plus impardonnables), Charles, devenu duc de Bourgogne, renoua toutes ses anciennes liaisons, reprit avec plus d'activité que jamais la suite de ses projets, et retrouva ses alliés naturels dans les mêmes dispositions. Plusieurs ont pensé que cette animosité furieuse et continuelle, que la mort seule put éteindre, prenoit sa source dans l'opposition des caractères, dans une antipathie naturelle qui, dès qu'ils s'étoient connus, avoit éclaté entre Louis et le comte de Charolois; mais, nous le répétons, il faut pénétrer plus avant et chercher la cause de cette guerre d'extermination dans la constitution même de l'État. Un vassal assez puissant pour lever cent mille hommes, et dont les domaines étoient aussi vastes et aussi florissants que ceux de son seigneur, ne pouvoit plus supporter l'espèce d'humiliation et les servitudes qu'entraînoit avec elle la féodalité. Il falloit ou qu'il fût subjugué par le suzerain, ou que, secouant le joug de son autorité, il le mît dans une position à ne pouvoir plus réclamer ses anciennes prérogatives. C'étoit uniquement pour parvenir à ce but que Jean-sans-Peur avoit bouleversé la France; Philippe-le-Bon, plus modéré que lui, n'en avoit pas moins imposé à son souverain les conditions les plus humiliantes; un caractère tel que celui de Charles-le-Téméraire devoit pousser les choses aux dernières extrémités.

Le simple récit des faits le prouve plus que toutes les réflexions; et si nous jetons un coup d'œil rapide sur la suite de ce règne, nous voyons cette guerre des vassaux contre leur seigneur se rallumer de nouveau chaque fois que l'occasion en semble favorable, et le roi de France pressé sans cesse entre le duc de Bretagne, le duc de Bourgogne et le roi d'Angleterre, résister avec d'autant plus de peine à ces trois ennemis, que, pour combler ses embarras, les brouillons et les séditieux, dont la France étoit infestée, trouvoient dans sa propre famille un chef qui les soutenoit dans leurs continuelles rébellions. On peut dire que sa vie fut un combat continuel : on le voit placé au centre de tant d'ennemis, étudiant tous leurs mouvements, profitant de toutes leurs fautes, sachant exciter leurs passions lorsqu'elles pouvoient les aveugler sur leurs intérêts, corrompant leurs ministres, surtout leur suscitant à propos des adversaires qui, par d'utiles diversions, ne combattoient en quelque sorte que pour lui. (1468.) Aussi habile à réparer ses fautes qu'à profiter de celles qu'il leur faisoit commettre, lorsque la fatale et imprudente entrevue de Péronne (1) l'eut ivré en

---

(1) Louis XI, en même temps qu'il appuyoit la révolte des Liégeois, eut l'imprudence de se livrer au duc de Bourgogne en

quelque sorte à la discrétion du duc de Bourgogne, et forcé à signer le plus déshonorant des traités, ce ne fut point à force ouverte qu'il tenta de rompre une convention qu'il étoit bien résolu de ne pas tenir ; mais, se renfermant dans la dissimulation la plus profonde, il parut d'abord disposé à en exécuter toutes les clauses, et ne commença à élever des difficultés pour attaquer ensuite le traité tout entier que lorsque ses intrigues politiques eurent préparé au milieu de l'Angleterre des troubles (1) qui, changeant tout à coup les

---

le venant trouver à Péronne. Charles, qui apprit les intelligences du roi avec les Liégeois, le retint prisonnier proche de cette même tour où Charles-le-Simple avoit fini sa vie ; il hésita même s'il ne porteroit pas la vengeance plus loin ; enfin il le força à conclure avec lui un traité qui lui fut fort avantageux, et à l'accompagner au siége de Liége, contre ces mêmes peuples qu'il avoit lui-même excités à prendre les armes. Le roi assista à la prise de cette ville. (Hénault.)

(1) Il produisit cet heureux changement en profitant des divisions qui s'étoient élevées entre le comte de Warwick et le roi Edouard, que ce grand capitaine avoit mis sur le trône, après en avoir précipité Charles VI. Marguerite d'Anjou, veuve du roi détrôné, étoit alors réfugiée en France avec le jeune prince de Galles son fils. Peu de temps après, Warwick, qui s'étoit brouillé avec Edouard, y arriva aussi en fugitif, et Louis XI, profitant avec la plus grande habileté du malheur commun de deux ennemis qui sembloient devoir être à jamais irréconciliables, rendit leurs intérêts inséparables par le mariage politique du prince de Galles avec une des filles de Warwick. Celui-ci repassa aussitôt en Angleterre, où il battit Edouard, le renversa du trône, et y fit remonter Henri VI, qu'on tira de la prison où il étoit renfermé. Cette révolution ne fut pas malheureusement de longue durée.

intérêts de cette nation, rendirent l'allié de la France un cabinet jusque là l'auxiliaire du duc de Bourgogne. Attentif à diviser ses ennemis, non-seulement par leurs intérêts, mais encore par leur position, il avoit persuadé à son frère de recevoir pour apanage (1), au lieu de la Brie et de la Champagne qu'il lui avoit d'abord promises et qui l'auroient trop rapproché du duc de Bourgogne, la Guienne, située à l'autre extrémité de la France; et ce fut en corrompant le favori de ce prince qu'il parvint à lui faire accepter cet échange désavantageux. Aussi lent dans ces négociations astucieuses que prompt à agir lorsque la situation des choses demandoit un mouvement rapide et décisif, tandis que le duc de Warwick, d'accord avec lui, opéroit à Londres cette révolution qui alloit lui procurer de si grands avantages, il amusoit d'un côté le duc de Bourgogne par des promesses vagues, par une feinte modération, de l'autre châtioit d'une manière aussi prompte que terrible les ducs d'Armagnac et de Nemours qui s'étoient de nouveau révoltés, et frappoit d'épouvante le duc de Bretagne, en se montrant toujours prêt à fondre sur lui s'il osoit tramer de nouveaux complots. C'étoit ainsi qu'il attendoit le grand événement d'Angleterre. Aussitôt qu'il

---

(1) Cet échange fut fait en 1469.

est consommé, Louis lève le masque; le duc de Bourgogne est déclaré criminel de lèse-majesté; il le fait ajourner au parlement de Paris et entre à main armée dans ses États. (1471.) Jamais succès ne furent plus brillants et plus décisifs, parce que jamais conduite n'avoit été plus active et plus prévoyante; mais la trahison ne permit pas au roi d'en recueillir tous les fruits. La cour de Guienne étoit devenue le centre de toutes les intrigues que tramoit de nouveau contre lui cette foule de vassaux subalternes frémissant sous le joug qu'il les forçoit à porter; et dans leurs projets assez habilement concertés, projets dont le frère de Louis étoit l'aveugle instrument, ils ne servoient le roi dans cette guerre contre le duc de Bourgogne que pour forcer celui-ci à contracter avec le jeune prince une alliance qui eût porté à la monarchie le coup le plus mortel (1); de manière que, plus la situation de Charles devenoit fâcheuse, plus il étoit à craindre qu'il ne prît un parti qui à l'instant auroit produit la défection de tous les grands du royaume, et réduit le roi lui-même aux plus

---

(1) Le duc de Guienne, sans la participation du roi, et pour se fortifier contre lui, pressoit le duc de Bourgogne de lui donner en mariage sa fille unique; il étoit secondé dans cette demande par le connétable de Saint-Pol, à qui la guerre étoit nécessaire pour maintenir son crédit; ainsi que par le duc de Bretagne, qui prévoyoit que le roi ne chercheroit qu'à les abattre quand il n'auroit plus d'affaires avec le duc de Bourgogne. (HÉNAULT.)

fâcheuses extrémités. Louis ignoroit cette ténébreuse intrigue, et ce fut le duc de Bourgogne lui-même qui la lui dévoila, parce que l'alliance proposée ne lui convenoit pas, et qu'il voyoit dans cet aveu un moyen sûr d'obtenir du roi une paix dont il avoit besoin. Arrêté dans ses succès par cette fatale nouvelle, forcé d'accorder à son ennemi une trève dont personne ne pouvoit deviner les motifs secrets, et qui indisposa la France entière contre lui (1), ce prince, qui venoit d'échapper à peine à la plus odieuse trahison, eut bientôt à combattre, dans les événements mêmes, des dangers bien plus pressants. Une révolution plus rapide encore que celle qui l'avoit si bien servi écrasa en Angleterre le parti de Warwick, rétablit sur le trône Édouard qu'il en avoit précipité, et ranima avec plus de force que jamais la ligue des grands vassaux. Dans les négociations qui s'entamèrent alors entre le roi d'Angleterre, les ducs de Bourgogne et de Bretagne, il ne s'agissoit de rien moins

---

(1) Cette trève déplut également et à ses sujets fidèles et à ceux qui ne lui témoignoient de l'attachement que pour le trahir. Les Parisiens affichèrent des placards où ils se déchaînèrent sans ménagement contre les conseillers du roi : le duc de Bretagne, ne pouvant cacher le mépris que lui inspiroit la conduite de Louis, l'appeloit hautement *le roi couard*. Le duc de Bourgogne étoit le seul qui lui rendit intérieurement justice, parce qu'il se sentoit encore plus humilié que le roi d'avoir été dans la nécessité de lui faire de semblables aveux.

que de démembrer la France, et d'en faire entre eux le partage ; et, pour que rien ne s'opposât au succès de leur ligue nouvelle, ils maintenoient le duc de Guienne dans sa révolte, en lui donnant de nouveau l'espoir de cette alliance qui faisoit l'objet de tous ses vœux, et que le Bourguignon étoit bien décidé à ne jamais conclure. Ce fut alors que Charles, déclaré peu de temps auparavant criminel de lèse-majesté, se déclara à son tour quitte de tout devoir de vassal envers le roi. Celui-ci, incapable de résister par la force à une ligue aussi formidable, appelle la ruse à son secours : le duc de Bourgogne se laisse tromper encore dans une négociation où Louis lui offroit d'acheter la paix, en lui abandonnant des villes (1) qu'il réclamoit depuis long-temps, et dont le siége eût été lent et douteux ; mais, de même qu'il étoit bien résolu à ne pas exécuter cette convention, son ennemi, non moins perfide que lui, l'étoit également à continuer la guerre, aussitôt que cette proie lui auroit été livrée. Tandis que le roi gagne ainsi du temps, le duc de Guienne meurt, empoisonné par deux de ses domestiques (2). Cette mort, arrivée si à propos pour les intérêts de Louis, élève contre lui

---

(1) Les villes de Saint-Quentin, d'Amiens, de Roye et de Montdidier, rachetées par Louis XI à Philippe-le-Bon.

(2) L'un de deux étoit un moine bénédictin, abbé de Saint-Jean-d'Angéli, nommé Jean Faure de Vercors ou Versois ; l'autre

les plus affreux soupçons ; et quoiqu'il n'y ait à ce sujet rien de positif, ni même qui offre des probabilités suffisantes, c'est cependant un argument fâcheux contre le caractère de ce prince, qu'on ait pu un seul instant le soupçonner d'un crime aussi atroce. Quoi qu'il en soit, la Guienne est aussitôt soumise, et le foyer de révolte intérieure, sinon éteint, du moins assoupi. (1473). Le combat s'engage alors entre le roi et son terrible vassal; et tel étoit l'état des choses, que le duc de Bourgogne pouvoit à lui seul balancer les forces de la monarchie : car le duc de Bretagne, incapable d'opposer par lui-même une utile résistance, forcé de se soumettre chaque fois que les troupes royales entroient dans ses Etats, ce qui arriva deux fois encore dans cette lutte nouvelle, ne se soutenoit que par les diversions qu'opéroit son puissant allié.

La guerre se fit d'abord avec des succès divers, ensuite avec des succès marqués pour le roi; mais il étoit arrêté que les trahisons continuelles des grands viendroient sans cesse lui arracher le fruit de ses victoires. Tandis qu'il battoit le duc de Bourgogne, un prince du sang, le duc d'Alençon,

---

se nommoit Henri de la Roche, et étoit écuyer de la bouche du duc. Ils l'empoisonnèrent, dit-on, par le moyen d'une pêche préparée, avec la dame de Monsoreau sa maîtresse. Celle-ci mourut le jour même ; le jeune prince languit encore quelque temps.

traitoit avec cet ennemi du roi et de la France, pour lui livrer ses places fortes dans le Maine et dans la Normandie; le comte d'Armagnac se révoltoit de nouveau à l'autre extrémité du royaume; et le duc de Lorraine se déclaroit ouvertement pour le Bourguignon. (1474.) D'autres soins se mêloient encore à des embarras aussi cruels (1), de manière que Louis, dont l'activité avoit su prévenir la réunion des forces de ses ennemis, et qui, par des mesures si bien concertées, se voyoit sur le point d'humilier, de subjuguer peut-être son vassal, se vit contraint de demander une trève désavantageuse, que celui-ci n'eut garde de refuser, puisqu'en le tirant d'une situation périlleuse elle lui fournissoit les moyens de porter à ce prince des coups plus certains. Il falloit du temps pour qu'Édouard, rétabli sur le trône par une révolution, pût agir de concert avec lui; et d'ailleurs son insatiable ambition lui suggéroit des projets qu'il croyoit devoir exécuter sur-le-champ, et qui demandoient qu'il fût tranquille du côté de la France. Il ne s'agissoit de rien moins que de s'emparer de la Lorraine, de faire ériger son duché en royaume, et de devenir, par une alliance avec la maison d'Autriche, vicaire de l'empire et souve-

---

(1) Louis trompoit alors le roi d'Aragon par des feintes démonstrations d'amitié, tandis qu'il faisoit entrer une armée dans le Roussillon, dont il s'empara.

rain indépendant ; mais il avoit affaire à un ennemi dont l'œil étoit fixé sans cesse sur toutes ses démarches. Louis XI, tandis qu'il exerçoit sur ses vassaux rebelles les plus terribles châtiments, déconcertoit les projets de Charles sur la Lorraine, et semoit entre l'empereur et lui les méfiances qui renversèrent également ceux qu'il avoit formés pour l'indépendance et la royauté.

Ce fut cette ambition désordonnée de Charles-le-Téméraire qui sauva Louis : car, quelles que fussent les ressources que lui fournissoient son génie et son expérience, si un parfait concert se fût établi entre tant d'ennemis (1) qui se préparoient à l'attaquer, il étoit impossible que ce prince, échappé déjà à de si grands dangers, n'y succombât pas cette dernière fois, et tout sembloit pré-

---

(1) Outre les forces combinées du roi d'Angleterre et de ses deux puissants vassaux, il avoit encore à redouter le connétable de Saint-Pol, à qui sa charge, sa naissance, sa fortune et ses talents donnoient un grand crédit parmi la noblesse ; le duc de Bourbon, mécontent de la cour, ami et allié de la maison de Bourgogne ; le roi René, comte de Provence, lequel, imputant à Louis ses pertes et ses malheurs, avoit déjà conçu le dessein d'instituer Charles son héritier ; le duc de Nemours, irrité de son humiliation et de la mort encore récente du comte d'Armagnac, chef de sa maison ; la duchesse de Savoie, propre sœur de Louis, que l'espérance de marier son fils à l'héritière de Bourgogne avoit mise dans les intérêts de Charles, et qui avoit entraîné dans le même parti son allié le duc de Milan ; le roi de Naples, dont le fils étoit à la cour de Bourgogne ; le roi d'Aragon et le prince Ferdinand son fils, alors en guerre ouverte contre la France.

paré pour son entière destruction. Mais tandis qu'Edouard, sur la foi du traité qui le lioit au duc de Bourgogne, rassembloit contre la France une armée formidable, celui-ci soulevoit imprudemment tout l'empire contre lui, par cette passion qu'il avoit d'agrandir ses Etats, consumoit ses troupes au siége d'une ville, et fournissoit ainsi au roi les moyens de lui susciter tous ses voisins pour ennemis. (1475.) On peut dire que ce prince se surpassa lui-même en cette circonstance, par la sagesse, la prévoyance et l'activité qui dirigèrent toutes ses démarches. Edouard n'étoit pas encore embarqué, que Charles, forcé de combattre à la fois les Suisses que Louis tira le premier de leur obscurité pour les armer contre lui, le duc de Lorraine qui l'attaqua sur-le-champ parce qu'il craignoit d'en être attaqué, le roi lui-même qui fit une irruption subite dans l'Artois où il ne trouva aucune résistance, se vit dans la nécessité de lever le siége qu'il s'étoit obstiné à faire, après qu'une partie de son armée eut été taillée en pièces par les généraux du roi, et réduit ensuite à la honte de paroître sans ressources et sans soldats devant un allié qui ne venoit sur le continent que dans l'espoir d'être soutenu par toutes ses forces. On put voir dans cette circonstance quel est le vice radical de ces associations qu'un intérêt commun semble avoir formées, et que traversent en effet mille passions particulières. Edouard avoit compté sur Charles; Charles comptoit à son tour sur le connétable de Saint-Pol, qui, toujours mêlé à toutes les intrigues qui s'ourdissoient contre le roi, toujours dévoré de l'ambition de se faire aussi une souveraineté indépendante, avoit promis aux alliés de leur livrer la place importante de Saint-Quentin. Des intérêts étrangers à la ligue empêchoient Charles de tenir sa parole : une méfiance qui prenoit aussi sa source dans l'intérêt personnel détourna également le connétable de tenir la sienne. Le premier, ne pouvant soutenir les reproches d'Edouard, l'abandonna brusquement pour aller tirer vengeance du duc de Lorraine, qui continuoit à lui faire la guerre; le second, sommé de rendre la place qu'il avoit promise, soit qu'il ne s'attendît pas à recevoir sitôt une semblable sommation, soit que, dans la situation des choses, il n'y vît pas de sûretés suffisantes pour lui, fit tirer le canon sur les Anglois lorsqu'ils s'approchèrent des murailles. Cependant le roi, qui déjà recueilloit les fruits d'une division excitée par ses manœuvres, semoit la corruption dans le cabinet d'Edouard pour en obtenir une trève, qu'on peut regarder comme un des chefs-d'œuvre de sa politique artificieuse. Dans les embarras où il étoit réduit, Charles se vit forcé d'y accéder, en frémissant de rage; et le connétable, qui vouloit y mettre obstacle, devenu également odieux et suspect à tous les partis qu'il avoit trahis tour à tour, fut enfin livré au roi par le duc lui-même, et reçut sur un échafaud la juste récompense de ses perfidies et de sa folle ambition.

(1476.) Le reste de la conduite de Louis jusqu'à la fin tragique de Charles-le-Téméraire n'offre ni moins de prudence ni moins d'habileté. Le caractère de son ennemi lui étoit connu; il avoit déjà été si heureusement servi par les passions violentes de ce malheureux prince, qu'il ne vit rien de mieux à faire que de s'en remettre à elles du soin de le perdre sans retour. Ce fut donc avec une joie secrète qu'il le vit, aussitôt que la trève eut été signée, rentrer à main armée dans la Lorraine, et s'en rendre entièrement possesseur. Loin de le troubler dans une si rapide conquête, il lui en eût plutôt aplani les chemins, bien sûr qu'une conduite aussi extravagante alloit exciter contre lui les plus horribles tempêtes. On sait quel en fut le résultat : Charles, aveuglé par le succès, prenant pour de la timidité les artifices de son ennemi, attaque les Suisses qui le battent complétement à la journée de Granson. A la nouvelle de cet événement, Louis, loin de rompre la trève conclue avec le duc, consent à la prolonger, pour le perdre plus sûrement, et lui suscite un ennemi nouveau dans la personne de René, duc de Lorraine, qu'il envoie secrètement se joindre à l'armée des Suisses. Aidé de cette brave nation, ce jeune prince attaque le duc de Bourgogne, écrase son armée, et se remet en possession de la Lorraine plus promptement encore qu'elle ne lui avoit été enlevée. L'impétueux Charles se livre aux plus violentes fureurs lorsqu'il apprend que Nanci a ouvert ses portes au vainqueur ; il revient avec une sorte de désespoir sous les murs de cette ville, dont il s'obstine à faire le siége, malgré l'état de foiblesse et de délabrement où son armée étoit réduite. Attaqué pour la troisième fois dans une si triste position par le duc de Lorraine et les Suisses réunis, la trahison d'un partisan italien nommé Campobasse lui fait perdre à la fois la bataille et la vie. Cet événement mémorable arriva le 5 janvier 1477.

On peut regarder la mort tragique de ce prince insensé comme le dernier coup porté à la puissance politique des grands vassaux. Dès ce moment l'équilibre fut rompu entre le pouvoir monarchique et cette puissance qui l'avoit si long-temps menacé; Charles n'ayant point laissé d'héritiers mâles, la Bourgogne revint au domaine de la couronne, et le roi de France, entouré désormais de vassaux trop foibles et trop divisés pour pouvoir lui causer de sérieuses inquiétudes, devenu à peu près le seul maître dans un grand empire dont toutes les parties s'unissoient plus fortement de jour en jour, put à la fois assurer la paix de l'intérieur, et agir avec plus de vigueur dans ses rapports politiques et militaires avec les Etats voisins.

Toutefois les vues ambitieuses de Louis ne s'arrêtoient pas à la simple possession de la Bourgogne : la Picardie, l'Artois, tous les Etats de l'héritière de Charles lui faisoient envie; et leur réunion à la France en auroit fait sans doute la monarchie la plus puissante de l'Europe. Une alliance sembloit être le moyen le plus simple et le plus naturel pour y parvenir, soit qu'on fît épouser la jeune princesse au dauphin, soit qu'on la mariât au comte d'Angoulême, premier prince du sang. Le premier parti parut impraticable à Louis, peut-être même impolitique (1); le second déplaisoit à son caractère ombrageux : il craignoit, en agrandissant un prince de la maison de France, de ressusciter les droits et les prétentions des ducs de Bourgogne. Il y avoit bien sans doute à cela quelque danger; toutefois le projet auquel il s'arrêta, de s'emparer par la force des provinces que Marie tenoit de la couronne, et même de pousser plus loin ses conquêtes dans les domaines de cette princesse,

---

(1) Une telle alliance ne pouvoit se faire que par un traité qui auroit conservé à Marie tous ses droits. Or, la jeune princesse étoit nubile, le dauphin n'étoit encore qu'un enfant; et si le mariage n'eût pu être consommé du vivant du roi, ce qui étoit très-vraisemblable; si, après sa mort, des intrigues de cour et des cabales presque inséparables d'une minorité eussent fait rompre des nœuds mal assortis; enfin si la princesse, se retirant dans ses Etats, eût fait choix d'un autre époux, la France perdoit une occasion unique de recouvrer une partie de cette riche succession. (VILLARET.)

étoit encore plus mauvais. Car à peine eut-il manifesté ces intentions hostiles, que les Flamands, qui redoutoient par-dessus tout de tomber sous sa domination, entamèrent avec l'empereur une négociation dont le résultat fut le mariage de leur souveraine avec l'archiduc Maximilien, mariage qui mit la maison d'Autriche en possession de l'héritage de Bourgogne, devint la base de la puissance où s'éleva depuis Charles-Quint, et l'origine des querelles qui, pendant deux siècles, ont coûté tant de sang à la France, traversé les mesures, comprimé les forces, et arrêté tous les progrès des successeurs de Louis XI.

Cependant on ne peut nier que, dans ce plan conçu par une politique plus astucieuse que raisonnable, ce prince n'ait déployé une adresse et des talents extraordinaires. S'il ne réussit pas à dépouiller entièrement Marie, il parvint du moins à s'assurer la jouissance tranquille de la Bourgogne, qui lui appartenoit légitimement, et acquit la possession éventuelle de l'Artois et de la Picardie. Ces conquêtes qui furent le résultat d'une guerre longue et acharnée qu'il lui fallut soutenir contre Maximilien; ses négociations adroites avec le roi d'Angleterre, qu'il sut toujours empêcher de se réunir à ses ennemis; les intrigues qui consommèrent la réunion à la France de la Provence et de l'Anjou; dans l'intérieur, une administration aussi sage que vigoureuse, remplirent les dernières années de la vie de Louis XI, qui mourut au château du Plessis-lès-Tours le 30 août 1483, un mois après avoir fiancé le dauphin avec Marguerite, fille de Marie, espérant par ce mariage assurer à la France la possession de l'Artois, que ses armes avoient déjà conquis.

Paris jouit sous ce règne d'une tranquillité qu'il n'a jamais goûtée que lorsqu'il est resté fidèle à ses souverains légitimes. Depuis la guerre du bien public, ses murs n'étoient plus menacés par des armées ennemies; les factions étoient éteintes, et chacun jouissoit avec délices d'une paix qui ne fut momentanément troublée que par quelques-uns de ces événements qui, dans certaines circonstances, sont au-dessus de toute prévoyance humaine. On a déjà pu remarquer que, dans ces temps d'une police encore imparfaite (1), les maladies épidémiques étoient beaucoup plus fréquentes que de nos jours, où le soin que l'on donne à l'entretien de la propreté des rues maintient dans l'air une salubrité suffisante pour la santé des citoyens. En 1466 Paris fut affligé d'un fléau de ce genre, que la superstition attribua à l'apparition d'une comète, mais dont la véritable cause fut une pluie continuelle, suivie tout à coup d'excessives chaleurs. Cette peste emporta dans l'espace de deux mois plus de quarante mille habitants de cette grande cité, et ne com-

---

(1) *Voyez* t. Ier, p. 426, 1re partie.

mença que vers l'automne à ralentir son activité meurtrière (1). Une catastrophe si remarquable en elle-même le devint encore davantage par le moyen bizarre et condamnable que Louis XI employa pour réparer la population sensiblement diminuée de sa capitale. Ce fut d'ouvrir un asile à toutes sortes de personnes indistinctement, gens perdus de dettes, notés d'infamie, chargés de crimes, voleurs, assassins : les criminels de lèse-majesté furent seuls exceptés. Un historien observe avec raison que depuis la fondation de Rome on n'avoit rien imaginé de pareil, et qu'une si honteuse association apportoit dans la ville une peste morale pire que le fléau physique qui l'avoit ravagée. On ignore du reste quel fut le résultat de cette étrange opération; mais ces calamités dont Paris avoit été affligé dans les premières années de ce règne se renouvelèrent encore peu de temps avant la mort du roi (2). Une famine affreuse désola le royaume entier, et surtout l'Ile-de-France; la misère fut telle que l'on vit les habitans des campagnes, chassés par la faim de leurs tristes demeures, se précipiter en foule dans la capitale pour y cher-

---

(1) Dix ans après cet événement, les inconvénients de la malpropreté des rues devinrent si graves, que, par un arrêt du parlement, il fut arrêté que Paris seroit nettoyé, et que tous les habitants contribueroient aux frais de cette opération, privilégiés ou non.

(2) En 1483.

cher une subsistance qu'on ne pouvoit que difficilement leur procurer. Ils arrivoient, exténués par une longue abstinence, traînant avec eux leurs familles mourantes; les hôpitaux pouvoient à peine les contenir; presque tous y périrent, et leur séjour fut surtout funeste aux Parisiens, parce qu'à la famine succéda une fièvre ardente qui s'étendit sur la ville entière et moissonna de nouveau un grand nombre de ses habitants (1). Du reste, dans l'espace de près de vingt années que régna encore Louis XI depuis cette guerre du bien public, rien de plus stérile que l'histoire de Paris. Les fêtes politiques données aux ambassadeurs d'Aragon; l'arrivée du roi de Portugal, et la réception très-peu royale (2) qui lui fut faite, quelques autres fêtes données à l'occasion des événements les plus importants de ce règne; la revue militaire que le roi voulut faire des Parisiens (3), dans un voyage qu'il fit dans leur ville, car on sait qu'il n'en fit jamais son séjour habituel; quelques fondations, telles que

---

(1) Parmi ces victimes, on compte un grand nombre de personnes illustres, entre autres les archevêques de Narbonne et de Bourges; l'évêque de Lisieux; Jeanne de France, sœur du roi, et femme de Jean, duc de Bourbon; Gaucourt, gouverneur de Paris; Jean Le Boulanger, premier président du parlement, etc.

(2) *Voyez* p. 361, 1re partie de ce vol.

(3) Dans cette revue, faite en 1467, aux environs de Conflans, il se trouva que cette ville pouvoit fournir quatre-vingt mille hommes, dont plus de la moitié étoient bien armés, et en état de servir.

celles des écoles de médecine, du couvent de l'*Ave-Maria*, etc., tels sont les petits événements dont nous entretiennent les historiens; mais tous ont appelé l'attention sur les terribles exécutions du duc de Nemours et du connétable de Saint-Pol, dont Paris offrit le lugubre spectacle. Nous avons déjà dit que le premier fut décapité aux halles (1); l'autre avoit eu la tête tranchée long-temps auparavant sur la place de Grève. Cette punition de deux coupables convaincus juridiquement du plus grand crime qu'un sujet puisse commettre, et condamnés par un tribunal légitime et jugeant suivant les lois de l'Etat, excita sans doute cette compassion que les grandes infortunes font toujours naître parmi le vulgaire; mais elle étoit juste, nécessaire, et ne fut appelée tyrannique et cruelle que par des factieux qui auroient désiré pour eux-mêmes l'impunité.

L'imprimerie, inventée en Allemagne dans le courant de ce siècle, fut apportée à Paris sous le règne de Louis XI.

Nous le demanderons maintenant que nous avons présenté le récit exact des faits, Louis XI doit-il être compté au nombre des tyrans, et partager l'exécration que méritent ces ennemis des hommes, quels que soient d'ailleurs l'éclat et le

---

(1) *Voyez* 1re partie de ce 2e volume, p. 433.

bonheur de leurs entreprises, les prestiges dont la flatterie les a environnés, les grandes choses même qu'ils ont pu exécuter? Sur une semblable question, déjà décidée pour beaucoup de bons esprits, nous ne pouvons offrir que quelques réflexions rapides comme l'exposé que nous avons fait de la vie de ce prince, mais suffisantes pour ceux qui, en lisant l'histoire, cherchent à se dépouiller de toutes préventions. Dans cette vie si agitée, si remplie d'événements, la première chose qui frappe un esprit droit, c'est la situation vraiment déplorable d'un roi qui, de quelque côté qu'il tourne ses regards, ne voit que des ennemis acharnés à sa perte. Des vassaux que le malheur des temps avoit faits presque aussi puissants que lui, l'entourent de toutes parts, le combattent sans relâche, non pour l'appât de quelques provinces, ou pour venger quelques injures passagères, mais pour le précipiter d'un trône dont l'existence les inquiète sur leur propre salut; et cette terreur dont ils sont frappés réunit d'abord leurs intérêts divers dans un seul intérêt, et donne à leurs attaques un concert et une vigueur qui semblent lui ôter toute espérance de salut. Dans des périls aussi imminents, qui menacent à la fois et sa personne et la société entière dont la Providence lui a confié les destinées, il oppose tour à tour la ruse et la force aux violences et aux perfidies; à des négociations insidieuses il répond par des traités frauduleux; il trahit les secrets qu'il a su arracher; il flatte toutes les passions, aveugle ceux qu'il veut perdre, corrompt ceux qu'il veut s'attacher. Prodige de dissimulation, il sait feindre tous les sentiments : le calme et l'assurance, lorsqu'il est dévoré d'inquiétudes et d'alarmes, la foiblesse et la peur, lorsqu'il est prêt à porter les coups les plus terribles et les plus imprévus; enfin il ne répugne à aucuns moyens, dès qu'ils peuvent le mener à son but qui est de perdre ceux qui cherchent également sa perte par tous les moyens possibles : car le simple récit des faits prouve qu'avec moins d'habileté ses adversaires n'étoient ni moins dissimulés ni moins fourbes que lui. Certes, il sera difficile, quels que soient le courage d'un tel prince, sa prudence, son activité, la supériorité de ses vues, de le présenter comme un héros, comme un caractère noble et généreux. Une politique aussi perverse ne pourra se faire estimer, parce qu'il est faux, quoi qu'on en ait dit, que ceux qui gouvernent les hommes soient dispensés de suivre les lois de la probité; et si d'absurdes déclamateurs ont prétendu, dans leurs vains systèmes, que la morale étoit souvent incompatible avec le salut des empires, nous avons aujourd'hui des exemples éclatants qui prouveront à jamais à la postérité que ce machiavélisme infâme en amène tôt ou tard la ruine et le déshonneur. Mais, quelque odieux que soient de tels principes, il seroit injuste et même déraisonnable de considérer comme une tyrannie l'usage que Louis XI en a pu faire dans le cas de la défense la plus légitime; et l'on n'est point un tyran pour chercher à détruire des ennemis qui nous attaquent à main armée. Si nous examinons ensuite ce prince dans l'intérieur de ses Etats, nous l'y voyons entouré d'ennemis plus dangereux peut-être, et surtout plus coupables. Ils ne cessent de tramer contre lui d'indignes complots; ces trames mystérieuses se rattachent aux desseins funestes des ennemis du dehors, et parmi ces traîtres on compte des hommes qu'il a tirés de la poussière pour les combler de bienfaits, pour les élever aux dignités les plus éminentes, des ingrats à qui il a déjà plusieurs fois pardonné, des perfides qu'il honore de sa confiance la plus intime. Il fait éclater sa colère contre ces hommes pervers; il les livre à toute la sévérité des lois; ils ne sont condamnés qu'après avoir été convaincus devant les tribunaux légalement institués, et subissent le juste supplice qu'ils ont mérité: où donc est la tyrannie? On a cité avec une indignation exagérée ces cages de fer, dans lesquelles des prisonniers languirent pendant de longues années; mais il n'est point prouvé que Louis XI ait fait subir une semblable peine à des innocents; et personne n'ignore que le cardinal Balue et l'évêque de Verdun, d'Haraucourt, qui y furent si longtemps renfermés, et qui du reste étoient eux-mêmes les inventeurs de ces affreux cachots, méritoient la mort la plus honteuse et la plus cruelle, pour avoir trahi le prince et l'Etat. Son caractère ombrageux, qu'aigrissoient encore les trahisons continuelles dont il étoit environné, lui fit commettre quelques injustices envers de fidèles serviteurs : mais quel est le souverain, même le meilleur, dont la vie n'offre pas quelques-unes de ces foiblesses ? Lui reprochera-t-on l'augmentation des impôts, lorsqu'on le voit employer l'argent qu'il tire de ses peuples à assurer leur tranquillité en achevant d'organiser les armées créées par son père, à consolider d'utiles traités, à faire fleurir le commerce à l'agriculture, enfin à améliorer toutes les parties de l'administration ? A quelle époque les cours souveraines purent-elles user avec moins de danger du droit de remontrances et s'arroger même plus impunément celui d'opposition aux volontés du prince (1) ? Enfin si, sous

---

(1) En 1467, Jean de Saint Romain, procureur-général du parlement de Paris, étant seul en la cour, osa s'opposer à l'enregistrement des lettres qui abrogeoient la pragmatique sanction, et reprocher hautement à l'évêque d'Evreux, qui conduisoit cette affaire, qu'il trahissoit le prince et l'État. Cette hardiesse, loin de lui nuire, ne fit qu'accroître l'estime que le roi avoit conçue pour ce magistrat. En 1483, l'année même de la mort de Louis XI, Jacques de La Vacquerie, premier président, ayant reçu des édits qu'il jugeoit contraires au bien de l'État, se présenta devant lui à la tête d'une députation de cette cour souveraine. Le roi, surpris de leur arrivée, leur ayant demandé ce qu'ils vouloient : *La perte de nos charges ou même la mort*, répondit La Vacquerie, *plutôt que d'offenser nos consciences.* Ce prince admira cette ré-

Louis XI, les peuples furen heureux et tranquilles, les lois respectées, la religion florissante ; si l'on ne peut lui reprocher d'avoir maintenu, au prix du sang des hommes, une autorité qui ne lui appartenoit pas, doit-on l'accuser de tyrannie, parce qu'il réduisit sous un joug salutaire, et rendit ainsi utiles à l'Etat quelques sujets factieux qui, depuis de si longues années, en étoient les véritables tyrans (1) ?

ORIGINE

DU QUARTIER SAINT-MARTIN.

Avant Philippe-Auguste, tout le terrain que comprend ce quartier étoit en bourgs et en cultures ; et il n'y avoit de renfermé dans l'enceinte

---

ponse et retira ses édits. Nous rapportons ces deux faits, non que nous approuvions la résistance de ces deux magistrats aux volontés de leur souverain, et que nous pensions que Louis XI ait eu un juste sujet de les en estimer davantage ; mais uniquement pour prouver que ce n'est point là la manière d'agir ordinaire aux tyrans. On pourroit citer plusieurs autres faits du même genre ; et, nous le répétons encore, si l'on pouvoit faire un juste reproche à ce prétendu tyran, ce seroit d'avoir été plus populaire que ne le demandoit une sage et noble politique.

(1) Nous ne prétendons point justifier les actes d'une trop

de la ville que l'église et le cloître de Saint-Merri. La porte de cette première enceinte, que l'on croit avoir été bâtie sous les derniers rois de la seconde race, étoit située un peu au-delà de cette collégiale ; il en subsistoit encore quelques vestiges au quinzième siècle sous le nom de l'*archet Saint-Merri*. Les anciennes chroniques rapportent qu'elle fut donnée par Dagobert à l'abbaye de Saint-Denis ; et nous avons déjà dit que, dans les comptes que Suger, abbé de ce monastère et régent du royaume pendant l'absence de Louis-le-Jeune, nous a laissés de son administration, il nous apprend que cette porte, dont les droits d'entrées n'avoient jusque là produit au trésor que 12 livres par an, rapportèrent depuis, par ses soins, jusqu'à 50 livres. Suivant Raoul de Presle, on voyoit encore, sous le règne de Charles V, un des jambages dont elle étoit formée.

Les nouvelles murailles élevées par Philippe traversèrent l'endroit où est maintenant la rue Grenier-Saint-Lazare, renfermant ainsi dans cette partie de leur circonférence tout cet amas de maisons bâties dans le onzième siècle, et que l'on

---

grande rigueur exercés au Plessis pendant les deux dernières années de son règne ; mais nous soutenons qu'il ne faut point juger la vie entière d'un roi sur ces actes d'un esprit malade et même aliéné par tant de trahisons dont il n'a pas cessé un seul instant d'être environné.

connoissoit sous le nom de *Beaubourg*. L'abbaye de Saint-Martin-des-Champs, qui depuis donna son nom au quartier, étoit toujours hors de la ville.

Elle y fut renfermée dans le quatorzième siècle lors de l'enceinte élevée sous Charles V et Charles VI; alors les vides qui séparoient les bourgs et les diverses cultures de l'enceinte précédente se trouvoient couverts d'édifices, et la rue Saint-Martin se prolongeoit hors des murs, par-delà l'abbaye.

Sous les règnes suivants, jusqu'à celui de Louis XIII, la nouvelle rue qui commença à se former en dehors de la dernière enceinte resta isolée au milieu des champs, et l'on ne voit pas, dans les anciens plans, qu'elle se soit étendue au-delà de l'église Saint-Laurent. Sous Louis XIV elle commença, de même que dans la rue du faubourg Saint-Denis, à être coupée de rues transversales, c'est-à-dire que des chemins qui existoient déjà depuis long-temps furent successivement couverts de maisons, ce qui se continua sous les deux règnes suivants, pendant lesquels ce quartier parvint enfin à cette grande étendue qu'il présente aujourd'hui (1).

---

(1) L'ancienne porte Saint-Martin, dont nous donnons une vue gravée d'après le plan en tapisserie exécuté sous le règne de Charles IX, étoit située au coin de la rue Grenier-Saint-Lazare; *voyez* pl. 100.

L'ÉGLISE COLLÉGIALE ET PAROISSIALE

DE SAINT-MERRI.

Cette église a été bâtie sur la place qu'occupoit anciennement une chapelle dédiée sous l'invocation de saint Pierre, dont on ne connoît ni l'origine ni le fondateur, mais dont l'existence remonte jusque vers la fin du onzième siècle. On lit en effet, dans la vie de Merri ou Médéric, que ce pieux personnage, ayant quitté le monastère de Saint-Martin d'Autun dont il étoit abbé, vint à Paris avec *Frodulfe* ou *Frou* son disciple; qu'ils logèrent dans une cellule bâtie auprès de la chapelle de Saint-Pierre; et enfin que saint Merri, après l'avoir habitée pendant trois ans, y mourut en odeur de sainteté, et fut inhumé dans cette chapelle. Or, son historien fixe l'époque de sa mort au 29 août de l'an 700; et cette date établit nécessairement l'existence antérieure de la chapelle (1).

---

(1) Les anciens historiens qui ont parlé de cette chapelle ont

Nous apprenons, par un diplôme de Louis-le-Débonnaire de l'année 820 (1), que ce lieu étoit dès

commis deux erreurs; ils disent qu'elle s'appeloit *Saint-Pierre-des-Bois*, parce que la partie septentrionale de Paris où elle étoit située étoit anciennement couverte d'une forêt. « Mais, dit Jaillot,
» il n'est rien moins que prouvé qu'à l'époque dont il s'agit ici
» il n'y eût que des bois au nord et au midi de Paris; supposons-
» le cependant, on ne pourra du moins disconvenir que, du temps
» des Romains, ou sous le règne de nos rois de la première race,
» il n'y ait eu une enceinte au nord, et je ne crois pas qu'on
» puisse douter qu'elle ne s'étendit au-delà de l'endroit où est
» aujourd'hui située l'église de Saint-Merri. Or, puisque cette
» église étoit renfermée dans cette enceinte, on ne voit pas la
» raison pourquoi on auroit donné le surnom *des Bois* à la cha-
» pelle de Saint-Pierre, qui n'étoit pas dans une forêt. » Quoi qu'il en soit de la valeur de ces raisons, que nous ne donnons pas comme péremptoires, cette erreur est assez légère; la seconde est plus grave.

Quelques auteurs, et parmi eux les savants bénédictins à qui nous devons une Histoire de Paris, ont avancé que cette chapelle avoit été qualifiée de *petite abbaye*. Cependant on ne trouve aucun monument qui constate qu'il y ait jamais eu un monastère en cet endroit, nul titre, nul acte qui en fasse mention. Ces historiens se sont fondés sans doute sur un diplôme de Louis d'Outremer, du 1er février 936·*; mais, avec un examen un peu plus approfondi, ils auroient vu que le titre d'*abbaye* n'est pas donné à l'église Saint-Merri de Paris, mais à une autre située à *Linas*, près de Montlhéry, laquelle dépendoit de la première. Les termes de ce diplôme ne sont ni obscurs ni équivoques :

Præcipimus atque jubemus ut tam prænominatæ personæ..... quam successores eorum prædicti ecclesiæ Sancti Petri et pretiosissimi confessoris Christi Mederici ABBATIOLAM *ubi adspiciunt in* VILLA LINAIAS *mansetli XX,, etc., in suorum usibus omni tempore possideant, etc.*

(1) *Baluz. append. ad capitul.*, p. 1418.

* *Gal. christ.*, t. VII, Inst., p. 18.

lors très-célèbre par les miracles qu'y opéroient les reliques de Saint-Merri. Sous Charles-le-Chauve on y avoit déjà établi en son honneur un culte public, ce qui est prouvé par un martyrologe composé sous le règne de ce prince par *Usuard*, dans lequel le nom de ce saint prêtre fut inséré, et qui, depuis cette époque, fut lu dans tous les chapitres.

La chapelle de Saint-Pierre continua longtemps encore de porter son ancien nom; et l'on voit, dans les actes de Saint-Merri (1), qu'en 884 un prêtre nommé *Théodelbert*, qui la desservoit, ne trouvant pas que le corps de ce saint fût placé dans un lieu convenable, en fit préparer un plus digne de le recevoir, et pria *Goslen*, évêque de Paris, de venir faire la translation de ce précieux dépôt. Les mêmes actes ajoutent que l'évêque, n'ayant pu s'y rendre, s'y fit représenter par ses archidiacres, qui présidèrent à cette cérémonie en présence du clergé séculier, des moines de Paris et des environs, et d'un grand concours de peuple.

On voit ensuite qu'à l'occasion de cette translation, et suivant l'usage de ces temps-là, un certain comte Adalard et plusieurs autres firent à cette église des donations (2) qui furent successi-

---

(1) *Sæc.* 3, *Benedict.*, p. 14.
(2) Hist. du Dioc. de Par., t. I, p. 253. Dans ces donations étoit comprise, suivant la note précédente, la *petite abbaye de Linas* et vingt petites maisons qui en dépendoient.

vement approuvées par les rois Eudes et Carloman. Louis d'Outremer les confirma de nouveau par sa charte déjà citée, laquelle fut donnée à Laon le 1ᵉʳ février 936. L'abbé Lebeuf a pensé avec raison qu'on pouvoit fixer à l'époque de cette translation l'existence d'un petit clergé destiné à soulager le chapelain dans ses fonctions, à célébrer avec lui l'office divin, et à remplir les fondations. Les libéralités qui venoient d'être faites à cet oratoire pouvoient en effet suffire pour assurer l'existence de ces nouveaux ministres.

Ce fut alors que cette chapelle fut changée en une église, sous l'invocation de saint Pierre et de saint Merri. On ignora long-temps le nom du fondateur de cette basilique; et ce n'est que sous le règne de François Iᵉʳ, qu'en la démolissant pour la reconstruire telle que nous la voyons aujourd'hui (1), on trouva dans un tombeau de pierre le corps d'un guerrier qui avoit aux jambes des bottines de cuir doré, et une inscription qui portoit ces mots :

Hic jacet vir bonæ memoriæ Odo Falconarius fundator hujus ecclesiæ (2).

---

(1) L'église construite sous le règne de François Iᵉʳ étoit le second édifice bâti depuis la chapelle de Saint-Pierre; ou du moins l'église fondée par Odon avoit été considérablement agrandie, si elle ne fut pas rebâtie en entier vers l'an 1200.

(2) On peut présumer que cet *Odon le Fauconnier* étoit ce fameux guerrier de Paris; lequel, avec Godefroi, autre guerrier

Il y a lieu de croire que, dès le temps de la fondation, cette église étoit devenue paroissiale; et l'on en trouve une preuve commune à beaucoup d'autres églises, dans son éloignement des deux paroisses au milieu desquelles elle étoit située, et dans la population nombreuse de ce quartier. Mais on ne connoît aucun titre qui la présente alors comme une collégiale desservie par des chanoines, ainsi que l'ont avancé quelques auteurs; et lorsque vers l'an 1015 le chapitre de Notre-Dame la demanda et l'obtint de Renaud, évêque de Paris, les lettres qui furent données à ce sujet ne font nullement mention de ces chanoines, dont le consentement eût été essentiel pour opérer cette union, s'ils eussent effectivement existé. On n'y parle que de l'archidiacre *Elisiard*, de qui cette église dépendoit, et du prêtre *Herbert* qui la desservoit, et à qui on la conserva pendant sa vie (1). Telle est du reste l'origine de la supério-

---

non moins célèbre, défendit si vigoureusement la ville contre les Normands en l'an 886, sous les ordres du comte Eudes, qui devint roi deux ans après; du moins ne trouve-t-on aucun autre monument qui fasse mention d'un *Odo Falconarius*. Il peut se faire que ce surnom de *Falconarius* lui fût venu de ce que le comte Eudes l'auroit fait son fauconnier, lorsqu'il se vit élevé à la royauté; ou de ce que, pour repousser les Normands, il se seroit servi de l'espèce de lance qu'on appeloit *falco*, parce qu'elle étoit recourbée. (L'abbé Lebeuf, *Histoire du Diocèse de Paris*, tome I.)

(1) *Ibid.*; p. 255.

rité que l'église mère a toujours conservée sur celle de Saint-Merri, qui, pour cette raison, étoit nommée l'une des filles de Notre-Dame.

Une simple tradition veut que le chapitre de la cathédrale, s'étant mis en possession de l'église de Saint-Merri, y ait aussitôt placé sept de ses bénéficiers, qui prirent le titre de chanoines, et formèrent dès lors cette collégiale telle qu'elle étoit au moment de sa suppression. Quel qu'ait été le nombre des prêtres qui furent employés alors au service de cette église, il est constant qu'ils portoient, au douzième siècle, le nom de chanoines, et qu'ils administroient alternativement, et par semaine, les sacrements, usage qui subsista jusqu'en 1219, qu'à la requête et du consentement de ces chanoines de Saint-Merri le chapitre de Notre-Dame attacha la cure de leur église à la prébende dont étoit alors pourvu *Etienne Dupont*, ordonna qu'à l'avenir elle seroit toujours annexée à cette prébende, sans jamais pouvoir en être séparée, et déchargea les autres chanoines du soin des âmes et de toutes les fonctions qui y sont relatives (1). Ce chanoine curé fut appelé *pleban, presbyter, plebanus qui plebi prœest, qui plebem regit.*

Le nombre des paroissiens s'étoit déjà si fort

---

(1) *Gr. Past., lib.* 20, c. 97.

augmenté au commencement du quatorzième siècle, que le chanoine pleban ou curé se vit dans la nécessité de demander un coadjuteur, qui lui fut accordé. Ils partageoient entre eux les fonctions curiales, et les remplissoient alternativement; cependant la prééminence et quelques prérogatives utiles et honorifiques distinguoient le premier du second. Tous les deux étoient nommés *chefciers* (1).

L'établissement de deux chefciers ou curés à Saint-Merri, contraire à l'esprit et aux lois de l'église, fut quelquefois une source de scandale et de division. Il subsista cependant jusqu'en 1683 que le projet de la réunion des deux cures fut approuvé par une bulle d'Innocent XI. La transaction passée en conséquence entre les deux curés, le 12 avril de la même année, fut ratifiée par l'archevêque, par le chapitre de Notre-Dame et par

---

(1) Les auteurs se sont partagés sur l'étymologie de ce mot: les uns le font dériver de la cire que ces dignitaires prenoient, *capicerius à capiendâ cerâ;* d'autres disent *capitiarius à capitio*, qui est le chevet de l'église, ou le sanctuaire dans lequel se portoient les offrandes. Dom Mabillon et l'abbé Lebeuf ont adopté cette dernière étymologie. Jaillot pense, au contraire, que chefcier, en latin, *capicerius*, venant de *caput* et de *cera*, est la même chose que *primi cerius*, parce que, selon lui, le chefcier étoit le premier inscrit sur une petite planche enduite de cire, qui contenoit la table ou liste des ecclésiastiques d'une église, et que la dignité de chefcier répondoit à celle de primicier, qui jouissoit dans d'autres églises de la même prérogative.

les marguilliers de Saint-Merri, dans le courant du mai 1685; tous donnèrent leur consentement à l'exécution des lettres-patentes obtenues à cet effet au mois d'avril précédent; elles furent enregistrées au parlement le 25 mai de la même année.

Le chapitre de Saint-Merri étoit composé du chefcier curé, de six chanoines et de six chapelains en titre. Tous ces bénéfices étoient conférés par deux chanoines de Notre-Dame, qui jouissoient exclusivement de ce droit attaché à leur canonicat.

L'église qui subsiste aujourd'hui, bien qu'elle ait été bâtie sous le règne de François I*er*., est d'une architecture gothique. On y fit, dans le siècle dernier, de grandes réparations et beaucoup d'embellissements, suivant le goût du temps, c'est-à-dire qu'ils étoient d'une extrême richesse et d'un style peu sévère.

Le chœur avoit été décoré sur les dessins des frères Slodtz. Les arcades en étoient revêtues d'un stuc imitant le marbre; celles du sanctuaire étoient enrichies de bas-reliefs représentant des vases sacrés. On y voyoit la châsse de saint Merri soutenue par deux anges; elle étoit d'argent, enrichie de pierres précieuses, et contenoit la plus grande partie de ses reliques. Le grand autel, isolé en forme de tombeau, étoit orné, dans ses faces et dans ses encognures, de consoles de bronze doré; et deux anges placés au bas du chœur soutenoient les pupitres de l'épître et de l'évangile : du reste, l'intérieur est composé, comme le plus grand nombre des églises gothiques, d'une nef étroite, de bas côtés et de chapelles (1).

CURIOSITÉS DE L'ÉGLISE DE SAINT-MERRI.

TABLEAUX.

Dans la chapelle de la Communion, les Pélerins d'Emmaüs, par *Charles Coypel.*

Le Purgatoire, par *Couet.*

La réparation de la sainte Hostie, par *Belle.*

Dans une autre, près de la sacristie, une Adoration des bergers, par *d'Ulin.*

Dans les quatre chapelles de la croisée, lesquelles étoient décorées de colonnes de marbre, la Vierge et l'enfant Jésus, par *Carle Vanloo.*

Saint Charles Borromée, par le même.

Un tableau de *Vouet.*

Un tableau de *Restout père.*

Dans la seconde chapelle à gauche, près le chœur, un tableau en mosaïque fort estimé, représentant la Vierge et l'enfant Jésus entre deux anges; il étoit de *David Florentin,* et avoit été apporté d'Italie en 1496 par Jean de Ganay, qui avoit suivi le roi Charles VIII dans son expédition.

Les tapisseries de cette église, faites sur les dessins de *Louis Lerambert,* sculpteur de l'académie, représentoient l'histoire de N. S. J. C.

Les amateurs de la peinture sur verre admiroient, à Saint-Merri, plusieurs vitraux exécutés dans le seizième siècle, c'est-à-

---

(1) *Voyez* pl. 94. Cette église est une de celles que la rage révolutionnaire a le plus épargnées. Le chœur a conservé presque toutes ses décorations; les vitraux même n'ont été que très-peu endommagés. C'est maintenant une des paroisses de Paris.

dire dans le temps où cet art étoit parvenu à son dernier degré de perfection, par les plus habiles artistes de ce genre. *Pinaigrier* en avoit peint plusieurs; mais on cite entre autres une Suzanne qui passoit pour le chef-d'œuvre de *Parroy*, autre célèbre peintre sur verre. Ce morceau avoit été déposé pendant la révolution au Musée des monuments françois.

SÉPULTURES.

Dans cette église étoient inhumés Jean de Ganay, premier président au parlement, puis chancelier, mort en 1512.

Simon Marion, avocat général, jurisconsulte d'une grande réputation, mort en 1699.

Jean Chapelain, de l'Académie françoise, auteur de *la Pucelle*, mort en 1674 (*).

(*) Ce poète, qui fut pendant si long-temps l'oracle de la littérature, où son nom est depuis devenu ridicule, avoit été gratifié par ses héritiers bénévoles, et sans doute assez satisfaits de son riche héritage *, d'une épitaphe qu'on pouvoit lire encore avant la révolution, et qui certainement est une des plus curieuses que la flatterie ait jamais imaginées; la voici :

D. O. M. S. Et memoriæ sempiternæ D. Clar. Joannis Chapelain *regi à consiliis; qui præter exquisitam rei poëticæ cognitionem, scriptis immortalibus abundè publico testatam, tot tantasque dotes animo complectebatur, ut universum virtutis bonarumque artium nomen quàm latè diffunditur, hic collegisse semet ac fixisse sedem videri posset. Prudentiæ singularis, comitatis, candoris, integritatis, studii in demerendis non minùs exteris quam popularibus suis, præsertim à disciplinâ liberaliori instructis quibuscumque, ut nunquam non parati, sed sic prorsùs indefessi, rarissimo et amabili planè exemplo. Is principum tempestatis suæ virorum, at in hisce maximorum regum* Ludovici *utriusque, patris et filii,* Armandi *adhæc* Richelii, *tum* Julii Mazarini, *præcipuè verò* Longa-villæi *ducis, munificum favorem solidè consecutus cùm esset, hâc omni prærogativâ tamen adeò sibi moderatè utendum est arbitratus, ut intra privati laris angustias adfluentis ultrò fortunæ atque ad majora identidem invitentis auram modestus coerceret. Hæredes animum, uti par erat, professi gratum, benemerenti posuerunt. Vixit an. 78, mens. 2, dies 18. Obiit Lutetiæ natali in solo an. 1674, die 22 februarii.*

* On sait que Chapelain étoit de la plus sordide avarice, et que cet homme, qui se refusoit le plus absolu nécessaire, laissa, après sa mort, plus de cinquante mille écus.

Arnaud, marquis de Pomponne, ministre d'état, mort en 1699, Jean Auberi, marquis de Vastan, mort en 1711.

CIRCONSCRIPTION.

On ne peut représenter le circuit et l'étendue de la paroisse de Saint-Merri qu'à diverses reprises, son territoire embrassant plusieurs parties fort éloignées les unes des autres ; mais on peut faire le tour de la portion principale de la manière suivante :

En sortant de l'église et allant toujours à la gauche des rues, il faut suivre ainsi la rue des Arcis, puis celle de la Planche-Mibrai ; entrer dans le haut de la rue de la Vannerie, la suivre à gauche, ainsi que la rue de la Coutellerie ; remonter la rue de la Poterie dans son côté gauche, et le même côté de la rue de la Verrerie, depuis le coin de la rue du Renard ; entrer dans la rue Barre-du-Bec, dont la plus grande partie étoit de cette paroisse, ainsi que les rues Sainte-Croix, du Plâtre et des Blancs-Manteaux, mais seulement dans les extrémités qui aboutissoient à la rue Sainte-Avoie. Elle avoit aussi la rue Geoffroi-Langevin tout entière, et tournant à gauche au bout de cette rue, le côté gauche de la rue Beaubourg. Mais, depuis le coin de la rue de la Corroyerie, les deux côtés de cette même rue Beaubourg lui appartenoient. On entre ensuite dans la rue

Maubué, dont elle avoit le côté gauche; enfin, à partir du bout de cette rue elle avoit le côté gauche de la rue Saint-Martin jusqu'à Saint-Merri. Dans ce circuit étoient renfermées les rues de la Verrerie en partie, de la Lanterne, de Saint-Bon, de la Tacherie, de Jean-Pain-Molet, de Taille-Pain, Brise-Miche, du Renard, Neuve-Saint-Merri, du Poirier, Pierre-Aulard et Simon-le-Franc.

Cette paroisse offroit les écarts suivants :

1°. Du côté de Saint-Julien-des-Ménétriers, elle avoit la rue des Petits-Champs, la rue de la Cour-du-More, jusqu'aux culs-de-sacs de Clairvaux et des Anglais, avec les maisons de la rue Saint-Martin et de la rue Beaubourg, qui font le retour de la rue des Petits-Champs; de plus, le côté gauche du cul-de-sac Bertrand et de la rue Beaubourg.

2°. Dans la rue Saint-Denis, à partir de l'église du Sépulcre, elle embrassoit toutes les maisons situées du même côté jusqu'au coin de la rue Aubry-le-Boucher, où elle possédoit encore deux maisons.

3°. Dans la rue Saint-Martin elle avoit quelques maisons après la rue Aubry-le-Boucher jusqu'au-delà de la rue de Venise; de plus, elle renfermoit la rue de Venise en son entier, le cul-de-sac du même nom qui est au bout, et quelques maisons dans la rue Quincampoix.

Outre le corps de saint Merri, cette église possédoit un grand nombre d'autres reliques dont l'abbé Lebeuf donne l'histoire et la description (1).

Hospice de Saint-Merri.

Cet hospice, situé dans le cloître Saint-Merri, fut fondé, le 15 décembre 1783, en faveur des pauvres de cette paroisse. On y comptoit seize lits. Les malades y étoient soignés par les sœurs grises (2), sous l'administration du curé et de MM. de la Charité. Les écoles de charité situées derrière cet hospice avoient leur entrée par la rue Brise-Miche.

LES JUGES CONSULS.

La maison de la juridiction consulaire, actuellement nommée *tribunal de commerce*, étoit située dans le cloître Saint-Merri, derrière le chevet

---

(1) T. I, p. 260.
(2) Cet hospice existe encore sous la surveillance du bureau de Bienfaisance.

de cette église. Les juges consuls furent établis à Paris par un édit de Charles IX du mois de novembre 1563, pour connoître et décider sommairement toutes contestations entre marchands et autres, pour le fait de la marchandise, et les juger sans appel, pourvu toutefois que la demande n'excédât pas 500 livres. L'établissement de cette juridiction, dont on ne connoissoit pas encore toute l'utilité, souffrit d'abord quelques difficultés, et le parlement n'enregistra l'édit que par provision, et pour obéir aux lettres de jussion qui lui furent adressées à ce sujet ; mais l'enregistrement s'en fit ensuite purement et simplement au mois de janvier 1565.

Les juges consuls prirent d'abord l'auditoire de Saint-Magloire pour y tenir leurs séances; mais, le 16 novembre 1570, ayant acheté dans le cloître Saint-Merri la maison du président Baillet, ils y firent faire les dispositions nécessaires pour y établir leur tribunal, et s'y installèrent peu de temps après. Cette juridiction consulaire étoit composée d'un juge et de quatre consuls, et tenoit ses séances trois fois par semaine (1).

---

(1) Ce tribunal a subi peu de changements ; le nombre des juges est toujours le même. Il vient d'être transporté dans le nouveau bâtiment de la Bourse, élevé sur le terrain des Filles-Saint-Thomas. (*Voyez* p. 291, 1re partie de ce vol.)

CURIOSITÉS.

Au-dessus de la principale porte de la maison consulaire, une statue de marbre par *Guillain*, représentant Louis XIII.

Dans la salle d'audience, un tableau représentant le jugement de Salomon.

Le roi Charles IX remettant aux juges consuls l'édit de leur création, par *Porbus*.

Le portrait en pied et grand comme nature, de Louis XV, dont ce prince avoit fait présent, en 1758, à ce tribunal.

La salle du conseil étoit ornée d'un tableau de *Lagrenée* le jeune, représentant le buste de Louis XVI soutenu par la Justice.

Les consuls portoient le titre de *Sire*. Cette qualification appartenoit autrefois indistinctement à tous les seigneurs françois d'une haute naissance : on disoit le *sire de Joinville*, le *sire de Coucy* ; mais depuis le seizième siècle elle n'a plus été donnée qu'aux rois et aux consuls en charge.

L'ÉGLISE
SAINT-JULIEN-DES-MÉNÉTRIERS.

Le surnom de cette église indique quels furent ses fondateurs. On rapporte qu'en 1330 deux ménétriers ou joueurs d'instruments, touchés de compassion de voir une femme paralytique que son extrême misère forçoit à rester nuit et jour exposée aux injures du temps, formèrent sur-le-champ le charitable dessein de fonder, dans l'endroit même où ils avoient trouvé cette infortunée, un petit hôpital qui pût servir d'asile aux pauvres passans. Ce terrain, situé dans la rue Saint-Martin, un peu au-dessus de Saint-Merri, appartenoit à l'abbesse de Montmartre, qui consentit à le leur vendre, moyennant cent sous de rente et huit livres payables en six ans. L'acte, daté de la même année 1330, le dimanche avant Saint-Denis, nous apprend que ces deux hommes se nommoient *Jacques Grare* et *Huet* ou *Hugues Le Lorrain*. L'hôpital fut aussitôt bâti; les ménétriers, qui étoient déjà formés en confrérie, s'unirent alors aux deux fondateurs par un nouvel acte du 21 août 1331, et obtinrent la permission de faire construire une chapelle, sous la condition de la doter de seize livres. Cette condition ayant été remplie, l'hôpital fut dès lors connu sous le nom de *Saint-Julien* et *Saint-Genès*, et la chapelle dédiée sous ceux de *Saint-Georges*, *Saint-Julien* et *Saint-Genès*. Le pape, le roi, l'évêque de Paris approuvèrent cet établissement, et la chapelle fut érigée en bénéfice à la nomination des ménétriers.

Les choses restèrent en cet état jusqu'au mois

de novembre 1644, que l'archevêque de Paris jugea à propos de charger les pères de la Doctrine Chrétienne du soin de desservir cette chapelle, qui fut définitivement unie à leur congrégation en 1649. Cette union excita de vives réclamations de la part de la confrérie des Ménétriers, et fit naître d'assez longues contestations dont le détail ne présenteroit aujourd'hui aucun intérêt, et qui furent définitivement terminées en 1638, par un arrêt qui confirma les pères de la Doctrine Chrétienne dans la possession de cette chapelle. Les ménétriers n'y conservèrent que le droit de nommer un chapelain, et quelques autres prérogatives dont jouissoient ordinairement les fondateurs.

L'église ou chapelle des Ménétriers n'avoit rien de remarquable ni dans son architecture ni dans ses ornemens intérieurs. On remarquoit seulement, parmi les figures de ronde-bosse qui en ornoient le portail, celle d'un jongleur qui tenoit un instrument de ce temps-là que l'on nommoit *vielle* ou *rebec*, et dont on jouoit avec un archet (1).

---

(1) Cette petite église a été changée en maison particulière.

LES RELIGIEUSES CARMÉLITES

DE LA RUE CHAPON.

Ces religieuses, établies dès 1604 au faubourg Saint-Jacques, durent ce second établissement à la faveur de la jeune reine Anne d'Autriche, qui protégeoit leur ordre institué en Espagne, et qui en désiroit l'accroissement. Sur l'autorisation qu'elle leur fit obtenir de la puissance spirituelle, les nouvelles Carmélites se logèrent d'abord dans une maison située rue Chapon, où elles furent entièrement installées le 8 septembre 1677; mais ayant bientôt reconnu les inconvénients d'une demeure qui n'étoit ni assez spacieuse ni assez commode pour une communauté, elles jetèrent les yeux sur un hôtel voisin dont l'évêque et le chapitre de Châlons (1) étoient propriétaires. Ceux-ci don-

---

(1) Cet hôtel appartenoit, au douzième siècle, aux archevêques de Reims : il fut ensuite aliéné et racheté par eux en 1266. Les évêques de Châlons l'acquirent dès le commencement du siècle suivant.

nèrent leur consentement à cette transaction dès le mois de janvier 1618; et en 1619, Cosme Clausse de Marchaumont, alors évêque de cette ville, en fit la vente aux religieuses Carmélites. Le contrat, passé le 6 août de cette année, fut ratifié le 6 septembre suivant par l'archevêque de Reims, et approuvé par lettres-patentes du 23 janvier 1621, enregistrées le 16 mars de la même année. Cette communauté y est appelée *Prieuré et couvent de la Sainte - Mère de Dieu, ordre de Notre-Dame du Mont-Carmel.*

Les Carmélites avoient pris possession de leur nouvelle habitation dès le mois d'octobre 1619. Aidées des libéralités de madame la duchesse douairière d'Orléans-Longueville, de M. le duc son fils, et de plusieurs autres personnes, elles y firent construire les lieux réguliers, et une chapelle qui fut dédiée en 1625. La sage économie qu'elles mirent dans leur administration leur permit, peu d'années après, de faire dans le voisinage des acquisitions qui étendirent considérablement leur enclos, lequel comprenoit un grand espace entre les rues Chapon et de Montmorenci.

Le roi, par ses lettres-patentes du mois d'avril 1688, amortit toutes ces acquisitions, et mit le dernier sceau de l'autorité à cet établissement. Sur le consentement de l'archevêque de Paris du 15 juin, et sur l'avis du lieutenant de police et du prevôt des marchands et des échevins; des 15 et 28 juillet, ces lettres furent enregistrés le 17 août de la même année. Comme on y lit que « le roi » amortit la moitié de la maison des religieuses » de l'Incarnation, acquise par les Carmélites, et » comprises dans leur couvent et enclos, » on pourroit peut-être en inférer qu'il y avoit eu en cet endroit un couvent de l'Incarnation, ce qui seroit une erreur. Il s'agit seulement de la première habitation de ces religieuses, rue Chapon, laquelle appartenoit aux Carmélites de la rue Saint-Jacques, dont le monastère étoit dédié sous le titre de l'Incarnation.

CURIOSITÉS DE LA CHAPELLE.

Sur le maître-autel une Nativité de *Simon Vouet*. Dans le chœur des religieuses, dix-neuf tableaux représentant une partie de la vie de J.-C., par *Verdier* et *Chéron*.

SÉPULTURES.

Catherine de Gonzague et de Clèves, duchesse douairière d'Orléans-Longueville, l'une des principales bienfaitrices de ces religieuses, avoit été inhumée dans le cloître de cette maison.

Le couvent et la chapelle n'avoient rien de remarquable (1).

---

(1) Le couvent des Carmélites a été en partie détruit, en partie changé en maisons particulières.

SAINT-NICOLAS-DES-CHAMPS.

Tous les anciens historiens (1) ont été dans l'erreur au sujet de cette église, en avançant que le roi Robert avoit un palais près de Saint-Martin-des-Champs, et que Saint-Nicolas en étoit la chapelle. La critique plus exacte des antiquaires du dix-huitième siècle a prouvé que ce prétendu palais n'avoit jamais existé, et que ces premiers compilateurs, pour avoir mal compris le véritable sens des passages d'*Helgaud* et de *Guillaume de Nangis*, ont attribué à l'oratoire dont il est ici question ce qui ne doit s'entendre que de la chapelle de Saint-Nicolas au Palais, dont nous avons parlé en décrivant ce monument. *In civitate Parisius ecclesiam (œdificavit) in honore sancti Nicolai Pontificis in Palatio*. Tels sont les termes dont se sert l'ancien historien de la vie du roi Robert.

On peut ajouter que cette chapelle de Saint-

---

(1) Dubreul, Belleforet, Delamarc, dom Marrier.

Nicolas ayant été bâtie vers l'an 1030, au rapport de Nangis, cette époque, beaucoup trop reculée, ne peut convenir à Saint-Nicolas-des-Champs, puisque cette dernière chapelle fut construite pour l'usage des domestiques de Saint-Martin-des Champs et de ceux qui vinrent former des habitations sur son territoire; et que ce monastère, ruiné depuis long-temps de fond en comble, n'avoit été lui-même rebâti que sous le règne de Henri Ier, qui succéda à Robert en 1031.

Si l'époque précise de l'érection de cette chapelle est enveloppée de quelque obscurité, on a du moins des preuves qu'elle existoit en 1119, par une bulle de Calixte II, du 5 des calendes de décembre (27 novembre) de cette même année (1), dans laquelle il est fait mention de la chapelle de Saint-Nicolas, située près du monastère Saint-Martin; et comme il n'en est pas parlé dans les bulles d'Urbain II, du 14 juillet 1097, et de Paschal II, du 30 avril 1108, on peut en inférer que la chapelle de Saint-Nicolas n'avoit pu être bâtie qu'entre les années 1108 et 1119.

L'abbé Lebeuf a pensé que cette chapelle pouvoit bien être déjà paroisse vers cette année 1119 (2), quoiqu'on ne la trouve désignée sous ce titre que vers l'an 1220. Il se fonde sur ce

---

(1) *Hist. S. Martini*, p. 157.
(2) T. I, p. 326.

que Saint-Jacques-la-Boucherie, qui étoit certainement paroisse à cette époque, est qualifié encore de chapelle dans les années 1175 et 1176. « C'étoit, ajoute-t-il, une paroisse desservie dans » une chapelle, laquelle suffisoit pour contenir » ceux qui en étoient paroissiens. »

Jaillot, qui dans ces matières pousse l'exactitude jusqu'au scrupule, trouve l'opinion de l'abbé Lebeuf un peu hasardée, parce que, dit-il, les deux églises dont il est ici question sont mentionnées dans les mêmes bulles avec des qualifications spécialement différentes. On y désigne Saint-Nicolas comme une simple chapelle, et Saint-Jacques comme une chapelle paroissiale. *In suburbio Parisiacæ urbis capellam Sancti-Jacobi cum* PAROCHIA. *Propè monasterium Sancti-Martini,* CAPELLAM *Sancti-Nicolai.* Il en conclut que cette distinction n'eût point été faite si ces deux chapelles avoient été également décorées du même titre (1).

Le même auteur ajoute qu'elle existoit sous le titre de paroisse en 1184, ce qu'il avance cependant sans en donner une preuve décisive. Cependant on ne peut douter qu'elle n'eût cette qualité avant l'an 1220, et la preuve s'en trouve dans un acte de cette même année, où elle est qualifiée

---

(1) Quart. S. Mart., p. 55.

du titre d'*ecclesia*, de manière à faire clairement entendre qu'elle le possédoit depuis long-temps; il suffit de le lire pour s'en convaincre. En effet, jusqu'à cette époque, la cour de Saint-Martin-des-Champs avoit tenu lieu de cimetière, quoique la disposition du lieu la rendît peu propre à cet usage. Cet emplacement n'étoit point fermé, et ne pouvoit l'être sans causer un notable préjudice au monastère; il étoit étroit, malpropre, et les enterremens fréquens troubloient le repos des religieux. Ces inconvéniens engagèrent l'abbé de Saint-Martin et Gautier, prêtre de l'église de Saint-Nicolas, à demander à Guillaume de Seignelai, évêque de Paris, la translation de ce cimetière dans un autre endroit. Ce prélat y consentit, et dans les lettres qu'il donna à cet effet, en date du mois de mars 1220 (1), on lit que

---

(1) *Hist. eccles. Par.*, t. I, p. 270. Au commencement du dernier siècle, les religieux de Saint-Martin-des-Champs firent construire dans cette cour plusieurs maisons qu'ils louoient à des marchands. On y voyoit encore avant la suppression du monastère une chapelle sous l'invocation de saint Michel. (Nous avons déjà dit que c'étoit l'usage d'en bâtir une dans les cimetières sous son invocation *.) Elle avoit été érigée par Nicolas Arrode **. Les

* *Voyez* p. 443, 1re partie de ce vol.
** Dom Marrier nous a conservé l'épitaphe de ce fondateur. Elle est ainsi conçue:

Ci git Nicolas Arrode (fuiz feu Heudon Arrode), qui édifia cette chapelle, qui trépassa en l'aage de LIX ans, en l'an MCCLII, lendemain de la Saint-Lorens: priez pour lui que Dex ayt merci de l'ame.

l'*église de Saint-Nicolas n'avoit point de cimetière suffisant pour enterrer les* PAROISSIENS : *ad sepelienda corpora defunctorum de* PAROCHIA *ejusdem ecclesiæ;* que *le peuple de cette* PAROISSE *s'étoit si fort augmenté que ceux qui mouroient sur cette paroisse, etc.* Ces expressions de *prêtre* et de *paroisse* ne permettent pas de douter que la chapelle de Saint-Nicolas ne fût une cure en forme avant l'époque des lettres de Guillaume de Seignelai. C'est de là que Jaillot conjecture qu'elle avoit été érigée en titre peu après qu'on eut entièrement achevé le monastère de Saint-Martin.

Le nombre des paroissiens s'étant considérablement augmenté, on fut obligé, en 1420, d'agrandir cette chapelle. Le grand portail et le bas de la tour semblent être de ce temps-là. Les constructions qui s'élevèrent alors successivement ne comprirent que sept arcades à partir de la grande porte, car à la huitième on reconnoît un genre d'architecture tout différent et plus nouveau. On travailloit encore à l'achèvement des chapelles de cette partie occidentale en 1480. Cette église fut

---

marchands rubaniers établirent ensuite leur confrérie dans cette chapelle, qui, sépulcrale dans son origine, devint ensuite baptismale, et servoit à ce dernier usage pour les enfants de la paroisse Saint-Laurent qui naissoient sur la partie du territoire de cette église renfermée dans la ville par l'enceinte de Philippe-Auguste

depuis élargie : le lieu où avoient été les chapelles devint la seconde aile, et les chapelles furent rebâties à côté, ce qui est prouvé par plusieurs actes cités par l'abbé Lebeuf (1).

Enfin, vers l'an 1575, les religieux de Saint-Martin cédèrent une portion de terrain de vingt toises carrées du côté de l'orient, à l'endroit où étoit l'entrée de leur prieuré (2), et sur cet emplacement on construisit la suite de la nef, le passage d'une porte à une autre, le chœur et le sanctuaire avec leurs collatéraux et les chapelles du chevet. C'est à cette époque que fut construit le portail méridional de cette église. Il est composé d'une ordonnance de pilastres corinthiens avec entablement et fronton; et les sculptures en sont traitées avec beaucoup de délicatesse. On y voyoit, avec la statue de saint Nicolas, celle de saint Jean l'Evangéliste, parce que effectivement cette église avoit été dédiée sous l'invocation de ces deux saints. Du reste, l'intérieur de ce monument est d'un gothique très-peu remarquable.

Une inscription posée sur la porte des charniers indiquoit qu'en 1668 il avoit été fait plusieurs em-

---

(1) T. I, p. 327.
(2) De ce côté étoient aussi les prisons qui en dépendoient. Il fallut alors changer toutes ces dispositions; et la fabrique de Saint-Nicolas ayant transigé avec les religieux, leur céda en échange une cour qui donnoit sur la rue Saint-Martin.

bellissements à Saint-Nicolas-des-Champs, et principalement que la tour en avoit été exhaussée.

Cette église est toujours restée dans la dépendance des moines de Saint-Martin, qui en étoient les curés primitifs. Ils nommoient à la cure en cette qualité, dans laquelle ils furent maintenus par arrêt du grand conseil du 29 novembre 1720, malgré tous les efforts du curé et des marguilliers pour les dépouiller de cette prééminence.

CURIOSITÉS DE SAINT-NICOLAS-DES-CHAMPS.

TABLEAUX ET SCULPTURES.

Sur le maître-autel, une Assomption peinte par *Vouet*, et deux anges sculptés par *Sarrazin*.

Deux médaillons sur les portes des deux côtés de l'autel, représentant saint Nicolas et saint Jean, par *Robin*.

Dans la chapelle de la Communion, saint Charles Borromée donnant la communion aux pestiférés, par *Godefroy*. Cette chapelle avoit été décorée, quelques années avant la révolution, par *Boullan*, architecte.

SÉPULTURES.

Plusieurs personnes distinguées par leur savoir et leurs talents avoient été inhumées dans cette église, entre autres :

Guillaume Budé, savant illustre, mort en 1540;

Théophile Viau, poète françois, mort en 1626;

Pierre Gassendi, astronome, mort en 1655;

Henri et Adrien de Valois, savants antiquaires, morts en 1676 et 1692;

François Milet, connu sous le nom de *Francisque*, fameux peintre de paysage, mort en 1680;

Magdeleine de Scudéri, célèbre dans le dix-septième siècle par ses productions littéraires, morte en 1701, etc.

Les chapelles de Brief, d'Ormesson et de Montmort contenoient des monuments consacrés à la mémoire de divers membres de ces familles.

Il y avoit dans cette église une confrérie sous le nom de *Notre-Dame de Miséricorde*, dont les membres faisoient vœu d'exercer continuellement des actes de charité envers les pauvres malades de la paroisse.

La dévotion à saint Nicolas y avoit introduit autrefois un usage assez bizarre : les registres du parlement nous apprennent que, sous le règne de François Ier, les enfants de chœur de Notre-Dame célébroient la fête de ce saint en se donnant en spectacle au milieu des rues qui conduisoient à son église, et qu'ils s'y rendoient ainsi, faisant mille postures ridicules et débitant des *facéties par le chemin*. Sauval marque que des excès commis en 1525 par des gens mal intentionnés qui se mêlèrent parmi eux attirèrent les plaintes de la cour ; que sur ses réclamations le chapitre jugea à propos d'y mettre ordre, et qu'on s'en tint par la suite à un salut que ces enfants alloient chanter à cette église, accompagnés des chantres et des chapelains (1).

---

(1) Saint-Nicolas-des-Champs est maintenant une des paroisses de Paris.

CIRCONSCRIPTION.

Pour faire le tour de la partie principale de cette circonscription, il falloit, partant de l'église par le côté gauche de la rue Saint-Martin, aller jusqu'à la rue Grenier-Saint-Lazare. La paroisse avoit les deux côtés de cette rue, puis les deux côtés de la rue Michel-le-Comte et de la rue Sainte-Avoie jusqu'à l'hôtel de Beauvilliers inclusivement. Elle avoit également les deux côtés de la rue de Braque, le côté gauche de la rue du Chaume et de celles du Grand-Chantier et d'Anjou; les rues de Poitou, de Limoges, de Boucherat en entier, et le côté gauche de la rue des Filles-du-Calvaire. Au bout de cette dernière rue on tournoit à gauche pour prendre le boulevart jusqu'à la porte Saint-Martin, et l'on suivoit le côté gauche de la rue qui porte le même nom jusqu'à l'église, point de départ.

Ses écarts étoient nombreux. Elle possédoit trois groupes de maisons séparées du corps de la paroisse par le territoire de Saint-Merri, et quelques autres petites portions dans d'autres rues. Ces diverses portions étoient disséminées dans les rues Beaubourg, des Ménétriers, des Etuves, de la Corroyerie, Maubué, aux Ouës, Quincampoix et Saint-Denis.

LE PRIEURÉ ROYAL

DE SAINT-MARTIN-DES-CHAMPS.

On ne peut révoquer en doute ni l'antiquité ni la célébrité du culte de saint Martin. Les historiens contemporains attestent que, peu de temps après sa mort, son tombeau devint le pélerinage le plus fréquenté du royaume. Nos rois de la première race voyoient en lui le saint tutélaire de la France, et le protecteur de leur couronne. Ils faisoient porter sa *chape* au milieu des batailles, la regardant comme un bouclier qui les mettoit à couvert des traits de l'ennemi, et c'étoit sur cette relique que se prononçoient les sermens solennels alors en usage. On vit dans presque toutes les ville, s'élever des églises sous son invocation ; d'où l'on peut conclure que Paris ne fut pas la dernière à honorer un si grand saint, et qu'au sixième siècle, ou du moins au commencement du septième, il y avoit dans cette capitale une église ou une chapelle bâtie sous son nom. Mais les historiens sont loin d'être d'accord entre eux à ce sujet. Ils parlent d'un monastère ou abbaye de Saint-Martin, sans nous apprendre quand ni par qui cette basilique fut fondée. On ignore même le lieu où elle étoit située. Les uns la placent au midi, les autres au nord; ceux-ci croient qu'elle s'élevoit près de la porte septentrionale, ceux-là à l'endroit même où sont encore aujourd'hui les restes du prieuré de Saint-Martin-des-Champs; et ces opinions opposées, que soutiennent des savans distingués par leur profonde érudition, sont appuyées de témoignages qui leur donnent également un air de vérité. Sans prétendre rien décider, nous allons exposer ce qui nous a paru être le plus vrai, ou du moins le plus vraisemblable, après avoir examiné les longues discussions des auteurs qui ont traité ce point obscur des antiquités de Paris.

Les deux principales opinions qui ont partagé les historiens du prieuré de Saint-Martin-des-Champs sont fondées sur deux passages de Grégoire de Tours, dans lesquels il fait mention du lieu où, de son temps, saint Martin étoit honoré. Dans l'un il dit, *que Domnole, abbé de Saint-Laurent, ayant appris que le roi Clotaire vouloit le mettre sur le siége épiscopal d'Avignon, vint à la basilique de Saint-Martin, où ce prince faisoit sa prière* (1). Dans l'autre, parlant

---

(1) *Lib. VI*, cap. 9.

de l'incendie qui consuma une partie de la ville de Paris en 586, il ajoute, *que le feu s'étendit jusqu'à un oratoire qu'on avoit bâti près de la porte en l'honneur de saint Martin, lequel avoit autrefois guéri un lépreux en cet endroit* (1).

Ceux qui placent le monastère de Saint-Martin au nord de la ville, croient le reconnoître dans la *basilique* dont parle Grégoire de Tours. Dans cette hypothèse, elle étoit voisine de celle de Saint-Laurent, dont Domnole étoit abbé, et cette proximité leur semble une probabilité de plus, puisqu'il est dit que ce saint moine vint y trouver Clotaire. Cependant une telle explication de ce texte a été justement contestée.

En effet, cet historien ne dit point que Clotaire fût alors à Paris. Cette ville n'étoit point dans son partage en 559, époque où se passa cet événement ; il ne régna seul sur les François qu'en 560. Il paroît plus vraisemblable de croire qu'il parle en cet endroit de la basilique de Saint-Martin de Tours, où étoit le tombeau du saint évêque, et où l'on accouroit alors en pélerinage de toutes les parties de la France. De plus, quand ce prélat, dans le cours de son histoire, dit simplement *la basilique de Saint-Martin*, sans désigner un pays particulier, il veut toujours indiquer celle qui

---

(1) *Lib. VIII, cap.* 33.

étoit près de sa ville épiscopale. Cette conjecture acquiert presque le caractère d'une preuve, 1° par un passage de la vie de saint Lubin (1), où il est dit qu'un incendie considérable, arrivé en 547, et miraculeusement arrêté par les prières de ce saint, *commença du côté de Saint-Laurent;* 2° par un autre passage de Grégoire de Tours (2), dans lequel, parlant de l'inondation de 583, il ajoute *que cet événement causa plusieurs naufrages entre la ville et l'église Saint-Laurent.* S'il y eût eu un *monastère*, une *abbaye* ou une *basilique* de Saint-Martin au lieu même où elle fut depuis élevée, il est probable que cet historien et l'auteur de la vie de saint Lubin en auroient fait mention par préférence à une église qui n'étoit pas aussi remarquable, et dont la situation étoit plus éloignée; d'où l'on peut conclure presque avec certitude qu'à l'époque dont parle Grégoire dans son premier passage, il n'existoit point encore de basilique de Saint-Martin au nord de la ville.

D'autres historiens, s'appuyant du second passage du même auteur, relatif à l'incendie de 586, et dont nous avons rapporté la substance, ont métamorphosé l'oratoire dont il parle en *une basilique*, et l'ont placé au milieu de la ville: il y a

---

(1) *Vit. S. Leob. coll. hist. franc.*, t. III, p. 431.
(2) *Lib. VI, cap.* 25.

deux erreurs manifestes dans cette assertion. En effet, 1°, cet oratoire, suivant l'historien même, n'étoit qu'une très-petite chapelle couverte de branchage, bâtie depuis peu par un simple particulier, qui vivoit encore à l'époque où il écrivoit, et qui s'y réfugia pour se garantir de l'incendie. 2°. Cet oratoire étoit au nord, car Grégoire de Tours dit expressément que le feu commença par la première maison près de la porte méridionale, et que par la force du vent il s'étendit jusqu'à l'autre porte, où il y avoit un oratoire bâti en l'honneur de saint Martin, parce qu'il avoit guéri un lépreux dans ce lieu même en l'embrassant(1). Or cette autre porte ne pouvoit être que la porte septentrionale. D'ailleurs les mots *urbs* et *civitas*, employés par cet auteur, ne peuvent et ne doivent s'entendre que de la *ville*, de la *cité*, et non des faubourgs ouverts du côté du midi.

Il est probable que cette chapelle de Saint-Martin ne subsista pas long-temps (2), et il y a des

---

(1) Voici le texte du passage de Grégoire de Tours :

Domus prima secus portam quæ ad medium diem pandit egressum....... incendio concrematur....... Igitur cùm PER TOTAM CIVITATEM, *huc atque illuc, flante vento, flamma ferretur, totisque viribus regnaret incendium, adpropinquare ad* ALIAM PORTAM *cepit, in quâ beati Martini oratorium habebatur; quod hoc aliquando factum fuerat, eò quòd ibi lepram maculosi hominis osculo depulisset.*

(2) Les différents historiens de Paris se sont livrés à de longues discussions pour déterminer l'endroit précis où étoit situé cet

preuves que, dès le dix-huitième siècle, il y avoit une autre église érigée au nord sous l'invocation du saint évêque de Tours : car il existe une charte de Childebert III, sous la date de 710 (1), qui porte formellement que « la foire de Saint-Denis avoit » été transférée depuis quelque temps entre les églises de Saint-Laurent et de Saint-Martin; » mais comme rien n'indique le lieu où elle étoit précisément située, chaque auteur a formé encore sur ce sujet des conjectures plus ou moins probables. L'abbé Lebeuf place cette église vers l'endroit où se trouve aujourd'hui Saint-Jacques-de-la-Boucherie (2), et il fonde son opinion sur ce que,

---

oratoire. Adrien de Valois le place au nord en deçà de la porte du grand pont. L'abbé Lebeuf a embrasé cette opinion, et a fixé la situation de cette chapelle à l'endroit où est présentement la tour de l'horloge. Jaillot combat l'opinion de ces deux écrivains, et insinue qu'il devoit être beaucoup plus loin au-delà du pont, hors de l'enceinte de la ville. Il fonde son sentiment 1° sur ce qu'il n'y a nulle preuve que l'oratoire de Saint-Martin fût construit dans le lieu du palais indiqué par l'abbé Lebeuf, parce qu'alors ce palais ne comprenoit pas l'endroit où est la tour de l'horloge; 2° sur ce que Grégoire de Tours dit positivement que cet oratoire fut bâti au lieu même où saint Martin avoit guéri un lépreux. Or, on sait qu'il n'étoit pas permis aux lépreux d'entrer dans les villes; ils se tenoient aux environs des portes ou sur les ponts. Nous avons abrégé autant que possible cette discussion, laquelle n'offre qu'un médiocre intérêt, puisqu'elle n'est appuyée sur aucune preuve positive, et qu'on ne rencontre, dans la suite, nul vestige de ce monument.

(1) *Diplom.*, lib. 6, n. 28.
(2) T. I, p. 302.

dans un acte du dixième siècle, le terrain de Saint-Martin est marqué comme contigu à celui de Saint-Merri et de Saint-George, depuis Saint-Magloire; mais outre qu'un acte du dixième siècle ne peut établir l'état de ce qui existoit au huitième, on ne peut disconvenir qu'à cette dernière époque il y avoit une enceinte dans laquelle Saint-Jacques-de-la-Boucherie et ses environs jusqu'au-delà de Saint-Merri étoient renfermés, et par conséquent à l'abri de la fureur des Normands : or, il y a des preuves sans nombre et sans réplique qu'ils détruisirent l'église de Saint-Martin, et que la ville fut préservée de leur dévastation par l'enceinte septentrionale qui la défendoit de ce côté, d'où il faut nécessairement conclure que la basilique de Saint-Martin étoit bâtie au-delà.

Dans le concours de ces différentes opinions on pourroit avancer avec beaucoup de probabilité que le monastère ou abbaye de Saint-Martin étoit, dès son origine, au lieu où on le voyoit encore avant la révolution. Ce sentiment est fondé sur les titres mêmes qui constatent sa reconstruction. Henry 1er, dans son diplôme de 1060 (1), dit « qu'il y avoit devant la porte de la ville de Paris une abbaye en l'honneur de saint Martin;

---

(1) *Hist. S. Mart.*, p. 4.

» qui avoit été tellement détruite par la rage ty-
» rannique des Normands, qu'il ne sembloit
» presque pas qu'elle eût existé, *quasi non fue-
rit, omninò deletam.* » La charte de Philippe Ier, de l'an 1067 (1), présente les mêmes expressions, et dit qu'elle étoit presque réduite à rien, *penè ad nihilum redactam.* Ces termes nous donnent certainement à entendre que cette abbaye n'existoit plus, mais qu'il en restoit encore des vestiges. Le premier de ces diplômes indique qu'elle étoit située devant la porte, *ante parisiacæ urbis portam.* Plusieurs auteurs ont conclu que ces expressions signifioient le grand Châtelet; mais ils n'ont pas pensé que, la partie septentrionale de la ville étant environnée d'une enceinte, la porte dont il est fait mention dans ce diplôme devoit être celle qui étoit alors près de Saint-Merri, et qui subsistoit dès le temps du roi Dagobert, puisqu'il est prouvé par des titres authentiques qu'il en fit don à l'abbaye de Saint-Denis (2).

On pourroit peut-être objecter que les mots *devant la porte* ne conviennent pas au lieu où l'église de Saint-Martin étoit située, lequel étoit à une distance assez éloignée de cette porte et dans la campagne, ce qui fit donner à cette église le surnom de Saint-Martin-des Champs. A cette

---

(1) *Hist. S. Martini*, p. 664.
(2) *Voyez* p. 664.

objection on répond que c'étoit la seule expression dont on pût se servir pour marquer qu'elle étoit située dans la rue qui conduisoit directement à l'entrée de la ville. On a plusieurs exemples de cette manière de s'exprimer. L'église de Saint-Germain-des-Prés étoit encore plus éloignée de la porte méridionale; cependant Childebert dit qu'il avoit commencé à la faire bâtir *in urbe parisiacæ propè muros civitatis*; et dans un diplôme de Lothaire et de Louis-le-Fainéant la chapelle de Saint-Magloire est dite *haud procul à mœnibus;* enfin la charte de Philippe Ier, déjà citée, nous apprend que Henri Ier avoit fait réédifier cette abbaye, et elle ne dit pas que ce fût dans un autre endroit, *Henricus eam renovare et reœdificare studuerat.* Il paroît donc très-vraisemblable que ce prince fit reconstruire l'église et le monastère de Saint-Martin au même lieu, ou à peu près, sur lequel l'ancien avoit été bâti; mais on ignore l'année précise de cette reconstruction, et la recherche de cette date a encore beaucoup occupé les savants. Nous ne les suivrons pas dans cette aride discussion, qui ne nous donneroit aucun résultat satisfaisant (1).

---

(1) Nous ne devons cependant pas dissimuler qu'il est difficile de concilier les trois dates qu'on lit dans la charte de Henri Ier, citée ci-dessus. Elle porte l'an 1060, la vingt-septième année du règne de ce prince, *indiction quinze.* Or, Henri fut associé à la couronne, par Robert son père, le 14 mai 1027; si l'on compte de

Henri Ier avoit choisi des chanoines séculiers pour desservir l'église de Saint-Martin; Philippe Ier

---

cette époque, la vingt septième année de son règne tomboit à l'an 1054, et alors c'étoit l'indiction sept. Il succéda au roi Robert le 20 juillet 1031. Si l'on date de ce jour, la vingt-septième année étoit révolue à pareil jour de l'an 1058, et c'étoit l'indiction onze. Les savants bénédictins qui nous ont donné la *Gallia christiana* et la collection des historiens de France, n'ayant pu concilier ces dates, se sont bornés à dire qu'elles étoient fautives; qu'en 1060 c'étoit la vingt-neuvième année du règne de Henri, et qu'il faut aussi corriger l'indiction qui étoit la treizième en cette année. Jaillot, tout en reconnoissant le poids de cette autorité, propose cependant aussi ses conjectures. Il croit que la véritable date est l'année 1059, indiction douze. Les copistes, dit-il, par ignorance ou négligence, auront pu facilement omettre la lettre I entre L et X, et auront écrit MLX pour MLIX, et, réunissant les deux II, auront mis XV pour XII à l'indiction. Les raisons dont il appuie son sentiment sont, 1° qu'il a été plus facile de se tromper sur ces chiffres que sur d'autres ; 2° que, suivant le calcul de nos anciens historiens, Henri est mort en 1059, et que par conséquent on ne pourroit admettre une charte de ce prince datée de 1060 ; enfin qu'un auteur anonyme cité par Duchesne place en 1032 la mort du roi Robert, père de Henri Ier : la vingt-septième année du règne de ce prince tomberoit par conséquent à l'année 1059. Nous avouerons que ces preuves ne nous ont paru nullement décisives. L'auteur anonyme et les autres historiens, ne s'accordant point sur l'époque de la mort du roi Robert, ne peuvent faire ensemble autorité pour déterminer le nombre des années du règne de Henri Ier, non plus que pour celle de sa mort. Il y a plus ; on lit dans l'histoire de France du président Hénault qu'Henri Ier parvint à la couronne le 20 juillet 1031, âgé d'environ vingt-sept ans ; qu'il *mourut sur la fin de l'année* 1060, âgé de cinquante-cinq ans. Suivant la supputation de l'âge, il seroit *mort en* 1059. Tout cela, nous le répétons, n'est pas facile à concilier; mais il n'en est pas moins constant que Henri fut le second fondateur de Saint-Martin-des-Champs.

leur substitua en 1079 des religieux de Cluni (1). Ce changement fit perdre à cette église le titre d'abbaye; ce ne fut plus alors qu'un prieuré, qui étoit le second de cet ordre. Cette cession fut approuvée en 1097 par une bulle d'Urbain II. Louis-le-Gros en 1111, et Louis-le-jeune en 1137, confirmèrent aussi tous les priviléges et toutes les possessions des religieux de Saint-Martin; elles sont détaillées dans cette dernière charte qu'on appelle par cette raison *la grande charte de Saint-Martin* (2).

Cette maison eut d'abord des prieurs réguliers. Au commencement du dix-septième siècle, ils furent changés en prieurs commendataires. Quelques-uns d'entre eux ont été abbés de Cluni, évêques et cardinaux, et ce monastère a produit plusieurs religieux qui ne se sont pas rendus moins recommandables par leur érudition que par leurs vertus.

Ces religieux étoient seigneurs dans leur enclos, et ils y avoient en conséquence un bailliage et une geôle ou prison. Ce bailliage connoissoit de toutes les causes civiles et criminelles dans l'étendue de son ressort. Les appels se relevoient au parlement.

L'église de Saint-Martin ne conservoit que le

---

(1) *Hist. S. Mart.*, p. 19.
(2) *Ibid.*, p. 26.

sanctuaire et le fond de l'ancien édifice bâti dans le onzième siècle. Ce fond, qui se terminoit en rond, étoit appelé *carole*, par corruption du mot latin *choraula*, rond-point. Quelques antiquaires, ignorant l'étymologie de ce nom, ont imaginé qu'il tiroit son origine d'une image miraculeuse qui y fut placée du temps de Charles VI (1); mais l'abbé Lebeuf a prouvé que ce nom de *carole* existoit dès le quatorzième siècle, et qu'il étoit eu usage dans d'autres pays. La tour des grosses cloches étoit aussi du genre de construction en usage sous Henri Ier et sous Philippe; le grand portail paroissoit être également du même temps. Quant au chœur et à la nef, ils étoient d'un style d'architecture bien postérieur. Ces deux parties de l'édifice formoient un grand vaisseau fort large sans piliers, sans ailes et sans voûte; il étoit simplement lambrissé, et paroissoit avoir été élevé vers le règne de Philippe-le-Bel.

Au commencement du dix-huitième siècle, cette église fut réparée, décorée d'une nouvelle façade, et revêtue d'une riche boiserie, dans laquelle on encadra de très-bons tableaux. Les bâtiments religieux furent reconstruits à la même époque sur les dessins d'un architecte nommé Le Tellier. La façade sur le jardin avoit soixante-deux pieds

---

(1) *Voyez* p. 577, 1re partie de ce vol.

de longueur sur dix de largeur, et environ quarante-cinq pieds de hauteur. Un pavillon de sept toises et demie de face, formant avant-corps au milieu, offroit les armes du roi sculptées dans son fronton; les dimensions des deux ailes présentoient une longueur de vingt-deux toises sur cinq de largeur. C'étoit dans une de ces ailes qu'étoit la bibliothéque.

On admiroit le réfectoire bâti sur les dessins de Montereau, à cause de la légèreté de son architecture gothique, de la hardiesse de la voûte, et de la délicatesse des piliers qui la soutenoient.

CURIOSITÉS DE SAINT-MARTIN-DES-CHAMPS.

TABLEAUX.

Dans la nef de l'église, quatre tableaux de *Jouvenet*.
1. J.-C. chassant les marchands du temple.
2. La résurrection du Lazare.
3. J.-C. à table chez les Pharisiens.
4. Les apôtres jetant leurs filets (*).

Au-dessus du maître-autel, une Nativité, par *Vignon*.

Dans le chœur, le Centenier, par *Cazes*; l'Aveugle-né, par *Lemoine*; l'entrée de J.-C. dans Jérusalem, par *J. B. Vanloo*; le Paralytique sur le bord de la Piscine, par *Restout* père.

Dans la salle du chapitre, une Annonciation, par *Cazes*; une Adoration des mages, par *Oudry*; une Présentation au temple, par *Carle Vanloo*; les Noces de Cana, par *Louis-Michel Vanloo*.

Dans le réfectoire, J.-C. dans le désert, par *Nicolas Poilly*; la Vie de saint Benoît, représentée dans onze petits tableaux, par *Louis Sylvestre*.

La bibliothéque étoit composée d'environ quarante mille

(*) Ces tableaux, qui sont au nombre des plus beaux de Jouvenet, ont été transportés dans le musée du Roi.

volumes, parmi lesquels il y avoit beaucoup de manuscrits. On y voyoit aussi deux très-beaux globes de Coronelli.

TOMBEAUX.

Dans l'église avoient été inhumés : Philippe de Morvilliers, premier président au parlement, et Jeanne du Drac son épouse, fondateurs en cette église d'une chapelle de saint Nicolas (*).

Pierre de Morvilliers, chancelier de France, leur fils, mort en 1476.

Dans la chapelle dite de Saint-Michel, située au midi de l'église Saint-Martin, à la distance de vingt pas, étoient les sépultures de tous ceux qui composoient la famille des *Arrodes*, anciens bourgeois de Paris du treizième siècle. Ces tombes étoient au nombre de trente-deux, à commencer par celle de Nicolas Arrode,

---

(*) Sur une table de marbre attachée à l'un des piliers de cette chapelle, on lisoit une fondation faite par eux, en 1426, en faveur de l'église de Saint-Martin-des-Champs, à la charge que les religieux, *par leur maire et un religieux, doivent donner chacun an, la veille de Saint-Martin d'hiver, au premier président du parlement, deux bonnets à oreilles, l'un double et l'autre sengle*, en disant certaines paroles; et au premier huissier du parlement de Paris ungs gands et une escriptoire, en disant certaines paroles; et doivent être lesdits bonnets du prix de vingt sols parisis, et lesdits gands et escriptoire de douze sols parisis*, etc.

Voici les compliments que le maire et un religieux faisoient au premier président et au premier huissier du parlement, en leur présentant les présents ordonnés par la fondation.

AU PREMIER PRÉSIDENT.

Monseigneur,

Messire Philippe de Morvilliers, en son vivant premier président en parlement, fonda, en l'église et monastère de monsieur saint Martin-des-Champs à Paris, une messe perpétuelle, et certain autre service divin, et ordonna, pour la mémoire et conservation de ladite fondation, être donné et présenté, chacun an à ce jour, à monseigneur le premier président du parlement, qui pour le temps seroit, par le maire desdits religieux, et un d'iceux, ce don et présent, lequel il vous plaise prendre en gré.

Le discours au premier huissier étoit le même, à l'exception de la qualité.

* Sengle veut dire simple, sans ornements ni fourrures.

fondateur de cette chapelle (*), et mort en 1252. Les plus nouvelles ne passoient pas le quatorzième siècle, et leurs épitaphes, conservées par dom Marrier, sont remarquables pour l'orthographe.

L'église Saint-Martin possédoit un petit ossement de son patron, et plusieurs autres reliques qui, quoique peu authentiques, jouissoient à Paris d'une grande réputation (1).

LES FILLES DE LA MAGDELEINE.

Voici encore une de ces institutions créées par cet amour de l'ordre et cet esprit de charité que la religion répandoit autrefois à Paris dans toutes les classes de la société. Ce n'étoit pas seulement dans les plus illustres maisons, parmi ceux à qui leur rang et leurs richesses rendoient ces vertus plus faciles, que l'on rencontroit de ces bienfaiteurs de l'humanité souffrante; il n'étoit pas rare de trouver dans les classes les plus obscures des hommes à qui la piété inspiroit de ces

---

(*) *Voyez* p. 689.

(1) Lebeuf, t. I, p. 307. L'église de Saint-Martin-des-Champs sert aujourd'hui de dépôt au Conservatoire des arts et métiers. (*Voyez* pl. 96.)

généreux desseins que sans elle ils n'eussent jamais eu la force de concevoir et d'exécuter. En 1618, deux filles, engagées dans le libertinage et tombées dans l'abandon et la misère qui en sont les suites ordinaires, trouvèrent le moyen de faire connoître leur situation au sieur *Robert Montri*, marchand de vin, que sa bienfaisance et la sainteté de ses mœurs rendoient respectable à tout son quartier. En implorant ses secours, elle lui témoignèrent un tel repentir de leurs égarements, un désir si vif de sortir de leur malheureux état et de se convertir, que cet homme charitable, touché de leur affliction, les retira chez lui, et forma dès-lors le projet de procurer une retraite à celles qui voudroient suivre leur exemple. Après s'être assuré par une courte épreuve de la sincérité de leurs résolutions, il engagea la dame Chaillou qui demeuroit près de la porte Saint-Honoré, à se charger de ces deux infortunées ; mais cette dame ayant rompu peu de temps après l'engagement qu'elle avoit pris avec lui, Montri fit rentrer ces filles dans sa propre demeure, située près de la Croix-Rouge, et en prit une autre à loyer où il alla s'établir avec sa famille. A peine cet asile eut-il été ouvert que quelques autres filles vinrent se joindre aux premières. Les Bénédictines de l'abbaye Saint-Germain-des-Prés, dans la censive desquelles se trouvoit la maison qu'elles occupoient, leur accordèrent la permission d'avoir une chapelle qui fut bénite, et dans laquelle on dit le première messe le 25 août de la même année 1618.

L'accroissement rapide de cet établissement démontra bientôt combien il étoit utile : il s'agissoit d'en assurer la stabilité en lui procurant des ressources suffisantes, ce qui étoit au-dessus des moyens du pieux fondateur ; mais il ne tarda pas à trouver des coopérateurs d'une si bonne œuvre. M. Dupont, curé de Saint-Nicolas-des-Champs, le P. Athanase Molé, capucin, et M. Dufresne, officier aux gardes, entrèrent d'abord dans ses vues et apportèrent les premiers secours; ils furent bientôt heureusement secondés par une main plus puissante. Marguerite-Claude de Gondi, veuve de Florimond d'Halluyn, marquis de Maignelay, se déclara fondatrice du nouvel établissement. Déjà celles qui le composoient, sentant les dangers auxquels les exposoit la liberté qu'elles avoient de sortir et de revoir le monde qu'elles vouloient entièrement quitter, avoient demandé la clôture et l'avoient obtenue : elles abandonnèrent alors la demeure de Montri, et ce fut madame de Maignelay qui acheta, de ses propres deniers, la maison située rue des Fontaines, que ces religieuses ont occupée jusqu'au moment de la révolution. Elle les en rendit propriétaires en les y installant le 29 octobre 1620, et joignit à ce premier bienfait un legs de 101,600 livres, somme très-considérable pour ce temps-là, quoique insuffisante encore pour tous les besoins d'une communauté.

Louis XIII, informé qu'un établissement dont on retiroit des avantages si considérables n'avoit pas encore tous les moyens nécessaires pour se soutenir, voulut aussi être au nombre de ses bienfaiteurs, et lui assigna une somme de 3000 livres, à prendre chaque année sur la recette générale de Paris. Le brevet de ce prince, daté du mois de mai 1625, fut enregistré au bureau des finances le 11 février 1626.

Comme une institution de cette nature ne peut se maintenir que par la sagesse et la prudence de son administration, on jugea qu'il n'étoit pas convenable de la confier à des personnes sans expérience, et dont la ferveur et le repentir ne pouvoient remplacer les talents nécessaires à un ministère aussi difficile et aussi délicat. Il fut donc décidé qu'on chercheroit hors de la maison les personnes à qui seroit remis le soin de la gouverner. Les religieuses de la Visitation de Sainte-Marie acceptèrent cette direction qu'on vint leur offrir; M. de Gondi approuva ce choix le 13 juillet 1629; et le 20 du même mois quatre religieuses de cet ordre furent mises à la tête de la nouvelle communauté.

Le nouvel institut fut approuvé par une bulle d'Urbain VIII, du 15 décembre 1631, et confirmé par des lettres-patentes du 16 novembre 1634, enregistrées au parlement le 30 août 1640, à la chambre des comptes le 24 mars 1662, et au bureau des finances le 29 mars 1678. Pour que rien ne pût en altérer la solidité, les religieuses de la Visitation firent dresser en 1637 des constitutions que M. de Gondi approuva le 7 juillet 1640.

Elles gardèrent pendant plus de quarante ans le pénible emploi dont elles s'étoient volontairement chargées; et ce n'est qu'en 1671 qu'elles témoignèrent le désir d'être remplacées dans l'administration de cette maison. On leur substitua des Bénédictines de l'abbaye de Bival en Normandie, qui cinq ans après (le 31 mars 1677) firent place à des Ursulines de la maison de Sainte-Avoie. Celles-ci montrèrent plus de patience et de courage, et ne se retirèrent qu'après trente ans d'administration, le 18 juillet 1707. Les Ursulines de Saint-Denis, qui vinrent après elles, n'y restèrent que trois ans; à celles-ci succédèrent les Hospitalières de la Miséricorde de Jésus, qui, après un séjour de dix ans dans cette maison, la quittèrent à leur tour le 2 mai 1720.

Enfin ce gouvernement si difficile fut confié aux religieuses de Saint-Michel, qui s'y sont maintenues jusqu'à l'époque de la révolution, d'autant plus admirables dans leur zèle et dans leur dévouement, que toutes celles auxquelles elles succédoient avoient éprouvé que les vertus ordinaires de la vie religieuse ne suffisoient pas pour diriger un établissement de l'espèce de celui-ci, et n'avoient pu triompher d'aussi pénibles épreuves.

Cette communauté étoit distribuée en trois classes.

La première, sous le titre de la Magdeleine, étoit composée de celles dont la ferveur et la piété, après plusieurs épreuves, avoient été reconnues assez solides pour qu'elles pussent être admises à faire des vœux. Celles-ci portoient l'habit de l'ordre de Saint-Augustin.

La seconde, sous le nom de congrégation de Sainte-Marthe, comprenoit celles qui, revenues de leurs égarements, ne montroient pas encore une vocation assez décidée pour qu'on pût les admettre dans la première, ou qui ne pouvoient y entrer à cause des engagements qu'elles avoient contractés dans le monde. Cette classe portoit un habit gris.

Enfin la troisième comprenoit un certain nombre de personnes qui avoient été placées dans la maison contre leur gré pour y faire une pénitence forcée. Cette dernière classe étoit distinguée par un habit noir.

L'église de ce couvent étoit sous l'invocation de la Sainte-Vierge : elle fut bâtie en 1680 et dédiée le 2 septembre 1685 (1).

---

(1) En 1647 on avoit construit dans ce couvent une chapelle

Comme le couvent de la Magdeleine étoit dans la censive du prieuré de Saint-Martin-des-Champs, il lui payoit tous les ans, le jour de Saint-Jean-Baptiste, un cens annuel, et de plus cent sous à chaque mutation de prieur de Saint-Martin-des-Champs, que ces religieuses avoient choisi pour *leur homme vivant et mourant* (1); cette dernière redevance étoit établie pour le droit d'indemnité de l'acquisition qu'elles avoient faite de trois maisons, par contrat du 3 septembre 1633.

L'église et la maison n'avoient rien dans leur intérieur qui fût digne d'être remarqué (2).

---

semblable à celle de Notre-Dame-de-Lorette, et sous le même titre. Elle fut bâtie par les ordres de M. de Fieubet, trésorier de l'épargne, et de dame Claude Ardier sa veuve, pour satisfaire à la dernière volonté de demoiselle Marguerite de Fieubet leur fille, morte à l'âge de seize ans, le 11 novembre 1646. Elle avoit visité deux fois la chapelle de Notre-Dame-de-Lorette, et témoigné un désir très-ardent d'en faire bâtir une semblable. La reine Anne d'Autriche assista à la première messe qui fut chantée dans cette chapelle le 22 mars 1648.

(1) *Voyez* t. Ier, p. 1052, 2e partie.

(2) Cette communauté, vulgairement connue sous le nom de *Magdelonnettes*, est aujourd'hui une maison de réclusion.

LA PORTE SAINT-MARTIN.

La porte Saint-Martin, construite peu de temps après celle de Saint-Denis, est comme elle un monument de l'amour et de la reconnoissance de la ville de Paris envers Louis XIV. Elle fut élevée sur les dessins de Pierre Bullet, disciple de François Blondel; mais, quoiqu'elle ne soit pas dépourvue de mérite, elle est loin d'égaler le caractère noble et élégant de l'autre édifice.

La masse générale de cette porte offre, de même que la première, un carré parfait. Sa hauteur est de cinquante-quatre pieds sur une largeur égale, y compris l'attique qui règne au-dessus de l'entablement, lequel a onze pieds de hauteur; son épaisseur est de quinze pieds : elle est percée de trois arcades en plein cintre, une grande et deux petites. Celle du milieu a quinze pieds de largeur sur trente de hauteur; les deux autres huit sur seize; quatre piédroits larges de cinq pieds et demi soutiennent ces portes latérales. Les deux faces et les retours sont ornés de bossages vermiculés, excepté les deux côtés du grand arc qui sont occupés par des bas-reliefs. Le tout est couronné d'un riche entablement dont la saillie est soutenue par des consoles pratiquées dans la frise; au-dessus règne un attique dans toute la largeur du monument.

Les deux bas-reliefs qui ornent la façade du côté de la ville représentent la prise de Besançon et la triple alliance. Ceux qui sont en regard du faubourg offrent la prise de Limbourg, et la défaite des Allemands exprimée par la figure allégorique du dieu Mars repoussant un aigle. Ces sculptures ont été exécutées par quatre artistes, Desjardins, Marsy, Le Hongre et Le Gros.

Aux extrémités de l'attique qui couronne toute cette construction sont placés deux pilastres angulaires saillants, entre lesquels est une grande table enrichie dans sa bordure de moulures et taillée d'ornements. Cette table répétée des deux côtés de la façade contient des inscriptions qui, comme celles de la porte Saint-Denis, sont de la composition de François Blondel (1).

L'usage de vermiculer les pierres étoit très-

---

(1) Dans la table du côté de la ville on lit:

Ludovico Magno, Vesontione Sequanisque bis captis, et fractis Germanorum, Hispanorum et Batavorum exercitibus, Præf. et ædil. poni c. c. anno r. s. h. m. dc. lxxiv.

Du côté du faubourg:

Ludovico Magno, quòd Limburgo capto impotentes hostium minas ubiquè repressit, Præf. et ædil. poni c. c. anno r. s. h. m. dc. lxxv.

pratiqué avant Louis XIV, et de son temps quelques architectes avoient encore conservé ce genre d'ornement. L'espèce de richesse qu'il répand sur un édifice nous a toujours semblé de mauvais goût, et présenter, dans son effet, quelque chose de rustique qui convenoit peu surtout à la décoration d'une porte triomphale élevée dans la capitale. Il donne au monument dont nous parlons une sorte de pesanteur qui n'est pas le caractère qu'il doit avoir ; et par un contraste qui forme une inconvenance de plus, le grand entablement à consoles qui couronne l'arc et le sépare de l'attique, quoique exécuté avec une grande pureté, est composé de trop petites parties, et chargé de trop d'ornements relativement à la simplicité du reste de l'édifice. Tels sont, selon nous, les défauts de cette construction, qui, sous le rapport de l'harmonie qui règne dans les proportions générales, mérite des éloges.

L'OPÉRA.

Le théâtre dont nous allons parler a subi depuis sa naissance de grandes révolutions. Personne n'ignore qu'il se compose d'une réunion complète de tous les prestiges des beaux-arts. C'est un tableau magique dans lequel la poésie, la musique, la peinture, la sculpture, l'architecture, étalent à l'envi, et souvent déploient dans le même instant toutes leurs richesses, où l'on cherche à s'emparer de tous les sens du spectateur. On essaie aussi d'y toucher le cœur, et d'y intéresser l'esprit; mais c'est une entreprise plus difficile que celle de captiver l'oreille et de séduire les yeux; et peut-être faut-il chercher dans cette surabondance même de jouissances, dans ces prestiges si divers, si multipliés, si éblouissants, la cause du peu d'effet que ce spectacle a produit de tout temps sur les esprits délicats, qui, comme le dit La Bruyère, n'y trouvent assez ordinairement que de la fatigue et de l'ennui, malgré la dépense *toute royale* que l'on prend plaisir à y prodiguer.

Nous empruntâmes ces faux brillants à l'Italie : c'est là qu'il faut chercher le berceau de l'opéra (1), dont on fit d'abord en France d'informes essais, pour le porter ensuite à un degré de perfection que les inventeurs n'avoient pas même soupçonné.

---

(1) Il fut, dit-on, inventé par un poëte italien nommé *Ottavio Rinuccini*, natif de Florence; et qui vivoit dans le seizième siècle. S'étant associé avec un musicien nommé *Giacomo Corsi*, ils composèrent ensemble et firent représenter, devant le grand-duc de Toscane, le premier opéra qui ait été donné en Italie. Cette pièce étoit intitulée *les Amours d'Apollon et de Circé*. Ce Rinuccini vint ensuite en France à la suite de la reine Marie de Médicis.

Des deux parties principales qui le composent, le poëme lyrique et les ballets d'action, celle-ci fut la première qui s'introduisit parmi nous. Dès le commencement du seizième siècle, on faisoit entrer dans la composition des fêtes de la cour des danses figurées que l'on entremêloit de récits et de dialogues; mais il n'y avoit dans cet assemblage bizarre ni règles ni invention. Le premier ballet où l'on remarqua quelques traces de bon goût fut celui que l'on dansa en 1581 aux noces du duc de Joyeuse et de mademoiselle de Vaudemont, sœur de la reine. Il avoit été composé par un Italien nommé *Balthasarini*, devenu valet-de-chambre de Catherine de Médicis, sous le nom de *Balthasar de Beaujoyeux*.

Quelque temps avant les fêtes de ce mariage, *Jean Antoine Baïf*, qui étoit à la fois poète et musicien, et qui, à cette époque, passoit pour exceller également dans ces deux arts, avoit déjà essayé d'introduire en France les spectacles qu'il avoit vus dans son enfance à Venise, où il étoit né pendant que son père y étoit ambassadeur. Mais, dans cette alliance qu'il voulut faire de la poésie avec la musique, il se trompa sur le génie de la langue françoise, qui, jusqu'à Malherbe, semble avoir été méconnu de tous nos poètes, et offrit dans ses productions lyriques des vers composés d'ïambes, de dactyles et de spondées, où il prétendit imiter l'harmonie et les formes de la poésie grecque et latine. Toutefois son entreprise eut du succès : le roi Charles IX, qui aimoit la musique, assistoit une fois par semaine aux représentations que Baïf donnoit dans sa propre maison, faubourg Saint-Marcel, et voit l'a autorisé à donner à son spectacle le nom d'*Académie de musique*, par des lettres-patentes où il s'en étoit déclaré le protecteur et le *premier auditeur*. Henri III lui continua la même protection; et sous son règne il ne se fit à la cour ni ballets ni mascarades qui ne fussent inventés et dirigés par Baïf, et par son associé Jacques Mauduit, greffier des requêtes, et comme lui poète et musicien.

Après la mort de Baïf, arrivée en 1589, l'académie de musique fut transférée chez Mauduit; mais elle ne s'y soutint que foiblement, et finit par s'éteindre entièrement au milieu des agitations des guerres civiles, qui arrêtèrent tout à coup en France les progrès de tous les beaux-arts.

Depuis cette époque jusqu'au milieu du siècle suivant, on ne voit plus aucune trace de ce spectacle, dont on avoit même presque perdu le souvenir, lorsqu'en 1645 et 1647 le cardinal Mazarin fit venir d'Italie, pour l'amusement du jeune roi, des acteurs qui jouèrent au Petit-Bourbon deux opéras italiens (1). Cette nouveauté fit un plaisir

---

(1) Le premier avoit pour titre : *la Festa theatrale de la Finta Pazza*; le second, *Orfeo e Euridice*.

extrême à toute la cour. On admira la beauté de la musique et des voix, le jeu surprenant des machines, la magnificence des habits et des décorations ; et dès ce moment les poètes françois conçurent l'idée d'imiter ces représentations italiennes.

L'Andromède de Corneille, donnée en 1650, fut le premier essai que l'on fit en ce genre. C'étoit une espèce de tragédie à machines, où les personnages chantoient et déclamoient tour à tour. Elle fut aussi jouée sur le théâtre du Petit-Bourbon par la troupe royale ; et l'on n'épargna aucune dépense pour que la pompe de cette représentation égalât celle des opéras italiens. Toutefois ce n'étoit point encore tout-à-fait le même spectacle : personne n'osoit hasarder l'union complète de la musique avec des paroles françoises, parce qu'on étoit déjà imbu de ce préjugé que beaucoup de personnes ont conservé jusqu'à présent, que notre langue n'est point propre à être chantée ; du reste on manquoit de musiciens et de belles voix. La cour offroit seule, de temps en temps, quelque image des opéras dans les ballets ingénieux que composoit le poète Benserade, divertissements qu'il entremêloit de déclamations et de symphonies, et dans lesquels les princes, les plus grands seigneurs de la cour, et le roi lui-même, ne dédaignoient pas de figurer.

Enfin, en 1659, l'abbé Perrin, successeur de Voiture dans la charge d'introducteur des ambas-

sadeurs auprès de Gaston, duc d'Orléans, entreprit de vaincre ces petites délicatesses qui sembloient mettre un obstacle insurmontable à l'établissement de l'opéra françois. Quoiqu'il fût absolument dépourvu de tout talent pour la poésie et pour le théâtre, il eut la hardiesse de composer une pastorale en cinq actes qu'il fit mettre en musique par Cambert, organiste de Saint-Honoré, et l'un des plus grands musiciens qu'il y eût alors. Quoique l'invention de cet ouvrage fût misérable et que les vers en fussent très-mauvais, il obtint cependant un très-grand succès à Issy, où il fut d'abord représenté dans une maison particulière, et ensuite à Vincennes, où on le joua devant le roi. « Ce fut, dit Saint-Evremont, comme un essai
» d'opéra qui eut l'agrément de la nouveauté; mais
» ce qu'il y eut de meilleur encore, c'est qu'on y
» entendoit des concerts de flûtes, ce que l'on
» n'avoit point entendu sur aucun théâtre, depuis
» les Grecs et les Romains. »

Toutefois ce spectacle avoit été représenté sans danses et sans machines, c'est-à-dire qu'il étoit encore dépourvu de la plus grande et de la plus belle partie des agréments de l'opéra italien. L'abbé Perrin, encouragé par le succès qu'il venoit d'obtenir, et surtout par la satisfaction que lui témoigna le cardinal Mazarin (1), étendit ses vues plus

---

(1) Il composa, sur la demande de ce ministre, un opéra

loin, et s'étant associé le marquis de Sourdéac, dont la fortune étoit considérable et qui avoit fait une étude approfondie de l'art des machines, il obtint, conjointement avec lui, des lettres-patentes du roi, datées du 28 juin 1669, par lesquelles il leur fut permis d'établir pendant douze années, dans la ville de Paris et dans les autres villes du royaume, des académies de musique, pour chanter en public des pièces de théâtre, à l'imitation de ce qui se pratiquoit en Italie, en Allemagne et en Angleterre. Un certain Champeron, admis dans leur association, fournissoit aux principaux frais de l'entreprise. On fit venir du Languedoc les plus célèbres musiciens que l'on tira des cathédrales, où il y avoit depuis assez long-temps des musiques fondées ; Cambert y joignit les meilleures voix qu'il put trouver, et l'on commença aussitôt les répétitions d'un opéra intitulé *Pomone*, qui étoit encore de la composition de l'abbé Perrin. Pendant ces répétitions on achevoit d'arranger un théâtre que les entrepreneurs avoient fait élever dans un jeu de paume de la rue Mazarine, vis-à-vis la rue Guénégaud (1).

---

d'Ariane, plus mauvais encore que sa pastorale, mais dont la musique fut jugée le chef-d'œuvre de Cambert. Il fut joué en 1661, l'année même de la mort du cardinal ; et cette mort, qui en arrêta les représentations, suspendit aussi quelque temps les progrès de ce nouveau genre de spectacle.

(1) Il en existoit encore des débris il y a quelques années.

Le 28 mars 1671, l'ouvrage y fut présenté avec beaucoup de magnificence et un très-grand succès. Mais l'intérêt jeta bientôt de la division parmi les associés; le marquis de Sourdéac, sous prétexte des avances qu'il avoit faites, s'empara de la recette, et voulut même expulser entièrement l'abbé Perrin de cette entreprise, en s'associant pour un nouvel opéra avec Gilbert, secrétaire des commandements de la reine de Suède, et son résident en France.

Ce fut alors que Jean-Baptiste Lully, devenu depuis si célèbre et déjà surintendant de la musique du roi, obtint, à la faveur de ces divisions, le privilége de l'administration de l'Opéra. L'abbé Perrin, dégoûté des tracasseries qu'il venoit d'éprouver, lui céda sans beaucoup de regret tous ses droits; et Cambert, déplacé par un rival qui lui étoit de beaucoup supérieur, passa en Angleterre, où il mourut en 1677, surintendant de la musique de Charles II. Les lettres-patentes qu'obtint Lully furent conçues de manière qu'elles le rendoient maître absolu de l'entreprise (1); et

---

(1) Ces lettres-patentes permettoient au sieur Lully d'établir une académie royale de musique à Paris, composée de tels nombre et qualités de personnes qu'il aviseroit, et que le roi choisiroit et arrêteroit sur son rapport. Ce privilége, dont il devoit jouir sa vie durant, étoit en outre transmissible à celui de ses enfants qui seroit pourvu de la survivance de la charge de surintendant de la chambre du roi. Ces mêmes lettres ajoutoient que l'académie

sur-le-champ, pour n'avoir rien à démêler avec les associés de Perrin, dont il avoit conçu une juste méfiance, il refusa de se servir du théâtre de la rue Mazarine, et alla en établir un nouveau dans le jeu de paume du Bel-Air, situé rue de Vaugirard, à peu de distance du palais du Luxembourg. Il s'étoit déjà attaché Quinault pour la composition des poëmes, et pour les machines il engagea un Italien nommé *Vigarani*, lequel étoit, en ce genre, un des hommes les plus habiles de l'Europe.

L'ouverture de leur théâtre se fit le 15 novembre 1672; et ils continuèrent d'y représenter jusqu'au mois de juillet 1673. Mais la mort de Molière, arrivée le 17 février de cette même année, ayant inspiré au roi le dessein de faire quelques changements dans les théâtres établis à Paris, la salle du Palais-Royal, qui depuis 1661 étoit alternativement occupée par la troupe de cet homme célèbre et par les comédiens italiens, fut accor-

---

royale de musique étoit érigée sur le pied des académies d'Italie, et que les gentilshommes et les demoiselles pourroient y chanter, sans que pour cela ils fussent censés déroger au titre de noblesse, ni à leurs priviléges, charges, droits, immunités, etc. On doit compter au nombre des fautes qu'il est possible de reprocher à Louis XIV cette faveur extrême qu'il accordoit aux histrions, et tous ces encouragements donnés sous son règne aux jeux publics du théâtre, véritable école de corruption pour les peuples, et que les gouvernements sages et consciencieux doivent tout au plus tolérer, lorsque l'inconvénient seroit trop grand de les supprimer.

dée à Lully pour les représentations de l'Opéra, ce qui dura jusqu'à sa mort, arrivée en 1687, et continua ensuite sous l'administration de Francine, son gendre, et premier maître-d'hôtel du roi.

Francine en jouit jusqu'en 1712, époque à laquelle sa mauvaise administration le mit dans la nécessité d'abandonner à ses créanciers la direction de l'entreprise. Ceux-ci choisirent parmi eux un régisseur qui dirigea les affaires au nom de Francine, et qui toutefois ne fut pas plus heureux que lui : car il se trouva qu'en 1724 il avoit endetté l'Opéra de plus de 300,000 liv. Le roi prit alors le parti de nommer lui-même un directeur et un caissier comptables envers lui; ce qui dura jusqu'au 1er juin 1730, qu'un arrêt du conseil accorda, pour trente années, le privilége de l'Opéra au sieur Gruer, sous la condition qu'il en acquitteroit toutes les dettes.

Cet engagement, qui sembloit assurer solidement, et pour un terme assez long, les destinées de ce théâtre, ne dura qu'un moment ; Gruer fut forcé, au bout d'un an, pour des fautes assez graves, de se démettre de son privilége, qui fut donné au sieur Lecomte, sous-fermier des aides. On voit au bout de trois ans celui-ci solliciter sa retraite pour quelques tracasseries qu'il ne voulut point supporter. A ce dernier administrateur succède un ancien capitaine au régiment de Picardie, nommé Thuret, qui conduit cette entreprise difficile plus heureusement que ses devanciers, et la garde jusqu'en 1744. A cette époque elle tombe entre les mains d'un sieur Berger, ancien receveur des finances, qui, dans l'espace de trois ans et demi, la grève de 450,000 liv. de dettes, ce qui fut reconnu après sa mort, arrivée le 3 novembre 1747.

Fatigué de tant de révolutions, le roi crut y porter remède en remettant la régie de l'Opéra aux sieurs Francœur et Rebel, tous les deux surintendants de sa musique; mais il ne paroît pas que cette direction ait été moins mauvaise que les précédentes : car, le 4 mai de l'année suivante, un sieur de Tresfontaine en obtint de nouveau le privilége, à la charge d'acquitter toutes les dettes contractées par Berger; mais, peu de temps après, ce nouveau contrat fut encore rompu, parce que celui qui l'avoit signé se trouva hors d'état d'en remplir les engagements.

Après tant de fâcheuses catastrophes, la chute totale d'un théâtre que l'on considéroit comme un des plus beaux ornements de la capitale sembloit être inévitable. Pour prévenir un événement qui eût été pour les Parisiens d'alors, comme il seroit encore pour ceux d'aujourd'hui, une véritable calamité, on ne vit d'autre parti à prendre que d'annuler tous les priviléges accordés jusqu'à cette époque, et de charger à perpétuité de cette administration les officiers composant le corps de ville, sous la condition d'en rendre compte au secrétaire d'État ayant le département de la maison de Sa Majesté. Ce nouvel ordre fut établi par un arrêt du conseil du mois d'août 1749.

En conséquence de cet arrêté, le bureau de la ville prit la direction de l'Opéra, et se chargea lui-même de l'administrer, ce qu'il fit jusqu'en 1757. A cette époque, les anciens directeurs, Francœur et Rebel, reparoissent dans cette affaire, et reprennent, comme fermiers de la ville, la régie de ce théâtre, ce qu'ils continuèrent pendant six années seulement, quoique leur bail fût de trente. Mais les conditions en étoient trop onéreuses pour qu'ils pussent l'exécuter jusqu'au bout; et il paroît qu'on en fut frappé, puisqu'ils en obtinrent, sans beaucoup de peine, la résiliation. Depuis leur retraite jusqu'en 1775, on voit plusieurs particuliers (1) prendre successivement leur place, essayer de résoudre le problème impossible de balancer la recette avec la dépense, et se retirer presque aussitôt après avoir commencé ces périlleux essais. L'Opéra étoit cependant bien loin d'avoir la pompe et la richesse qu'on y déploie maintenant.

En 1776 les administrateurs des Menus-Plaisirs imaginèrent qu'ils seroient plus habiles ou plus heureux, et demandèrent à la ville de leur céder

---

(1) Les sieurs Trial, Le Breton, Joliveau et d'Auvergne.

cette direction, qu'ils s'empressèrent de lui rendre dès l'année suivante. Après eux vint encore un entrepreneur (le sieur de Visme), qui ne tint aussi qu'une année. Enfin, en 1780, il fut tellement démontré que ce spectacle ne pouvoit se soutenir dans tout son éclat que par la munificence royale, qu'on crut devoir prendre le seul parti qui pût en effet le sauver de sa destruction, lequel étoit de le faire rentrer pour toujours sous la protection puissante du roi. Des directeurs nouveaux furent nommés sous l'inspection immédiate du ministre de l'intérieur, et le trésor public se chargea de l'excédant des dépenses. Ce nouvel ordre s'est maintenu jusqu'à la fin de la monarchie, et pendant ce court espace de temps l'Opéra, dont le déficit n'a cessé d'augmenter, s'est aussi tellement accru en prestiges et en magnificence, qu'il est devenu, sans contredit, le spectacle le plus étonnant de l'Europe.

Ce théâtre avoit éprouvé bien d'autres vicissitudes : en 1763, le feu prit à la salle du Palais-Royal, où il étoit toujours resté depuis qu'il y avoit succédé à la troupe de Molière. L'incendie se communiqua avec la plus extrême violence à la partie du bâtiment qui tenoit au palais, et fit en peu de temps des progrès si considérables que la salle fut consumée avant qu'il eût été possible d'y apporter le moindre secours (1). Cet accident inter-

---

(1) Le comble du grand escalier s'écroula en une heure et demie.

rompit les représentations de l'académie royale de musique jusqu'au 24 janvier 1764, que le roi permit à ses membres de s'établir dans la salle des Tuileries, vulgairement nommée *salle des machines* (1). Ce fut là qu'ils donnèrent la première représentation de l'opéra de *Castor et Pollux*.

Ils y restèrent dix ans. Pendant cet intervalle on reconstruisit la façade entière du Palais-Royal (2); et sur un terrain donné par M. le duc d'Orléans, fut bâtie, aux frais de la ville, une nouvelle salle plus vaste et beaucoup plus riche que la première. Elle avoit été élevée sur les dessins de M. Moreau, à qui l'on devoit aussi la nouvelle façade; et tous les historiens de Paris ont vanté l'élégance de cette construction, dont la forme arrondie étoit à peu près la même que celle qu'on emploie aujourd'hui. Elle devoit en effet, quels que fussent ses défauts, paroître un chef-d'œuvre à côté de l'ancienne, bâtie dans le dix-septième siècle, et à une époque où l'on n'apportoit ni soin ni expérience dans la disposition de semblables édifices.

L'ouverture s'en fit le 26 janvier 1770; et le 21 juin 1781 un nouvel incendie, aussi violent que le premier, consuma en quelques heures ce riche monument. Le goût du public pour ce genre de spectacle étoit alors plus vif que jamais,

---

(1) *Voyez* t. Ier, p. 929, 2e partie.
(2) *Ibid.*, p. 881.

et l'idée d'en être privé pendant un long intervalle de temps répandit, au milieu d'une population dont les frivolités étoient alors la plus grande affaire, une sorte de consternation qu'on jugea à propos de faire cesser le plus promptement possible. Des ordres furent donnés pour que l'on construisît à l'instant même, et avec tous les moyens qui seroient de nature à en accélérer l'édification, une salle provisoire où l'académie royale de musique pût continuer ses représentations, en attendant qu'il plût au roi de désigner la place qu'il vouloit qu'elle occupât. On choisit à cet effet un emplacement situé entre le boulevart Saint-Martin et la rue de Bondi; et l'architecte chargé de cette en-entreprise, M. Le Noir, y mit une telle activité, que, dans l'espace de soixante-quinze jours, la nouvelle salle fut composée, bâtie, décorée, et qu'on put en faire l'ouverture.

Cet édifice, entièrement construit en charpente et élevé en si peu de temps, n'en étoit pas moins, tant pour la solidité de sa construction que pour l'élégance de son ensemble, un des monuments les plus remarquables en ce genre qu'il y eût alors à Paris.

Sa principale façade sur le boulevart a quatre-vingt-seize pieds de long sur cinquante-quatre de haut, non compris l'attique, qui s'élève encore de douze pieds au-dessus. Cet attique, percé de cinq croisées et surmonté d'un comble, est posé à l'aplomb de l'avant-corps, qui a environ douze pieds de saillie sur les arrière-corps. L'ordonnance de cette façade est composée d'un soubassement appareillé en refends horizontaux et verticaux sur l'avant-corps seulement. Huit cariatides, adossées aux piliers qui forment les portes d'entrée, en font la décoration; sur cette première ordonnance sont posées huit colonnes ioniques accouplées, et dont la corniche architravée se termine à une niche carrée, dans laquelle toutes ces parties d'ornements sont renfermées, ainsi que le bas-relief qui les surmonte. Entre les colonnes étoient autrefois placés les bustes de Quinault, de Lully, de Rameau et de Gluck; et, dans les entre-colonnements, des croisées ornées d'archivoltes et de bas-reliefs conduisent au balcon du foyer, lequel est porté par les cariatides. Tout cet avant-corps est terminé par un entablement d'ordre dorique composé, avec colonnes cannelées, et vient finir en plinthe sur les arrière-corps (1).

L'intérieur de la salle offre un cercle parfait, coupé par l'avant-scène. Cette forme, qui se conservoit alors jusqu'aux quatrièmes loges, se terminoit au-dessus par un carré long tronqué dans les angles (2). L'avant-scène avoit trente-six pieds

---

(1) *Voyez* pl. 100.
(2) Cette disposition a été changée depuis la restauration de cette salle.

d'ouverture, le théâtre soixante-douze de profondeur, et quatre-vingt-quatre dans sa largeur totale d'un mur à l'autre. Toute cette composition étoit décorée avec élégance et légèreté.

C'est sur ce théâtre que l'Opéra a commencé à développer cette magnificence de décorations, cette variété de tableaux, ces richesses musicales, en un mot tous ces prestiges de l'art qui lui ont acquis en Europe, et même par-delà les mers, une si haute renommée. A la vérité ses plus grands admirateurs sont contraints d'avouer que les chanteurs du siècle passé crioient pour le moins aussi fort que ceux de nos jours; mais ils soutiennent que, comparés à ceux que nous avons le bonheur de posséder aujourd'hui, les danseurs d'alors ne faisoient que marcher, que les peintres n'étoient que des barbouilleurs, les musiciens que des croque-notes, et qu'en définitive, cette belle institution étant au nombre de celles qui attestent de la manière la plus triomphante les progrès toujours croissants des lumières, de la civilisation et surtout des mœurs, dans la première ville de France, le gouvernement ne sauroit lui donner trop de preuves de sa munificence, et que les millions qu'il dépense tous les ans pour en soutenir l'éclat et la prospérité sont de l'argent admirablement employé (1).

---

(1) Sur les diverses mutations qu'a éprouvées l'Opéra depuis

L'EGLISE DE SAINT-LAURENT.

On ignore par qui et dans quel temps cette église a été bâtie; on n'a pas même la certitude qu'elle ait toujours été située dans l'endroit où nous la voyons aujourd'hui; cependant on ne peut douter qu'elle ne soit une des plus anciennes basiliques de Paris; cette antiquité est prouvée par le témoignage de Grégoire de Tours, qui nous apprend qu'elle existoit déjà au commencement du sixième siècle, et que c'étoit alors une abbaye. En effet, cet auteur dit (1) que, *du temps de Clotaire, Domnole, abbé du monastère de Saint-Laurent, fut le successeur immédiat de saint Innocent, évêque du Mans, lequel mourut en* 543; et dans un autre endroit (2), *que l'inondation de l'année* 583 *fut si considérable, qu'il*

---

la révolution, *voyez* la 1re partie de ce volume, p. 292. La salle que nous venons de décrire porte aujourd'hui le nom de *Théâtre de la porte Saint-Martin*, et est occupée par une troupe de comédiens qui y jouent des pantomimes et des mélodrames.

(1) Liv. VI, chap. 9.
(2) *Ibid*, chap. 6.

arriva de fréquents naufrages entre la ville et l'église de Saint-Laurent.

Nous ne devons pas dissimuler que quelques auteurs, dont le nom est célèbre dans la critique littéraire, ont regardé comme suspect et ajouté par un faussaire le chapitre où Grégoire de Tours a parlé de la basilique de Saint-Laurent. Cette opinion, adoptée par le P. Lecointe, le P. Papebroch (1), a été attaquée et réfutée par dom Thierri Ruinart, dom Mabillon, M. Le Courvoisier et le P. Boudonnet, savants dont l'autorité suffit au moins pour contre-balancer celle des précédents. Mais quand on supposeroit, ce qui n'est pas facile à prouver, que le chapitre 9 du sixième livre de Grégoire de Tours a été interpolé dans les temps postérieurs, cela ne prouveroit pas que les faits rapportés par l'auteur fussent contraires à la vérité : du moins trouvons-nous son témoignage, relativement à l'existence de la basilique de Saint-Laurent, confirmé par celui de l'auteur de la *Vie de saint Lubin.* Nous avons déjà eu l'occasion de citer le passage (2) dans lequel, parlant d'un violent incendie miraculeusement éteint par les prières de ce saint évêque, cet auteur dit que « *le feu, venant du côté de Saint-*

---

(1) Lecointe, ann. 545, n° 49; Papeb., mai, t. III, p. 604, n° 6.

(2) *Voyez* p. 697.

» *Laurent*, avoit déjà gagné les maisons qui » étoient sur le pont : *A parte* BASILICÆ » B. LAURENTII, *noctu edax ignis exiliens ;* » et tous les historiens s'accordent à dire que cet incendie arriva en 547. Voilà donc encore une preuve de l'existence d'une basilique de Saint-Laurent dans le sixième siècle.

Adrien de Valois (1) et dom Duplessis, sans contester l'authenticité des passages de Grégoire de Tours, en ont inféré que l'église de Saint-Laurent ne pouvoit être située au nord de la Cité. Ils se sont fondés, pour soutenir cette opinion, sur la distance qui devoit se trouver, à cette époque, entre la ville et Saint-Laurent. « Si l'église de Saint-Laurent, disent-ils, eût été la même que celle qui subsiste aujourd'hui, il est impossible qu'il n'y eût pas déjà entre la ville et le faubourg plusieurs monuments remarquables, que l'historien eût probablement cités de préférence. » De plus, cet endroit leur semble trop éloigné de la rivière pour qu'il soit vraisemblable que tout le terrain intermédiaire eût pu être inondé au point d'occasionner des *naufrages* (2) ; d'où ils tirent cette conclusion, qu'il est plus probable que la basilique dont parle

---

(1) Val., *De Basil. Reg.*, cap. 3, p. 21.
(2) Ceci a rapport à un autre passage de Grégoire de Tours. (*Voyez* p. 697.)

Grégoire de Tours étoit bâtie sur la rive méridionale. D'après cette supposition, appuyée de conjectures extrêmement hasardées, dom Duplessis ne craint pas d'avancer que cette église de Saint-Laurent, étant abbatiale, ne pouvoit être autre que l'église de Saint-Severin, qui existe encore aujourd'hui; et la raison qu'il en donne, c'est que dans un diplôme de Henri Ier on la trouve désignée avec trois autres, dont quelques-unes avoient le titre d'abbaye.

On objecte à ce système, 1° que le sol de Paris n'étoit pas alors, à beaucoup près, aussi élevé qu'il l'est aujourd'hui; que cependant depuis, et malgré cette élévation successive, la Seine, dans ses débordements, a souvent inondé les marais au milieu desquels l'église de Saint-Laurent est située; que dans ces temps reculés il n'y avoit ni fossés qui pussent absorber une partie des eaux, ni quais pour rétrécir le lit de la rivière, et par conséquent qu'il est extrêmement probable que le terrain qui se trouve au-delà des portes Saint-Martin et Saint-Denis pouvoit être facilement inondé; 2° que, lorsque Grégoire de Tours parle de la basilique de Saint-Laurent, il ne dit pas que les eaux se fussent étendues jusqu'au pied de ses murs, mais qu'il se contente de l'indiquer comme un des endroits les plus remarquables du faubourg où l'inondation avoit étendu ses ravages; et l'on peut ajouter que, si, dès ce temps-là, il y avoit une muraille au nord de la ville, comme il n'est guère possible d'en douter, cet historien ne pouvoit pas citer les monuments renfermés dans son enceinte, parce qu'ils étoient en quelque sorte à l'abri de l'inondation ou en état d'y résister plus long-temps que de simples maisonnettes, telles qu'étoient alors celles des faubourgs ; 3° que le terme de *naufrage*, dont se sert Grégoire de Tours, ne doit pas se prendre à la lettre, mais dans un sens plus étendu, qui comprend le renversement des jardins, la chute des murs et des maisons, en un mot tous les désastres qu'occasionne la crue subite des eaux, désastres qui sans doute auroient été beaucoup plus considérables, et peints d'une manière plus animée et plus frappante, si le monastère de Saint-Laurent eût été situé sur le terrain qu'occupe aujourd'hui Saint-Severin ; 4° dans le diplôme que l'on cite, Henri Ier donne à Imbert, évêque de Paris, les églises de Saint-Étienne, de Saint-Julien, de Saint-Severin, solitaire, et de Saint-Bache, dont quelques-unes avoient été abbayes : mais il est remarquable qu'il ne spécifie pas que ce titre eût été donné à Saint-Severin ; et nous ferons voir, à l'article de cette église, qu'il n'est guère vraisemblable que, sous le règne de Childebert et de Clotaire, elle fût l'église d'un monastère.

Nous convenons cependant que les expressions

de l'auteur de la Vie de saint Lubin, que nous venons de citer, en prouvant l'existence de la basilique de Saint-Laurent au sixième siècle, ne fixent pas positivement l'endroit où elle étoit située. Suivant lui, le feu commençoit à brûler les maisons du pont, *domos pendulas, quæ per pontem constructæ erant, exurere cœpit.* Adrien de Valois, et ceux qui ont adopté son système, ont cru pouvoir appliquer ces termes au Petit-Pont, et y trouver une preuve nouvelle que l'église de Saint-Laurent étoit placée au midi : mais ne peut-on pas également les appliquer au Grand-Pont situé au nord ? Telle est l'opinion de dom Bouquet, du P. Dubois, de l'abbé Lebeuf, etc., etc. Aux raisons que nous avons déjà de lui donner la préférence, se joint l'autorité d'un diplôme de Childebert III, cité par dom Mabillon (1). Par ce titre authentique, dont la date est de 710, il paroît que le marché ou foire de Saint-Denis avoit été transféré depuis quelque temps à Paris, dans un lieu situé entre les églises de Saint-Laurent et de Saint-Martin. *Clade intercedente, de ipso vico sancti Dionysii ipse marcadus fuit emutatus, et ad Parisius civitate, inter sancti Martini et sancti Laurentii baselicis, ipse marcadus fuit factus*, etc. Cette charte n'avoit pas sans doute échappé aux savantes recherches d'Adrien de

---

(1) Mabill., *De Re diplom., lib.* 6, n° 28.

Valois, puisque lui-même, pressé par l'évidence de ces preuves, après avoir avancé que l'église de Saint-Laurent étoit située au midi, convient que, dès l'an 650, il y avoit au nord une basilique sous le même nom (1). Nous croyons avoir démontré, par tout ce que nous venons de dire, et par les autorités que nous avons rapportées, que sous la première race de nos rois il n'a existé qu'une seule église de Saint-Laurent. Cette dernière preuve, reconnue par ceux mêmes qui soutiennent l'opinion contraire, ne permet donc pas de douter un seul instant qu'elle ne fût située au nord de la Cité. Mais en doit-on conclure qu'elle étoit placée précisément où nous la voyons aujourd'hui ? c'est sur quoi les avis sont partagés.

L'historien de l'église de Paris, le P. Dubois, et quelques autres, ont pensé que cette basilique a toujours été située dans la place qu'elle occupe encore maintenant. Dubreul, le commissaire Delamare et l'abbé Lebeuf (2) ont cru, au contraire, que la situation primitive de ce monastère étoit un peu plus reculée du côté du faubourg Saint-Denis, à l'endroit où a été bâtie depuis la maison de la congrégation de Saint-Lazare; et cette opinion paroît la plus vraisemblable. On sera porté

---

(1) *Deff. not. Gall.*, p. 164.
(2) Dubreul, p. 866; Delamare, t. I, p. 75; Lebeuf, t. II, p. 474.

à l'adopter de préférence, si l'on fait attention que le chemin qui conduit actuellement en ligne droite de Saint-Martin à Saint-Laurent n'existoit pas alors, mais que, commençant en effet à Saint-Martin, il se réunissoit un peu au-dessus de cette église, à la grande chaussée qui conduisoit à Saint-Denis. Cette disposition des lieux ne permet pas de douter que le fondateur de l'abbaye de Saint-Laurent l'aura plutôt fait bâtir le long d'un chemin public très-fréquenté, que dans un marais situé vis-à-vis, et dont le terrain étoit souvent impraticable, tant par la nature et la position du sol que par l'exhaussement de la chaussée. Mais comme dans les premiers siècles de la monarchie l'usage d'enterrer les morts dans les églises ne s'étoit pas encore introduit parmi nous, ne pourroit-on pas penser que le cimetière de l'ancienne abbaye étoit situé au même lieu qu'occupe aujourd'hui Saint-Laurent, et que depuis cette basilique aura pris la place de la chapelle qui, suivant la coutume établie partout, devoit s'élever au milieu de cet enclos consacré? Cette opinion n'est point une conjecture vague et dépourvue d'autorité, elle est appuyée sur la découverte que l'on fit, en creusant la terre entre l'église et le cimetière vers la fin du dix-septième siècle, de plusieurs tombeaux antiques en pierre et en plâtre, dans lesquels on trouva des corps dont les vêtements noirs parurent semblables à des habits de moines;

et nous ajouterons que l'abbé Lebeuf et les auteurs dont nous avons cité le témoignage ont fait la remarque importante que le prieuré de Saint-Lazare se trouvoit chargé envers le chapitre de Notre-Dame de certaines redevances qui, dans l'origine, avoient été acquittées par l'abbaye de Saint-Laurent, redevances auxquelles il ne se seroit pas assujetti, si les lieux qu'il occupoit n'avoient pas autrefois fait partie du territoire de cette abbaye.

La situation de ce monastère l'exposoit à toute la fureur des Normands; et l'on ne peut douter qu'il n'ait été, à plusieurs reprises, dévasté par ces barbares : car il n'en restoit presque pas de vestiges à la fin du neuvième siècle. Les religieux qui avoient été forcés de l'abandonner, ou n'existoient plus, ou manquoient des moyens nécessaires pour le rétablir, et jusqu'au douzième siècle nos annales n'en font aucune mention. A cette époque, on voit reparoître l'église de Saint-Laurent : des lettres de Thibaud, évêque de Paris (1), semblent faire entendre qu'en 1149 elle appartenoit au prieuré de Saint-Martin-des-Champs, et l'abbé Lebeuf insinue que ce pouvoit être un don de cet évêque qui avoit été prieur de ce monastère (2).

Il n'est pas bien facile d'assigner l'époque pré-

---

(1) *Hist. S. Martini*, p. 156.

(2) T. II, p. 473. Ces donations ne se faisoient point sans le consentement du chapitre, qui se réservoit certains droits et redevances, comme marques de sa juridiction.

cise où cette église commença à devenir paroissiale. Sauval, Lacaille et Piganiol la placent en 1180, sans en indiquer la preuve; Dubreul, sous Philippe-Auguste, lorsque ce prince ordonna de faire élever l'enceinte achevée pendant son règne; ce qui recule cette époque de dix ans. L'abbé Lebeuf, très-instruit dans ces matières, ne s'explique pas clairement sur cet article; cependant il laisse entrevoir qu'il croit à cette paroisse une plus grande antiquité. Jaillot est du même avis: il ne doute point que cette église n'ait été baptismale dans des temps antérieurs à la clôture de Philippe-Auguste : la distance qu'il y avoit entre elle et la ville, et le nombre considérable d'habitants qui demeuroient sur son territoire, en sont une preuve qu'il est difficile de combattre. Ce fut cette multitude d'habitants, dont le nombre augmentoit tous les jours dans les bourgs environnant Paris, qui donna lieu à l'érection des curés. Dans le concile tenu en 829 dans cette capitale (1), on voit qu'il est défendu aux ecclésiastiques de posséder deux cures à la fois; et celui de 847 (2) ordonne aux évêques d'ériger, dans les villes et dans les faubourgs, des *titres-cardinaux*, c'est-à-dire des paroisses, et d'y préposer des prêtres : or le prieur de Saint-Martin-des-Champs et le curé de

---

(1) *Hist. eccles. Par.*, t. I, p. 346.
(2) *Ibid.*, p. 397.

Saint-Laurent sont nommés parmi ces prêtres-cardinaux (1).

La nomination de cette cure appartenoit au prieur de Saint-Martin-des-Champs, qui avoit le droit d'envoyer plusieurs religieux de son monastère officier à la paroisse de Saint-Laurent, conjointement avec les chanoines députés de Notre-Dame. Ce droit fut restreint au prieur titulaire seulement, par une déclaration du roi, de l'an 1726; de sorte que, dans ces derniers temps, il n'y avoit plus que les députés de l'église métropolitaine qui y vinssent chanter la grand'messe le 10 août, jour de Saint-Laurent. C'étoit une marque de la supériorité de l'église-mère sur ces paroisses érigées par elle, et de leur dépendance de la cathédrale.

L'église de Saint-Laurent, qui subsistoit au douzième siècle, fut rebâtie au commencement du quinzième, et la dédicace en fut faite le 19 juin 1429 par Jacques du Chatellier, évêque de Paris. On l'augmenta en 1548; elle fut reconstruite en grande partie en 1595; enfin en 1622 on y fit des réparations considérables, et on y ajouta le portail qui existe encore aujourd'hui (2).

---

(1) *Past.* A, *lib.* 19, cart. 79. C'est de là que les évêques avoient introduit l'usage de se faire assister à l'autel, les jours de Noël, de Pâques et de l'Assomption, par ces prêtres-cardinaux, et qu'à la tête de leur chapitre ils alloient célébrer la fête patronale dans leurs églises.

(2) *Voyez* pl. 98.

CURIOSITÉS ET SÉPULTURES.

Il n'y avoit dans cette église aucun tableau remarquable. Elle possédoit quelques sculptures médiocres de *Gilles Guérin*, professeur de l'académie royale de peinture et sculpture, mort en 1678, et inhumé sous le jubé. Dans la chapelle de la Visitation avoit été enterrée *Louise de Marillac*, veuve de M. Legras, fondatrice et première supérieure des filles de la Charité; et dans l'église, *Charlotte Gouffier*, épouse de François d'Aubusson, duc de la Feuillade, morte en 1623.

La paroisse de Saint-Laurent s'étendoit du côté du nord jusqu'au village de La Chapelle. A l'orient elle comprenoit une partie de la Courtille, et l'hôpital Saint-Louis; d'un autre côté elle revenoit passer à la Villette, dont presque toutes les maisons lui appartenoient. Au midi, elle s'étendoit au-delà des portes Saint-Denis et Saint-Martin, et dans la rue Saint-Denis, son territoire finissoit à la communauté de Saint-Chaumont. Du côté de la porte Saint-Martin, il se prolongeoit à peu près jusqu'aux maisons qui font face à la rue de Montmorenci, ce qui embrassoit les rues Sainte-Apolline, des Deux-Portes, Guérin-Boisseau, une portion de la rue Greneta et de la rue du Grand-Hurleur, du côté où elle touche à celle de Saint-Martin. Saint-Josse et Notre-Dame de Bonne-Nouvelle étoient succursales de Saint-Laurent.

Il y avoit dans cette église une chapelle d'un

revenu considérable, fondée en 1431 par *Jeanne de Tasseline*, veuve de Regnault de Guillonet, écuyer-pannetier de Charles VII. Le chapelain étoit à la nomination du curé (1).

LE COUVENT DES RÉCOLLETS.

Le zèle et la ferveur qui s'étoient ranimés dans l'ordre de Saint-François avoient déjà fait naître deux communautés réformées (2), lorsque vers la fin du seizième siècle il s'en forma une troisième, non moins ardente que les autres à ramener la règle à la sévérité primitive établie par son fondateur. Ceux qui l'embrassèrent prirent le nom de *frères mineurs de l'étroite observance de saint François*; mais ils étoient plus généralement connus sous celui de *Récollets* (3).

---

(1) L'église de Saint-Laurent, rendue au culte, est maintenant l'une des paroisses de Paris.

(2) La première fut celle des Capucins, la seconde fut celle des religieux du Tiers-Ordre ou Picpus.

(3) Ce mot vient de *récollection*, qui, en style mystique, signifie le recueillement, les réflexions que l'on fait sur soi-même, et l'éloignement de tout ce qui peut nous en distraire.

L'étroite observance des frères mineurs avoit pris naissance en Espagne dès l'an 1484, et de là étoit passée en Italie vers 1525. On voit, par l'histoire des ordres monastiques (1), qu'elle étoit déjà connue en France en 1582 : mais elle n'y fut reçue qu'en 1592, et les troubles dans lesquels le royaume étoit alors plongé empêchèrent qu'elle y eût un état fixe et légal avant 1597. Ce fut à Nevers que s'en fit le premier établissement.

Le pape Clément VIII ne se contenta pas d'approuver cette réforme, et de confirmer les bulles de Clément VII et de Grégoire XIII, qui l'avoient autorisée; il donna encore, en 1601, un bref par lequel il invitoit les archevêques et évêques de France à assigner aux PP. Récollets un ou deux couvents dans leurs diocèses. Sur cette invitation du souverain pontife, Henri de Gondi, alors évêque de Paris, leur donna, la même année, la permission de s'y établir. Henri IV les prit sous sa protection, et la piété charitable de deux citoyens obscurs leur procura, dès 1603, un asile dans cette capitale. *Jacques Cottard*, marchand tapissier, et *Anne Grosselin* sa femme, leur prêtèrent d'abord une maison dont ils étoient propriétaires au faubourg Saint-Laurent, et leur en firent ensuite, le 4 décembre de la même année, une

---

(1) T. VII, p. 133.

donation que confirmèrent des lettres-patentes accordées le 6 janvier suivant. Ces religieux y firent aussitôt construire une petite église qui fut consacrée par l'archevêque d'Auch le 19 décembre 1605. Henri IV leur donna en même temps un champ assez vaste et contigu à leur jardin; et quelques années après, les libéralités de plusieurs illustres bienfaiteurs (1) leur fournirent les moyens d'augmenter leurs bâtiments et de faire rebâtir leur église qu'ils trouvoient trop petite. La reine Marie de Médicis, qui s'étoit déclarée fondatrice de ce couvent par ses lettres du 5 janvier 1605, posa la première pierre du nouvel édifice, qui fut dédié le 30 août 1614 sous le titre de l'Annonciation de la Sainte-Vierge.

Les religieux de cet ordre rendoient de grands services à la religion et à l'État, soit en aidant les prêtres séculiers dans les fonctions du saint ministère, soit par les prédications dont ils s'acquittoient avec autant de zèle que de succès (2). C'étoient ordinairement des Récollets qu'on envoyoit dans les colonies, et qu'on employoit dans les armées en qualité d'aumôniers (3).

---

(1) Le baron de Thisy, son épouse, M. de Bullion, le chancelier Séguier, etc.

(2) Cet ordre a produit deux prédicateurs qui ont honorablement occupé les meilleures chaires de Paris. Le premier se nommoit *Olivier Juvernay*, et l'autre *Candide Chalippe*.

(3) Depuis la révolution on a converti ce couvent en un hos-

CURIOSITÉS DU COUVENT DES RÉCOLLETS.

Ce couvent étoit orné de plusieurs tableaux peints par le frère *Luc*, religieux de cet ordre.

La bibliothèque étoit composée d'environ trente mille volumes; on y voyoit aussi deux très-beaux globes de *Coronelli*.

SÉPULTURES.

Dans cette église avoient été inhumés:

Guichard Faure, baron de Thisy, et Magdeleine Brûlart sa femme, morts en 1623 et 1635.

Noël de Bullion, président à mortier au parlement de Paris, mort en 1670.

Françoise de Créqui, épouse de Maximilien de Béthune, duc de Sully, grand-maître de l'artillerie de France, morte en 1657, et Louise de Béthune sa fille, morte en 1679.

Gaston, duc de Roquelaure, mort en 1683.

Antoine-Gaston de Roquelaure, duc et maréchal de France, fils du précédent, mort en 1738.

Marie-Louise de Laval son épouse, morte en 1735.

HÔPITAL
DU SAINT-NOM-DE-JÉSUS.

On ignore quel est le fondateur de cet hôpital, non qu'il soit très-ancien, car son établissement

---

pice consacré à recevoir des hommes indigents attaqués d'infirmités graves et incurables. On y compte environ quatre cents lits.

ne date que du milieu du dix-septième siècle; mais parce que ce fondateur, aussi modeste que charitable, voulut accomplir à la lettre le précepte de l'Evangile en cachant aux yeux des hommes les œuvres de sa charité. Le célèbre Vincent-de-Paul fut le seul confident de ce bienfait mystérieux.

Le projet de l'inconnu étoit d'assurer, dans un asile convenable, une retraite paisible à vingt pauvres artisans de chaque sexe que la vieillesse ou les infirmités mettroient hors d'état de gagner leur vie.

Pour remplir ce dessein, Vincent-de-Paul acheta deux maisons contiguës, et un assez grand emplacement dans le faubourg Saint-Laurent, un peu au-dessus de l'église paroissiale; il y fit construire une chapelle et deux corps-de-logis séparés l'un de l'autre, mais tellement disposés que les hommes et les femmes pouvoient entendre la même messe et la lecture qu'on faisoit pendant le repas, sans avoir la faculté de se voir ni de se parler. Il acheta en même temps des outils et fit dresser des métiers, afin d'occuper ces pauvres gens selon leur talent et le degré de leurs forces. L'argent qui lui resta après que toutes ces dispositions eurent été faites fut converti en une rente annuelle au profit de l'établissement.

Cet hospice, fondé par contrat du 29 octobre 1653, approuvé par l'archevêque de Paris le 15 mars 1654, et confirmé par lettres-patentes du mois de novembre de la même année, étoit sous la direction de MM. de Saint-Lazare, qui commettoient un prêtre de leur congrégation pour y dire la messe et y administrer les sacrements : il étoit desservi, quant au temporel, par les sœurs de la Charité.

Les priviléges qui furent accordés à cette maison lors de son établissement furent confirmés par d'autres lettres-patentes du mois de décembre 1720, et par celles de surannation du 11 septembre 1738 (1).

HÔPITAL DE SAINT-LOUIS.

Les suites funestes de la contagion dont la ville de Paris fut affligée en 1606 firent sentir la nécessité de prévenir dorénavant la communication

---

(1) Le nombre des pauvres qui étoient entretenus dans cette maison avoit été réduit, en 1719, à quinze hommes et quinze femmes; il fut ensuite porté à dix-huit vers la fin du siècle dernier. C'est maintenant une maison de santé, sous la direction de l'administration générale des hospices.

rapide de ces désastreuses épidémies, en construisant un hôpital destiné à recevoir et à séparer sur-le-champ de la société tous ceux qui en seroient frappés. On avoit d'abord pensé à préparer pour cet objet l'hôpital du faubourg Saint-Marcel; mais comme on eut bientôt reconnu qu'il étoit trop petit, on choisit un lieu plus commode entre le faubourg du Temple et celui de Saint-Martin, dans lequel il fut résolu qu'on feroit élever un plus vaste édifice. Les administrateurs de l'Hôtel-Dieu furent chargés de l'exécution de ce projet; et pour leur en fournir les moyens, le roi, par son édit du mois de mars 1607, accorda à cet hospice 10 sous sur chaque minot de sel qui se vendroit dans les greniers de Paris pendant quinze ans, et 5 sous à perpétuité après l'expiration de ce terme. Assurés d'un tel secours, ces administrateurs conclurent, le 20 juin de la même année, un marché pour la construction de cet édifice; et l'on mit dans les travaux une telle activité que la première pierre de la chapelle fut posée le 13 juillet suivant (1). On travailloit en même temps à l'hôpital *de la Santé* du faubourg Saint-Marcel; tous les deux furent achevés en quatre ans et demi; et la dé-

---

(1) Sauval dit que cet hôpital fut commencé par Henri IV en 1604, et achevé par Louis XIII en 1617. L'abbé Lebeuf et plusieurs autres en placent la fondation en 1608. Toutes ces dates manquent d'exactitude.

pense totale monta à 795,000 liv. Celui-ci fut nommé l'hôpital Saint-Louis, non comme l'a dit un auteur (Germain Brice), parce que Louis XIII régnoit alors, mais par un ordre exprès de Henri IV, dont l'intention étoit d'honorer la mémoire de ce saint roi, mort de la peste devant Tunis. L'erreur de cet écrivain est d'autant plus inconcevable que ce fait étoit constaté sur une inscription gravée au-dessus de la porte.

Quoique l'octroi accordé fût considérable, il paroît cependant, par les registres du parlement, qu'il ne se trouva pas suffisant pour subvenir à toutes les dépenses qu'exigeoit une si grande entreprise. Un arrêt du 4 septembre 1609 autorisa en conséquence les administrateurs de l'Hôtel-Dieu à emprunter à rente une somme de soixante mille livres, à mesure que le besoin l'exigeroit, sous la condition qu'ils la rembourseroient, dans la suite, du produit de cet octroi. C'étoit dans la même intention que, dès le mois d'août précédent, le roi avoit adjugé à l'Hôtel-Dieu l'argenterie et les ornements d'église employés au service de la confrérie des changeurs, anciennement établie dans l'église de Saint-Leufroi, et qui avoit cessé d'exister.

Cet hôpital étoit, comme nous l'avons dit, principalement destiné à recevoir les personnes attaquées de maladies contagieuses; mais comme de tels fléaux ne sont heureusement que passagers, on fut quelque temps incertain de savoir quelle destination on lui donneroit dans les longs intervalles qui séparent la courte durée de ces épidémies. Un projet charitable conçu par madame de Bullion indiqua bientôt le parti qu'il étoit possible d'en tirer. Cette dame, touchée de l'état de détresse où se trouvoient une foule de convalescents qui, n'étant plus assez malades pour rester à l'Hôtel-Dieu, n'avoient cependant point encore recouvré les forces nécessaires pour reprendre leurs travaux et pourvoir à leur subsistance, avoit formé le projet de procurer un asile momentané à quelques-uns d'entre eux, et venoit de fonder à cet effet un hospice pour huit personnes sortant de l'hôpital de la Charité. L'exemple étoit assez beau pour n'être pas perdu, et l'on résolut de faire en grand, dans l'hôpital Saint-Louis, ce qu'elle n'avoit pu exécuter qu'en petit. Le cardinal de Mazarin légua, dans cette vue, une somme de 70,000 liv. à l'Hôtel-Dieu; le duc de Mazarin y ajouta 30,000 liv.; les libéralités réunies de quelques autres personnes formèrent une troisième somme de 60,000 liv.; et pour faciliter encore une entreprise aussi utile, on unit à l'Hôtel-Dieu le prieuré de Saint-Julien-le-Pauvre. Malgré de si généreux secours, il s'en falloit cependant encore de beaucoup que ce capital fût suffisant même pour la dépense des bâtiments nécessaires; et il eût été imprudent de les commencer sans savoir comment on pourroit soutenir les charges de ce nouvel établissement. Les administrateurs de l'Hôtel-Dieu demandèrent en conséquence la permission de faire dans l'hôpital Saint-Louis une épreuve de la dépense la plus indispensable, afin de voir s'ils pourroient la soutenir ; cette demande leur fut accordée par arrêt du 24 novembre 1676, sous la condition néanmoins que, si la ville se trouvoit affligée de quelque mal contagieux, ils seroient obligés de faire retirer les convalescents de l'hôpital, pour le laisser libre aux malades. L'épreuve fut tentée, et elle eut tout le succès qu'on en pouvoit désirer.

En 1709, la rigueur de l'hiver, et la misère qu'elle occasionna, causèrent différentes maladies, et principalement le scorbut. L'hôpital Saint-Louis fut aussitôt destiné à recevoir tous ceux qui en étoient attaqués ; et comme le nombre en étoit très-considérable, on augmenta les bâtiments, on répara les anciens, et on les mit dans l'état où on les voyoit en 1789.

L'architecture d'un hôpital doit avoir un caractère particulier. Les points les plus essentiels pour arriver au but important qu'on se propose dans la construction d'un semblable édifice consistent dans une situation avantageuse, une étendue de terrain suffisant, surtout une distribution bien entendue du plan, qui permette la réunion de toutes les choses nécessaires au service intérieur, et une disposition telle qu'elles puissent toutes, sans confusion, se prêter un mutuel secours. Toute décoration seroit superflue; il suffit qu'à l'extérieur les masses soient grandes, simples et régulières.

Sous ces différens rapports, on peut présenter le plan de l'hôpital Saint-Louis comme un modèle en ce genre, et le meilleur qui existe à Paris.

Autour d'une grande cour de cinquante-deux toises carrées, servant de promenoir commun aux malades, s'élèvent quatre grands corps de bâtiment, contenant au rez-de-chaussée huit salles et huit pavillons. Ces huit salles ont vingt-quatre toises de longueur sur quatre de largeur, et onze pieds d'élévation. Elles sont partagées en deux nefs par un rang de piliers qui soutiennent les voûtes. Les huit pavillons d'entrée ont chacun cinq toises et demie en carré, et sont voûtés à la même hauteur que les deux salles. Deux de ces pavillons renferment des escaliers, deux contiennent des chapelles, deux autres des chauffoirs; les deux derniers servent de vestibule.

Le premier étage a la même étendue et la même distribution que le rez-de-chaussée; les greniers placés au-dessus sont absolument vacants. Au sommet des pavillons on a pratiqué des lanternes pour l'épurement de l'air.

Indépendamment de toutes les précautions particulières, dont aucune n'a été négligée pour la perfection de cet établissement, les dispositions générales sont telles que le grand bâtiment qui contient les malades est totalement isolé par une cour plantée d'arbres, laquelle forme un intervalle de seize toises entre ce bâtiment et un premier mur de clôture.

C'est sur ce mur que sont appuyées toutes les constructions qui forment les logements des personnes attachées au service des malades, les dépôts et les magasins : près de là sont les pompes, les lavoirs, etc.

Derrière cette première clôture règne, dans tout le pourtour, un très-grand espace employé aux jardins, aux cours, aux cuisines, à la boulangerie, au logement des personnes occupées de ces différents services. Elles ne peuvent jamais pénétrer dans la première clôture pour y porter les aliments, et les personnes de l'intérieur ne peuvent la franchir pour les recevoir : l'introduction s'en fait par le moyen d'un tour placé dans un pavillon construit à cet effet.

Ces cours et ces jardins sont entourés d'un second mur de clôture, à vingt toises de distance de la voie publique. Au-delà, et d'un côté seulement, sont deux autres terrains (1) séparés par une cour qui conduit à l'église (2). Ce dernier bâtiment est construit de manière que les per-

---

(1) *Voy.* pl. 99.
(2) L'un est un verger, l'autre un jardin botanique.

sonnes du dehors peuvent entrer dans la nef, et celles de la maison dans le chœur, sans se communiquer.

Ce beau monument, élevé sur les dessins d'un architecte nommé Claude Châtillon, est contenu dans un parallélogramme de cent quatre-vingts toises de longueur sur cent vingt de largeur, ce qui donne une superficie de vingt-un mille six cents toises. Au moment de la révolution, il contenoit mille malades (1).

HÔTELS ANCIENS ET NOUVEAUX.

Hôtel de Châlons.

CET hôtel, dont nous avons parlé à l'article des religieuses carmélites, existoit dès le commencement du douzième siècle dans la rue Chapon; il appartenoit alors aux archevêques de Reims. On trouve qu'il fut ensuite aliéné et racheté par eux

---

(1) L'hôpital Saint-Louis existe encore, et contient huit cents malades; il est particulièrement destiné aux personnes des deux sexes qui sont attaquées de maladies chroniques, dartres, teignes et gales compliquées.

en 1266. Les évêques de Châlons l'achetèrent au commencement du siècle suivant.

Hôtel de Montmorenci, et Maison de Nicolas Flamel.

Cet hôtel étoit situé dans la rue de ce quartier qui jusqu'à ce jour a conservé le nom de rue de Montmorenci. Sauval (1) et ses copistes prétendent que Nicolas Flamel avoit fait bâtir et fondé un hôpital dans cette même rue. Sauval s'est trompé : il est vrai que cet homme charitable possédoit une maison dans cette rue, sur le mur de laquelle il avoit fait sculpter des figures et des caractères, et qu'entre les legs qu'il avoit faits à sa servante, on trouve énoncé : « Le louage par » bas de la maison haute où est le puits, en la » rue de Montmorenci; » mais il ne dit point que ce fut un hôpital, il ne donne point à entendre que le *haut* fût occupé par des pauvres et des pélerins; on ne trouve nulle part de trace de cette fondation ; et certes il n'eût pu oublier de faire un legs à un hôpital que lui-même auroit fait bâtir, lui qui en avoit fait à tous les hôpitaux.

Maison de la rue Saint-Martin.

Cette maison, située vis-à-vis de l'église des

---

(1) T. III, p. 307.

Ménétriers, et rebâtie vers la fin du siècle dernier, offroit au-dessus de sa porte l'inscripion suivante, gravée sur une table de marbre.

Summum crede nefas animam præferre pudori,
Et propter vitam vivendi perdere causas (*).

« Crois que c'est un grand crime de préférer l'existence à
» l'honneur, et de perdre, pour conserver ta vie, les vrais mo-
» tifs que nous avons de vivre. »

Cette inscription excita la curiosité, et fit faire des recherches. On prétendit qu'elle avoit été d'abord habitée par Gabrielle d'Estrées; qu'ensuite elle étoit devenue un réceptacle des plus abominables débauches; que, celui qui y demeuroit ayant péri à la place de Grève du même supplice dont Dieu punit les villes de Sodome et Gomorrhe, cette inscription avoit été mise sur la porte en exécution de l'arrêt qui l'avoit condamné. Cette tradition n'est appuyée d'aucune preuve. Tout ce que l'on a pu découvrir de certain sur cette maison, c'est qu'en 1647 c'étoit un bureau où se faisoient inscrire ceux qui vouloient s'embarquer pour les Indes ou y expédier des marchandises, et dans les actes où il en est fait mention, elle est ainsi indiquée : *L'hôtel des Indes orientales pour s'embarquer.*

(*) Sat. VIII, v. 83.

Maison des Fiacres.

Cette maison, qui étoit également située dans la rue Saint-Martin, en face de la rue du Cimetière-Saint-Nicolas, appartenoit dans le dix-septième siècle à un particulier nommé Galland, et avoit alors pour enseigne une image de *saint Fiacre* (1). En 1637 elle étoit occupée par Jacques Sauvage, lequel avoit alors l'entreprise des coches publics : il imagina de faire faire pour la ville des carrosses auxquels on donna le nom de *fiacres*, à cause de l'enseigne de cette maison. Ils ont conservé jusqu'à ce jour ce nom bizarre, qui a même passé aux cochers qui les conduisent, et il n'y a pas d'apparence qu'il soit jamais changé.

Bureau des jurés crieurs.

Ce bureau étoit situé rue Neuve-Saint-Merri, dans une maison où l'on prétend que Catherine de Médicis a demeuré. Cette tradition n'est appuyée d'aucun témoignage authentique; et c'est également sans aucune preuve que l'on a dit que la maison voisine, laquelle a dû faire partie de celle-ci, avoit appartenu à la reine Blanche, mère de saint Louis. Cette opinion n'avoit d'autre fon-

---

(1) M. S. de S.-Germain-des-Prés, c. 1585.

dement qu'une simple fleur de lis sculptée sur le mur extérieur, ce qui certainement ne suffit pas pour prouver que ce fut l'hôtel d'une reine de France. Toutefois on ne peut douter qu'elle n'ait été jadis occupée par des personnes d'un haut rang; car on y voyoit encore, à la fin du siècle dernier, un cabinet orné de peintures, de sculptures et de dorures, qui donnoient l'idée d'une grande magnificence dans l'ancienne décoration de cette maison.

HOTELS MODERNES.

Les plus remarquables en 1789 étoient :

L'hôtel d'Aligre, rue de Bondi.
——— de Rosambo, même rue.
——— de Boyne, faubourg Saint-Martin.

VAUXHALL D'ÉTÉ.

CET édifice, construit en 1785, à l'extrémité de la rue de Bondi, près du boulevart, occupoit un emplacement d'un arpent et demi, y compris le jardin. L'intérieur offroit une salle de danse de forme elliptique, décorée avec beaucoup d'élégance, environnée d'un double rang de galeries pour les spectateurs, et se prolongeant dans une dimension de soixante-douze pieds sur cinquante-six de largeur; le plafond, soutenu par des cariatides, avoit cinquante pieds d'élévation, et sous la salle étoit pratiqué un café souterrain. On donnoit dans cet emplacement des fêtes, des feux d'artifice, etc., qui, depuis la révolution, ont été successivement transportés au jardin de Marbeuf et à Tivoli (1).

FONTAINES.

Fontaine Maubué.

Cette fontaine, située au coin de la rue de ce nom et de celle de Saint-Martin, donne de l'eau de l'aquéduc de Belleville.

Fontaine Saint-Martin ou *du Verdbois.*

Elle fut construite en 1712, sur un emplacement donné à cet effet par les religieux bénédictins de Saint-Martin, près de l'encoignure de la rue du Verdbois. Cette fontaine donne de l'eau du même aquéduc.

Fontaine des Récollets.

Cette fontaine, située dans la rue du Chemin de Pantin, faubourg Saint-Martin, est très an-

---

(1) Le Wauxhall est occupé maintenant par des bains publics.

cienne; l'eau qu'elle donne vient de l'aquéduc des Prés-Saint-Gervais.

BARRIÈRES.

L'extrémité septentrionale de ce quartier en offre trois; savoir :

La barrière Saint-Martin (*).
———————— de Pantin (**).
———————— de la Chopinette.

(*) Cette barrière est partagée maintenant en deux entrées, dont la plus orientale se nomme barrière de *Pantin*; l'autre, barrière de *la Villette*.

(**) Il y a également dans cette barrière deux entrées; celle qui est à l'orient se nomme barrière du *Combat;* l'autre, barrière de *la Boyauterie*.

RUES ET PLACES

DU QUARTIER SAINT-MARTIN.

Rue Bailly. Cette rue, ouverte depuis 1780 dans le marché Saint-Martin, forme un angle avec la rue Henri et celle de Saint-Paxant.

Rue Beaubourg. Elle aboutit à la rue Simon-le-Franc et à la rue Grenier-Saint-Lazare. Son nom lui vient de quelques maisons qui furent bâties en cet endroit vers la fin du onzième siècle, ou au commencement du suivant. Elles formèrent un territoire auquel on donna le nom de *Beaubourg, in Pulchro Burgo*. Il comprenoit l'espace qui est aujourd'hui renfermé entre les rues Maubué, Grenier-Saint-Lazare, Saint-Martin, Sainte-Avoie; ce qui duroit encore dans le quatorzième siècle, temps auquel toute cette étendue n'étoit désignée que sous le nom général de *Biau-Bourc*, qu'on a donné privativement depuis à la rue qui traverse cet espace du nord au sud.

Cette rue fut depuis coupée en deux par le mur de l'enceinte ordonnée par Philippe-Auguste. On ouvrit en cet endroit une fausse porte ou poterne désignée dans tous les anciens titres sous le nom de *Nicolas Huidelon*, et quelquefois, mais mal à propos, *Huidron* et *Hydron*. On trouve aussi que, depuis cette porte jusqu'à la rue Transnonain, la rue Beaubourg s'appeloit *rue outre la poterne*

Nicolas Hydron; mais la partie en-deçà de cette porte n'a jamais été nommée *cul-de-sac le Grand*, comme le prétendent Sauval et l'auteur des Tablettes parisiennes (1). En effet, cette partie de rue ne pouvoit nullement être regardée comme un cul-de-sac, *angiportus*. Ce mot signifie une ruelle qui n'a pas d'issue ; or la rue Beaubourg, comme nous venons de le dire, aboutissoit à une porte ; elle en avoit même reçu le nom de rue de la *Poterne* et de la *Fausse Porte* ; et c'est ainsi qu'elle est désignée dans la liste des rues du quinzième siècle. D'ailleurs elle avoit des issues dans toutes les rues voisines, dont la plupart existoient déjà à cette époque.

Il y a dans cette rue deux culs-de-sac fort anciens. Le premier et le plus grand est situé entre les rues Geoffroi-l'Angevin et Michel-le-Comte, et s'appelle aujourd'hui *cul-de-sac Bertaut*. Il est indiqué dans l'accord fait en 1273 entre Philippe-le-Hardi et le chapitre de Saint-Merri, sous le nom de *cul-de-sac sans chef*: *Item quemdam vicum, qui vocatur cul-de-sac sine capite*. Il a été ensuite prolongé jusqu'à un cul-de-sac de la rue Geofroi-l'Angevin, qu'on a supprimé depuis, et qui formoit le retour d'équerre de celui-ci. On ne trouve point que, jusqu'au milieu du quatorzième siècle, ce dernier cul-de-sac ait eu un nom particulier; mais en 1342 on le nommoit rue *Agnès-aux-Truyes*, et en 1386 *rue des Truyes*. Il conserve ce nom sur le plan de Gomboust, et l'a même porté long-temps depuis; dans le papier terrier de Saint-Merri de 1723, toutes les maisons de ce cul-de-sac sont désignées rue *des Truyes*, autrement *grand cul-de-sac de la rue Beaubourg*. Les mêmes énonciations se trouvent dans les terriers de Saint-Martin-des-Champs.

---

(1) Sauval, t. II, p. 114. — Tab. Par., p. 31.

Le second cul-de-sac de cette rue est nommé dans l'inscription *cul-de-sac des Anglois*. Dans l'accord de 1273, que nous avons cité, il est simplement désigné *cul-de-sac-le-Petit sine capite* et *petit cul-de-sac près la fausse Poterne Nicolas Hydron*. Dans des temps postérieurs, et vers l'an 1517, Jean Bertaut fit construire, rue Beaubourg, un jeu de paume qui régnoit le long de ce cul-de-sac, ce qui lui fit donner le nom de *cul-de-sac du Tripot-de-Bertaut*, nom qu'il portoit encore en 1640. Dans les déclarations des censitaires de Saint-Merri en 1722, on le nomme *cul-de-sac de la rue Beaubourg, tenant au jeu de panme appelé Bertaut*. Ainsi le nom de ce particulier ayant prévalu dans la dénomination de ce cul-de-sac, il n'est pas surprenant qu'il se trouve dans les titres qui en font mention, sur les plans de Gomboust et sur ceux qui ont été publiés depuis. D'après toutes ces autorités, fondées sur les titres et les anciens plans, il paroît démontré que c'est par une méprise de ceux qui, dans le siècle dernier, ont renouvelé les inscriptions, qu'on a appliqué le nom de *Bertaut* au premier cul-de-sac dont nous venons de parler, et qu'il appartient incontestablement au dernier, appelé mal à propos cul-de-sac *des Anglois*.

Rue Saint-Benoît. C'est une des rues ouvertes depuis 1765 dans le marché Saint-Martin. Elle est fermée dans sa partie septentrionale, et donne de l'autre côté dans la rue Royale.

Rue de Bondi. Cette rue commençoit à la rue du Faubourg-Saint-Martin, et aboutissoit autrefois à une voirie de laquelle elle avoit pris d'abord le nom de *chemin de la voirie*. On la nomma ensuite rue *des Fossés-Saint-Martin*, et depuis elle fut prolongée jusqu'à la barrière du Temple, sous le nom de *rue Basse-Saint-Martin*, parce qu'elle est en effet plus basse que le boulevart le long duquel elle est située. C'est ainsi qu'elle est désignée dans un arrêt du conseil, du 7 août 1769. Le roi en rendit un second le 17 mars 1770, par lequel il ordonna qu'elle seroit continuée en ligne droite, parallèlement à la grande allée du Rempart, jusqu'à la rue du Faubourg-du-Temple. Cette rue ayant été alignée en conséquence de cet ordre, le nom de rue Basse-Saint-Martin fut changé en celui de *Bondi*, par l'effet d'un troisième arrêt du conseil, du mois de décembre 1771 (1).

Rue de Breteuil. Cette rue, ouverte depuis 1765 dans le marché Saint-Martin, donne d'un côté dans la rue Royale, et vient finir de l'autre, par un retour d'équerre, dans le passage qui borne ce marché au nord; elle est fermée à cette extrémité.

Rue Brise-Miche. Cette rue, qui aboutit au cloître Saint-Merri et dans la rue Neuve-Saint-Merri, n'a été ouverte qu'au commencement du quinzième siècle. Jusqu'à cette époque il n'y avoit là qu'une seule rue représentée aujourd'hui par la rue *Taille-Pain*. Elle aboutissoit à la rue Neuve-Saint-Merri, étoit fermée par une porte à chacune de ses extrémités, et portoit le nom de rue *Baillehoë*, nom qui étoit déjà altéré: car on a trouvé dans les archives de Saint-Merri un acte du 8 octobre 1207, dans lequel on lit très-distinctement *vicus de Bay-le-Hœu*; et, dans l'énonciation de la censive de Saint-Martin-des-Champs, en 1540 (2), on indique la *Villette Saint-Ladre au lieu dit* BAILLEHEU, *autrement Chaumont*, ce qui fait conjecturer que ces deux endroits devoient leur nom à un particulier.

---

(1) Il y avoit autrefois dans cette rue une caserne des Gardes-Françoises; depuis la révolution on y a bâti, au coin de la rue de Lancry, une petite salle de spectacle, connue sous le nom de *Théâtre des Jeunes Artistes*, et depuis changée en maison particulière.

(2) Rec. de Blondeau. (Bibl. du R., t. XX, 2e cahier.)

Il y avoit dans cette rue un petit cul-de-sac qui fut prolongé et ouvert du côté du cloître. On donna dans le quinzième siècle le nom de *Brise-Miche* à cette nouvelle rue, et le nom de *Baillehoë* fut conservé à la partie qui étoit du côté de la rue de Saint-Merri. Il fut également affecté à l'entrée de la rue Taille-Pain, comme on peut le voir sur le plan manuscrit de la censive de Saint-Merri, fait en 1512 (1).

Sauval a conjecturé que *le nom de Brise-Miche pouvoit venir de quelques-uns des devanciers d'Etienne Brise-Miche, curé de Besons, qui mourut en 1515.* Comme il n'appuie cette conjecture sur aucune autorité, nous trouvons plus vraisemblable l'étymologie donnée par Jaillot, qui suppose que les noms *Brise-Pain*, *Tranche-Pain*, *Taille-Pain*, et *Brise-Miche* (2) ont été donnés à cet endroit, parce qu'on y faisoit la division et la distribution des pains de *chapitre*, que l'usage étoit de donner aux chanoines de la collégiale de Saint-Merri.

Rue du Carême-Prenant. Elle va de l'hôpital Saint-Louis à la rue du Faubourg-du-Temple. Il paroît, par

---

(1) Sauval et ses copistes ont parlé inexactement de cette rue, en disant qu'en 1273 elle s'appeloit la rue *Baillorhe*; en 1399, 1424 et 1427, la rue *Boullehouë*, *Baillehoë* et *Baillehoc*. On voit, par ce que nous venons de dire, que ces auteurs se sont trompés, tant pour l'orthographe que pour la situation.

(2) L'abbé Lebeuf pense que Guillot a voulu désigner ces deux rues par celles qu'il appelle *rues à Chavetiers* et *de l'Etable du Cloître*. Mais, outre qu'on n'a trouvé, dans les archives de Saint-Merri, aucun acte qui fît mention des deux rues indiquées par Guillot, il paroît, par la marche de ce poëte, que les rues qu'il mentionne ne pouvoient être de ce côté, mais qu'elles étoient du côté de la rue de la Verrerie et de l'entrée du cloître qui conduit au Tribunal des Consuls.

les plans de Gomboust, La Caille et autres, qu'elle commençoit autrefois à la rue du Faubourg-Saint-Laurent, et que la rue des *Récollets* en faisoit alors partie. Cette rue doit son nom au territoire sur lequel elle a été ouverte. A la fin du quatorzième siècle on appeloit cet endroit la *Courtille Jacqueline d'Epernon* (1); et, en 1417, *la Courtille Barbette* (2). On trouve dans les archives de Saint-Merri un titre de 1455, qui énonce le clos *Jacqueline d'Epernon, autrement dit Carême-Prenant, et la Courtille tenant au chemin qui conduit à Saint-Maur.* Elle est indiquée rue de Carême-Prenant dans le terrier du roi, de 1540.

Rue des Petits-Champs. Elle traverse de la rue Beaubourg dans celle de Saint-Martin. Il en est fait mention sous ce nom dans l'accord de Philippe-le-Hardi avec le chapitre de Saint-Merri, en 1273. *Vicus de Parvis Campis.*

Rue Chapon. Elle aboutit à la rue Transnonain et à celle du Temple. On l'appeloit anciennement *vicus Roberti Begonis*, et *Beguonis sive Caponis*, comme l'indiquoient les terriers de Saint-Martin de 1293 et de 1300. On la trouve sur quelques plans prolongée mal à propos jusqu'à la rue Saint-Martin; car la rue du Cimetière-Saint-Nicolas, qui en est la continuation, existoit sous ce nom dès 1220. L'auteur du supplément *aux Antiquités de Paris* de Dubreul, a voulu, de son autorité privée, ennoblir le nom de cette rue; il l'appelle rue *du Coq* (3). Dès 1313 elle étoit connue sous celui qu'elle porte aujourd'hui.

Rue du Combat. Cette rue, qui commence à la rue du Faubourg-Saint-Laurent, et se prolonge jusqu'à la bar-

---

(1) Arch. de S. Merri.
(2) Manusc. de la Bibl. du R., E. 5185, B.
(3) P. 52 et 81.

rière de Pantin, étoit encore un chemin sans nom dans le siècle dernier. Elle prit celui qu'elle porte aujourd'hui, quelques années avant la révolution, et le dut au spectacle connu sous le nom de *combat du taureau*, spectacle qui subsiste encore, et qui n'est fréquenté que par la dernière classe du peuple. On la nomme aujourd'hui rue de la *Butte Saint-Chaumont*.

Rue de la Corroyerie. Elle aboutit à la rue Beaubourg, et à celle de Saint-Martin. Cette rue s'appeloit au treizième siècle *rue de la Plâtrière*. Cependant le censier de Saint-Martin-des-Champs, de 1300, indique d'abord *vicus Plastrariæ*, et quelques lignes après *vicus Correarii*; ce qui sembleroit marquer deux rues différentes. Quoi qu'il en soit, on voit, par un registre de la chambre des comptes (1), qu'on la nommoit rue *de la Plâtrière* en 1313 et en 1482. Dans la liste du quinzième siècle, elle est désignée sous le nom de *la Plastaye*. Elle avoit déjà pris le nom de *Conroirie* en 1500, quoique Sauval lui donne une origine plus moderne d'un siècle. Sur les plans de Gomboust, de Bullet et autres, elle est indiquée sous le nom de *Courroyerie*, et mal à propos sous celui de *Courrerie* dans les tables de La Caille et de Valleyre.

Il y a dans cette rue un cul-de-sac qu'on appelle *cul-de-sac Boudroirie*. Sauval et ceux qui l'ont suivi ont été induits en erreur par la dénomination de ce cul-de-sac, lorsqu'ils ont dit qu'en 1300 cette rue s'appeloit de la *Baudraërie*, et depuis *Baudroirie*; ils ont confondu cette rue avec celle du Poirier, ainsi nommée alors, ou avec la rue Maubué, à laquelle on a quelquefois donné ce nom par extension.

Rue Cour-au-Vilain. (Voyez rue Montmorenci.)

---

(1) Reg. *noster*.

Rue Cour-du-More. Cette rue, qui traverse de la rue Beaubourg dans celle de Saint-Martin, doit sans doute son nom à une cour qu'on aura percée et prolongée. On l'appeloit, suivant le rôle de 1313, rue *Jehan Palée*, et ensuite *Palée*. Elle est encore désignée sous ce nom dans une déclaration des religieuses de Montmartre, du 3 juillet 1551. Cependant, dès le commencement du quatorzième siècle, la proximité de l'église de Saint-Julien, à laquelle elle est contiguë, lui avoit fait donner le nom de *ruelle* ou *rue Saint-Julien*, sous lequel elle est indiquée dans le compte des confiscations de 1421, et dans Corrozet. On l'a aussi nommée rue de *la Poterne* ou *de la Fausse Poterne*, parce qu'elle aboutissoit dans la rue Beaubourg, à peu de distance de la poterne ou fausse porte de Nicolas Huidelon. Depuis on lui a donné le nom de *Cour-du-More* et de *rue du More* qu'elle portoit dès 1606, suivant plusieurs titres des archives de Saint-Merri. On la trouve aussi, en 1640, indiquée *Cour-de-More*, dite des *Anglois*. Jaillot pense que c'est sans fondement qu'on a gravé sur plusieurs anciens plans *Cour des Morts*, étymologie que l'abbé Lebeuf a suivie.

Rue de la Croix. Elle aboutit d'un côté à la rue Phelipeaux, et de l'autre au coin des rues Neuve-Saint-Laurent et du Verdbois. Ce nom lui vient d'un canton de la Courtille-Saint-Martin, hors les murs, qui s'appeloit *la Croix-Neuve* en 1546; et dans le terrier de cette année, cette rue est effectivement indiquée sous le nom de *la Croix-Neuve*. La dénomination de ce canton, suivant toute apparence, étoit due à une croix qu'on y avoit élevée ou rétablie depuis peu. On sait que c'étoit l'usage ordinaire de placer des croix à la sortie des villes, à l'entrée des principaux chemins et dans les carrefours.

Rue des Étuves. Elle traverse de la rue Saint-Martin à la rue Beaubourg. Son nom lui vient des *étuves aux femmes*, situées dans la rue Beaubourg, au coin de celle-ci. Ces étuves avoient pour enseigne *le lion d'argent*, et il en est fait mention dans des lettres de Philippe-le-Bel, de 1313. Il est même certain qu'elles existoient avant ce temps-là, puisque déjà Guillot énonce cette rue sous le même nom : en 1578 elles subsistoient encore. On l'a quelquefois appelée *rue des Vielles-Etuves*. Au milieu du treizième siècle, on la nommoit *rue Geofroi-des-Bains, vicus Gaufridis*, ou *Gaudefridi de balneolis sive stupharum* (1).

Rue des Fontaines. Cette rue donne d'un bout dans la rue du Temple, et de l'autre dans celle de la Croix. Dès le commencement du quinzième siècle, elle étoit connue sous ce nom qu'elle a toujours conservé depuis. Quelques auteurs la nomment des *Madelonettes*, à cause du couvent des filles de la Madeleine, qui en étoit voisin; mais cette dénomination étoit entièrement populaire.

Rue Frepillon. Elle fait la continuation de la rue de la Croix, et aboutit au cul-de-sac de Rome et à la rue au

---

(1) Arch. de S. Mart. des Champs. Il y avoit dans cette rue une petite maison, vieille et sans apparence, dont la porte offroit un marbre noir avec cette inscription :

> Dieu tient le cœur des rois en ses mains de clémence,
> Soit chrétien, soit païen, leur pouvoir vient d'en haut,
> Et nul mortel ne peut (c'est un faire le faut)
> Dispenser leurs sujets du joug d'obéissance.

Une tradition populaire veut que cette maison ait été bâtie par un architecte de Henri IV, ou qu'elle lui ait appartenu. Sur quoi Jaillot remarque que, si cette opinion a quelque fondement, la maison fait moins d'honneur au goût et aux talents de l'architecte, que l'inscription n'en fait au cœur et aux sentiments du sujet.

Maire. Elle doit son nom à celui d'une famille qui demeuroit dans cette rue au treizième siècle. Dans un acte de 1269, elle est nommée *vicus Ferpillonis;* rue *Ferpillon* en 1282; *vicus Ferpillionis* dans le terrier de Saint-Martin-des-Champs, de 1300. Depuis ce temps ce nom a été altéré par le peuple ou par les copistes, et l'on a écrit *Ferpeillon*, *Serpillon*, *Frepillon*, *Fripilon*, etc.

Rue Geoffroi-l'Angevin. Elle traverse de la rue Beaubourg à celle de Sainte-Avoie. Dès le milieu du treizième siècle elle portoit ce nom, et l'a toujours conservé depuis, à quelques variations près, introduites dans l'orthographe ou dans la prononciation. Ainsi on la trouve écrite *Géfroi-l'Angevin* en 1278 et 1287, et *Giéfroi-l'Angevin dans* Guillot (1).

Rue Grange-aux-Belles. Cette rue, ouverte depuis

---

(1) Jaillot relève une erreur commise par Sauval, qui dit que cette rue s'appeloit, en 1273, *Vicus sine capite, qui vocatur Cul-de-Pet;* en 1389, *une ruelle sans bout, nommée Cul-de-Pet,* et en 1445, *la rue du Cul-de-Sac.* Cette erreur a été adoptée par l'auteur des *Tablettes parisiennes,* qui sans doute n'avoit, non plus que Sauval, lu ni l'original ni la copie du titre qu'il cite : car, dans l'accord de 1273, cette rue est énoncée : *Item totum vicum Gaufridi Langevin, sicut se comportat ab utrâque parte cum quâdam ruellâ sine capite, quæ vocatur Cul-de-Fet.* Ce qui prouve clairement qu'ils ont confondu la rue et la ruelle, et qu'ils ont pris pour la rue Geoffroy-l'Angevin le cul-de-sac qu'on y trouvoit et qui a subsisté très-long-temps. La maison qui le terminoit avoit sa sortie dans le cul-de-sac nommé aujourd'hui mal à propos *cul-de-sac Bertaut,* sur lequel ces deux auteurs se sont encore trompés. Du reste, le cul-de-sac nommé *Cul-de-Pet* dans le treizième siècle n'avoit point de nom dans le quinzième; et dans le suivant il étoit désigné par l'enseigne de la maison devant laquelle il étoit situé. C'est pourquoi, immédiatement après la rue Geoffroi-l'Angevin, Corrozet indique *une ruelle devant le Petit-Paon.* Elle ne subsiste plus aujourd'hui.

1780, commence à la rue des Marais en face de la rue de Lancry, et traverse la rue de Carême-Prenant et celle des Récollets jusqu'à celle de l'Hôpital-Saint-Louis.

Rue des Gravilliers. Elle donne d'un bout dans la rue Transnonain et de l'autre dans celle du Temple. Son véritable nom est rue *Gravelier*, ou du *Gravelier*, *vicus Gravelarii*, qu'elle portoit en 1250 (1). On l'a appelée depuis rue des *Graveliers*. Elle conservoit ce nom jusqu'à la rue Saint-Martin, comme on peut le voir sur plusieurs anciens plans.

Rue Henri. Cette rue, ouverte dans le marché Saint-Martin depuis 1765, donne d'un côté rue Bailly, de l'autre rue Royale. Le nom qu'elle porte lui a sans doute été donné en l'honneur de Henri-Ier, qui rebâtit le monastère de Saint-Martin.

Rue Saint-Hugues. Elle a été ouverte dans le même temps que la précédente et dans la même direction. Elle est seulement située un peu plus à l'orient du marché.

Rue Jean Robert. Elle fait la continuation de la rue des Gravilliers, dont elle portoit le nom, ainsi que nous venons de le dire, et aboutit à la rue Saint-Martin. Celui qu'elle porte actuellement ne lui a été donné qu'au commencement du siècle dernier.

Rue Grenier-Saint-Lazare. Elle commence à la rue Saint-Martin, et aboutit au coin des rues Transnonain et Beaubourg, vis-à-vis la rue Michel-le-Comte. L'usage des siècles passés l'avoit fait appeler *rue Grenier-Saint-Ladre* : c'est ainsi qu'on nommoit alors Saint-Lazare. Toutefois le premier nom avoit été altéré; car anciennement on disoit *Garnier-Saint-Lazare*, *vicus Garnerii de sancto Lazaro*. C'étoit le nom d'une famille

---

(1) *Cart. S. Martini.*

connue à la fin du douzième siècle, et la rue qui le porte étoit déjà habitée au milieu du siècle suivant.

Au coin de cette rue, et un peu en-deçà, étoit la porte Saint-Martin de l'enceinte de Philippe-Auguste.

Rue de Lancry. Cette rue, ouverte depuis 1780, traverse de la rue de Bondi dans celle des Marais, en face de la rue Grange-aux-Belles.

Rue Neuve-Saint-Laurent. Elle aboutit à la rue du Temple, à l'angle de celles de la Croix et du Pont-aux-Biches. On l'a ouverte sur la culture de Saint-Martin, et elle étoit connue dès le quinzième siècle sous ce nom qu'elle a toujours conservé depuis. Dans un terrier de 1546, elle est appelée rue Neuve-Saint-Laurent, dite du Verdbois.

Rue du Faubourg-Saint-Laurent. Elle fait la continuation du Faubourg-Saint-Martin, depuis l'égout jusqu'au chemin qui conduit au village de la Chapelle. Sur quelques plans on trouve l'extrémité de ce faubourg désignée sous le nom de *Faubourg-de-Gloire.*

Il y a dans cette rue un cul-de-sac, un peu au-dessus de l'hospice des Récollets, nommé le *cul-de-sac de Saint-Michel.* Ce nom lui vient probablement d'une enseigne.

Rue de l'Hôpital-Saint-Louis. Elle est située à l'extrémité de la rue des Récollets, et aboutit à la rue Saint-Maur ou du chemin de Saint-Denis. Elle doit ce nom à l'hôpital Saint-Louis qui en est voisin.

Rue au Maire. Elle commence à la rue Saint-Nicolas et aboutit à la rue Frepillon et au petit cul-de-sac du puits de Rome. Le nom de cette rue n'a varié que dans l'orthographe. On disoit rue au Maire dès le treizième siècle, et au *Mayre* en 1450 et 1560 : c'étoit son véritable nom, *vicus Majoris sancti Martini.* On l'a défigurée depuis en écrivant *Omer, Aumaire, Aumère* et *Aumaire,* comme on le voit sur plusieurs plans et dans les nomenclatures. Ce nom lui vient du maire ou juge de la justice de Saint-Martin-des-Champs, qui avoit son domicile affecté dans cette rue, et y tenoit sa juridiction. Elle se prolongeoit autrefois jusqu'à la rue du Temple. Sur un plan manuscrit de 1546, cette dernière partie est désignée sous le nom de *rue de Rome*.

Il y a dans cette rue un petit cul-de-sac nommé *cul-de-sac du Puits de Rome*. Ce nom lui vient de l'enseigne d'une maison qui étoit ainsi appelée. Auparavant on la nommoit *rue aux Cordiers* et *des Cordiers*. Les titres de Saint-Martin, de 1382 et de 1386, *énoncent une maison rue aux Cordiers y séant delez de la rue au Maire, et une autre faisant le coin de la rue Frepillon et de la rue des Cordiers.*

Rue Saint-Marcou. Cette rue, ouverte depuis 1765, dans le marché Saint-Martin, est située à l'orient de la rue Saint-Hugues, et dans la même direction.

Rue Saint-Martin. Cette rue, qui commence au coin des rues de la Verrerie et des Lombards, et vient finir à la porte Saint-Martin, doit son nom au prieuré de Saint-Martin-des-Champs qui y étoit situé. Dans les anciens titres, on trouve désignée, sous les noms de *rue Saint-Merri* et de *l'Archet-Saint-Merri*, la partie de la rue Saint-Martin comprise entre la rue Neuve-Saint-Merri et celle de la Verrerie. Nous avons déjà fait connoître l'origine de cette dénomination; cependant, dans un petit terrier latin de Saint-Martin-des-Champs, dont l'écriture est au moins du treizième siècle, cette partie de la rue est déjà désignée par son nom actuel, *vicus sancti Martini juxta portam sancti Mederici*. Et, dans le même terrier, toute la rue Saint-Martin est énoncée *extra et intra muros* (1). On la trouve également indiquée, dans

---

(1) Dès le commencement de la révolution, l'on s'empressa de

toute son étendue actuelle, sous le même nom de *vicus sancti Martini de Campis*, dans le cartulaire de Saint-Maur, en 1231 et en 1247 (1). On a ouvert dans cette rue un passage qui donne à travers une maison, dans le marché Saint-Jacques-de-la-Boucherie.

Rue du Faubourg-Saint-Martin. Cette rue doit également son nom à l'abbaye de Saint-Martin. Elle commence à la porte Saint-Martin, et finit à l'endroit où commence celle du Faubourg-Saint-Laurent.

Il y a dans cette rue un cul-de-sac nommé *des Egouts*, à cause des eaux qui se rendent dans cet endroit.

Marché Saint-Martin. Ce marché qui se tenoit autrefois dans la rue Saint-Martin, où il causoit beaucoup d'incommodité au public, fut transporté, en 1765, dans le territoire du prieuré, sur un espace d'environ cinq cents toises, qui en fut séparé à cet effet. On y arrive par les rues Frepillon, au Maire et Saint-Martin.

Rue du Marché-Saint-Martin. Elle commence rue Frepillon, et finit au marché qui lui a donné son nom. Ouverte en même temps que ce marché fut construit, elle n'a reçu sa dénomination que depuis 1780.

Rue Neuve-Saint-Martin. Elle commence à la rue

---

bâtir dans cette rue une salle de spectacle, où l'on n'a joué que par intervalles, et qui est maintenant abandonnée. On la nommoit *Théâtre de Molière.*

(1) *Cart. S. Mauri ex bibliot. Reg.*, n° 5414, f° 368. Guillot indique une *rue de la porte Saint-Merri*, mais ce nom n'a rien de commun avec aucune partie de la rue Saint-Martin, et ne convient qu'au bout de la rue de la Verrerie, du côté de la rue Neuve-Saint-Merri, ou au cul-de-sac de Saint-Fiacre, comme l'abbé Lebeuf l'a pensé.

Saint-Martin et finit à la rue Notre-Dame-de-Nazareth, au coin de celle du Pont-aux-Biches. Cette rue tire son nom du territoire sur lequel elle est située, lequel s'appeloit autrefois la *Pissote de Saint-Martin* (1). Elle portoit sa dénomination actuelle dès le commencement du quinzième siècle. On l'appeloit aussi rue du *Mûrier*; et, dans un procès-verbal de 1638, on lit *la rue du Mûrier, dite rue Neuve-Saint-Martin*.

Rue des Marais du Faubourg-Saint-Martin. Elle traverse de la rue du Faubourg-Saint-Martin à celle du Faubourg-du-Temple, et tire son nom des marais ou jardins sur lesquels elle a été ouverte.

Rue Maubué. Elle aboutit d'un côté à la rue Saint-Martin, et de l'autre au coin de la rue du Poirier, vis-à-vis la rue Simon-le-Franc, dont elle fait la continuation. Elle étoit connue sous le nom qu'elle porte, dès le commencement du quatorzième siècle. On la trouve aussi en 1357 sous celui de *la Fontaine Maubué*, à cause de la fontaine qu'on a fait construire au coin de cette rue, et qui fut rebâtie à neuf en 1734. Suivant les censiers de Saint-Merri, on la nommoit aussi rue de la *Baudroirie* dans les quatorzième et quinzième siècles, parce qu'elle faisoit le retour d'équerre de la rue du Poirier, qui portoit alors ce nom.

Rue Saint-Maur. Elle commence à la rue du Faubourg-du-Temple, et fait la continuation du chemin de Saint-Denis, dont on lui donne quelquefois le nom par extension; elle a pris celui qu'elle porte du lieu où elle est bâtie, indiqué dans tous les titres anciens sous la dénomination de *Chemin de Saint-Maur*.

---

(1) On entend par ce mot, des échoppes, de petites chaumières, ou lieux couverts de branchages.

Rue des Ménétriers (1). Elle aboutit à la rue Saint-Martin et à la rue Beaubourg. Cette rue ne doit pas son nom, comme on pourroit le penser, à l'église de Saint-Julien des Ménétriers, qui n'en est pas éloignée, mais aux joueurs de vielle qui demeuroient dans cet endroit. On trouve dans le grand pastoral de Notre-Dame un acte du mois de mai 1225 (2), un chapitre intitulé *vicus Viellatorum*, dans lequel est énoncée une maison sise *in vico des Jugleours*; et, dans un terrier de Saint-Martin-des-Champs, du treizième siècle, cette rue est nommée *vicus Joculatorum*. Au commencement du quinzième siècle, on disoit rue des *Menestrels*. Elle étoit connue en 1482 sous celui de Ménétriers.

Rue du Cloître-Saint-Merri. Elle aboutit dans la rue Saint-Martin et dans celle de la Verrerie. Ce cloître comprenoit autrefois les rues Taille Pain et Brise Miche, et étoit fermé à toutes ses issues. A l'entrée, du côté de la rue Saint-Martin, il y avoit une porte et une barrière, et cet endroit en avoit pris le nom de *la Barre-Saint-Merri*. Ce nom pouvoit aussi venir de la juridiction temporelle que les chanoines de Saint-Merri faisoient exercer dans cette enceinte : car leur auditoire et les prisons du chapitre y étoient situées, et c'étoit là qu'on tenoit encore, dans les derniers temps, les assemblées capitulaires. La partie de

---

(1) Par le mot de *ménétriers* on entend aujourd'hui les joueurs de vielle ou de violon qui vont dans les guinguettes et dans les villages. Celui de *jongleurs* n'a pas une signification plus noble; mais, dans l'origine, c'étoient des poètes qui alloient réciter leurs vers dans les châteaux des grands, où ils étoient honorablement reçus. On donna ensuite ce nom à des bateleurs ou farceurs qui chantoient les poésies des *trouvères* ou *troubadours*, et accompagnoient ces chants ou récits sur différents instruments.

(2) Past. A, f° 805.

ce cloître qui donne dans la rue de la Verrerie a reçu depuis le nom de rue des *Consuls*, nom qu'elle doit au tribunal qui, jusqu'à ces derniers temps, y a tenu ses séances.

Rue Neuve-Saint-Merri. Elle commence à la rue Saint-Martin, et finit à la rue Barre-du-Bec, vis-à-vis celle de Sainte-Croix-de-la-Bretonnerie. Cette rue étoit déjà bâtie au commencement du treizième siècle, et peu après la nouvelle enceinte ordonnée par Philippe-Auguste (1). On lui donna le surnom de Neuve, non-seulement parce qu'elle étoit nouvellement bâtie, mais encore pour la distinguer de la rue de la Verrerie, qu'on appeloit, en 1284 (2), rue Saint-Merri dans sa partie occidentale. Elle est indiquée sous son nom actuel dans l'accord fait entre Philippe-le-Hardi et le chapitre Saint-Merri, en 1273, et l'a toujours conservé depuis.

A l'extrémité de cette rue est un cul-de-sac appelé *du Bœuf*. Dans les actes les plus anciens des archives de Saint-Merri il est nommé *de Bec-Oye ;* dans les titres subséquents de *Beuf et Oë*, de *Beuf et Oué*, enfin, *cul-de-sac de la rue Saint-Merri*.

Rue Meslai. Elle traverse de la rue Saint-Martin à celle du Temple. Au commencement du dernier siècle, il n'y avoit encore dans cette rue que quelques maisons bâties du côté de la rue du Temple. La principale étoit l'hôtel *Meslai*, dont, par la suite, la rue a pris le nom : car alors elle s'appeloit *rue des Remparts*. Du côté de la rue Saint-Martin étoit une butte sur laquelle étoient placés trois moulins. On abattit cette butte ; on aligna la rue qu'on y ouvrit, avec celle de Sainte-Apolline, et elle fut nommée d'abord *rue Sainte-Apolline* ou *de Bourbon*. En 1726,

---

(1) *Cartul. Livriac.* — *Gall. christ.*, t. VII, col. 93.
(2) *Cart. S.-Magl.*, fol. 407.

cette rue ayant été continuée et couverte de maisons des deux côtés, elle prit le nom de *rue Meslai* dans toute son étendue.

Il y a dans cette rue un cul-de-sac nommé de *la Planchette*. C'étoit le commencement d'une rue ouverte en 1680, et qu'on n'a pas continuée. Dans un compte de 1423, rapporté par Sauval, on trouve l'indication d'une maison rue Saint-Martin, *devant la Planchette;* et dans un contrat de vente du 15 octobre 1614, consigné dans les archives de l'archevêché, on fait mention d'une maison rue Saint-Martin, où pendoit pour enseigne *la Planchette*. On conjecture que ce nom pouvoit venir de la planche établie sur l'égout, qui passoit à découvert en cet endroit depuis la rue du Temple jusqu'à celle de Saint-Martin.

Rue Michel-le-Comte. Elle donne d'un bout dans la rue Beaubourg, vis-à-vis la rue Grenier-Saint-Lazare, dont elle fait la continuation, et de l'autre dans la rue du Temple, au coin de celle de Sainte-Avoie. Dès le milieu du treizième siècle, elle portoit ce nom, *vicus Michaelis comitis*, et n'en a pas changé depuis.

Rue de Montmorenci. Elle commence à la rue Saint-Martin et finit à celle du Temple. Cette rue se bornoit ci-devant à la rue Transnonain, et sa prolongation s'appeloit *Cour-au-Villain*, et par corruption *Court-au-Villain;* mais, à la requête des habitants, le roi rendit un arrêt en son conseil, au mois de mars 1768, par lequel il supprima le nom de *Cour-au-Villain*, et ordonna qu'elle seroit appelée *de Montmorenci* dans toute son étendue. On la nommoit anciennement *rue au seigneur de Montmorenci*, parce que son hôtel y étoit situé. C'est sous ce nom qu'elle est indiquée dans les censiers de Saint-Martin-des-Champs du quatorzième siècle. Sauval dit qu'elle étoit habitée dès 1297.

Rue des Morts. Cette rue étoit autrefois un chemin sans nom, qui donnoit d'un bout dans la rue Saint-Maur, de l'autre dans celle du Faubourg-Saint-Laurent. Elle n'a reçu que depuis 1780 le nom qu'elle porte, et peut-être le doit-elle au cimetière des protestans situé à son extrémité orientale.

Rue des Moulins. C'est une ruelle ou chemin qui conduisoit autrefois de la rue Saint-Maur aux moulins qui sont sur la butte de Chaumont, et c'est de là qu'elle avoit tiré son nom. Elle est indiquée sur quelques plans sous le titre de ruelle des *Cavées*, nom qu'elle avoit pris d'un clos nommé *Cavon*, sur lequel elle a été ouverte. Il est fait mention de ce clos dans les titres de Saint-Martin.

Rue Notre-Dame-de-Nazareth. Elle donne d'un bout dans la rue du Pont-aux-Biches, et de l'autre dans celle du Temple. C'est une continuation de la rue Neuve-Saint-Martin, dont elle portoit autrefois le nom. Celui qu'on lui a donné depuis vient des religieux du tiers-ordre de Saint-François, connus sous le nom des *Pères de Notre-Notre-Dame-de-Nazareth*, lesquels possédoient une maison dans son voisinage; elle n'a pu, par conséquent, le porter que depuis 1630.

Rue du Cimetière-Saint-Nicolas. Elle commence à la rue Saint-Martin et finit à la rue Transnonain. Cette rue, ouverte en 1220, conduisoit à l'emplacement que les religieux de Saint-Martin avoient cédé à la paroisse de Saint-Nicolas, pour y établir son cimetière. Elle en prit dès lors le nom qu'elle a toujours conservé depuis.

Rue Neuve-Saint-Nicolas. Cette rue, sans nom avant 1780, donne d'un bout dans celle du Faubourg-Saint-Martin, de l'autre dans la rue Sanson.

Rue Saint-Paxant. Cette rue, ouverte depuis 1765 dans le marché Saint-Martin, et dans la même direction que la rue Saint-Marcou, mais plus à l'orient, doit sou nom à saint **Paxant**, dont le prieuré de Saint-Martin possédoit les reliques, et célébroit annuellement la fête.

Rue Phelipeaux. Elle aboutit dans la rue du Temple et au coin des rues Frepillon et de la Croix. Son véritable nom est *Frépaut*. Elle le portoit en 1397. On l'a depuis altéré et défiguré. Elle est nommée sur différents plans *Frapaut*, *Fripaux*, *Frépaux*, *Frippau*, *Phelipot*, *Philipot*. On a enfin adouci ce nom en l'appelant rue *Phelipeaux*, et ce changement a prévalu.

Rue Pierre-Aulard. Elle commence à la rue Saint-Merri, et, retournant en équerre, aboutit à la rue du Poirier. Elle formoit autrefois deux rues distinctes, et désignées, dans les anciens titres, sous différents noms. La partie qui donne dans la rue Saint-Merri s'appeloit en 1273 *vicus Aufridi de Gressibus*, et au siècle suivant la rue *Espaulart*. L'autre partie, aboutissant dans la rue du Poirier, étoit nommée *vicus Petri Oliart*. Elles sont toutes deux distinguées dans le rôle de taxe de 1313. Ce nom ne tarda pas à changer. Elle est indiquée dans un acte de 1303 sous le nom de *Pierre Allard*. Guillot écrit *Pierre o lard*, d'autres *au lard* et *Aulart*. En 1500 cette rue n'étoit plus distinguée de la rue Espaulart, et depuis on la trouve toujours sous le nom qu'elle porte aujourd'hui.

Rue du Poirier. Elle traverse de la rue Neuve-Saint-Merri à la rue Maubué. Cette rue s'appeloit autrefois *de la Petite-Bouclerie*, *Parva Bouclearia* (1). Elle porte ce nom dans un acte de 1302. Guillot l'appelle aussi la Bouclerie. A ce nom succéda celui de la *Baudroirie*, qu'elle portoit encore en 1512, et même en 1597, quoique avant

---

(1) Sauval, qui donne à cette rue le nom de *Petite Boucherie*, a été induit en erreur par une copie inexacte de l'accord fait, en 1273, entre Philippe-le-Hardi et le chapitre de Saint-Merri.

cette dernière époque on lui eût donné, d'après une enseigne, le nom de rue du *Poirier*.

Rue du Pont-aux-Biches. Elle fait la continuation de la rue de la Croix jusqu'au coin des rues Notre-Dame-de-Nazareth et Neuve-Saint-Martin. Ce nom lui vient d'un petit pont construit sur l'égout pour faciliter la communication des deux rues auxquelles elle aboutit, et d'une enseigne représentant des biches.

Vis-à-vis l'extrémité de cette rue est un petit cul-de-sac qui porte le même nom; il a été aussi appelé *cul-de-sac de la Chiffonnerie* par ceux qui donnoient ce nom à la rue Neuve-Saint-Martin.

Rue des Récollets. Elle commence à la rue du Faubourg-Saint-Laurent, et finit à celle du Carême-Prenant, vis-à-vis l'hôpital Saint-Louis. Ce n'étoit autrefois qu'une ruelle à laquelle on a donné le nom des religieux dont elle côtoyoit l'enclos.

Rue du Renard. Elle traverse de la rue Neuve-Saint-Merri dans celle de la Verrerie. Elle s'appeloit anciennement *la Cour Robert de Paris*, ou *la Cour Robert*. On trouve, dans les archives de Saint-Merri, des titres où elle est énoncée sous ce nom en 1185, ainsi que dans l'accord de 1273 et dans d'autres actes. Guillot lui donne le même nom. Corrozet l'appelle *rue du Regnard qui prêche*.

Rue Royale. Cette rue, qui traverse le marché Saint-Martin de l'orient au couchant, a été ouverte dès l'origine de ce marché, mais n'a reçu le nom qu'elle porte que depuis 1780.

Rue Sanson. Cette rue, ouverte depuis 1780, donne d'un côté dans la rue de Bondi, sur le boulevart, de l'autre dans celle des Marais.

Rue Simon-le-Franc. Elle aboutit à la rue Sainte-Avoie et à la rue Maubué qui en fait la continuation. Cette rue est très-ancienne. Sauval parle d'un Simon Franque, mort avant 1211. Ce qu'il y a de certain, c'est que, suivant les cartulaires de Saint-Maur et de Saint-Eloi, il y avoit une rue portant ce nom dès 1237. Elle l'a toujours conservé jusqu'à ce jour.

Rue Taille-Pain. Elle aboutit au cloître de Saint-Merri et à la rue Brise-Miche, avec laquelle on l'a souvent confondue, ainsi que nous l'avons remarqué à l'article de cette dernière rue. Sur un plan manuscrit de 1512, elle est nommée *Brise-Pain;* dans le retour d'équerre, *Baillehoë;* et *Brise-Miche* depuis la rue Neuve-Saint-Merri jusqu'au cloître. Le nom de Brise-Pain a été successivement changé en celui de *Mâche-Pain*, *Tranche-Pain*, *Planche-Pain;* enfin *Taille-Pain* qui lui est resté.

Rue Transnonain. Elle aboutit à la rue au Maire, et au coin des rues Grenier-Saint-Lazare et Michel-le-Comte. Le premier nom que cette rue ait porté est celui de *Châlons*. Elle le devoit à l'hôtel des évêques de Châlons, qui y étoit situé : on le lui donnoit encore en 1323 et en 1379; mais, depuis la rue Chapon jusqu'à la rue au Maire, on la nommoit *Trace-Nonain*. La mauvaise réputation des femmes qui demeuroient dans la rue Chapon fit donner à celle-ci, par le bas-peuple, des noms peu décents auxquels a succédé celui qu'elle porte aujourd'hui.

Rue de la Verrerie. La partie de cette rue qui dépend de ce quartier commence à la rue Saint-Martin, et finit au coin de la rue Barre-du-Bec. Nous avons observé précédemment qu'en cet endroit on l'appeloit *rue Saint-Merri*. On ignore quand elle a quitté ce nom pour prendre dans sa totalité celui de la Verrerie, que portoit l'autre partie; mais il est certain qu'elle étoit ainsi désignée dès 1380 (1).

---

(1) Plusieurs titres font mention d'une rue nommée *Helliot de*

Rue des Vertus. Elle traverse de la rue des Gravilliers à la rue Phelipeaux. On n'a de renseignements ni sur l'origine ni sur l'étymologie du nom de cette rue. Jaillot la trouve indiquée pour la première fois dans un papier-censier de Saint-Martin, en 1546.

Rue du Verdbois. Elle commence à la rue Saint-Martin, et finit au Pont-aux-Biches. Il paroît qu'anciennement on ne la distinguoit pas de la rue Neuve-Saint-Laurent, dont elle fait la continuation; car dans le censier de Saint-Martin, de 1546, cité ci-dessus, on lit rue Neuve-Saint-Laurent, dite du *Verdbois.* Comme cet endroit étoit en marais et en jardinages, il est assez vraisemblable que le nom de *Verdbois* qu'on lui a donné vient des arbres qui environnoient de ce côté l'enclos du prieuré Saint-Martin avant qu'on eût percé la rue. Quelques plans la désignent sous le nom du *Gaillard-Bois.*

Rue des Vinaigriers. Elle commence à la rue Saint-Martin, et, se divisant ensuite en deux branches, elle aboutit à la rue de Carême-Prenant et à celle des Marais-Saint-Martin. Ce n'est qu'une ruelle ou chemin serpentant, dont le commencement est désigné sur la plupart des plans sous le nom de rue de *Carême-Prenant.* Elle doit celui qu'elle porte à un champ appelé *des Vinaigriers,* qu'elle côtoie, et dont elle suit les irrégularités.

Brie, qui devoit aboutir dans celle-ci, et qui ne subsiste plus. Sauval dit que, si ce n'est pas la rue Jean-Pain-Mollet, il ne sait quelle elle peut être. Jaillot pense que Sauval s'est trompé dans sa conjecture, parce que la rue Jean-Pain-Mollet existoit sous ce nom en 1261; il lui semble que la rue Helliot-de-Brie étoit située entre les rues Saint-Bon et de la Poterie; les cartulaires de Saint-Maur et de Sainte-Geneviève ne permettent pas, dit-il, d'en douter; ils énoncent Domum D. Helyoti de Braia in quadrivio sancti Mederici, in stratâ quæ tendit versus orientem.

Sur un plan de 1654, elle est nommée *ruelle de l'Héritier*.

MONUMENTS NOUVEAUX

ET RÉPARATIONS FAITES AUX ANCIENS MONUMENTS DEPUIS 1789.

L'église Saint-Merri. Cette église est décorée d'un nouveau tableau représentant saint Charles Borromée qui donne la communion aux pestiférés, par *Colleton*. Ce tableau lui a été donné par la ville en 1819. Auprès de ce tableau ont été placées deux statues, l'une de saint Jean, l'autre de saint Sébastien.

L'église Saint-Nicolas-des-Champs. La chapelle de la Vierge a été ornée d'un tableau nouveau représentant le Repos en Egypte, par *Caminade*, et donné par la ville en 1817. Ce tableau est d'une bonne exécution. Dans une des chapelles à droite de la nef est un autre tableau dont le sujet est saint Bruno enlevé au Ciel par deux anges.

L'église de Saint-Laurent. Cette église possède un tableau donné de même par la ville en 1817; il représente ce saint diacre revêtu des habits sacerdotaux et au moment où les bourreaux vont le saisir pour le traîner au supplice. C'est un bon tableau.

L'église Saint-Martin-des-Champs. Nous avons dit que cette église et tous les bâtiments qui en dépendoient sont maintenant occupés par le Conservatoire des arts et métiers. La portion du jardin qui a été conservée est fermée par une grille au niveau des bâtiments; sur l'autre on a construit un nouveau marché.

L'hôpital Saint-Louis. Cet hôpital a été augmenté

de plusieurs salles que l'on a construites à l'angle de la rue Saint-Louis et à celui de la rue Carême-Prenant. Au-dessus de la porte d'entrée est une inscription qui porte ces mots : *Traitements externes et Consultations gratuites.*

Nouveau Marché Saint-Martin. Ce marché, établi, comme nous venons de le dire, sur la plus grande portion du jardin de l'abbaye Saint-Martin-des-Champs, se compose de deux corps de bâtiments percés d'arcades et recouverts en tuiles. Ces bâtiments, liés ensemble par deux grilles de fer, sont situés au nord et au midi; contre la grille du levant s'élèvent deux pavillons avec porches ornés de deux colonnes et de deux piliers : l'un sert de corps-de-garde, et l'autre de bureau.

Le Château-d'Eau du boulevart de Bondi. Cette fontaine, achevée en 1811, s'élève sur l'esplanade qui est entre la porte Saint-Martin et la rue du Faubourg-du-Temple, et forme un point de partage, d'où les eaux du canal de l'Ourcq vont alimenter les fontaines du quartier. C'est en raison de cette destination qu'on lui a donné le nom de *Château-d'eau*, bien que l'aspect de ce monument ne justifie pas complètement une telle dénomination.

Au milieu d'un bassin circulaire s'élèvent en gradins trois autres bassins concentriques qui servent de base à une double coupe en fonte de fer, composée d'un piédouche et de deux patères inégales, séparées l'une de l'autre par un fût. Au bas de cette coupe, et au niveau de la cuvette supérieure, quatre socles carrés supportent chacun deux lions de fer qui jettent de l'eau par la gueule. Les eaux s'échappent en bouillons au centre de la vasque la plus élevée, s'étalent dans leur chute et forment cinq nappes qui recouvrent presque toutes les surfaces du monument.

Plus bas, du côté de la rue de Bondi, deux niches carrées, pratiquées dans le soubassement, servent de fontaines particulières aux habitants du quartier.

On a critiqué ce monument dont l'aspect général est assez agréable, dont la position est heureusement choisie. Il paroît imité de la fameuse fontaine des lions de l'Alhambra; mais il est loin de présenter un aussi bel effet, non-seulement parce que l'artiste a jugé à propos de représenter les huit lions couchés, ce qui forme des masses trop écrasées, mais encore parce qu'il les a accouplés au lieu de les placer isolément autour des bassins supérieurs. Cette disposition interrompt trop la continuité des chutes d'eau : il est hors de doute que la subdivision des quatre masses auroit fait prédominer davantage la double vasque dont l'effet est un peu mesquin au milieu de ces lourds accessoires; et ce qui rend cette imperfection encore plus choquante, c'est que ces lions sont d'un dessin dépourvu de caractère et d'une exécution au-dessous du médiocre.

Fontaine du marché Saint-Martin. Elle se compose d'un faisceau d'arbres et de roseaux groupés ensemble qu'entourent trois enfants, dont l'un porte un chevreuil et sonne du cor, l'autre soutient une corne d'abondance chargée de fruits; le troisième jette un filet. Le faisceau est surmonté d'une coupe d'où l'eau se répand en nappes dans un bassin circulaire. Les enfants, d'une proportion au-dessus de nature, sont d'un beau dessin, et le monument en entier, coulé en bronze, est d'un bel effet, d'un excellent goût, et digne de figurer d'une manière plus honorable qu'au milieu d'un marché d'une aussi médiocre étendue. Du côté du Conservatoire, et vers la grille qui sépare le jardin du marché, sont adossées deux pierres en forme de cippe, ornées de masques en bronze qui vomissent l'eau dans un bassin demi-circulaire.

Fontaine de l'ancien marché Saint-Martin. Ce n'est encore qu'un simple piédestal qui paroît attendre une statue. Il fournit de l'eau de trois côtés.

RUES NOUVELLES.

Rue Berthoud. Elle commence à la rue Montgolfier et aboutit dans celle de Vaucanson.

Rue Borda. Elle donne d'un bout au milieu du Marché Saint-Martin, de l'autre dans celle de la Croix.

Rue du Buisson Saint-Louis. Elle commence dans la rue Saint-Maur et vient finir à la barrière de la Chopinette.

Rue de la Chopinette. Elle commence comme la précédente dans la rue Saint-Maur, et vient finir à la barrière du même nom.

Rue Conté. Elle commence dans la rue de Vaucanson, longe le marché au midi, et vient aboutir dans la rue Montgolfier.

Rue Neuve-Sainte-Élizabeth. Elle donne d'un côté dans la rue des Fontaines, de l'autre dans la rue Neuve-Saint-Laurent.

Rue Mongolfier. Elle commence au bout de la rue Conté, longe le marché au levant, et vient finir à l'angle de la rue Berthoud.

Rue du Chemin de Pantin. Elle donne d'un bout dans la rue du Faubourg-Saint-Martin, et de l'autre aboutit à la barrière de ce nom.

Rue Vaucanson. Elle borde au nord le marché Saint-Martin, traverse la rue Conté, et aboutit à celle du Verdbois.

QUARTIER DE LA GRÈVE.

Ce quartier est borné à l'orient par la rue Geoffroi-l'Asnier et par la vieille rue du Temple exclusivement; au septentrion, par les rues de la Croix-Blanche et de la Verrerie exclusivement; à l'occident, par les rues des Arcis et de Planche-Mibrai inclusivement; et au midi, par les quais Pelletier et de la Grève inclusivement, jusqu'au coin de la rue Geoffroi-l'Asnier.

On y comptoit, en 1789, trente-quatre rues, deux culs-de-sac, deux églises paroissiales, deux chapelles, une communauté de filles, un hôpital, l'Hôtel-de-Ville, deux places, etc.

Ce quartier est, sans contredit, l'un des plus anciens de la partie septentrionale de la ville de Paris; et l'on voit d'abord sur les plans qu'il étoit renfermé dans cette première enceinte élevée avant les murs bâtis par Philippe-Auguste.

Toutefois il reste encore, sur le véritable état des lieux qu'il embrasse aujourd'hui, des incertitudes qu'il est difficile de résoudre, mais qui forcent du moins à douter dans des matières où plusieurs historiens ont prononcé trop affirmativement; par exemple, sur la foi de Sauval et du commissaire Delamare, presque tous ont écrit que l'église de Saint-Gervais, qui fait partie de ce quartier, étoit hors des murs avant l'enceinte de Philippe. Nous l'avions d'abord répété comme eux, et nos plans la représentent d'après cette hypothèse. Jaillot prétend, au contraire, que la porte *Baudoyer* étoit située près de la rue Geoffroi-l'Asnier (1), et par conséquent que cette basilique étoit, à cette époque, renfermée dans la ville. Les preuves qu'il en donne ne sont point, à la vérité, suffisantes, et ne peuvent même passer que pour de simples conjectures; cependant, comme l'autre opinion n'est pas appuyée sur des raisons meilleures, il en résulte que, jusqu'à ce qu'on ait obtenu des renseignements plus positifs, il n'est pas permis de rien prononcer sur ce point très-obscur des antiquités de Paris.

Il en est de même de l'établissement des Juifs dans ce quartier. En reconnoissant qu'ils y ont effectivement possédé une synagogue, le même auteur a jeté quelques doutes sur l'opinion qui veut qu'ils en aient occupé plusieurs rues, et nous aurons incessamment occasion de faire connoître les raisons qu'il en a données.

Quant aux changements assez nombreux qui se sont opérés pendant une si longue suite de siècles dans l'intérieur de ce quartier, la description des anciens édifices et la nomenclature historique des rues développeront tout ce que les traditions en ont laissé parvenir jusqu'à nous.

---

(1) Quartier Saint-Paul.

PLACE DE GRÈVE.

C'est de sa situation sur le bord de la Seine que cette place a reçu le nom qu'elle porte, nom qu'elle a donné ensuite à tout le quartier. Nous avons déjà dit que c'étoit sur cet emplacement que se tenoit, dans l'origine, le marché de toute la partie septentrionale de la ville de Paris (1); et ce fut en conséquence de cette ancienne disposition qu'après le transport du marché dans les Champeaux, les bourgeois habitans de la Grève et du Monceau-Saint-Gervais demandèrent à Louis-le-Jeune qu'à l'avenir il ne fût élevé dans cet espace aucun bâtiment. La charte qui leur accorde ce privilége est datée de 1141, et porte qu'ils l'ont obtenu moyennant la somme de 70 liv. une fois payée.

Tous les ans, la veille de la Saint-Jean, les prévôt et échevins de la ville faisoient tirer un feu d'artifice au milieu de cette place. Avant l'in-

---

(1) *Voyez* 1re partie de ce 2e volume, p. 427.

vention de la poudre on y allumoit simplement un grand bûcher, auquel plusieurs de nos rois ne dédaignèrent point de mettre eux-mêmes le feu. Cette solennité, pratiquée parmi nous de temps immémorial, remonte, par une suite non interrompue, jusqu'à la plus haute antiquité. L'usage d'allumer des feux et d'illuminer les rues et les places publiques à certains jours de fête, se trouve chez les Romains à toutes les époques, chez les Grecs dès leurs premiers temps ; et saint Bernard a remarqué que les Turcs et les Sarrasins allumoient un grand feu à peu près à la même époque que celle de notre feu de la Saint-Jean. On croit trouver l'origine de cette coutume dans les feux sacrés, qui servoient, dans les anciennes religions, à brûler les victimes. La place de Grève étoit encore le lieu où se faisoient les réjouissances les plus remarquables à la naissance de nos princes et dans les autres circonstances heureuses et solennelles.

Par un contraste qui peut paroître singulier, cette place étoit depuis long-temps le théâtre des exécutions publiques (1). Les historiens ne nous apprennent point positivement à quelle époque on commença à la consacrer à ces tristes cérémonies. La première exécution faite en ce lieu, dont

---

(1) Elles s'y font encore aujourd'hui.

l'histoire fasse mention, est celle de Marguerite Porette, hérétique, laquelle y fut brûlée en 1310; en 1398, deux prêtres y furent dégradés, et ensuite décapités dans le même endroit, suivant Le Laboureur, aux Halles, suivant Juvénal des Ursins. Toutefois il y a des preuves que, dans le siècle suivant, les exécutions des criminels se faisoient encore ordinairement sur la place aux Chats, aux Halles et au marché aux Pourceaux.

On voit, par les registres de la ville (1), que l'étape, ou marché aux vins, fut transférée de la Halle sur cette place par lettres de Charles VI, du mois d'octobre 1413 (2). Cependant il y a lieu de croire qu'on y déposoit déjà du vin avant cette époque, car, dans un recueil d'ordonnances (3), on en trouve une des généraux trésoriers *pour le fait de la boite du vin étant en Grève, pour la délivrance du roi Jean*, du 16 décembre 1357. On voit dans le même recueil que la place du charbon y étoit établie en 1642.

---

(1) Spicil., t. II, p. 636.
(2) C'est sans doute à ce marché que faisoient allusion les deux vers qu'on lisoit sur une fontaine élevée dans un coin de cette place.

Grandia quæ cernis statuit sibi regna Lyæus:
Ne violenta gerat, suppeditamus aquas.

Cette fontaine, construite en 1624, fut abattue en 1674, et transportée à la place Maubert.
(3) Rec. de Blondeau.

HOSPICE ET CHAPELLE

DES HAUDRIETTES.

Les anciens historiens de Paris ont adopté trop légèrement les fables imaginées sur l'origine de cet hôpital, origine qu'ils reculent jusqu'au règne de saint Louis. Cependant le premier monument authentique où il en soit fait mention est une charte de Philippe-le-Bel (1), donnée à Milly au mois d'avril 1306; par cette charte, ce prince permet à Etienne Haudri son panetier de bâtir sur la place *qu'il a nouvellement acquise à la Grève, tenant d'un long à l'hôpital des pauvres qu'il a fondé;* et il y a bien de l'apparence que cette fondation avoit été faite depuis peu de temps, puisqu'il n'y avoit point encore de chapelle (2).

Etienne Haudri, fils du précédent, fonda une

---

(1) Trés. des chart. Rég. 38, c. 137.

(2) Quelques historiens ont avancé que la chapelle de cet hôpital avoit été bâtie sur l'emplacement d'un ancien monastère fondé par sainte Geneviève au lieu même où elle demeuroit. Ce-

seconde chapellenie, et Jean son frère en créa deux autres, dont le revenu fut amorti par Philippe-le-Bel en 1309. Le même Jean Haudri et sa femme y fondèrent aussi deux chapelains, ainsi qu'il résulte d'un acte daté du 5 août 1327 (1).

Il ne paroît pas que les fondateurs eussent fixé le nombre des femmes veuves qui devoient être reçues dans cet hôpital; et l'historien de l'église de Paris manque d'exactitude en affirmant qu'il avoit été établi pour douze de ces femmes, puisqu'il est certain que l'on en trouve plus ou moins dans ce siècle et dans les suivans. Une bulle de Clément VII, de 1386, nous apprend qu'à cette

---

pendant il n'en existe aucune tradition authentique * ; et, en supposant qu'il y eût des monastères à Paris du temps de cette sainte fille, ce qu'il seroit difficile de prouver, nous demanderons quand et par qui celui-ci a été détruit, et dans ce cas, comment il se fait qu'on n'en ait conservé aucun souvenir ? Les Parisiens auroient-ils laissé ensevelir sous des ruines la demeure de leur patronne et des vierges qui composoient sa communauté? Auroient-ils perdu jusqu'à la mémoire d'un lieu consacré par les vertus de cette sainte, et par la pieuse reconnoissance qu'ils lui ont toujours conservée ?

Cette opinion est aussi dénuée de preuves que de vraisemblance, et nous l'aurions passée sous silence, ainsi que tant d'autres contes de ce genre, qu'on trouve dans les vieilles légendes, si elle n'avoit été adoptée par dom Duplessis, auteur moderne, renommé par son érudition.

(1) *Hist. eccles. Par.*, t. II, p. 606.

* Ces historiens paroissent avoir confondu cette chapelle avec la chapelle que sainte Geneviève fit effectivement bâtir près de Saint-Germain-le-Vieux dans la Cité. (*Voyez* t. I, p. 262, 1re partie.)

époque il y en avoit trente-deux ; on les appeloit les *Bonnes-Femmes de la chapelle des Haudriettes*.

Les statuts qui leur furent donnés en 1414 n'indiquent point que cette maison dût être regardée comme un couvent. On n'y parle que d'une maîtresse et de femmes hospitalières vivant en commun; et ce qui prouve que leur engagement n'étoit que conditionnel, c'est qu'il y est déclaré que, dans certains cas, elles seront chassées honteusement. Dans la quittance des droits d'amortissement, qui leur fut donnée le 10 novembre 1521, elles ne sont qualifiées, comme auparavant, que de Maîtresses et Bonnes-Femmes de la chapelle Etienne Haudri. Il paroît cependant, par quelques actes, que la maîtresse prenoit le titre de supérieure, et les hospitalières celui de sœurs.

Il seroit assez difficile d'assigner l'époque où elles contractèrent des vœux, et devinrent réellement religieuses; mais il est certain qu'elles l'étoient, lorsqu'en 1622 elles furent transférées rue Saint-Honoré (1).

---

(1) *Voyez* t. I, 2ᵉ partie, p. 999. Des Capucins remplacèrent les Haudriettes dans leur ancienne demeure, qui maintenant est changée en maisons particulières.

L'HÔTEL-DE-VILLE.

Dans la décadence de l'empire romain, les dangers sans cesse renaissants dont le menaçoient les incursions des barbares avoient forcé les empereurs à accorder, particulièrement dans les Gaules, de grands priviléges à ceux de ses habitants qui s'armoient pour la défense de l'Etat; et bientôt des lois positives distinguèrent les familles militaires de celles des simples citadins (1). Ceux-ci se partagèrent encore en deux classes : l'une, de propriétaires auxquels étoient exclusivement réservées les charges municipales (2); l'autre, des non-propriétaires ou plébéiens, dont la condition différoit peu de celle des esclaves.

L'administration intérieure des cités étoit donc confiée à un sénat composé de cette première classe d'habitans propriétaires; et ces sénateurs étoient nommés *décurions* (3). Nous apprenons

---

(1) *Cod. Theod.*, lib. VII, tit. 13, 20, 22, etc.
(2) *Ibid.*, lib. XII, tit. 1, leg. 53, 78.
(3) *Ibid.*, leg. 13, 96, 101, etc.

qu'ils avoient le maniement et la dispensation des deniers publics, et qu'ils étoient chargés de l'exaction des vivres *(annonœ)* et de leur répartition. Dans quelques provinces on choisissoit parmi eux les receveurs publics; dans d'autres on les chargeoit seulement de presser la recette des impôts, et c'étoient eux qui nommoient les receveurs à leurs risques et périls. Ils avoient encore la charge de conduire à leur destination l'argent et les denrées qui provenoient de la levée des tributs; la garde des résidences impériales, leur entretien, étoient aussi confiés à leurs soins, et ils avoient, en qualité de prévôts, celle des bourgades et des greniers publics. C'étoit parmi eux que l'on prenoit les inspecteurs des mines, les inspecteurs et directeurs des travaux publics; devant eux se dressoient tous les actes municipaux, et ils devoient, en toute sorte de cas, se trouver prêts à exécuter les ordres des juges (1). Tel étoit le *décurionat*, qui, pour quelques stériles priviléges qu'il portoit avec lui, mettoit effectivement ceux qui y étoient appelés par leur naissance et par leur fortune sous le joug de la plus dure servitude; et les lois établies pour forcer les plus riches habitants à en remplir les fonctions, et pour les empêcher de s'y soustraire, prouvent à quel point cette servitude

---

(1) *Cod. Theod.*, *lib.* XII, *tit.* 1, *leg.* 4, 8, 14, 21, 39, 49, 117, 151, 161, 189, etc.

leur étoit insupportable. Avant de parvenir à la vétérance, un décurion étoit souvent obligé de passer par tous les emplois que nous venons de citer, en commençant par l'exaction des impôts, qui de tous étoit le moins honorable (1). Cette vétérance ne s'obtenoit qu'après vingt-cinq années d'exercice, et ouvroit alors la voie à tous les honneurs Enfin, à la tête de ce corps municipal étoient deux magistrats annuels nommés *duumvirs*, devant lesquels on portoit les faisceaux, et qui offroient ainsi, dans ces villes de province, quelque image de l'ancienne dignité consulaire (2).

On sait que, dans ces derniers moments qui précédèrent la conquête, la dureté, ou pour mieux dire la cruauté du gouvernement romain à l'égard des provinces gauloises qu'il mettoit en quelque sorte au pillage, comme une proie qui alloit lui échapper (3), furent une des causes qui favorisèrent et consolidèrent la conquête qu'en firent les rois francs. Réduites au désespoir, un grand nombre de cités, et entre autres celles des Armoriquains, se livrèrent elles-mêmes aux barbares, cherchant en quelque sorte un refuge auprès de ces grossiers

---

(1) *Cod. Théod.*, lib. XII, tit. 1, leg. 4, 71, 75, 77, etc.

(2) *Ibid.* leg. 56, 174 et 21.

(3) On peut voir l'affreux tableau qu'en présente le saint évêque Salvien (*de Gubernat. Dei*, lib. V, p. 155.) « C'est peu pour un
» Romain, dit-il en parlant de ces agents du fisc, d'être heureux,
» s'il ne rend son concitoyen malheureux, etc. »

vainqueurs, contre les agents du fisc, pour elles mille fois plus à craindre et plus impitoyables. Leurs nouveaux souverains les reçurent aux mêmes conditions que les empereurs les avoient possédées ; c'est-à-dire que, tandis qu'ils accordoient aux familles militaires qui avoient transigé avec eux, et qui s'étoient rangées sous leurs drapeaux, tous les priviléges dont jouissoient leurs *fidèles*, auxquels elles furent, pour la plupart, entièrement assimilées ; les cités, leurs habitants, tout leur territoire, devinrent, de même que sous les empereurs, propriétés de la couronne, et furent au nombre des *choses* et des *corps* que les rois partagèrent entre eux (1), et que même ils eurent le droit de donner à qui bon leur sembloit. C'est ainsi que l'administration des villes devint entièrement étrangère au gouvernement militaire des provinces ; qu'on les voit souvent entrer dans l'apanage des princes du sang, quelquefois même appartenir à des seigneurs que le monarque avoit voulu récompenser ; elles furent constamment régies par d'autres lois ; elles eurent des tribunaux qui leur étoient particuliers ; elles étoient gouvernées par les propres officiers des rois dont elles relevoient directement (2), à qui elles payoient tribut, dont elles faisoient la principale richesse,

---

(1) *Convent. apud Andelau*, an. 587.
(2) *Greg. Tur. hist.*, lib. II, cap. 23 et 36.

et qui les traitoient avec bien plus de douceur qu'elles n'avoient été traitées sous le gouvernement romain. Leurs habitants furent désignés sous le nom générique de *provinciaux*, et distingués ainsi des nobles ou *cantonniers*, qui ne quittoient point la campagne et résidoient dans leurs châteaux.

Parmi ces cités, toutes celles qui étoient romaines continuèrent d'être gouvernées par les lois romaines (1); et, sauf quelques légers changements qu'on y introduisit et qui furent tous à leur avantage, on y retrouve également deux ordres de citoyens; les uns *propriétaires*, les autres qui n'avoient point de propriété. Les premiers, sous le nom de *sénateurs*, exerçoient, comme les anciens *décurions*, toutes les fonctions municipales (2); les autres formoient le menu peuple (*plebs*), et n'avoient d'autre obligation que de payer le tribut, qui ne se levoit pas aussi arbitrairement que sous les empereurs.

Un passage de Grégoire de Tours semble nous indiquer que le commerce étoit la profession la plus ordinaire des bourgeois des cités; que les profits en étoient si considérables qu'en très-peu de temps ils doubloient leurs capitaux, et que c'étoit là ce qui faisoit principalement leur richesse

---

(1) *Cap. Car. Calv.*, *tit.* XXXVI, *cap.* 20.
(2) *Greg. Tur. hist.*, *lib.* XV, *cap.* 31, *passim.*

et leur considération (1). Ce passage nous prouve qu'ils continuèrent de faire, sous les rois francs, ce qu'ils avoient déjà fait sous les Romains : car, pour ce qui regarde Paris, lorsque cette ville eut été enfin subjuguée par les Romains et réduite au rang des villes tributaires, on voit, sous la protection immédiate du proconsul qui étoit seul chargé du gouvernement de la Gaule celtique, s'élever dans ses murs un corps d'officiers subalternes, chargé de rendre la justice en son nom et dans des cas peu importants, dont on pouvoit même appeler encore devant ce magistrat suprême. Ces officiers, qui prenoient le nom de *défenseurs de la cité* (2), étoient tirés d'une société de *nautes*, ou commerçants par eau, laquelle étoit elle-même composée des premiers citoyens de la ville. Ces nautes jouissoient d'une grande considération; on les retrouve dans toutes les principales villes de l'empire, et plusieurs étoient même décorés du titre de chevaliers romains (3).

Nous venons de dire que le régime municipal se

---

(1) *Greg. Tur.*, *lib.* III, *cap.* 34.
(2) *Cod. Theod.*, *lib.* III, *de deff. civ.*
(3) *Voyez* t. I, p. 461, 1re partie, ce qui y est dit de l'autel découvert dans les fondations de N. D., et consacré par cette compagnie de *nautes* à diverses divinités. Une des inscriptions qui y sont gravées prouve que, dès le temps de Tibère, ces nautes formoient un corps assez riche et assez considérable pour pouvoir consacrer des monuments publics.

maintint sous les premiers rois de France à peu près tel qu'il avoit été sous les Romains, et ceci dura jusqu'à ce que l'invasion des Normands et l'usurpation des grands vassaux eussent arraché des mains de ces monarques cette portion si belle de leurs attributions et de leurs propriétés. On sait comment ils la recouvrèrent, lorsque les *communes* se rétablirent sous la troisième race, et rentrèrent peu à peu sous l'administration du roi, leur protecteur naturel.

Toutefois il ne paroît pas que, sous ce rapport, Paris ait subi d'aussi grandes révolutions que beaucoup d'autres villes. Nous trouvons que le gouvernement municipal ne cessa point de s'y maintenir. Quelques réglements faits par Dagobert en 630, par Charlemagne en 798, et par Charles-le-Chauve en 865, concernant la police de la navigation, ne nous permettent pas de douter que le commerce par eau ne fût alors très-florissant; on trouve aussi une ordonnance de Louis-le-Débonnaire, au sujet de certains droits qu'on levoit pour le roi sur les marchandises qui remontoient la rivière, ordonnance dans laquelle il est dit que ces droits se percevoient dès le temps du roi Pepin, et de toutes ces autorités il résulte que le corps des *nautes* n'avoit point cessé d'exister sous différents noms; tout semble indiquer que l'administration municipale et la police de la navigation étoient confiées à cette compagnie, qui, regardée dès lors comme municipale, changea son premier nom en celui de *hanse*, qui signifie *union*, *association*. Une charte de Louis VII, dans laquelle il confirme les coutumes et les priviléges dont les *marchands de l'eau* jouissoient sous Louis VI dit *le Gros*, prouve que jusqu'à cette époque leur corporation n'avoit point cessé de se maintenir à travers tant de désordres et de bouleversements qui avoient changé la face de la France (1). Enfin, en 1315, on voit de nouveaux priviléges accordés par Philippe-Auguste au corps des *marchands de l'eau hansés* de Paris.

Jusque là il n'est point encore parlé de prévôt des marchands et d'échevins; et c'est à tort que quelques écrivains en ont attribué la création à ce dernier roi, car il n'existe pas un seul acte qui puisse servir de fondement à cette opinion (2).

---

(1) Les principaux articles des priviléges dont ce prince leur accorda la confirmation portoient que les marchands de cette capitale pouvoient seuls faire remonter les bateaux depuis le pont de Mantes jusqu'au port de Paris; que ceux qui contrevenoient aux défenses faites à ce sujet perdoient leurs marchandises, dont la moitié étoit confisquée au profit du roi, et l'autre moitié au profit des marchands de l'eau de Paris. On y lit de plus que si le valet d'un marchand se rend coupable de quelque crime, il n'est justiciable que de son maître, à moins qu'il n'eût été pris sur le fait par la justice du roi.

(2) Son testament, que l'on cite à ce sujet, ne fait mention que d'une commission particulière donnée à quelques habitants de Paris, pour avoir, en son absence, le dépôt de ses finances; ce qui n'a aucun rapport avec les droits de la ville.

Cependant, dès cette époque, la ville avoit des armoiries qu'elle avoit prises au commencement des croisades (1). Ce n'étoit pas alors ce gros vaisseau voguant à pleines voiles, qu'on a vu depuis dans son écusson jusqu'au moment de la révolution, mais seulement une nef mise à flot, sur un champ parsemé de fleurs de lis sans nombre. Cet emblème étoit aussi gravé sur son sceau (2).

Le premier titre où il soit parlé des prévôt des marchands et échevins est une ordonnance de police d'Étienne Boilesve, prévôt de Paris, où les échevins sont tour à tour présentés sous cette dénomination, et sous celle de *jurés de la confrérie des marchands de Paris*. Le chef de ces jurés est également appelé *prévôt des marchands* dans un arrêt du parlement de la Chandeleur, donné en 1269. Cependant ce nom ne lui étoit pas encore définitivement accordé ; car en 1273 on le trouve désigné sous celui de *maître des échevins* de la ville de Paris, dans un autre arrêt du parlement de la Pentecôte. Enfin, l'année suivante, sous Philippe-le-Hardi, on abandonna entièrement ces anciens titres pour celui que le corps

---

(1) Elle le fit à l'exemple des nobles, qui inventèrent ces armoiries pour se distinguer les uns des autres, et établir en même temps la distinction de leurs sceaux.

(2) On le trouve sur un ancien sceau gravé vers le temps de saint Louis, avec cette inscription : *Sceau de la marchandise de l'eau de la ville*. Ces armoiries ont été rétablies depuis la restauration.

municipal n'a point cessé de porter jusqu'à sa destruction.

L'hôtel-de-ville jouit de tous les priviléges qui lui avoient été successivement accordés par nos rois jusqu'à Charles VI. Ce prince, voulant tirer une vengeance éclatante de la sédition des Maillotins, ne se contenta pas d'ôter aux bourgeois leurs armes, la garde, les chaînes de la ville, il supprima encore la prévôté des marchands, l'échevinage, la juridiction, la police et le greffe; et le premier prévôt de Paris fut chargé de l'administration municipale, à laquelle on voulut bien admettre quelques bourgeois, mais sans en rendre la propriété à la ville. Cet état violent ne fut pas de longue durée. Le roi, s'étant apaisé, rétablit en 1411 *le parloir aux bourgeois*, et rendit à la ville tous ses priviléges; mais il ne put lui rendre également les titres sur lesquels ils étoient fondés. Il s'étoit commis pendant cette interruption du gouvernement municipal des désordres irréparables dans les archives qui avoient été presque entièrement détruites ou dissipées. Il fallut pour remédier à un tel désastre travailler à une ordonnance générale qui pût servir de règle dans l'administration de la police et de la justice municipale. On tâcha, autant qu'il fut possible, de rassembler les chartes, les titres, les registres égarés: pour éviter les innovations dans le nouveau code, aux preuves par écrit furent réunies les preuves testimoniales, et des assemblées furent formées, dans lesquelles on réunit tous ceux qui pouvoient donner des éclaircissements sur cette matière importante. Ce fut ainsi qu'après trois ans de soins et de recherches on parvint à rétablir l'ancien droit de la ville, lequel fut rédigé dans une ordonnance générale, scellée du grand sceau au mois de février 1415. Cette ordonnance étoit composée de près de 700 articles, parmi lesquels on pouvoit surtout remarquer ceux qui regardoient le commerce par eau, et la juridiction que la ville de Paris a toujours eue sur la rivière de Seine et sur toutes celles qui s'y jettent.

Pendant ces diverses révolutions du corps municipal, nos historiens font mention de quatre endroits dans lesquels il a tenu successivement ses assemblées. Le premier, situé *à la vallée de Misère* (1), étoit connu sous le nom de *maison de la Marchandise*. Le second, que l'on nommoit le *Parlouer aux bourgeois*, étoit dans le voisinage de l'église Saint-Leufroi et du Grand-Châtelet. On voit ensuite les officiers municipaux tenir leurs séances près la porte Saint-Michel, dans de vieilles tours qui appartenoient à la ville; enfin, en 1357, ce corps acheta une grande maison située à la

---

(1) *Voyez* t. Ier, p. 595, 2e partie.

place de Grève. Elle se nommoit, en 1212, la *maison de la Grève*, et appartenoit alors à Philippe *Cluin*, chanoine de Notre-Dame, qui la vendit cette année même à Philippe-Auguste (1). On la nomma ensuite la *Maison aux piliers*, parce qu'elle étoit dès lors soutenue par un rang de piliers assez semblables à ceux qu'on y voyoit encore avant la révolution. Enfin elle prit le nom de *Maison aux Dauphins*, parce qu'on en avoit fait don aux deux derniers dauphins de Viennois. Charles de France, à qui elle appartenoit en cette qualité, finit par la donner à *Jean d'Auxerre*, receveur des gabelles de la prévôté de Paris; et celui-ci la vendit à la ville, par contrat du 7 juillet 1357, moyennant 2880 liv. parisis. Cette demeure étoit bien loin d'être aussi considérable qu'elle l'est aujourd'hui (2); mais dans la suite des temps la ville ayant fait l'acquisition d'un assez grand

---

(1) Trésor des chart.
(2) Cet hôtel Dauphin n'étoit qu'une maison formée par deux pignons, et située entre plusieurs maisons de simples particuliers. « Il y avoit, dit Sauval, deux cours, un poulailler, des cuisines » hautes et basses, grandes et petites; des étuves accompagnées » de chaudières et de baignoires; une chambre de parade, une » autre d'audience, appelée *le plaidoyer*; une chapelle lambrissée, » une salle couverte d'ardoises, longue de cinq toises et large de » trois, et *plusieurs autres commodités*. » Cette maison, qui nous paroîtroit aujourd'hui si chétive, étoit une des plus grandes de ce temps-là, et servoit non-seulement de lieu d'assemblée aux officiers municipaux, mais encore de logement au prévôt des marchands et à famille. En 1384, Juvénal des Ursins y demeuroit avec ses frères.

nombre de maisons environnantes, il fut décidé, lorsqu'on crut posséder un terrain assez vaste, que les anciennes constructions seroient démolies, et que sur leur emplacement on éleveroit un monument plus digne d'une aussi grande capitale.

Ce fut en 1532 que le projet du nouvel édifice fut définitivement arrêté; et le 15 juillet de l'année suivante la première pierre en fut posée par Pierre Niole, alors prévôt des marchands. Il avoit été conçu d'abord sur un plan gothique, et s'élevoit déjà jusqu'au second étage, lorsqu'on en suspendit tout à coup la construction. On commençoit à se dégoûter en France de ce genre d'architecture; et cette lumière des beaux-arts, qui venoit de renaître en Italie, avoit déjà pénétré jusqu'à nous. Un architecte italien (*Dominique Boccadoro*, dit *Cortone*) conçut un projet qu'il présenta, en 1549, au roi Henri II, et qui fut adopté : c'est celui du bâtiment qui subsiste encore aujourd'hui. Toutefois l'inventeur n'eut pas la satisfaction de le voir achever : de même que presque tous les grands monuments de Paris, celui-ci n'a été construit que lentement et à plusieurs reprises; et ce n'est qu'en 1605, sous le célèbre prévôt des marchands, *François Miron* (1), qu'il fut entièrement achevé. Henri IV

---

(1) Ce fut lui qui changea le don que la ville faisoit tous les

régnoit alors ; et ce fut ce magistrat qui fit placer la statue équestre de ce monarque, qu'on voyoit avant la révolution dans le cintre qui surmonte la porte d'entrée (1), ainsi qu'une autre statue de bronze représentant Louis XIV. Celle-ci étoit pédestre, de ronde-bosse, et placée sous l'arcade de la cour qui fait face à celle de l'entrée.

Quoique l'Hôtel-de-Ville ne soit pas un monument d'un style très-pur, ni conçu d'après les vrais principes de la bonne architecture, il est cependant extrêmement remarquable, si l'on considère l'époque à laquelle il fut bâti. Il y règne une ordonnance qui annonce le retour au bon goût de l'antiquité. Les entablements, les profils, les chambranles des fenêtres et les détails de sculpture d'ornement répandus tant au dehors qu'au dedans, annoncent une tendance bien marquée vers la régularité des formes et le vrai style de décoration. La cour intérieure, assez spacieuse pour le bâtiment, est environnée de portiques.

---

ans à Notre-Dame, d'une bougie d'une longueur égale à celle de l'enceinte de Paris, en celui d'une lampe d'argent. (*Voyez* t. I, p. 316.) Dans une courte administration de deux années, il fit à lui seul plus d'embellissements à la ville, et fonda plus de monuments utiles, que tous les prévôts ensemble qui l'avoient précédé.

(1) Au-dessus de cette porte étoit gravée, en lettres d'or, l'inscription suivante :

Sub Ludovico Magno felicitas urbis.

C'est avec raison sans doute que l'on regarde aujourd'hui cet édifice comme hors de toute proportion avec les besoins actuels d'une ville aussi immense et aussi opulente que Paris, puisqu'il n'offre pas même d'entrée aux voitures ; « mais,
» comme l'a judicieusement observé un auteur mo-
» derne (1), il y auroit de l'injustice à en accuser
» les hommes d'alors. Paris est plus que doublé,
» depuis ce temps, en étendue et en population ;
» et le luxe des commodités de la vie s'est accru
» dans une proportion beaucoup plus grande en-
» core. L'Hôtel-de-Ville n'étoit d'ailleurs destiné
» jadis qu'à quelques cérémonies annuelles, et il
» n'étoit, à vrai dire, le centre d'aucune grande
» administration. Une vaste salle pour les ban-
» quets publics étoit la partie la plus importante
» de ces sortes de bâtiments. C'est encore dans
» ce système qu'est bâti l'Hôtel-de-Ville d'Am-
» sterdam, l'un des beaux édifices de l'Europe. »

Les prévôt des marchands et échevins tenoient leur juridiction les mercredis et samedis matin. Elle s'étendoit, avant la révolution, sur les rentes de l'Hôtel-de-Ville, sur la police des quais et des ports de la rivière, sur les marchandises qui arrivoient par eau, etc. (2)

---

(1) Feu M. Legrand.
(2) Outre le prévôt des marchands et les quatre échevins, qui étoient élus tous les ans le 16 août, jour de saint Roch, avec

CURIOSITÉS DE L'HOTEL-DE-VILLE EN 1789.

Dans le cintre, la statue de Henri IV, dont nous avons déjà parlé. Elle étoit en bronze doré, et fixée sur un marbre noir qui subsiste encore. Cette statue, qui passoit pour le chef-d'œuvre de *Biard*, habile sculpteur de ce temps-là, fut dégradée en 1652, dans une émeute populaire, restaurée ensuite avec la plus grande maladresse par *Biaod* le fils, et enfin détruite entièrement pendant la révolution.

Au milieu de la base d'une des arcades qui environnent la cour intérieure, la statue également en bronze de Louis XIV. Elle étoit pédestre et posée sur un piédestal de marbre blanc, chargé de bas-reliefs et d'inscriptions (*). Dans ce monument, qui passoit pour un des chefs-d'œuvre de *Coizevox*, le monarque étoit représenté revêtu de l'habit d'un triomphateur romain, appuyé d'une main sur un faisceau d'armes, et étendant l'autre en signe de commandement.

Le long des portiques on voyoit incrustés dans le mur les portraits en médaillons d'un grand nombre de prévôts des marchands, et plus de trente inscriptions composées par *André Félibien*, lesquelles étoient relatives aux événements les plus glorieux des règnes de Louis XIV et de Louis XV.

Dans les vastes salles de cet édifice étoient plusieurs autres monuments, savoir :

Dans l'antichambre de la salle des gouverneurs, un tableau

---

beaucoup de pompe, il y avoit vingt-six conseillers de ville, un procureur, un avocat du roi, un substitut, un greffier, un receveur, des quarteniers, dixainiers, cinquanteniers, trois cents archers et leurs officiers, des commis, des huissiers, des commissaires de police sur les ports, des étalonneurs, etc.

(*) La principale étoit conçue en ces termes :

Ludovico Magno, victori perpetuo, semper pacifico, ecclesiæ et regum dignitatis assertori; præfectus et œdiles æternum hoc fidei, obsequentiæ, pietatis et memoris animi monumentum posuerunt an. R. S. H. M. D. C. LXXXIX.

peint par *de Troy* le père, à l'occasion de la naissance du duc de Bourgogne, père de Louis XV; *entre les croisées*, les portraits des gouverneurs, revêtus de leurs habits de cérémonie.

Dans la salle des gouverneurs, 1° sur la cheminée un portrait de Louis XV, donné par ce prince en 1736 à l'Hôtel-de-Ville; 2° un grand tableau de *Carle Vanloo*, représentant le même monarque qui reçoit sur son trône les actions de grâces des prévôt et échevins de Paris, à l'occasion de la paix de 1739.

Dans la salle dite de la Seine, un tableau dans lequel est représenté Louis XIV accordant des lettres de noblesse au corps de ville.

Dans l'antichambre de la salle des petites audiences, plusieurs tableaux, parmi lesquels on remarquoit celui où Louis XIV reçoit les hommages des échevins, en 1654.

Dans la grande salle, 1° Louis XIV rendant à la ville les lettres de noblesse dont elle avoit été dépouillée, par *Louis Boullongne*; 2° deux tableaux de *Rigaud*, représentant des hommages rendus au roi par le corps-de-ville; 3° le mariage du duc de Bourgogne avec Adélaïde de Savoie, par *Largillière*; 4° la réception de Louis XV à l'Hôtel-de-Ville, après sa maladie de Metz, par *Roslin*; 5° l'inauguration de la statue de ce monarque, par *Vien*; 6° la naissance du dauphin, fils de Louis XVI, par *Ménageot*; 7° deux tableaux de *Porbus*, dans lesquels on voyoit les échevins aux pieds de Louis XIII, avant et après sa majorité.

Dans la salle d'audience, 1° Henri IV faisant son entrée à Paris, après la réduction de cette ville; 2° l'entrée de Louis XVI à Paris, à l'occasion du rétablissement des parlements en 1774. Ce dernier tableau avoit été peint par *Robin*.

Dans une autre pièce les douze mois de l'année, par *Jean Goujon*. Nous n'avons pu nous assurer si ces sculptures existoient encore; mais il est inutile sans doute de dire que presque tous les autres monuments ont été détruits par la rage révolutionnaire.

A l'entrée de la rue de la Mortellerie, au-dessus de l'arcade qui sert d'entrée à la rue du Martroy, est un bâtiment qui servoit autrefois d'arsenal à la ville.

L'HÔPITAL DU SAINT-ESPRIT.

Tous les historiens de la ville de Paris fixent la fondation de cet hôpital à l'année 1362 (1), et s'accordent à dire que les malheurs des temps ayant considérablement augmenté le nombre des pauvres orphelins, quelques personnes charitables se réunirent pour leur procurer un asile et des secours. Elles achetèrent à cet effet une maison et une grange à la place de Grève ; dans la même année, Jean de Meulent, évêque de Paris, permit la construction, sur cet emplacement, d'un hôpital, et l'érection d'une confrérie qui devoit fournir aux frais de l'établissement. Le pape Urbain V ne tarda pas à l'approuver, et sa bulle fut confirmée par deux autres papes, Grégoire XI et

---

(1) L'abbé Lebeuf est le seul qui dise, sur la foi d'un pouillé de l'ordre du Saint-Esprit, imprimé au commencement du dix-septième siècle, que l'hôpital du Saint-Esprit existoit avant l'an 1228, et que de son temps il restoit une tradition selon laquelle cet hôpital avoit été établi au haut de la rue Geoffroi-l'Asnier ; mais il ajoute que peut-être il y a eu deux hôpitaux du même nom.

Clément VII. On bâtit la chapelle en 1406; elle fut bénite le 4 août 1415, et dédiée le 15 juillet 1503.

C'est encore dans cette église, le 8 septembre 1413, que fut fondée une confrérie de Notre-Dame de Liesse. Le roi Charles VI et Isabelle de Bavière sa femme en furent les principaux bienfaiteurs; et c'est la cause pour laquelle on voyoit leurs portraits peints sur les vitraux auprès du grand hôtel.

Cet hôpital étoit destiné aux orphelins des deux sexes, nés à Paris en légitime mariage, et dont les pères et mères étoient décédés à l'Hôtel-Dieu. On y recevoit ces enfants jusqu'à l'âge de neuf ans. Ils donnoient en y entrant la somme de 150 liv., qui leur étoit rendue lorsqu'ils en sortoient pour apprendre un métier.

L'administration de cet hôpital fut réunie à celle de l'hôpital général, par lettres-patentes du 23 mai 1679, enregistrées le 18 avril de l'année suivante.

CURIOSITÉS.

Dans l'église de cet hospice étoient quatre tableaux :

Un saint Sébastien, par *Lépicier*; sainte Geneviève, saint Éloi, saint Nicolas, par *Eysen*.

La classe des garçons étoit ornée d'un tableau représentant la Vierge protégeant des enfants bleus.

Grand Bureau des pauvres.

Il étoit situé près de cet hôpital. François Ier, par ses lettres-patentes du 5 novembre 1544, ayant chargé le corps de ville du soin général des pauvres et de l'administration de tout ce qui concerne cette classe souffrante de la société, les magistrats qui le composoient choisirent treize personnes notables qu'elles chargèrent de diriger cette opération importante conjointement avec quatre commissaires nommés par le parlement. Il avoit été décidé d'abord que les directeurs du nouvel établissement tiendroient leurs assemblées dans une salle de l'Hôtel-de-Ville; mais comme, à cette époque, les bâtiments n'en étoient point encore achevés, les officiers municipaux achetèrent une maison dans laquelle ce bureau fut établi et s'est maintenu jusqu'au moment de la révolution (1).

---

(1) Ce bureau n'existe plus, et les bâtiments de l'hôpital du Saint-Esprit sont employés à divers usages.

CHAPELLE SAINT-BONT.

Cette chapelle, située dans la rue qui porte son nom, étoit fort ancienne, et la grossièreté de son architecture faisoit reconnoître d'abord cette haute antiquité. On y descendoit par plusieurs marches; et la tour élevée sur le côté méridional du sanctuaire paroissoit avoir été bâtie depuis environ six ou sept cents ans. Quant à l'époque de la fondation entière de l'édifice, il étoit impossible d'en juger autrement que sur les apparences : car il ne reste aucuns documents authentiques ni sur cette origine ni sur le nom du fondateur. La seule chose qui soit certaine, c'est que cette chapelle existoit au douzième siècle sous le nom d'*Ecclesia Sancti Boniti* (1), qu'elle a toujours conservé depuis.

Cette chapelle n'a jamais été érigée en paroisse; elle servoit seulement à faire l'office de quelques confréries.

---

(1) C'est ainsi qu'elle est nommée dans une énumération faite à cette époque des biens qui appartenoient au monastère de

L'ÉGLISE SAINT-JEAN.

Cette église n'étoit originairement que la chapelle baptismale de Saint-Gervais. Elle devint paroissiale, comme tant d'autres, par l'augmentation considérable des habitants de la partie septentrionale de la ville, après l'érection de l'enceinte ordonnée par Philippe-Auguste. Pour établir cette nouvelle cure, Pierre de Nemours, évêque de Saint-Maur, alors nommé *Saint-Pierre-des-Fossés*. L'abbé Lebeuf a tâché de prouver que l'église de Sainte-Colombe, dont il est fait mention dans la vie de saint Eloi, étoit la même que la chapelle Saint-Bont; il a prétendu encore que ce n'étoit point à la gloire de saint Bont ou Bonnet, évêque de Clermont, qu'elle avoit été enlevée, mais bien à la gloire de saint Baldus, pénitent et solitaire de Sens; cependant ce savant avoue qu'il n'en a point trouvé de preuves entièrement décisives; et en effet les conjectures, qu'il établit fort longuement, ne portent que sur ce qu'il a pu entrevoir de plus probable. Jaillot, qui avoit fouillé toutes les archives, et consulté la plupart des chartes et des titres concernant les anciennes églises, réfute, par un grand nombre de raisons, l'opinion de l'abbé Lebeuf. Nous avons cru devoir épargner à nos lecteurs cette longue discussion, qui n'offre pour résultat que des *conjectures* sur un monument qui d'ailleurs est par lui-même de peu d'importance.

La chapelle Saint-Bont n'existe plus; elle est remplacée par des maisons particulières.

Paris en 1212 (1), partagea en deux la paroisse de Saint-Gervais, après avoir obtenu le consentement de l'abbé du Bec-Hellouin et du prieur de Meulent, à qui appartenoit la présentation de la cure de Saint-Gervais, et qui n'autorisèrent cette division qu'en se réservant le droit de présenter le nouveau curé.

Il est donc constant que Saint-Jean étoit un démembrement de la paroisse Saint-Gervais : *Cura Sancti Joannis suum sumpsit exordium à curâ Sancti Gervasii*, comme le porte l'acte d'érection du mois de janvier 1212. En conséquence l'évêque voulut que le nouveau curé supportât une partie des redevances dues au chapitre de Notre-Dame par le curé de Saint-Gervais, et que le jour des Morts il vînt en procession au cimetière de cette paroisse. Il fut mis, peu de temps après, au nombre des prêtres-cardinaux qui devoient accompagner l'évêque célébrant aux grandes fêtes.

Cette église étoit dans l'origine peu spacieuse. L'accroissement successif et continuel de population, qui avoit déterminé à en faire une paroisse,

---

(1) Sauval ou ses éditeurs attribuent cette érection à *Pierre Louis*; mais ils se sont évidemment trompés, n'y ayant eu aucun évêque de Paris ainsi nommé. L'auteur du *Calendrier historique* nomme avec aussi peu de fondement *Pierre Lombart*, oubliant que cet évêque étoit mort cinquante-deux ans auparavant.

mit bientôt dans la nécessité de l'agrandir (1). En 1324, le roi Charles IV, fils de Philippe-le-Bel, accorda des lettres-patentes qui permettoient de démolir plusieurs maisons voisines pour construire sur leur emplacement l'église qui a subsisté jusqu'à la fin du siècle dernier (2). C'étoit un bâtiment gothique d'une assez belle exécution (3). Les connoisseurs estimoient surtout la tribune de l'orgue, faite, long-temps après, sous la conduite de Pasquier de Lille, et exécutée par Daily, un des meilleurs appareilleurs de la fin du quinzième siècle. Elle étoit extrêmement surbaissée et toute suspendue en l'air par une arrière-voussure de vingt-quatre pieds d'ouverture. Cette construction, d'une exécution hardie, avoit en outre l'avantage de se raccorder très-ingénieusement avec la forme des piliers de la nef.

Ce monument fut reblanchi et restauré en en-

---

(1) Outre les nombreux paroissiens qui en dépendoient, le miracle de la Sainte-Hostie, dont nous parlerons à l'article des Billettes, y attiroit un concours prodigieux de fidèles de toutes les parties de la ville.

(2) L'église de Saint-Jean avoit déjà été agrandie : car on trouve qu'au mois d'août 1255 saint Louis accorda l'amortissement de la maison de Marie La Goulière, que les curés et marguilliers de Saint-Jean devoient acheter pour augmenter l'église et bâtir la maison curiale.

(3) *Voyez* pl. 104. Le portail en étoit entièrement masqué par le bâtiment de l'Hôtel-de-Ville.

tier au commencement du siècle dernier (en 1724), et peu de temps après (en 1733) on construisit sur une partie du cimetière (1) une chapelle de la communion qui passoit pour un morceau d'architecture très-estimable. Elle avoit été élevée sur les dessins d'un architecte nommé François Blondel, qui passoit pour avoir du mérite, mais qu'il ne faut cependant pas confondre avec le célèbre auteur de la porte Saint-Denis.

Dans les processions publiques, le clergé de cette paroisse étoit accompagné des religieux de Saint-Benoît, dits les Blancs-Manteaux, des Carmes-Billettes, des Capucins qui avoient remplacé les Haudriettes, et des enfants de l'hôpital du Saint-Esprit. On appeloit ces quatre communautés *les Fillettes de Saint-Jean*.

CURIOSITÉS DE L'ÉGLISE DE SAINT-JEAN.

Le maitre-autel étoit décoré d'une demi-coupole soutenue par huit colonnes de marbre rare, et d'ordre corinthien, avec ornements dorés. Sous cette coupole étoit un groupe de marbre blanc, représentant le baptême de J.-C. par saint Jean. Ces deux figures, grandes comme nature, étoient de *Lemoine*.

Dans le cœur étoient cinq tableaux de *Colin de Vermont* :

1°. La naissance de saint Jean ;
2°. Le baptême de J.-C. ;

---

(1) Avant que ce terrain fût destiné à la sépulture des paroissiens de Saint-Jean, on le nommoit *la place au Bon-homme*. Il portoit ce nom en 1322.

3°. La prison de saint Jean ;
4°. Sa mort ;
5°. La présentation de sa tête à Hérode ;

La danse d'Hérodiade, par *Noël Coypel* ;

La prédication de saint Jean, par *Lucas* ;

La Visitation, par *Dumesnil*.

Dans le vestibule de la chapelle de la Communion, la Manne, par *Colin de Vermont* ;

La Piscine, par *Lamy*.

SÉPULTURES.

Dans cette église avoient été inhumés Alain Veau, célèbre financier sous les rois François Ier, Henri II, François II et Charles IX ;

Jacques Guillemeau, l'un des plus habiles chirurgiens de son temps, élève d'Ambroise Paré.

Louis de Harlay de Beaumont et son épouse.

Claude de Lorraine, chevalier de Malte, général des galères de la religion, abbé du Bec, et connu sous le nom de chevalier d'Aumale ;

Claude Le Tonnellier de Breteuil, conseiller d'état ;

Jean-Pierre Camus, évêque de Bellay ;

Simon Vouet, peintre estimé, et maître de Le Sueur et de Le Brun ;

Michel-Antoine Baudran, habile géographe.

Le fameux *Gerson*, qui fut chancelier de l'université, avoit été curé de Saint-Jean-en-Grève.

CIRCONSCRIPTION.

Cette paroisse n'avoit au midi qu'un assez petit canton, où étoient compris trois carrés de maisons dont la rue du Martroy formoit un côté ; la droite de la rue Pernelle, en descendant vers la rivière, formoit le second ; elle embrassoit ensuite l'Hôtel-de-Ville, la place de Grève, la rue du Mouton, le côté droit des rues de la Vannerie, de la Coutellerie, et la rue Jean-l'Épine.

Au nord elle avoit plus d'étendue. Elle comprenoit une partie du côté droit de la rue de la Tixeranderie et du Pet-au-Diable, toute la rue des Vieilles-Garnisons, et le côté droit du Cloître ; elle reprenoit ensuite les côtés gauches des rues de la Tixeranderie, Regnaut-Lefebvre, et du marché Saint-Jean ; une partie de la rue de la Verrerie jusqu'à la rue de la Poterie, dont elle avoit pareillement le côté gauche en descendant ; puis les rues des Coquilles, du Coq, des Deux-Portes et des Mauvais-Garçons. Elle avoit quelques maisons dans la rue Barre-du-Bec, les rues entières des Billettes et de Moussy, la plus grande partie des rues Sainte-Croix de la Bretonnerie et du Puits, plus toute la rue de l'Homme-Armé et celle du Plâtre ; à l'exception de quelques maisons, la plus grande partie des rues des Blancs-Manteaux et du Chaume. Elle comprenoit en outre tout le carré formé par cette rue du Chaume, par celle de Paradis, la vieille rue du Temple et celle des Quatre-Fils ; de plus un second carré formé par la même rue des Quatre-Fils, par celles du Grand-Chantier, d'Anjou, la vieille rue du Temple, avec les rues d'Orléans, du Perche et de Touraine contenues dans ce carré; enfin le côté gauche de la rue du Temple jusqu'à la rue de Bretagne, où elle finissoit.

Quoique la construction de la dernière église de Saint-Jean-en-Grève ait été commencée sous le règne de Charles-le-Bel, cependant le caractère de ses diverses parties indiquoit clairement que, de même que la plupart des monuments de Paris, elle n'avoit été bâtie qu'à différentes reprises, et à des époques extrêmement éloignées les unes des autres. La nef et le chœur furent effectivement achevés en entier sous Charles-le-Bel; leur structure et ce qu'on y avoit conservé des anciens vitraux indiquoient ce temps-là. Il est probable qu'alors cet édifice avoit une forme carrée, et qu'il fut percé depuis pour la construction du sanctuaire, dont la bâtisse et les vitres paroissoient postérieures de plus d'un siècle à celles du chœur et de la nef. Les deux tours et la porte qui donnoit sur la rue sembloient n'être que du quinzième siècle, et les chapelles des ailes étoient des additions, suivant toutes les apparences, encore plus nouvelles. Il est marqué, dans les *Miracles de saint Louis*, écrits vers l'an 1280, que le sol de cette basilique étoit alors plus bas d'un côté que celui de la rue, et qu'il falloit descendre plusieurs degrés pour y entrer (1).

---

(1) Cette église, dont nous donnons une vue relevée d'après

Il étoit peu d'églises à Paris qui possédassent un aussi grand nombre de reliques que Saint-Jean-en-Grève. L'abbé Lebeuf en a parlé avec beaucoup de détail, et a donné en même temps l'historique de plusieurs chapellenies qui y avoient été fondées (1).

LE MARCHÉ,

OU VIEUX CIMETIÈRE SAINT-JEAN.

Lorsqu'on eut renoncé à l'usage salutaire d'enterrer les morts hors des cités, les cimetières furent établis dans des portions de terrain contiguës aux églises. Quelques cercueils antiques, trouvés dans la rue de la Tixeranderie en 1612, prouvent que, dans des temps très-reculés, cet endroit avoit été destiné aux sépultures ; et les anciens

---

divers plans, et gravée pour la première fois, a été entièrement détruite au commencement de la révolution, à l'exception de la chapelle de la communion, qui a servi dernièrement aux séances du grand Sanhédrin, et dont on vient d'achever depuis peu la démolition.

(1) T. I, p. 140.

titres nous fournissent plusieurs preuves qu'il avoit déjà cessé de servir à cet usage vers le commencement du treizième siècle. En effet on voit dans les lettres de Philippe-le-Hardi en faveur de saint Éloi, données en 1280, et citées par le commissaire Delamare (1), que dès lors on appeloit cette place le Vieux Cimetière, *platea Veteris Cimeterii;* Guillot lui donne le même nom en 1300.

On seroit d'abord porté à croire, à cause de sa proximité de l'église Saint-Jean, que cet ancien cimetière étoit encore employé à cet usage, et auroit pu être annexé à cette église vers l'année 1212, époque où elle fut érigée en paroisse. Cependant on n'en trouve aucune preuve; on voit au contraire que les corps des paroissiens de cette église étoient portés au cimetière Saint-Gervais; et quelques arrêts du seizième siècle font foi que le droit de sépulture dans ce dernier cimetière ayant été contesté au curé de Saint-Jean, il y fut maintenu. Quoiqu'il parût que ses prétentions ne fussent fondées que sur la nécessité et sur l'usage, les juges décidèrent sans doute suivant l'axiome : *Possession vaut titre.* Peut-être le curé de Saint-Jean auroit-il pu faire valoir la clause des lettres de Pierre de Nemours, portant érection de sa cure, clause

---

(1) Traité de la Pol., t. IV, p. 793.

qui l'obligeoit d'aller en procession, le jour des Morts, au cimetière Saint-Gervais. Pourquoi cette obligation, si le cimetière n'eût été commun aux deux paroisses? On en peut donc conclure que dès lors le vieux cimetière étoit entièrement abandonné; et en effet, dès l'an 1313, le rôle des taxes nous apprend qu'il étoit converti en un marché qu'on y appelle le *marciai Saint-Jean*.

Les biens de Pierre de Craon ayant été confisqués (1), et son hôtel, situé à l'extrémité de la rue de la Verrerie, ayant été abattu en 1392, l'église de Saint-Jean obtint de Charles VI l'emplacement sur lequel s'élevoit cet édifice. Dans les lettres d'amortissement, données à ce sujet le 16 mars 1393, il est dit « que le roi a ordonné que cet » hôtel fût démoli, et que l'emplacement en fût » donné, excepté les vergers et jardins, aux marguilliers de Saint-Jean, pour y faire un cimetière, qui seroit appelé *cimetière neuf de Saint-Jean*. » Ces lettres furent enregistrées à la chambre des comptes le 21 octobre 1393; et depuis ce temps cet emplacement, qui étoit de 408 toises, fut effectivement destiné à un cimetière que les titres et les plans appellent le *cimetière vert*. Il existoit encore en 1772, et ce n'est que

---

(1) Après l'assassinat du connétable de Clisson. (*Voy.* 1re partie de ce 2e vol., p. 97.)

depuis qu'il a été, comme l'autre, converti en marché.

Quelques historiens de Paris (1) sont tombés dans l'erreur à l'égard de ces deux cimetières. Ils ont confondu le vieux et le nouveau, en disant 1° que l'hôtel de Craon étoit situé rue des Mauvais-Garçons ; 2° que de son emplacement on fit un cimetière, et de ce cimetière un marché. On vient de voir, par les titres et autorités cités ci-dessus, que plus de quatre-vingts ans avant la démolition de l'hôtel de Craon, situé rue de la Verrerie et non rue des Mauvais-Garçons, le vieux cimetière ou marché Saint-Jean, depuis long-temps détruit, existoit sous ces deux dénominations.

L'église de Saint-Jean avoit encore, suivant l'ancien usage, un autre cimetière, dans un terrain contigu à ses constructions. C'est sur une partie de l'espace qu'il occupoit que fut construite, comme nous l'avons déjà dit, la chapelle de la communion. Le reste formoit une petite place.

---

(1) Brice, Piganiol, Saint-Foix.

CLOÎTRE SAINT-JEAN.

L'ABBÉ Lebeuf a conjecturé que les comtes de Meulent, ayant donné l'église de Saint-Gervais et la chapelle de Saint-Jean aux religieux de Saint-Nicaise de Meulent, ceux-ci vinrent s'établir à Paris et agrandirent cette chapelle. Il ajoute qu'ils ne l'abandonnèrent que lorsqu'elle fut érigée en cure, et que c'est du séjour qu'ils firent dans cet endroit qu'est venu l'usage de dire *cloître Saint-Jean*. Jaillot ne trouve cette raison ni décisive ni même suffisante pour établir une pareille conjecture, parce qu'on dit encore aujourd'hui le cloître Notre-Dame, le cloître Saint-Germain-l'Auxerrois, le cloître Saint-Marcel, etc., quoiqu'il n'y ait point eu de religieux dans ces églises. « J'avoue, ajoute-t-il, qu'il y a eu des cha-
» noines qui vivoient en commun, mais c'est dans
» des temps postérieurs à l'érection de cette pa-
» roisse. Je crois donc que le nom de cloître qu'on
» lui a donné vient de la forme carrée des cloîtres
» monastiques qu'avoit le territoire de Saint-Jean

» avant la construction du chevet de cette église. »
Cette conjecture semble plus vraisemblable que l'autre.

PLACE BAUDOYER.

Cette place se trouve derrière Saint-Gervais, au commencement de la rue Saint-Antoine, et nous apprenons, dans les anciens titres, qu'une des portes de l'enceinte de Philippe-Auguste, située vis-à-vis la rue Geoffroi-l'Asnier, portoit le même nom. Le devoit-elle à la place, ou la place devoit-elle son nom à la porte? c'est ce qu'il n'est pas facile de découvrir. Il n'est guère plus aisé d'expliquer la véritable étymologie de ce nom barbare : car il en est peu qui aient été écrits avec d'aussi nombreuses altérations. Dans les actes du treizième siècle, on trouve *vicus et porta Balderii, Baldaeri, Baudeerii, Baldeorum, Bauderia, Baudia, Baudeti*. On l'appeloit en françois *porte Baudéer, Baudier, Baudez, Baudais, Baudois, Baudayer* et *Baudoyer*. Nous ne parlerons pas du nom de porte des *Bagauds*, ou *Bagaudes*, que quelques écrivains supposent lui avoir été donné parce qu'elle étoit située devant le chemin qui conduit à Saint-Maur-des-Fossés, lieu où l'on prétend que, sous Dioclétien, étoient le camp et le château des Bagaudes, *Castrum Bagaudarum*. L'abbé Lebeuf a réfuté solidement cette opinion (1), et a prouvé que la tradition qui s'en est conservée n'est fondée que sur des chartes absolument fausses ou du moins très-suspectes. Le même auteur a pensé que la place et la porte pouvoient avoir pris leur nom de *Baudacharius* (défenseur de Paris), officier ou magistrat dont la charge dans le temps étoit très-importante, et dont le nom se trouve dans le testament d'une dame Hermentrude, de l'an 700. Cette conjecture paroît assez naturelle. On pourroit peut-être objecter que la finale des noms latins terminés en *carius* se traduit en français par *caire*; mais il ne faut pas être trop rigoureux sur le latin de ces temps reculés, ni sur les traductions qui en ont été faites. Il est très-possible que de *Baudacharius* on ait fait par contraction *Baudarius*; et l'on voit alors combien il a été facile de faire ensuite de *Baudarius*, *Baudaire*, *Baudaier* et *Baudier*; de ce dernier on a fait *Baudoyer*, qu'on lit dans une charte de Charles V en 1366; et, quoiqu'on l'ait encore altéré depuis, il a cependant prévalu.

---

(1) Tome V, pag. 97 et suiv.

L'ÉGLISE DE SAINT-GERVAIS.

Cette église est, dans la partie septentrionale de Paris, la plus ancienne dont l'histoire fasse mention. On ignore l'époque précise de sa fondation, et même le nom de son fondateur; mais on a des preuves certaines que, dès le sixième siècle de l'ère chrétienne, il y avoit à Paris une église du titre de Saint-Gervais. Fortunat, qui a écrit la vie de Saint-Germain, évêque de cette ville, dit qu'il vint deux fois faire sa prière dans la basilique de Saint-Gervais et de Saint-Protais : *in basilicâ Sanctorum Gervasii et Protasii* (1). Or, la dénomination de *basilique*, comme nous avons déjà eu occasion de le remarquer, ne convenoit qu'aux grandes églises; par conséquent on ne peut douter que celle dont il s'agit ici n'existât déjà quelque temps avant la mort de saint Germain, et personne n'ignore qu'il mourut en 576. Le testament d'Hermentrude, déjà cité, et con-

---

(1) *Vit. S. Germ.*, cap. 57 et 66.

servé à l'abbaye de Saint-Denis, fait mention de cette basilique, immédiatement après la cathédrale, en ces termes : *Basilicæ Domini Gervasi anolo aureo* (*Sic. Lege anolom aureom*, pour *annulum aureum*) *nomen meum in se habentem scriptum dari præcipio*. On ne peut donc douter que, dès le septième siècle, cette église n'eût quelques clercs qui la desservoient. Il est aussi probable que l'édifice qui existoit en ce temps-là étoit à la même place que celui d'aujourd'hui, ou tout au moins aux environs; car souvent, pour agrandir les églises, on les rebâtissoit dans les lieux où avoient été leurs cimetières (1).

De même qu'on ignore l'époque de sa fondation, on ne sait pas non plus quand cette église devint paroissiale. Il y a lieu de croire que Paris s'étant accru de ce côté, on l'érigea en paroisse pour la commodité de ceux qui habitoient la plus grande partie de l'enceinte septentrionale. Trop éloignés du Grand-Pont, ils étoient souvent hors d'état d'aller dans la cité, à cause des inondations et de la rapidité des eaux qui en empêchoient l'accès, ou rendoient le passage dangereux. Ce

---

(1) Lorsque vers l'an 1717 on creusa le cimetière de Saint-Gervais pour bâtir les maisons qui se trouvent entre l'église et la place Baudoyer, on y trouva plusieurs cercueils de pierre à plus de douze pieds de profondeur; ce qui prouve qu'ils étoient très-anciens.

fut alors que cette église obtint le privilége d'avoir une chapelle baptismale qui, suivant l'ancien usage, fut dédiée sous le nom de Saint-Jean-Baptiste, et devint depuis la paroisse de Saint-Jean-en-Grève, dont nous venons de parler.

Au onzième siècle, l'église de Saint-Gervais et les biens qui en dépendoient appartenoient aux comtes de Meulent, qui, vers ce temps-là, en firent don au prieuré de Saint-Nicaise, qu'ils avoient fondé dans la ville de leur comté. Galeran de Meulent confirma, en 1141, cette donation et toutes celles qui avoient été faites par ses ancêtres. Sa charte nomme spécialement les églises de Saint-Gervais et de Saint-Jean, situées à Paris *in vico qui dicitur Greva.*

Jaillot dit avoir lu dans un pastoral de Notre-Dame que Guillaume, archidiacre de Paris, donna au chapitre de Notre-Dame, du consentement de l'évêque Galon, *tertiam partem altaris Sancti Gervasii Parisiensis.* Cet acte est de 1108, étant daté de la première année du règne de Louis-le-Gros, indiction 1, et de la quatrième année de l'épiscopat de Galon. Cette donation, en supposant qu'elle soit authentique, ne peut causer aucun embarras : elle prouve seulement que cet archidiacre pouvoit avoir quelques droits dans l'église de Saint-Gervais, sans que cette circonstance soit de nature à détruire ou même à infirmer la validité des actes que nous venons de citer.

Le prieuré de Saint-Nicaise de Meulent ayant été concédé à l'abbaye du Bec-Hellouin, le droit de présentation aux cures de Saint-Gervais et de Saint-Jean, qui en est un démembrement, fut dévolu à l'abbé de ce monastère; néanmoins l'église de Saint-Gervais étoit, sous quelques rapports, dans la dépendance du chapitre de Notre-Dame, auquel le curé devoit certaines redevances; par exemple, on voit qu'en 1230 il étoit tenu de donner aux chanoines un certain nombre de moutons, et qu'en 1484 les enfants de chœur de la cathédrale avoient l'offrande du jour de la fête patronale de Saint-Gervais, et qu'en outre le curé étoit obligé de leur donner des cerises.

Cette église, rebâtie en 1212 et dédiée en 1420, fut considérablement augmentée en 1581. Les voûtes en sont hardies et d'une grande élévation; elles sont traversées par de doubles nervures croisées avec art, et dont plusieurs soutiennent des clefs pendantes, enrichies d'ornements; celle de la chapelle de la Vierge est surtout remarquable par son volume extraordinaire et par son évidement, dont la délicatesse est telle qu'elle lui donne l'apparence d'un petit temple suspendu au sommet de la voûte, dans l'appareil des pierres.

Cependant le merveilleux de ces sortes d'ouvrages est au fond peu de chose, et n'étonne que ceux qui ignorent les procédés de l'art *du trait* ou de la construction des voûtes. Il s'agit seulement de donner une très-grande saillie aux pierres qui composent le *lanternon*, autrement la clef de la voûte, et de les évider ensuite à différents degrés, en employant alors les procédés de la sculpture, et déguisant avec art les soutiens des divers ornements de figures ou d'architecture qu'on y fait entrer. Ces prestiges, qui annoncent plus d'adresse et de patience que de jugement et de bon goût, étoient considérés, dans les principes de l'architecture gothique, comme des beautés du premier ordre.

A l'entrée de cette antique construction on éleva, en 1616, un portail d'un style bien différent. La première pierre en fut posée par Louis XIII; et le fameux Desbrosses, architecte du palais du Luxembourg et de la grande salle du palais de justice, en donna le dessin. Il fit dans cette occasion un heureux emploi des ordres de l'architecture romaine, auxquels il donna un caractère mâle et soutenu, et qu'il assembla dans d'excellentes proportions.

Ce portail a joui d'une très-grande célébrité. Son échelle immense, la forte saillie de ses membres opposée à la maigreur du gothique, ou à la délicatesse des petits ordres qu'on employoit dans ces temps voisins de la renaissance de l'art, produisirent, dès l'origine, une forte impression qui n'est point encore entièrement détruite. Son ensemble présente en effet de l'unité, de l'harmonie; les détails dont il est composé sont habilement enchaînés dans sa masse imposante, et l'œil les parcourt sans embarras et sans confusion; cependant un examen plus réfléchi fait découvrir que tout cet appareil si brillant et si riche n'est au fond qu'une décoration postiche, sans liaison avec l'édifice devant lequel elle est placée, sans aucun but d'utilité dans aucune de ses parties, ce qui est absolument contraire à tous les principes de la bonne architecture.

En face de cette église étoit un orme qu'on avoit soin de renouveler de temps en temps, quoiqu'il offusquât le portail et gênât la voie publique. Guillot en fait mention, et l'appelle l'*Ourmeciau*. Il paroît que c'étoit un ancien usage, qui se conserve encore en quelques endroits, de planter un orme devant les églises et les maisons seigneuriales : c'étoit là que s'assembloient les paysans après l'office; les poëtes mêmes ont conservé cette tradition, en plaçant toutes les fêtes de village sous un ormeau. C'étoit encore sous ces arbres que venoient s'asseoir les juges *pédanées*, qu'on appeloit aussi *juges de dessous l'orme*; les juges des seigneurs y tenoient également leur juridiction, et les vassaux y venoient payer leurs redevances. Il y a lieu de croire que l'orme de Saint-Gervais n'a eu ni une autre origine ni une autre destination. Dans un compte de 1443, on trouve une déclaration des vignes et terres appartenantes à M. le duc de Guienne, à cause de son hôtel du Pont-Perrin, près la Bastille, *dont ceux qui les tiennent sont obligés de payer la rente à l'orme Saint-Gervais, à Paris, le jour de Saint-Remi et à la Saint-Martin d'hiver* (1).

On en donne encore une autre explication. Les premiers chrétiens, pour distinguer les tombeaux des martyrs, gravoient sur la pierre de leur tombeau les instruments de leur supplice ou une palme, symbole de la victoire qu'ils avoient remportée; et dans plusieurs endroits l'usage s'introduisit de planter des palmiers ou des ormes devant les basiliques qui portoient le nom des martyrs. C'étoit peut-être pour conserver la mémoire de cet ancien usage que sur la bannière, le banc de l'œuvre, une des portes de cette église, et sur les jetons que ses marguilliers faisoient frapper, on voyoit représenté un orme placé entre les figures de Saint-Gervais et de Saint-Protais.

L'église de Saint-Gervais étoit l'une des plus riches de Paris en belles peintures et autres monuments des arts.

---

(1) Cet orme a été abattu depuis peu de temps.

CURIOSITÉS DE L'ÉGLISE DE SAINT-GERVAIS.

TABLEAUX.

Dans la nef : saint Gervais et saint Protais refusant de sacrifier aux idoles, par *Le Sueur* (1);

Saint Gervais sur le chevalet et fouetté jusqu'à la mort, par *Gaulay*;

La décollation de saint Protais, par *Bourdon* (2);

L'apparition de ces deux saints à saint Ambroise, par *Philippe de Champagne*;

L'invention de leurs reliques, par *le même*;

La translation de leur corps, par *le même* (3).

Sur le maître-autel : *les Noces de Cana*, par un peintre inconnu.

Dans une chapelle : J.-C. mis au tombeau, par *Le Sueur*;

Un portement de croix, par *le même*.

Dans la chapelle de la Providence, la multiplication des pains, par *Cazes*.

Sur les vitraux du chœur, la Samaritaine, le Paralytique et le martyre de saint Laurent, par *Jean Cousin*.

Sur ceux de la chapelle des Trois-Maries, la vie de sainte Clotilde, par *le même*.

Sur ceux de la chapelle Saint-Michel, le mont Saint-Michel, où arrivent quantité de pèlerins, par *Pinaigrier*.

Sur ceux de la chapelle Le Camus, le martyre de saint Gervais et saint Protais, par *Perrin*, d'après les dessins de Le Sueur, etc. etc. (4).

---

(1) Ce tableau est actuellement dans la collection du Musée françois, ainsi que le Christ porté au tombeau, du même peintre, que l'on voyoit dans une des chapelles. On admire dans la première de ces deux excellentes peintures un grand style de dessin, une composition noble et dramatique. C'est un des chefs-d'œuvre de ce grand peintre et de l'École françoise.

(2) Ce tableau de Bourdon, inférieur à ceux de Le Sueur et de Champagne, est aussi dans le Musée françois.

(3) Ces trois tableaux, dont le premier surtout est une des meilleures productions de cet habile peintre, sont réunis dans la même collection.

Toutes ces peintures ont été exécutées en tapisserie.

(4) Ces précieux vitraux, notamment ceux qui ont été peints par *Jean Cousin*, sont extrêmement mutilés, et chaque jour ajoute encore à leur

SCULPTURES.

Au maître-autel, les statues de saint Gervais et de saint Protais, par *Bourdin*.

Sur la porte du chœur, un Christ, par *Sarrasin*;

Les figures de la Vierge et de saint Jean, par *Buirette*.

Dans la chapelle de Fourci, un *Ecce Homo* en pierre, grand comme nature, par *Germain Pilon*.

TOMBEAUX.

Dans cette église étoient inhumés : Mathieu de Longuejoue, seigneur d'Yverni, évêque de Soissons, et garde des sceaux, mort en 1558;

Pierre de Ruyer, auteur tragique, et membre de l'Académie française, mort en 1658;

Paul Scarron, auteur du Roman Comique, poète burlesque, et le premier mari de Françoise d'Aubigné, depuis madame de Maintenon, mort en 1660;

Marin, sieur de Gomberville, de l'Académie françoise, mort en 1674;

Philippe de Champagne, peintre célèbre, mort en 1674.

Michel Le Tellier, chancelier de France, mort en 1685. Son mausolée, exécuté par deux sculpteurs, *Mazeline* et *Hurtrel*, se voyoit dans une chapelle à la droite du chœur (1);

---

dégradation. A mesure qu'ils se brisent on remplace les vides par des vitres blanches, qui changent entièrement l'effet doux et mystérieux de la lumière, et produisent du reste sur ces peintures les plus bizarres disparates.

(1) Ce monument, déposé depuis au Musée des Petits-Augustins, représente le chancelier, les mains jointes, et à moitié couché sur un sarcophage de marbre noir. On voit à ses pieds un génie en pleurs appuyé sur son écusson. Malgré tous les éloges qu'on a donnés à ce morceau, nous ne le regardons que comme une production très-médiocre. L'attitude a de la roideur, la draperie est lourde, la tête manque d'expression ; l'enfant n'offre ni élégance ni souplesse dans ses contours, et son attitude maniérée est peut-être plus mauvaise encore que celle de la figure principale.

Charles Dufresne, plus connu sous le nom de Du Cange, savant distingué, mort en 1688;

Louis Boucherat, chancelier de France, mort en 1699;

Amelot de La Houssaye, érudit, mort en 1706;

Antoine de La Fosse, auteur tragique, mort en 1708;

Charles Maurice Le Tellier, archevêque, duc de Reims, mort en 1710; il fut inhumé dans le tombeau du chancelier Le Tellier son père.

Claude Le Pelletier, contrôleur-général des finances, mort en 1711;

Claude Voisin, chancelier de France, mort 1717.

Dans une chapelle, vis-à-vis la porte latérale du chœur, étoit le mausolée de François Feu, curé de cette paroisse, mort en 1761. Il avoit été exécuté en stuc par *Feuillet*.

CIRCONSCRIPTION.

Le territoire de Saint-Gervais consistoit en plusieurs portions, savoir :

1°. Le carré formé par les rues Pernelle, du Monceau, de Long-Pont et de la Mortellerie, avec les deux petits carrés qui sont au-dessous de cette étendue, et qui bordent le quai; il faut ensuite y comprendre la rue de Long-Pont, la rue du Pourtour, la rue des Barres, le côté occidental de la partie inférieure de la rue Geoffroi-l'Asnier, et le côté méridional de la rue Grenier-sur-l'Eau;

2°. Tout l'assemblage de maisons qui n'étoient séparées du chevet de Saint-Jean que par un petit passage; il falloit suivre ensuite le dedans du cloître Saint-Jean à droite, la rue du Pet-au-Diable du même côté, le côté droit de la rue de la Tixeranderie, et revenir par la place Baudoyer, près du chevet de Saint-Jean, d'où l'on étoit parti ;

3°. Quelques maisons à l'entrée de la rue Saint-Antoine, et dans la rue Cloche-Perche.

4°. Un carré de maisons formé par la rue Saint-Antoine, par une partie de la vieille rue du Temple à gauche jusqu'à la rue de Berci qui étoit en entier de cette paroisse, puis par le côté gauche du cimetière Saint-Jean.

5°. La portion la plus considérable de la paroisse de Saint-Gervais commençoit au coin de la rue du Roi de Sicile, le plus avancé dans la vieille rue du Temple ; elle comprenoit tout le côté droit de cette même rue du Temple jusqu'aux remparts, puis les deux côtés de la rue Saint-Louis-du-Marais et presque toutes les rues environnantes jusqu'à la rue Neuve-Saint-Gilles, dont elle avoit le côté septentrional. Après quoi, revenant par la rue du Parc-Royal dont elle embrassoit pareillement le côté septentrional, elle reprenoit le côté droit de la rue des Trois-Pavillons, puis les deux côtés de la rue des Juifs ; tournant enfin dans la rue du Roi de Sicile, elle en prenoit encore le côté droit jusqu'au point d'où nous sommes partis.

6°. Le territoire de cette paroisse s'étendoit aussi un peu au-delà de la place de Grève ; savoir :

De la rue de la Vannerie à la place de Grève, elle avoit les maisons qui commencent à gauche, jusque dans la rue des Arcis, où elle continuoit à gauche; elle renfermoit également les maisons de la rue Planche-Mibrai, jusqu'au milieu du pont Notre-Dame, toujours du même côté; ensuite, le quai Pelletier avec son retour jusqu'au coin de la rue de la Vannerie, point de départ.

On comptoit plus de vingt chapellenies fondées dans cette église depuis le treizième siècle, et trois confréries, au nombre desquelles étoit la fameuse confrérie des Ligueurs, de laquelle nous aurons, par la suite, occasion de parler (1).

Hôpital Saint-Gervais.

Vers le milieu du siècle dernier on voyoit encore, au bout de la rue de la Tixeranderie, la chapelle et les restes d'un hôpital qui y a longtemps subsisté sous le nom de Saint-Gervais. Il avoit été construit par les soins et aux frais d'un maçon nommé *Garin*, et de son fils; celui-ci étoit prêtre et se nommoit *Harcher*. Ces deux particuliers destinèrent à cet établissement une maison dont ils étoient propriétaires devant l'église de Saint-Gervais, laquelle maison fut amortie, en 1171, par Robert, comte de Dreux (2). Les bâ-

---

(1) L'église de Saint-Gervais a été rendue au culte. C'est une des paroisses de Paris.

(2) Nous en parlerons plus au long à l'article des religieuses de

timents de cet hospice tombant en ruines, on les abattit en 1758, et sur leur emplacement on construisit des maisons particulières.

LES FILLES DE LA CONGRÉGATION

DE SAINTE-CROIX.

Cette société, formée d'abord à Roye par les soins d'un vertueux ecclésiastique nommé Guérin, avoit pour objet d'exercer envers les jeunes filles nées de pauvres parents toutes les œuvres spirituelles et temporelles qu'exigent l'instruction chrétienne et l'éducation de leur sexe. Les désordres que la guerre occasionnoit en Picardie ayant forcé les vertueuses personnes qui composoient cette communauté à venir, en 1636, chercher un asile à Paris, le P. Lingendes, jésuite, trouva le moyen d'intéresser en leur faveur Marie Luillier, veuve de Claude Marcel, maître des requêtes, et seigneur de Villeneuve-le-Roi. Cette

---

Sainte-Anastase ou Hospitalières de Saint-Gervais, vieille rue du Temple.

dame, dont la charité étoit ardente et la dévotion éclairée, conçut d'abord toute l'utilité qu'il étoit possible de tirer d'un semblable établissement pour les mœurs et pour la religion ; et, non contente de procurer à ces pieuses institutrices une maison à Brie-Comte-Robert, elle voulut elle-même venir l'habiter avec elles et partager tous leurs travaux. Le 15 février 1640, M. de Gondi, archevêque de Paris, érigea, à sa sollicitation, cette société en congrégation sous le nom de Filles de la Croix, et les réglements qu'il lui donna furent confirmés par la puissance temporelle en 1642 et 1644.

Peu de temps après madame de Villeneuve se retira à Vaugirard avec une partie de ses compagnes, comme le lui permettoient les lettres-patentes qu'elle avoit obtenues ; mais ayant voulu outrepasser les statuts qui défendoient aux membres de cette société aucun vœu solennel, et exiger de ces filles qu'elles s'engageassent, en même temps qu'elle, à la vie religieuse, quelques-unes d'entre elles qui ne voulurent pas se soumettre à cette loi nouvelle restèrent à Brie-Comte-Robert, et celles qui consentirent à suivre son exemple l'accompagnèrent peu de temps après à Paris : ainsi se formèrent deux sociétés, l'une dite de la Congrégation de la Croix, l'autre des Filles de la Société de la Croix. C'est à la tête de celle-ci qu'étoit madame de Villeneuve.

Les filles qui composoient la première restèrent encore quelques années à Brie-Comte-Robert, et dans cette retraite elles se bornèrent, suivant leur institut, à vivre en communauté et à exercer envers les jeunes filles les charités et les œuvres spirituelles auxquelles elles s'étoient engagées; mais le séjour à Paris de madame de Villeneuve et de son troupeau ayant fait connoître de quelle utilité pouvoient être de tels établissements dans une si grande capitale, on jugea qu'il étoit utile de les y multiplier, et les sœurs de la Congrégation de la Croix obtinrent de M. de Péréfixe la permission de venir se fixer dans cette ville. Ceci arriva en 1664; et les lettres qu'elles obtinrent à ce sujet furent confirmées par M. de Harlai et par des lettres-patentes du roi en 1686 et 1687. Jusqu'au moment de la révolution, elles ont continué, dans la même maison, rue des Barres, l'exercice de leurs travaux charitables.

La supérieure de cette communauté ne prenoit que le titre de *sœur première* (1).

---

(1) Les bâtiments de cette communauté sont maintenant occupés par des particuliers.

HÔTELS.

ANCIENS HOTELS DÉTRUITS.

IL y avoit autrefois dans ce quartier plusieurs hôtels fameux par leur étendue et par la qualité des personnes qui les habitoient.

Hôtel de Sicile ou *d'Anjou.*

Il étoit situé dans la rue de la Tixeranderie, où il occupoit tout l'espace qui se trouve entre la rue du Coq et celle des Coquilles jusqu'à la rue de la Verrerie. Sauval dit qu'il s'étendoit jusqu'à celle de la Poterie, ce qu'il ne faut entendre que des dépendances de cet hôtel; car la rue Gentien ou des Coquilles, qui traverse cet emplacement, existoit déjà à cette époque; peut-être son erreur vient-elle de ce qu'il a confondu cet édifice avec un autre hôtel qui portoit le nom du *Chantier d'Anjou*, et subsistoit encore en 1575 (1). L'hô-

---

(1) Cet hôtel prit ensuite le nom de *La Macq*, de Thomas La Macque, qui demeura d'abord vis-à-vis, et occupa depuis cette

tel de Sicile fut aussi appelé l'*Hôtel du roi Louis*, parce qu'il fut habité, à la fin du quatorzième siècle, par Louis II, duc d'Anjou, roi de Naples, de Jérusalem, d'Aragon et de Sicile, petit-fils de Jean, roi de France.

Hôtels de Berri, du connétable de Bourbon, de Faron et d'Auxerre.

Entre la rue du Coq et celle des Deux-Portes étoient situés les hôtels de Jacques de Bourbon, connétable de France sous le roi Jean, et du duc de Berri, fils de ce monarque. Ces deux hôtels furent ensuite réunis et passèrent à Blanche de Navarre, seconde femme de Philippe de Valois. Telle est l'origine du nom d'*Hôtel de la reine Blanche*, qu'ils portèrent après leur réunion.

Dans le même temps les abbés de Saint-Faron et les comtes d'Auxerre avoient leurs hôtels dans cette rue et dans celle de la Verrerie.

Hôtel du Pet-au-Diable.

Dans la rue du Pet-au-Diable étoient une maison et une ancienne tour carrée, appelées, comme

---

maison, dans laquelle, selon Sauval, on a pratiqué pour la première fois l'art de filer de l'or, suivant les procédés employés à Milan, et introduits en France vers cette époque.

la rue, l'*Hôtel du Pet-au-Diable* (1). Cette demeure avoit encore plusieurs autres noms que nous ferons connoître en parlant de la rue. Des titres authentiques nous apprennent que, le 18 août 1379, Raoul de Couci acheta cet hôtel de François Chante-Prime; et l'on y lit qu'il étoit situé au *martelet Saint-Jehan*. Par un autre acte de 1463, il paroît que cet édifice avoit appartenu à Jean de Béthisi, et ensuite à Jean Thuillier; il passa depuis à M. Jacques de l'Hôpital, seigneur de Sainte-Mesme, et tous les titres du dix-septième siècle le nomment en conséquence l'Hôtel de Sainte-Mesme. M. de Torci en devint ensuite propriétaire par son mariage avec Sylvie de l'Hôpital. Son fils le vendit en 1719, et il fut possédé depuis par différents particuliers.

Hôtel de Chelles.

Dans la rue de Berci les religieuses de Chelles avoient un hôtel où elles se sont quelquefois retirées en temps de guerre; elles le possédoient encore à la fin du dernier siècle, sous le nom de *Maison du Mouton*.

---

(1) Sur ce nom singulier, *voyez* l'article de la rue du *Pet-au-Diable*, dans la nomenclature des rues de ce quartier.

HOTELS EXISTANTS EN 1789.

Hôtel de Charni.

Cet hôtel portoit anciennement le nom d'*Hôtel des Barres*, nom qu'il a donné à la rue dans laquelle il est situé. Il existoit au treizième siècle, et fut amorti, au mois de juin 1364, en faveur des religieux de Saint-Maur-des-Fossés; on l'appeloit alors l'hôtel Saint-Maur, autrement de *la Barre*.

A la fin du dix-huitième siècle on avoit établi dans cet édifice le bureau de l'administration générale des aides, lequel fut depuis transporté rue de Choiseul, dans le quartier Montmartre.

FONTAINES.

Fontaine de la Grève.

Nous avons déjà parlé de cette fontaine depuis long-temps détruite (1).

Fontaine du cimetière Saint-Jean.

Elle est située place Baudoyer, et n'a rien de remarquable dans son architecture. On ignore l'époque de sa construction.

---

(2) *Voyez* p. 797.

RUES ET PLACES

DU QUARTIER DE LA GRÈVE.

Rue des Arsis ou *Arcis*. Elle est située entre les rues Planche-Mibrai et Saint-Martin, depuis la rue de la Vannerie jusqu'à celle de la Verrerie. Sauval dit (1) que dans le douzième siècle elle s'appeloit *de Arsionibus, vicus de Assiz*; lui-même la nomme *rue des Assis*. Toutefois les étymologies qu'il en donne ne sont fondées que sur des conjectures faciles à détruire. Dans les anciens titres elle est nommée indifféremment rue des *Assis*, des *Arcis*, et des *Arsis*, mais plus ordinairement de cette dernière manière. On la trouve dans un pastoral de 1254 appelée *magnus vicus qui dicitur des Ars* (2).

La rue des Arsis fut élargie en 1673, ainsi que la rue Planche-Mibrai (3).

Rue des Barres. Cette rue, qui aboutit d'un côté à la

---

(1) T. I, p. 110.
(2) Past. A., p. 654.
(3) Le censier de Saint-Eloi de 1367 énonce dans la rue des Arsis *une maison qui fait le coin d'une ruelle qui va vers Saint-Jacques devers la Planche-Mibrai*. Cette ruelle s'appeloit, en 1304, ruelle *Richard-Arrode*. Elle a été depuis comprise dans l'église Saint-Jacques-de-la-Boucherie.

rue Saint-Antoine, et de l'autre au quai de la Grève, doit son nom à l'hôtel des Barres qui y étoit situé ; vis-à-vis étoient des moulins qui en 1293 appartenoient aux Templiers. De là vient que la rue a été appelée tantôt *ruelle aux Moulins des Barres*, tantôt *ruelle des Moulins du Temple;* mais elle portoit ce nom seulement depuis la rue de la Mortellerie jusqu'à la rivière. La partie située du côté de la rue Saint-Antoine étoit confondue avec celle du *Pourtour*, alors appelée rue du Cimetière-Saint-Gervais. Vers la fin du quatorzième siècle, on la nomma rue du *Chevet-Saint-Gervais*, et rue des *Barres*. Enfin, vers le milieu du seizième siècle, le bout de cette rue, du côté de la rivière, fut appelé rue *Malivaux*. On lui donnoit ce nom à cause du moulin de Malivaux qui étoit placé sur la rivière, vis-à-vis de son ouverture.

Rue de Berci. Elle aboutit d'un côté à la vieille rue du Temple, et de l'autre au cimetière Saint-Jean. Sur le plan de Saint-Victor, publié par d'Heuland, elle est nommée rue *du Hoqueton*, et sur celui de Boisseau, rue de la *Réale*.

Rue Saint-Bont. Elle traverse de la rue Jean-Pain-Mollet dans celle de la Verrerie. Dans les titres du treizième siècle, elle portoit déjà ce nom, *vicus sancti Boniti* (1). Elle le doit à la chapelle qui y étoit située, et l'a conservé jusqu'à nos jours.

Rue du Coq. Elle traverse de la rue de la Verrerie dans celle de la Tixeranderie. Le premier nom que cette rue ait porté est celui d'*André Malet ;* elle est ainsi nommée dans un acte de 1243. On voit, dans l'accord de Philippe-le-Hardi avec le chapitre de Saint-Merri en 1273, que cette rue y est énoncée sous le nom de *Lambert de Râle*

---

(1) Past. A., p. 639 et 772.

ou *André Malet*. Guillot lui donne ce dernier nom. Dès 1416, elle avoit pris d'une enseigne le nom de rue du Coq.

Rue des Coquilles. Elle va de la rue de la Tixeranderie à celle de la Verrerie. On voit, dans les actes du quatorzième siècle, qu'elle se nommoit ruelle *Gentien*. Le cartulaire de Saint-Maur (1) fait mention de Pierre Gentien, dont la maison, située dans la rue de la Tixeranderie, vis-à-vis de celle-ci, étoit occupée par les Lombards. On l'a depuis nommée *ruelle Jean Gentien;* elle prit ensuite celui de Jacques Gentien, et de rue Gentien, *vicus Gentianus*. A la fin du quinzième siècle (2) on bâtit au coin de cette rue une maison dont la porte et les fenêtres étoient ornées de coquilles, laquelle fut nommée hôtel des Coquilles; et dès lors la rue prit ce nom qui lui est resté. Jaillot croit que c'est cette rue que les anciens titres indiquent sous le nom de *vicus Radulphi de S. Laurentio*.

Rue de la Coutellerie. Elle aboutit aux rues de la Tixeranderie et de la Vannerie. Sauval dit qu'en 1300 on la nommoit *rue aux Commanderesses*, et un censier de Saint-Eloi, de 1495, énonce une maison faisant le coin de la rue de la Vannerie et de la rue des Couteliers, dite des *Recommandaresses* (3). Cette rue n'étoit connue au treizième siècle que sous le nom de *Vieille-Oreille*, *Veteris Auris*. On trouvoit dans les archives de Saint-Maur une foule de titres qui faisoient mention du carrefour, de la rue et du four de Vieille-Oreille. Ce nom, dont aucun historien n'a pu découvrir l'étymologie (4), a

---

(1) *Cart. S. Mauri.*, 1263.

(2) Sauval, t. I, p. 127.

(3) Jaillot pense que ce nom n'étoit donné qu'à la partie de cette rue qui va du petit carrefour à la rue Planche-Mibrai.

(4) L'auteur des Tablettes Parisiennes dit *qu'on nommoit ce*

été depuis altéré en celui de *Guigne-Oreille* et de *Guillori*. Le rôle des taxes de 1513 nous apprend qu'un maréchal nommé *Guillori* demeuroit au carrefour de cette rue : on trouve aussi un fief qui porte le même nom ; et c'est là sans doute ce qui aura engagé à le donner au carrefour. Enfin les couteliers qui vinrent s'établir dans cette rue lui firent perdre son ancien nom pour celui de *rue aux Couteliers*, et de *la Coutellerie*, qu'elle portoit dès le règne de Henri II, et qu'elle a toujours porté depuis.

Rue des Mauvais-Garçons. Elle traverse de la rue de la Tixeranderie dans celle de la Verrerie. Tous les anciens titres qui parlent de cette rue prouvent qu'elle s'appeloit rue de *Chartron*. Ce n'est que dans ceux du seizième siècle qu'elle est indiquée sous le nom de rue de *Chartron*, *dite des Mauvais-Garçons* (1).

---

carrefour Guigne-Oreille, parce qu'on y coupoit les oreilles au pilori, qui y étoit du temps de Raoul de Presle. Jaillot pense que cette étymologie ne mérite pas une grande confiance. « Il » est vrai, dit-il, qu'on coupoit les oreilles dans les carrefours, » aux halles et aux places publiques, et celui-ci pouvoit être un » lieu patibulaire de la justice de Saint-Eloi ou Saint-Maur ; » mais je ne vois pas que dans notre ancien langage, ni dans le » nouveau, le mot *guigner* ait jamais signifié *couper*. »

(1) Sauval a prétendu que les seigneurs de Craon avoient dans cette rue un hôtel dont elle avoit pris d'abord le nom ; que Pierre de Craon ayant caché dans cet hôtel quelques gens apostés pour assassiner le connétable de Clisson, l'on donna à la rue le nom des *Mauvais-Garçons*, que l'hôtel fut rasé, et la place donnée aux marguilliers de Saint-Jean pour être convertie en cimetière. Non-seulement les historiens modernes ont adopté ce récit peu exact ; il y en a même qui ont fait de nouvelles fautes en disant que ce cimetière avoit été *depuis* converti en marché. Nous avons déjà prouvé, en parlant du cimetière Saint-Jean,

Rue des Vieilles-Garnisons. Elle se termine d'un bout à la rue de la Tixeranderie, et de l'autre aboutissoit à la place ou cloître Saint-Jean. Cette rue étoit connue au treizième siècle sous le nom de *Marteret*, *Martrai* et *Martroi-Saint-Jean* (1). Elle commençoit au-delà de l'arcade que l'on voit à la Grève, et passant entre l'église Saint-Jean et l'Hôtel-de-Ville actuel, elle aboutissoit à la rue de la Tixeranderie, comme elle fait à présent. Un compte de la prévôté, de 1448 (2), énonce la *rue des Garnisons*, et le compte de l'ordinaire de Paris, de 1463, l'indique comme une petite ruelle à laquelle il ne donne aucun nom (3). Sauval en parle sous le nom de ruelle *Jehan-Savari*. Jaillot croit y reconnoître la rue *Simon-Bade* dont il est fait mention dans un acte de 1482, lequel indique, rue de la Tixeranderie, *une maison faisant le coin de la rue Simon-Bade, tenant au maître qui fut des garnisons.* Elle a été appelée *du Saint-Esprit*, à cause des bâtiments de cet hôpital qui en étoient voisins.

Rue du Monceau-Saint-Gervais (4). Cette rue, qui

---

que cette opinion est contraire aux titres, que l'hôtel de Craon n'étoit point dans cette rue, et qu'on a confondu l'ancien cimetière avec le nouveau.

(1) Reg. du parlem. 1320.
(2) Sauval, t. I, p. 345.
(3) *Ibid.*, p. 367.
(4) Le Monceau-Saint-Gervais, *Moncellum*, étoit connu sous ce nom avant le règne de Louis-le-Jeune; il en est fait mention dans une chartre de ce prince de l'an 1141. (Hist. de Par., t. 1, p. 95.) On voit, par le petit cartulaire de l'évêché de Paris (*Fol.* 35, verso, Cart. 55.), que le *Monceau* de Saint-Gervais étoit un fief de cet évêché; que Pierre de Nemours le transmit par un échange, en 1216, à Gautier, fils de Jean-le-Chambrier; et que celui-ci le céda ensuite au roi, ainsi qu'il est constaté par la

fait la continuation de la rue du Martroi, et aboutit à l'église Saint-Gervais, doit son nom au terrain plus élevé que la Grève, sur lequel cette église a été bâtie. On la confondoit à la fin du treizième siècle avec la rue du Pourtour, et on l'appeloit *rue entre Saint-Gervais et Saint-Jean*, et rue du Cimetière-Saint-Gervais.

Rue Grenier-sur-l'Eau. Elle traverse de la rue Geoffroi-l'Asnier dans celle des Barres. Le véritable nom de cette rue est *Garnier-sur-l'Eau.* Sauval dit qu'en 1257 on la nommoit *André-sur-l'Eau.* Guillot et le rôle de 1313 l'appellent *Garnier-sur-l'Yauë*, qui est le nom d'un bourgeois de Paris (1).

Rue des Haudriettes. Elle aboutit à la rue de la Mortellerie et au quai de la Grève. Cette rue doit son nom à la chapelle qui y étoit située; et il ne paroît pas qu'elle en ait jamais eu d'autre. Quelques plans ne l'indiquent que sous le nom général de *ruelle descendant à la Seine.*

---

charte de Philippe-Auguste, de 1222. (Rec. des hist. de Fr., t. 6, 2ᵉ part., not. 122.) Ce fief étoit qualifié de prévôté : car on voit, dans le trésor des chartes, qu'au mois de juin 1245 saint Louis acquit de Gui et d'Isabelle sa femme, 100 sous sur la prévôté du Monceau-Saint-Gervais.

(1) Sauval et l'auteur des Tablettes Parisiennes ont avancé qu'en 1410 cette rue s'appeloit la *rue aux Bretons :* ils se sont trompés et l'ont confondue avec une ruelle nommée *aux Bretons*, qui avoit d'un bout une issue dans une maison de la rue Grenier-sur-l'Eau, et de l'autre dans la rue de la Mortellerie. Dreux Budé, secrétaire du roi et audiencier en la chancellerie, avoit, en 1449, sa maison rue des Barres; elle aboutissoit par-derrière sur la ruelle aux Bretons, et il obtint la permission de renfermer dans son enclos la partie de cette ruelle qui régnoit le long de sa maison. Sauval en convint lui-même en rapportant le compte qui en fait mention. (T. 3, p. 34.)

Rue Jean-de-l'Epine. Elle aboutit à la Grève et à la rue de la Coutellerie. Il paroît qu'elle doit son nom à Jean de l'Epine, dont la maison, suivant un cartulaire de Saint-Maur, de 1284 (1), s'ouvroit dans la rue de *Vieille-Oreille*, et avoit sa sortie dans la place de Grève. Sauval dit, mais sans en donner des preuves, qu'elle s'est appelée autrefois *rue de la Tonnellerie* et du *carrefour Guillori*. Elle porte le nom de *Philippe-l'Epine* dans la liste du quinzième siècle; mais le premier nom a prévalu, et cette rue l'a depuis toujours conservé.

Rue Jean-Pain-Mollet. Elle commence à la rue des Arsis et aboutit au carrefour Guillori, vis-à-vis la rue Jean-de-l'Epine. Sauval seul dit qu'elle s'est nommée rue du *Croc*. (2). Elle étoit connue dès 1261 (3) sous le nom de Jean-Pain-Mollet, qui étoit celui d'un bourgeois de Paris. Il ne paroît pas qu'elle en ait changé depuis.

Rue de la Lanterne. Elle aboutit d'un côté à la rue des Arsis, et de l'autre à la rue Saint-Bont. Dès le milieu du treizième siècle on la connoissoit sous le nom de *ruelle de Saint-Bont*. Elle est ainsi désignée dans l'accord fait entre Philippe-le-Hardi et le chapitre de Saint-Merri. On ne sait pas précisément à quelle époque elle prit le nom de la Lanterne, qui lui vient probablement d'une enseigne; mais elle le portoit en 1440, comme on peut le voir dans un contrat de vente de cette même année, qui se trouve dans les Archives de l'archevêché. Cependant de Chuyes l'appelle *rue de la Dentelle*, et l'auteur des Tablettes Parisiennes lui donne le même nom, quoiqu'on ne trouve aucun titre où elle soit indiquée ainsi.

---

(1) F. 233 et seg.
(2) T. 1, p. 144.
(3) Past. A., p. 759 et 777.

Rue de la Levrette. Elle donne d'un côté dans la rue du Martroi, et de l'autre dans celle de la Mortellerie. Cette rue se prolongeoit autrefois jusqu'au quai de la Grève, sous le nom de rue *Pernelle*, dont elle conserve encore le nom dans cette extrémité. On voit dans un compte du domaine de 1491 (1) qu'elle se nommoit à cette époque *ruelle aux Poissons*, et Sauval dit qu'en 1552 elle s'appeloit la rue *des Trois Poissons* (2). Gomboust, qui publia son plan dans le siècle suivant, la nomme rue *Pernelle*.

Rue de Longpont. Elle commence vis-à-vis l'église de Saint-Gervais, et aboutit au quai de la Grève. Les religieux de Longpont y avoient sans doute un hospice au treizième siècle, car alors on la nommoit rue aux moines de *Longpont*. Au commencement du seizième, on l'appeloit *rue du Port-Saint-Gervais, autrement de Longpont* (3). Elle a repris ce dernier nom et ne l'a pas quitté.

Rue du Martroi. Elle aboutit d'un côté à la place de Grève, et de l'autre à la rue du Monceau-Saint-Gervais. Nous avons déjà vu qu'on l'appeloit du *Marteret*, *Martrai*, et *Martroi-Saint-Jean*. Le censier de l'évêché de 1372 la nomme *le Martelet-Saint-Jean*. On la trouve aussi désignée sous le nom *du Chevet-Saint-Jean*, et de *rue Saint-Jean* dans plusieurs actes (4) et sur les plans du dix-septième siècle. On lui a ensuite donné le nom de *Martroi*, que portoit celle qui venoit y aboutir; et depuis ce

---

(1). Sauval, t. III, p. 494.
(2) *Ibid.*, t. I, p. 146.
(3) Ordin. de Par., 1518, f. 352.
(4) Sauval, t. III, p. 371 et 552. — Compte des Annivers. de N. D., 1482.

nom a été altéré de différentes façons. Corozet l'appelle *du Martel-Saint-Jean*, d'autres *du Mallois*, *Martrois* et *Martrai*. L'étymologie de ce nom n'est pas facile à donner. Sauval (1) le fait dériver du vieux mot *Martyretum*, diminutif de *Martyrium*, qui, selon lui, signifie un tombeau, une châsse, un cimetière, une église. En admettant la signification qu'il donne à ce mot, un tel nom auroit plutôt convenu à la rue du Monceau-Saint-Gervais; cependant on ne voit point qu'on le lui ait jamais donné. Borel, dans son *Trésor des recherches et antiquités gauloises* (2), dit que le mot Martroi vient de *Martyrium*, qui signifie *lieu de supplice*. Cette étymologie paroît mieux fondée que celle de Sauval, d'autant plus que cette rue n'a porté ce nom que depuis que la place de Grève, où elle aboutit, a été destinée au supplice des criminels (3).

Rue de la Mortellerie (4). La partie de cette rue qui est dans ce quartier commence à la Grève et finit au coin de la rue Geoffroi-l'Asnier. Il y a plusieurs opinions rela-

---

(1) Sauval, t. I, p. 149.
(2) Pag. 387.
(3) Le jeune roi Philippe, que son père Louis-le-Gros avoit associé à la couronne, passant par cette rue, un cochon s'embarrassa dans les jambes de son cheval et l'abattit; la chute du jeune prince fut si rude qu'il en mourut le lendemain, 13 octobre 1131. Il fut alors défendu de laisser vaguer des pourceaux dans les rues.
(4) Dans cette rue, entre celle de Longpont et la rue des Barres, sont deux rues autrefois sans nom. La plus occidentale se nomme aujourd'hui *rue des Trois-Maures*, l'autre *rue Frileuse*. Cependant celle-ci offroit une ancienne inscription gravée sur la pierre, laquelle porte le nom de *Chat-Frileux*.

Entre la rue des Barres et celle de Geoffroi-l'Asnier se trouve une autre rue sans nom, qui a reçu celui de *rue Hyacinthe*.

tivement à l'étymologie de son nom. Quelques-uns ont cru qu'elle l'avoit pris des meurtres qu'on y commettoit autrefois. Sauval prétend qu'elle le doit à Pierre et à Richard *Le Mortelier*, qui y demeuroient en 1358 (1); qu'on la nomma à cause d'eux *Mortelière*, ensuite de *la Mortiellerie*, et enfin *de la Mortellerie*. Jaillot pense que ce nom vient des *Morteliers*, espèce d'ouvriers qui emploient la chaux et le plâtre, et dont il est parlé dans les *réglements de la marchandise*. Quoi qu'il en soit, si cette rue doit son nom à une famille des *Mortelier*, elle le portoit long-temps avant l'époque que Sauval lui assigne; car elle est nommée rue *de la Mortellerie* dans un acte de 1212, et *Mortelleria* dans un autre de 1264 (2), ainsi que dans des lettres de Simon, évêque de Paris en 1289. Guillot et le rôle de 1313 l'appellent aussi *la Mortellerie*, et il ne paroît pas que ce nom ait varié (3).

Rue du Mouton. Elle aboutit à la rue de la Tixeranderie et à la place de Grève. Son nom est dû à l'enseigne d'une maison qui probablement le devoit elle-même au propriétaire : car, au treizième siècle, Jean Mouton en possédoit deux en cet endroit. Cette maison est appelée *domus de ariete*, et *domus arietis* dans le cartulaire de Saint-Maur de 1263 (4).

Rue Pernelle. Elle fait la continuation de la rue de la

---

(1) Sauval, t. I, p. 152.

(2) *Ibid.*, p. 423.

(3) Quelques titres indiquent dans cette rue la *cour Brisset*, laquelle devoit être située entre les rues *Pernelle* et *de Longpont*. Jaillot parle aussi d'une *ruelle aux Foulons* et d'une *rue Dame-Agnès*, qu'il dit avoir trouvées mentionnées dans des titres du quinzième siècle, mais dont il n'a pu découvrir aucune trace. Cette dernière étoit située près de la chapelle des Haudriettes.

(4) On a autrefois fabriqué de la monnoie à la Grève, et

Levrette, et va depuis celle de la Mortellerie jusqu'au quai de la Grève. Sur la plupart des anciens plans, elle n'est pas distinguée de celle de la Levrette. L'abbé Lebeuf l'appelle *Peronelle* (1). Elle n'étoit anciennement connue que sous le nom général de *ruelle de Seine*. Corrozet paroît l'indiquer sous celui de ruelle du Port-au-Blé. La Caille la nomme *Pernelle* ou *Prunier*.

Rue du Pet-au-diable (2). Elle va de la rue de la Tixeranderie au cloître Saint-Jean. La singularité de ce nom a engagé plusieurs auteurs à en chercher la véritable étymologie. Sauval, que les historiens modernes ont copié, dit que (3) ce nom vient d'une ancienne tour carrée qui y étoit située, et qu'on nommoit autrefois la *Synagogue*, *le Martelet-Saint-Jean*, *le vieux Temple*, *et l'hôtel du Pet-au-Diable* (4), par dérision des Juifs. Cette étymologie nous semble fausse, attendu qu'il ne paroît pas naturel que les Juifs eussent une synagogue dans cet endroit, puisqu'ils en possédoient certainement une dans la rue de la Tacherie, qui en est voisine. On donne au nom de cette rue une autre origine, qui a l'air d'une plaisanterie, et qui cependant pourroit bien être la véritable. On suppose que la maison et la tour dont il s'agit ont été possédées et occupées par un particulier appelé *Petau*, qui étoit si méchant qu'on le surnomma *Diable*, et que son

---

c'étoit peut-être dans cette maison. Nos annales font mention des *moutons d'or* et des *écus au mouton*. Saint Louis passe pour être le premier qui les ait fait frapper. On les appeloit des *agnels d'or* : ils portoient pour empreinte un mouton ou agneau d'or, avec ces mots : *Ecce Agnus Dei*.

(1) T. II, p. 600.
(2) On la nomme maintenant *rue du Sanhédrin*.
(3) T. I, p. 157.
(4) *Voyez* pag. 852 et 853.

nom est resté à la rue. Le poète Villon, dans son *Grand Testament*, parle d'un roman qui portoit le même nom.

> Je lui donne ma librairie
> Et le roman du Petau-Diable.

Cette rue n'étoit autrefois qu'une ruelle que l'auteur des Tablettes Parisiennes appelle par inadvertance ruelle *Tournai*, ayant mal entendu ces deux vers de Guillot, qui dit simplement qu'il tourna dans une ruelle.

> ..... En une ruelle *tournai*
> Qui de Saint-Jean voie à Porte.

Corrozet et Bonfons indiquent seulement une rue au *Chevet-Saint-Jean*. Le rôle de 1636 l'appelle rue du *Cloître-Saint-Jean* ; mais de Chuyes, Boisseau, Gomboust, la nomment rue du Pet-au-Diable.

Rue Planche-Mibrai. Elle commence en face du pont Notre-Dame, et aboutit à la rue des Arsis. On disoit simplement, en 1300, le *Carrefour de Mibrai*, en 1313 *les Planches de Mibrai*, et en 1319 *les Planches dou petit Mibrai*. Ce n'étoit alors qu'une ruelle qui conduisoit à la rivière. Il y avoit en cet endroit des moulins et un pont de planches pour y conduire (1). Quelques-uns ont pensé que le nom de *Mibrai* venoit de ce que le bras de la rivière qui passoit auprès n'avoit que la moitié de la largeur de la rue. René Macé, moine de Vendôme, dans son poëme

---

(1) Il est fait mention dans un diplôme de Henri I.er d'environ 1032, et dans la grande charte de Saint-Martin-des-Champs en 1137, d'un moulin en Mibrai, que Robert Pisel avoit donné à ce prince, *in Malbraio*. (*Hist. S. Martini de Campis.*, p. 27.)

manuscrit intitulé *le Bon Prince*, en donne une étymologie plus juste.

> L'empereur vient par la Coutellerie
> Jusqu'au Carfour nommé la Vannerie,
> Où fut jadis la Planche de Mibray :
> Tel nom portoit pour la vague et le bray (1)
> Getté de Seyne en une creuse tranche,
> Entre le pont que l'on passoit à planche,
> Et on l'ôtoit pour être en seureté, etc.

La construction du pont Notre-Dame mit dans la nécessité d'élargir la ruelle de Mibrai (2).

Rue des Plumets. C'est une ruelle qui descend de la rue de la Mortellerie sur le quai de la Grève, entre les rues Pernelle et de Longpont. Elle ne porte aucun nom sur les anciens plans; il paroît que c'est elle que Corrozet indique sous celui de *ruelle du Petit-Port-Saint-Gervais*.

Rue des Deux-Portes. Elle traverse de la rue de la Tixeranderie dans celle de la Verrerie. Cette rue doit son nom aux portes qui la fermoient anciennement à ses extrémités, et non aux portes d'une ancienne enceinte, comme l'ont pensé quelques auteurs modernes. En 1281 elle se nommoit *rue entre deux Portes*, et en 1300 *rue des Deux-Portes*. On la trouve aussi quelquefois sous le nom de *rue Galiace* ou *des Deux-Portes*.

Rue de la Poterie. Elle donne d'un bout dans la rue de la Verrerie, et de l'autre au carrefour Guillori. Sauval (3) et quelques autres disent que cette rue s'appeloit

---

(1) *Fange, boue.*
(2) C'étoit au coin de cette rue que le voyer de Paris tenoit autrefois sa justice.
(3) T. I, p. 159.

autrefois de *Vieille-Oreille*, et par corruption *Guigne-Oreille* et *Guilleri*. Nous avons déjà remarqué qu'on avoit confondu cette rue et d'autres avec le carrefour où elles aboutissent. Le cartulaire de Saint-Maur de 1263 et 1264 indique et distingue le carrefour et les deux rues, *in vico qui dicitur Poteria, in vico veteris Auris, in quadrivio veteris Auris*. Sauval a avancé que le nom de cette rue étoit dû à Guillaume et Gui Potier, qui avoient leur maison en cet endroit dans le treizième siècle, ainsi qu'on le lit dans le cartulaire cité ci-dessus. Jaillot pense qu'il ne vient ni d'eux ni de leurs ancêtres, attendu qu'on trouve dans les archives de Saint-Martin-des-Champs un acte de donation fait en 1172, dans lequel cette rue est nommée *Figularia* (1), ce qui prouve qu'elle le tenoit des potiers qui s'y étoient établis long-temps auparavant. Le nom de la rue de la Poterie n'a pas varié depuis : on la nommoit *Poteria* dès 1228 (2).

Rue du Pourtour. On donne ce nom à la continuation de la rue du Monceau-Saint-Gervais jusqu'à la place Baudoyer. On l'appeloit anciennement le *Monceau-Saint-Gervais*, et en 1300 *rue du Cimetière*, parce que l'enclos du cimetière s'étendoit alors jusqu'à la place ; ce n'est qu'en 1473 qu'on en prit une partie pour y bâtir des maisons. Corrozet la nomme rue Saint-Gervais. Elle fut élargie de sept pieds en 1583, ainsi que l'indiquoit une inscription rapportée par le même auteur.

Rue Renaud-Le-Fèvre. Elle aboutit à la place Baudoyer et au cimetière ou marché Saint-Jean. Ce n'étoit qu'une ruelle au seizième siècle, laquelle n'étoit alors désignée que sous ce nom général *de ruelle par laquelle*

---

(1) Archiv. de Saint-Martin-des-Champs.
(2) *Cart. S. Mauri*, fol. 237, cart. 5.

on va au cimetière *Saint-Jean*, ainsi qu'on le voit dans la déclaration de l'abbaye Saint-Antoine, en 1522. Le nom de cette rue n'a varié depuis que dans l'orthographe, *Regnault, Regnaud Le Feure, Le Fèvre*. La Caille la nomme *Renard-le-Fèvre*.

Rue de la Tâcherie. Elle aboutit d'un côté à la rue de la Coutellerie, et de l'autre à la rue Jean-Pain-Mollet. C'étoit anciennement le lieu de la demeure et des écoles ou synagogue des Juifs (1) : aussi n'est-elle désignée, dans les anciens titres, que sous le nom de *Juiverie*. Dans les lettres de l'official de Paris de 1261, elle est nommée *Judæaria sancti Boniti* (2); dans l'accord de Philippe-le-Bel avec le chapitre de Saint-Merri, *Judæaria*; et *vetus Judæaria* en 1284, dans le cartulaire de Saint-Maur (3). Dès 1300 elle avoit pris le nom de la Tâcherie, comme on peut le voir dans Guillot, et il ne paroît pas qu'elle en ait changé depuis (4).

Rue de la Tannerie. Elle va de la rue Planche-Mibrai à la place de Grève. Cette rue portoit ce nom en 1300, puisque Guillot en fait mention. Sauval dit, sans en donner de preuves bien solides, qu'en 1348 elle s'appeloit *ruelle de la Planche-aux-Teinturiers*, et depuis *rue de l'Ecorcherie* (5).

---

(1) Lorsque les Juifs furent chassés par Philippe-le-Bel, en 1306, ce prince donna l'année suivante leur synagogue à Jean Pruvin son cocher. (Sauval, t. I, p. 163.)

(2) Part. A., p. 759 et 782.

(3) Fol. 2333 et 407. Biblioth. du Roi.

(4) Il y a dans cette rue un cul-de-sac appelé *Saint-Benoît;* il se nommoit auparavant *Ruelle des Bons-Enfants*. Ces deux noms viennent d'une enseigne. Lacaille l'appelle *de la petite Tâcherie*.

(5) Sauval, t. I, p. 163. Il y avoit dans cette rue, au commencement du dix-septième siècle, trois ruelles descendant à la ri-

Rue de la Vieille-Tannerie. Cette rue, qui aboutit de la rue de la Tannerie au bord de la rivière en passant sous le quai, portoit aussi le nom de *Simon-Finet*, qu'elle vient de reprendre dans la nouvelle nomenclature faite depuis quelques années. Elle le devoit à Simon Finet, dont le père obtint, le 5 juin 1481, *la permission de ficher quatre pieux en la rivière de Seine, pour soutenir un quai derrière sa maison, faisant le coin d'une petite ruelle qui va à Seine.* (Arch. de l'archevêché.)

Rue des Teinturiers. Elle traverse de la rue de la Vannerie à celle de la Tannerie. Les censiers du quinzième siècle et le compte des Anniversaires de Notre-Dame de 1482 ne la désignent que comme *une ruelle qui va de la Tannerie en la Vannerie.* Il paroît, par le plan de Gomboust, qu'on lui donnoit un nom qui n'est pas honnête, et qui ne devoit s'appliquer qu'au bout qui donne sur la rivière ; car, suivant de Chuyes, cette rue s'appeloit depuis long-temps des *Teinturiers*, à cause des artisans de cette profession que le voisinage de la rivière avoit engagés à s'y établir. L'autre bout étoit nommé de l'*Archet*, comme nous l'avons remarqué dans l'article de la rue de la Tannerie. On l'a depuis

---

vière, lesquelles n'existent plus : la première, du côté de la Planche-Mibrai, est simplement appelée *ruelle*, sans aucun nom dans les censiers de l'archevêché. Peut-être étoit-ce celle qu'on nommoit *Jean-Le-Forestier* en 1369. La seconde, nommée de l'*Archet*, à cause d'une arcade qui étoit au bout, faisoit la continuation de la rue des Teinturiers, laquelle va maintenant jusque sur le quai. La troisième est celle que Corrozet désigne sous le nom de *ruelle allant aux chambres de Maître Hugues.* On nommoit ainsi trois moulins qui étoient situés vis-à-vis l'entrée de cette ruelle, et qu'un particulier nommé Me Hugues Restoré, avoit eu la permission de faire reconstruire. (Cart. S. Magl., 5414. Fol. 273, Bibliot. du Roi.) Gomboust les a marqués sur son plan.

appelé *Navet* et *des Trois-Bouteilles*, à cause d'une enseigne.

Rue de la Tixeranderie (1). Elle aboutit d'un côté au carrefour Guillori, de l'autre à la place Baudoyer. Le commencement de cette rue, du côté du carrefour jusqu'à la rue du Mouton, se nommoit *rue de Vieille-Oreille* (2), nom qui, comme nous l'avons remarqué, fut donné à plusieurs des rues qui aboutissoient au carrefour Guillori ; le reste s'appeloit de la Tixeranderie, comme on le voit dans un contrat du mois de décembre 1263, inséré dans le Trésor des chartes. Il ne paroît pas qu'elle ait porté d'autre nom que celui-ci, nom qu'elle devoit probablement aux tisserands qui l'habitoient. En 1300 on l'appeloit *la Viez-Tisseranderie ;* on la trouve même indiquée dès 1293 dans un amortissement fait à Saint-Nicolas-du-Louvre (3).

Rue de la Vannerie. Elle va de la rue Planche-Mibrai à la place de Grève. Sauval dit que cette rue s'appeloit en 1269 *vicus in Avenariâ*, et *rue de l'Avoinerie* en 1296. Jaillot croit que c'est une faute du copiste, parce que, dit-il, dans une transaction entre le sieur Saint-

---

(1) Il y a dans cette rue un cul-de-sac nommé le *cul-de-sac Saint-Faron*, lequel doit ce nom à l'hôtel des abbés de Saint-Faron, qui y étoit autrefois situé. On trouve qu'il a été aussi nommé successivement rue de l'*Escullerie*, rue de *la Violette* en 1313, et depuis *cul-de-sac* et *rue des Juifs*, ruelle ou *cul-de-sac Barentin*, enfin *cul-de-sac Saint-Faron*.

(2) *Cart. S. Mauri*, p. 253.

(3) (Ms. de Saint-Germain-des-Prés, cot. 453, p. 144.) Paul Scarron logeoit au second étage d'une maison située au milieu de cette rue ; lui et sa femme (depuis madame de Maintenon) n'avoient pour tout logement que deux chambres sur le devant, séparées par l'escalier, une cuisine sur la cour, et un cabinet où couchoit un petit laquais.

Germain et le prieur de Saint-Eloi (1), passée au mois de novembre 1162, elle est appelée *Vaneria*; elle porte le même nom dans l'accord de Philippe-le-Hardi avec le chapitre de Saint-Merri; Guillot et le rôle des taxes de 1313, la nomment *la Vannerie*. On l'a quelquefois distinguée en Haute et Basse-Vannerie (2).

QUAIS.

Le Port-au-Blé. Il fait la continuation du quai de la Grève jusqu'à la rue Geoffroi-l'Asnier. Son nom indique assez à quel usage il étoit destiné. Cet usage n'a point changé.

Quai de la Grève. Il règne depuis la place à laquelle il doit son nom jusqu'au coin de la rue des Barres. C'étoit autrefois un chemin qui, en 1254, se nommoit *vicus Merrenorum*, la rue *des Merreins* (3). Dès ce temps-là et depuis, jusqu'à nos jours, ce lieu a toujours été destiné à la décharge du charbon, du foin et autres marchandises qui arrivent par eau en cet endroit.

---

(1) Arch. de l'archev.

(2) Il y a dans cette rue un carrefour où aboutit la rue de la Coutellerie, que quelques auteurs ont mal à propos appelé *le carrefour Guilleri* ou *Guillori*, dont nous avons déjà parlé. Sauval le nomme *carrefour des Recommandaresses*; et il en a conclu avec raison que le haut de cette rue, du côté de la Planche-Mibrai, était appelé *rue des Recommandaresses*. On voit en effet, dans une sentence du trésor du 12 juillet 1597, concernant le fief de *Mercadé*, qu'il consiste entre autres en deux maisons rue de la Coutellerie, et une entre la *rue des Recommandaresses*, autrement dite *rue de la Vannerie*. Il paroît que ce carrefour a été formé par le retranchement de quelques maisons, retranchement qui fut ordonné le 19 mars 1565, ainsi qu'on le voit dans les registres de la ville. (F°. 255, *verso*.)

(3) Past. A., p. 654.

Quai Pelletier ou *quai Neuf.* Ce quai, qui commence à l'entrée de la rue Planche-Mibrai, a pris son nom de *Claude Pelletier*, prévôt des marchands, qui le fit construire en 1675 par *Pierre Bullet*, habile architecte. Auparavant on ne voyoit, depuis la Grève jusqu'au pont Notre-Dame, que quelques vieilles maisons habitées par des tanneurs et des teinturiers, dont les travaux infectoient ce quartier. Il fut ordonné, par arrêt du conseil du 24 février 1673 (1), qu'ils iroient s'établir au faubourg Saint-Marcel et à Chaillot; et, par un second arrêt du 17 mars de la même année, le roi ordonna que le quai de Gèvre seroit continué sur cet emplacement, depuis la première culée du pont Notre-Dame; ce qui fut exécuté en deux années par le magistrat que nous venons de nommer. Tout le trottoir en est porté sur une voussure d'une coupe très-hardie; il se termine à la place de Grève.

MONUMENTS NOUVEAUX

ET RÉPARATIONS FAITES AUX ANCIENS MONUMENTS DEPUIS 1789.

Hôtel-de-Ville. La cour de ce monument a reçu une décoration nouvelle. On y arrive par un double perron; et cette cour, qui forme un carré, est entourée de portiques ornés de colonnes ioniques. On compte de chaque côté sept arcades que surmontent autant de fenêtres cintrées et accompagnées de colonnes corinthiennes. Le couronnement est formé par des fenêtres détachées du toit; qui sont des restes de la construction primitive. L'arcade en face du perron fait saillie, et au milieu de deux colonnes de marbre dont elle est décorée, on a replacé une statue pédestre et en bronze de Louis XIV. Le monarque

---

(1) Traité de la pol. t. I, p. 555.

est appuyé d'une main sur un casque; un lion est à ses pieds. C'est un ouvrage d'un assez beau dessin, mais d'un style maniéré qui rappelle celui du dix-septième siècle.

Dans le cintre de la façade on a rétabli en stuc la statue équestre de Henri IV. Cette sculpture, d'un mauvais dessin, est encore d'une plus mauvaise exécution.

L'église Saint-Jean-en-Grève. Dans ce qui reste encore des bâtiments de cette église, ont été placées les archives et la bibliothèque de la ville. C'est dans une salle de ces bâtiments, que l'on avoit restaurée à cet effet, que fut tenu le *grand Sanhédrin.*

L'église Saint-Gervais. Dans une des chapelles de cette église on voit un très-beau tableau de *Blondel*, représentant le martyre de sainte Juliette et celui de son fils Saint-Cyr (donné par la ville en 1819); dans une autre chapelle un *Ecce homo*, peint par *Rouget*, qui offre aussi de très-belles parties; dans une troisième chapelle, une sculpture assez médiocre, représentant le même sujet; enfin, dans la chapelle située à droite de celle de la Vierge, une descente de croix moulée, groupe de six figures et d'un très-bel effet.

RUES NOUVELLES.

Rue Frileuse. Elle va de la rue de la Mortellerie sur le quai.

Rue Hyacinthe. Cette rue suit la même direction. Elle est fermée par une porte du côté du quai.

Rue des Trois-Maures. Elle suit la même direction que les deux précédentes (1).

---

(1) Ces trois rues ne sont point nouvelles; mais elles étoient sans nom avant la révolution. (*Voyez* p. 863).

QUARTIER SAINT-PAUL

OU DE LA MORTELLERIE.

Ce quartier est borné à l'orient par les fossés de l'Arsenal inclusivement (1), depuis la rivière jusqu'à la porte Saint-Antoine; au septentrion, par la rue Saint-Antoine exclusivement; à l'occident, par la rue Geoffroy-l'Asnier inclusivement; et au midi, par les quais inclusivement, depuis le coin de la rue Geoffroy-l'Asnier jusqu'à l'extrémité de l'emplacement de l'ancien Mail.

On y comptoit, en 1789, vingt-quatre rues, sept culs-de-sac, une église paroissiale, une communauté d'hommes, une de filles, un arsenal, trois quais, etc.

PARIS SOUS CHARLES VIII ET LOUIS XII.

Sous les règnes de Charles VIII et de Louis XII, on ne voit pas qu'il se soit opéré de changements importants, ni passé aucun événement remarquable dans ce quartier, à moins qu'on ne veuille regarder comme tels l'union définitive des religieuses de Sainte-Claire à celles du Tiers-Ordre, qui occupoient le couvent des Béguines, connu dès cette époque sous le nom de l'*Ave-Maria*. Cette union, déjà projetée sous le règne de Louis XI,

---

(1) Depuis que la Bastille a été abattue, une partie de ces fossés a été remplacée par un nouveau boulevart; mais le mur de revêtement existe encore du côté de la rue Contrescarpe, et la ligne qu'il décrit forme, de ce côté, la limite du quartier.

long-temps suspendue par des obstacles que nous ferons connoître, fut enfin consommée dans les premières années du règne de son successeur, par la dame de Beaujeu, fille aînée du feu roi, et protectrice de cette institution.

La ville entière de Paris est également stérile, sous ces deux règnes, en grands événements. Grâce à ce Louis XI, dont la mémoire étoit dès lors abhorrée, l'administration hautement décriée, dont on recherchoit les agents et les favoris comme des criminels dignes du dernier supplice (1), les

---

(1) Olivier Le Daim et Jean Doyac, les deux hommes qu'il avoit le plus tendrement aimés, qu'il avoit recommandés avec le plus de soin à son fils avant de mourir, furent livrés à la justice, l'année même de sa mort. La haine publique les poursuivoit depuis long-temps, et on les accusoit d'abus de pouvoir et de cruautés atroces, surtout pendant les trois dernières années du règne du feu roi. Le Daim, convaincu, dit-on, de plusieurs assassinats, fut pendu avec un de ses agents ; Doyac n'évita la potence que pour subir un autre supplice plus long et non moins ignominieux : il fut condamné à être fouetté dans tous les carrefours de Paris, à avoir une oreille coupée et la langue percée d'un fer chaud. On le conduisit ensuite à Montferrand en Auvergne, lieu de sa naissance ; là il fut fouetté de nouveau, perdit l'autre oreille et fut banni à perpétuité. Cependant on trouve que, peu de temps après, sa famille fut réhabilitée.

Le médecin de Louis XI, le fameux Cotier, fut enveloppé dans la même disgrâce. Toutefois, comme on ne pouvoit lui reprocher qu'un orgueil extrême et une insatiable avarice, il ne fut condamné qu'à des restitutions, qui le replacèrent dans son ancienne médiocrité. On dit que, content d'être échappé au naufrage et rendu à sa première profession, il fit sculpter sur sa maison un abricotier, avec ce rébus en forme de devise : *A l'Abri-Cotier.*

rois de France ne se voyoient plus dans la triste nécessité de consumer leurs forces au milieu des discordes intestines, et de déchirer l'État pour parvenir à le sauver. L'ascendant de leur autorité étoit enfin assuré dans un grand royaume dont toutes les parties liées entre elles formoient un tout très-compact, dont la position au centre des États chrétiens étoit admirable; la population nombreuse, active et guerrière; qui trouvoit dans la fertilité de son sol des richesses inépuisables; et dès ce moment leur place fut marquée à la tête de la grande société européenne. Dans une situation si brillante et pendant long-temps si inespérée, qui les faisoit si grands parmi les princes temporels, on aperçoit maintenant mieux peut-être qu'on n'eût pu le faire avant la leçon terrible qui vient d'être donnée au monde, ce qu'une sage et religieuse politique auroit dû leur inspirer de faire : il est évident que, pour soutenir l'édifice social déjà menacé par les doctrines licencieuses qui venoient de s'y introduire, leur premier soin devoit être de resserrer les nœuds qui les unissoient à la puissance spirituelle; et renonçant à tous projets ambitieux, puisqu'ils étoient arrivés au point où toute noble ambition pouvoit être satisfaite, se déclarant hautement les protecteurs de l'Italie dont les papes défendoient depuis si long-temps les libertés contre la tyrannie des empereurs d'*Allemagne*; qui prétendoient à toute force être empereurs *romains*, de n'employer leur pouvoir et leur influence qu'à ramener autant que possible à l'unité politique cette belle contrée, centre de l'unité religieuse. Ainsi se fût en même temps rétablie d'elle-même l'influence du chef suprême de la religion ; et cette influence toujours paternelle eût été plus douce au milieu de générations que cette religion sainte avoit par degrés rendues moins barbares, et de princes dont les mœurs étoient devenues moins violentes, parce qu'ils trouvoient aussi par degrés moins d'obstacles à leurs volontés. Ainsi, ce nous semble, fût parvenue la société chrétienne à sa plus haute perfection. Mais la providence a des desseins qui nous sont inconnus, et elle arrive au but qu'elle veut atteindre par des voies qui nous sont impénétrables. Ce fut le contraire qui arriva : les rois de France allèrent porter le trouble dans le sein de cette Italie dont ils auroient dû assurer la paix ; un pontife indigne de la tiare, Alexandre VI, contribua lui-même et pour de vils et coupables intérêts, à y attirer un jeune roi sans expérience ; et les successeurs de Charles VIII entrèrent après lui dans la route qu'il leur avoit ouverte. La politique de l'Europe entière devint dès lors toute extérieure. Elle fut plus subtile, plus mensongère, plus appliquée à tout ce qui étoit d'un intérêt purement humain, plus indifférente à ce qui touchoit les croyances religieuses et l'intérêt de la religion ;

souvent même elle regarda avec un dédain stupide et laissa se développer à peu près sans contrainte cette licence des esprits qui devoit bientôt éclater par la plus détestable des hérésies, hérésie qui en même temps sera la dernière, puisqu'elle renferme toutes les autres dans son sein ; et cette politique descendit elle-même à un tel degré de corruption, qu'au lieu de réunir toutes ses forces pour l'éteindre, il lui arriva souvent de chercher à en faire son profit.

Nous ne sommes pas maintenant très-éloignés de cette époque à jamais mémorable, la plus fatale sans doute du monde civilisé, et qui sera pour Paris et pour le royaume entier une source féconde de malheurs nouveaux et de désordres qu'on n'y avoit point encore connus. Jusque là la capitale de la France fut tranquille. Le pouvoir royal y étoit désormais établi d'une manière inébranlable ; et il n'existoit plus ni princes ni vassaux assez puissants pour oser y lutter à force ouverte contre le souverain, et appeler hautement et impunément les habitants de cette grande ville à la révolte. Mais ces grands vassaux abattus et humiliés conservoient profondément gravé dans leur mémoire le souvenir de ce qu'ils avoient été; et long-temps contenus par le prince habile dont la main ferme venoit de quitter les rênes de l'État, à peine eut-il fermé les yeux qu'ils espérèrent ressaisir sous un roi enfant le pouvoir et l'influence qu'ils avoient perdus. Nous allons voir que les efforts qu'ils firent pour réussir dans un tel dessein ne servirent qu'à faire éclater davantage leur foiblesse ; mais nous verrons aussi le parlement prendre, au milieu de ces intrigues, et de jour en jour, plus de consistance, y développer peu à peu ses prétentions à devenir un pouvoir politique dans l'État, saisir habilement toutes les circonstances qui lui semblèrent favorables pour se créer des droits nouveaux et une existence plus indépendante, se préparant de la sorte et insensiblement à paroître à la tête des factions qui de nouveau vont désoler la France.

On eut, dès le commencement du règne de Charles VIII, une preuve éclatante de ce bon esprit qui animoit alors les Parisiens. Le gouvernement de la personne du roi encore en bas âge (1483.), et par conséquent l'administration de l'État, étoient entre les mains de la dame de Beaujeu, ainsi que l'avoit ordonné une des clauses du testament de Louis XI. Il arriva alors ce qui ne manque presque jamais d'arriver dans les minorités : ce pouvoir passager devint l'objet de l'envie de tous ceux qui crurent y avoir quelque droit. La reine-mère éleva d'abord des réclamations, qui cessèrent bientôt par sa mort arrivée trois mois après celle de son époux ; et à l'instant même parurent sur les rangs le duc de Bourbon et le duc d'Orléans, que leur qualité de princes du sang sembloit autoriser à disputer ces honorables fonctions. Ils remplirent le conseil de leurs créatures, s'attachèrent surtout à décrier le nouveau gouvernement, et, confondant ensemble leurs intérêts, appelant impolitiquement à la *nation* de l'injustice qu'ils prétendoient leur être faite par les dernières dispositions du feu roi, ils se réunirent pour demander la convocation des états-généraux, comme le seul moyen de remédier aux abus et d'établir une forme de gouvernement à la fois solide et salutaire. Par une telle demande, il étoit visible pour tous les bons esprits que ces princes imprudents exposoient le salut de la monarchie, et que le plus grand danger qu'elle pût courir alors étoit de voir ses destinées remises aux délibérations d'une assemblée de ce genre, au commencement d'un règne dont la foiblesse frappoit déjà tous les yeux, et lorsque cette irritation qu'avoit produite la vigueur du règne précédent n'étoit point encore apaisée; mais, dès qu'ils eurent fait cette demande solennelle, elle excita un tel mouvement de joie au milieu de cette nation si ardente et toujours impatiente du joug; toutes les classes de la société en conçurent de telles espérances, qu'il eût été plus dangereux encore de la refuser. Telle fut l'origine de ces fameux états de Tours, où l'on put reconnoître quels progrès effrayants avoient déjà faits les nouveaux principes d'indépendance politique et religieuse dans tous les ordres de l'Etat, et même parmi ceux dont ils attaquoient le plus visiblement les intérêts (1). Toutefois les suites n'en furent pas aussi fâcheuses pour la régente qu'elle avoit pu le craindre d'abord : les dispositions du testament de Louis XI y furent confirmées, et madame de Beaujeu conserva la conduite du jeune roi et l'administration du royaume.

Frustrés de leurs prétentions, les princes dissimulèrent pendant quelque temps leur dépit, mais n'en travaillèrent pas avec moins d'ardeur à supplanter celle qu'ils regardoient comme l'usurpatrice de leurs droits. La régente avoit cru les

---

(1) Le clergé, qui dès lors montroit contre la cour de Rome l'esprit de mutinerie, qui depuis, a fait sa honte et a été le commencement de sa servitude, y demanda le rétablissement *formel* * de la pragmatique-sanction et des décrets des conciles de Constance et de Bâle. Les cahiers du tiers-état étoient également dirigés contre la cour de Rome qu'ils accusoient d'exaction et d'abus d'autorité ; ils se plaignoient, *suivant l'usage de tous les peuples dans tous les temps*, du fardeau accablant des impôts et de la manière dure et impitoyable dont ils étoient exigés ; puis les trois ordres réunis demandèrent que désormais il ne fût fait aucune levée sur le peuple sans *leur consentement*, et qu'on *rassemblât de nouveau* les états dans deux ans. Nous jouissons maintenant de ces heureuses prérogatives dans toute leur plénitude ; nous avons même beaucoup plus qu'on ne demandoit alors, et nous savons par expérience combien est *léger* le fardeau des peuples qui *consentent* eux-mêmes l'impôt.

* Elle avoit été abolie par Louis XI, mais n'en continuoit pas moins d'être suivie dans tous ses points, dans toutes les parties de la France ; et ne fut réellement annullée que sous François 1er par le concordat.

apaiser par des bienfaits : depuis la décision solennelle donnée par l'assemblée de Tours, elle les avoit comblés de faveurs; et le duc d'Orléans, qu'il lui importoit surtout de ménager, déjà nommé par elle gouverneur de Paris, étoit encore président d'un conseil auquel assistoient également tous les princes du sang, et que les états avoient institué pour aider madame de Beaujeu dans son administration. Ces fonctions importantes l'approchoient de la cour et lui donnoient une grande influence dans les affaires : il se servit de l'avantage de sa position pour s'insinuer dans la confiance du jeune roi, dont il partageoit les plaisirs, et à qui il parvint à inspirer tant de dégoût pour l'espèce d'esclavage dans lequel il étoit retenu, qu'il le détermina à se laisser enlever. Ce projet ayant été découvert, et la régente ayant habilement soustrait son pupille aux entreprises et aux séductions d'un si dangereux ennemi, le duc, que des liaisons dont nous ne tarderons pas à parler rendoient de jour en jour plus audacieux, voulut essayer si, à la faveur de son titre de gouverneur de Paris, il ne pourroit pas parvenir à se faire un parti dans cette capitale.

(1485.) Il employa pour parvenir à ce but tous ces moyens de popularité dont le charme est si puissant sur l'esprit du vulgaire. Il affectoit de se montrer souvent en public; dans sa maison où il attiroit beaucoup de monde, aux assemblées de l'hôtel-de-ville où il assistoit fréquemment, il ne cessoit de déclamer hautement contre la dureté du gouvernement, et témoignoit une grande compassion pour la misère du pauvre peuple, ainsi qu'un vif désir d'y apporter du soulagement. Lorsqu'il jugea que toutes ces manœuvres lui avoient suffisamment acquis la faveur de la multitude, il alla se présenter au parlement, accompagné du comte de Dunois (1), l'âme de tous ses conseils, et de son chancelier Denis Mercier. Celui-ci, prenant la parole au nom de son maître, commença à faire l'éloge de ce prince, « qui, » dans les circonstances critiques où la trop » grande jeunesse du roi venoit de placer la » France, uniquement occupé du salut de l'Etat » et du soulagement des peuples, avoit demandé, » conjointement avec les ducs de Bretagne et de » Bourbon, une convocation des états-généraux, » dans laquelle il avoit été établi une forme de » gouvernement salutaire, et arrêté une foule de » réglements utiles, tant pour l'administration » de la justice que pour la répartition des im- » pôts, opérations dont les avantages eussent été » considérables pour le peuple et pour le souve- » rain, s'ils eussent été fidèlement suivis. » Il

---

(1) Il étoit fils de ce fameux bâtard d'Orléans dont nous avons raconté les exploits sous Charles VII.

ajouta « que la dame de Beaujeu, les foulant aux
» pieds, détruisant toutes ces espérances qu'on
» avoit conçues d'un gouvernement équitable et
» modéré, tyrannisoit à la fois et le roi qu'elle
» tenoit dans une sorte de captivité, et le peuple
» dont elle prodiguoit la substance pour s'atta-
» cher des créatures et cimenter son autorité
» despotique; qu'il étoit à craindre que de telles
» violences ne jetassent la nation entière dans une
» sorte de désespoir; que, comme premier prince
» du sang, il étoit du devoir du duc d'Orléans
» de veiller à la fois sur le monarque et sur
» l'Etat; qu'il demandoit que Charles VIII, déjà
» assez avancé en âge pour pouvoir se conduire
» par lui-même, fût enfin tiré de cette indigne
» tutelle, et libre de choisir sa résidence et ses
» conseillers; que, bien résolu d'employer ses
» biens, de sacrifier même sa vie pour la déli-
» vrance de son souverain, il avoit cru devoir
» venir consulter à ce sujet le parlement, qui
» étoit *la justice suprême* du royaume; décla-
» rant en outre, pour preuve de son entier dés-
» intéressement, qu'au cas que la dame de Beau-
» jeu consentît à s'éloigner de dix lieues de la
» cour, il prenoit l'engagement de s'exiler lui-
» même à quarante, et de renoncer à toute com-
» munication avec le roi. » Ainsi, par un aveuglement qu'on a peine à concevoir, un prince qui
étoit alors l'héritier présomptif de la couronne

donnoit de son plein gré, à la *cour de justice du roi*, un titre et des attributions que d'elle-même elle n'eût jamais eu la hardiesse de prendre, et l'excitoit autant qu'il étoit en lui à sortir des bornes légitimes où la nature de ses fonctions devoit la tenir à jamais renfermée.

Toutefois le temps n'étoit pas encore venu où il fût possible au parlement d'accepter les hautes fonctions politiques que le duc d'Orléans prétendoit si gratuitement lui donner; il est même probable que les magistrats qui le composoient alors furent plus étonnés que satisfaits de cette démarche du premier prince du sang; et, dans une circonstance aussi délicate, La Vacquerie, qui en étoit encore premier président, sut parfaitement marquer la ligne de devoirs que devoit suivre sa compagnie, quel en étoit le véritable caractère, et pour quel but elle avoit été instituée. Il répondit donc, avec une rare présence d'esprit, que « le
» bien du royaume consistoit principalement dans
» la tranquillité publique; que cette tranquillité
» ne pouvoit s'établir que par l'union des prin-
» cipaux membres de l'État, et qu'il appartenoit
» surtout au premier prince du sang de cher-
» cher à la maintenir, en écartant avec soin
» toutes les semences de divisions qui pouvoient
» la troubler, semences que faisoient naître sou-
» vent les prétextes les plus frivoles, les rapports
» les plus mensongers. » « Quant à la cour du

» parlement, elle a été instituée, ajouta-t-il, par
» le roi *pour administrer* la justice; et n'ont
» point ceux de la cour l'administration de guerre,
» de finances, ni du fait et gouvernement du
» roi ni des grands princes; et sont messieurs de
» la cour de parlement *gens clercs et lettrés* pour
» vaquer et entendre *au fait de la justice;* et
» quand il plairoit au roi leur commander plus
» avant, la cour obéiroit: car elle a seulement
» l'œil et regard au roi, qui en est le chef et
» sous lequel elle est; et par ainsi venir faire ses
» remontrances à la cour, et faire autres exploits
» *sans le bon plaisir et exprès commandement*
» *du roi*, ne se doit pas faire. »

Cette réponse déconcerta le duc et ses partisans. Mercier, reprenant la parole, se borna alors à demander que le parlement employât sa médiation dans une affaire qui intéressoit de si près le bonheur du souverain et de la nation; que du moins il s'informât du roi lui-même s'il étoit content de sa situation, et s'il ne désiroit point en changer. Cette fois, le premier président ne lui répliqua que pour lui demander une copie de son discours, ajoutant que la cour en délibéreroit; et le résultat de ses délibérations fut d'envoyer au roi et à la régente une députation qui leur donna connoissance des démarches et des demandes du duc d'Orléans.

Repoussé par le parlement, ce prince crut qu'il

lui seroit possible de tirer un meilleur parti de l'université. Ce corps, plus florissant alors que jamais, comptoit dans son sein plus de vingt-cinq mille étudiants, la plupart en état de porter les armes, et formoit au sein de la capitale une sorte de république indépendante, qui souvent en avoit troublé la tranquillité, et pouvoit devenir encore, entre les mains d'un chef de faction, un instrument aussi puissant que terrible. On vit donc paroître le duc d'Orléans au milieu d'une assemblée générale que l'université tenoit aux Bernardins; et là, changeant de langage suivant l'intérêt de ses nouveaux auditeurs, il se mit à déplorer, dans un long discours, l'inutilité des soins qu'il avoit pris pour le rétablissement de la pragmatique et la confirmation des priviléges des étudiants, faisant entendre qu'on ne pourroit rien faire ni rien espérer tant que le gouvernement seroit entre les mains de ceux qui obsédoient le jeune roi. Mais l'université, qui ne voyoit point ses intérêts compromis dans cette affaire, ni que sa cause fût liée en aucune manière à celle du prince, demeura inébranlable comme le parlement; et suivant exactement la marche que cette compagnie sembloit lui avoir tracée, elle se borna, par une sorte de déférence pour la qualité d'un si illustre solliciteur, à envoyer des députés au roi, les chargeant de lui rapporter simplement les paroles du duc d'Orléans, sans témoigner y prendre le moindre intérêt.

Quoique toutes les démarches de ce prince eussent été sans succès, madame de Beaujeu n'en avoit pas moins conçu les plus vives alarmes, bien persuadée qu'un caractère aussi entreprenant ne s'arrêteroit point à ces premiers obstacles, ne doutant pas même que, pour arriver à son but, il ne se portât aux dernières extrémités. Dans un danger aussi pressant, elle forma la résolution de tenter, par un coup hardi et décisif, de couper le mal dans sa racine, et de détruire ainsi dans un moment le parti qui se formoit contre elle. Des soldats déguisés, et qui lui étoient entièrement dévoués, furent envoyés avec ordre d'enlever le duc d'Orléans, qui, dans le lieu où il étoit et dans les circonstances où il se trouvoit, croyoit certainement n'avoir rien à redouter. Ils s'étoient approchés secrètement de Paris, et avoient déjà trouvé le moyen de s'introduire dans ses faubourgs, lorsqu'ils furent découverts par deux officiers de ce prince. Il étoit alors aux halles, jouant tranquillement à la paume, quand on vint l'avertir du péril qui le menaçoit. Ce péril étoit si pressant qu'il eut à peine le temps de monter sur une mule que ces deux fidèles serviteurs lui avoient amenée, et de sortir promptement de la ville (1). Tandis qu'il s'en éloignoit, madame de

---

(1) Nous suivons ici le récit de Vély; celui du P. Daniel est un peu différent, et ne place la démarche du duc auprès du par-

Beaujeu, qui, malgré la rigueur de l'hiver, avoit trouvé le moyen de rassembler quelques troupes, et qui suivoit de près ses émissaires, y fit son entrée avec le roi qu'elle avoit amené, très-fâchée de n'avoir pas réussi dans une entreprise qui finissoit sans trouble et sans effort des débats d'où naquirent depuis bien des alarmes et bien des maux.

En effet, le duc d'Orléans avoit contracté des liaisons intimes avec le duc de Bretagne, François II, le seul des grands vassaux qui n'eût pas encore perdu sa souveraineté. Ce prince, le dernier mâle de sa race, et parvenu à un âge avancé, voyoit avec une extrême douleur l'héritage de ses deux filles déjà disputé par plusieurs rivaux, qui, même avant sa mort, faisoient valoir de prétendus droits à sa succession; et, dans les alarmes qui l'agitoient, il cherchoit à ces jeunes princesses des époux assez puissants pour leur servir un jour d'appui, et renouveler ainsi la race des ducs de Bretagne. Le duc d'Orléans, quoique marié à l'une des filles de Louis XI, s'étoit mis sur les rangs, attiré par Landais, favori

---

lement et de l'université qu'après sa fuite de Paris, où, selon cet historien, il revint dès qu'il eut rassemblé une petite armée qu'il laissa à Beaugenci, espérant mettre alors plus aisément cette ville et le parlement dans ses intérêts. Vély nous semble ici plus exact.

du vieux duc, scélérat obscur (1), qui, par toutes les bassesses imaginables, et toutes les ressources d'un esprit supérieur, s'étoit élevé à la place de premier ministre, et gouvernoit à la fois son maître et l'État. Ses vues, en favorisant les prétentions du jeune prince françois, étoient de s'en faire un protecteur contre les seigneurs bretons qu'il avoit opprimés, et dont il avoit tout à redouter après la mort du duc. Les qualités personnelles de Louis avoient merveilleusement secondé son projet; et dans un voyage que ce prince fit en Bretagne, avant les intrigues dont nous venons de parler, il avoit fait sur le cœur de la princesse Anne, fille aînée du duc, une impression si vive qu'elle augmenta les alarmes des mécontents, qui voyoient dans ce mariage le triomphe de l'insolent favori et la continuation de la tyrannie avilissante sous laquelle ils gémissoient. Ils éclatèrent d'abord en murmures, qui finirent enfin par une révolte déclarée, et si violente, qu'ils s'adressèrent au roi de France, dont ils reconnurent les droits au duché de Bretagne (2),

---

(1) Il avoit été d'abord tailleur d'habits dans la petite ville de Vitré.

(2) Ses droits n'étoient autre chose que ceux des Penthièvres, descendants de Charles de Blois, vaincu, sous le règne de Philippe de Valois, par le comte de Montfort qu'assistoient les Anglois, et dépouillé de la Bretagne, quoique le roi de France, son suzerain, lui eût donné gain de cause. Les Penthièvres avoient

s'engageant à se soumettre à lui, après la mort de François II, comme à leur légitime souverain. Tant que le duc d'Orléans resta à la cour de leur prince, les rebelles ne purent que se maintenir; mais à peine fut-il revenu en France pour disputer le pouvoir à la régente, qu'ils se trouvèrent les plus forts, s'emparèrent de Landais et le firent punir du dernier supplice. Privé de cet appui, Louis n'en avoit pas moins conservé ses relations avec le vieux duc, dont les démarches de sa noblesse auprès de Charles VIII avoient encore redoublé les inquiétudes. Ces relations du jeune prince continuèrent plus vivement que jamais après sa sortie de Paris, quoiqu'il eût été forcé de se soumettre presque aussitôt, et qu'une nouvelle confédération qu'il forma encore peu de temps après avec les autres princes du sang, confédération connue dans l'histoire sous le nom

---

tenté plusieurs fois de faire valoir ces droits, sans aucun succès; cependant, par une intrigue qu'il n'est point de notre sujet de faire connoître ici, l'un d'eux avoit extorqué du duc de Bretagne, François Ier, des lettres qui sembloient porter une reconnoissance de la légitimité de leurs prétentions ; et c'étoit en vertu de ce titre que Louis XI, voyant la ligne masculine prête à défaillir dans la branche de Montfort, avoit acheté de Nicole de Penthièvre et de Jean de Brosse son mari, derniers héritiers de la branche de Blois, tous leurs droits au duché de Bretagne. Quelque litigieux qu'ils fussent, ce prince se proposoit de les appuyer d'une armée formidable, et n'attendoit que la mort du duc pour les faire hautement valoir : il mourut le premier, et les transmit à son fils.

de *la guerre folle*, n'eût également abouti qu'à une paix humiliante, qui ne fit qu'aigrir ses ressentiments et ceux des grands conjurés avec lui.

Le duc de Bretagne, qui l'avoit mal secondé dans cette dernière levée de boucliers, suivit son exemple, et fit aussi sa paix; mais dans le temps même qu'on la signoit avec lui, madame de Beaujeu, par une démarche qu'on peut regarder comme impolitique, prenoit secrètement des mesures qui tendoient à consolider les droits éventuels du roi au duché de Bretagne. Les haines et les ressentiments se rallumèrent aussitôt; et telle fut l'origine de cette guerre acharnée qui, pendant trois années, désola cette partie de la France et rappela en quelque sorte les maux qu'avoient causés les discordes féodales, dont elle étoit en effet la dernière scène et le dernier effort. La marche qu'on y suivit fut exactement la même. François II, plus effrayé que jamais, indigné surtout que, de son vivant même, on voulût enlever à ses filles leur légitime héritage, se ligua de nouveau avec tous les mécontents de France, et notamment avec le duc d'Orléans. (1486.) Maximilien, toujours attentif à profiter des troubles du royaume, s'empressa d'entrer dans cette ligue, et déclara brusquement la guerre à la France. La Bretagne devint alors l'objet de l'attention générale, et le centre de tous les mouvements de l'Europe, intéressée surtout à ce qu'elle ne passât pas sous la domination de la France. Cependant il étoit aisé de prévoir dès lors cet inévitable événement; et pour le prédire il suffisoit de considérer un seul instant la position de cette puissance et celle de ses ennemis. Henri VII, placé par une révolution subite sur le trône d'Angleterre, mal affermi encore sur ce trône si souvent ensanglanté, ne pouvoit rien hasarder sans compromettre sa propre sûreté; l'archiduc, toujours armé contre ses Flamands indociles, n'ayant d'ailleurs aucun point de contact avec la province contestée, étoit encore moins à redouter; l'Espagne ne pouvoit rien sans le concours de ces deux puissances; tandis que la France, unie désormais dans toutes ses parties, se fortifiant de jour en jour davantage par l'ascendant toujours croissant de la prérogative royale, touchoit aux frontières de cette petite souveraineté, encore affoiblie par mille prétentions rivales, par mille passions opposées. Aussi, quels que fussent les efforts des princes, les espérances de François II dans les promesses de l'archiduc, ses continuelles sollicitations auprès du roi d'Angleterre, dès que l'armée royale parut en Bretagne, tout plia devant elle. (1488.) La bataille de Saint-Aubin, gagnée par La Trémouille, et dans laquelle le duc d'Orléans fut fait prisonnier, détruisit d'abord le parti des princes ; et lorsque la mort du duc de Bretagne eut enfin amené le moment de consommer cette réunion politique, depuis si long-temps méditée, quoique l'Angleterre employât alors une armée et éclatât en menaces; malgré la résistance de la princesse Anne, qui, dans la plus tendre jeunesse, développa un courage et un caractère au-dessus de son sexe; bien que, dans la répugnance invincible qu'elle éprouvoit pour le roi de France, elle eût contracté par procureur un mariage secret avec l'archiduc, Charles, qui ne vouloit pas que la Bretagne lui échappât, força les Anglois à se rembarquer, et la princesse à rompre son mariage ; Maximilien, à qui l'on enlevoit son épouse, se vit encore dans la nécessité humiliante de reprendre sa fille Marguerite, fiancée dès la plus tendre enfance au jeune monarque, élevée à la cour de France, dans l'espérance d'y régner un jour, et qui lui fut honteusement renvoyée (1491.); et Anne de Bretagne devint, malgré elle, reine de ce beau royaume, par un traité dans lequel les droits des deux parties, confondus ensemble, furent mutuellement cédés au dernier survivant.

Leur entrée à Paris fut une des plus pompeuses que l'on eût vues depuis long-temps. « La jeune » reine, dit un historien, fixoit tous les regards ; » la multitude admiroit l'éclat de sa parure,

» l'élégance de sa taille (1), la régularité de ses
» traits, l'éclat de ses yeux; les sages cherchoient
» à démêler dans cet ensemble quelques indices
» de ces brillantes qualités qui l'avoient élevée,
» dans un âge si tendre, au rang des plus grands
» hommes. »

Pendant tous les troubles qui avoient précédé une union si heureuse pour la France, Paris n'avoit cessé de jouir de la plus profonde tranquillité sous le gouvernement du comte de Montpensier, dauphin d'Auvergne, que le roi en avoit fait gouverneur à la place du duc d'Orléans; et même, au moment où la guerre avoit éclaté, ses habitants avoient eu l'occasion de donner un nouveau témoignage de leur fidélité, en rejetant avec mépris un manifeste que l'archiduc avoit osé leur adresser. Dans cette pièce, où il affectoit de partager l'opinion des princes et de décrier le gouvernement de la régente, Maximilien, comme beau-père futur du roi, et par conséquent comme intéressé à la prospérité du royaume, invitoit le parlement à s'unir avec lui pour demander une nouvelle convocation des états-généraux, où l'empereur consentiroit à intervenir en qualité de

---

(1) Si l'on en juge d'après ses portraits, elle étoit effectivement d'une beauté remarquable; et les contemporains ont vanté ses grâces naturelles, tout en convenant qu'elle étoit petite et un peu boiteuse.

co-médiateur. Dans la réponse dédaigneuse que lui fit cette cour souveraine, elle l'invita de son côté à quitter un ton d'autorité qui ne lui convenoit nullement, et à ne point se mêler d'affaires qui ne pouvoient en aucune manière le regarder.

Toutefois cette soumission à l'autorité légitime n'étoit pas telle que cette ville n'entreprît avec succès de défendre ce qu'elle appeloit ses franchises, et ne trouvât dans les concessions que nos rois n'avoient cessé de lui faire des moyens suffisants pour éluder les demandes d'un monarque plus puissant cependant que tous ses prédécesseurs, lorsqu'elles lui sembloient attaquer ses priviléges et blesser ses intérêts. (1494.) Ce fut peu de temps après son mariage, et lorsqu'il jouissoit, au sein de ses Etats, dans la plénitude du pouvoir monarchique, d'une prospérité et d'une paix que rien ne sembloit pouvoir désormais troubler, que Charles, emporté par un vain désir de gloire, poussé par des conseils imprudents, attiré même par une confédération de quelques princes d'Italie qui espéroient en faire un instrument utile à leurs petites ambitions particulières, avoit résolu de faire revivre les droits que son père lui avoit laissés sur Naples; et cette conquête qu'il méditoit n'étoit, dans les rêves de son imagination, que le prélude d'une plus vaste entreprise qui devoit le conduire jusqu'aux portes de Constantinople. On sait quelle fut l'issue de cette expédition téméraire : le jeune monarque parcourut l'Italie en vainqueur, ou plutôt comme un grand souverain qui visite une de ses provinces. Le roi de Naples Ferdinand, frappé de terreur, mourut subitement; Alphonse, son fils, fut forcé de prendre la fuite, et le conquérant, porté en quelque sorte jusqu'à cette capitale, y fit son entrée, revêtu des ornements impériaux. Cependant ceux mêmes qui l'avoient appelé en Italie, le duc de Milan, le pape, les Vénitiens (1), épouvantés des progrès d'une puissance plus redoutable pour eux que l'ennemi contre lequel ils avoient imploré son secours, formèrent, pour l'en chasser, une ligue nouvelle avec toutes les puissances jalouses ou rivales de la France : Maximilien, alors empereur ; l'archiduc Philippe son fils; Ferdinand, roi d'Aragon; Henri VII, roi d'Angleterre. Charles, qui étoit entré si facilement dans cette belle contrée, courut les plus grands dangers

---

(1) Chacun avoit eu son intérêt particulier dans cette démarche commune. Les Vénitiens l'avoient faite par l'espérance de s'agrandir au milieu des troubles; le pape Alexandre VI, pour procurer des établissements à sa famille; mais Ludovic Sforce y étoit surtout intéressé, parce qu'ayant formé le projet d'usurper le duché de Milan sur son neveu Galéas, qu'il méditoit d'empoisonner, il vouloit donner assez d'affaires à Ferdinand, roi de Naples, dont la petite-fille avoit épousé Galéas, pour l'empêcher de s'en venger.

pour en sortir : une armée formidable, rassemblée par les alliés, l'attendoit dans la plaine de Fornoue, et la victoire la plus éclatante put seule lui ouvrir la route de ses états (1). (1495.) Les troupes qu'il avoit laissées dans le royaume de Naples en furent chassées peu de temps après; et Alphonse, rappelé par ses sujets, secondé par Gonzalve de Cordoue, général de Ferdinand d'Aragon et surnommé *le grand capitaine*, remonta sur son trône presque aussitôt après en avoir été renversé.

(1496.) Ce fut dans les circonstances qui suivirent ces malheureux événements que la ville de Paris fit un acte de liberté qui lui attira la disgrâce du roi. Le projet de venger l'honneur des armes françoises et de rentrer en Italie étoit déjà formé; et, pour lui assurer un succès meilleur que celui de la première entreprise, on levoit déjà de tous côtés des impositions extraordinaires. Les Parisiens avoient été taxés à cent mille écus : cette imposition les fit d'abord murmurer. Toutefois, sans refuser absolument de la payer, les officiers municipaux demandèrent que du moins la répartition de cette somme fût faite sans aucune distinction

---

(1) Les François étoient au nombre de sept à huit mille combattants, et l'armée des confédérés, commandée par François de Gonzague, marquis de Mantoue, montoit à trente-cinq mille hommes.

sur tous les citoyens, et supplièrent le parlement d'envoyer des députés à leur assemblée pour s'entendre avec eux à ce sujet. La cour, tout aussi mal disposée que l'Hôtel-de-Ville, mais placée dans une position qui lui commandoit plus de mesure et de prudence dans ses démarches, répondit qu'elle n'enverroit personne, mais proposa seulement d'aider de ses conseils le corps municipal, s'il jugeoit à propos de la consulter. La ville, s'autorisant de cette réponse, n'offrit au roi que 50 mille liv., qui ne furent point acceptées; toutefois ce prince, qui répugnoit à employer la violence pour se faire obéir, poussa la condescendance jusqu'à envoyer au parlement un message porté par plusieurs seigneurs de sa cour, lesquels déclarèrent aux chambres assemblées que l'intention du roi étoit que, pour cette fois seulement et sans tirer à conséquence, les membres du parlement contribuassent avec les autres citoyens. La Vacquerie, premier président, après avoir pris les voix, fit réponse aux commissaires
« que le royaume étoit épuisé par tant d'imposi-
» tions qui se succédoient tous les ans; qu'on ne
» lisoit qu'avec douleur, dans les archives des
» cours souveraines, l'excès de misère où le peu-
» ple étoit réduit : *Que dure chose étoit de pré-*
» *sent rendre les bonnes villes franches, les*
» *grands personnages et cours souveraines du*
» *royaume, contribuables à si grands, merveil-*

» *leux et insupportables emprunts : laquelle* » *chose, en brief temps, pouvoit être cause de* » *grandes désolations.* » Faisant alors un pas de plus dans cette route que sa compagnie venoit de s'ouvrir, il pria les commissaires d'exposer au roi la pauvreté de ses sujets, et de lui annoncer, de la part du parlement, une députation et des *remontrances*. Charles VIII n'insista pas; mais il conçut de cette résistance un ressentiment si vif et si profond, qu'ayant fait, peu de temps après, un voyage à Saint-Denis pour en visiter les tombeaux avant son départ, il refusa d'entrer à Paris où l'on s'apprêtoit à le recevoir avec la plus grande magnificence, et reprit subitement la route d'Amboise. Il avoit même le projet de pousser plus loin la vengeance, surtout contre le parlement (1); mais d'autres soins lui firent oublier son ressentiment.

(1497.) Les premières dispositions du nouveau projet sur l'Italie étoient d'envoyer d'abord le duc d'Orléans s'emparer de la ville de Gênes. « Mais ce prince, dit Hénault, qui voyoit la santé du roi chancelante, et que la mort du dauphin rendoit de nouveau l'héritier présomptif de la couronne, crut ne devoir pas s'éloigner, ni souffrir qu'il repassât les monts. Le roi lui-même n'en avoit pas grande envie : il étoit amoureux, à Tours,

---

(1) Ce projet étoit d'établir un nouveau parlement à Poitiers, et de lui donner pour ressort les provinces de Poitou, de Touraine, d'Anjou, du Maine, de la Marche, d'Aunis et d'Augoumois.

d'une des *filles de la reine* (c'étoit ainsi qu'on appeloit les filles de qualité qu'Anne de Bretagne commença la première à prendre auprès d'elle). » Deux années se passèrent donc en négociations infructueuses, en projets avortés presque aussitôt que conçus, lorsque ce prince, que l'âge commençoit à mûrir, et qui employoit alors à l'administration intérieure de son royaume un temps et des moyens qu'il avoit d'abord si imprudemment dissipés, mourut subitement à Amboise le 7 avril 1498, âgé de près de vingt-sept ans.

« Charles VIII, dit Commines, ne fut jamais
» que petit homme de corps, et peu entendu ;
» mais il étoit si bon, qu'il n'est point possible de
» voir meilleure créature. »

L'histoire de Paris offre encore moins d'événements importants sous le règne paternel de Louis XII que sous celui de son prédécesseur. Par son divorce politique avec Jeanne, fille de Louis XI, ce prince succéda à toute la puissance de Charles VIII, dont il épousa ensuite la veuve Anne de Bretagne; et le grand fief qu'elle avoit apporté pour dot à la couronne de France n'en fut point séparé

Les premières années de ce règne, signalées par une admirable clémence (1), par le soulagement des peuples, auxquels Louis remit une partie des

---

(1) Tout le monde connoît le beau mot de ce prince, qu'on

impôts, surtout par ces ordonnances célèbres (1) qui ont rendu le nom de ce prince si cher à la nation, n'excitèrent cependant pas une satisfaction générale; et ce furent ces mêmes ordonnances, au moyen desquelles de nombreux abus étoient extirpés, et le plus bel ordre s'établissoit dans les parties les plus importantes de l'administration, qui firent naître les mécontentements d'un corps nombreux, déjà trop célèbre dans cette histoire par son orgueil et son esprit indépendant et factieux. On voit d'abord qu'il est question ici de l'université et de ses suppôts. (1469.) Toutes les classes supérieures de l'État, la noblesse, les magistrats, les gens de guerre, s'étoient soumis sans murmurer aux utiles réformes ordonnées par le roi. Dans la foule des réglements dont les réformes étoient composées, ce prince avoit cru devoir attaquer de vieux priviléges de l'université, utilement établis sans doute dans l'origine, mais devenus abusifs par l'extension qu'on leur avoit donnée, laquelle étoit de

---

exhortoit à se venger de ses ennemis, principalement de Louis de La Trémouille, qui l'avoit fait prisonnier à la bataille de Saint-Aubin, et ne l'avoit pas épargné dans son malheur : *Un roi de France ne venge point les querelles d'un duc d'Orléans.*

(1) Elles avoient été méditées dans une assemblée composée des magistrats les plus intègres et les plus éclairés du royaume, que le roi avoit convoqués à Paris; et contenoient des réglements sur presque toutes les parties de l'administration, sur la discipline des troupes, sur celle des cours de judicature, sur les monnoies, sur le grand-conseil, dont la forme fut changée, etc., etc.

nature à scandaliser le peuple et à troubler l'ordre judiciaire (1). Ces abus étoient si notoires et si généralement répandus, que les États tenus à Tours sous le règne précédent en avoient déjà demandé la suppression. L'université, qui auroit dû prévenir par un désistement généreux ou du moins politique une réforme qu'il étoit impossible que l'autorité tardât long-temps à faire, n'eut pas plutôt connoissance de l'édit qui détruisoit ces prérogatives, impossibles désormais à soutenir, qu'elle se crut attaquée jusque dans son existence, jeta les hauts cris, et conclut, comme dans les temps

---

(1) Nos rois ayant eu, dans tous les temps, le plus vif désir de faire fleurir les lettres en France, avoient accordé une foule de priviléges à ceux qui venoient étudier à Paris, entre autres celui d'avoir leurs causes évoquées au Châtelet, et de pouvoir décliner toute autre juridiction ; en cela ils considéroient la situation particulière des étudiants, qui, forcés de s'expatrier pour résider dans la capitale, auroient été sans cesse exposés à se voir dépouillés de leurs biens, ou à interrompre leurs études pour se transporter dans des lieux éloignés. Mais on avoit fait la faute d'étendre ce privilége à toute la durée de la vie, au lieu de le restreindre au cours des études, et il en résultoit que non-seulement ceux qui avoient étudié dans l'université en abusoient, mais encore que beaucoup de gens, désirant jouir d'une exemption si favorable, trouvoient le moyen de se faire inscrire sur les registres de cette compagnie, même sans avoir jamais fait d'études. Outre ce premier privilége, les membres de l'université avoient obtenu des papes la permission de procéder dans les affaires qui les concernoient personnellement, par la voie de l'interdit et de l'excommunication; et par une contradiction étrange ils prétendoient conserver ce droit, alors qu'ils se montroient les plus grands ennemis de l'autorité des papes. C'étoient ces abus que l'édit du roi attaquoit.

de sa plus grande influence, à fermer ses écoles et à interdire la prédication dans toutes les chaires de Paris, jusqu'à ce qu'elle eût obtenu une réparation entière de cette prétendue violation de ses droits. Jamais peut-être cette compagnie ne s'étoit montrée animée d'une plus grande fureur; et cet esprit de vertige fut porté à un tel point que les prédicateurs chargés de notifier au peuple cette étrange résolution se répandirent contre le gouvernement en invectives violentes, dans lesquelles la personne sacrée du roi ne fut pas même épargnée. Toutefois ces prédications séditieuses produisirent peu d'effet sur les Parisiens, et il n'y avoit pas lieu de craindre qu'ils prissent parti dans une querelle qui leur étoit tout-à-fait étrangère; mais Louis, qui dans d'autres temps avoit voulu faire de l'université un instrument de sédition, savoit mieux que personne ce qu'il y avoit à redouter de cette multitude d'étudiants qu'elle renfermoit dans son sein, multitude aveugle, indisciplinée, composée en grande partie d'étrangers ou de gens qui n'avoient rien à perdre, et dont le premier mouvement pouvoit causer des malheurs irréparables, et provoquer sur elle les plus terribles vengeances. Déjà Paris étoit inondé de libelles, dans lesquels les principaux ministres du roi, et surtout le chancelier Guy de Rochefort, étoient déchirés sans aucun ménagement; aux murmures avoient succédé les menaces, et le bruit se repandit même qu'animés par leurs maîtres les écoliers venoient de prendre les armes, et se portoient contre le parlement. Ce bruit étoit faux, mais il pouvoit se réaliser, et à moins qu'on ne comprimât ces commencements de révolte par une terreur salutaire, il étoit à craindre que la guerre civile ne s'allumât dans Paris. Louis en avoit les moyens, et il sut les mettre en usage. Tandis que le prévôt de Paris et le chevalier du guet disposoient, par son ordre, des corps-de-garde dans tous les quartiers, et surtout dans les places publiques, où ils dissipoient à l'instant les moindres rassemblements, ce prince, quittant Corbeil, où il faisoit alors sa résidence, s'avança vers sa capitale à la tête de ses gardes et de toute sa maison. Ce fut assez de cette fermeté et de ces effrayantes démonstrations pour abattre toute la fierté des mutins. Avant même qu'il fût entré dans la ville, l'université arrêta d'envoyer des députés, pour essayer de fléchir sa colère. Leur harangue fut humble et soumise, et le cardinal d'Amboise, répondant au nom du roi, leur fit entendre très-durement que c'étoit à sa seule clémence qu'ils devoient de ne pas éprouver le juste châtiment qu'ils avoient mérité. Louis ajouta lui-même au discours de son ministre quelques paroles sévères et même menaçantes (1); et suivant de près ces dépu-

---

(1) Après la réponse du cardinal, les députés s'étant adressés

tés, qu'il renvoya aussitôt, il entra dans Paris, traversa le quartier de l'Université, précédé des archers de sa garde et de deux cents gentilshommes de sa maison, armés de toutes pièces, la lance en arrêt; et, dans cet appareil formidable, se rendit au parlement, où il ordonna une seconde fois la publication de l'édit. Mais déjà tout étoit rentré dans l'ordre, les classes avoient été rouvertes, les maîtres recommençoient leurs leçons, et l'exil du chef le plus ardent de ce mouvement séditieux fut la seule vengeance que le roi crut devoir en tirer, encore ne tarda-t-il pas à le rappeler (1).

Ces soins vigilants, ce mélange de douceur et de fermeté, sembloient annoncer à la France une

---

au roi pour lui demander ses ordres : « Saluez de ma part, leur
» dit-il, ceux de vos confrères qui n'ont point eu de part à la
» sédition; quant aux autres, je ne m'en soucie guère; ils ont
» osé, ajouta-t-il avec émotion, m'insulter dans leurs sermons;
» je les enverrai bien prêcher ailleurs. »

(1) C'étoit le fameux Standonck, principal du collége de Montaigu. Quelques années après son bannissement, qui devoit être perpétuel, le roi ayant été informé que cet homme dur et atrabilaire étoit au fond vertueux et bienfaisant; qu'il consacroit un riche patrimoine et le revenu de ses bénéfices à la subsistance des pauvres étudiants; qu'enfin le collége de Montaigu, jusque là l'asile de tous les jeunes gens sans fortune qui montroient des dispositions pour les lettres, étoit à la veille d'être détruit en perdant un tel protecteur, ce prince daigna lui-même, dans une lettre qu'il écrivit au parlement, faire l'éloge de son ennemi, et ordonna qu'on le rétablît avec honneur dans toutes ses places.

longue suite de prospérités ; mais les préjugés du siècle ne permirent pas à un si bon roi de s'occuper uniquement d'un peuple qui lui étoit si cher. Louis XII succédoit aux droits de Charles VIII sur le royaume de Naples ; il avoit sur le duché de Milan des droits particuliers qui lui sembloient encore plus incontestables ; et l'honneur chevaleresque, qui étoit alors le principal mobile de toutes les actions, lui ordonnoit impérieusement d'employer tous les moyens que le ciel lui avoit donnés, pour tenter des conquêtes qu'il jugeoit si légitimes. Il y trouvoit d'ailleurs des facilités faites pour le séduire. Ces princes de l'Italie, que l'apparition de Charles VIII avoit si promptement réunis dans un intérêt commun, s'étoient divisés de nouveau dès que le danger avoit été passé, et cette partie de l'Europe étoit plus que jamais agitée par des discordes intestines. Les Vénitiens étoient brouillés avec le duc de Milan ; l'impie Alexandre VI, dévoré d'ambition, souillé de tous les crimes, étoit prêt à en commettre de nouveaux, à tout faire pour accroître sa puissance temporelle. Louis XII fit avec les premiers une alliance que ces républicains acceptèrent uniquement pour la ruine de Ludovic, car ils étoient loin de souhaiter des voisins tels que les François; et le pape, qui désiroit ardemment obtenir un établissement en France pour son fils Borgia, accorda à ce prix sa neutralité. L'armée royale entra donc sans obstacle dans le duché de Milan, dont elle fit la conquête en vingt jours. Par l'effet immanquable d'un semblable succès, l'équilibre de l'Italie est rompu une seconde fois, la terreur rentre dans toutes les âmes, et bientôt elle est portée à son comble par l'exécution du traité honteux que Louis XII avoit consenti de faire avec le pape et Borgia, traité par lequel il s'engageoit à laisser ces deux hommes odieux dépouiller impunément une foule de maisons souveraines de l'Italie (1). (1500.) Ludovic, à l'aide des troubles que produit cette haine générale qu'inspirent les François, rentre dans sa capitale, dont il est chassé de nouveau par les généraux du roi. Il court se renfermer dans Novare, son dernier asile ; mais, assiégé aussitôt par Louis de La Trémouille, trahi par les Suisses qui composoient la plus belle partie de son armée, il est fait prisonnier ; et Louis, à qui il ne sembloit pas que rien pût désormais enlever le Milanois, fait marcher une armée nouvelle à la conquête du royaume de Naples. L'Europe entière commence alors à s'agiter pour

---

(1) Il s'agit ici de ces petits princes qui, pendant les troubles occasionnés par les longues factions des Guelphes et des Gibelins, s'étoient emparés, sous le titre de *vicaires de l'empire* ou *de l'église*, d'un grand nombre de villes, où ils exerçoient une entière souveraineté. Il avoit été convenu, entre le pape et le roi, qu'on formeroit une principauté à Borgia d'une partie de leurs dépouilles.

opposer des obstacles à une ambition qui en alarme tous les souverains ; et Ferdinand d'Aragon, non moins ambitieux peut-être que Louis, mais plus adroit et plus politique, est l'âme de tous ces mouvements.

(1501.) Il n'entre point dans notre sujet de raconter cette longue affaire d'Italie ; de développer ces mouvements compliqués de la politique et de la guerre, les succès et les revers de Louis XII, presque toujours vainqueur les armes à la main, succombant sans cesse dans des négociations où il est toujours trompé ; de montrer le royaume de Naples conquis par les François et les Espagnols réunis, et après une suite infinie de combats, de victoires, de défaites, de traités, arraché enfin sans retour au roi de France par ce même Ferdinand, « le prince le plus infidèle de son temps, » et qui se vantoit de l'avoir souvent trompé; » ce trop crédule Louis XII, qui s'étoit vu tour à tour l'allié ou l'auxiliaire de l'empereur, du pape, du roi d'Espagne; qui, dans la conquête de Naples, dans la fameuse ligue de Cambrai, n'avoit cessé d'être l'instrument de tous leurs projets ambitieux, et constamment l'objet de leurs craintes et de leurs jalousies, forcé de se défendre à son tour contre une ligue formidable composée de tous ces perfides alliés; faisant tête à la fois à tant d'ennemis en Italie, en Flandre, sur les frontières d'Espagne, avec un courage admirable et des succès divers; épuisé dans les derniers temps par la multitude autant que par l'étendue des opérations qu'il avoit à soutenir; et dans l'impuissance où il étoit de résister plus long-temps à des ennemis si supérieurs en force et non moins habiles que persévérants, reduit enfin à la nécessité humiliante de terminer la guerre en abandonnant tout ce qu'il avoit acquis en Italie (1513.), à l'exception du château de Milan et de quelques villes peu considérables de ce duché.

Dans ce cours d'événements rapides et variés, si les princes d'Italie, généralement ennemis de tous les étrangers qui prétendoient s'établir dans leur pays, parurent surtout animés contre les François; si, dans l'application qu'ils firent de cette politique astucieuse de leurs petits Etats aux rapports nouveaux où les circonstances les plaçoient avec les grandes puissances, la perfidie de leurs conseils fut plutôt dirigée contre la France que contre les autres monarchies, c'est qu'effectivement, dans le système d'équilibre qu'ils avoient imaginé, et qui devint depuis la base de toute la politique européenne, la situation de ce royaume leur sembloit alors plus alarmante pour leur indépendance que celle d'aucune autre puissance. En effet, depuis le règne de Louis XI, la France étoit le seul État de l'Europe dans lequel, à partir du dixième siècle, les institutions féodales eussent enfin cessé d'entraver la marche du pouvoir monarchique : elles existoient encore telles que les avoient faites ces temps malheureux, dans l'empire germanique, où, malgré les titres pompeux et les vains honneurs dont ils étoient entourés, les empereurs n'avoient effectivement qu'une ombre de pouvoir; et dans l'Espagne, quoique l'heureux mariage de Ferdinand et d'Isabelle eût réuni sous une seule autorité tous ces petits royaumes formés des diverses provinces successivement reconquises sur les Maures, il n'en est pas moins vrai que les priviléges excessifs de la noblesse, les droits des communes, plus étendus peut-être chez cette fière nation que partout ailleurs, y apportoient à chaque instant les plus grands obstacles à l'exercice de la prérogative royale. D'ailleurs l'Espagne étoit séparée de l'Italie par la mer et par des Etats intermédiaires. Le roi de France, au contraire, touchant aux frontières de cette belle contrée, pouvant plus facilement rassembler des hommes, lever des impôts, et diriger vers le but qu'il lui plaisoit de choisir toutes les forces de son grand empire, paroissoit, aux yeux de ces petits princes, toujours prêt à les écraser de sa masse formidable. Ce fut donc contre lui que se dirigèrent d'abord toutes les manœuvres de leur politique; et l'on peut trouver, dans ces différents rapports des principales monarchies de l'Europe entre elles et avec l'Italie, les raisons qui décidèrent les nombreux souverains qui la partageoient à s'allier plutôt à Ferdinand et à Maximilien qu'à Louis, quoiqu'au fond ils ne fussent pas plus disposés à favoriser l'établissement de ceux-ci dans leur pays, et que Jules II, reprenant le projet généreux qu'avoient constamment suivi tant d'illustres papes ses prédécesseurs, eût formé le projet d'en chasser tous les étrangers.

On ne peut disconvenir que, dans ces longues guerres qui jetèrent tant d'amertume sur sa vie, Louis XII n'ait commis de grandes fautes, et qu'il n'ait été un fort mauvais politique. Sans parler de la témérité de l'entreprise et du désavantage d'une conquête qu'il étoit impossible de conserver autrement qu'en dépeuplant la France pour y envoyer des colonies et y entretenir sans cesse une armée, on peut lui reprocher avec juste raison son alliance avec un aussi méchant homme qu'Alexandre VI, sa crédule confiance aux serments tant de fois violés du perfide Ferdinand, et surtout sa brouillerie imprudente avec les Suisses, qu'il étoit si facile de ramener, et qui, en se livrant à ses ennemis, furent la principale cause de ses revers. Mais ce qui le place au-dessus d'un grand nombre d'autres rois, qui se présentent dans l'histoire avec plus d'éclat et de bonheur, c'est que, pendant le cours de ces désastreuses expéditions, il rendit ses peuples plus heureux qu'ils n'auroient pu espérer de l'être sous d'autres princes, même au milieu de la paix la plus profonde. Sa vigilance sut faire observer dans la France entière les réglements paternels que sa sagesse avoit établis : la justice y fut mieux administrée; le commerce et l'agriculture y devinrent plus florissants qu'ils ne l'avoient jamais été. Tant qu'il régna, les impôts qu'il avoit diminués de moitié ne furent jamais augmentés : « *Il ne courut oncques*, dit Saint-Gelais, *du règne de nul des autres si bon temps qu'il a fait durant le sien.* » Enfin sa vie fut honorée des bénédictions, sa mort, des larmes de toute la France qui l'adoroit; le titre de *Père du peuple*, le plus glorieux qu'un monarque puisse jamais acquérir, le seul qu'il ambitionnât, lui fut donné, et la postérité, qui juge les rois, le lui a confirmé.

Louis XII, ainsi que ses deux prédécesseurs, ne fit point de Paris sa demeure habituelle. Il séjournoit le plus souvent à Blois, et faisoit de temps en temps des voyages dans sa capitale, où sa présence étoit presque toujours signalée par quelques nouveaux bienfaits. Depuis le mouvement séditieux de l'université, on peut dire que le calme dont jouit cette ville ne fut pas troublé un seul instant. Il en résulte que les petits événements qui s'y passèrent méritent à peine d'être racontés, ou du moins appartiennent à l'histoire particulière de ses monuments et des institutions diverses qu'elle renfermoit dans son sein. Parmi ces événements les plus remarquables sont la chute du pont Notre-Dame, dont nous avons déjà parlé (1), la réforme générale opérée dans divers couvents, réforme dont les détails assez curieux trouveront naturellement leur place dans l'histoire des ordres religieux qui y furent soumis; les entrées des deux reines Anne de Bretagne et Marie d'Angleterre, etc. Enfin, si l'on en excepte une de ces maladies contagieuses que rendirent si fréquentes des causes que nous avons signalées, maladie qui enleva en 1503 un grand nombre de ses habitants, on peut dire que, depuis bien des années, cette grande cité n'avoit été ni si tranquille ni si heureuse.

Cet excellent prince mourut à Paris, dans son palais des Tournelles, le 1er janvier 1515, âgé de 53 ans. (1515.) A sa mort, les crieurs des corps, en sonnant leurs clochettes, crioient le long des rues : « *Le bon roi Louis, Père du peuple, est mort.* »

---

(1) *Voyez* t. Ier, p. 398, 1re partie.

ORIGINE

DU QUARTIER SAINT-PAUL.

Avant l'enceinte de Philippe-Auguste, tout le terrain qu'occupe ce quartier, situé alors hors des murs de la ville, étoit entièrement couvert de cultures et de terres labourables qui paroissent avoir été en grande partie dans la censive du monastère de Saint-Eloi. L'église Saint-Paul, qui depuis lui a donné son nom, n'étoit alors qu'une simple chapelle dépendante du même monastère, et située au milieu d'un bourg nommé *bourg Saint-Eloi*.

Les murs élevés par Philippe renfermèrent dans Paris l'extrémité occidentale du quartier Saint-Paul; mais l'église, suivant toutes les apparences, n'y fut point comprise, quoiqu'on trouve qu'elle ait été érigée en paroisse vers ce temps-là. Ce n'est que sous Charles V et Charles VI que les nouveaux remparts achevèrent de faire entrer dans cette capitale la partie de ce quartier qui étoit encore hors des murs; et ces remparts en formèrent les limites depuis le bord de la rivière jusqu'au château de la Bastille.

L'accroissement continuel de la population de Paris, résultat des priviléges dont jouissoient ses habitants, produisit dans le quartier Saint-Paul les mêmes effets que partout ailleurs. Il se couvrit rapidement de maisons; et à ces circonstances générales s'en joignit une particulière qui contribua plus efficacement encore à accroître le nombre de ses habitants : Charles V y fit bâtir une maison royale, que, pendant plusieurs siècles, ce prince et ses successeurs habitèrent de préférence à toute autre; c'en fut assez pour que cette partie de la ville devînt la plus animée, et celle où l'on s'empressât d'aller demeurer.

Ce quartier a éprouvé de grands changements, et perdu toute son ancienne splendeur.

LES RELIGIEUSES

DE L'AVE-MARIA.

CE monastère avoit été originairement établi par saint Louis, pour y recevoir des filles ou veuves dévotes, connues sous le nom de *Béguines* (1),

---

(1) Cette institution avoit commencé, en 1226, à Nivelle en

et son premier nom fut le *Béguinage*, et *l'hôtel des Béguines*. Geoffroi de Beaulieu, qui nous a donné une vie de saint Louis (1), ne dit point à quelle époque ce prince les fit venir à Paris; il se contente de remarquer qu'il leur acheta une maison, et pourvut suffisamment à leur subsistance. On présume toutefois, sans en avoir de preuves très-positives, qu'elles y furent établies vers l'an 1230. Ce qu'il y a de certain, c'est que ces filles y étoient déjà en 1264; car on trouve, dans le trésor des chartes, qu'au mois de novembre de cette année l'abbé et le couvent de Tiron leur amortirent quelques propriétés qu'elles venoient d'acquérir. Geoffroi de Beaulieu ajoute qu'il y avoit dans cette maison environ quatre cents de ces Béguines; et voici comment il s'exprime à ce sujet : *Domum Parisiis honestarum mulierum quæ vocantur Beguinæ de suo acquisivit, et eisdem assignavit in quâ hônestè et religiosè conversantur circiter quadringenta.* Le témoignage de cet auteur est d'autant plus digne de foi qu'il prêchoit dans cette communauté en 1273, trois ans après la mort de saint Louis (2).

Flandre, et se répandit ensuite en très-peu de temps dans toute la contrée, et même en France. (*Dict. de Trévoux.*)

(1) Duches., t. V, p. 252.
(2) Vie des écrivains de l'ordre de Saint-Dominique, par le P. Echard, t. II, p. 265.

Dans les deux siècles suivants, leur nombre diminua si considérablement qu'il ne restoit plus que trois personnes dans cette maison lorsque Louis XI jugea à propos de la donner *aux religieuses de la Tierce-Ordre pénitente et observante de Monsieur saint François*, et ordonna qu'à l'avenir ce monastère seroit appelé de l'*Ave-Maria* (1). Quelques auteurs placent l'époque de ce nouvel établissement en 1461 (2). Sauval dit que ce fut en 1471, et cette dernière date est en effet conforme à un mémoire manuscrit de cette maison et à l'inscription qui se lisoit sur la porte du côté de la cour. Cependant les lettres-patentes de Louis XI ne sont que de l'an 1480, et l'on voit qu'elles furent enregistrées le 1er mars de la même année.

Ce changement éprouva d'abord quelques obstacles : l'université et les quatre ordres mendiants y formèrent, dès le principe, une opposition qu'ils renouvelèrent en 1482. Ils furent poussés à cette démarche, à la fois violente et inégale, par le vif désir qu'ils avoient d'établir à Paris les religieuses de Sainte-Claire, qu'ils protégeoient et qui désiroient elles-mêmes obtenir un établisse-

---

(1) On sait que ce prince avoit une dévotion particulière à la Sainte-Vierge ; ce fut lui qui, le 1er mai 1472, institua en son honneur, au son de la grosse cloche de la cathédrale, les trois récitations de l'*Ave-Maria*.

(2) Dubreul et Lemaire.

ment dans cette capitale. Elles furent en même temps appuyées par Anne de France, dame de Beaujeu, fille de Louis XI; et le monarque crut ne pas devoir refuser à ses instances en faveur de ces religieuses des lettres-patentes contraires à celles qu'il avoit accordées deux ans auparavant aux filles du Tiers-Ordre. Mais (et ceci est extrêmement remarquable sous un règne qu'on a tant accusé de tyrannie) le parlement n'y eut aucun égard. Par son arrêt du 2 septembre 1482 il maintint les religieuses du Tiers-Ordre de Saint-François dans la possession du couvent des Béguines, et débouta la dame de Beaujeu, l'université et autres de leurs oppositions. Par ce même arrêt il fut défendu aux religieuses de l'*Ave-Maria* d'ériger en ce lieu aucun couvent de Cordeliers de l'Observance (1), ni aucun autre édifice pour y loger des religieux.

Cependant les religieuses de Sainte-Claire obtinrent peu de temps après ce qu'elles désiroient; et ce succès fut d'autant plus flatteur qu'elles n'en furent redevables qu'à l'excès de leurs vertus. Les filles du Tiers-Ordre, pénétrées d'admiration pour les austérités que pratiquoient ces saintes recluses, leur offrirent volontairement, en 1484, de se soumettre à leur règle

---

(1) Elles étoient sous la direction de ces religieux.

et de se réunir avec elles dans le même monastère : telle étoit la tradition de cette communauté. Mais on peut croire aussi qu'Anne de Beaujeu, qui avoit obtenu l'établissement des filles de Sainte-Claire à l'*Ave-Maria*, et qui n'avoit pu l'effectuer, se voyant, après la mort de Louis XI, et pendant la minorité de Charles VIII, à la tête de l'administration, se servit du crédit et de l'autorité que les derniers ordres de son père lui avoient donnés, pour achever ce qu'elle n'avoit jusqu'alors qu'imparfaitement commencé. Dès ce moment les religieuses du Tiers-Ordre ne durent pas penser à apporter la moindre résistance aux volontés de cette princesse, et ce fut peut-être pour se faire un mérite de leur obéissance qu'elles demandèrent à s'unir aux religieuses de Sainte-Claire.

La tradition dont nous venons de parler ajoute que Charlotte de Savoie, veuve de Louis XI, écrivit, au sujet de cette réunion, à Innocent VIII, et que ce souverain pontife ayant permis par son bref du 3 des ides de janvier 1485, aux religieuses de l'*Ave-Maria* d'embrasser et de suivre la règle de Sainte-Claire, cette princesse fit venir de Metz quatre religieuses de cet ordre, qu'elle mit dans ce couvent. Les historiens de Paris (1), en adoptant cette tradition, semblent

---

(1) Hist. de Par., t. II, p. 875. — *Gall. christ.*, t. VII, col. 959.

avoir manqué de critique, n'ayant pas pris garde qu'elle ne s'accorde pas avec la chronologie : car Innocent VIII ne fut élu pape que le 29 août 1484, et Charlotte de Savoie ne put ni lui demander un bref, ni faire venir des religieuses de Metz, et les introduire à l'*Ave-Maria* le 11 janvier de cette année ; puisqu'elle ne survécut que trois mois à son époux, qui étoit mort le 30 août de l'année précédente, 1483. A cette preuve démonstrative on peut ajouter qu'il ne paroît guère vraisemblable que cette malheureuse reine, que la politique inquiète de Louis XI avoit constamment tenue éloignée de Paris, et qui, dans les derniers temps de sa vie, étoit reléguée dans le Dauphiné, s'y occupât des moyens de détruire son propre ouvrage en faisant substituer les filles de Sainte-Claire à celles du Tiers-Ordre qu'elle y avoit placées elle-même, et surtout qu'elle conçût un semblable dessein après l'arrêt de 1482. Il est étonnant, d'après cela, que des écrivains graves et judicieux tels que Félibien, Lobineau, et les auteurs du *Gallia Christiana*, aient répété un récit aussi dénué de vraisemblance. Ils auront sans doute été induits en erreur par des lettres de Charles VIII, dans lesquelles il est dit « que la reine sa mère, par
» autorité apostolique à elle commise, fonda,
» institua et établit, de son consentement et autorité, ledit lieu et hôtel de Béguinage en monastère et couvent des sœurs religieuses dudit ordre

» de Saint-Claire. » Ces lettres, qui sont très-postérieures et de l'année 1492, ne s'accordent pas, il est vrai, avec ce qui a été dit ci-dessus ; mais en supposant même qu'elles soient exactes, elles ne peuvent détruire la force des raisons que nous avons données, raisons qui prouvent invinciblement que la reine Charlotte de Savoie ne put prendre part à cette réunion.

Les religieuses de Sainte-Claire de Metz étoient dirigées par des religieux de l'Observance de Saint-François de la province de France Parisienne réformée, et elles désirèrent rester sous leur conduite; mais comme l'arrêt de 1482 avoit défendu aux filles du Tiers-Ordre d'ériger ou faire ériger aucun couvent des Cordeliers de l'Observance, ni même d'autres religieux, la nouvelle communauté eut recours à Charles VIII, qui lui accorda cette grâce par des lettres-patentes de l'année 1485, et ajouta à cette faveur le don de deux tours de l'ancienne enceinte, et du mur de clôture qui joignoit leur couvent (1).

Les austérités que pratiquoient ces saintes filles paroissoient inconcevables, et surpasser en quelque sorte les forces de la nature : elles n'avoient aucuns revenus, ne vivoient que d'au-

---

(1) Les historiens de Paris, suivant toujours la même tradition, font revivre Charlotte de Savoie, et lui attribuent, en cet endroit, la fondation d'un hospice propre à loger douze religieux.

mônes, ne faisoient jamais gras même dans leurs maladies, jeûnoient tous les jours excepté le dimanche, marchoient pieds nus, ne portoient point de linge, couchoient sur la dure, et alloient tous les jours au chœur à minuit, où elles restoient debout jusqu'à trois heures. Malgré la pratique d'une règle aussi rigoureuse, ce couvent fut toujours très-nombreux.

L'église n'offroit rien de remarquable dans sa construction.

CURIOSITÉS DU COUVENT DE L'AVE-MARIA.

Sur la porte d'entrée, située rue de Barres et restaurée en 1660, deux statues, l'une représentant saint Louis et l'autre sainte Claire, par *Renaudin*.

Dans l'attique, un bas-relief représentant l'Annonciation.

La décoration intérieure de cette même porte consistoit en trois statues : la première étoit une image de la Vierge tenant l'Enfant-Jésus entre ses bras ; des deux côtés, mais plus bas, étoient celles de Louis XI et de Charlotte de Savoie. Le tout avoit été exécuté par un sculpteur nommé *Masson*.

SÉPULTURES.

Dans l'église avoient été inhumés :

Jeanne de Vivonne, épouse de Claude de Clermont, seigneur de Dampierre, morte en 1583. Sa statue, à genoux, étoit placée sur un tombeau de marbre blanc, au bas duquel on lisoit son épitaphe (1).

La célèbre Claude-Catherine de Clermont sa fille, épouse d'Albert de Gondi, duc de Retz, morte en 1603. Elle y étoit

---

(1) Ce monument, déposé au Musée des Petits-Augustins, n'y étoit point exposé.

représentée, en marbre blanc, à genoux, sur une table de marbre noir que soutenoient quatre colonnes ioniques de la même matière ; deux génies en bronze accompagnoient son épitaphe. Ce monument étoit de *Barthélemi Prieur* (1).

Charlotte de la Trimouille, princesse de Condé, morte en 1629. Son tombeau étoit également décoré de sa statue à genoux, et en marbre blanc (2).

Le cœur de don Antoine, roi de Portugal, chassé de son royaume, et mort à Paris en 1595, étoit placé dans la muraille, au côté gauche du maitre-autel. Au-dessous on lisoit deux inscriptions latines, l'une en vers, l'autre en prose, composées par un cordelier portugais nommé Frey Diego Carlos, cousin germain de don Antoine.

Dans le chapitre des religieuses furent inhumés, par permission du pape, le fameux Mathieu Molé, premier président du parlement de Paris, puis garde-de-sceaux, et Rénée de Nicolaï sa femme.

Sur l'un des piliers de la nef étoit l'épitaphe de Robert Tiercelin, lieutenant du grand-maître de l'artillerie, et l'un des bienfaiteurs de ce monastère, mort en 1616.

En face du chœur, et attenant à la grande grille, s'élevoit une tribune en pierre de liais, au-dessus de laquelle on lisoit, dans un cartouche, l'inscription suivante, écrite en lettres d'or :

« *Le corps entier de saint Léonce, martyr, donné par madame de Guénégaud en 1709* (3). »

---

(1) On le voyoit au même Musée : c'est un ouvrage d'un travail assez médiocre, mais auquel on a ajouté deux génies en marbre, du même auteur, qui sont d'une assez bonne exécution.

(2) Cette statue, dont on ignore l'auteur, a été extrêmement vantée par tous les historiens pour la naïveté de son exécution ; quant à nous, nous n'y avons vu que de la sécheresse et une petite manière. Le vêtement, dont on louoit surtout la vérité, nous a semblé d'un ciseau lourd et entièrement dépourvu de sentiment. Elle étoit aussi déposée aux Petits-Augustins.

(3) L'église de l'*Ave-Maria* a été changée en un magasin de bois ; on a fait une caserne du reste des bâtiments.

L'ÉGLISE PAROISSIALE

DE SAINT-PAUL.

Cette église n'étoit, dans son origine, qu'une simple chapelle, sous le titre de saint Paul (1). Saint Éloi la fit bâtir au milieu d'un emplacement destiné à servir de sépulture aux religieuses du monastère qu'il avoit fondé dans la Cité (2). Ce petit édifice étoit alors hors des murs de la ville, dont il est devenu depuis une des principales paroisses; et c'est à cause de cette situation qu'il avoit reçu le nom de *chapelle de Saint-Paul-des-Champs.*

---

(1) Tous les historiens, à l'exception de l'abbé Lebeuf, conviennent que cette chapelle cimétériale étoit sous l'invocation de saint Paul apôtre, et ils se sont fondés sur l'autorité du texte de la vie de saint Éloi, écrite par saint Ouen son ami. Ce savant pense, au contraire, qu'elle étoit sous le nom de saint Paul, premier ermite; mais les raisons qu'il en apporte ne paroissent pas décisives.

(2) Sainte Aure, abbesse de ce monastère, y fut inhumée, ainsi que l'abbé Quintilien. Le corps de la sainte fut depuis transféré dans son couvent.

Une tradition, qui n'est appuyée sur aucun titre positif, nous apprend que les foulons et tondeurs de draps se prétendoient fondateurs de cette église; et on lit en tête de leurs statuts, imprimés en 1742, qu'ils firent bâtir l'église de Saint-Paul sous le règne de Clovis II, en 650. Il y avoit en effet sous le clocher, du côté de la rue, un vitrage où ils étoient représentés travaillant à leur métier; et ils avoient outre conservé l'usage de faire en particulier dans cette église, et avec une grande solennité, la fête de saint Paul, le lendemain du jour qu'elle avoit été célébrée par la paroisse. Toutefois il n'est pas difficile de voir le peu de fondement de cette prétention, si l'on se rappelle, 1° que le monastère de Saint-Aure fut fondé par saint Éloi en 633, et qu'il n'est guère vraisemblable qu'on ait attendu jusqu'en 650 pour accorder un cimetière à cette communauté, composée dès lors de trois cents religieuses; 2° que, dès l'année 640, saint Éloi ayant été nommé à l'évêché de Noyon, partit aussitôt pour se rendre à Rouen, et s'y préparer à recevoir les ordres sacrés. Quant au vitrage, qui, suivant les apparences, n'étoit que du dix-septième siècle, il avoit été fait sans doute en mémoire de quelque contribution assez considérable que les foulons, alors en très-grand nombre dans cette paroisse, avoient peut-être payée pour la construction de l'église antérieure, c'est-à-dire de celle qui fut bâtie au treizième siècle. Cette opinion devient très-probable si l'on considère que ces artisans avoient alors une place ou marché aux environs de la porte et de la place Baudoyer; et que le prieuré de Saint-Éloi y possédant une censive, ce lieu devoit être de la paroisse Saint-Paul.

Il ne nous reste aucun monument qui puisse nous instruire de l'état de cette église jusqu'au douzième siècle; il paroît cependant qu'elle étoit déjà assez considérable dès le neuvième, puisque, lors de l'établissement de la procession du 25 avril, introduite alors en France avec plusieurs rits romains, l'église de Paris la choisit pour la station de cette journée. Une charte de Galon, évêque de Paris, de l'an 1107, fait entendre que dès lors c'étoit une ancienne coutume que le chapitre de Paris allât à l'église de Saint-Paul le jour de la fête, et que pour cette raison l'abbaye de Saint-Éloi étoit tenue, ce jour-là, envers ce chapitre, à une redevance de huit moutons, deux muids de vin, mesure du cloître, trois setiers de froment, six deniers et une obole (1). Ce titre ne prouve pas sans doute que dès lors Saint-Paul fût paroisse; mais il est vraisemblable qu'il le devint vers ce temps-là, ainsi que les autres chapelles dépendantes de l'abbaye de Saint-Éloi (2): car dans une bulle d'In-

---

(1) *Gallia Christiana*, t. VIII.
(2) Il est probable que ce changement arriva après la donation

nocent II de 1136, où il est parlé de quatre autres églises de la Cité, celle-ci est qualifiée d'*Ecclesia sancti Pauli extra civitatem*; et vers le même temps, la qualification de *presbyter*, qui ne s'accordoit qu'aux prêtres cardinaux ou curés, fut donnée à l'ecclésiastique qui la desservoit.

On ne peut douter que la chapelle bâtie par saint Eloi n'ait été plusieurs fois ravagée par les Normands, et qu'elle n'ait entièrement cessé d'exister au dixième siècle, époque à laquelle on rebâtit la plupart des églises. Elle ne fut reconstruite que dans le cours du treizième; mais depuis la nouvelle enceinte de Philippe-Auguste, les environs de Saint-Paul ayant été couverts de maisons, et le nombre des habitants s'étant considérablement augmenté, tant par cette circonstance que par le voisinage de l'hôtel Saint-Paul, bâti depuis par Charles V, cette église fut de nouveau rebâtie, augmentée et décorée par les libéralités de ce prince et de ses successeurs. La dédicace en fut faite en 1431 par Jacques du Chatellier, évêque de Paris; et l'on y fit, en 1542 et 1547, des augmentations et des réparations qui se renouvelèrent encore en 1661.

La maçonnerie lourde et massive de cet édi-

---

faite du monastère de Saint-Éloi et de ses dépendances à l'abbaye de Saint-Maur-des-Fossés, et lors de la remise qui en fut faite, en 1125, à l'évêque de Paris, par Thibaut. (*Voyez* t. Ier, p. 226.)

fice, ses voûtes basses et mal éclairées, annonçoient combien l'architecture avoit encore peu fait de progrès dans le temps où il fut élevé. Le bas de l'intérieur de la tour devoit être du treizième siècle, et les bases des trois portiques paroissoient avoir été construites vers le milieu du quatorzième. Le reste étoit du règne de Charles VII.

CURIOSITÉS DE L'ÉGLISE SAINT-PAUL.

TABLEAUX.

Sur le maître-autel, l'institution de l'Eucharistie, par *Jean-Baptiste Corneille*.

Dans la première chapelle à gauche, un *Benedicite*, par *Lebrun*.

Dans la quatrième, une Ascension, par *Jouvenet*.

Dans la chapelle du curé, un saint Jacques, dont l'auteur est inconnu.

Les jours de fêtes, la nef étoit ornée d'une tenture de tapisserie, en or, argent et soie, représentant l'histoire de saint Paul; c'étoit un présent qu'avoit fait à cette église Anne Phelypeaux de Villesavin, veuve de M. Bouthilier, comte de Chavigni, ministre d'état.

Le jour de la Fête-Dieu, on portoit, avec beaucoup de pompe, une arche faite sur les dessins de *Mansard*, et enrichie de pierreries.

Dans la chapelle de la communion et autour des charniers, on voyoit sur les vitraux de très-belles peintures, exécutées, d'après les cartons de Vignon, par les trois *Pinaigrièr*, *Levasseur*, *Monnier*, *Perrier*, *Desaugives* et *Porcher*, tous contemporains, et les premiers artistes qu'il y eût alors en ce genre (1).

---

(1) Nous croyons que ces vitraux ont été entièrement détruits pendant la révolution

TOMBEAUX.

Auprès du maître-autel avoient été inhumés trois favoris de Henri III, *Caylus*, *Maugiron* et *Saint-Mégrin*, les deux premiers tués en duel le même jour, le troisième assassiné en sortant du Louvre. Le roi leur avoit fait élever des tombeaux en marbre noir, ornés de leurs statues extrêmement ressemblantes. Ces tombeaux furent détruits, en 1588, par la populace de Paris, lorsqu'on y eut appris la mort des Guises, assassinés à Blois par l'ordre de ce prince. Ils étoient tous les trois de la main de *Germain Pilon* (1).

Près la petite porte du chœur à gauche, on voyoit le mausolée de François d'Argouges, premier président du parlement de Bretagne, conseiller d'État, par *Coizevox*.

Sur un pilier près la chapelle de la communion étoit un monument érigé à la mémoire de Jules-Hardouin Mansard, par le même sculpteur. Il offroit le médaillon, en marbre blanc, de cet architecte célèbre, posé sur une demi-colonne

---

(1) Ces monuments étoient chargés d'épitaphes, parmi lesquelles nous citerons seulement celle de Maugiron, écrite en vers françois.

<blockquote>
La déesse Cyprine avoit conçu des cieux,
En ce siècle dernier, un enfant dont la vue
De flammes et d'éclairs étoit si bien pourvue,
Qu'Amour, son fils aîné, en devint envieux.
Chagrin contre son frère et jaloux de ses yeux,
Le gauche lui creva *; mais sa main fut déçue;
Car l'autre, qui étoit d'une lumière aiguë,
Blessoit plus que devant les hommes et les dieux.
Il vient, en soupirant, s'en complaindre à sa mère :
Sa mère s'en moqua; lui, tout plein de colère,
La Parque supplia de lui donner confort.
La Parque, comme Amour, en devint amoureuse;
Aussi Maugiron gît sous cette tombe ombreuse,
Et vaincu par l'Amour et vaincu par la Mort.
</blockquote>

Saint-Foix remarque avec raison qu'on peut éprouver quelque étonnement de rencontrer les Parques, l'Amour et Vénus dans une église.

* A l'âge de seize ans il avoit perdu un œil au siège d'Issoire.

de la même matière (1). Pierre Biard, autre architecte, mort en 1609, étoit aussi enterré dans cette église.

A côté de l'autel de cette chapelle étoit le tombeau, en marbre, d'un duc de Noailles. Ce monument, composé de plusieurs figures, avoit été exécuté par *Anselme Flamand*.

Dans la chapelle de Saint-Louis on lisoit l'épitaphe de Nicolas Gilles, auteur des Annales et Chroniques de France, mort en 1503.

Dans l'église étoient inhumés : Jacques Bourdin, sieur de La Villette, secrétaire des finances sous Charles VIII et Louis XI, mort en 1524.

Robert Ceneau, évêque d'Avranches, docteur en théologie de la faculté de Paris, auteur de plusieurs ouvrages, mort en 1560. Son tombeau, placé dans le chœur, offroit, sur une table de marbre noir, une statue en cuivre de ce personnage, décorée des attributs de sa dignité.

Adrien Baillet et Pierre-Silvain Regis, écrivains connus, morts en 1706 et 1707.

Le fameux Rabelais, mort le 9 avril 1553, avoit été enterré dans le cimetière de cette paroisse, etc. etc.

CIRCONSCRIPTION.

Pour avoir une idée du contour de la paroisse Saint-Paul, on peut le commencer à la maison qui fait le coin de la rue des Nonaindières et du quai des Ormes, de là, suivre jusqu'aux Célestins, puis y comprendre ensuite l'Arsenal et l'emplacement de la Bastille, et après avoir passé par-devant la porte Saint-Antoine, y renfermer tout ce qui est au-dedans des remparts, jusqu'à la rue Saint-Gilles, qui donne dans celle de Saint-Louis.

---

(1) Ce tombeau, décoré d'une épitaphe très-honorable, se voyoit au Musée des Petits-Augustins.

Dans cet endroit la paroisse traversoit cette même rue Saint-Louis; elle prenoit ensuite le côté gauche des rues du Parc-Royal, des Trois-Pavillons, le côté oriental de la rue des Francs-Bourgeois, ensuite la rue Pavée, la rue du Roi de Sicile jusqu'à celle des Juifs : là elle n'avoit que le côté gauche et quelques maisons de la rue du Temple à gauche, et jusqu'à la rue Saint-Antoine qu'elle partageoit avec la paroisse Saint-Gervais. Le côté gauche de la rue de Joui lui appartenoit, ainsi qu'une grande partie du côté droit. Les rues de Fourci et des Nonaindières dépendoient d'elle en totalité. Elle comprenoit encore le carré de la rue de la Mazure, s'étendoit ensuite sur le quai des Ormes jusqu'à la rue du Paon-Blanc inclusivement, et enfin dans la rue de la Mortellerie.

Tel étoit le plus grand contour de cette paroisse qui renfermoit les rues de Fourci, Percée, du Figuier, des Prêtres, des Barres, des Jardins, de Sainte-Anastase, de Saint-Paul, l'ancienne et la neuve, des Lions, de Gérard-Boquet, des Trois-Pistolets, du Beau-Treillis, du Petit-Musc, du Foin, des Minimes, de la Cerisaie, de Lesdiguières, des Fournelles, du Pas-de-la-Mule, de Sainte-Catherine, de l'Egout-Sainte-Catherine, Païenne, des Barres, Cloche-Perce, et la grande rue Saint-Antoine.

Il y avoit aussi quelques cantons détachés : le

plus étendu commençoit à la vieille rue du Temple, au coin de la rue de la Croix-Blanche; et s'étendoit à gauche de cette rue jusqu'au premier coin de la rue des Blancs-Manteaux, où il tournoit à gauche; il continuoit de ce côté jusqu'au coin de la rue du Puits, et dans une partie des rues Sainte-Croix-de-la-Bretonnerie, Bourg-Thiboud et de la Croix-Blanche. Cette paroisse avoit encore plusieurs autres écarts singuliers, d'où il résultoit que son territoire se trouvoit enclavé en plusieurs endroits dans celui de la paroisse Saint-Gervais.

Il n'y avoit point de reliques remarquables dans cette église, et l'on n'y comptoit que trois ou quatre chapellenies qui méritassent d'être citées (1).

---

(1) L'église Saint-Paul a été entièrement détruite pendant la révolution. La vue que nous en donnons, faite d'après un dessin original, et que nous croyons unique, n'a jamais été gravée. *Voyez* pl. 106.

LES CÉLESTINS.

Ces religieux furent institués vers le milieu du treizième siècle par saint Pierre dit de *Morron* (1), du nom d'une montagne où il s'étoit retiré près de Sulmone, dans l'Abbruze citérieure. Ce pieux cénobite s'établit ensuite sur le mont de Majelle, à quelque distance de cette ville; et c'est là que, rassemblant plusieurs de ses disciples, il forma une congrégation sous la règle de saint Benoît, laquelle fut approuvée par le concile général tenu à Lyon en 1274. Ayant été élu pape le 5 juillet 1294, le saint fondateur prit le nom de Célestin VI, nom qui fut depuis adopté par tous les religieux de son ordre.

Saint Louis, à son retour de la terre sainte, en 1254, avoit amené avec lui six religieux du Mont-Carmel, depuis connus sous le nom de *Carmes*, mais que l'on appeloit alors les *Barrés*, à cause de leurs manteaux blancs et noirs. Ces religieux,

---

(1) Dom Félibien écrit *de Mouron*.

que le saint roi avoit d'abord logés dans une partie d'un vaste terrain nommé le *Champ au plâtre*, ayant été transférés en 1318 à la place Maubert, vendirent l'emplacement qu'ils venoient de quitter à Jacques Marcel, bourgeois de Paris. Ce nouveau propriétaire y fit bâtir deux chapelles, et les dota chacune de 20 liv. de rente amortie. On trouve dans le grand cartulaire que l'acte de fondation en fut approuvé le 1ᵉʳ juin 1319 par l'évêque de Paris.

Ce terrain et les deux chapelles passèrent à Garnier Marcel, fils du précédent, qui les donna aux Célestins (1), par contrat du 10 novembre 1352. On voit cette donation confirmée la même année par des lettres de Jean de Meulan, évêque de Paris, et de Guillaume de Melun, archevêque de Sens. Robert de Jussi, chanoine de Saint-Germain-l'Auxerrois et secrétaire du roi, qui avoit été novice chez les Célestins à Saint-Pierre de Châtres, près Compiègne, fut un de ceux qui contribuèrent le plus à leur établissement à Paris.

Quoique ces religieux ne fussent qu'au nombre de six, le revenu que Garnier Marcel leur avoit donné étoit si modique qu'ils avoient bien de la peine à subsister. A la sollicitation de leur ardent

---

(1) Dubreul attribue à Jacques Marcel la donation faite aux Célestins. Cette erreur a été relevée par Jaillot, qui produit à l'appui de son opinion les actes et titres que nous avons cités dans le texte.

protecteur, Robert de Jussi, les secrétaires du roi établirent chez eux leur confrérie, et avec la permission du roi Jean, ils donnèrent chaque mois à ce couvent une bourse pareille à celle qu'ils recevoient pour leurs honoraires. Charles, dauphin et régent du royaume, confirma cette libéralité en 1358, et de plus permit aux Célestins d'acquérir 200 liv. parisis de rente, qu'il amortit par ses lettres données à Melun au mois de juin 1360. Toutes ces dispositions furent ratifiées par le roi Jean à son retour d'Angleterre, en 1361 et 1362; et ces religieux ont continué à jouir de la bourse jusqu'au moment de leur suppression.

Charles V avoit conçu une telle affection pour l'ordre des Célestins, qu'à son avénement à la couronne il s'en déclara non-seulement le protecteur, mais encore le fondateur. Au don de la bourse de la chancellerie et des deux cents livres de rente, il ajouta celui de dix mille livres, et de tous les bois nécessaires pour la construction de leur église. Il y fit bâtir les lieux réguliers, en augmenta l'emplacement d'une partie des jardins de l'hôtel Saint-Paul et d'un hôtel contigu à leurs murs, qu'il acheta à leur intention; enfin il mit le comble à tant de bienfaits en accordant à ces religieux un grand nombre d'exemptions et de priviléges, que son successeur Charles VI confirma et étendit ensuite sur tous les monastères de cet ordre.

Lorsque l'église, aux fondemens de laquelle

Charles V avoit voulu poser la première pierre, eut été achevée, ce prince la fit consacrer et dédier sous le titre de l'invocation de la Sainte-Vierge. Cette dédicace, faite le 15 septembre 1370, fut accompagnée d'une foule de dons précieux (1), dont les auteurs contemporains nous ont transmis tous les détails, et qui furent ensuite conservés avec soin dans le trésor de ce monastère.

Le duc d'Orléans, Louis, fils puîné du roi Charles V, hérita de la prédilection de son père pour ce couvent, et ne cessa de le combler de marques de sa bienveillance. Ce fut lui qui y fit bâtir la magnifique chapelle qui portoit son nom (2), et

---

(1) Ces dons consistoient principalement en riches ornements, parmi lesquels on remarquoit deux chapes de drap d'or, l'une semée de fleurs de lis et l'autre d'étoiles. A l'offertoire de la première messe qui y fut célébrée, le roi présenta une croix d'argent doré, la reine une statue de la Vierge aussi d'argent doré, et le dauphin, qui régna dans la suite sous le nom de Charles VI, un vase très-riche du même métal.

(2) Un accident, dont ce prince fut la cause innocente, donna lieu à la construction de cette chapelle. Dans un bal qui se donnoit à l'occasion du mariage d'une des dames de la reine, Charles VI avoit imaginé de se déguiser en satyre avec quelques jeunes seigneurs de sa cour. Lorsqu'ils entrèrent dans la salle, le duc d'Orléans, qui n'étoit pas dans le secret de cette partie, s'étant approché avec un flambeau pour essayer de reconnoître ces masques, le feu prit à l'habit de l'un d'entre eux, et se communiqua aux autres avec d'autant plus de rapidité que ces habits avoient été enduits de poix, afin d'y faire tenir du coton et du lin, disposés de manière à figurer le poil des satyres. Par une circonstance plus malheureuse encore, il se trouva que tous ceux

sous l'autel de laquelle il fut inhumé en habit de Célestin, ainsi que l'avoit ordonné une disposition de son testament, daté du 19 octobre 1403 (1).

Cet ordre a donné à la France plusieurs sujets distingués : il étoit gouverné par un provincial qui, dans le royaume, avoit la même autorité sur tous les monastères de cet ordre que le général sur l'ordre entier. Cette prérogative avoit été accordée par une bulle de Clément VII; et il y eut à ce sujet en 1418, entre les Célestins de France et ceux d'Italie, un concordat qui fut ratifié par le souverain pontife en 1423. Quoique le monastère des Célestins de Paris ne fût pas le plus ancien du royaume, cependant, par des constitutions de l'an 1417, il fut arrêté qu'à l'avenir il seroit, non pas le chef-lieu de l'ordre, comme quelques auteurs semblent le faire entendre, mais le chef-lieu principal de la congrégation des Célestins en France :

---

qui composoient la mascarade étoient enchaînés les uns aux autres, ce qui porta le désordre à son comble, et donna une nouvelle activité à l'embrasement. Plusieurs y périrent ; le roi lui-même courut risque de la vie, et n'échappa à cet affreux danger que par le courage et la présence d'esprit de la duchesse de Berri, qui jeta sur lui son manteau, et étouffa les flammes en le serrant fortement dans ses bras. On rendit au ciel les actions de grâces les plus solennelles, et le duc d'Orléans, pour expier son imprudence, fit bâtir aux Célestins la chapelle qui portoit son nom. C'est ce même duc d'Orléans qui fut assassiné, en 1407, par ordre du duc de Bourgogne.

(1) L'original de ce testament étoit gardé dans ce monastère.

ce qui étoit fort différent. Ce monastère fut supprimé quelques années avant la révolution.

Le couvent passoit pour une des plus belles et des plus riches maisons religieuses qu'il y eût à Paris. L'église, d'une architecture gothique très-grossière, étoit peu digne des autres constructions, mais elle n'en étoit pas moins une des plus curieuses de cette capitale, et celle que les étrangers visitoient avec le plus d'empressement, à cause de la quantité prodigieuse de monuments qui y étoient en quelque sorte entassés. Après l'abbaye de Saint-Denis, c'étoit sans contredit l'église de France qui contenoit le plus d'illustres sépultures (1).

CURIOSITÉS DE L'ÉGLISE DES CÉLESTINS.

TABLEAUX.

Au-dessus de la principale porte du chœur, en dedans, Jésus-Christ avec les docteurs de la loi, par *Stradan*.

Au-dessus de la même porte, en dehors, l'Économe de l'Évangile, par le même.

Dans une chapelle, saint Léon devant Attila, par *Paul Mathey*.

Dans une autre, une Magdeleine, par *Pierre Mignard*.

Derrière le maître-autel, un grand tableau de la Transfiguration.

Sur l'autel de la chapelle d'Orléans, une descente de croix, peinte sur bois, par *Salviati*, Florentin.

Le plafond du grand escalier du couvent, peint par *Bon Boullongne*, représentoit Pierre de Morron enlevé au ciel par des anges.

---

(1) *Voyez* pl. 107.

SAINT-PAUL.

SCULPTURES.

Le maître-autel étoit orné de quelques figures, entre autres d'une Annonciation, par *Germain Pilon*.

Dans une chapelle on voyoit la figure de Charlemagne, vêtu d'un habit de guerre, par *Paul Ponce*.

TOMBEAUX ET SÉPULTURES.

Nef et Sanctuaire.

Devant le maître-autel avoient été inhumés le cœur du roi Jean, mort en 1364, et celui de Jeanne, comtesse de Boulogne, sa seconde femme, morte en 1361.

Philippe de France, premier duc d'Orléans, fils puîné de Philippe VI et de Jeanne de Bourgogne, avoit sa sépulture dans cette église, devant le sanctuaire. A l'époque où il mourut, en 1391, la chapelle d'Orléans n'étoit point encore bâtie.

A peu de distance, et aussi devant le sanctuaire, avoit été inhumé Henri, duc de Bar, mort à Venise en 1398.

Sous une tombe de cuivre, et vers la même place, étoient renfermés les corps de Jean Budé, audiencier de la chancellerie de France, mort en 1501, et de Catherine Le Picard sa femme, morte en 1506. Le savant Guillaume Budé, maître des requêtes sous François Ier, étoit leur fils.

Dans le mur, du côté de l'évangile, étoit le mausolée de Léon de Lusignan, roi d'Arménie, mort à Paris en 1393 (1).

Plus bas, et du même côté, une épitaphe gravée sur un autre tombeau annonçoit qu'il contenoit les cendres de Jeanne de Bourgogne, épouse du duc de Bedfort, régent de France, morte en 1432. Sur ce monument de marbre noir étoit sa statue couchée, et en marbre blanc (2).

---

(1) Ce monument, qui avoit été déposé au Musée des Petits-Augustins, représente ce prince couché sur sa tombe, et revêtu de ses ornements royaux. Il est du gothique le plus grossier.

(2) Déposé aux Petits-Augustins.

Du même côté, à peu de distance du cloître, avoit été inhumé *Fabio Mirto Frangipani*, nonce du pape près Charles IX et Henri III, mort à Paris en 1587.

Du côté de l'épitre, un tombeau de marbre noir, sur lequel étoit couchée une figure de marbre blanc, contenoit les entrailles de Jeanne de Bourbon, femme de Charles V, morte en 1377 (1).

Auprès de cette tombe furent inhumés deux fils de Louis, duc d'Orléans, et de Valentine de Milan, morts en bas âge.

Du même côté étoit le tombeau d'André d'Espinay, cardinal, archevêque de Bordeaux et de Lyon, et petit-neveu de Louis, duc d'Orléans, mort en 1500.

Au milieu de la nef et devant le crucifix avoient été inhumés, sous une tombe de marbre noir, Garnier Marcel, bourgeois et échevin de Paris, bienfaiteur de cette maison, et Eudeline sa femme, morts en 1352. Son père, Jacques Marcel, et sa sœur, avoient aussi leur sépulture sous le même tombeau.

Chapelle d'Orléans.

Elle contenoit un grand nombre de monuments très-remarquables, savoir :

Un tombeau de marbre, orné dans son pourtour des statues des douze apôtres et de celles de plusieurs saints. Sur ce tombeau étoient couchées quatre figures, représentant Louis de France, duc d'Orléans, Valentine de Milan sa femme, et leurs deux fils, Charles, duc d'Orléans, et Philippe d'Orléans, comte de Vertus (2).

Près de ce mausolée, trois grandes tables de marbre, sur

---

(1) Déposé au Musée des Petits-Augustins.

(2) Ce tombeau, partagé maintenant, nous ne savons pourquoi, en trois parties, se voyoit aussi dans le même Musée. Louis d'Orléans et Valentine de Milan sont séparément sur deux portions du monument, et leurs deux fils sur la troisième. On voit déjà dans ces sculptures gothiques une sorte de retour vers l'étude de la nature. Il y a dans les grandes figures une exécution qui n'est pas dépourvue d'agrément; et les petites figures d'apôtres, quoique d'un dessin très-mauvais, annoncent déjà quelque science et l'origine d'une école. Elles ont été exécutées sous le règne de Louis XII, à qui l'on devoit l'érection entière du monument.

lesquelles étoient gravés quatre écussons des armes de France et d'Orléans, contenoient des inscriptions, monuments de la piété de Louis XII, petit-fils de Louis et de Valentine de Milan.

Assez près de ce tombeau, et du côté de l'autel, on voyoit ce fameux groupe des trois Grâces, sculptées en albâtre par *Germain Pilon*; elles étoient debout sur un piédestal, se tenant par la main, et soutenoient sur leur tête une urne de bronze doré, dans laquelle étoient renfermés les cœurs de Henri II, de Catherine de Médicis, de Charles IX et de François de France, duc d'Anjou, son frère (1).

A l'autre extrémité du tombeau des ducs d'Orléans s'élevoit,

---

(1) Sur chacune des trois faces du piédestal étoient gravés deux vers latins.

Ire face.

*Cor junctum amborum longum testatur amorem,
Ante homines junctus, spiritus ante Deum.*

IIe face.

*Cor quondam charitum sedem, cor summa secutum,
Tres charites summo vertice jure ferunt.*

IIIe face.

*Hic cor deposuit regis Catharina Mariti,
Id cupiens proprio condere posse sinu.*

On étoit étonné de rencontrer dans un temple chrétien un monument dont l'allégorie étoit toute païenne, et cette inconvenance avoit en effet quelque chose de choquant; mais cette première impression peu favorable faisoit bientôt place à la juste admiration que faisoit naître cette excellente production. On y retrouve sans doute un peu du style maniéré de l'école florentine, mais il y a tant d'élégance dans les formes, une grâce si naïve dans les attitudes, les caractères de têtes sont si vrais et si charmants, l'exécution totale d'un sentiment si délicat, qu'on pardonne facilement à l'artiste l'agencement bizarre de ses draperies, qui ressemblent un peu à de la gaze chiffonnée, et sous lesquelles toutefois il a eu l'adresse de faire sentir parfaitement le nu. Ce vêtement singulier nous semble le seul défaut qu'on puisse reprocher à ce monument, considéré avec juste raison comme l'un des chefs-d'œuvre de la sculpture françoise. Il étoit déposé aux Petits-Augustins.

sur un piédestal triangulaire en porphyre, une colonne de marbre blanc semée de flammes. Cette colonne supportoit une urne de bronze doré, dans laquelle étoit renfermé le cœur de François II. Au pied de la colonne trois enfants ou génies aussi en marbre blanc, tenoient chacun un flambeau. Une inscription annonçoit que ce monument avoit été érigé par Charles IX (1).

A l'entrée de la chapelle, une urne de bronze posée sur une grande colonne de marbre blanc, chargée de feuillages et de moulures, renfermoit le cœur d'Anne de Montmorenci, connétable de France, tué à la bataille de Saint-Denis le 12 novembre 1567. Cette colonne étoit élevée sur un piédestal de marbre, et accompagnée de trois statues qui représentoient des vertus. Le tout étoit de la main de *Barthélemi Prieur*.

Des tables noires placées au-dessous de ces figures contenoient des vers français et latins, et une inscription en prose à la louange de cet homme illustre (2).

Dans le mur, sur un tombeau de marbre noir, étoit une statue en marbre blanc, à demi couchée. Cette figure, due au ciseau de *Jean Cousin*, représentoit Philippe Chabot, amiral de France sous François Ier, mort en 1543.

Au bas de cette statue le même artiste avoit placé une petite figure de la Fortune, couchée et dans l'attitude de l'abattement (3).

---

(1) Ce monument existoit, dit-on, dans les dépôts du même Musée, mais n'étoit point exposé.

(2) Cette colonne, que les historiens ont appelée *composite*, n'est certainement d'aucun ordre; et l'on ne peut rien imaginer de plus bizarre et de plus capricieux que les ornements dont elle est surchargée depuis la base jusqu'au chapiteau. Toutefois ces ornements sont traités avec un soin extrême et une grande délicatesse. Il n'en est pas de même des figures; et si l'on peut juger de celles qui manquent par la seule qui nous reste, le dessin en étoit roide, mesquin, presque barbare, le travail très-grossier. Cette figure est maintenant fixée sur le sommet de la colonne, où elle remplace l'urne, qui probablement aura été profanée et détruite pendant les jours révolutionnaires. (Déposé aux Petits-Augustins.)

(3) Ce beau monument, qui se voyoit également au Musée des Petits-Augustins, doit être mis, de même que les Grâces de Germain Pilon, au nombre des chefs-d'œuvre de la sculpture françoise. L'attitude de la figure

A côté de ce mausolée, on en voyoit un autre de marbre blanc, sur lequel étoit la statue d'un homme mort, dont la tête étoit soutenue par un petit génie. Un autre génie placé à ses pieds semble dérouler le manteau ducal qui l'enveloppe. Cette figure étoit celle de Henri Chabot, duc de Rohan, pair de France, gouverneur d'Anjou, mort en 1655 (1).

Vis-à-vis, et de l'autre côté de la chapelle, sur un piédestal de marbre noir, étoient deux génies appuyés sur un bouclier; au-dessus s'élevoit une colonne en marbre blanc, chargée de chiffres et de colonnes ducales. L'entablement, à quatre faces, et couvert des mêmes ornements, supportoit une urne dorée, dans laquelle étoit le cœur de Timoléon de Cossé, comte de Brissac, colonel-général de l'infanterie, grand-panetier et grand-fauconnier de France, tué au siége de Mucidan en 1569.

Le mausolée de la maison d'Orléans-Longueville étoit un des

---

est simple et noble, la tête pleine de vérité et du plus beau caractère; l'exécution totale d'une main ferme et savante; on reconnoît ici la grande école de Michel-Ange, et ce morceau ne seroit pas indigne de lui. Cependant il est remarquable que tous les historiens de Paris qui ont donné la description de ces monuments et prononcé sur leur mérite, accoutumés à prendre leurs jugements dans Piganiol, n'ont pas manqué de répéter très-exactement, d'après lui, que tout ce monument *étoit bizarre et de mauvais goût*. Ils débitoient de semblables blasphèmes dans le temps même qu'infatués de tous les préjugés systématiques du siècle de Louis XV, ils prodiguoient les éloges les plus outrés aux détestables productions de cette époque de dégénération et de barbarie.

La petite figure de la Fortune existe encore; l'attitude en est un peu contournée, mais le style et l'exécution y sont dignes de la figure principale. Du reste ce tombeau est maintenant composé d'une foule de pièces de rapport, de débris tirés d'autres monuments. Il n'est pas le seul qu'on ait défiguré de cette manière, et il est inutile sans doute de faire sentir le ridicule et l'inconvenance de ces restaurations arbitraires : il n'est pas un bon esprit qui d'abord n'en soit frappé.

(1) Ce monument, déposé aux Petits-Augustins, est de la main d'*Anguier*, que les mêmes historiens qualifient de *fameux*. Ils donnent aussi de grands éloges à toutes ces figures. S'il faut dire ce que nous en pensons, nous les trouvons lourdes, maniérées, d'un mauvais goût, d'une exécution qui manque de finesse, et dans laquelle on ne trouve qu'un sentiment médiocre d'imitation de la nature, mêlé à ces combinaisons systématiques qui commençoient déjà à infecter l'école.

monuments les plus considérables de cette chapelle; il se composoit d'une pyramide en marbre blanc, chargée de trophées en bas-relief, accompagnée, aux quatre angles de son piédestal, des quatre vertus cardinales, et de deux bas-reliefs dorés qui en occupoient les deux faces principales, représentant, l'un *le secours d'Arques*, et l'autre *la bataille de Senlis*. Ce mausolée, qui renfermoit les cœurs de plusieurs ducs de Longueville, avoit été commencé pour celui de Henri Ier, qui mourut à Amiens en 1595, des suites d'un coup de mousquet (1); il fut achevé par Anne-Geneviève de Bourbon, pour Henri II, duc de Longueville, son époux, fils du précédent, et mort en 1663. On y avoit aussi déposé les restes de Charles-Pâris d'Orléans son fils, tué au passage du Rhin en 1672. Toute la sculpture en fut alors composée et exécutée par *François Anguier* (2).

Au côté droit de l'autel, sur un tombeau de marbre noir,

---

(1) Dans une salve d'artillerie que l'on avoit faite pour lui à son entrée à Dourlens. Son épitaphe faisoit entendre que c'étoit un simple accident. Saint-Foix en pense autrement, et voici ce qu'il dit à ce sujet: « La prin-
» cesse de Conti, dans son Histoire des amours de Henri IV, met l'assassinat
» de ce duc sur le compte de Gabrielle d'Estrées, qui vouloit se venger,
» dit-elle, d'une fourberie qu'il lui avoit jouée; mais d'autres ont écrit avec
» plus de vraisemblance que le marquis d'Humières, ayant surpris quelques
» lettres de sa femme et du duc de Longueville, se détermina à faire tuer ce
» prince. Il est certain, ajoute-t-il, qu'à peu près dans ce temps-là le
» mari, qui devenoit furieux au moindre sujet de jalousie, étrangla sa femme
» avec ses propres cheveux. »

(2) Voici encore un monument présenté comme un prodige de perfection par Piganiol et par ses copistes, admiré sur parole par le vulgaire des amateurs, et qui cependant est un ouvrage de tous points médiocre et de mauvais goût. Les quatre vertus, grandes comme nature, qui en sont les parties les plus remarquables, offrent, dans toutes leurs draperies, un style maniéré, un agencement faux; dans leurs formes, un dessin lourd, dépourvu de sentiment, et qu'on peut appeler en quelque sorte la *caricature* de l'antique. Les ornements qui couvrent la pyramide, les deux bas-reliefs dorés qui décorent le piédestal, sont encore plus médiocres que les statues. On remarque seulement, sur les deux autres faces de ce piédestal, deux petits bas-reliefs en marbre blanc, qui représentent des enfans et quelques autres sujets allégoriques, dont le dessin, le sentiment et l'exécution sont tellement supérieurs à tout le reste, qu'on peut douter qu'ils soient de la même main. (Déposé au Musée des Monuments françois.)

étoit couchée une petite statue de marbre blanc, représentant Renée d'Orléans, comtesse de Dunois, morte à Paris en 1525, à l'âge de sept ans (1).

Dans le fond de la chapelle, et sous une arcade vitrée, on voyoit une petite urne peinte et dorée, où étoient renfermées les entrailles du jeune duc de Valois et de Marie-Anne de Chartres, enfants du duc d'Orléans et de Marguerite de Lorraine, tous les deux morts en bas âge en 1656 (2).

Dans la même chapelle étoient encore inhumés :

Jean de Montauban, mort en 1407.

Bonne Visconti de Milan, sœur de Valentine, duchesse d'Orléans, morte en 1468.

Arthus de Montauban, archevêque de Bordeaux, mort en 1468.

François d'Espinay, seigneur de Saint-Luc, grand-maître de l'artillerie de France, tué au siége d'Amiens en 1597.

Jeanne de Cossé sa femme, morte en 1602.

François de Roncherolle, dit de Maineville, tué au siège de Senlis en 1689.

Chapelle de Rostaing.

Cette chapelle, située derrière celle d'Orléans, avoit été construite en 1652 par Charles, marquis de Rostaing, en l'honneur de sa famille, qui paroît avoir été infatuée de sa noble extraction au point de se rendre un peu ridicule (3). Les armoiries de

---

(1) Ce petit monument existe encore dans le même musée. L'attitude de la figure a la roideur gothique alors en usage; mais le travail en est fin et naïf, et l'on y remarque ce progrès sensible vers la bonne sculpture, qui caractérise cette époque de l'art.

(2) L'épitaphe du jeune duc de Valois étoit en vers latins très-délicatement tournés; ils exprimoient avec beaucoup de vivacité les sentiments des tendres parents à qui la mort l'avoit enlevé.

Blandulus, eximius, pulcher, dulcissimus infans,
Deliciæ matris, deliciæque patris,
Hic situs est teneris raptus Valesius annis,
Ut rosa quæ subitis imbribus icta cadit.

(3) On prétend que les Rostaing avoient offert aux pères Feuillants de

cette maison et celles de ses alliances faisoient l'unique ornement de cette chapelle. Celle qui étoit destinée à sa sépulture étoit dans l'église des Feuillants (1).

Chapelle des dix mille Martyrs.

Au côté méridional de l'église des Célestins étoit une autre église voûtée et séparée de la première par plusieurs piliers. C'est là qu'avoit été située jadis cette chapelle des Martyrs abattue depuis long-temps. Son existence étoit constatée par plusieurs inscriptions, qui apprenoient que la première pierre en avoit été posée par le cardinal de Bourbon, archevêque de Lyon; la dédicace du nouveau bâtiment fut faite en 1482, par Louis de Beaumont, évêque de Paris.

Chapelle de Gêvres ou de Saint-Léon.

Elle avoit été bâtie par François, duc de Luxembourg et d'Épinay, sur une partie de l'emplacement de la chapelle des dix mille martyrs, et dédiée, le 19 juin 1621, par Pierre Scaron, évêque de Grenoble, sous l'invocation de la Sainte-Vierge, des dix mille martyrs et de saint Pierre de Luxembourg. Cette chapelle, qui étoit celle des ducs de Gêvres, avoit pris, au commencement du siècle dernier, le nom de saint Léon, patron d'un des chefs de cette maison. Elle contenoit plusieurs tombeaux remarquables.

Du côté de l'épitre étoit le mausolée de René Potier, duc de Tresmes, etc. etc., mort en 1670. Sa statue, en marbre blanc, étoit à genoux sur ce monument.

Contre le mur du chœur et du côté de l'évangile, on voyoit, sur un tombeau de marbre blanc, la statue également à genoux de Marguerite de Luxembourg sa femme, morte en 1645.

Louis Potier, marquis de Gêvres, leur fils, tué, en 1643, au

---

faire reconstruire leur maître-autel, dont le dessin étoit très-pauvre, à condition qu'ils y placeroient leurs armoiries en soixante endroits. Cette vanité parut à ces bons pères si déplacée et si peu chrétienne qu'ils rejetèrent l'offre qu'on leur faisoit, quel qu'en fût d'ailleurs l'avantage.

(2) Voyez tome Ier, page 991.

siége de Thionville, avoit sa sépulture dans cette chapelle. Il y étoit aussi représenté à genoux, et armé de pied en cap (1).

Vis-à-vis étoit le tombeau de Léon Potier, duc de Gêvres, premier gentilhomme de la chambre, etc., mort en 1704.

Plusieurs autres personnages illustres y avoient encore leur sépulture et leurs épitaphes; savoir :

François de Gêvres, fils du précédent, mort en 1685.

Louis de Gêvres, marquis de Gandelus, mort en 1689.

Bernard-François de Gêvres, duc de Tresmes, pair de France, etc., mort en 1739.

Dans la nef étoit un tombeau de marbre noir adossé contre le mur du chœur, sur lequel la passion de Jésus-Christ étoit représentée en marbre blanc. Une inscription apprenoit que ce monument avoit servi de sépulture aux deux chanceliers Guy et Guillaume de Rochefort, morts en 1492 et 1527, ainsi qu'à plusieurs de leurs descendants. (Ce tombeau a été détruit.)

Auprès de ce tombeau, et du même côté, étoit la statue, en pierre de liais, de Charles de Maigné, capitaine des gardes de la porte sous Henri II. Il étoit représenté assis, vêtu de l'habit de guerre, et la tête appuyée sur le bras gauche. Ce monument, exécuté par *Paul Ponce*, avoit été érigé à ce gentilhomme en 1556, par Martine de Maigné sa sœur (2).

Chapelle de la Magdeleine ou de Noirmoustier.

Dans cette chapelle avoient été inhumés,

Claude de Beaune, femme de Claude Gouffier, marquis de Boissy, duc de Rouanez, morte en 1561.

Louis de La Trémouille, marquis de Noirmoustier, etc., mort en 1613.

Charlotte de Beaune, femme de François de La Trémouille, et mère du précédent, morte en 1617.

---

(1) Ces trois statues avoient été déposées au Musée des Petits-Augustins.

(2) Cette figure, d'une exécution médiocre, est cependant encore de la bonne école. La roideur qu'on y remarque ne doit être attribuée qu'à l'armure dont elle est couverte, car du reste l'attitude ne manque pas de naïveté. (Déposée aux Petits-Augustins.)

Dans la nef étoit le tombeau de Zamet, ce financier fameux qui, né dans l'indigence et l'obscurité, vint d'Italie en France, où il trouva le moyen non-seulement d'acquérir des richesses immenses, mais encore d'obtenir les bonnes grâces de Henri IV. Ses richesses et sa considération passèrent à ses descendants, dont plusieurs avoient leur sépulture dans ce même tombeau, élevé pour sa famille par Sébastien Zamet, abbé de Saint-Arnould de Metz, évêque et duc de Langres. On y lisoit trois épitaphes de ces divers personnages.

Dans le cloître avoit été inhumé Antoine Perez, ministre de Philippe II, accusé de trahison, et réfugié en France, où il mourut en 1611.

Dans le chapitre, une tombe peu élevée contenoit les cendres de Philippe de Maizières, chevalier, chancelier de Chypre du temps de Pierre de Lusignan, mort en 1405.

Il y avoit encore dans cette église plusieurs autres tombeaux de prélats, présidents, conseillers au parlement, etc. etc., dont le détail seroit peu intéressant, et passeroit d'ailleurs les bornes que nous devons donner à ces sortes de nomenclatures (1).

VITRAUX DES CÉLESTINS.

Ces vitraux, précieux par leur antiquité, ne l'étoient pas moins par l'authenticité des portraits qu'ils représentoient. Les plus anciens, placés au fond du chœur vers la sacristie, offroient les portraits du roi Jean et de Charles V dans la proportion de dix-huit pouces de hauteur (2).

Les autres ornoient la chapelle d'Orléans, et représentoient également onze rois ou princes avec les costumes du temps. Dans l'origine on n'en comptoit que sept; mais l'explosion de la tour

---

(1) Presque tous les monuments dont nous venons de faire la description étoient ornés de longues épitaphes, dont la plupart avoient été composées par le père *Carneau*, célestin. Il eût été fastidieux de les rapporter; et généralement, dans ces sortes d'inscriptions, nous nous bornons à choisir celles qui offrent quelque chose de piquant ou de singulier.

(2) Nous croyons qu'ils avoient été transportés au Musée des monuments françois.

de Billy les ayant détruits, François Ier, qui les fit rétablir, y ajouta le sien, celui de François, dauphin, et de Henri, duc d'Orléans, ses deux fils aînés. On y joignit depuis le portrait de Charles IX. Une inscription latine placée sous chaque portrait faisoit connoître le personnage qu'il représentoit.

Ces derniers portraits, dégradés par le temps, et restaurés à diverses reprises, ont été presque entièrement détruits pendant la révolution ; et à peine en restoit-il quelques débris, que l'on conservoit aux Petits-Augustins. On les attribue à un Flamand nommé *Van Orlay*, qui florissoit vers 1535.

Le cloître des Célestins passoit pour un des plus beaux de Paris, surtout à cause de la délicatesse des sculptures dont ces arcades étoient ornées. La bibliothèque, décorée avec le même soin, contenoit environ dix-sept mille volumes, parmi lesquels on remarquoit des ouvrages rares et plusieurs manuscrits très-curieux. Le jardin, spacieux et bien situé, régnoit le long des murs de l'Arsenal (1). Dans le cloître étoit la salle de la confrérie des secrétaires du roi. L'institution de cette confrérie sous l'invocation des quatre évangélistes datoit du temps même de l'établissement du monastère.

---

(1) L'église et les bâtiments des Célestins ont été depuis peu en partie abattus ; ce qui reste de ces constructions forme une caserne de cavalerie. La vue que nous en donnons est curieuse, en ce qu'elle offre la perspective de l'ancien Mail qui régnoit le long de l'Arsenal. (*Voyez* pl. 107).

L'ARSENAL (1).

On ne peut douter que les rois de France, commandant à une nation guerrière, et occupés de guerres continuelles, n'aient eu dans tous les temps des arsenaux ; mais on ignore absolument en quel endroit de Paris étoient ces grands dépôts d'armes, sous la première et la seconde race, même pendant les deux premiers siècles de la troisième. Le premier arsenal, dont l'existence soit bien prouvée, étoit situé dans l'enceinte du Louvre. Nous en trouvons la preuve dans les comptes des baillis de France, rendus en la chambre en 1295. *Il y est parlé des arbalètes, des nerfs et des cuirs de bœufs, du bois, du charbon, et autres menues nécessités du service de l'artillerie.* Les comptes des domaines, des treizième et quatorzième siècles, sont remplis des noms et des pensions de ceux qui avoient la direction de cet arsenal ; ils y sont désignés sous le nom *d'artil-*

---

(1) *Voyez* pl. 108.

leurs ou *canonniers*, *maîtres des petits engins*, *gardes et maîtres de l'artillerie*.

Les registres des œuvres royaux de la chambre des comptes font foi qu'en 1391 la troisième chambre de la tour du Louvre étoit pleine d'armes; que cette pièce ayant été destinée à recevoir des livres, ces armes en furent enlevées, et qu'en 1392 la basse cour, qui étoit du côté de Saint-Thomas-du-Louvre, servoit d'arsenal. Nos rois ont eu aussi de l'artillerie et des munitions de guerre au jardin de l'hôtel Saint-Paul, à la Bastille, à la tour de Billy (1), à la tour du Temple et à la Tournelle.

La ville de Paris possédoit de son côté un arsenal particulier. On comptoit autrefois, outre son hôtel, plusieurs endroits dans lesquels elle avoit des dépôts d'armes et de munitions de guerre. Mais son établissement le plus vaste en ce genre étoit situé derrière les Célestins, dans une partie de ce terrain dont nous avons déjà parlé, et qui se nommoit *le Champ au Plâtre*. Cet emplacement étoit si vaste qu'en 1396 Charles VII en donna une partie à son frère le duc d'Orléans, qui y fit construire un hôtel; et que ce qui res-

---

(1) Le tonnerre étant tombé sur la tour de Billy le 19 juillet 1538, mit le feu à une grande quantité de poudre qui y étoit renfermée, et détruisit entièrement cette tour, placée sur le bord de la Seine, derrière les Célestins.

toit fut encore suffisant pour y bâtir des granges et les autres bâtiments dont l'ensemble constitue un arsenal. La ville en jouit paisiblement jusqu'en 1533, que François Ier, ayant résolu de faire fondre des canons, emprunta l'une de ces granges, avec promesse de la rendre aussitôt que cette opération seroit finie. Pour accélérer cette opération, il en emprunta, peu de temps après, une seconde. Cette fois-ci la ville n'obéit qu'avec beaucoup de répugnance : elle prévoyoit sans doute que la restitution n'auroit pas lieu ; et en effet, elle n'étoit pas encore effectuée en 1547. A cette époque, Henri II, voulant faire construire d'autres fourneaux pour une nouvelle fonte de canons, demanda encore au prévôt des marchands et échevins quelques bâtiments de l'arsenal, en leur faisant dire toutefois que *la ville avisât à ce qu'elle vouloit pour dédommagement.* Ces magistrats acquiescèrent à la demande du roi, et la promesse du dédommagement fut oubliée. Ce prince, devenu ainsi maître de tout l'arsenal, y construisit plusieurs logements pour les officiers de l'artillerie, sept moulins à poudre, deux grandes halles et plusieurs autres bâtiments. Tout cela fut presque ruiné le 28 janvier 1562, par un accident qui mit le feu à près de vingt milliers de poudre.

Henri IV, ayant acquis quelques terrains des Célestins, fit beaucoup d'augmentations à l'arsenal ; il l'embellit d'un jardin, et fit planter le long de la rivière un mail qui a été détruit (1) vers le milieu du siècle dernier; sous Louis XIII et Louis XIV, on y ajouta quelques embellissements; en 1713, on détruisit une grande partie des anciens bâtiments; enfin, en 1718, ceux qui existent encore aujourd'hui commencèrent à s'élever sous la direction de l'architecte Germain Boffrand.

Cet établissement étoit divisé en deux parties, que l'on nommoit *le grand et le petit Arsenal*. Le grand avoit cinq cours, et le petit deux, lesquelles communiquoient les unes avec les autres. Dans le premier étoient les appartemens du grand-maître, du lieutenant-général et du secrétaire-général; dans l'autre, celui du contrôleur-général, etc.

On y voyoit deux fonderies construites sous Henri II, et dans lesquelles on a fabriqué autrefois une très-grande quantité de pièces d'artillerie; mais depuis long-temps elles avoient cessé d'être employées à ce service, parce que Louis XIV avoit jugé plus convenable de faire fondre l'artillerie sur les frontières des pays où il portoit la guerre.

---

(1) Ce fut aussi ce prince qui créa, en 1600, la charge de grand-maître de l'artillerie de France, en faveur de Sully, son ministre et son ami, chez lequel il alloit souvent; et c'est en s'y rendant, le 14 mai 1610, qu'il fut assassiné. Cette place fut supprimée par édit du 8 décembre 1755, et ses fonctions réunies au ministère de la guerre. Quelques historiens attribuent l'érection du mail à Charles IX.

Sous son règne, le seul usage qu'on en tira fut de les faire servir à la fonte des statues qui décorent le jardin de Marly et de Versailles.

Au-dessus de la grande porte qui étoit située en face du quai, près du couvent des Célestins, et qu'on avoit décorée de canons en place de colonnes, étoit une table de marbre sur laquelle on lisoit les deux vers suivants composés par *Nicolas Bourbon* :

Ætna hæc Henrico Vulcania tela ministrat,
Tela giganteos debellatura futuros.

L'architecture de la seconde porte étoit d'un meilleur goût : on prétend que les ornements en avoient été sculptés par *Jean Goujon*.

Dans l'intérieur de l'Arsenal il y avoit un bailliage de l'artillerie de France, lequel connoissoit de toutes les affaires civiles et criminelles dans l'enclos de sa juridiction. Les appels en ressortissoient directement au parlement.

HÔTELS.

ANCIENS HOTELS DÉTRUITS.

Hôtel Saint-Paul.

Nous avons eu souvent occasion de parler, dans la partie historique de ce livre, de cette maison royale que Charles V fit bâtir pour être *l'hôtel solennel des grands ébattements*, ainsi qu'il est marqué dans son édit du mois de juillet 1364. Ce prince n'étoit encore que dauphin lorsqu'il acheta de Louis, comte d'Étampes, et de Jeanne d'Eu sa femme, leur hôtel situé rue Saint-Antoine, lequel s'étendoit depuis le cimetière Saint-Paul jusqu'aux jardins de l'archevêque de Sens. Dans les deux années suivantes il acquit encore l'hôtel de ce prélat, et un autre hôtel connu sous le nom de Saint-Maur. Quelque vaste que fût l'emplacement de ces édifices, Charles V et ses successeurs l'agrandirent encore en y joignant celui de *Pute y Muce*, et plusieurs autres; en sorte qu'il comprenoit tout l'espace qui s'étend depuis la rue Saint-Paul jusqu'aux Célestins, et depuis la rue

Saint-Antoine jusqu'à la rivière, à la réserve de l'église, du cimetière Saint-Paul et des granges de Saint-Éloi.

Cet hôtel, comme toutes les maisons royales de ce temps-là, étoit flanqué de grosses tours; l'on trouvoit alors, et l'on avoit raison d'en juger ainsi, que ces constructions massives donnoient à de tels édifices un caractère de puissance et de majesté. Le roi, la reine, les enfants de France, les princes du sang, les connétables, les chanceliers et les grands en faveur, y avoient d'immenses appartements, la plupart accompagnés de chapelles, de jardins, de préaux, de galeries; on y comptoit plusieurs grandes cours, une entre autres si spacieuse qu'on y faisoit des exercices de chevalerie, et qu'elle en avoit pris le nom de *Cour des Joutes*.

Les historiens nous ont conservé des détails assez curieux sur l'appartement du roi : il consistoit d'abord en une grande antichambre et une chambre de parade, appelée la chambre à *parer*. Cette pièce, qui avoit quinze toises de long sur six de large, étoit aussi nommée chambre de *Charlemagne*. A la suite de cette chambre, on trouvoit successivement celle du *gîte du roi*, celle des *nappes*, la chambre d'*étude*, celle des *bains*, etc. Les poutres et solives des principaux appartements étoient enrichies de fleurs de lis d'étain doré. Il y avoit des barreaux de fer à toutes les fenêtres, avec un treillage de fil d'archal *pour empêcher les pigeons de venir faire leurs ordures dans les appartemens*. Les vitres, peintes de différentes couleurs, et chargées d'armoiries, de devises et d'images de saints et de saintes, étoient semblables en tout aux vitraux des anciennes églises. On n'y voyoit d'autres siéges que des bancs ou des escabelles. Le roi seul avoit des chaises à bras garnies de cuir rouge avec des franges de soie. Les lits étoient de drap d'or (1). L'histoire et les mémoires du temps nous apprennent que les chenets de fer de la chambre du roi pesoient cent quatre-vingts livres.

Les jardins n'étoient pas plantés d'ifs et de tilleuls, mais de pommiers, de poiriers, de vignes et de cerisiers. On y voyoit la lavande, le romarin, des pois, des fèves, de longues treilles et de belles tonnelles. C'est d'une treille qui faisoit la principale beauté de ces jardins, et d'une belle allée plantée de cerisiers, que l'hôtel, la rue Beautreillis et la rue de la Cerisaie ont pris leurs noms.

Les basses-cours étoient flanquées de colombiers et remplies de volailles que les fermiers des terres et domaines du roi étoient tenus de lui envoyer, et qu'on y engraissoit pour sa table et pour

---

(1) On appeloit alors les lits *Couches* quand ils avoient dix ou douze pieds de long sur autant de large, et *Couchettes* quand ils n'avoient que six pieds de long et six de large. Il a été long-temps d'usage en France de retenir à coucher ceux à qui l'on vouloit donner une marque d'affection.

celles de ses commensaux. On y voyoit aussi une volière, une ménagerie pour les grands et petits lions, etc. Le principal corps-de-logis de l'hôtel Saint-Paul et la principale entrée étoient du côté de la rivière, entre l'église Saint-Paul et les Célestins.

Charles V unit cet hôtel au domaine par son édit du mois de juillet 1364, et ordonna qu'il n'en seroit *jamais démembré pour quelque cause et raison que ce pût être*. Cependant, soit qu'il tombât en ruines, ou que le palais des Tournelles parût alors plus commode, en 1516 François Ier en permit l'aliénation, et vendit d'abord quelques-uns des édifices qui le composoient. Le reste fut acheté, en 1551, par divers particuliers qui commencèrent à bâtir et à percer les rues encore existantes aujourd'hui sur le vaste terrain qu'occupoit cet hôtel.

Hôtel de Beautreillis.

Cet hôtel avoit été construit sur une partie de l'emplacement de l'hôtel Saint-Paul. Il contenoit plusieurs corps-de-logis, des cours, des jardins et un jeu de paume. Toutefois il paroît que ces constructions avoient été faites avec peu de soin, car, dès 1548, le roi Henri II en ordonna l'aliénation. Le parlement ayant jugé nécessaire de faire une information préalable et nommé des commissaires à cet effet, on voit, par le procès-verbal qu'ils dressèrent le 13 avril 1554, que cet hôtel tomboit en ruine, et que, pour l'utilité et la décoration de la ville, on en pouvoit diviser l'emplacement en trente-sept places à bâtir, et percer une rue sur le jardin; ce qui fut exécuté.

Hôtel de Lesdiguières (1).

Cet hôtel avoit été bâti dans la rue qui porte ce nom, par Sébastien Zamet, ce financier fameux dont nous avons déjà eu occasion de parler. Il étoit très-considérable, et les jardins qui en dépendoient s'étendoient jusqu'à la rue Saint-Antoine.

Ses héritiers le vendirent à François de Bonne, duc de Lesdiguières et connétable de France. Il passa ensuite, par succession, dans la maison de Villeroi; et enfin il fut vendu dans le siècle dernier à des particuliers qui le firent démolir. Plu-

---

(1) En 1742 on voyoit encore dans les jardins de cette maison un monument assez singulier : c'étoit un petit tombeau de fort bon goût, que Paule-Françoise-Marguerite de Gondi, veuve d'Emmanuel de Créqui, duc de Lesdiguières, avoit fait ériger à une chatte qu'elle avoit beaucoup aimée. On y lisoit cette épitaphe, d'un tour naïf et délicat :

Cy git une chatte jolie :
Sa maitresse, qui n'aima rien,
L'aima jusques à la folie.
Pourquoi le dire ? on le voit bien.

sieurs maisons en prirent la place, et sur son emplacement on perça un passage. C'est dans cet hôtel que logea, en 1717, le czar Pierre, pendant le séjour qu'il fit à Paris.

Hôtel de la Barre.

Cet hôtel, situé dans la rue de Jouy, est célèbre dans l'histoire par la destinée extraordinaire d'un de ses possesseurs, Jean de Montaigu, grand-maître de l'hôtel du roi, lequel termina, par une mort tragique et ignominieuse, une vie qui avoit été remplie de toutes les faveurs de la fortune. Avant lui, ce manoir avoit appartenu à Hugues Aubriot, prévôt de Paris, qui l'avoit reçu en présent de Charles V. Il étoit passé ensuite à Pierre de Giac, chancelier de France; et ce fut encore par une libéralité du roi, qui lui accorda en même temps les vieux murs de la ville, lesquels s'étendoient depuis la rue Saint-Antoine jusqu'à son jardin. Ceci se passa en 1383 ; et cet édifice s'appeloit alors la *Maison du Porc-épic*. On ignore à quel titre elle fut ensuite possédée par le duc de Berri ; mais on a la certitude que ce fut lui qui, en 1404, la donna à Jean de Montaigu, dont nous venons de parler.

Celui-ci y fit des augmentations considérables; mais ayant eu la tête tranchée en 1409, Charles VI donna cet hôtel à Guillaume de Bavière, après la mort duquel ce prince en fit encore présent à Jean de Bourgogne, duc de Brabant. Différents titres nous apprennent qu'au commencement du seizième siècle cet édifice avoit été divisé, donné ou vendu à divers particuliers. Il s'étendoit depuis la rue Percée jusqu'aux anciens murs, et de ce dernier côté il étoit appelé l'hôtel de la Barre. On voit, par le censier de l'évêché de 1498, qu'anciennement il avoit été nommé *Maison des Marmouzets.*

Hôtel de Jouy et de Châlis, etc.

Dans cette même rue étoit, au treizième siècle, l'hôtel de l'abbé et des religieux de Jouy.

Les religieux de Châlis y possédoient aussi un hôtel.

Les religieux de Preuilli avoient leur hôtel dans la rue Geoffroi-l'Asnier.

Hôtel des Barbeaux.

Vis-à-vis le couvent de l'*Ave-Maria* étoit l'hôtel des *Barbeaux*. Cet hôtel devoit son nom à l'abbaye de *Portus Sacer* ou *Barbeaux*, près Melun. On l'avoit bâti sur un terrain que Philippe-le-Hardi donna à ce monastère en 1279.

Chantier du Roi.

En face de cet hôtel, du côté de la rivière, on

avoit construit, sur une place que le roi destina à cet effet le 13 novembre 1392, un bâtiment de vingt-deux toises de profondeur sur six et demi de large, qu'on appela le *Chantier du Roi*. On en abattit une partie en 1606, pour continuer le quai Saint-Paul, et le reste fut donné, en 1614, à Jean Fontaine, maître de la charpenterie. Depuis, l'édifice entier a été démoli, pour faciliter la décharge des bateaux qui débarquent au port Saint-Paul.

Hôtel Saint-Maur.

Il étoit situé sur l'emplacement où a été depuis percée la rue Neuve-Saint-Paul, et fut destiné à faire les écuries d'Isabelle de Bavière. Cette circonstance lui fit donner le nom d'*Hôtel des écuries de la Reine.*

HOTELS EXISTANTS EN 1789.

Hôtel de Sens.

L'ancien hôtel de Sens, demeure des archevêques de ce siége, étoit situé sur le quai des Célestins, à quelque distance de celui qui existe aujourd'hui. Charles V ayant désiré l'avoir pour agrandir son hôtel de Saint-Paul, l'archevêque Guillaume de Melun le lui vendit au commencement du seizième siècle (1). Tristan de Salazar, l'un de ses successeurs, fit depuis rebâtir cet hôtel comme on le voit aujourd'hui (2). Les traditions nous apprennent que la reine Marguerite, première femme de Henri IV, y vint loger à son retour d'Auvergne.

AUTRES HOTELS

LES PLUS REMARQUABLES DE CE QUARTIER.

Hôtel d'Aumont, rue de Jouy.
—— de Beauvais, même rue.
—— de Fourci, rue de Fourci.

FONTAINES.

Fontaine des Lions.

Elle est située dans la rue qui porte le même nom, et n'offre rien de remarquable dans son exécution.

---

(1) Trés. des Chart., f: 45.
(2) Nous avons jugé à propos de donner une vue de ce bâtiment, qui, dans plusieurs parties, telles que les portes et les frontons, étoit chargé des ornements les plus délicats de l'architecture gothique. On retrouve sur notre gravure toutes ces sculptures, détruites pendant la révolution. (*Voyez* pl. 109.) L'hôtel de Sens est depuis long-temps une maison de roulage, et on le trouve déjà indiqué sous ce titre dans le plan de La Caille.

RUES ET PLACES

DU QUARTIER SAINT-PAUL.

Rue Neuve-Saint-Anastase. Elle aboutit d'un côté à celle de Saint-Paul, vis-à-vis l'église, et de l'autre, en faisant un retour d'équerre, à la rue des Prêtres-Saint-Paul. Il paroît que cette rue est celle que le censier de Saint-Éloi, de 1367, indique sous le nom de ruelle Saint-Paul; les plans du milieu du dix-septième siècle n'en font pas mention.

Rue des Barrés. Cette rue, qui aboutit au carrefour de l'hôtel de Sens et à la rue Saint-Paul, doit son nom aux Carmes qu'on appeloit ainsi à cause de leurs manteaux de deux couleurs. On sait que ces religieux, lors de leur arrivée à Paris, furent établis au lieu occupé depuis par les Célestins; et la rue dont nous parlons conduisoit à leur couvent. A son extrémité étoit une porte du même nom. L'une et l'autre ont aussi été appelées *des Béguines*, parce que le couvent de ces filles y étoit situé. Enfin, dans le dix-septième siècle, la rue avoit été nommée *rue des Barrières*. C'est ainsi qu'elle est désignée dans Corrozet, Sauval, de Chuyes, et sur les plans de Gomboust, Bullet, De Fer, De l'Isle, etc.; quoique long-temps auparavant, sous le règne de François Ier, on la nommât déjà *rue*

Barrée ou *des Barrés*, nom qu'elle porte encore aujourd'hui.

Rue de Beautreillis. Un de ses bouts donne dans la rue Saint-Antoine, et l'autre se termine à la rencontre des rues Gérard-Boquet, des Trois-Pistolets et Neuve-Saint-Paul. Il paroît, par les anciens plans, qu'elle se prolongeoit autrefois jusqu'à la rue des Lions. Sauval dit qu'elle s'appeloit alors *Gérard-Bacquet* (1). Une partie en a véritablement le nom; mais celui de Beautreillis, dont nous avons déjà fait connoître l'étymologie, est le plus ancien, et cette rue le prit parce qu'elle avoit été percée sur les jardins de l'hôtel qui le portoit avant elle.

Rue de la Cerisaie. Elle commence à la rue du Petit-Musc, et aboutit à la cour du petit Arsenal. Cette rue est une de celles qui furent percées sur l'emplacement de l'hôtel Saint-Paul, et nous avons déjà dit qu'elle prit son nom d'une avenue plantée de cerisiers qu'elle remplaçoit. Jaillot présume qu'anciennement il y avoit eu une rue dans ce même endroit; il dit avoir lu dans un cartulaire de Saint-Maur qu'au mois d'avril 1269 on donna à *Bertaud de Canaberiis* un arpent et quatre toises et demie de terre dans la culture de Saint-Éloi, pour y bâtir et faire une rue, et l'acte porte que ces quatre toises et demie faisoient partie *d'une masure et dépendances sise hors les murs, et contiguë à la maison ou église ou monastère de l'ordre de la bienheureuse Marie du Mont-Carmel.*

Rue de l'Etoile. Elle aboutit à l'extrémité de la rue des Barrés dont elle faisoit anciennement partie, et au port Saint-Paul. Son nom est dû à une maison appelée le *Château de l'Etoile* (2); elle a aussi porté celui *des Petites-*

---

(1) T. I, p. 115.
(2) Mss. de S. Germ. des Prés, c. 1589.

Barrières, parce que la rue des Barrés étoit ainsi nommée, comme nous l'avons dit ci-dessus. Dans le procès-verbal de 1637 elle est simplement indiquée *petite ruelle descendant au chantier du roi*. Jaillot croit que c'est elle qu'on trouve dans quelques titres sous la dénomination de *Petite-Barrée*, *Tillebarrée* et de *l'Arche dorée*; il se fonde sur ce que *l'Arche dorée* étoit l'enseigne d'une maison contiguë au château de l'Etoile, et qui appartenoit au sieur Dorée. Cette rue a depuis été nommée *l'Arche-Beaufils*. Le même nom fut aussi donné au quai sur lequel elle aboutissoit; et, par corruption, ce quai fut dans la suite appelé *Mofils* et *Monfils*.

Rue du Fauconnier. Elle va de la rue des Prêtres-Saint-Paul à l'extrémité des rues du Figuier et des Barrés. Son véritable nom est *des Fauconniers*; elle est indiquée ainsi dans Guillot, Corrozet, et sur tous les plans exacts. Cette rue est ancienne, car on trouve, dans le Trésor des chartes, qu'au mois d'avril 1265 les Béguines acquirent une maison *en la censive de Tiron, rue aux Fauconniers*.

Rue du Figuier. Elle commence comme la précédente, et suit la même direction. Dès 1300 elle portoit ce nom, et il ne paroît pas qu'elle en ait changé.

Rue de Fourci. Elle traverse de la rue Saint-Antoine à celle de Jouy. Ce n'étoit anciennement qu'un cul-de-sac, appelé, en 1313, *ruelle Sans-Chief*; en 1642, *rue Sans-Chef*; en 1657, *cul-de-sac Sancier*. Ce nom a été altéré presque dans le même temps, car de Chuyes et Gomboust la nomment *rue Censée et Sansée*. Elle doit sa dénomination actuelle à M. Henri de Fourci, prévôt des marchands, qui fit percer ce cul-de-sac et ouvrir la rue jusqu'à celle de Jouy. Le premier plan où elle se trouve est celui de De Fer, publié en 1692.

Rue Geoffroi-l'Asnier. Elle traverse de la rue Saint-

Antoine au quai de la Grève. On trouve que, dans le quatorzième siècle et même au milieu du quinzième, on l'appeloit *Frogier* et *Forgier-l'Asnier*, quoique, dès 1445, elle fût indiquée sous le nom de Geoffroi-l'Asnier. Cette rue doit sans doute son nom à la famille des l'Asnier, qui étoit fort connue; et il est vraisemblable qu'un Geoffroi l'Asnier aura fait substituer son prénom à celui de Frogier (1).

Rue Gérard-Boquet. Elle fait la continuation de la rue Beautreillis depuis la rue Neuve-Saint-Paul jusqu'à celle des Lions; anciennement elle n'en étoit pas distinguée, comme on peut le voir dans de Chuyes et sur les plans de Gomboust, Bullet, Jouvin et autres. Les auteurs qui sont venus après la nommoient *rue du Pistolet;* on l'a ensuite appelée Gérard-Boquet et Gérard-Bouquet, du nom d'un particulier, et pour ne pas la confondre avec la rue des Trois-Pistolets qui vient y aboutir.

---

(1) Il y a dans cette rue deux culs-de-sac; le premier, qu'on nomme *Putigno* (*), n'est désigné sur aucuns plans antérieurs à celui de Roussel, publié en 1731; il existoit cependant dès la fin du treizième siècle. Guillot en fait mention sous le nom de *rue des Poulies-Saint-Pou* (Saint-Paul). Sauval en parle sous celui de *Viez-Poulies* (t. I, p. 170), comme d'une rue inconnue, quoiqu'il rapporte ensuite des titres où elle est clairement énoncée.

Le second, appelé *Putigneux*, a été confondu avec le premier dans la nomenclature des rues de Paris par Valleyre; Corrozet le nomme *Putigneuse*. Jaillot croit que c'est le cul-de-sac que Guillot a désigné sous le nom de *Rue Ermeline-Boiliauë*, laquelle sans doute se prolongeoit alors jusqu'à la rue des Barrés. Ces deux culs-de-sac servoient encore, en 1640, de passage et d'entrée à deux jeux de paume.

* Ce cul-de-sac est maintenant occupé par un établissement de voitures publiques.

Rue des Jardins. Elle aboutit d'un côté à la rue des Barrés, et de l'autre à celle des Prêtres-Saint-Paul: Sauval n'a pas fait mention de cette rue, qui existoit cependant au treizième siècle; elle est ainsi nommée dans deux contrats de vente faits par l'abbé et le couvent du Val-des-Écoliers en 1277 et 1298 (1); elle est indiquée sous le même nom dans les archives de l'archevêché de 1302, et dans le censier de Saint-Eloi de 1367; elle l'avoit pris des jardins sur lesquels elle a été ouverte, lesquels aboutissoient aux murs de l'enceinte de Philippe-Auguste.

Rue de Jouy. Cette rue, qui va de la rue Saint-Antoine à celle des Prêtres-Saint-Paul, doit son nom à l'hôtel que l'abbé et les religieux de Jouy y avoient dans le treizième siècle (2); on l'appeloit *rue à l'Abbé-de-Joy*, et elle conservoit encore ce nom dans le siècle suivant; elle a été aussi quelquefois appelée *rue des Juifs*, par corruption du nom de Jouy, et se prolongeoit alors jusqu'aux murs, où il y avoit une fausse poterne, ce qui l'a fait aussi nommer *rue de la Fausse-Poterne-Saint-Paul;* mais

---

(1) Trésor des chart.

(2) Il y avoit dans cette rue deux culs-de-sac. Le premier s'appelle *cul-de-sac Guépine :* l'abbé Lebeuf a pris ce cul-de-sac pour la *rue des Viez-Poulies* de Guillot; cependant la *rue à la Guépine* étoit connue sous ce nom, et indiquée dans un acte du mois de mai 1266 (Cart. *S. Maur., fol.* 22), et dans le rôle de taxe de 1313.

Le second se nomme *cul-de-sac de Fourci ;* il doit ce nom à l'hôtel auquel il est contigu. Le censier de Saint-Éloi de 1367 le nomme *petite ruelle Sans-Chef*, et ruelle qui fut jadis *Hélie-Annot.* Au commencement du dix-septième siècle on le nommoit *rue de l'Aviron*, nom qui lui venoit d'une enseigne. On voit cependant que dès 1633 il avoit été donné à M. de Fourci. (Chamb. des Compt. Mem. C. D., f. 260.)

elle ne portoit ce dernier nom que depuis la rue des Nonaindières.

Rue Lesdiguières. C'est un passage qui conduit de la rue de la Cerisaie à celle de Saint-Antoine : il doit son nom à l'hôtel de Lesdiguières, situé jadis en cet endroit, et sur l'emplacement duquel il a été percé.

Rue des Lions. Elle traverse de la rue Saint-Paul à celle du Petit-Musc. Sur le plan de Dheulland elle est figurée sans nom, et Corrozet n'en fait pas mention; ainsi on ne peut guère faire remonter son origine au-delà du règne de Charles IX. Elle doit son nom à la partie de l'hôtel Saint-Paul où l'on gardoit des lions du roi.

Rue de la Masure. Elle va de la rue de la Mortellerie à la place aux Veaux ou quai des Ormes. Les anciens plans ne lui donnent aucun nom ; elle n'est pas même figurée sur celui de Gomboust : il paroît cependant qu'elle existoit plus de cent ans auparavant, car Corrozet la désigne sous le nom général d'une *descente à la rivière*.

Rue de la Mortellerie. La partie de cette rue qui se trouve dans ce quartier commence au coin de la rue Geoffroi-l'Asnier, et finit au carrefour de l'hôtel de Sens (1).

---

(1) Il y avoit dans cette rue un cul-de-sac appelé d'*Aumont*. La Caille et Valleyre l'ont confondu avec celui de Fourci, et n'en font qu'un des deux. On voit, par l'indication qu'ils en donnent comme aboutissant à la place aux Veaux, qu'ils l'ont identifié avec la rue du Paon-Blanc. Ce cul-de-sac a été bouché depuis quelques années.

Il y avoit aussi dans cette rue un autre cul-de-sac appelé de *la Longue-Allée*, qui conduisoit à un grand logis nommé *la cour Gentien*. Il est assez difficile d'en déterminer au juste la position : car dans le manuscrit du procès-verbal des commissaires, fait

Rue du Petit-Musc. Cette rue, qui traverse de la rue Saint-Antoine au quai des Célestins, occupe une partie de l'ancien *Champ-au-Plâtre* et d'une voirie qui y étoit située, d'où l'on a prétendu que lui venoit le nom de *Put-y-Muce* qu'elle portoit anciennement. Sauval (1) dit qu'en 1358 elle s'appeloit du *Petit-Muce* et de *Pute-y-Muce*. Corrozet a jugé à propos de la nommer *rue de la Petite-Pusse*, quoique sous le règne de François Ier, et même dès 1450, elle fût connue sous le nom du *Petit-Musse*. Germain Brice avoit avancé que la rue du *Petit-Musc* étoit ainsi appelée par altération du mot latin *petimus*, parce que Charles VI avoit fait construire sur l'emplacement qu'elle occupe un logement pour les maîtres des requêtes; et toutes celles qu'on leur présentoit étant en langue latine, suivant l'usage de ces temps-là, commençoient ainsi : *Petimus*. Piganiol a relevé cette erreur en prouvant que l'hôtel des maîtres des requêtes étoit dans la rue Saint-Paul. Jaillot ajoute que cette rue étoit ouverte avant le règne de Charles VI, et que cent ans auparavant il existoit un hôtel du Petit-Musc, dont cette rue a pris le nom, ou auquel elle avoit donné le sien.

Rue des Nonaindières. Elle va depuis la rue de Jouy jusqu'au quai des Ormes, en face du pont Marie : on de-

---

en 1637 et années suivantes, ce cul-de-sac est indiqué entre la rue Geoffroi-l'Asnier et celle des Nonaindières; et dans la déclaration de l'abbé de Tiron, du 12 avril 1676, la ruelle Gentien est dite *aboutir sur le quai des Ormes et la rue des Nonaindières, entre cette rue et le chantier du Roi, près l'hôtel de Sens.* Dans le même recueil qui contient ces actes, on trouve qu'il y avoit une ruelle sans bout nommée ruelle du *Mûrier*, dont l'entrée étoit rue de la Mortellerie, et dont rien n'a pu nous indiquer la position.

(1) T. I, p. 157.

vroit écrire et prononcer *rue des Nonains-d'Hières*, nom qu'elle porte dans tous les titres. En effet, Eve, abbesse d'Hières, acheta en cette endroit une maison en 1182 (1), et c'est certainement ce qui a fait donner à la rue le nom de ces religieuses. Sauval dit que, de son temps, cette maison s'appeloit *maison de la Pie* (2).

Rue du Paon-Blanc. Elle descend de la rue de la Mortellerie sur le quai des Ormes ou place aux Veaux. Valleyre ne l'énonce que comme un cul-de-sac, quoiqu'il ne paroisse pas qu'elle ait jamais été fermée à aucune de ses extrémités. Corrozet ne l'indique que sous le nom de *Descente à la rivière*. Quelques auteurs lui ont donné les noms de *la Porte* ou de *l'Arche dorée*, qui ne conviennent qu'à la rue de l'Etoile.

Rue Saint-Paul. Elle commence à la rue Saint-Antoine, et aboutit au quai et port Saint-Paul. Cette rue est très-ancienne, puisqu'elle doit son nom à l'église Saint-Paul, qui elle-même est d'une grande antiquité.

Rue des Prêtres-Saint-Paul. Elle fait la continuation de la rue de Joui, et aboutit à la rue Saint-Paul. Nous avons déjà fait observer que la rue de Joui se prolongeoit jusqu'aux murs de l'enceinte de Philippe-Auguste, et que dans cet endroit il y avoit une fausse porte, qui fit donner à cette partie le nom de *la Fausse-Poterne-Saint-Paul*. Lorsqu'on continua cette rue jusqu'à celle de Saint-Paul, on lui conserva d'abord cette même dénomination de *rue de la Fausse-Poterne* ; depuis on lui a donné le nom de Prêtres-Saint-Paul, parce que la plupart de ceux qui desservoient cette église avoient leur domicile dans cette rue.

---

(1) *Gall. christ.*, t. VII, col. 607.
(2) T. II, p. 270.

Rue Neuve-Saint-Paul. Elle va d'un bout dans la rue Saint-Paul, et aboutit de l'autre au coin de celles de Beautreillis et Gérard-Boquet : elle a été ouverte sur l'ancien emplacement de l'hôtel Saint-Maur. Le voisinage de l'église Saint-Paul lui a fait donner le nom qu'elle porte aujourd'hui.

Rue Percée. Elle aboutit d'un côté à la rue Saint-Antoine, et de l'autre à celle des Prêtres-Saint-Paul. Cette rue est ancienne ; Guillot en fait mention, et l'appelle *rue Percié;* on lit aussi *rue Perciée* dans le rôle de 1313, et ce nom n'a pas changé depuis.

Rue des Trois-Pistolets. Elle fait la continuation de la rue Neuve-Saint-Paul depuis la rue de Beautreillis jusqu'à celle du Petit-Musc, et doit son nom à une enseigne.

QUAIS.

Quai des Célestins. Il commence à la rue Saint-Paul, et finit à l'Arsenal. Il est inutile de dire que ce quai, qui fut refait et pavé en 1705, doit son nom aux religieux qui se sont établis dans son voisinage.

Quai des Ormes. Suivant La Caille, il s'étend depuis la rue Geoffroi-l'Asnier jusqu'à celle du Paon-Blanc. D'autres le placent entre la rue des Nonaindières et celle de l'Etoile, et le nomment *Mofils* et *Monfils*. En 1586, ce lieu fut destiné par la ville au *débâclage* des bateaux, jusqu'aux Célestins (1) ; et la place aux Veaux y fut transférée par arrêt du 8 février 1646.

Quai Saint-Paul. Il règne depuis le quai des Ormes jusqu'à la rue Saint-Paul. C'est celui de Paris qui a le

---

(1) Reg. de la ville, f. 371.

moins d'étendue; et c'est là qu'arrivent le poisson d'eau douce et les fruits, et qu'on en fait la vente.

MONUMENTS NOUVEAUX

ET RÉPARATIONS FAITES AUX ANCIENS MONUMENTS DEPUIS 1789.

Arsenal. Il a été opéré de grands changements dans les constructions de l'Arsenal : 1° une partie de la porte d'entrée du grand Arsenal et le pavillon situé à l'entrée de la grande cour ont été abattus pour l'ouverture d'une large rue nommée *rue de Sully*, qui vient aboutir au nouveau boulevart. Ce pavillon réunissoit les deux parties du bâtiment où se trouve la bibliothèque ; 2° le jardin a été détruit et remplacé par le boulevart dont nous venons de parler ; 3° l'esplanade, anciennement nommée le Mail, qui suit le bord de l'eau depuis les Célestins jusqu'au fossé, forme un nouveau quai, dont les travaux sont maintenant achevés; 4° le petit Arsenal a été démoli en grande partie, pour l'ouverture d'une autre rue qui donne également sur le boulevart, et qu'on nomme *rue Neuve-de-la-Cerisaie*. Les deux pavillons encore existants sont occupés, l'un par l'administration générale, l'autre par la raffinerie des salpêtres.

La bibliothèque de Monsieur a été placée dans les bâtiments du grand Arsenal.

Greniers de réserve. Ils ont été commencés en 1807, par M. Delaunay, sur l'ancien jardin de l'Arsenal. Ces greniers forment une longue ligne de cinq pavillons carrés liés entre eux par quatre grands corps de bâtiments, et s'étendent le long du boulevart, depuis la pointe du grand Arsenal jusqu'au petit. Chaque façade offre 67 croisées en arcades au-dessus desquelles ont été pratiquées autant d'ouvertures carrées. L'intérieur est divisé en plusieurs planchers où l'on conserve le grain. Si l'on ne considère un édifice que sous le rapport de l'utilité, celui-ci remplit son but; mais, sous le rapport de l'harmonie qui doit régner dans toutes les parties d'une composition, il laisse à désirer.

La Gare. On pousse avec activité les travaux de cette gare qui n'est point encore achevée. La voûte qui doit s'étendre sous le pavé de la place de la Bastille est en partie terminée; et la poudrière que l'on avoit établie dans les fossés a été démolie.

RUES NOUVELLES.

Rue Neuve-de-la-Cerisaie. (Voyez p. 975.
Rue de Sully. (Voyez *id.*

QUARTIER SAINTE-AVOIE,

OU DE LA VERRERIE.

Ce quartier est borné à l'orient par la vieille rue du Temple exclusivement; au septentrion, par les rues des Quatre-Fils et des Vieilles-Haudriettes aussi exclusivement; à l'occident, par les rues Sainte-Avoie et Barre-du-Bec inclusivement, depuis la rue des Vieilles-Haudriettes jusqu'à celle de la Verrerie; et au midi, par les rues de la Verrerie et de la Croix-Blanche inclusivement, depuis le coin de la rue Barre-du-Bec jusqu'à la vieille rue du Temple.

On y comptoit, en 1789, seize rues, un cul-de-sac, quatre communautés d'hommes, une de femmes, etc.

L'ESPACE que contient ce quartier, encore hors de la ville sous Louis-le-Jeune, fut renfermé dans son enceinte par la muraille que fit élever Philippe-Auguste. Ce n'étoit d'abord qu'un terrain vague, lequel dépendoit en grande partie de la censive du Temple. Il se couvrit par degrés de maisons; plusieurs établissements religieux s'y formèrent; et sous les règnes de Charles V et Charles VI, si l'on en excepte sa partie septentrionale qui n'étoit point encore entièrement habitée, ce quartier étoit à peu près tel que nous le voyons aujourd'hui. Sur cette partie septentrionale s'élevèrent successivement plusieurs hôtels qui furent ensuite presque tous réunis pour composer le célèbre hôtel de Soubise, dont nous ne tarderons pas à parler.

LES CARMES-BILLETTES.

Les historiens ne sont pas d'accord sur l'origine de cet établissement. Corrozet, Dubreul, Félibien, Helyot, Sauval, en ont parlé chacun différemment. La vérité se perd au milieu de ce conflit d'opinions diverses; et, sans fatiguer nos lecteurs d'une discussion fastidieuse et peu importante, nous nous bornerons à donner ici ce qui nous a paru le plus vraisemblable.

En 1294, Reinier Flaming, bourgeois de Paris, ayant obtenu du roi Philippe l'emplacement de la maison d'un juif condamné au dernier supplice pour un sacrilége horrible qu'il avoit commis sur la sainte hostie (1), résolut d'y bâtir une chapelle:

---

(1) Nous rapporterons ce fait et le miracle dont il fut accompagné, d'après le témoignage unanime de tous les historiens, qui eux-mêmes ne l'ont raconté qu'en s'appuyant sur des titres certains et sur une tradition constante qui remonte jus-

le pape Boniface VIII, instruit de ses intentions, engagea, par sa bulle du 17 juillet 1295, l'évêque de Paris à permettre l'érection de ce pieux

qu'aux contemporains. Ce juif se nommoit *Jonathas :* une pauvre femme lui ayant emprunté 30 sous parisis sur le meilleur de ses habits, et se trouvant hors d'état de retirer ce gage extrêmement précieux pour elle, le pria de vouloir bien le lui prêter seulement pour les fêtes de Pâques, afin qu'elle pût paroître décemment à cette solennité. Le juif n'y consentit que sous la condition qu'elle lui apporteroit l'hostie qu'elle recevroit à la communion. Cette malheureuse le lui promit, reçut la communion à Saint-Merri, mit l'hostie dans un mouchoir et alla la livrer au juif. Celui-ci, qui ne l'avoit demandée que pour exercer sur elle les outrages les plus insensés, prit un canif et l'en frappa à plusieurs reprises; il en jaillit aussitôt du sang, qui coula encore avec plus d'abondance lorsqu'il eut imaginé de la déchirer avec un clou, de la flageller, de la percer d'un coup de lance, imitant ainsi tous les supplices racontés dans la passion de Jésus-Christ. Enfin, n'ayant pu la détruire par tant d'outrages réitérés, il la jeta dans un grand feu, la plongea dans une chaudière d'eau bouillante, d'où l'hostie s'éleva, voltigeant dans la chambre, et échappant à tous les efforts qu'il faisoit pour la saisir, jusqu'à ce qu'une bonne femme du voisinage étant entrée dans sa maison pour demander du feu, l'hostie miraculeuse vint se reposer sur une jatte de bois qu'elle tenoit à la main. Elle la reçut avec respect, et la porta à Saint-Jean-en-Grève, où on la voyoit encore avant la révolution (*). Telles sont les circonstances principales d'un récit sur lequel les incrédules peuvent former telles conjectures qu'il leur plaira d'imaginer, mais dont tant d'actes authentiques qui en constatent la vérité, qui constatent en même temps et les aveux du juif et son supplice, ne nous permettent pas de douter. Ce crime fut commis le 2 avril 1290.

* Elle étoit enchâssée dans un petit soleil placé au-dessous du grand. On conservoit aux Carmes-Billettes le canif avec lequel le juif l'avoit percée, et le vase de bois sur lequel elle s'étoit reposée.

monument, lequel fut appelé *la Maison des Miracles* (1).

Gui de Joinville, seigneur de *Dongeux* ou *Dongiers* (de Domno Georgio), avoit, en 1286, fait bâtir à Boucheraumont, dans le diocèse de Châlons-sur-Marne, un hôpital pour y recevoir *les malades et les pauvres passants*. Cet hôpital étoit desservi par une communauté séculière d'hommes et de femmes, sous le titre et la protection de la Sainte-Vierge, ce qui leur avoit fait donner le nom d'*Hospitaliers de la Charité N.-D.*

Le succès de cet établissement ayant fait naître au fondateur la pensée d'en former un autre tout semblable à Paris, il jeta les yeux sur la maison des Miracles, que Reinier Flaming consentit à lui céder. Non-seulement Philippe-le-Bel, qui régnoit alors, donna son approbation à ce marché; mais ce prince voulut encore favoriser la nouvelle institution, en faisant présent aux Hospitaliers des restes de la maison du juif et d'un autre bâtiment qui en étoit voisin (2).

---

(1) D. Félibien a cru, sans fondement, que ce lieu étoit dans le fief *aux Flamands*, et qu'on l'avoit ainsi appelé à cause de Reinier Flaming, fondateur de la chapelle. Il est vrai que ce territoire a depuis reçu ce nom; mais on le nommoit alors *la Bretonnerie*, et il étoit possédé par Jean Arrode, panetier de France, lequel le tenoit à foi et hommage de Jean de Sèvre (JAILLOT.)

(2) Les lettres-patentes par lesquelles Philippe-le-Bel donna cette maison aux frères de la Charité-de-Notre-Dame, se trou-

Ceci arriva en 1299. A cette époque les frères qui composoient cette communauté n'étoient encore d'aucun ordre approuvé par l'Église. En 1300, Gui de Joinville les engagea à choisir celui du tiers-ordre, ils l'embrassèrent en effet ; mais il paroît qu'ils le firent sans autorisation de supérieurs ecclésiastiques, et sans les formalités requises ; car quoique plusieurs actes, datés de 1312 et 1315, leur donnent déjà le titre de *religieux*, et appellent leur maison l'*Hôpital des frères religieux*, ou *Collége des Miracles de la Charité N.-D.*, il n'en est pas moins vrai qu'ils reconnurent eux-mêmes qu'ils étoient illégalement constitués, dans une supplique qu'ils présentèrent au pape Clément VI, lequel, par ses bulles du 27 juillet 1346, leur donna l'absolution des censures qu'ils avoient encourues, et commit l'évêque de Châlons pour leur donner l'habit et la règle de Saint-Augustin ; ce qui fut exécuté le 13 avril de l'année suivante.

La vie exemplaire que menoient ces religieux ne tarda pas à exciter la libéralité des fidèles ; et

---

voient en original dans les archives du couvent des Carmes-Billettes. Comme cette maison étoit alors dans la censive et seigneurie de la Bretonnerie, les frères de la Charité obtinrent de Jean Arrode, seigneur de ce fief, des lettres d'amortissement datées de 1302. Ce territoire prit ensuite, comme nous l'avons dit, le nom de *fief aux Flamands*. On y bâtit plusieurs hôtels et de grandes maisons, qui appartinrent par la suite aux Carmes-Billettes, et dont ils furent possesseurs jusqu'au moment de leur suppression.

les aumônes qu'ils reçurent furent bientôt assez abondantes pour leur fournir les moyens de faire bâtir un cloître, des lieux réguliers, et d'agrandir leur chapelle, qui fut consacrée en 1350 (1). Il paroît cependant que les changements opérés dans ce quartier au commencement du quinzième siècle, et principalement l'exhaussement considérable du pavé de la rue des Billettes, les obligèrent de rebâtir de nouveau le cloître et l'église (2) : cette dernière fut dédiée le 13 mai 1408.

Dans la suite des temps, le relâchement qui s'étoit insensiblement introduit parmi ces religieux fut enfin porté à un tel excès qu'on songea à les réformer ; mais les différents projets que l'on proposa à ce sujet éprouvèrent tant d'obstacles qu'il

---

(1) Parmi les acquisitions que les religieux de la Charité firent pour s'agrandir, étoit une maison située vis-à-vis leur église. Charles V, par ses lettres du 6 juillet 1375, leur avoit permis de faire construire une arcade sur la rue, pour communiquer de leur couvent à cet édifice ; mais il est probable qu'ils n'usèrent pas de cette permission, puisque Charles VI, par d'autres lettres du 29 juin 1382, leur permit de faire une voûte sous la rue, pour servir au même usage. Cette maison étant tombée en ruines fut entièrement démolie au commencement du seizième siècle. Il paroît que l'emplacement qu'elle occupoit forme aujourd'hui le petit cul-de-sac qui se trouve dans cette rue.

(2) L'ancienne devint alors souterraine, et servit, jusque dans les derniers temps, de cimetière aux religieux et aux bienfaiteurs du couvent. Malgré ces changements et ceux qui les ont suivis, la chapelle des Miracles fut toujours conservée, et l'on voyoit près d'elle des restes de l'ancien cloître. Sur l'entrée de cette cha-

fallut y renoncer, et prendre le parti de laisser éteindre cet ordre. Autorisés à vendre leurs biens pour payer leurs dettes, les Hospitaliers, après avoir offert leur maison à différents ordres religieux, traitèrent avec les Carmes de l'observance de Rennes, en la province de Tours, à qui ils cédèrent l'*église, prieuré et monastère des Billettes, et tous les biens, meubles et immeubles appartenans audit prieuré*, par concordat du 24 juillet 1631, lequel fut approuvé la même année par l'archevêque de Paris, et confirmé par lettres-patentes du roi, vérifiées au parlement le 8 janvier 1632, et en la chambre des comptes le 22 mai 163·; enfin l'union de ce prieuré à la congrégation des Carmes reçut le dernier sceau de l'autorité, par les bulles confirmatives que ces religieux obtinrent d'Urbain VIII, le 12 février 1632, en vertu desquelles ils en prirent possession le 27 juillet 1633. Ils s'y sont maintenus jusqu'au moment de la suppression des ordres monastiques.

---

pelle, dans laquelle on descendoit par un escalier entouré d'une balustrade, on lisoit encore, en 1685, une inscription conçue en ces termes :

« *Ci-dessous le juif fit bouillir la sainte Hostie.* »

Mais cette partie de la chapelle souterraine ayant été depuis couverte d'une espèce de tambour de bois, l'ancienne inscription avoit été remplacée par celle-ci :

« *Cette chapelle est le lieu où un juif outragea la sainte Hostie.* »

Vers le milieu du dernier siècle, l'église de ce couvent fut rebâtie de nouveau sur les dessins du frère Claude, religieux dominicain, qui se mêloit d'architecture, mais qui ne donna pas, dans cette occasion, une grande preuve de son habileté. Il étoit impossible de voir une construction plus mauvaise, plus incohérente dans toutes ses parties que celle de cet édifice (1).

CURIOSITÉS.

SÉPULTURES.

Dans cette église étoit le tombeau de Papire Masson, écrivain françois, et érudit estimé, mort en 1611.

Dans une des chapelles avoit été inhumé le cœur de l'histotorien Mezeray, ainsi que le faisoit connoître l'inscription suivante :

D. O. M.

« Ci-devant repose le cœur de François-Eudes de Mezeray,
» historiographe de France, secrétaire perpétuel de l'académie
» françoise. Ce cœur, après sa foi vive en Jésus-Christ, n'eut
» rien de plus cher que l'amour de sa patrie. Il fut constant ami
» des bons, et ennemi irréconciliable des méchants. Ses écrits
» rendront témoignage à la postérité de l'excellence et de la
» liberté de son esprit, amateur de la vérité, incapable de flat-
» terie, qui, sans aucune affectation de plaire, s'étoit unique-
» ment proposé de servir à l'utilité publique. Il cessa de res-
» pirer le 10 juillet 1683. »

---

(1) L'église des Billettes a été restaurée et accordée aux religionnaires professant le culte luthérien.

LES CHANOINES RÉGULIERS

DE

SAINTE-CROIX-DE-LA-BRETONNERIE.

THÉODORE de Celles, chanoine de Liége, désirant mener une vie solitaire et contemplative, s'étoit retiré avec quelques compagnons sur une petite colline près de Huy, entre Liége et Namur. Il y avoit en cet endroit une petite église appelée Saint-Thibaud-de-Clairlieu : l'évêque de Liége la leur donna, et ils y bâtirent, en 1211, un monastère, qui devint depuis le chef-lieu de l'ordre. La nouvelle institution fut approuvée par Honoré III, et confirmée au concile général tenu à Lyon en 1245 par Innocent IV. Ces chanoines suivoient alors la règle de Saint-Dominique ; et comme leur occupation principale étoit de méditer sur la Passion et sur la Croix de Jésus-Christ, ils furent appelés *Frères de la Sainte-Croix*, *Croisiers*, *Porte-Croix*, *Cruciferi*, *Crucigeri*, *Cruce signati*.

Saint Louis ayant été informé de la vie édifiante de ces chanoines réguliers, et des succès des prédications de Jean de Sainte-Fontaine, leur troisième général, en fit venir quelques-uns à Paris, et les plaça rue de la Bretonnerie, dans une maison où étoit l'ancienne monnoie du roi, et que depuis ils ont toujours occupée.

Les historiens ne sont pas d'accord sur l'époque précise à laquelle le pieux monarque introduisit ces chanoines à Paris; mais on peut conjecturer avec beaucoup de vraisemblance que ce fut entre les années 1254 et 1258. En effet, saint Louis partit le 10 juin 1248 pour la Terre-Sainte, d'où il ne revint qu'à cette époque de 1254; et des lettres de ce prince, du mois de février 1258, constatent que, pour augmenter la demeure de ces chanoines, il leur avoit fait céder par Robert Sorbon quelques maisons contiguës, en lui donnant en échange d'autres maisons, situées rue Coupe-Gueule(1) : il en faut donc conclure que les frères de Sainte-Croix étoient déjà établis en 1258, mais que leur établissement étoit très-récent

Ces chanoines restèrent long-temps paisibles dans l'obscurité de leur cloître, jusqu'à ce que le relâchement qui s'introduisit peu à peu dans l'observation de leur règle eût fait d'assez grands progrès pour appeler sur eux l'attention de l'autorité. On tenta, au commencement du seizième siècle

---

(1) *Cartul. Sorbon.*, f° 54, v°. — Dubreul, p. 618.

et à plusieurs reprises, mais inutilement, d'y opérer une réforme; et, quoique le parlement se fût joint à cet effet à la puissance ecclésiastique, il n'en résulta rien de bien satisfaisant jusque vers la fin du règne de Louis XIII, que le cardinal de La Rochefoucauld ayant été chargé, par le souverain pontife, de la réformation des ordres religieux, saisit l'occasion de quelques désordres qui s'étoient passés dans cette maison, pour y introduire des chanoines réguliers de Sainte-Geneviève. Ceux-ci, après y être restés trois mois, furent obligés d'en sortir (1); mais les chanoines de Sainte-Croix, touchés sans doute du scandale qui résultoit de semblables événements, prirent le parti de se réformer eux-mêmes, et reprirent la règle de Saint-Augustin, qu'ils n'ont cessé d'observer avec beaucoup de régularité jusqu'à la suppression des ordres monastiques.

L'église, dédiée sous le titre de l'exaltation de la Sainte-Croix, étoit un monument gothique assez vaste, et bâti par le célèbre architecte de la Sainte-Chapelle, *Eudes de Montreuil*. Elle avoit son entrée principale rue Sainte-Croix-de-la-Bretonnerie; et sur la plus grande porte on lisoit l'inscription suivante :

Hæc est domus Domini, 1689.

---

(1) Ils en sortirent le 13 octobre 1641, par un ordre du roi, que les chanoines de Sainte-Croix eurent le crédit d'obtenir.

La maison étoit dans le goût moderne et nouvellement rebâtie (1).

CURIOSITÉS.

TABLEAUX.

Sur le maître-autel, un tableau représentant Notre-Seigneur mis au tombeau, par un peintre inconnu.

Sur le côté gauche du chœur, une Nativité, par *Simon Vouet*.

Dans une chapelle latérale, un Christ, par *Philippe de Champagne*.

Le réfectoire étoit décoré de quelques tableaux, parmi lesquels on distinguoit un saint Jean-Baptiste et une Magdeleine, par *Colin de Vermont*. Ces tableaux étoient encadrés dans une superbe boiserie, exécutée sur les dessins de *Servandoni*.

Dans le vestibule de ce réfectoire étoit une très-belle fontaine construite par le même architecte ; elle étoit décorée de colonnes peintes en marbre ; les caissons et autres ornements étoient en plomb doré.

SÉPULTURES.

Dans cette église avoient été inhumés :

Barnabé Brisson, second président au parlement, l'un des quatre magistrats qui furent pendus, le 15 novembre 1591, par ordre des Seize, à une poutre de la chambre du conseil du Châtelet.

Hennequin, conseiller clerc. On voyoit son monument au-dessus des stalles du chœur. C'étoit un bas-relief exécuté par *Sarrasin*, lequel représentoit une Vertu en pleurs, soutenant le médaillon de ce magistrat.

Il y avoit au-dessous de l'église seize caveaux, qui servoient de sépulture à plusieurs familles de Paris.

---

(1) L'église et la maison n'existent plus ; une moitié a été remplacée par des maisons particulières, l'autre partie forme un passage qui donne dans le cul-de-sac ouvert vis-à-vis les Billettes.

LES RELIGIEUSES
DE SAINTE-AVOIE.

Les historiens se sont expliqués si différemment sur l'origine de ces religieuses, qu'il est presque impossible de démêler la vérité dans la foule de leurs récits contradictoires (1). Le père Dubois (2) est le seul qui nous paroisse avoir recueilli des renseignements exacts sur l'établissement de cette communauté. Cet écrivain rapporte un acte passé devant l'official de Paris, le samedi avant Noël 1288, par lequel il semble que *Jean Sequence*, chefcier de Saint-Merri, avoit acheté depuis peu une maison dans la rue du Temple; que, conjointement avec une veuve nommée *Con-*

---

(1) Les uns attribuent leur établissement à saint Louis, d'autres confondent ces religieuses avec les *béguines de l'Ave-Maria*, et la porte des *Barrés* avec celle du Temple. Quelques-uns, comme nous le dirons tout à l'heure, pensent que les béguines n'y furent pas établies d'abord, mais qu'on les y introduisit par la suite, etc.

(2) *Hist. eccles. Paris*, t. II, p. 510.

stance de Saint Jacques, il avoit fait rebâtir cette maison dans l'intention d'y placer une communauté de pauvres femmes veuves, âgées au moins de cinquante ans; et enfin, qu'à cette époque, ces deux charitables fondateurs en avoient déjà recueilli quarante. Le même acte porte qu'ils donnèrent cette maison *auxdites pauvres femmes, avec ses appartenances et dépendances*, sous la condition de reconnoître comme supérieur et administrateur le chefcier de Saint-Merri et ses successeurs.

L'abbé Lebeuf prétend (1) que des maisons et un oratoire du nom de Sainte-Avoie furent compris dans l'acquisition de Jean Sequence. L'acte que nous venons de citer ne fait aucune mention de cet achat; la fausseté de cette opinion est encore prouvée par une inscription qu'on lisoit autrefois sur le mur de la chapelle de Sainte-Avoie, et qui a été conservée par du Breul (2). Elle contenoit un legs fait par *M. Jean Hersant, jadis fondateur de la chapelle de l'hôtel Sainte-Avoie.* Le père Dubois pense aussi que le nom de Sainte-Avoie ne fut donné à la chapelle et à la maison des pauvres femmes que postérieurement à l'an 1288. Il est certain qu'en 1303 et même au milieu du seizième siècle on les appeloit encore *les*

---

(1) T. I, p. 271.
(2) Pag. 827.

pauvres veuves de la rue du Temple, et que dans tous les titres du chapitre de Saint-Merri, le chefcier y est désigné ainsi : *Magister, seu provisor domûs pauperum mulierum de portâ Templi.* Il est vrai qu'il existoit dans les archives de ce chapitre un concordat de 1423, où cette communauté est désignée sous le titre de *Maîtresses et bonnes femmes de l'hôtel et hôpital Sainte-Avoie*; que Corrozet et le plan de Dheulland indiquent également *la Chapelle Sainte-Avoie*; enfin que la rue où elle est située est appelée *rue du Temple, autrement Sainte-Avoie*, dans le manuscrit d'un plan terrier de Saint-Merri, fait en 1512; mais on ne peut tirer aucune preuve de ces dates postérieures de beaucoup à la fondation.

Sans appartenir à aucun ordre religieux, ces bonnes femmes vivoient en communauté, soumises à des statuts et à des réglements particuliers. Cependant, ayant témoigné le désir d'embrasser un genre de vie vraiment monastique, pour se conformer aux ordonnances du royaume qui étoient contraires à leur établissement, madame Luillier, veuve de M. de Sainte-Beuve, leur proposa, de concert avec M. Guy Houissier, curé de Saint-Merri, d'adopter la règle et les constitutions des Ursulines, à qui cette dame avoit procuré un établissement, rue Saint-Jacques; et à cette condition elle s'engagea de leur faire une rente de mille livres.

Le concordat par lequel ces bonnes femmes acquiescèrent à ce changement (1) fut signé le 10 décembre 1621, homologué par les grands vicaires de M. le cardinal de Retz, évêque de Paris, le 4 janvier suivant, confirmé par le souverain pontife, et approuvé par lettres-patentes du mois de février 1623, qui furent vérifiées au parlement quelques jours après. Les religieuses ursulines furent mises en possession de la maison de Sainte-Avoie dès le mois de janvier 1622. Les bonnes femmes qui l'occupoient, et dont le nombre étoit réduit à neuf, prirent aussitôt l'habit et persévérèrent avec édification dans le nouvel institut qu'elles avoient embrassé. Ce changement ne fit rien perdre au curé de Saint-Merri de ses droits

---

(1) Ce changement est le seul qu'ait subi cette maison, quoique dom Félibien, Piganiol et ceux qui les ont copiés, aient dit qu'on y introduisit des *religieuses béguines*. Cette erreur a pris sa source dans le mot *béguines*, que l'on n'a pas bien entendu, ou auquel on a donné trop d'extension. Les béguines étoient des filles ou femmes dévotes qui, sans s'astreindre à aucune règle, ni s'engager par des vœux, vivoient en commun, et consacroient à la prière et à d'autres exercices de piété le temps qu'elles n'employoient pas au travail des mains. Ainsi elles tenoient un milieu entre le genre de vie des laïques et celui des personnes qui avoient embrassé l'état religieux. Le peuple prit l'habitude de donner le nom de béguines à toutes les femmes qui vivoient en commun ; et comme les bonnes femmes de Sainte-Avoie vivoient ainsi, on les appela *béguines*, sans que pour cela il y ait eu le moindre changement dans leur communauté.

sur cette maison, et il y conserva jusqu'à la fin tous ceux dont avoient joui ses prédécesseurs (1).

Il falloit monter au premier étage pour voir l'église de ces religieuses, qui étoit assez jolie, mais fort petite. Le maître-autel étoit décoré d'un assez bon tableau représentant l'Annonciation, par un peintre inconnu.

Les religieuses de Sainte-Avoie tenoient une pension de jeunes demoiselles.

LES RELIGIEUX DE LA MERCI,

OU DE NOTRE-DAME

DE LA RÉDEMPTION DES CAPTIFS.

C'EST, selon nous, une chose admirable de voir à quel point les institutions religieuses l'emportent, dans cette grande ville, sur celles qui sont purement civiles, non-seulement par leur nombre, mais encore par l'importance de leurs travaux,

---

(1) En reconnoissance de ces droits, le couvent faisoit présenter chaque année à l'offrande, en l'église de Saint-Merri, et le jour de la fête de ce saint, un cierge d'une livre, auquel étoit attaché un écu d'or.

par la régularité de leur action, par le bien qu'elles font à la société. Ce que la politique n'a pu même imaginer pour le soulagement de l'humanité, parce qu'en effet il est certains dévouements qu'aucune récompense donnée par les hommes ne peut payer, des ordres religieux l'ont fait parce qu'ils se proposoient un prix qui seul pouvoit être au-dessus de leurs sacrifices. Leur charité avoit prévu tout ce qui peut contribuer à l'ordre et au bonheur dans une vaste cité, toutes les misères, toutes les souffrances qui peuvent affliger ses habitants : nous les avons montrés ouvrant de tous côtés des asiles pour instruire, édifier, soulager. Ils ont fait plus : ils ont étendu cette charité ardente jusque sur des malheureux dont la terre et la mer sembloient devoir les séparer à jamais ; on les a vus braver tous les périls, franchir tous les obstacles pour arracher à l'esclavage et la mort des chrétiens que leurs amis, leurs parents mêmes avoient abandonnés; et dans ce triomphe de la religion, ils ont donné une preuve éclatante qu'elle étoit plus forte que toutes les affections humaines, qu'elle l'emportoit même sur les sentiments de la nature.

L'ordre de la Merci, en qui nous admirons ce dévouement sublime et jusque-là inconnu, prit naissance à Barcelone en 1218 (1). Ce n'étoit,

---

(1) Ils reçurent l'habit de leur institut dans l'église cathédrale

dans son origine, qu'une congrégation de gentils-hommes qui, pour imiter la charité de saint Pierre Nolasque, leur fondateur, consacrèrent leurs biens et leurs personnes à la délivrance des captifs chrétiens, sur le récit qu'ils avoient entendu faire des cruautés inouïes exercées sur eux par les infidèles, qui ne leur laissoient d'autre alternative que de mourir dans les supplices ou de changer de religion. On les appeloit *les Confrères de la Congrégation de N.-D. de Miséricorde*. Ils avoient aussi le titre d'ordre royal et militaire, parce que, pendant les premiers siècles de leur institution, ils étoient aussi destinés à faire la guerre aux Maures, qui avoient envahi les plus belles provinces de l'Espagne. Aux trois vœux ordinaires de religion ces pieux chevaliers ajoutoient celui de sacrifier leurs biens, leur liberté, et même leur vie pour le rachat des captifs.

Les succès de cet ordre furent si rapides que, dès 1250, il fut approuvé par Grégoire IX, qui le confirma de nouveau par sa bulle du 17 janvier 1235, en le mettant sous la règle de saint

---

de Barcelone, des mains de Bérenger, qui en étoit évêque, en présence de Jacques Ier, roi d'Aragon, le 10 août 1223. Cet habit, tout blanc, consistoit en une tunique, une chape et un scapulaire sur lequel étoit l'écu d'Aragon, avec une croix en chef. Leurs constitutions particulières furent dressées par Raimond de Pegnafort, dominicain fameux, qui étoit le confesseur de Pierre Nolasque, fondateur de l'ordre.

Augustin. Mais, en 1308, Clément V ayant ordonné que cet ordre seroit régi par un religieux prêtre, ce changement occasionna quelques divisions entre les clercs et les laïques : les chevaliers se séparèrent des ecclésiastiques, et insensiblement ces derniers furent seuls admis dans l'ordre.

Les historiens n'indiquent pas la date précise de l'introduction de ces religieux en France ; mais on sait d'une manière positive que, dès 1515, ils avoient à Paris une maison et un collége qui subsistoient encore au milieu du dernier siècle, au bas de la rue des Sept-Voies, près de la montagne Sainte-Geneviève. Ils durent leur second établissement, rue de Braque, à la reine Marie de Médicis, qui, par ses lettres du 16 septembre 1613, leur fit donner les chapelles de Notre-Dame et de Saint-Claude de Braque (1). Les religieux de la Merci en prirent aussitôt possession. L'évêque de Paris approuva ce changement le 4 novembre 1613, et il fut autorisé par lettres-patentes du

---

(1) En 1348, Arnould de Braque avoit fondé cette chapelle et un hôpital. On voit, par les registres de la chambre des comptes, que, le 7 juillet 1384, Charles VII donna à Nicolas de Braque, moyennant douze deniers de cens annuel, les anciens murs, avec les tours ou tourelles, et les places vagues entre la porte du Chaume et celle du Temple ; Nicolas de Braque y fit bâtir un hôtel, et augmenta beaucoup la chapelle et l'hôpital. Ce dernier établissement étoit déjà détruit au commencement du dix-septième siècle ; mais la chapelle, suffisamment rentée par la famille de Braque, étoit encore desservie par quatre chapelains.

1er août 1618. On bâtit alors, à la place de ces anciennes constructions, une église et un monastère; et, depuis cette époque, on reconstruisit le portail de l'église. Il étoit composé de deux ordonnances couronnées d'un attique, au-dessus duquel s'élevoit un campanille. Le premier ordre, dont les colonnes étoient ovales et corinthiennes, fut bâti sur les dessins de Cottard; le second, dont les chapiteaux étoient composites, étoit de Boffrand, qui avoit eu, dit-on, l'intention de disposer la masse entière de ce morceau d'architecture, de manière qu'elle pût se lier avec celle de l'hôtel Soubise, situé vis-à-vis, et lui servir en quelque sorte de décoration. Parmi les constructions pyramidales de ce genre, celle-ci pouvoit passer pour une des plus agréables, parce qu'elle étoit une des plus simples (1).

CURIOSITÉS DE L'ÉGLISE DE LA MERCI.

TABLEAUX.

Dans une chapelle, un tableau représentant saint Pierre Nolasque recevant le premier, en 1223, l'habit de l'ordre de la Merci des mains de l'évêque de Barcelone, en présence du roi d'Aragon, par *Bourdon*.

SCULPTURES.

Sur les côtés du maître-autel, les statues de saint Raymond Nonnate et de saint Pierre Nolasque, par *Michel Anguier*.

---

(1) *Voyez* pl. 113.

SÉPULTURES.

La famille de Braque avoit dans cette église un tombeau décoré de figures en marbre blanc (1). Un cartouche de marbre appliqué sur un des piliers de la nef indiquoit que les cœurs du maréchal de Themines et du marquis de Themines son fils y avoient été inhumés.

C'étoit aussi la sépulture de MM. de La Mothe et Ferrari.

Quoique le rachat des esclaves fût aussi la fin principale de l'institution d'un autre ordre religieux (les Trinitaires Mathurins), il y avoit entre eux cette différence, que non-seulement les Pères de la Merci faisoient le vœu d'aller racheter les captifs, ce qui leur étoit commun avec les Trinitaires, mais encore de demeurer en otage pour eux, vœu que ces derniers ne faisoient point (2).

MONASTÈRE
DES BLANCS-MANTEAUX.

TROIS ordres différents ont successivement occupé ce monastère. *Les religieux serfs de sainte Marie mère de J.-C.* furent les premiers qui s'y

---

(1) Les bustes de Nicolas de Braque et de Jeanne Bouteillers de Senlis son épouse étoient déposés au Musée des Petits-Augustins.

(2) L'église et les bâtiments de ce monastère ont été démolis.

établirent en 1258 (1). Les archives du Temple nous apprennent qu'en cette année Amauri de Laroche, maître de cette maison, permit à ces religieux d'établir dans sa censive un couvent, une chapelle et un cimetière, si l'évêque et le curé de Saint-Jean-en-Grève le trouvoient bon.

Soit que les facultés des serfs de la Vierge ne leur permissent pas de profiter alors de cette faveur, soit que quelque autre obstacle fût venu s'opposer à leur établissement, on voit qu'ils n'obtinrent le consentement de Renaud de Corbeil, évêque de Paris, qu'au mois d'août de l'an 1263, et non en 1258, comme le dit Sauval. La chapelle fut bâtie la même année par les libéralités de saint Louis (2). Les historiens nous apprennent que ce prince donna en outre quarante sous de rente à la maison des chevaliers du Temple, pour la dédommager du droit de censive qu'elle avoit sur le lieu où fut bâti ce monastère. C'est pourquoi ce prince en est justement regardé comme le principal fondateur, quoique plusieurs particuliers aient aussi contribué de leurs aumônes à l'entier achèvement de cette bonne œuvre.

Les Blancs-Manteaux (3) ne jouirent pas long-

---

(1) Sauval et Lemaire disent, mal à propos, que ce fut en 1252.

(2) Hist. de Par., t. III, p. 243.

(3) Le nom de *Monastère des Blancs-Manteaux* fut donné au couvent des serfs de la Vierge, parce que les religieux portoient

temps de l'établissement que la charité leur avoit procuré dans la capitale. Dès l'an 1274, leur ordre fut supprimé par le second concile de Lyon, qui abolit tous les ordres mendiants établis depuis le quatorzième concile de Latran (1), à la réserve des Jacobins, des Cordeliers, des Carmes et des Augustins.

Il paroît que les serfs de la Vierge, qui, par ordre d'Alexandre IV, et en vertu de sa bulle du 15 septembre 1257, c'est-à-dire dès leur origine, avoient adopté la règle de saint Augustin, se maintinrent encore quelque temps, malgré le décret du concile de Lyon : car ce ne fut qu'en 1297 qu'ils se réunirent à un autre ordre monastique établi, à peu près à la même époque, dans le diocèse de la capitale.

Les vertus de saint Guillaume de Malleval, les miracles qui s'opéroient chaque jour sur son tombeau, avoient engagé les fidèles à lui faire bâtir une église et un monastère. Les solitaires qui s'y établirent adoptèrent la règle de saint Benoît, et prirent le nom de Guillelmites, ou *hermites de saint Guillaume*. Sous le règne de saint Louis, ils obtinrent une demeure à Mont-Rouge, près

---

des manteaux blancs. Les Guillelmites, qui les remplacèrent, conservoient ce nom, quoique les leurs fussent noirs ; et cette dénomination passa aux Bénédictins, qui succédèrent aux Guillelmites.

(1) Ce concile avoit été tenu sous Innocent III, en 1215.

de Paris. Leur maison et leur chapelle étoient alors sous le titre des *Machabées*.

Ces religieux, quoique mendiants, n'avoient point été du nombre de ceux que Grégoire et le concile de Lyon supprimèrent, parce qu'on les considéroit comme vivant sous la loi d'un ordre approuvé par l'Eglise. La suppression des *serviteurs de la Vierge* leur fit naître la pensée de se procurer un établissement dans la capitale. S'étant facilement entendus avec ceux qu'ils vouloient remplacer, ils exposèrent à Boniface VIII qu'il ne restoit plus que quatre membres de cette communauté, y compris le prieur, lesquels désiroient se réunir à eux et entrer dans leur ordre, et lui demandèrent de leur accorder la maison des Blancs-Manteaux. Le souverain pontife y consentit par sa bulle donnée le 18 juillet 1297, et confirmée, l'année suivante, par Philippe-le-Bel.

Dans le siècle suivant, ce monastère se trouvant trop resserré par l'enceinte de la ville à laquelle il étoit contigu, Philippe-de-Valois accorda, en 1334, la permission de percer le mur, et d'y pratiquer une porte, tant pour la commodité des personnes du dehors qui venoient assister au service divin, que pour celle des religieux qui possédoient par-delà l'enceinte une place et quelques bâtiments. En 1404 ils obtinrent encore de Charles VI une tour et environ quarante toises des anciens murs, à condition de payer chaque année quatre livres dix sous huit deniers parisis de rente, et huit sous six deniers parisis de fonds de terre.

Les Guillelmites demeurèrent en possession de ce monastère jusqu'en 1618, époque à laquelle leur communauté étoit réduite à un si petit nombre de religieux (1) qu'ils obtinrent d'être agrégés à la congrégation réformée des Bénédictins, nommée alors *Gallicane*, et depuis de *Saint-Maur*. Cette réforme faisoit de rapides progrès, et plusieurs monastères l'avoient déjà embrassée. Les religieux de Saint-Guillaume s'y étant unanimement soumis le 3 septembre 1618, deux jours après, Henri de Gondi, cardinal de Retz, fit entrer des Bénédictins dans leur monastère, et cette union, approuvée par des lettres-patentes de Louis XIII, données la même année, fut maintenue malgré les réclamations du général des Guillelmites, résidant alors dans la ville de Liége.

On lit, dans l'histoire de Paris et dans le *Gallia Christiana* (2), que la première église des Blancs-Manteaux fut dédiée le 30 novembre 1397, et ensuite le 13 mai 1408. Cette église étoit alors autrement située qu'elle n'est aujourd'hui; elle

---

(1) La communauté n'étoit plus composée que d'un prieur, six profès et deux novices.

(2) Hist. de Par., t. I, p. 378, et t. III, p. 243 et 298. — *Gall. Christ.*, t. VII, col. 141 et 142.

s'élevoit le long de la rue des Blancs-Manteaux, et touchoit presqu'à la porte Barbette. L'église et le monastère furent rebâtis en 1685; M. le chancelier Le Tellier et dame Élisabeth Turpin son épouse en posèrent la première pierre le 26 avril de la même année.

Cette église, d'une grandeur médiocre, et surtout très-étroite, est cependant composée d'une nef et de bas côtés qui en sont séparés par des arcades ornées de pilastres corinthiens et de médaillons. Le tout est de cette architecture mesquine que l'on ne rencontre que trop communément dans les églises de Paris (1).

CURIOSITÉS DE L'ÉGLISE DES BLANCS-MANTEAUX.

TABLEAUX.

Au fond du bas côté de l'église, près de la principale porte d'entrée, un grand tableau représentant Jésus-Christ au Jardin des Olives, par *Parrocel*.

SCULPTURES ET TOMBEAUX.

Auprès du maître-autel, six figures sculptées par un frère lai de cette maison, nommé *Bourlet*.

Le tombeau de Jean Le Camus, lieutenant civil, mort en 1710, par *Simon Mézières*. Ce magistrat y étoit représenté à genoux; un ange tenoit un livre ouvert devant lui.

---

(1) *Voyez* pl. 111.

La bibliothèque contenoit environ vingt mille volumes.

Cette maison a servi de retraite à plusieurs bénédictins estimés pour leur vertu et pour leur érudition. C'est là qu'ont été composés *l'Art de vérifier les dates*, *la Nouvelle Diplomatique*, *la Collection des Historiens de France*; et d'autres ouvrages importants (1).

HÔTELS.

HOTELS EXISTANTS EN 1789.

Hôtel de Saint-Aignan (rue Sainte-Avoie).

CET hôtel portoit autrefois le nom de Beauvilliers; il avoit été bâti par Le Muet, architecte, pour Claude de Mesmes, comte d'Avaux, célèbre par ses négociations et ses ambassades, et fut ensuite vendu à Paul de Beauvilliers, duc de Saint-Aignan, pair de France. Cet édifice, d'une con-

---

(1) Les bâtiments des Blancs-Manteaux ont été détruits, et sur leur emplacement on a percé une rue nouvelle. L'église vient d'être rendue au culte.

struction assez régulière, offre sur la cour une ordonnance de pilastres corinthiens qui s'élèvent depuis le rez-de-chaussée jusqu'à l'entablement (1).

Hôtels de Mesmes, de la Trémouille, Caumartin, etc. (même rue).

L'hôtel de Mesmes étoit originairement la demeure du connétable Anne de Montmorency (2).

Henri II se plaisoit quelquefois à venir y faire un séjour passager, ce qui l'avoit fait appeler *le Logis du Roi.* Cet hôtel passa ensuite à Jean-Antoine de Mesmes, premier président du parlement.

Ce fut dans cette maison que furent d'abord établis les bureaux de la banque de Law. Peu de temps avant la révolution, elle étoit occupée par M. de Vergennes et par les bureaux de la recette générale des finances (3).

On trouve encore dans cette rue les hôtels de

---

(1) C'est aujourd'hui le siége de la municipalité du sixième arrondissement.

(2) Ce seigneur mourut dans cet hôtel, le 12 novembre 1567, des blessures qu'il avoit reçues à la bataille de Saint-Denis; il étoit âgé de soixante-quatorze ans, avoit servi sous cinq rois, et s'étoit trouvé à près de deux cents combats et à huit batailles rangées.

(3) C'est aujourd'hui la demeure de l'administrateur général des droits réunis.

la Trémouille et de Caumartin, et dans la rue Bourg-Thiboud l'hôtel d'Argouges.

Hôtel de Soubise.

Cet hôtel, dont la principale entrée donne sur la rue de Paradis, occupe une grande partie du carré que forment les rues du Chaume, des Quatre-Fils, de Paradis, la vieille rue du Temple; et réunit dans son enceinte les emplacements de plusieurs autres hôtels connus dans notre histoire. Du côté de la rue des Quatre-Fils étoit le *grand chantier du Temple*, dont les Parisiens firent présent au connétable de Clisson (1), et sur lequel il fit bâtir son hôtel en 1383. Du côté de la rue de Paradis s'élevoit l'hôtel des rois de Navarre, de la maison d'Evreux, devenu depuis la propriété du duc de Nemours, comte d'Armagnac, sur lequel il fut confisqué:

---

(1) Lorsque, selon Pasquier, ils se virent réduits, par son moyen, à venir crier *miséricorde* au roi dans la cour du palais; et en effet les M d'or couronnées qu'on a vues long-temps sur les murailles et sur les combles de cet hôtel y avoient été peintes pour rappeler le souvenir de la faute et du châtiment des Parisiens. Elles indiquent aussi la raison pour laquelle, sous Charles VI, et même après lui, on nommoit cet hôtel *l'hôtel de la Miséricorde*. La manière dont Froissard et les historiens nous parlent de l'assassinat d'Olivier de Clisson (*Voyez* 1re partie, p. 97), fait croire que ce connétable logeoit encore dans cette maison, et qu'il étoit en chemin pour s'y rendre lorsqu'il fut attaqué.

L'hôtel de Clisson appartenoit, au commencement du quinzième siècle, au comte de Penthièvre; il passa ensuite au sieur Babon de la Bourdaisière, qui, par contrat du 14 juin 1553, le vendit 16,000 liv. à Anne d'Est, épouse de François de Lorraine, duc de Guise; celui-ci le donna, le 7 octobre 1556, au cardinal de Lorraine son frère, qui en fit don lui-même, le 4 novembre suivant, à charge de substitution, à Henri de Lorraine, prince de Joinville, son neveu.

L'hôtel de Navarre et d'Armagnac, passé au comte de Laval, fut vendu par ce seigneur, en 1545, au sieur Brinon; celui-ci le céda au cardinal de Lorraine, lequel en fit don au duc de Guise son frère, le 11 juin 1556.

Le duc de Guise acheta encore, en 1560, l'hôtel de la Roche-Guion. L'acte d'acquisition porte qu'il étoit alors possédé par Louis de Rohan, comte de Montbazon, seigneur de Guémené, et par dame Éléonore de Rohan son épouse.

Enfin les princes de cette dernière famille acquirent, dans le même temps, plusieurs autres maisons voisines; et c'est sur ce vaste emplacement qu'ils firent bâtir l'hôtel qui reçut leur nom. Il porta ce nom jusqu'en 1697, que François de Rohan, prince de Soubise, l'ayant acheté des héritiers de la duchesse de Guise, en augmenta considérablement les constructions.

Le principal corps-de-logis, qui s'étend depuis

la rue du Chaume jusqu'au jardin, et dont la façade donnoit immédiatement sur le passage qui conduisoit de cette rue à la Vieille rue du Temple, avoit été construit par Henri, duc de Guise, sur la conduite et sur les dessins de Lemaire. La grande cour n'existoit pas encore à cette époque. La porte d'entrée se présentoit en pan coupé sur l'angle de la rue du Chaume et de ce passage; elle étoit accompagnée de deux tourelles en saillie qui existent encore, et entre lesquelles étoit située la chapelle, ornée de peintures à fresque par *Nicolo*, peintre florentin, appelé d'Italie par François Ier pour décorer le palais de Fontainebleau.

La cour d'honneur et la principale entrée sur la rue de Paradis furent ajoutées en 1697 par le prince de Soubise. On retourna l'ancienne porte dans l'alignement de la rue du Chaume, en face de celle de Braque et de l'ancien passage, lequel resta toujours ouvert au public, quoiqu'il traversât tout l'hôtel, sous les fenêtres mêmes du bâtiment principal. Il n'a été fermé que depuis la révolution.

La façade de l'ancien bâtiment fut alors décorée, au rez-de-chaussée, de seize colonnes d'ordre composite, accouplées, dont huit forment au milieu un avant-corps surmonté d'un second ordre de colonnes corinthiennes que couronne un fronton. Les huit autres colonnes du rez-de-chaussée supportent quatre statues qui représentent les quatre Saisons. Deux autres statues allégoriques, la Force et la Sagesse, s'élèvent au-dessus du fronton.

La nouvelle cour a trente et une toises de longueur sur vingt de largeur, et présente une forme elliptique dans l'extrémité qui fait face au bâtiment. Elle est entourée d'une galerie de cinquante-six colonnes accouplées, d'ordre composite, et d'un pareil nombre de pilastres correspondant aux colonnes. La galerie que forme cette colonnade est couverte en terrasse; une balustrade règne au pourtour; l'ensemble en est grand, riche et d'un bel effet (1).

La porte d'entrée principale est également décorée, en dehors et en dedans, de colonnes accouplées, à l'intérieur composites, corinthiennes à l'extérieur. Elles forment sur chaque face un avant-corps, qui étoit autrefois couronné de grands écussons aux armes du prince et accompagnés de statues. Il y avoit encore sur la balustrade plusieurs trophées d'armes qui s'élevoient de distance en distance. Ces diverses sculptures avoient été exécutées par Lorrain, Costou jeune et Bourdy. Toutes ont disparu depuis la révolution, à l'exception des figures des quatre Saisons.

---

(1) *Voyez* pl. 112. L'hôtel de Soubise est maintenant le dépôt des archives de France.

Le vestibule et l'escalier, dont l'ensemble est vaste et magnifique, avoient été décorés de peintures par *Brunetti;* une salle d'entrée renfermoit des tableaux peints par Restout; plusieurs autres pièces offroient une collection d'ouvrages de peintres françois, tels que Boucher, Trémolière, Vanloo, etc.

Hôtel de Strasbourg.

En 1712, Armand Gaston, cardinal de Rohan, évêque de Strasbourg, membre de l'académie françoise et de celle des sciences, fit élever, sur une partie du terrain de l'hôtel de Soubise, un autre hôtel, qu'on a nommé d'abord le Palais-Cardinal. Il a sa principale entrée sur la Vieille rue du Temple, une autre sur la rue des Quatre-Fils, et une troisième sur l'ancien passage qui traversoit l'hôtel de Soubise.

La face de cet édifice, sur la cour, est d'une grande simplicité; celle qui regarde le jardin est décorée d'un avant-corps de quatre colonnes, doriques au rez-de-chaussée et ioniques au premier étage, lequel est surmonté d'un attique, et terminé par un fronton. Le jardin est commun aux deux hôtels (1).

On ne trouve d'hôtels anciens dans ce quartier

---

(1) Depuis la révolution, l'imprimerie royale a été établie dans les bâtiments de cet hôtel.

que ceux que nous avons dit avoir été réunis pour former l'hôtel de Soubise. Toutefois nous ne devons pas oublier de dire que le duc d'Orléans, fils de Philippe de Valois, avoit aussi son hôtel joignant l'emplacement où fut depuis le couvent de la Merci. Cet édifice fut en partie compris dans l'hôtel du connétable de Montmorency, dont nous avons déjà parlé.

Hôtel de Notre-Dame du Bec-Hellouin.

Un accord passé en 1273 entre Philippe-le-Hardi et le chapitre de Saint-Merri (1) nous apprend que l'abbé de N.-D. du Bec-Hellouin en Normandie possédoit un hôtel dans une rue de ce quartier, qui en a pris et conservé le nom de Bar-du-Bec (2).

Mont-de-Piété.

Cet établissement avoit été formé par lettres-patentes du 9 décembre 1777, au profit des pauvres de l'hôpital général. En 1786 on éleva dans la rue des Blancs-Manteaux, un peu au-dessus du couvent, un bâtiment considérable pour les bureaux et magasins de cette administration, dé-

---

(1) Sauval, t. I, p. 113.
(2) *Voyez* dans la nomenclature de ce quartier l'article de cette rue.

truite pendant la révolution, et rétablie depuis dans le même local sur des bases nouvelles. Personne n'ignore que cet établissement est destiné à prêter de l'argent à intérêt sur des nantissements composés de toutes sortes d'effets mobiliers, et à diminuer ainsi les désordres de l'usure, si funestes dans une ville immense où habitent ensemble la richesse extrême et l'extrême pauvreté avec toutes les corruptions qu'elles amènent si souvent à leur suite.

FONTAINES.

Fontaine de Sainte-Avoie.

Elle est située dans la rue de ce nom. On y lisoit l'inscription suivante :

Civis aquam petat his de fontibus : illa benigno
De patrum patriæ munere jussa venit. — 1687.

Fontaine de Braque.

Elle est située rue du Chaume, et tire son eau de l'aqueduc de Belleville.

Fontaine des Blancs-Manteaux.

Elle est située dans la rue dont elle a pris le nom.

Fontaine du Paradis.

Elle tire son nom de la rue où elle est située, et donne de l'eau de l'aqueduc de Belleville.

RUES ET PLACES

DU QUARTIER SAINTE-AVOIE.

Rue Sainte-Avoie. Elle fait la continuation de la rue Barre-du-Bec, et aboutit à celle du Temple, au coin de la rue Michel-le-Comte. Anciennement on ne la connoissoit que sous le nom de la *grande rue du Temple*, dont elle faisoit partie. On lui a donné celui qu'elle porte à cause de la chapelle et de l'hôpital Sainte-Avoie qui y étoient situés (1).

Rue Barre-du-Bec. Elle commence à la rue de la Verrerie, et aboutit à celle de Sainte-Avoie, au coin des rues Sainte-Croix-de-la-Bretonnerie et Neuve-Saint-Merri.

Guillot l'appelle *rue de l'abbaye-du-Bec-Hellouin*. Sauval a hésité sur l'orthographe du nom de cette rue et sur son étymologie ; il vient, dit-il, ou d'une maison appelée, en 1273, *Domus de Barra*, ou d'une autre qui, au milieu du seizième siècle, se nommoit l'hôtel de la Barre-du-Bec, ou enfin de l'hôtel de l'Abbé-de-Notre-

---

(1) Les archives du Temple font mention d'une *rue du Four-du-Temple* qui donnoit dans celle-ci ; elle étoit située entre la maison de la Barre et la rue Sainte-Croix-de-la-Bretonnerie.

Dame-du-Bec-Hellouin en Normandie. On ne voit pas trop la raison de cette hésitation; car il cite l'accord passé entre Philippe-le-Hardi et le chapitre de Saint-Merri, en 1273, lequel ne laisse à ce sujet aucune incertitude. Cet acte fait mention de la maison de la Barre, qui avoit appartenu à Simon de Paris, et qui étoit alors en la possession de l'abbé du Bec. Il paroît donc certain que c'est du séjour que les abbés du Bec y ont fait qu'elle a pris son nom (1). A l'égard de celui de *la Barre*, on peut également en rapporter l'origine à cette maison, qui étoit le siége de la justice que l'abbaye du Bec possédoit en ce quartier (2). Ce nom, ainsi que celui de *Barreau*, vient d'une barre de fer ou d'une barrière de bois qui séparoit le lieu où se tenoient les plaideurs de celui qui étoit réservé aux juges; et c'étoit à cette barrière que se plaçoient ceux-ci pour recevoir les mémoires et les requêtes qu'on avoit à leur présenter. Le chapitre de Saint-Merri avoit une semblable barre, qu'on nommoit *les barres de Saint-Merri* (3).

Rue des Billettes. Elle traverse de la rue de la Verrerie dans celle de Sainte-Croix-de-la-Bretonnerie. Au treizième siècle elle s'appeloit *rue des Jardins*. Piganiol se trompe en disant qu'en 1290 on la nommoit *vicus Hortorum*. Nos aïeux n'étoient pas si puristes, ils disoient simplement, *vicus Jardinorum*, *vicus de Jardinis*,

---

(1) *Voyez* p. 1011.

(2) On appeloit ces endroits, la barre, *barra, septum curiæ, cancelli auditorium*. De là vient cette façon de parler : « la barre » des requêtes du palais, la barre du chapitre Notre-Dame, la » barre de l'officialité, etc. »

(3) Dans cette rue, et près celle de la Verrerie, il y en avoit une autre dont les archives du Temple font mention, en 1463, sous le nom de *rue Dorée*.

comme on le voit dans les lettres de Philippe-le-Bel, du mois de décembre 1299 (1); dans d'autres actes du quinzième siècle, on la trouve indiquée sous le nom de *rue où Dieu fut bouilli, du Dieu Bouliz*; enfin, dans Corrozet, sous celui des Billettes.

On a cherché et donné différentes étymologies de ce nom : Sauval insinue qu'il pourroit bien venir d'une espèce de péage qu'on appeloit encore de son temps *billette*, à cause d'un billot de bois qu'on suspendoit à la porte de la maison où ce péage devoit être acquitté. Pour autoriser cette idée, il pense que, la rue de la Verrerie conduisant à l'ancienne porte Saint-Merri, on payoit peut-être le péage dans quelque maison de cette rue, située au coin de celle des Jardins, et que c'est de là que celle-ci aura reçu le nom de *rue des Billettes*. Jaillot trouve que cette conjecture est un peu hasardée : « Il est vrai, dit-il, qu'on a appelée *billette* une petite enseigne posée aux lieux où on devoit payer le péage ; mais la rue de la Verrerie n'étoit point un chemin royal où l'on pût établir un bureau pour la perception d'un pareil droit ; les marchandises qui y étoient sujettes devoient le payer avant que d'entrer dans la ville : ainsi les droits étoient perçus, de ce côté, à la porte Baudoyer, et de l'autre à celle de Saint-Merri. » Plusieurs autres auteurs ont aussi proposé leurs conjectures, qui ne nous paroissent pas mieux fondées. Ce qui nous a paru le plus vraisemblable, après avoir examiné toutes les discussions qui se sont élevées à ce sujet, c'est que le nom de cette rue est dû aux religieux hospitaliers de la Charité de Notre-Dame qui précédèrent les Carmes dans le couvent situé dans cette rue, et qui étoient connus sous le nom de *Billettes* dès les pre-

---

(1) Dubreul, p. 970.

miers temps de leur établissement à Paris. Il n'est pas même hors de vraisemblance que ces hospitaliers, qui, dans leur origine, n'étoient ni tout-à-fait religieux ni tout à fait séculiers, portassent des *billettes* (1) sur leurs habits comme un signe propre à les faire reconnoître, et que ce soit à cette occasion que le peuple leur ait donné ce nom.

Rue des Blancs-Manteaux. Elle traverse de la rue Sainte-Avoie dans la vieille rue du Temple. Au treizième siècle elle n'étoit connue que sous le nom de la *Parcheminerie* et de la *Petite-Parcheminerie*. On la trouve ainsi nommée, en 1268, dans les archives du Temple; mais les religieux qui s'y établirent vers le milieu du même siècle, portant des manteaux blancs, le peuple prit l'habitude de les appeler les *Blancs Manteaux*, et l'on en donna le nom à la rue; elle le portoit dès 1289, et l'a toujours conservé depuis.

Il y a dans cette rue un cul-de-sac appelé *Pequai*; il tire cette dénomination d'un particulier nommé *Piquet*, qui y avoit une maison, et dont on a altéré le nom. Il a porté aussi celui de *Novion*, parce que M. de Novion a occupé la maison Piquet, et enfin celui des *Blancs-Manteaux*, parce que ce monastère en étoit voisin. Sauval l'appelle *rue Piquet*, et ajoute que c'étoit autrefois la *rue Molard*. Comme il n'est point fait mention de cette rue dans Guillot ni dans les listes des rues des quatorzième et quinzième siècles, Jaillot a conjecturé que la *rue Pernelle-Saint-Pol*, qui y est distinguée de la rue de

---

(1) *Billette*, terme de blason, petite pièce carrée qu'on met dans l'écu pour signifier constance et fermeté. (*Dict. de l'Acad.*) On donnoit le même nom à de petits scapulaires qui avoient une forme toute semblable.

l'*Homme-Armé*, pouvoit bien être cette *rue Molard*, laquelle seroit enfin représentée aujourd'hui par ce cul-de-sac.

Rue Bourg-Thiboud. Elle donne d'un côté dans le marché du Cimetière-Saint-Jean, et de l'autre dans la rue Sainte-Croix-de-la-Bretonnerie. On trouve dans les archives de l'archevêché un contrat de vente du mois de juillet 1220, où elle est appelée *rue Bourtibou;* dans un acte de 1280, *vicus Burgi Thiboudi.* Ce même nom se trouve dans un arrêt de 1300. Guillot écrit rue *Bourc-Tibout.* Ainsi les autres noms de cette rue, tels que *Beautibourg*, *Bourtibourg*, *Bourg-Thiébaut* ne sont que des altérations de celui-ci. Quoique Sauval prétende (1) que les rues Bourg-l'Abbé, Beau-Bourg, Bourg-Thiboud, ne viennent pas du mot *bourg*, mais de noms de famille, il paroît cependant plus vraisemblable de l'attribuer à des amas de maisons hors de la ville, qui ont formé peu à peu de petits bourgs, et auxquels on a donné le nom de l'église qui y étoit située, du seigneur ou du particulier le plus remarquable qui y demeuroit. Telle est sans doute l'origine des bourgs Saint-Germain, du bourg de l'Abbé de Saint-Magloire, du bourg Thiboud, etc. Cette rue n'a pas changé de nom.

Rue de Braque. Elle traverse de la rue Saint-Avoie à celle du Chaume. Il paroit qu'anciennement elle se prolongeoit jusqu'à la Vieille rue du Temple; elle portoit alors le nom de *rue des Bouchers* et *des Boucheries-du-Temple*, à cause d'une boucherie que les chevaliers du Temple y établirent en 1182. Arnoul de Braque y fit bâtir, en 1348, un hôpital et une chapelle, et alors on la

---

(1) T. I, p. 115.

nomma *rue des Boucheries-au-Braque*, *rue de Braque*, et *de la Chapelle-de-Braque* (1).

Rue du Chaume. Elle aboutit d'un côté dans la rue des Blancs-Manteaux, et de l'autre dans celle du Grand-Chantier, au coin de la rue des Quatre-Fils. Cette rue est ancienne, car il en est fait mention dans les actes de 1290. Il paroît qu'elle donna son nom à une porte que Philippe-le-Bel permit d'ouvrir dans l'enceinte de Philippe-Auguste ; et c'est pourquoi elle est souvent indiquée, dans les titres des quatorzième et quinzième siècles, sous le nom de la rue de la *Porte-du-Chaume*. Il faut observer que quand cette rue (ou chemin) eut été prolongée jusqu'aux murs du Temple, elle prit dans toute son étendue le nom de *rue du Chantier-du-Temple*, à cause d'un bâtiment ainsi nommé que les Templiers y avoient fait construire, et qui fait aujourd'hui partie de l'hôtel de Soubise; elle le conserve encore dans une de ses extrémités. Lorsque la porte eut été percée, la rue prit le nom de *rue de la Porte-Neuve*, *rue Neuve-Poterne* et *rue d'Outre-la-Porte-Neuve*. Elle reprit depuis le nom de *rue du Chaume*; on la retrouve ensuite sous le nom *du Vieil-Braque*. Sur le plan de Saint-Victor, elle est nommée *grande rue de Braque* ; et dans Corrozet *rue de la Chapelle-de-Braque*. Quelques modernes lui ont donné le nom de *rue de la Merci*, à cause de la maison et de l'église de ces religieux; mais elle n'a jamais été inscrite sous cette dénomination à aucune de ses extrémités.

Rue Sainte-Croix-de-la-Bretonnerie. Elle fait la continuation de la rue Neuve-Saint-Merri, depuis la rue

---

(1) Entre cette rue et celle des Vieilles Haudriettes, étoit anciennement une rue ou ruelle appelée *de la Traverse-Cadier*.

Barre-du-Bec jusqu'à la Vieille rue du Temple. Cette rue fut ouverte sur un terrain qu'on appeloit le *Champ aux Bretons* et *la Bretonnerie*. Il a porté aussi, comme nous l'avons déjà dit, celui de la *Terre aux Flamands*; en 1232 on nommoit le chemin qui le traversoit, *rue de Lagny* dite la *Grande-Bretonnerie*, parce qu'il étoit en partie sur le fief de l'abbé de Saint-Pierre de Lagny. Ce terrain devoit sans doute son nom à une famille *des Bretons* ou *Lebreton* (1), connue par différents actes du treizième siècle, ce qui le fit donner ensuite à la rue et même aux chanoines réguliers qui s'y établirent. On y a depuis ajouté celui de Sainte-Croix qu'elle a reçu de ces mêmes chanoines. Il paroît, par tous les titres du Temple, que le commencement de cette rue s'appeloit, au quatorzième siècle, *rue Agnès-la-Buschère*. Elle aboutissoit au carrefour du Temple, formé par celle-ci et

---

(1) Telle est l'opinion de Jaillot; Saint-Foix lui donne une autre origine : « Sous le règne de saint Louis, dit-il, il n'y avoit encore dans ce quartier que quelques maisons éparses et éloignées les unes des autres. Renaud de Brehan, vicomte de Podoure et de l'Isle, qui avoit épousé, en 1225, la fille de Leolyn, prince de Galles, étoit venu à Paris pour quelque négociation secrète contre l'Angleterre. La nuit du vendredi ou samedi saint 1228, cinq Anglais entrèrent dans son *vergier*, le défièrent et l'insultèrent. Il n'avoit avec lui qu'un chapelain et un domestique; ils le secondèrent si bien, que trois de ces Anglais furent tués, les deux autres s'enfuirent; le chapelain mourut le lendemain de ses blessures. Brehan, avant que de partir de Paris, acheta cette maison et le *vergier*, et les donna à son brave et fidèle domestique, appelé *Galleran*. Le nom de *Champs-aux-Bretons* qu'on donna au verger ou jardin à l'occasion de ce combat, devint le nom de toute la rue; on l'appeloit encore, à la fin du treizième siècle, la *rue du Champ-aux-Bretons* ». (Essais hist. sur Paris.)

par les rues Neuve-Saint-Merri, Barre-du-Bec et Sainte-Avoie (1).

Rue de la Croix-Blanche. Elle aboutit au cimetière ou marché Saint-Jean et à la Vieille rue du Temple. A la fin du treizième siècle, elle étoit connue sous le nom d'*Augustin-le-Faucheur*. Elle est indiquée ainsi dans des lettres de Philippe-le-Hardi du mois d'août 1280, *cuneum sancti Augustini Falcatoris*. Ce nom a été altéré depuis par les copistes, qui ont écrit *Anquetin*, *Anquetil*, *Huguetin*, *Annequin*, *Hennequin*, *Otin-le-Fauche*, etc. Elle doit à une enseigne de la Croix-Blanche le nom qu'elle porte, nom sous lequel elle est énoncée dans un bail du 8 juillet 1448, et dans une sentence de licitation du 27 août 1639, laquelle se trouvoit dans les archives de l'archevêché.

Rue de l'Homme-Armé. Elle traverse de la rue Sainte-Croix-de-la-Bretonnerie dans celle des Blancs-Manteaux. Sauval et l'abbé Lebeuf (2) avancent qu'anciennement on l'appeloit *rue Pernelle-Saint-Pol*. Jaillot pense qu'ils se sont trompés, attendu que cette rue Pernelle-Saint-Pol est distinguée de celle de l'Homme-Armé dans différents actes. (*Voyez* cul-de-sac Pequai, rue des Blancs-Manteaux.) On ignore l'étymologie du nom de cette rue.

Rue de Moussy. Elle traverse de la rue de la Verrerie dans celle de Sainte-Croix-de-la-Bretonnerie. A la fin du treizième siècle, elle étoit connue sous le nom *du Franc-Mourier*, *Morier* et *Meurier* (3); elle est ainsi désignée

---

(1) Quelques auteurs prétendent que la monnoie se frappoit anciennement dans l'endroit de cette rue où furent depuis établis les chanoines réguliers.

(2) Sauv., t. III, p. 572. — Lebeuf, t. II, p. 594.

(3) Cens. de S. Eloi.

sur tous les anciens plans. Corrozet ne l'appelle que *ruelle descendant à la Verrerie*. Les papiers censiers de l'archevêché prouvent qu'elle portoit le nom de Moussi dès 1644, quoiqu'on trouve quelques actes postérieurs qui lui conservent son premier nom.

Rue de Paradis. Elle traverse de la Vieille rue du Temple dans celle du Chaume. Son nom est dû à l'enseigne d'une maison dont il est fait mention dès 1291 ; et même, suivant quelques titres du Temple, dès 1287 ; on la nommoit *rue de Paradis* ou *des Jardins*.

Rue du Plâtre. Elle aboutit d'un côté à la rue Sainte-Avoie, et de l'autre à celle de l'Homme-Armé. Sauval dit avec raison qu'en 1240 elle s'appeloit *rue Jehan-Saint-Pol*, en 1280, *la rue au Plâtre*, et depuis *rue de la Plâtrière* et *du Plâtre* (1).

Rue du Puits. Elle traverse de la rue Sainte-Croix-de-la-Bretonnerie dans celle des Blancs-Manteaux. On la connoissoit sous ce nom au treizième siècle ; il ne paroît pas qu'elle en ait changé.

Rue des Singes. Elle est parallèle à la précédente, et aboutit dans les mêmes rues. Suivant Sauval (2), elle s'appeloit, en 1269, la *rue Pierre-d'Estampes*. Le peuple avoit altéré et changé ce nom en celui de *Perriau*, *Perrot*, *Perreau-d'Estampe*. On voit, dans le *Dit des rues* de Guillot, que, dès 1300, on l'appeloit *rue à Singes*, à cause d'une maison ainsi nommée. Ce nom n'a pas varié depuis (3).

Rue de la Verrerie. La partie de cette rue qui dé-

---

(1) T. I, p. 157.
(2) *Ibid.*, p. 162.
(3) Il y avoit dans cette rue une ruelle que les titres du Temple nomment *rue Étienne le Meunier*.

pend de ce quartier commence à la rue Barre-du-Bec, et aboutit à la rue Bourg-Thiboud et au marché Saint-Jean. Dès le treizième siècle on la trouve ainsi nommée. Sauval dit que son nom vient d'une ou plusieurs verreries qui ont existé en cet endroit. Dans des lettres du chapitre de Notre-Dame, de 1185 (1), il est fait mention du terrain qui va depuis la maison de Robert de Paris, rue du Renard, jusqu'à celle de Gui le Verrier ou le Vitrier, *usque ad domum Guidonis Vitrearii.* Il est vraisemblable que c'est du nom de ce particulier que dérive celui de la rue où il demeuroit (1).

RUES NOUVELLES.

Rue des Guillelmites. Elle a été percée sur le terrain des Blancs-Manteaux, et commençant à la rue qui porte ce nom, elle va finir à celle de Paradis.

PASSAGES NOUVEAUX.

Passage Sainte-Croix-de-la-Bretonnerie. Il va de la rue Sainte-Croix-de-la-Bretonnerie à celle des Billettes.

---

(1) Arch. de S. Merri.
(2) C'est dans cette rue que demeuroit Jacquemin Gringonneur, peintre, qui fut l'inventeur des cartes à jouer, vers la fin du règne de Charles V; car il en est fait mention dans la Chronique de *Petit-Jehan de Saintré*, page de ce prince. On lit aussi dans un compte de Charles Poupart, surintendant des finances et argentier de Charles VI : *Donné cinquante-six sols parisis à Jacquemin Gringonneur, peintre, pour trois jeux de cartes à or et diverses couleurs, de plusieurs devises, pour porter devers ledit seigneur roi, pour son ébattement* (pendant les intervalles de sa funeste maladie).

QUARTIER DU TEMPLE,

OU DU MARAIS.

Ce quartier est borné à l'orient par les boulevarts et par la rue de Mesnil-Montant inclusivement; au septentrion, par les extrémités des faubourgs du Temple et de la Courtille inclusivement; à l'occident, par la grande rue des mêmes faubourgs et par la rue du Temple inclusivement, jusqu'au coin de celle des Vieilles-Haudriettes; et, au midi, par les rues des Vieilles-Haudriettes, des Quatre-Fils, de la Perle, du Parc-Royal et Neuve-Saint-Gilles inclusivement.

On y comptoit, en 1789, soixante-quatre rues, quatre culs de-sac, deux communautés d'hommes, trois couvents et une communauté de filles, le Temple, un hôpital, etc.

PARIS SOUS FRANÇOIS Ier.

Sous le règne de François Ier, dont nous allons extraire tous les événements qui offrent quelque rapport avec l'histoire de Paris, nous ne trouvons pas qu'il se soit passé rien de remarquable dans le quartier du Temple, si l'on en excepte la fondation de l'hôpital des Enfants-Rouges, monument de la charité de ce monarque et de Marguerite de Valois, reine de Navarre, sa sœur.

Paris, si long-temps agité par les fureurs des factions, avoit goûté, sous les deux règnes précédents, et principalement sous le gouvernement paternel de Louis XII, un repos et un bonheur qu'aucun nuage n'avoit troublés. Les diverses branches de son administration civile s'étoient perfectionnées ; les mœurs y étoient devenues moins grossières ; une communication plus active avec des peuples plus policés y avoit déjà fait naître une industrie plus raffinée, un luxe mieux entendu, et même quelque goût des beaux-arts. Le règne que nous allons décrire va développer ces germes d'un état social en apparence plus parfait ; les François, et par-dessus tout les Parisiens, ne mériteront plus ce nom de *Barbares* que leur donnoit depuis long-temps l'Italie moderne, devenue alors pour l'Europe ce que la Grèce antique avoit été jadis pour le monde entier. Mais de tristes réalités sont cachées sous ces apparences si brillantes qui, même après plusieurs siècles, séduisent encore les yeux du vulgaire, et ne sont appréciées ce qu'elles valent que par un petit nombre de bons esprits. Au milieu de ce mouvement inquiet des intelligences vers une science vaine et des arts que l'on peut appeler futiles, la foi déjà ébranlée continue de s'affoiblir au milieu des sociétés chrétiennes, la foi sans laquelle aucune société, même païenne, ne peut subsister ; et la civilisation, qui semble avancer, rétrograde en effet au milieu de l'Europe, de jour en jour plus *policée*. Ainsi se préparent, en particulier pour la France, des malheurs nouveaux qui, commençant à la menacer sous le règne que nous allons décrire, éclateront tout à coup sous les règnes suivants, et formeront la partie la plus longue et la plus déplorable de son histoire.

Les préjugés d'honneur chevaleresque qui avoient si malheureusement entraîné Charles VIII et Louis XII hors de leurs Etats, qui leur avoient fait épuiser, pour des conquêtes impossibles à conserver, le sang de leurs sujets et les trésors de la France, avoient été adoptés plus avidement encore par leur successeur, jeune, ardent, amoureux de la gloire, et par conséquent de la guerre: car on ne connoissoit point alors de gloire plus éclatante que celle des armes. (1515.) Les premiers moments de son règne furent à peine accordés à établir quelques réglements indispensables pour l'administration intérieure : le gouvernement de Paris, qu'il avoit donné d'abord à Charles de Bourbon, fut presque aussitôt transféré à François de Bourbon, comte de Saint-Pol; il fit quelques mutations d'offices, des réglements de discipline militaire, plusieurs changements utiles dans la constitution du parlement (1). Mais au milieu de ces travaux passagers, les soins de la

---

(1) Le plus remarquable fut l'établissement de la Tournelle perpétuelle, créée pour procéder continuellement à l'interrogation des prisonniers, à la confrontation des témoins et à l'instruction des procès criminels, partie de l'administration judiciaire jusque là très-mal ordonnée, et sujette aux plus grands abus.

guerre l'occupoient tout entier; impatient de laver dans le sang ennemi la honte des armées françoises à Novarre et à Guinegaste, d'abaisser l'orgueil des Suisses, toutes ses pensées étoient tournées vers le duché de Milan, dont la conquête lui sembloit le seul événement qui pût dignement signaler son avénement à l'un des premiers trônes du monde. Les traités qu'il essaya inutilement de faire avec le pape, l'empereur et le roi d'Espagne pour n'être point troublé dans cette grande entreprise, lui prouvèrent ce qu'il étoit d'ailleurs si facile de prévoir, que l'Europe entière voyoit d'un œil défiant et jaloux ses projets ambitieux, et qu'un ennemi vaincu alloit lui susciter des ennemis nombreux et redoutables. Mais de telles considérations n'étoient pas de nature à arrêter un jeune prince courageux et sans expérience, parce qu'effectivement aucun de ces grands souverains n'étoit alors dans une position à pouvoir leur susciter de véritables obstacles. Pénétrant donc hardiment en Italie, sans autres alliés que les Vénitiens, il défait complétement les Suisses, seuls défenseurs du Milanois, à la fameuse bataille de Marignan, s'empare encore une fois de ce duché, force le pape surpris et déconcerté à signer une paix que ce pontife étoit bien décidé à rompre aussitôt qu'il auroit pu lui susciter des adversaires plus redoutables, et rentre dans ses Etats après avoir réglé l'administration de sa nouvelle conquête.

Cette conquête, doublement fatale à la France, fut le germe de toutes les guerres qui désolèrent le règne de François Ier, et la principale cause des malheurs d'une administration dont le caractère noble et généreux du monarque avoit fait mieux augurer. Mais elle devint pour Léon X, qui occupoit alors la chaire pontificale, une heureuse occasion d'obtenir enfin l'abolition entière de cette trop fameuse pragmatique qui, depuis près d'un siècle, constituoit le clergé de France dans un état de rébellion continuelle à l'égard du saint Siége (1) : car, nous devons le répéter, les papes ne l'avoient jamais ni approuvée ni reconnue, et ne pouvoient en effet l'approuver et la reconnoître sans se dépouiller eux-mêmes de leur suprématie, sans renoncer aux titres de successeurs de Pierre, de vicaires de Jésus-Christ. Leurs adversaires, par les efforts mêmes qu'ils n'avoient cessé de faire pour obtenir leur consentement à cette règle nouvelle de discipline, avoient constam-

---

(1) La pragmatique rétablissoit la liberté entière des élections pour les archevêchés, les abbayes et les autres bénéfices électifs, sans que le pape pût s'en attribuer la nomination ; elle abolissoit les annates, les réserves, les expectatives ; enfin elle ordonnoit *la convocation d'un concile général tous les dix ans*, dernière clause non-seulement absurde, mais encore impraticable, qui toutefois supposoit l'autorité des papes au-dessous de celle des conciles, et mettoit en même temps l'esprit de révolte dans tous les cœurs.

ment rendu témoignage à l'autorité supérieure qu'ils entreprenoient de détruire, et dont ils annonçoient ainsi ne pouvoir se passer pour sanctionner sa propre destruction. Leur prétention principale avoit été de placer les conciles au-dessus des papes : et dans ce moment même un concile (1) et un pape réunis se préparoient à casser et à anathématiser les décrets par lesquels ils vouloient établir ce principe de rébellion. Que des motifs purement humains aient déterminé François Ier à transiger avec Léon X; qu'il n'ait point compris que la concession qu'en cette circonstance il pensoit faire au pape, étoit en effet l'événement le plus désirable pour lui-même, pour le maintien de son autorité, nous dirons plus, pour la stabilité de sa couronne, c'est ce qu'il ne s'agit point d'examiner ici; mais, ce qui est digne de l'attention de tous les bons esprits, c'est que, dans cette grande affaire, le chef de l'Église donna une preuve nouvelle de cet esprit de prudence et de modération dont la cour de Rome ne s'est jamais départie. Inflexible sur tout ce qui pouvoit porter atteinte aux droits sacrés qu'il étoit de son devoir de transmettre ainsi qu'il les avoit reçus, le pontife accorda tout ce qu'il lui étoit possible d'accorder pour le maintien de la paix, demeurant toujours, selon les

---

(1) Le concile de Latran.

paroles d'un illustre écrivain (1), « cette autorité
» pleine, entière, en ce qui concerne l'ordre spi-
» rituel, indépendante des circonstances et de
» la volonté des hommes, à l'abri de tout affoi-
» blissement, de toute variation, ne connoissant
» de limites que celles qu'elle s'impose elle-même,
» selon les besoins de l'Église et l'exigence des
» temps, et ne se montrant jamais plus grande
» que lorsqu'elle s'abaisse et triomphe de ses
» propres droits, par un glorieux effort de cha-
» rité et par une secourable condescendance pour
» ceux qu'elle est appelée à régir. » (1517.) Des
négociations furent donc entamées et conduites,
du côté du roi par le chancelier Duprat, du
côté du saint Père par deux cardinaux qu'il
nomma à cet effet; et le résultat de leurs conférences fut un projet de traité dans lequel l'Eglise,
reprenant tout ce qu'il lui étoit impossible de céder, se montra très-facile sur plusieurs articles de
la pragmatique qu'il n'y avoit que peu d'inconvénient à conserver (2). Il fut reçu et confirmé par le

---

(1) M. l'abbé F. de la Mennais, tradit. de l'Église, etc., introd., p. xiv.

(2) Dans le concordat, les réserves et les expectatives demeurèrent supprimées comme dans la pragmatique; le pape conserva
seulement les *annates*, c'est-à-dire, le revenu d'une année des
bénéfices, à chaque nomination nouvelle; et sauf quelques
clauses de pure formalité, cette nomination fut acccordée au roi.
Il n'est pas besoin de dire qu'il n'y fut fait mention ni de l'obli-

concile de Latran, dans sa onzième session; et c'est la constitution nouvelle, depuis si célèbre sous le nom de *Concordat*.

L'esprit de révolte contre l'autorité spirituelle étoit déjà tellement répandu en France, l'entêtement y étoit si grand pour la pragmatique et pour les prétendues libertés dont elle sembloit être la sauvegarde, que le roi, qui s'attendoit à de vives réclamations, peut-être même à de fâcheuses résistances, demeura comme indécis pendant une année entière, et comme s'il eût craint de rompre le silence à ce sujet. Enfin, la chose ayant transpiré de tous côtés, surtout par la publicité donnée aux actes du concile de Latran, il se décida à faire connoître sa volonté, et à l'exprimer de manière à ce que l'on fût bien convaincu qu'il étoit résolu de la faire exécuter. François se rendit donc au parlement au milieu de l'appareil le plus imposant; et là le chancelier, prenant la parole, exposa, dans un long discours, que la pragmatique étoit l'unique cause des guerres qui désoloient la France depuis un demi-siècle; que la crainte d'une ligue nouvelle de toutes les puissances de l'Europe soulevées contre lui par le pape, avoit déterminé le roi à sacrifier quelques régle-

---

gation imposée au Saint père d'assembler un concile tous les dix ans, ni de la prétendue supériorité du concile sur le pape. Telles furent les bases principales de ce traité.

ments dont l'importance ne pouvoit être comparée aux malheurs qu'auroit entraînés une résistance téméraire et impolitique ; que le nouveau concordat, gage de la réconciliation du pape et de la paix de l'Europe, avoit été confirmé par le concile de Latran ; que, sauf les élections qui blessoient directement l'autorité du pape, on y avoit ménagé les priviléges du clergé et des universités en ce qui concernoit les bénéfices ; enfin, que la volonté du roi étoit que le parlement l'enregistrât sans élever la moindre difficulté, et sans se permettre la plus petite résistance ; et, pour prouver ensuite que ce prince étoit décidé à user de toute son autorité, sur quelques remontrances que fit le président au sujet d'une ordonnance nouvelle, relative à la police des eaux et forêts, le chancelier répondit avec aigreur, même avec menaces, et exigea l'enregistrement pur et simple de cette ordonnance.

Le parlement se montra dans cette circonstance ce qu'il n'avoit point encore été, et fit voir ce que plus tard il pourroit être. Quelques jours après cette séance où le roi avoit parlé en maître qui vouloit être obéi, ayant reçu les lettres-patentes par lesquelles il lui étoit ordonné d'enregistrer et de faire exécuter le concordat, il ne fit qu'une réponse évasive au chancelier et au connétable qui les lui apportèrent. Lorsque les bulles du pape lui furent présentées, il nomma des commissaires pour faire l'examen de la nouvelle constitution qui y étoit contenue; et l'avocat-général, qui avoit provoqué cet examen, eut alors la hardiesse de se déclarer opposant à l'enregistrement, et de requérir de la cour que, nonobstant la révocation de la pragmatique, elle ne continuât pas moins d'en suivre les décrets dans tous ses jugements. La hardiesse du parlement fut plus grande encore : sur ce que le roi, impatienté des lenteurs qu'il mettoit dans cette affaire, lui avoit envoyé le bâtard de Savoie, son oncle, pour lui enjoindre de la terminer au plus vite, et avec ordre d'admettre ce prince à toutes ses délibérations, cette cour osa se plaindre d'une démarche qu'elle prétendoit attentatoire à ses droits et à ses libertés. Enfin l'ordre positif lui ayant été donné, et avec menaces, de délibérer en la présence de l'envoyé du roi, le résultat de cette délibération, qu'elle prolongea plus qu'il ne convenoit de le faire, fut un refus formel d'enregistrer et de publier le concordat.

Il n'y avoit point encore d'exemple d'une semblable résistance aux volontés du roi, de la part de sa cour de justice; elle prenoit, dans cette circonstance, un caractère nouveau qui montroit à quel point toutes les idées étoient changées en France depuis l'établissement de la pragmatique; et en effet il ne faut point chercher ailleurs (et nous le prouverons tout à l'heure) que dans cette loi de révolte contre l'autorité spirituelle, le principe de cette mutinerie contre le pouvoir temporel,

qui, de toutes parts, commençoit à se manifester. Toutefois cet essai que le parlement faisoit de ses forces ne pouvoit réussir dans l'état actuel des choses, et avec un prince tel que François I*er*. Il étoit à Amboise lorsqu'on lui apporta le résultat des délibérations de cette cour; et sur-le-champ il ordonna qu'elle eût à lui envoyer des députés pour lui faire connoître les motifs de son arrêt. Ces députés furent reçus comme ils méritoient de l'être; le roi ne voulut pas les entendre, et après quelques paroles très-dures sur leurs remontrances, « Je suis roi de France, leur dit-il;
» je ne prétends pas qu'il y ait un sénat comme à
» Venise; le parlement ne doit se mêler que de
» rendre la justice; j'ai travaillé à donner la paix
» à mon royaume, j'en ai pris les moyens sûrs; et
» on ne défera pas en France ce que j'ai fait en
» Italie pour le bien de mon État. » Puis, ajoutant plusieurs autres menaces, il ordonna aux députés de partir à l'instant; et en même temps il dépêcha au parlement le seigneur de La Trémouille, chargé de lui signifier l'ordre le plus positif de procéder sur-le-champ à l'enregistrement. Ce ne fut qu'à cette dernière extrémité, et après s'être bien assuré que le roi étoit résolu de se porter à toutes sortes de violences s'il n'obtenoit satisfaction, que le parlement se décida à faire l'enregistrement, mais avec cette clause tout aussi nouvelle que le reste : *Du très-exprès commandement du*

roi, *plusieurs fois réitéré*, conservant ainsi, même dans son obéissance, le caractère de révolte qu'il avoit pris et qu'il étoit résolu de ne plus quitter.

Cette conduite du parlement peut cependant être appelée modérée, si on la compare à celle que tint l'université dans cette circonstance. Ici la résistance fut poussée jusqu'à la folie et mêlée d'emportements que l'on a peine à concevoir. C'étoit dans ce corps, de tout temps possédé d'un esprit de mutinerie et d'indépendance que l'indulgence excessive de nos rois avoit sans cesse fortifié et en quelque sorte encouragé, que la pragmatique et les doctrines licencieuses sur lesquelles elle étoit établie avoient trouvé leurs plus habiles et leurs plus ardents défenseurs. Gerson, Almain, Jean Major et leurs disciples, que l'on peut appeler les précurseurs de Luther, avoient paru en France à la tête de ces théologiens dont nous avons déjà parlé, qui, mettant les conciles au-dessus des papes, prétendoient consacrer, dans le gouvernement de l'Eglise, le dogme de la *souveraineté du peuple* (1).

---

(1) *Voy.* p. 598. Les docteurs d'alors étoient plus conséquents que ceux de nos jours, qui combattent de toutes leurs forces l'autorité des papes, et qui veulent que l'on considère comme inviolable celle des rois; qui prétendent que le peuple soit à la fois *souverain et sujet*. Ceux-là, meilleurs logiciens, le maintenoient envers et contre tous dans la *souveraineté* dont ils l'avoient gratifié. Si le concile est au-dessus du pape, le peuple est au-dessus du roi : la conséquence, nous le répétons, est de rigueur. « La raison en » est, dit Gerson, que, lorsqu'il s'agit de remédier aux maux

Par une inévitable conséquence de cette théologie révolutionnaire, ils menaçoient déjà d'en faire l'application au gouvernement des princes temporels,

---

» de l'Église ou d'un état quelconque, les sujets sont les *maîtres*
» *et les juges* des souverains, quand ceux-ci cherchent *leur inté-*
» *rêt aux dépens de l'État;* » d'où il conclut que, si un roi sévit *injustement* contre son peuple, ses sujets sont déliés du serment de fidélité. (*Oper. Gerson*, t. II, col. 190.)

Est-on étonné de ce passage? Nous allons donner d'autres sujets d'étonnement. Dans un sermon prêché par le même docteur, alors chancelier de l'université, devant Charles VI, il introduit la *Sédition*, qui veut que l'on use sans ménagement de cette maxime de Sénèque : « Il n'y a point de sacrifice plus agréable
» aux dieux qu'un tyran. » Alors se présente la *Dissimulation* qui défend de s'en prévaloir. Au milieu de leur dispute arrive la *Discrétion*, envoyée par *la fille du roi, qui est l'Université, mère des sciences*, à l'effet de mettre d'accord entre elles la *Sédition* et la *Dissimulation*. Elle leur apprend donc *quand et comment* l'on doit mettre en pratique la maxime de Sénèque ; elle établit des règles, des principes, et conclut enfin que, « si le *chef* ou quel-
» que membre de l'Etat vouloit *sucer le venin de la tyrannie*,
» chaque membre pourroit s'y opposer par les moyens *convena-*
» *bles*, et tels qu'il ne s'ensuivît pas un plus grand mal ». (*Oper. Gerson*, t. IV, p. 600.) Or veut-on savoir quand un roi est réputé *tyran ?* C'est lorsqu'il opprime ses sujets par des *exactions, des impôts, des tributs*, et qu'il empêche *le progrès des lettres.* « En tous ces cas, continue Gerson, *chaque particulier* a le droit
» de s'opposer *de toutes ses forces* au tyran. » Est-ce par la *sédition ?* A Dieu ne plaise ; mais, selon lui, il n'y a sédition que lorsqu'on se révolte *sans cause*. Comment donc connoître qu'il y a ou non *cause légitime* de se révolter. « Ceci demande une *grande*
» *prudence*, » ajoute-t-il ; et, pour ne se point tromper, il est d'avis « que l'on consulte les philosophes, les jurisconsultes, les
» légistes, les théologiens, qui sont des *gens de bien*, d'une pru-
» dence consommée et d'une grande expérience, et qu'*on s'en*
» *tienne à leur décision.* » (*Ibid.*) Ainsi, dit à l'occasion de ce

et l'école entière étoit infectée de ces théories détestables que nous verrons se développer par degré dans la pratique jusqu'à nos jours, où elles

passage l'illustre archevêque de Cambrai, voilà le sort des rois dans les mains des suppôts de l'université! Par suite de ces principes, nous l'avons vu depuis dans des mains plus viles, et l'on sait ce qui en est arrivé.

Partant de ces mêmes principes, Jean Major en déduit les mêmes conséquences..... « Pourquoi les conciles sont-ils au-dessus des » papes? c'est qu'il y a dans les peuples une puissance *au-dessus* » *des rois*, et qui peut les réduire à la raison quand ils s'en écar- » tent. Le roi, dit Major, *tient son royaume du peuple* » (*Tract. de auct. conc. sup. pap.*, t. *II*, *oper. Gerson.* col. 1139): d'où il conclut que le peuple peut lui ôter son royaume pour une cause *raisonnable*; et par une analogie nécessaire, que les pontifes romains, ayant reçu comme les princes temporels leur puissance de la communauté, sont comme eux justiciables de la *multitude*, et peuvent être déposés par elle.

Jacques Almain nous fournira dans son *Traité du pouvoir naturel, civil et ecclésiastique*, le complément de toutes ces doctrines. Il y dit formellement « que le droit du glaive a été donné à » *l'Etat* pour sa conservation; qu'un particulier, *quel qu'il soit*, » n'est, à l'égard de la communauté, que comme *une partie par* » *rapport au tout*, et qu'en conséquence, si quelqu'un est *perni-* » *cieux à la communauté*, c'est une action louable que *de le mettre* » *à mort*. — Il ajoute que le droit de vie et de mort ayant été » *donné au prince par la communauté*, il s'ensuit qu'elle possé- » doit ce droit *auparavant*, et qu'elle ne l'a reçu de *personne*, à » moins que ce ne soit *de Dieu*: » puis, tirant de ce principe les conséquences fécondes qui en découlent, il les réduit aux quatre conclusions suivantes : « 1° Que la puissance du glaive, quant à » son *institution*, n'est point *positive*; mais qu'elle est *positive*, » quant à la *participation* qu'en fait la communauté à une cer- » taine personne, par exemple au roi ou à plusieurs, selon *qu'il* » *lui paroît plus convenable*; 2° qu'aucune communauté *parfaite*

ont reçu leur dernier accomplissement. L'université s'étoit donc empressée de se réunir au parlement dans l'affaire du concordat, et avoit même manifesté son opposition avec encore plus de chaleur et de violence. A peine eut-elle reçu la nouvelle de l'enregistrement qu'elle éclata en murmures et en reproches contre les membres de cette compagnie, les accusant de lâcheté et de

_____

» ne peut *renoncer* à cette puissance; 3º que le prince n'use
» point du droit du glaive *par sa propre autorité;* que la com-
» munauté même ne peut lui donner ce pouvoir; et que c'est à
» cause de cela que Guillaume de Paris, dit (suivant Almain)
» que le pouvoir de juridiction des princes n'est que *ministériel;* »
c'est-à-dire que les princes agissent comme *ministres* de la communauté et par l'autorité qu'elle leur *délègue.* 4º. Enfin « que la
» communauté ne peut renoncer au pouvoir qu'elle a sur le
» prince *établi par elle,* et qu'elle peut s'en servir pour *le déposer*
» *quand il gouverne mal;* cela étant un *droit naturel.* D'où il s'ensuit en outre que *naturellement* il ne peut exister, *en aucun*
» *cas,* de monarchie *purement royale.* » (Jacob. Almain. Quæst. resump. de Dominio natur. civil. et eccles., t. II, oper. Gerson., p. 963 et 964. — *Voyez* aussi, tradit. de l'Egl. etc. introd., p. xcvi et seqq.)

Tels étoient les principes de l'Université au quinzième siècle : ils se sont propagés jusqu'à nos jours par des traditions non interrompues et fidèlement conservées par Richer, Febronius et leurs disciples les Quesnellistes, les Jansénistes, etc.; et le protestant J.-J. Rousseau, citoyen de Genève et *membre souverain* de sa communauté, n'a fait que reproduire, dans le dix-huitième siècle, des doctrines qui ont eu leur dernière application avant la fin de ce siècle détestable. L'histoire de Paris ne sera presque plus maintenant qu'un long récit des ravages qu'ils firent et des malheurs qu'ils causèrent en France entre ces deux époques à jamais mémorables; et l'on en peut dire autant de l'histoire de l'Europe entière.

collusion, quoiqu'il fût évident qu'ils n'avoient cédé qu'après une résistance jusqu'alors sans exemple et poussée par eux jusqu'aux dernières extrémités. Elle convoqua aussitôt des assemblées, où furent appelés les avocats les plus célèbres, les plus dévoués à sa cause, et dans lesquelles il fut résolu que l'on demanderoit *la convention d'un concile national*. Défense expresse fut faite par elle aux imprimeurs, sur lesquels elle avoit alors toute puissance, d'imprimer, vendre et afficher le concordat, sous peine de privation de leurs priviléges et de la perte de leur état. Les prédicateurs, soumis à son influence, et soutenus d'ailleurs par le clergé dont presque tous les membres partageoient ce délire, déclamèrent hautement dans leurs sermons contre la cour de Rome, la cour, les ministres, et n'épargnèrent pas même la personne du roi. Le parlement, qui probablement n'étoit point fâché de voir se manifester avec tant d'éclat une opinion à laquelle il étoit loin d'avoir renoncé et qu'il ne désespéroit point de pouvoir soutenir encore, ne songea point d'abord à réprimer ces mouvements coupables et ces provocations séditieuses; l'indifférence qu'il parut y mettre fut telle, que le roi, toujours éloigné de la capitale, dès qu'il eut été instruit de ces désordres et de l'impunité dont ils jouissoient, lui écrivit une lettre très-sévère, dans laquelle, le rendant responsable de tous les malheurs qui pourroient en résulter, il le menaçoit de lui ôter la haute police de la capitale, puisqu'il s'acquittoit si mal de ses fonctions dans une circonstance aussi grave. La cour s'excusa auprès de lui, sur l'ignorance où elle prétendit être de toutes les *folies, insolences et témérités* des prédicateurs et des étudiants, et suivant ici cette marche qu'elle s'étoit tracée, laquelle étoit d'obéir sans réplique sur *l'absolu commandement du roi*, elle manda sur-le-champ les principaux des colléges, et, après leur avoir fait de fortes réprimandes, leur enjoignit, sous les peines les plus graves, de tenir les écoliers étroitement renfermés, de s'abstenir de toute assemblée et tout discours séditieux.

Toutefois le roi, peu rassuré par cette démarche, jugea à propos d'employer des moyens plus rigoureux, et dont Louis XII avoit déjà fait connoître l'efficacité. Deux compagnies d'archers, commandées par des seigneurs de la cour, arrivèrent à Paris ; les placards séditieux de l'université furent arrachés ; on emprisonna et l'on condamna à de fortes amendes quelques-uns de ses principaux membres, ainsi que les avocats qui lui avoient servi de conseil. Tout rentra aussitôt dans l'ordre, et le concordat fut paisiblement imprimé, publié et affiché. Néanmoins le parlement, comme s'il eût prévu dès lors que la puissance toute populaire qu'il avoit commencé à s'arroger, ne pouvoit s'élever et se consolider que sur les ruines de l'autorité spirituelle (et il en avoit sans doute un pressentiment qui seul peut expliquer une opiniâtreté aussi inconcevable), le parlement, dis-je, continua de juger toutes les affaires en matières bénéficiales, conformément aux décrets de la pragmatique, affectant toujours de méconnoître le concordat; et l'on ne parvint à donner une action véritable à cette loi nouvelle qu'en ôtant à cette compagnie la connoissance de ces sortes d'affaires, pour l'attribuer au grand-conseil : ce qui n'arriva néanmoins qu'après la prison et la délivrance du roi.

Ce seroit cependant une erreur de croire que le parlement, si opposé à l'autorité du pape, et presque rebelle à celle du roi, fût composé d'hommes sans religion et d'ennemis de la monarchie. La plupart de ses membres étoient alors et furent encore pendant long-temps des personnages graves et réguliers dans leurs mœurs, fermes dans leur croyance, dévoués au prince, et ne respirant que le bien de l'Etat. Mais ils étoient possédés de cette passion qu'ont tous ceux qui jouissent d'un pouvoir quelconque, de l'accroître, de l'étendre, tant qu'il n'est pas aussi grand et aussi étendu qu'il pourroit être : et c'est là ce qui les attachoit si fortement à des doctrines dont il est probable qu'ils ne sentoient pas toutes les conséquences, mais qu'ils jugeoient très-bien être extrêmement favorables à leurs vues ambitieuses. Aussi les verrons-nous, partagés ainsi entre leurs principes et leurs affections, tomber plus d'une fois dans les contradictions les plus étranges, et selon qu'ils seront ainsi poussés d'un côté ou d'un autre, devenir des instruments de perte ou de salut pour la monarchie. Mais le temps n'étoit pas encore venu où le parlement pût se permettre impunément de semblables libertés ; et ses résistances, tant que dura ce règne, ne produisirent pour lui que des humiliations nouvelles, et des coups d'autorité encore plus fâcheux que le premier.

Peu de temps après l'événement du concordat, commença entre François Ier et Charles d'Autriche, devenu roi d'Espagne, cette rivalité fameuse, cette haine implacable et envenimée qui inonda l'Europe de sang, et produisit les plus grands événements dont elle eût été le théâtre depuis plusieurs siècles. La première cause de cette division fut le dépit qu'éprouva le roi de France de la préférence accordée à Charles pour la dignité d'empereur que François désiroit avec ardeur, et qu'il s'étoit flatté d'obtenir. Il chercha dès lors à lui susciter des ennemis dans toute l'Europe, et peut-être y seroit-il parvenu sans l'inquiétude qu'inspiroient sa nouvelle conquête du Milanais et la puissance colossale de la France : cette considération l'emporta sur toutes les craintes que pouvoit causer son rival. Le pape, avec lequel il négocia, traita d'abord avec lui, pour l'abandonner dès qu'il eut reconnu qu'un tel allié étoit pour lui plus dangereux qu'un ennemi ; les intrigues du nouvel empereur, désormais connu dans l'histoire sous le nom de Charles-Quint, détachèrent également de son alliance le roi d'Angleterre, alors entièrement dirigé par son premier ministre, le cardinal Wolsey ; et, par un retour de fortune auquel le roi de France étoit loin de s'attendre, la guerre éclata bientôt de tous côtés contre lui. François a des succès dans les Bays-Bas et sur les frontières d'Espagne, mais en Italie tout semble se réunir pour l'accabler : les peuples du Milanais se révoltent ; le pape se déclare ouvertement son ennemi ; il est mal secondé par ses alliés, les Suisses et les Vénitiens, toujours alarmés d'un voisinage aussi dangereux ; Lautrec, son général, ne peut agir, faute d'argent ; enfin, après une résistance opiniâtre, le combat sanglant de la Bicoque décide du succès de la campagne, et le duché de Milan est de nouveau évacué par les François.

L'embarras des finances, l'une des premières causes de tant de désastres, s'étoit fait sentir dès les commencements de la guerre. Pour réparer un déficit causé en grande partie par les prodigalités auxquelles le roi se livroit au milieu de la cour nombreuse et galante dont il se plaisoit à être entouré (1), il fallut employer des moyens extraor-

---

(1) La reine Anne de Bretagne, qui jouissoit en propre des

dinaires, et par conséquent nuisibles et violents. Parmi les ressources qu'imagina alors l'industrie financière, deux surtout sont remarquables : une somme de 200,000 liv. demandée à la ville de Paris en 1521, et la vénalité des offices établie quelque temps après. Ce n'étoit pas la première fois que les rois de France s'adressoient au corps municipal pour en tirer des secours dans leurs nécessités urgentes ; mais jusqu'ici les sommes qu'ils en avoient obtenues leur avoient toujours été accordées à titre de *don*. Cette fois-ci elles furent considérées comme un *emprunt* portant intérêt jusqu'à l'entier remboursement ; et, pour faciliter le paiement de cet intérêt fixé à douze pour cent, le roi céda aux officiers municipaux le produit des droits qu'il prélevoit sur tout le vin qui se consommoit dans Paris. Dès que cette disposition fut connue, les contribuables à l'emprunt, envers qui l'on craignoit d'être forcé d'employer la con-

---

revenus de son duché, avoit donné le premier exemple de cette nouveauté, en appelant auprès d'elle un grand nombre de demoiselles de condition qu'elle élevoit, et qui l'accompagnoient partout. Cet établissement fut conservé après la mort de cette princesse, et fit naître à François Ier la pensée d'attirer aussi à la cour les dames les plus distinguées par leur beauté, leur esprit et leur naissance. C'étoit un moyen infaillible d'y faire venir tout ce qu'il y avoit en France d'hommes ambitieux et galants. Dès ce moment la vie de la cour devint une suite de bals, de fêtes, de voyages, qui se succédèrent sans interruption ; le luxe y fit des progrès effrayants, et le trésor public en fut épuisé.

trainte, s'empressèrent, au contraire, d'y porter leur argent; et, assurés désormais d'en tirer un intérêt si lucratif, ils craignirent plutôt qu'ils ne sollicitèrent leur remboursement. C'est là le premier exemple des rentes perpétuelles en France, et le germe d'une des plus grandes maladies de l'État. « François, dit l'un de nos historiens, abusant de la dangereuse facilité que lui offroit l'oisive opulence des bourgeois, recourut plus d'une fois à cet expédient ruineux (1). Ses successeurs, plus embarrassés encore que lui, ne manquèrent pas de suivre son exemple : la classe stérile des rentiers se multiplia, et a toujours continué depuis à dévorer la substance de l'Etat. »

La multiplication et la vénalité des offices ne furent pas établies avec la même facilité. Le parlement, sans être découragé par les échecs qu'il avoit déjà essuyés, s'éleva fortement contre une nouveauté

---

(1) On continua de créer des rentes sous les règnes de Henri II, de François II, et jusqu'au commencement de celui de Charles IX, avec une telle profusion, que l'Hôtel-de-Ville, qui, en 1562, ne payoit que 633,000 liv. de rentes, se trouva chargé, en quatorze ans, de 1,938,000. Elles augmentèrent encore par la suite dans une proportion encore plus rapide ; et le mal devint si grand sous Louis XIV, qu'il fallut songer sérieusement à détruire ce ver rongeur des finances, en remboursant le plus grand nombre des rentiers. C'est alors que furent créées les tontines, les rentes viagères, les rentes moitié viagères et moitié perpétuelles, etc. Toutefois l'Hôtel-de-Ville étoit encore chargé de beaucoup de rentes au moment de la révolution.

qu'il considéroit comme dangereuse et tendant à remplir toutes les parties de l'administration de sujets indignes d'y être admis par leurs mauvaises mœurs ou par leur incapacité. Il osa même renvoyer avec mépris trois conseillers convaincus d'avoir obtenu à prix d'argent leurs lettres de nomination. Le chancelier fit des représentations qui ne furent point écoutées, envoya des lettres de jussion, auxquelles on n'eut point égard. Jugeant alors qu'un nouveau coup d'autorité étoit nécessaire, il ne se contenta pas d'exiger, par l'*absolu commandement du roi*, l'admission des trois conseillers; mais pour déconcerter et accabler à la fois le parlement, en lui faisant voir le peu de puissance et de crédit qu'auroient désormais ses remontrances, il fit ordonner en même temps l'enregistrement d'un édit portant création d'une quatrième chambre, composée de dix-huit conseillers et de deux présidents. La cour, traitée avec cette dureté et ce mépris, se soumit comme elle l'avoit déjà fait, mais avec toutes les protestations et formalités qui constatoient la violence qui lui étoit faite, et de plus avec des distinctions si injurieuses pour les nouveaux membres qu'on vouloit introduire dans son sein, que les acheteurs d'offices s'en dégoûtèrent et n'osèrent plus se présenter. Il fallut de nouveaux ordres plus positifs encore, des menaces encore plus effrayantes pour les forcer à se relâcher de leur première sévérité; et néanmoins ce ne fut que long-temps après, et lorsque les anciennes charges eurent été soumises à la vénalité comme les nouvelles, que toute espèce d'inégalité fut enfin bannie entre les membres de cette compagnie. Le parlement se crut en cette circonstance bien humilié, bien outragé : nous pensons au contraire que, s'il eût bien compris les intérêts nouveaux qu'il prétendoit se faire, et ce qui étoit favorable à cet amour de pouvoir et d'indépendance dont il étoit possédé, au lieu de s'opposer à la vénalité des charges et de s'en affliger, il auroit dû s'en réjouir et la provoquer. Par la même raison, on peut s'étonner que le roi n'ait pas vu que rien n'étoit plus propre qu'une telle mesure à relever ceux qu'il vouloit abaisser : on se trompoit des deux côtés (1).

---

(1) Nous osons exprimer ici une opinion entièrement opposée à celle de deux illustres écrivains de notre âge (MM. de Bonald et de Maistre), qui, tout en blâmant les motifs qui firent établir la vénalité des charges, ont pensé que cette mesure fiscale, bien qu'elle eût des inconvénients, valoit mieux cependant que le *choix* prétendu du *mérite et du talent*. En considérant la question sous cet aspect, il est évident qu'ils n'ont vu dans le parlement que ce qu'il devoit être en effet, *la cour de justice du roi*, et non ce qu'il avoit trouvé le moyen de se faire, et ce qu'il étoit déjà sous François Ier, une sorte d'assemblée *politique*, et, relativement à l'action du pouvoir monarchique, comme une chambre *d'opposition* permanente. Pour achever de se constituer ainsi, il ne lui manquoit que d'assurer à ses membres une existence entièrement indépendante du choix et de la volonté du monarque. Déjà sous Charles VIII, et par un concours de circonstances qu'il est inu-

Cependant, malgré ces mesures extraordinaires, qui devoient, disoit-on, terminer heureusement la guerre, non-seulement il fallut abandonner le Milanais, comme nous venons de le dire, mais encore François vit se former contre lui une ligue de tous les États de l'Europe pour la conservation de l'Italie, qu'il menaçoit encore. Pour déjouer cette ligue, il lui auroit suffi de se renfermer quelque temps dans son royaume, où il étoit difficile de l'attaquer avec succès; mais une conduite aussi prudente, un plan qui offroit des apparences de crainte et de timidité, ne pouvoient convenir à ce bouillant courage : il résolut de tenir tête à tout, et ne fut ébranlé, ni par le nombre et le concert de ses ennemis, ni par la défection du con-

---

tile de rappeler ici, s'étoit introduit un usage qui mettoit une grande différence entre les conseillers que créoit le roi en vertu du pouvoir qu'il avoit toujours eu d'en faire, et les conseillers formant le parlement ou sa cour de justice : ce fut le privilége que s'arrogea cette cour et qu'on lui laissa prendre, de *choisir* elle-même ses membres et de les présenter au roi, qui confirmoit alors ou rejetoit ce choix selon son plaisir; d'où il arriva que tous les conseillers n'eurent plus comme autrefois le droit de siéger au parlement. Par la vénalité des charges, le monarque se priva lui-même de la faculté qu'il avoit du moins conservée jusqu'alors de punir par la destitution ceux de ces magistrats qui s'étoient mis dans le cas de lui déplaire; leur inamovibilité fut consacrée; le parlement prit dès lors le nouveau caractère que nous avons déjà signalé, et commença à jouer dans les affaires publiques un rôle d'une tout autre importance. La suite nous apprendra si ce changement fut avantageux ou funeste à l'État.

nétable de Bourbon, que les persécutions de la duchesse d'Angoulême, mère du roi, et la perte injuste d'un procès qu'elle lui avoit suscité, ne peuvent justifier d'avoir trahi son roi et de s'être armé contre sa patrie.

Ce dernier événement étoit fait surtout pour exciter les plus vives alarmes, car on ignoroit dans l'intérieur jusqu'où s'étendoient les fils de la conspiration; et avant même qu'elle eût éclaté, une fermentation sourde dont la misère publique sembloit être la cause, des désordres et des brigandages commis audacieusement dans diverses parties de la France et jusque dans le sein de la capitale, avoient déjà fait craindre d'y voir renouveler les scènes horribles dont elle avoit été le théâtre sous Charles V et Charles VI. Cependant Paris resta fidèle et donna au roi une nouvelle preuve de son dévouement, en offrant de lever à ses frais un corps de mille hommes d'infanterie. François fut si touché de cet acte de patriotisme, qu'il alla lui-même à l'Hôtel-de-Ville exprimer la satisfaction qu'il ressentoit de la conduite des Parisiens. Il donna en même temps des marques de sa bienveillance au parlement, en le rassurant sur le bruit qui s'étoit répandu qu'il alloit créer à Poitiers une nouvelle cour de justice; mais il fallut encore enregistrer de nouvelles créations d'offices qui fournissoient à ce prince de l'argent dont il avoit un si grand besoin; et, fidèle à la tactique qu'il avoit adoptée, le parlement ne le fit encore que par *exprès commandement*.

Depuis bien des années, la France n'avoit point été menacée d'un péril aussi imminent. L'empereur, le roi d'Angleterre, le pape, tous les princes de l'Empire, tous les États d'Italie, étoient réunis contre elle dans une confédération générale; et elle n'avoit d'autres alliés que les Suisses, sur lesquels l'expérience avoit appris qu'il falloit peu compter. Indépendamment de douze mille Allemands qui s'étoient joints à elle, l'armée angloise, augmentée de toutes les forces des Pays-Bas, traversoit la Somme sans presque rencontrer d'obstacles, et sembloit annoncer le dessein de marcher droit sur Paris. D'un autre côté, toutes les milices impériales rassemblées à Pampelune se préparoient à fondre sur les provinces méridionales. A des forces si redoutables et qui menaçoient de pénétrer jusqu'au cœur du royaume, on n'avoit à opposer qu'un très-petit nombre de soldats : car, par une imprudence qui tenoit à ce malheureux système des conquêtes dont le roi ne vouloit point se départir, presque toutes les troupes françoises étoient passées en Italie; et il n'étoit déjà plus temps de les rappeler. Ces extrémités auxquelles il étoit réduit fournirent à ce prince une occasion nouvelle de donner des preuves de la fermeté de son âme et de l'activité de son courage. Il étoit alors à Lyon, où il attendoit un renfort de dix mille Suisses, résolu de se porter ensuite avec eux partout où sa présence seroit le plus nécessaire : craignant que l'approche des Anglois, ou le regret qu'un grand nombre avoient encore du connétable ne causât à Paris quelque fermentation dangereuse, et sentant de quelle importance il étoit pour lui de conserver surtout sa ville capitale, il se hâta d'y envoyer Philippe de Chabot, seigneur de Brion. C'étoit alors le temps des vacances du parlement : Brion, s'étant présenté à la chambre des vacations, annonça l'arrivée prochaine du duc de Vendôme avec deux cents lances et deux mille hommes, ajoutant que le roi lui-même étoit prêt à le suivre avec toutes ses forces et celles de ses alliés, si Paris venoit à courir le moindre danger ; qu'obligé de séjourner encore quelque temps à Lyon, le prince envoyoit à ses habitants, comme un gage de son affection particulière et du soin qu'il prendroit de les défendre, sa femme et ses enfants qui résideroient au milieu d'eux ; qu'il ne craignoit point ses ennemis tant qu'il pourroit compter sur la fidélité de sa bonne ville de Paris. Peignant ensuite le connétable sous les couleurs les plus odieuses, le représentant comme l'unique cause d'une guerre que l'empereur et le roi d'Angleterre n'eussent jamais osé entreprendre, si ce traître ne les eût flattés d'une révolution complète, ne leur eût promis la ruine et le partage de son pays; étalant ensuite à leurs yeux le spectacle de toutes les horreurs qui désoleroient la France si son plan exécrable pouvoit obtenir quelque succès, il finit en disant que le roi désiroit que son parlement reprît sur-le-champ ses fonctions, qu'il fût exclusivement chargé de la haute police, qu'il l'exerçât avec plus de vigueur que jamais, et donnât son avis sur les mesures qu'il étoit nécessaire de prendre dans des circonstances aussi graves.

Le président de la chambre ne répondit au discours de l'envoyé du roi que par des protestations du plus entier dévouement. Il rappela les diverses circonstances dans lesquelles les Parisiens avoient donné à leurs souverains des marques éclatantes de leur fidélité; et, quant à ce qui regardoit la cour, il lui déclara qu'elle n'avoit point attendu les exhortations du monarque pour prendre toutes les précautions que la sûreté de Paris pouvoit exiger. En sortant du parlement, le sire de Brion se rendit à l'Hôtel-de-Ville, où il répéta le même discours, à peu près dans les mêmes termes; et annonça également l'arrivée très-prochaine du duc de Vendôme. Ce prince entra, en effet, peu de jours après à Paris, et son premier soin fut de mettre en bon état les moyens de défense que la ville pouvoit offrir. Les anciennes fortifications furent réparées; on en commença de nouvelles entre la porte Saint-Honoré et celle de Saint-Martin; mais on les abandonna avant qu'elles fussent achevées, pour élever à la place de petits bastions où l'on plaça quelques pièces d'artillerie. Le parlement, de son côté, ordonna une levée de deux mille hommes, qui furent pris parmi les habitants et joints à la garnison.

Cependant tant de précautions devinrent inutiles, et les alarmes nouvelles auxquelles Paris alloit être bientôt livré, les malheurs dont le royaume entier devoit être accablé, vinrent du côté où l'on devoit le moins les attendre. Le duc de Vendôme et le sire de La Trémouille repoussèrent les Anglois, qui, après avoir fait quelques dégâts dans la Picardie, se virent obligés de se retirer dans leur île. Les Allemands entrés en Champagne en furent également chassés par le duc de Guise. La guerre se fit en Espagne avec moins de bonheur et de vivacité; mais enfin les frontières méridionales de la France ne furent point entamées. Il étoit décidé que l'Italie seule seroit la source de tous nos maux : l'amiral Bonivet, à qui la faveur de la duchesse d'Angoulême avoit fait donner la conduite de cette guerre, la soutint, la première année, avec quelques avantages qui furent bientôt suivis des plus grands revers. L'année suivante, abandonné par les Suisses, battu par le connétable, la désastreuse retraite de Rebec lui fit perdre en un moment tout ce que deux campagnes lui avoient fait si difficilement acquérir. Ce fut alors que le roi, obstiné dans ses projets sur le Milanais (1525.), rentra en Italie, où, après quelques succès dont l'éclat sembloit annoncer l'avenir le plus heureux, il livra la malheureuse bataille de Pávie, qu'il perdit par sa faute, et dans laquelle il fut fait prisonnier.

Il seroit difficile de donner une idée de la consternation que répandit dans la France entière, et surtout à la cour, la nouvelle de ce grand désastre. La personne du roi étoit aimée; mais ce fatal système de guerres et de conquêtes qu'il avoit adopté, et les efforts qu'il lui avoit fallu faire pour le soutenir, et les revers dont ce système avoit été accompagné ou suivi, avoient rendu l'administration de ce prince plus dure que celle de ses prédécesseurs; pour avoir été contenu dans de justes bornes, le parlement croyoit avoir été humilié, opprimé; la classe nombreuse des habitants de Paris qui faisoit cause commune avec lui partageoit ses ressentiments; et l'on accusoit principalement de toutes ces vexations ceux qui, dans ce malheur général, étoient appelés à prendre la conduite des affaires, la duchesse d'Angoulême et le chancelier. Toutefois ce ne fut pas dans ces premiers moments d'un désastre commun à tous que l'on songea à manifester la moindre opposition. La misère publique, grande partout extrême à Paris, faisoit craindre dans cette capitale des désordres nouveaux, et plus affreux peut-être dans leurs suites que tous ceux qu'on y avoité prouvés jusqu'alors : aussi le parlement, dès qu'il eut reçu de la régente des lettres qui lui enjoignoient de veiller à la sûreté publique, s'empressa-t-il de convoquer à l'hôtel-de-ville une assemblée générale, à laquelle se trouvèrent des députés de toutes les cours supérieures, du chapitre et de l'université ; et l'on peut juger des alarmes qu'inspiroit la situation de Paris par les précautions qui furent prises pour y maintenir la tranquillité. Il fut arrêté que toutes les portes de la ville seroient murées, à la réserve de cinq (1) que l'on jugea nécessaires pour les approvisionnements ; que ces portes, ouvertes à sept heures du matin et fermées à huit heures du soir, seroient continuellement gardées par des magistrats et autres notables bourgeois ; et, afin que personne ne pût refuser de s'acquitter de ce devoir, le premier président de Selve et Antoine Le Viste, troisième président, y montèrent la première garde en habit de guerre (2). On doubla les compagnies du guet bourgeois ; les chaînes furent tendues au-

---

(1) Les portes Saint-Antoine, Saint-Denis, Saint-Honoré, Saint-Jacques et Saint-Victor.

(2) Tout fut réglé alors par un conseil, composé de quatre présidents à mortier du parlement, de quatre conseillers de la grand'chambre et trois des enquêtes, de trois officiers de la chambre des comptes, et six du corps de ville, de l'évêque de Paris, accompagné d'un chanoine qui représentoit le chapitre, et d'un abbé avec deux docteurs représentant l'université.

dessus et au-dessous de la rivière, et l'on tint toutes préparées celles que l'on avoit coutume de tendre dans les rues. Il fut résolu de travailler sur-le-champ à réparer les murailles, à creuser les fossés ; et le seigneur Guillaume de Montmorenci, qui, soixante ans auparavant, s'étoit trouvé au siége de Paris dans la guerre du bien public (1), fut invité par le parlement à venir l'aider de son expérience et prendre la direction des travaux. Ce vieillard généreux, tout accablé qu'il étoit d'ans et d'infirmités, ne balança point à se rendre à cette invitation. Il arriva dans la capitale, accompagné de vingt gentilshommes, visita les fortifications, et par son exemple et ses discours raffermit tous les ordres de citoyens dans la disposition où ils étoient de rester fidèles à leur souverain, et de n'attendre de salut que de leur union et de leur courage. Il trouva ensuite, dans les travaux mêmes qu'il fit commencer pour la sûreté de la ville, les moyens de la délivrer des inquiétudes que lui causoit le grand nombre de mendiants et de gens sans aveu dont elle étoit remplie. Sans user envers eux de mesures rigoureuses qui auroient pu les exciter à la révolte et leur révéler ainsi le secret de leurs forces, Montmorenci imagina de les former en ateliers de pionniers, qu'il sépara les uns des

---

(1) *Voyez* p. 629.

autres, et qui furent employés au nettoiement des fossés sous la surveillance des compagnies bourgeoises qu'il mêla parmi eux. Toutefois le danger, considérablement diminué par ces sages précautions, ne fut point entièrement détruit; et l'on put reconnoître, dans cette circonstance autant que dans toutes celles qui l'avoient précédée, combien est misérable la situation d'un peuple privé de son chef et soumis à une autorité empruntée, presque toujours impuissante à protéger les bons, parce qu'elle n'a presque jamais la vigueur nécessaire pour comprimer les méchants. Malgré cette vigilance continuelle et cet appareil armé dont Paris offroit le spectacle imposant, des bandes de brigands cachés dans les villages situés au-dessus de la ville, osoient y descendre la nuit sur des radeaux et des batelets, abordoient dans différents quartiers, enfonçoient les portes, pilloient les maisons, et ne craignoient pas même d'attaquer le guet, qu'ils mettoient presque toujours en fuite (1). En même temps commençoit à se mani-

---

(1) Ces brigands, connus sous le nom de *mauvais garçons*, avoient des relations secrètes avec des archers de la ville, qui leur donnoient avis des moments où ils pouvoient y venir sans crainte. Ils étoient mieux armés, plus aguerris que les bourgeois, et ne craignoient pas même de les attaquer en plein jour. Il fallut employer contre eux des troupes de ligne, qui ensuite causèrent elles-mêmes des désordres, et qu'on fut forcé de réprimer à leur tour.

fester l'opposition des ennemis de la régente et du chancelier : les prédicateurs, excités par l'université, déclamoient publiquement contre eux dans les chaires, les accusant de tous les maux de l'État; dans le parlement, il se formoit un parti qui appeloit hautement le duc de Vendôme à la régence. Ce ne fut pas sans peine que l'on parvint à en imposer aux premiers et à les forcer de mettre fin à leurs déclamations séditieuses; et la régente ne trouva d'autre moyen pour déconcerter les projets et les espérances des seconds que d'appeler le duc à Lyon, où elle avoit établi son séjour. Ce prince, cousin du connétable, montra, par sa prompte obéissance à l'ordre qu'il venoit de recevoir, combien il étoit éloigné de l'imiter dans sa trahison : non-seulement il quitta sur-le-champ la Picardie pour aller rejoindre la duchesse d'Angoulême, mais encore il évita, dans son voyage, de s'approcher de Paris, où sa présence auroit pu causer quelque nouvelle fermentation.

Toutefois le parlement, si long-temps réduit, et malgré tous ses efforts, à une obéissance purement passive, crut pouvoir saisir cette occasion où la foiblesse et l'embarras de ceux qui administroient alors l'État étoient visibles, pour faire entendre sa voix, exposer ses griefs, et présenter des remontrances dans lesquelles éclatèrent le chagrin profond et le secret ressentiment qu'il conservoit toujours de l'établissement du concordat. Il s'éleva d'abord contre l'hérésie de Luther; et c'est pour la première fois qu'il est question, dans un acte public, de cette secte qui commençoit à se répandre dans le royaume, et dont les progrès étoient déjà assez grands pour causer de véritables alarmes, quoiqu'on fût loin encore d'en bien comprendre l'esprit, et de prévoir les maux affreux qu'elle alloit incessamment répandre sur la France entière. Zélé défenseur de la doctrine orthodoxe, le parlement se plaint amèrement, dans ses lettres à la régente, de ce que plusieurs individus infectés de ces erreurs pernicieuses avoient été délivrés par la cour des prisons où il les avoit fait renfermer, et demande en même temps qu'il lui soit permis de procéder contre tous les hérétiques qui lui seroient dénoncés, quels que soient d'ailleurs leur rang et leur dignité. Mais par suite d'un aveuglement que rien ne pouvoit guérir, et lorsque l'hérésie nouvelle qu'il combattoit auroit dû précisément lui démontrer tout le contraire, cherchant la première cause de ce fléau et des autres malheurs qui désoloient l'État, il la voit dans l'abolition de la Pragmatique, sur laquelle il renouvelle toutes ses anciennes doléances, essayant de prouver que, depuis l'époque où elle a été abolie, le clergé a perdu toute considération et le peuple toute obéissance. La mauvaise administration des finances, les aliénations continuelles du domaine, la vénalité des charges, les obstacles que, selon lui, éprouvoit à chaque instant l'administration de la justice par les évocations continuelles qui se faisoient au grand conseil, étoient ensuite présentés comme des causes non moins graves des désordres publics et du mécontentement de la nation.

Dans les circonstances où elle se trouvoit, la régente sentit que c'étoit une nécessité pour elle de ménager un corps dont le crédit étoit grand sur tous les ordres de l'État. Témoignant donc un vif désir de concourir avec lui à l'extinction de l'hérésie naissante, elle en écrivit au pape, qui crut l'occasion favorable pour établir l'inquisition en France, et nomma, mais sans succès, deux conseillers-clercs, vicaires du saint Siége, pour procéder en son nom à la recherche et à la punition des coupables. Quant au rétablissement de la Pragmatique, dont cette princesse feignit de reconnoître les avantages, elle n'eut pas de peine à prouver qu'il ne pouvoit être effectué dans un moment où il étoit essentiel de ménager le chef de l'Église, faisant entendre en outre que c'eût été offenser le roi, dont l'aveu étoit nécessaire pour détruire un acte aussi important de son autorité. Sur la vénalité des charges, elle jugea à propos de ne point présenter d'objection, afin d'accorder du moins quelque chose au parlement; et la voie de l'élection fut rétablie comme par le passé. De plus, la régente promit d'avoir égard à tous les autres articles que contenoient ses remontrances, à mesure que l'occasion se présenteroit d'y faire droit. Ce fut par cette modération apparente qu'elle essaya d'arrêter les entreprises d'un corps dont l'influence en ce moment étoit pour elle si redoutable ; et la suite prouva bientôt combien il y avoit peu de sincérité dans ces démonstrations bienveillantes. Le retour du roi, en faisant évanouir les craintes, fit oublier en même temps les promesses ; et le parlement put reconnoître alors à quel point sa liberté avoit offensé la régente et surtout le chancelier.

Cependant la France, si agitée dans son intérieur, n'avoit réellement rien à redouter des ennemis du dehors. Charles-Quint, à qui sa victoire et l'illustre captif qu'elle avoit fait tomber entre ses mains inspiroient les espérances les plus exagérées, qui peut-être se repaissoit déjà des rêves insensés d'une monarchie universelle, n'avoit effectivement pour continuer la guerre ni troupes ni argent. Les généraux habiles que la France possédoit encore couvroient toutes ses frontières, et l'on étoit entièrement rassuré sur la crainte d'une invasion ; d'ailleurs, cette puissance de l'équilibre politique, devenue la règle de tous les cabinets de l'Europe, commençoit déjà à changer tous les desseins et tous les intérêts. C'étoit alors contre l'empereur que se dirigeoient les alarmes et les jalousies des souverains. La régente négocioit dans toutes les cours, et n'en trouvoit aucune qui ne fût disposée à entrer dans ses vues et à travailler avec elle à la délivrance du roi. Le seul prince qui pût opposer un frein suffisant à l'ambition de l'empereur, Henri VIII, en sentit heureusement toute l'importance, et tenant la balance entre ces deux monarques, il obtint d'être regardé, dans cette circonstance décisive, comme le gardien de la liberté de l'Europe. Charles, trouvant de ce côté un obstacle invincible à ses projets; d'un autre, voyant toutes les puissances d'Italie, autrefois ses alliées, maintenant liguées contre lui; désespérant, en outre, d'abattre le courage de son prisonnier, que ses menaces, ses rigueurs, ses fausses caresses trouvoient également inflexible et décidé à mourir plutôt que de se déshonorer, commença lui-même à concevoir quelques inquiétudes, et consentit enfin à se relâcher un peu des conditions intolérables auxquelles il avoit d'abord attaché le prix de sa liberté. Le traité qui la lui rendit fut enfin signé à Madrid le 14 janvier 1526.

Il étoit temps pour le repos et peut-être pour le salut de la France que la main vigoureuse du monarque vînt enfin reprendre les rênes de l'État: car chaque jour y voyoit naître de nouveaux désordres, et l'esprit de licence et de faction y faisoit à chaque instant les progrès les plus alarmants. Paris surtout étoit en proie à tous les maux qui résultent de l'anarchie et des discordes intestines: le parlement étoit brouillé avec la cour à l'occasion du chancelier Duprat, qu'il haïssoit par-dessus tout, et à qui il prouvoit sa haine en osant le poursuivre comme coupable d'abus de pouvoir et de violation du concordat (1) que ce ministre lui-même avoit fait établir; l'archevêque d'Aix, que le roi avoit fait nommer gouverneur de Paris avant sa captivité, ne plaisoit ni aux Parisiens ni au parlement; et son autorité étoit méprisée non-seulement par le peuple, mais encore par les chefs militaires qu'on avoit envoyés, pour détruire les brigands dont les environs de cette capitale étoient infestés. Ces capitaines (2), également divisés entre

---

(1) Duprat, qui étoit veuf et tonsuré, s'étoit fait conférer, par la voie du concordat, l'abbaye de Saint-Benoît-sur-Loire, laquelle prétendoit jouir du droit d'élire ses abbés, par un privilége particulier du saint Siége, que l'on soutenoit avoir été maintenu par la teneur même du concordat. Le parlement, à qui les moines portèrent leurs plaintes, ayant voulu s'opposer à la prise de possession, Duprat fit évoquer l'affaire au grand conseil. La régente prit parti pour lui; et tandis que ce ministre, fort d'un tel appui, faisoit casser toutes les procédures commencées par le parlement, et signifioit même des ajournements personnels à plusieurs de ses membres par-devant le grand conseil, cette compagnie nommoit de son côté des commissaires pour informer de toutes les violences, fraudes et contraventions aux lois, dont elle accusoit le chancelier, et chargeoit son avocat général de le dénoncer aux chambres assemblées.

(2) Le comte de Braine et le seigneur d'Alègre. Le premier, plus actif que l'autre, avoit déjà purgé les environs de Paris des brigands qui les désoloient, lorsque l'autre arriva avec une troupe de cinquante lances qu'il voulut loger dans la ville, suivant une lettre de la régente dont il étoit porteur. De Braine, assuré de

eux, se disputoient le droit de commander dans la ville, d'où ils cherchoient mutuellement à s'expulser ; et le corps municipal, ainsi que le parlement, se mêloit à toutes ces querelles. Les alarmes étoient encore augmentées par la fermentation qui régnoit dans l'université, où les écoliers nationaux et étrangers furent plus d'une fois sur le point d'en venir aux mains. Cependant les troupes allemandes et italiennes qui étoient au service de la France, n'étant point payées de leur solde, ravageoient les campagnes ; et leurs chefs vinrent jusque dans la ville menacer le parlement d'en faire le siége si l'on ne satisfaisoit à leurs demandes. Du reste, les haines populaires que tant de passions et d'intérêts avoient su exciter contre le chancelier et contre la régente sa protectrice, étoient parvenues au dernier degré : on parloit d'assembler les états-généraux ; et le parlement, uniquement occupé à poursuivre son ennemi ou à parer les coups qu'il étoit en danger d'en recevoir, sembloit avoir entièrement perdu de vue tout ce qui regardoit l'ordre public et le maintien de la police. Enfin, les choses en étoient venues au point que, le roi étant tombé malade pendant sa prison, on vit des gens par-

---

l'affection des Parisiens, s'y opposa, et le seigneur d'Alègre se vit forcé d'aller établir sa troupe à Brie-Comte-Robert. Telles étoient les scènes licencieuses qui se passoient journellement dans cette capitale.

courir impunément les rues à cheval, publiant hardiment que ce prince étoit mort; que la régente et Duprat ne cachoient cette triste nouvelle que pour perpétuer leur tyrannie; que tout étoit perdu, et que chacun songeât à soi dans de telles extrémités.

(1526.) Le parlement ne tarda pas à reconnoître que ces bruits alarmants n'étoient nullement fondés, et le changement qui s'opéra tout à coup dans le ton et la conduite de la régente à son égard lui fit comprendre que la délivrance du roi étoit plus prochaine qu'il ne l'avoit pensé. Le désir général qu'on avoit paru témoigner de voir assembler les états-généraux paroissant servir ses projets, cette compagnie, qui n'avoit aucune autorité pour les convoquer, avoit cru devoir essayer d'arriver à ce but en mettant dans ses intérêts les princes du sang et les pairs de France. Elle leur avoit en conséquence adressé une lettre circulaire pour les inviter à venir prendre séance dans son sein après la Saint-Martin; et renouvelant en même temps ses poursuites contre le chancelier, au sujet de l'affaire dont nous avons déjà parlé, elle lui avoit fait signifier un décret d'ajournement personnel, résolue de le changer, dans la séance même où il paroîtroit, en décret de prise de corps. Ce fut alors que, ne gardant plus aucune mesure, la duchesse d'Angoulême manda à Lyon des députés du parlement, et, éclatant en menaces, leur reprocha leur insolence, leur esprit d'indépendance et de révolte, et leur enjoignit de lui donner satisfaction sur-le-champ, en lui expliquant les démarches irrégulières et scandaleuses qu'ils venoient de se permettre tant contre son autorité que contre le chancelier, qui étoit investi de la confiance du roi, et auquel ils devoient, par conséquent, respect et soumission. Intimidé par la fierté de la régente, le parlement s'excusa le mieux qu'il put d'une conduite que rien en effet ne pouvoit excuser; et dès lors il attendit à tous moments, et non sans quelque inquiétude, le retour du roi dans ses États et dans sa capitale.

Le roi revint en effet, et fit bientôt voir à quel point la conduite de cette compagnie l'avoit offensé et irrité. Un des premiers actes d'autorité que ce prince fit à son arrivée à Paris, fut d'aller tenir au parlement un lit de justice dans le plus grand appareil. Il avoit déjà refusé de recevoir les députés que cette compagnie lui avoit envoyés avant son entrée dans la ville, et suspendu plusieurs conseillers de leurs fonctions pour un temps illimité et sans vouloir les entendre. Dans cette séance mémorable, sans daigner répondre au discours que fit le président pour justifier la cour sur les divers actes d'autorité qu'elle avoit cru pouvoir se permettre, le chancelier tira de sa poche un édit sur la juridiction du parlement, édit par lequel le roi lui ôtoit toute connoissance des affaires ecclésiastiques, toute entremise dans les affaires politiques, et le réduisoit, sous les peines les plus sévères, à la simple administration de la justice. Il lui signifia l'ordre de l'enregistrer sans la moindre réclamation; et sur-le-champ le roi, se levant de son siége, rompit l'assemblée. L'enregistrement se fit, et le triomphe du chancelier, qui étoit aussi celui des vrais principes de la monarchie, fut aussi éclatant qu'il pouvoit le désirer.

La guerre continuoit toujours en Italie, et le roi, pour toute réponse aux députés que Charles-Quint lui avoit envoyés à l'effet d'obtenir la ratification du traité de Madrid, leur avoit fait la déclaration de la *sainte ligue* conclue entre la France, le pape Clément VII, et toutes les puissances d'Italie, ligue dont le roi d'Angleterre s'avouoit le protecteur. Le succès toutefois n'en fut pas aussi heureux qu'on auroit pu l'espérer. Le roi n'osoit rentrer dans le Milanais, par le désir qu'il avoit de ravoir ses enfants donnés en otages à Charles-Quint; Henri VIII restoit également dans l'inaction, parce qu'il espéroit tout terminer par des négociations; et les généraux de la ligue, soit par trahison, soit par impéritie, étoient battus sans cesse par le connétable de Bourbon, qui, cette année même, acheva la conquête du Milanais, dont l'investiture lui avoit été promise. Le duc Sforce est obligé de se sauver; le vainqueur, manquant d'argent, bien qu'il eût pillé Milan (1527.), marche vers Rome, dont il promet encore le pillage à ses troupes; il est tué dans l'assaut qu'il livre à cette ville; mais la capitale du monde chrétien est saccagée, et le pape, assiégé dans le château Saint-Ange, est réduit aux dernières extrémités. Alors Henri VIII et François Ier reconnurent, mais trop tard, la faute qu'ils avoient commise de se ralentir un seul instant devant un ennemi toujours infatigable. Ce fut aussitôt un mouvement général dans la France entière : une armée nouvelle rentra en Italie, sous le commandement de Lautrec ; et, pour pousser avec suite et vigueur les opérations d'une guerre dont la durée étoit incalculable, le roi, dans l'épuisement total de ses finances, résolut de demander à son peuple des secours extraordinaires, et indiqua, à cet effet, une assemblée de notables à Paris.

Elle eut tout le succès qu'on en pouvoit désirer. L'assemblée se tint dans la grande salle du Palais : François, qui, quelques jours auparavant, étoit venu se loger au palais des Tournelles, s'y rendit accompagné de ses ministres et de toute sa cour. Il n'est pas besoin de dire que, dans le discours qu'il prononça, il trouva le moyen de justifier toutes les opérations de son règne ; mais, s'il n'obtint pas une entière persuasion pour une semblable apologie, il n'en fut pas ainsi lorsque, peignant la situation du royaume menacé par un ennemi puis sant et acharné, avec lequel il falloit combattre sans relâche, ou négocier à prix d'argent, puisqu'il retenoit entre ses mains le gage de la prospérité de la France dans les otages précieux qu'on avoit été forcé de lui donner, il les engagea à délibérer avec lui sur cet intérêt commun, à l'aider dans la recherche des moyens nécessaires pour parer à ce grand danger où se trouvoit la patrie. Ce fut un élan, un enthousiasme général. La délibération fut courte : le clergé, par l'organe du cardinal de Bourbon, s'engagea à fournir une somme considérable (1); la noblesse, par celui du duc de Vendôme, offrit la moitié de ses biens et tout son sang, s'il étoit nécessaire de le verser; le président du parlement, le prévôt et les échevins, parlant au nom de la ville de Paris, ne montrèrent pas un moindre dévouement, et s'attachèrent surtout à prouver que le traité de Madrid étoit nul, par la raison qu'il ne pouvoit être exécuté sans compromettre le salut de la France. Le don que la ville offrit au roi en cette occasion fut d'abord porté à cent mille écus (2), et réduit ensuite d'un quart par l'ordre même de François Ier.

(1528.) La guerre continua donc, parce que l'empereur ne voulut point accéder aux proposi-

---

(1) 1,300,000 liv.
(2) Dans ce temps-là, tous les loyers de Paris réunis ne produisoient qu'une somme de 318,000 liv.

tions qui lui furent faites par les rois de France et d'Angleterre. Lautrec, poursuivant ses succès en Italie, s'avança jusqu'aux portes de Naples, dont il entreprit le siége; mais, par une fatalité que peut expliquer le caractère inconstant du roi, et le peu de suite qu'il mettoit dans ses idées et dans ses desseins, de si beaux commencements ont une fin malheureuse, parce qu'on néglige d'envoyer à Lautrec les secours d'hommes et d'argent nécessaires pour qu'il pût se maintenir. Ce général meurt devant Naples, d'une maladie contagieuse. Sa mort et la défection de l'amiral génois Doria, également trop négligé par la cour, décident des affaires. Le pape, par un de ces retours si fréquents dans la politique italienne, et que rendoient nécessaires les projets ambitieux des rois de France et des empereurs, s'étoit rapproché de Charles dès qu'il avoit vu les François pénétrer dans le cœur de l'Italie: leurs revers le décident à se déclarer ouvertement contre eux. Une révolution enlève au roi la ville de Gênes; le comte de Saint-Paul est battu dans le Milanais par Antoine de Lève; et François, découragé par tant de mauvais succès, abandonne ses alliés et conclut le traité désavantageux de Cambrai, dit la *Paix des Dames* (1).

---

(1) Ainsi nommé parce qu'il fut conclu entre Marguerite d'Autriche et la régente. Dans ce traité François renonçoit à tous ses droits sur le comté d'Ast, sur les comtés de Flandre et d'Artois,

Alors Charles parut au milieu de l'Italie en vainqueur et en maître; et les souverains de cette belle contrée, jouets continuels de cette ambition de deux grands monarques, pensèrent au moment même à revenir à la France pour échapper à la tyrannie de l'empereur.

Dans leur haine implacable, ces princes sembloient n'avoir fait la paix que pour se préparer à une guerre plus furieuse; et leur unique occupation pendant l'intervalle du repos qu'ils s'étoient procuré, fut de chercher mutuellement à soulever l'Europe entière l'un contre l'autre. Dans cette longue suite d'opérations politiques et de négociations artificieuses, nous ne voyons qu'un seul fait qui se rapporte à l'histoire de Paris. C'est le contraste affligeant qu'y offrirent les rigueurs exercées par François Ier contre les hérétiques, en même temps qu'il recherchoit l'alliance des puissances luthériennes, et s'offroit de faire cause commune avec elles. Ainsi commençoit à se développer cette politique astucieuse et criminelle, qui, séparant sans retour ses intérêts de ceux de la religion, finit par persuader aux peuples qu'en effet la religion elle-même n'étoit pas au-dessus de la politique; politique en même temps misérable et mal

---

ainsi que sur le Milanais; mais cette dernière renonciation n'étoit faite qu'en faveur de Sforce, et sa mort fit renaître les prétentions du roi et de nouvelles brouilleries.

avisée, avide de conquérir, impuissante à conserver, épuisant les peuples au dehors, tandis qu'elle achevoit de les corrompre au dedans, et dont on n'est pas même encore entièrement désabusé aujourd'hui qu'elle a consommé en Europe la ruine des sociétés.

Tout sembloit en effet devoir encourager en France les partisans de la réforme : ils voyoient le roi intimement lié d'intérêts avec Henri VIII, qui tout récemment venoit d'adopter leurs principes; ils savoient qu'il négocioit avec les princes protestants d'Allemagne, et qu'il venoit de faire un traité avec la Turquie, événement qui avoit été un sujet de scandale pour toute la chrétienté. Ils s'imaginèrent donc que François Ier, bien qu'il eût déjà montré une grande aversion contre les nouvelles doctrines, étoit au fond indifférent sur ces matières; que les persécutions exercées jusqu'alors contre eux ne devoient être imputées qu'aux importunités des évêques et au zèle trop ardent des magistrats; enfin, que l'occasion étoit favorable pour répandre plus librement leur opinion. Des placards injurieux contre la messe et la présence réelle furent affichés, dans la nuit du 18 octobre, au coin des rues et dans tous les carrefours de Paris. On les afficha, dans la même nuit et à la même heure, aux portes du château de Blois, où la cour séjournoit alors, et dans plusieurs autres villes du royaume. Un tel concert annonçoit une association déjà nombreuse, et par cela seul de nature à inquiéter dans une monarchie. Un aussi grand scandale, s'il restoit impuni, pouvoit faire une impression fâcheuse sur l'esprit des peuples, et aigrir en même temps contre le roi le pape et ses alliés d'Italie, qu'à cette époque il avoit le plus grand intérêt à ménager; la politique indiquant donc ici au monarque une marche toute différente, et par une heureuse inconséquence, s'accordant avec sa religion, il résolut de déployer la plus grande sévérité, et d'effrayer par des châtiments terribles des coupables que jusque là l'impunité avoit enhardis. Le parlement, toujours plein d'ardeur contre les hérétiques, n'avoit pas même attendu ses ordres pour commencer des recherches à l'occasion d'un si grand attentat: on fit des processions dans toutes les églises de Paris pour la réparation du scandale; et par les soins des officiers du Châtelet, les auteurs du placard furent arrêtés au nombre de vingt-quatre. Le roi, voulant que la réparation fût encore plus éclatante que l'outrage, vint à Paris au milieu de l'hiver, et ordonna une procession générale, dans laquelle les châsses de sainte Geneviève, de saint Marcel et des autres églises de Paris, furent portées comme dans les plus grandes calamités publiques, et à laquelle il assista avec toute la famille royale, les ducs, les grands officiers de la couronne, les chevaliers de l'ordre, et tous les ambassadeurs étrangers. A la suite de cette pieuse solennité, François, ayant assemblé dans la grande salle de l'évêché les chefs de toutes les compagnies, fit un discours dans lequel, exprimant toute son horreur pour le forfait exécrable qui venoit d'être commis, il déclara qu'il étoit décidé à poursuivre sans relâche et sans pitié tous les partisans et fauteurs d'hérésie; il publia en même temps un édit sévère par lequel il étoit enjoint à tous ses sujets de les dénoncer, sous peine d'être traités comme leurs complices. Le soir du même jour, six des coupables que l'on avoit arrêtés furent conduits à la place de Grève où des bûchers avoient été préparés, et y furent brûlés à petit feu. L'effet de cette exécution terrible fut de faire sortir précipitamment du royaume un grand nombre d'Allemands religionnaires qui étoient alors à Paris; et les princes protestants refusèrent, quelque temps après, d'entrer dans l'alliance du roi contre l'empereur.

Après six ans d'une paix simulée, la guerre se ralluma plus vivement que jamais entre ces deux monarques. Nous ne les suivrons point dans les nombreux événements qu'elle fit naître, événements qui sont entièrement étrangers à l'histoire de Paris. François, toujours obstiné à rentrer dans le Milanais, ne fut pas plus heureux dans cette entreprise, que Charles-Quint dans le projet qu'il conçut de conquérir la France en faisant une invasion dans ses provinces méridionales. Cette guerre nouvelle offre une alternative de bons et de mauvais succès qui épuisent les deux partis, sans procurer à l'un ni à l'autre aucun avantage décisif; et une trêve de dix ans, conclue à Nice, donne à la France un repos plus funeste peut-être que les agitations dont elle venoit de sortir. Par cet accord et par les intrigues qui le suivirent, Charles-Quint trouva le moyen de brouiller le roi avec tous ses alliés; le connétable de Montmorenci, qui avoit toute sa confiance, se montra moins habile politique qu'il n'avoit été prudent capitaine dans la campagne de Provence, et tomba dans tous les piéges que lui tendit le génie astucieux du perfide empereur.

(1539.) Ce fut pendant ces temps d'une apparente réconciliation, à laquelle la cour de France se livroit avec tant de sécurité, que Charles, pressé d'aller châtier les Gantois, qui venoient de se révolter, demanda et obtint de François Ier la permission de traverser la France, et eut la hardiesse de venir jusqu'à Paris se mettre entre les mains d'un ancien ennemi qu'autrefois il avoit si cruellement trompé, et que dans ce moment même il trompoit encore. Son voyage eut l'air d'un triomphe continuel. Les deux fils de France et le connétable allèrent le recevoir sur les frontières d'Espagne; et, dans toutes les villes où il passa, il fut accueilli comme l'auroit été le souverain lui-même. Ces honneurs excessifs n'étoient toutefois que le prélude de la réception plus éclatante encore qui lui étoit préparée dans la capitale. (1540.) Il y fit son entrée solennelle le 1ᵉʳ janvier 1540. Tous les ordres religieux, l'université, les cours de justice, le chancelier, à la tête du grand conseil, les gentilshommes de la maison du roi, les cardinaux, les princes, enfin le connétable, l'épée nue à la main, précédoient la marche de l'empereur, qui n'étoit vêtu que de noir, parce qu'il portoit encore le deuil de l'impératrice. Arrivé à la porte Saint-Antoine, les échevins lui présentèrent le dais aux armes impériales, qu'il accepta après s'en être défendu quelque temps. Il fut ainsi conduit au milieu de la population entière de Paris, à travers des rues toutes ornées des plus riches tapisseries, et aux coups redoublés du canon de la Bastille, jusqu'à l'église de Notre-Dame, où il fit une courte prière. De là il se rendit au palais : le roi, qui l'y attendoit, le reçut au bas de l'escalier de marbre et le conduisit dans la grand'salle, où l'on avoit préparé le banquet royal. Un bal brillant suivit ce festin magnifique; et pendant huit jours que l'empereur passa dans la capitale, les tournois, les danses, les cavalcades, en un mot les fêtes de toute espèce se succédèrent sans interruption.

Au milieu de ces réjouissances, ce prince affectoit une sécurité qu'il étoit loin d'éprouver. Quelques paroles échappées au roi (1) lui avoient fait

---

(1) On avoit effectivement fait quelques tentatives auprès du

comprendre que ceux qui environnoient ce prince et qui exerçoient sur lui quelque influence étoient loin d'approuver la loyauté impolitique dont il se piquoit envers son ennemi; et dès lors il vit avec le plus grand effroi tout le danger de sa position et l'imprudence qu'il avoit faite. Toutefois il sut dissimuler ses alarmes, fortifier dans ses intérêts ceux qui lui étoient déjà attachés, adoucir par ses galanteries et ses libéralités les personnes dont les intentions lui parurent suspectes; mais ce qui le servit mieux sans doute que toutes ces précautions, ce fut le grand cœur de François Ier. On a prétendu que le monarque françois s'étoit repenti par

---

roi pour le déterminer à violer la parole qu'il avoit donnée : « Mon frère, dit-il à l'empereur, dans un de ces accès de gaieté » et de franchise qu'il n'étoit pas le maître de réprimer, voyez- » vous cette belle dame (il lui montroit la duchesse d'Étampes)? » elle me conseille de ne point vous laisser partir d'ici que vous » n'ayez révoqué le traité de Madrid. — Eh bien, répondit l'em- » pereur un peu déconcerté, si l'avis est bon, il faut le suivre. » C'en fut un pour lui de mettre la duchesse dans ses intérêts. Cette dame n'étoit pas la seule qui eût conçu de semblables idées : le fou de la cour, nommé Triboulet, qui pouvoit, en raison du rôle qu'il jouoit, s'exprimer plus librement qu'un autre, avoit écrit sur ses tablettes que Charles-Quint étoit plus fou que lui de s'exposer à passer par la France. « Mais, lui dit François, » si je le laisse passer sans lui rien faire, que diras-tu? — Cela est » bien aisé, reprit Triboulet; j'effacerai son nom et je mettrai le » vôtre. » On prétend que le dauphin, le roi de Navarre et le duc de Vendôme, désespérés de voir le roi laisser échapper une semblable occasion, avoient résolu d'arrêter l'empereur en leur propre nom dans le château de Chantilly, mais que le connétable fit avorter leur projet.

la suite de n'avoir pas usé plus utilement pour ses intérêts d'une circonstance qui pouvoit lui faire regagner plus qu'il n'avoit perdu à Pavie ; et le président Hénault fait entendre que ce fut là la cause de la disgrâce du connétable, qui, gagné par la reine Eléonore, sœur de l'empereur, maintint le roi dans ses premières dispositions. Nous ne partageons point cette opinion : le roi se dégoûta du connétable, parce qu'il reconnut, malheureusement trop tard, les fautes qu'il lui avoit fait commettre, et une intrigue de cour très-connue acheva de le perdre ; mais nous ne croyons pas que l'on puisse trouver une seule preuve authentique que ce prince ait jamais eu de regret de n'avoir pas violé sa parole ; et le héros qui écrivoit dans les fers, *tout est perdu, fors l'honneur*, ne pouvoit se repentir de ne s'être pas déshonoré.

Toutefois la guerre ne tarda pas à recommencer, parce que Charles, échappé aux dangers qu'il avoit courus, refusa de tenir tous ses engagements, entre autres de donner l'investiture du Milanais, qu'il promettoit depuis long-temps à l'un des fils du roi de France. Telle fut la véritable cause de ces nouvelles hostilités, qui eurent pour prétexte le meurtre des ambassadeurs du roi, assassinés par ordre de Dugast, gouverneur du Milanais pour l'empereur. (1542.) Le roi eut d'abord en Flandre des succès dont il ne tira aucun profit, par la conduite imprudente de son second fils, le duc d'Orléans (1); l'année suivante, ce jeune prince répara sa faute en s'emparant du Luxembourg, et le comte d'Anguien gagna, peu de temps après (1544.), la bataille de Cerisolles; mais Charles-Quint, qui avoit trouvé le moyen de faire un ennemi à François de son allié le plus utile et le plus puissant, entra en Champagne avec une armée formidable, tandis que Henri VIII faisoit une irruption dans la Picardie. Les alarmes que causa cette expédition furent les dernières et les plus vives que les Parisiens eussent encore éprouvées pendant la durée de ce règne : car l'armée de l'empereur s'étant avancée jusqu'aux bords de la Marne, on vit bientôt arriver dans les murs de la ville une foule innombrable d'habitants de la campagne, traînant avec eux leurs familles désolées, leurs bestiaux, et tout ce qu'ils avoient pu dérober aux ravages de l'ennemi ou à la licence effrénée des troupes françoises. On y transporta le trésor de Saint-Denis, les vases sacrés et les ornements des églises circonvoisines; tandis que les Parisiens, saisis d'une terreur plus grande encore, mais bien moins fondée, chargeoient sur des chariots leurs effets les plus précieux, et fuyoient, les uns à Rouen, les autres à Orléans ou dans les provinces

---

(1) Il abandonna les conquêtes qu'il y faisoit, ayant sous lui Claude de Guise, pour venir partager la gloire de la prise de Perpignan, dont le siége fut levé.

méridionales. Le parti de la cour attaché au connétable de Montmorenci, et à la tête duquel étoit le dauphin, essaya d'obtenir son rappel dans une circonstance où son expérience dans la guerre pouvoit être décisive pour le salut de l'État; mais le roi, livré entièrement à ceux qui le haïssoient, n'y voulut point consentir. Cependant, alarmé lui-même de la consternation dont Paris étoit frappé, il se hâta de venir dans cette capitale, accompagné du duc de Guise et du cardinal de Tournon. Ayant mandé aussitôt les députés du parlement, et leur ayant reproché la terreur panique à laquelle ils s'étoient livrés, eux à qui leur rang et leur état faisoient au contraire un devoir sacré de donner aux autres citoyens l'exemple de la confiance et du courage, il leur ordonna de reprendre le cours de la justice qu'ils avoient imprudemment interrompu, d'enjoindre aux marchands d'ouvrir leurs boutiques, aux artisans de se livrer à l'exercice de leurs professions, ajoutant que, bien que l'ennemi se fût approché très-près de la ville, il n'étoit arrivé aucun accident qui pût causer de l'effroi, ni qui présageât rien d'inquiétant pour l'avenir. Dès le même jour, le roi monta à cheval, se promena dans les rues de Paris, accompagné du duc de Guise (1), et parlant avec

---

(1) La conduite que ce duc tint en cette circonstance fut,

bonté à la multitude qui l'environnoit : « Mes en-
» fants, leur disoit-il, Dieu vous garde de la peur,
» et je vous garderai des ennemis. » Incertain cependant si l'armée du dauphin pourroit contenir long-temps les troupes impériales au-delà de la Marne, et voulant lui assurer une retraite en cas de malheur, il entreprit d'envelopper Montmartre par de longs fossés afin de pouvoir asseoir son camp sur cette éminence, et envoyer de là des détachements dans tous les quartiers de la ville; mais la paix de Crespi rendit bientôt toutes ces précautions inutiles.

(1545.) Dans les dernières années de son règne, François renouvela les mesures de rigueur qu'il avoit déjà prises contre les protestants : un recteur de l'université ayant osé prêcher publiquement dans le sens de la nouvelle doctrine, ne dut son salut qu'à une prompte fuite ; et peu de jours après, un moine jacobin, convaincu d'avoir répandu les mêmes principes, fut puni du dernier supplice. Alarmé de ces prédications dangereuses, François crut devoir prendre de nouvelles précautions pour arrêter un mal qui menaçoit déjà de se répandre sur la nation entière. La faculté de théologie, à laquelle il s'adressa, rédigea,

---

dit-on, la source de la vive affection que les Parisiens conçurent pour sa famille, affection dont elle fit par la suite un usage si funeste à la France.

d'après ses ordres, un formulaire en vingt-six articles, dans lequel étoient clairement expliquées toutes les matières controversées, et qui dut être signé par tous ses membres, sous peine de dégradation. Le roi, l'ayant revêtu de lettres-patentes, l'adressa à tous les évêques, chapitres et couvents de son royaume, afin qu'il devînt loi de l'État, autorisant les tribunaux à traiter comme séditieux, rebelles et conspirateurs tous ceux qui refuseroient de s'y conformer. De telles mesures forçoient sans doute au silence les apôtres fanatiques de la réforme ; mais la racine du mal étoit plus profonde : les rois de l'Europe avoient en quelque sorte conspiré depuis deux siècles contre la seule puissance à laquelle il appartenoit de l'arracher et de la détruire ; ils alloient recueillir et particulièrement en France ce qu'ils avoient semé ; la secte s'y accroissoit dans les ténèbres, comptoit des prosélytes dans les premiers rangs de l'État, et préparoit pour les époques suivantes les malheurs inouïs dont nous ne tarderons pas à parler.

Aux troubles qui agitèrent Paris pendant la durée de ce règne, se joignit le fléau des maladies pestilentielles. Elles se renouvelèrent deux fois dans ce court espace de temps, et enlevèrent un grand nombre de personnes. La première, qui se déclara en 1522, força le parlement à quitter la ville, et causa en outre une telle émigration de ses habitants, que le roi, craignant que sa capitale ne devînt tout-à-fait déserte, prit la résolution généreuse de s'y rendre lui-même, et de calmer ainsi, par sa présence et en partageant ses dangers, l'effroi qui s'étoit emparé de toute la population. On prit alors des mesures qui peu à peu firent disparoître le fléau; mais on n'avoit point encore un système de police générale assez bien ordonné pour prévenir par la suite de semblables malheurs; et onze ans après, en 1533, une nouvelle épidémie vint désoler cette grande cité. Les ravages qu'elle y fit furent tels qu'on fut obligé d'acheter six arpents de terre dans la plaine de Grenelle pour enterrer les morts.

François Ier mourut au château de Rambouillet le dernier jour de mars 1547.

Le règne de ce prince ne fut pas seulement l'époque de l'introduction des beaux arts en France, mais on peut le considérer encore comme celle de leur plus grande perfection. Les monuments qu'y produisirent alors la sculpture et l'architecture n'ont point été depuis égalés; les plus grands peintres de l'Italie remplirent de leurs chefs-d'œuvre les palais du monarque, et l'école qui se forma depuis dans le siècle le plus brillant de la France, ne produisit rien qui pût leur être comparé. On doit aussi à François Ier l'établissement du collége Royal.

ORIGINE
DU QUARTIER DU TEMPLE.

L'ENCEINTE élevée sous Charles V et Charles VI renferma dans Paris l'enclos du Temple, ainsi qu'une partie du quartier auquel il a donné son nom. A cette époque, tout le terrain que contient ce quartier à l'orient et au midi, en dedans des boulevarts, n'étoit composé que de cultures, dont une partie appartenoit au Temple, et l'autre à l'hôpital Saint-Gervais. Quelques amas de maisons s'étoient déjà formés au midi de la maison du Temple.

Les choses restèrent en cet état jusqu'au règne de Henri III. A cette époque on commença à bâtir sur la culture du Temple, et des rues nouvelles furent successivement percées derrière son enclos. Le terrain de la culture Saint-Gervais resta seul tel qu'il étoit, jusqu'au commencement du dix-septième siècle.

Quant au faubourg situé par-delà le boulevart, on trouve que, dès le règne de Charles IX, il y avoit dans cet endroit quelques maisons qu'on avoit élevées, suivant l'usage, aux portes de la ville. Le nombre s'en étant augmenté par degrés, et principalement depuis le règne de Louis XIV, forma depuis cette vaste portion du quartier comprise dans la dernière enceinte élevée sous Louis XVI. La nomenclature des rues fera connoître précisément les époques et la nature des diverses révolutions qui ont amené cette portion de la ville au point où nous la voyons aujourd'hui.

LES CAPUCINS DU MARAIS (1).

CE couvent, le troisième de cet ordre à Paris, fut fondé en 1622 sur l'emplacement d'un ancien jeu de paume, par le père Athanase Molé, capucin, frère de M. Mathieu Molé, alors procureur général, et depuis premier président et garde des sceaux. Le grand crédit de ce magistrat servit beaucoup à consolider cet établissement, auquel l'archevêque de Paris et le grand-prieur du Temple donnèrent leur consentement en 1623.

(1) Pour l'histoire des Capucins, voyez t. I, p. 992, 2ᵉ partie.

CURIOSITÉS DE L'ÉGLISE DES CAPUCINS.

TABLEAUX.

Sur le maître-autel, une adoration des bergers, par *La Hyre*

Dans la chapelle de Saint-François, un autre tableau du même maître, dans lequel il s'étoit peint lui-même avec les attributs du secrétaire du pape Nicolas V. Ce pontife y étoit représenté visitant le corps de saint François d'Assise.

Dans la chapelle de Sainte-Anne, cette Sainte, par le même.

Sur le mur, vis-à-vis la chapelle de la Vierge, un saint Jérôme, par *l'Espagnolet*.

Dans le chœur des religieux, un saint François en prière, par *Michel Corneille*.

Dans la nef, en face de la chaire, une descente de croix, de l'école de *Vandyck*.

Huit tableaux représentant différents sujets de la vie de la Vierge, par *Robert, de Vamps, Colin de Vermont* et *d'André-Bardon* (1).

LES FILLES

DU SAINT-SACREMENT.

CET établissement est le second que les filles de cet ordre aient formé à Paris. Il doit son origine

---

(1) L'église de ce monastère existe encore, et a été rendue au culte. Elle n'offre rien de remarquable dans son architecture.

à quelques religieuses que la supérieure du monastère de Toul envoya dans cette ville en 1674, pour soustraire ainsi une partie de son troupeau aux dangers de la guerre qui désoloit alors ces contrées.

Ces religieuses furent d'abord recueillies dans le couvent que leur ordre possédoit déjà rue Cassette (1). Ayant ensuite obtenu de l'archevêque de Paris la permission de prendre à loyer une maison habitée par les sœurs de la congrégation de Notre-Dame, et que celles-ci venoient de quitter pour aller s'établir ailleurs, les filles du Saint-Sacrement entrèrent, le 26 octobre de la même année, dans cette nouvelle demeure, située rue des Jeux-Neufs (ou Jeûneurs), près de la porte Montmartre. Elles y restèrent jusqu'en 1680, époque à laquelle cette maison fut vendue. Obligées de chercher un nouvel asile, ces religieuses jetèrent les yeux sur une maison située au-delà de la porte de Richelieu, et s'y installèrent, avec l'espérance d'y faire enfin un établissement durable, en vertu de lettres-patentes qu'elles avoient, cette année même, obtenues de la faveur du roi. Mais elles reconnurent bientôt que ce logement étoit trop incommode pour une communauté; et, s'étant déterminées à le quitter encore, elles cherchoient à

---

(1) Nous parlerons de leur origine à Paris, à l'article de ce couvent.

acheter une autre maison, lorsque la duchesse d'Aiguillon vint fort heureusement à leur secours. Cette dame, ayant appris l'embarras dans lequel se trouvoient les filles du Saint-Sacrement, leur fit généreusement le don de l'hôtel de Turenne (1), situé rue Neuve-Saint-Louis au Marais, qu'elle venoit d'acquérir peu de temps auparavant du cardinal de Bouillon, en échange de la terre, seigneurie et châtellenie de Pontoise. Ceci arriva en 1684. « Ainsi, dit Jaillot, l'adoration perpétuelle du » saint Sacrement fut établie dans le lieu même » où s'étoient tenues les assemblées de ceux qui » attaquent cet auguste mystère. »

L'église de ces religieuses n'avoit rien de remarquable (2). Le maître-autel étoit décoré d'un tableau de *Hallé*, représentant la fraction du pain.

---

(1) Piganiol est le premier qui ait fait connoître la pieuse munificence de cette dame. Tous les historiens venus avant lui avoient présenté l'établissement des Filles du Saint-Sacrement dans l'hôtel de Turenne comme le résultat d'une vente qui leur en avoit été faite. (T. IV, p. 376.)

(2) Cette église a été rendue au culte.

LES RELIGIEUSES DU CALVAIRE.

Cet ordre fut établi à Paris en 1620, comme nous aurons occasion de le dire en parlant de la première maison de ces religieuses, située dans le quartier du Luxembourg. Ce fut le père Joseph, ce capucin devenu si fameux par les négociations importantes auxquelles l'employa le cardinal de Richelieu, qui forma le projet de leur procurer à Paris un second établissement. Il choisit à cet effet un emplacement d'environ trois arpents, qui s'étendoit depuis l'extrémité de la Vieille rue du Temple jusqu'à celles de Poitou et du Pont-aux-Choux, sur lequel on avoit déjà construit un grand corps-de-logis, plusieurs bâtiments et trois jardins (1). Ces constructions étoient appelées l'*Hôtel d'Ardoise*. Piganiol ajoute que cet emplacement fut payé 37,000 l., des deniers communs de la congrégation des Bénédictines du Calvaire.

Les historiens varient beaucoup sur l'époque

---

(1) Arch. de Sainte-Opportune.

de cet établissement. Il semble pourtant qu'on peut la fixer avec assez de certitude à l'année 1633. En effet, dès le 25 mai de cette année, l'archevêque de Paris donna son consentement, d'après lequel Louis XIII accorda, au mois de septembre suivant, ses lettres-patentes, enregistrées en 1635. Environ un an avant cette époque, douze religieuses avoient été tirées du monastère du Luxembourg et placées dans un hospice voisin du Temple, en attendant que le nouveau monastère fût bâti. On en jeta les fondements en 1635. Le cardinal de Richelieu, qui s'en étoit déclaré le protecteur, chargea la duchesse d'Aiguillon sa nièce d'y poser la première pierre, cérémonie qui fut faite avec beaucoup d'éclat. Les bâtiments en furent ensuite élevés par les libéralités du roi, du cardinal de Richelieu et de la duchesse. Dès qu'il fut achevé et bénit, les douze religieuses établies dans le voisinage vinrent en prendre possession; elles y furent introduites le 10 avril 1637, par madame la duchesse d'Aiguillon et par plusieurs autres dames du plus haut rang.

Cette maison devoit porter le nom de *Crucifixion*, pour la distinguer de celle de la rue de Vaugirard; et c'est pour cette raison qu'on avoit mis sur la porte cette inscription : *Jesus amor noster crucifixus est.* Cependant l'église fut consacrée en 1650, sous le titre de la *Transfiguration*.

Ce couvent devint le chef-lieu de la Congrégation des bénédictines de Notre-Dame-du-Calvaire, et la résidence ordinaire de la directrice générale de l'ordre, dont on comptoit en France vingt monastères (1).

L'HÔPITAL

DES ENFANTS-ROUGES.

FRANÇOIS Ier ayant consenti à fonder cet hôpital à la sollicitation de Marguerite de Valois sa sœur, donna pour son établissement la somme de 3,600 liv., laquelle fut remise entre les mains de Jean Briçonnet, président de la chambre des comptes. Celui-ci chargea Robert de Beauvais d'acheter auprès du Temple une maison avec cour et jardin, laquelle coûta 1,200 livres. Sauval, Lebeuf, Corrozet, Germain Brice et Delamare se sont également trompés sur les différentes époques qu'ils assignent à la fondation de cet hôpital.

---

(1) Ce monastère a été détruit, et sur son emplacement on a percé une rue nouvelle, qui, d'un côté, aboutit au boulevart, de l'autre à la rue Saint-Louis. (*Voyez* pl. 117.)

On peut, sans craindre de s'écarter beaucoup de la vérité, la fixer à l'année 1534 : car le contrat d'acquisition de la maison dont nous venons de parler est du 24 juillet de cette même année. Ce n'est cependant qu'au mois de janvier 1536 que le roi donna ses lettres-patentes (1), par lesquelles il se déclare fondateur de cet hospice, spécialement destiné pour les orphelins originaires de Paris, et où il veut en outre « qu'on reçoive les pauvres
» petits enfants qui ont été et seront dors-en-avant
» trouvés, dans l'Hôtel-Dieu, fors et exceptés
» ceux qui sont orphelins natifs et baptisés à Paris
» et ez fauxbourgs, que l'hôpital du Saint-Esprit
» doit prendre selon l'institution et fondation d'i-
» celui, et les bâtards que les doyen, chanoines
» et chapitre de Paris ont accoutumé de recevoir
» et faire nourrir pour l'honneur de Dieu. »

Il est ordonné par les mêmes lettres-patentes que ces enfants seront perpétuellement appelés *Enfants-Dieu*, et qu'on les vêtira d'étoffe rouge, pour marquer que c'est la charité qui les fait subsister (2). C'est ce qui leur fit donner le nom d'Enfants-Rouges. Ces lettres furent enregistrées au parlement le 1er mars de la même année 1536.

On ignore les motifs qui déterminèrent Fran-

---

(1) Hist. de Par., t. III, p. 614.
(2) On sait que, dans l'Écriture, la Charité est figurée par le feu.

çois Ier à ordonner, le 23 janvier 1539, que les enfants désignés pour le nouvel hôpital seroient mis à l'avenir à l'hôpital du Saint-Esprit. Toutefois ce changement n'eut point lieu, ou du moins, si on l'exécuta, fut de peu de durée : car il est certain que, le 20 mai 1542, le roi, par ses lettres-patentes (1) enregistrées le 4 septembre suivant, donna des réglements pour l'administration de l'hôpital des *Enfants-Dieu orphelins près le Temple.*

Cet hôpital fut enfin supprimé au mois de mai 1772, par lettres-patentes enregistrées au parlement le 5 juin suivant. Les enfants furent transférés à l'hospice des Enfants-Trouvés ; on laissa seulement subsister la chapelle, dans laquelle on a célébré l'office les fêtes et les dimanches jusqu'à l'époque de la révolution (2). Ce petit édifice n'avoit rien de remarquable.

LE TEMPLE.

Vers le milieu du onzième siècle, quelques marchands d'Amalfi, au royaume de Naples, ob-

---

(1) Hist. de Par., t. IV, p. 703.
(2) Cette chapelle a été détruite, et sur son emplacement on a percé une rue nouvelle.

tinrent du calife la permission d'avoir un hospice à Jérusalem, près le Saint-Sépulcre. Ils y firent bâtir une chapelle, qui fut desservie par des religieux de Saint-Benoît (1); et à côté de cette chapelle on construisit deux autres hospices pour y recevoir les pèlerins sains et malades, dont ces religieux s'engagèrent à prendre soin. Telle fut l'origine des hospitaliers de Saint-Jean-de-Jérusalem, ainsi appelés parce que leur chapelle étoit sous l'invocation de saint Jean l'aumônier. Guillaume de Tyr dit que *Gérard* ou *Girauld Tum*, qu'on regarde comme le fondateur de cet institut régulier, avoit long-temps servi les pauvres de l'hôpital, sous les ordres de l'abbé et des moines. Le nouvel institut fut approuvé par une bulle de Paschal II (2), du 15 des calendes de mars, indiction 6, an 1113.

Cependant *Raymond Dupuy*, qui succéda à Gérard, ayant conçu le projet de former parmi les hospitaliers mêmes une milice capable de résister aux invasions des infidèles, ce projet fut facilement adopté par des religieux dont la première

---

(1) Jean d'Ipres, dans sa Chronique, dit que c'étoient des *oblats* du monastère de Jérusalem, appelé Sainte-Marie-des-Latins.

(2) Hist. de Malte., t. I, p. 578. Il paroit qu'alors saint Jean-Baptiste étoit le patron des hospitaliers : car cette bulle est adressée à *Gérard, prévôt de l'hôpital de Saint-Jean-Baptiste de Jérusalem.*

profession avoit été celle des armes; et son exécution devint d'autant plus méritoire que Jérusalem, conquise par les chrétiens en 1099, étoit déjà en butte aux attaques continuelles des Musulmans.

Mais c'étoit peu de garder la cité sainte : il falloit encore en faciliter l'accès aux chrétiens, qui de toutes parts y accouroient en foule, et qui avoient tout à craindre de la cruauté des Sarrasins, dont les routes étoient infestées. En 1118 *Hugues des Payens* et *Geoffroi de Saint-Omer* résolurent de se dévouer à ce pénible ministère (1); et s'étant associé sept autres gentilshommes enflammés du même zèle, ils se présentèrent ensemble devant le patriarche, firent entre ses mains les vœux ordinaires de religion, et s'engagèrent par un serment solennel à garder les chemins, à protéger et à défendre les pèlerins. On donna à ces nouveaux religieux un logement dans le palais, lequel étoit situé près du Temple; et ils furent appelés les *frères de la milice du Temple, les chevaliers du Temple, les Templiers.*

Quelle que fût l'utilité de cet établissement, il ne fit cependant de progrès sensibles que lorsque Hugues des Payens eut repassé la mer, dans le dessein de se présenter au concile que l'on tint à

---

(1) Hist. de Malte, t. I, p. 72.

Troyes en 1128, et d'y demander la confirmation de son ordre, et une règle particulière pour son administration. Sa demande fut agréée avec tout l'empressement qu'elle méritoit; et saint Bernard, dont les décisions étoient reçues comme des oracles, fut prié par le concile de se charger de ce grand travail. Il paroît qu'il s'en excusa (1); et l'opinion communément reçue en fait honneur à *Jean de Saint-Michel*, quoiqu'il n'y en ait aucune preuve décisive.

Dès ce moment l'accroissement de cet ordre fut extrêmement rapide; la noblesse s'empressa de se mettre au nombre de ces défenseurs de la religion; les rois et les princes les comblèrent de faveurs, et ils devinrent en peu de temps possesseurs de ces richesses immenses qui, en moins de deux siècles, devoient amener leur décadence et leur destruction.

On n'a point de lumière certaine sur la véritable époque de leur établissement à Paris; et chaque historien de cette ville a présenté à ce sujet sa date et ses conjectures (2). Ce qu'on peut assurer, c'est

---

(1) *S. Bern. opusc. VI, cap.* 4 et 5.

(2) Lacaille la met en 1128, supposant apparemment qu'ils y eurent un lieu fixe immédiatement après le concile de Troyes. Le commissaire Delamare la place d'abord en 1148, ensuite dix ans plus tard; dom Félibien la fixe après le retour de Louis-le-Jeune de la Terre-Sainte; l'auteur des *Tablettes parisiennes* en marque l'établissement à l'année 1100, sans faire attention

qu'ils y existoient sous le règne de Louis-le-Jeune : car, en 1147, le 27 avril, les Templiers tinrent à Paris un chapitre, où ils étoient au nombre de cent trente; le pape Eugène III étoit à leur tête, et le roi honora cette assemblée de sa présence, avec plusieurs prélats et seigneurs (1). Il existe en outre une charte de ce prince, datée de 1152, dans laquelle il qualifie ces religieux : *orientalis ecclesiæ sanctos propugnatores, venerabilem militiam, sacrosanctum ordinem* (2).

Au treizième siècle, le terrain qu'occupoient

---

que cet ordre ne s'est formé que dix-huit ans après cette époque. Dubreul, les historiens de Paris et Piganiol ne rapportent point de titres plus anciens que l'année 1211; et Sauval dit « qu'il ne sait ni par qui ni quand il a été fondé, mais qu'il » a lu des actes qui en font mention avant l'année 1210. »

On voit encore dans les registres du Châtelet que les Templiers eurent un différend avec les bouchers de Paris, au sujet d'une boucherie que ceux-ci avoient établie sur leur territoire, rue de Braque; et qu'en 1182 il fut décidé, par lettres de Philippe-Auguste, données au mois de juillet de cette année, que cette boucherie n'auroit que deux étaux de douze pieds de large chacun. (Hist. de Par., t. I, p. 203.)

Il est aussi fait mention de la maison du Temple en 1205, à l'occasion d'un legs de 10 sols fait en faveur de cette maison par Christophe Malcion, chambellan de Philippe-Auguste. Vingt ans auparavant ils sont nommés, dans un arrêt du parlement, *præceptor et fratres militiæ Templi*. Enfin, nous pourrions encore citer les lettres de Philippe-le-Bel de 1292, par lesquelles il confirme aux Templiers les priviléges qui leur avoient été accordés par Philippe-Auguste et par le roi Louis. *Ludovicum atavum nostrum.* (Louis VII.) *Hist. eccles. Par.*, t. II, p. 295.

(1) *Monasticon anglic.*, t. II, p. 523.
(2) Trés. des chart., p. 132.

les Templiers étoit devenu si considérable que dans plusieurs titres de ce temps il est appelé *villa nova Templi*. L'histoire nous apprend que saint Louis, Philippe-le-Hardi et Philippe-le-Bel avoient déposé leurs trésors dant la maison des Templiers, et qu'en 1301 et 1306 ce dernier y fit sa résidence (1). Les bâtiments en étoient si nombreux et si beaux, que lorsque Henri III, roi d'Angleterre, passa à Paris en 1254, il préféra la maison du Temple au palais que lui offroit saint Louis.

Personne n'ignore quelle fut la fin tragique des Templiers : on a essayé d'envelopper cette grande catastrophe de ténèbres que l'on assembloit à dessein, d'en faire ainsi une espèce de problème historique, pour le résoudre ensuite avec impudence à la honte des juges et à la gloire des accusés. C'est surtout dans le dix-huitième siècle que ces déclamations injurieuses contre la mémoire d'un pape et d'un roi ont éclaté avec plus de violence. Dans le dix-neuvième, LES CRIS N'ONT POINT CESSÉ (1); mais le sens commun a aussi élevé sa voix ; et cette

---

(1) Cette particularité étoit inscrite sur des tablettes de cire qui se voyoient autrefois à l'abbaye de Saint-Victor. On y lisoit, entre autres choses, qu'après un voyage fait dans le Gâtinois et dans la Brie durant l'hiver de l'année 1301, ce prince vint résider dans la maison des Templiers, depuis le 26 janvier jusqu'au 25 février, etc. etc.

(2) Ceux qui connoissent la tragédie des *Templiers* n'ont point oublié sans doute l'hémistiche qui termine le récit de leur supplice :

« Les chants avoient cessé. »

voix, nous allons essayer de la faire entendre à ceux qui, sur cette grande affaire, ne l'ont point encore entendue.

Et d'abord il n'est peut-être pas inutile de faire observer que ceux qui repoussent avec tant de chaleur l'accusation d'hérésie et d'impiété élevée contre ces moines guerriers, seule accusation qui fût vraiment capitale, la seule qui ait fait prononcer l'arrêt de leur destruction, sont tous, et nous n'y connoissons presque point d'exception, des gens qui, laissant bien loin derrière eux toutes les hérésies où du moins l'on croit encore quelque chose, font hautement profession de ne rien croire du tout, qui regardent en pitié et comme une race de stupides et d'imbéciles tous les croyants, quelle que soit leur croyance; des gens enfin qui ont prouvé soit par eux-mêmes, soit par les *représentants* de leurs doctrines et de leurs opinions, que, si toute puissance leur étoit remise ici-bas, ils persécuteroient et sans pitié et sans relâche, non pas *pour la foi*, mais *à cause de la foi;* de manière qu'ils défendent les Templiers justement par les mêmes motifs qui les porteroient, si cet ordre existoit encore aujourd'hui, à les attaquer, à les dépouiller, à les proscrire, à faire à leur égard tout ce qu'ont fait les juges qui les ont condamnés : ce trait caractéristique des apologistes des Templiers est remarquable, et, ce nous semble, n'a point été assez remarqué.

Cependant, dès que les philosophes eurent trouvé et saisi cet *heureux* prétexte d'insulter les papes et les rois, à l'instant même il se présenta, dans la lice qu'ils venoient d'ouvrir, des adversaires assez redoutables pour leur faire pressentir que la victoire qu'ils avoient d'abord jugée si facile leur seroit vigoureusement disputée. A leurs déclamations on opposa des actes authentiques ; on suivit avec eux l'historique du procès autant qu'il étoit alors possible de le faire, et les circonstances principales de ce procès s'élevèrent contre ceux qu'ils défendoient. Ils prétendoient que les aveux faits par les accusés leur avoient été arrachés par les tortures : on leur produisoit un nombre considérable de chevaliers qui avoient avoué sans être torturés ; ils insistoient particulièrement sur le désaveu si éclatant du grand-maître Jacques Molay et de Guy, dauphin d'Auvergne, désaveu fait sur l'échafaud et à la vue du supplice qui devoit en être le prix : on leur répondoit que ce témoignage étoit au moins nul, puisque les aveux précédents de ces deux personnages, aveux accompagnés de circonstances si remarquables et que nous ferons connoître tout à l'heure, balançoient l'autorité de leur désaveu, et même avoient infiniment plus de force pour ceux qui connoissent les honteuses misères de l'esprit humain, qui savent à quelles extrémités la honte et l'humiliation peuvent emporter des cœurs orgueilleux et désespérés. L'histoire est féconde en exemples de ce genre ; et les temps où nous vivons en pourroient offrir de frappants et de singuliers ; on leur demandoit si deux témoignages, entièrement contraires à ceux qu'ils invoquoient, et donnés avec des circonstances toutes semblables, leur auroient paru suffisants pour faire condamner tout l'ordre des Templiers : et comme ils étoient obligés de le nier, il leur falloit convenir en même temps que deux témoignages favorables étoient insuffisants pour l'absoudre. Le mauvais renom des Templiers, répandu depuis long-temps dans l'Europe entière, et dans lequel se trouvoit implicitement renfermée l'accusation de tous les crimes qui depuis les firent condamner, renom qu'ont perpétué jusqu'à nos jours les traditions populaires dont il est rare que le fond ne soit pas vrai, même alors que les circonstances en sont évidemment fausses ; ce mauvais renom étoit une présomption défavorable à la cause de ces religieux qu'on opposoit encore avec avantage aux apologistes ; enfin, s'appuyant d'autorités diverses qui se fortifient mutuellement par leur diversité même, on leur montroit que le janséniste Dupuy qui avoit recueilli les actes, Velly le parlementaire, des Jésuites tels que les PP. Daniel, Griffet, Berthier, divisés entre eux sur tant de points qui, sur un tel sujet, étoient de nature à les diviser encore, subjugués également ici par le nombre, la nature et la force des preuves, s'étoient réunis dans une même opinion sur les Templiers, les avoient unanimement jugés coupables et justement punis.

Mais ce qui prouve plus que tout le reste que les philosophes eux-mêmes n'étoient pas contents de la cause qu'ils défendoient, et qu'ils avoient la conscience de son extrême foiblesse, ce sont les efforts qu'ils ont faits pour la rendre meilleure, en lui cherchant des témoignages qu'ils pussent plus raisonnablement opposer à ceux dont on les poursuivoit. Ce sont de grands investigateurs que ces philosophes de nos jours : leurs recherches ont souvent épargné de pénibles travaux à leurs adversaires, et répandu la lumière sur bien des questions qui embarrassoient encore ceux-ci. *Iniquitas mentita est sibi*, telle est l'épigraphe que l'on pourroit mettre à la tête de tous leurs volumes de critique religieuse, scientifique et littéraire ; on sait quel succès ils viennent d'obtenir en faisant transporter d'Egypte à Paris le fameux zodiaque de Denderah (1) : c'est avec un succès tout pareil

---

(1) Au moyen de la position de certains signes célestes, tels qu'ils étoient, disoit-on, gravés sur ce zodiaque, les savants du philosophisme démontroient évidemment qu'il avoit au moins vingt mille ans d'antiquité ; et par cette démonstration ils renversoient toute la tradition, et détruisoient surtout l'autorité des livres saints, ce qui étoit le but essentiel et la grande affaire : car ces livres-là les embarrassent toujours un peu. Cette démonstration se faisoit sur des dessins de ce zodiaque, dont on attestoit la scrupuleuse exactitude. Désirant toutefois rendre son triomphe encore plus éclatant, la secte imagina, comme nous venons de le dire, de

qu'ils ont recueilli des matériaux nouveaux pour l'histoire des Templiers.

Ce fut un académicien de Berlin nommé Nicolaï qui le premier se livra à ces savantes recherches : il savoit la prétention qu'affectoient les francs-maçons de tirer leur origine de cet ordre si malheureusement célèbre ; il avoit été frappé de la conformité qui existe entre quelques pratiques usitées dans leurs assemblées et celles que l'on attribuoit aux Templiers. Le résultat de ses travaux fut un livre intitulé *Essai sur le secret des Templiers* (1), dans lequel, réduit à faire leur apologie avec des *conjectures*, il forme de toutes celles qu'il rassemble un système qui ne

---

faire apporter le zodiaque lui-même d'Égypte à Paris. Le ciel a béni son entreprise, heureusement amenée à sa fin au milieu de beaucoup de dangers et de travaux. Le zodiaque est arrivé à sa destination ; et à l'instant même il a été démontré que les positions des astres, *si exactement copiées* sur les dessins, étoient fausses ; et un savant de bonne foi (M. Biot), conduisant ses confrères pour ainsi dire par la main, leur a démontré à son tour, et jusqu'à l'évidence mathématique, que cette pièce curieuse n'avoit pu être fabriquée plus de 700 ans avant Jésus-Christ. Depuis ce temps on garde le plus profond silence sur le zodiaque de Denderah *. Nous nous estimerions heureux si notre dissertation sur les Templiers produisoit de semblables résultats.

(1) Cet ouvrage a pour titre original : *Versuch uber die Beschuldigungen, Welche gegen die Tempel herren Orden gemacht worden, und uberdessen geheimniss.* (Berlin, 1782.)

* Ce monument, acheté par le roi, est maintenant exposé dans les salles du musée des antiques.

soutient pas le moindre examen, et qui, dès qu'il eut paru, fut combattu par d'autres savants, lesquels n'étoient pas moins philosophes ni moins partisans des Templiers que M. Nicolaï. Au reste, cette discussion n'apprit, sur ce point historique, rien de plus positif que ce que l'on savoit déjà; « et » cependant, dit un écrivain françois anonyme, » qui se montre lui-même un digne élève du » siècle des lumières (1), il en resta dans la plu- » part des esprits la persuasion que si le secret » des Templiers n'étoit point encore découvert, » du moins *ils avoient eu un secret;* mais de cette » idée même sortoit une autre conséquence, c'est » que leur condamnation en paroissoit moins ini- » que : car on ne pouvoit plus dire que les accu- » sations élevées contre eux ne fussent que des » *impostures calomnieuses.* Ainsi, par une ren- » contre fort bizarre, c'étoit la philosophie qui » *étoit venue témoigner en faveur de l'inquisi-* » *tion.* » Ces paroles sont assurément fort remarquables.

Mais, disoient encore les apologistes, Dupuy n'a publié que des extraits des actes : il étoit janséniste sans doute, et par conséquent ennemi des papes; mais il étoit en même temps très-dévoué serviteur des rois, et il a pu être justement soup-

---

(1) Mémoires historiques sur les Templiers, etc., par Ph. G***. (Paris, 1805.)

çonné d'avoir, sinon altéré, du moins supprimé tout ce que ces actes contenoient de défavorable à un roi, tout ce qui pouvoit présenter Philippe-le-Bel sous un aspect odieux. On regrettoit donc amèrement la perte de ces titres originaux; on les cherchoit de toutes parts, lorsqu'un professeur de Copenhague (M. Moldenhawer), qui parcouroit l'Europe dans cette intention, trouva enfin à Paris, dans la bibliothéque de Saint-Germain-des-Prés, le précieux manuscrit qui avoit fourni au savant bibliothécaire les extraits qu'il a publiés. C'étoit un registre contenant les procès-verbaux de toutes les opérations de la commission nommée par le pape pour procéder contre les Templiers (1). Deux ans après un autre professeur Danois (M. Münter) découvrit à Rome, dans la bibliothéque *Corsini*, un cahier complet des statuts de l'ordre les plus récents (2); et c'est ainsi que ce point historique, si long-temps ob-

---

(1) Ce manuscrit venoit de la famille de Harlay; tout démontroit que c'étoit un exemplaire authentique que les commissaires du pape avoient fait transcrire par l'un des notaires leurs greffiers, et déposer aux archives de l'église de Notre-Dame.

M. Moldenhawer en publia la traduction à Hambourg en 1792, sous ce titre : *Prozess gegen den orden der Tempel herren*. Il est maintenant dans la bibliothéque du roi.

(2) Ces statuts étoient écrits en langue provençale. M. Münter les copia d'abord littéralement, ensuite les traduisit en allemand, et les fit imprimer avec des notes explicatives. Depuis (en 1801), ce même professeur a publié un ouvrage sur le même sujet,

scur et problématique pour le plus grand nombre, que ne pouvoient encore résoudre complétement ceux qui le considéroient sous son véritable aspect, est devenu aujourd'hui aussi clair que les vérités de ce genre les moins contestées.

Ces procès-verbaux sont authentiques : ils contiennent tous les actes de cette procédure, qui dura depuis le mois d'août 1309 jusqu'au mois de juin 1311 ; l'acte d'accusation ; la liste des frères qui comparurent devant la commission papale, au nombre de cinq cent quarante-quatre ; et deux cent trente et un interrogatoires, après lesquels la commission, rappelant tant d'autres interrogatoires faits en divers pays et surtout les soixante et douze témoins entendus par le pape lui-même, déclara qu'elle étoit suffisamment éclairée, et qu'il résultoit de ce nombre de dépositions tout ce qu'il lui étoit possible d'apprendre d'un plus grand nombre de déposants.

Au milieu d'une foule de détails et de circonstances qui, dans ces dépositions si nombreuses, varient sans se contredire, et prouvent seulement que le mode de réception des frères n'étoit pas parfaitement le même dans toutes les maisons de

---

ayant pour titre : *Dissertation sur les principales accusations qui furent élevées contre les Templiers.* Ces statuts, du reste, n'ajoutent et ne diminuent rien à la force des preuves qui résultent de la découverte des actes.

l'ordre, se présentent quatre articles principaux qui sont tout le fond du procès, et sur lesquels les aveux sont uniformes :

1°. Le renoncement à Jésus-Christ.
2°. Le crachement sur la croix.
3°. L'adoration d'une idole.
4°. La sodomie permise et même autorisée dans l'ordre.

Nous le répétons, sur ces quatre articles tous les aveux sont uniformes : le plus grand nombre avouent librement, volontairement, sans y être contraints ni par violence ni par menace; ils mêlent, comme nous venons de le dire, à leurs aveux des circonstances diverses qui prouvent que ces aveux ne sont ni suggérés ni concertés. Quelques-uns versent des larmes et paroissent repentants des crimes qu'ils ont commis, des séductions auxquelles ils se sont laissé entraîner; et plusieurs d'entre eux s'en sont confessés et en ont fait pénitence (1). D'autres qui d'abord avoient nié ou s'étoient déclarés *défenseurs* de l'ordre, renoncent à sa défense et finissent par faire les mêmes aveux (2). Des jeunes gens, reçus dès l'âge de dix ans, qui par conséquent ne

---

(1) Pogiancourt, 38e témoin; Étienne de Nercat, 58e témoin, puis après lui le 59e; Bono de Boulaines, 116e témoin; Pierre Grumemil, prêtre, 130e témoin.

(2) J. de Poilcourt, 37e témoin; Grand-Villard, 60e témoin; Pierre de Saint-Just, 63e témoin; Jean de Corneilles, 79e témoin;

peuvent être considérés comme coupables des horreurs que l'on avoit exigées d'eux, avouent naïvement ce qu'ils ont vu sans le comprendre, ce qu'ils ont consenti de faire sans en apprécier

---

Raoul de Tavernay, 115e témoin; Varmond de Saconin, 119e témoin.

Cinquante-quatre chevaliers qui s'étoient rétractés et déclarés *défenseurs* de l'ordre devant la commission papale furent jugés par le concile provincial de Sens, assemblé à Paris, avant d'avoir été entendus sur cette défense, condamnés le 11 mai 1210, et brûlés le lendemain dans le faubourg Saint-Antoine qui étoit alors hors de la ville, l'abbaye de ce nom étant encore située au milieu des champs. On a fait grand bruit de cet incident dont les apologistes ont essayé de tirer parti. Nous allons l'examiner brièvement et le réduire à sa juste valeur.

Les Templiers étoient jugés par la commission papale et par les évêques réunis en conciles provinciaux. Les commissaires du pape procédoient contre l'ordre en général, les conciles contre les individus. Tous les actes de cette grande affaire attestent la douceur, l'équité, l'humanité avec lesquelles procédoient les délégués du saint Siége; et sur ce point les accusés eux-mêmes leur rendirent témoignage.

Dès que ces commissaires eurent eu connaissance de l'arrêt rendu par le concile de Sens et de l'exécution des cinquante-quatre Templiers, ils suspendirent l'audition des témoins, et firent demander très-vivement des explications sur un incident qui sembloit de nature à empêcher aucun défenseur de l'ordre d'oser désormais parler en sa faveur. Le concile députa aussitôt vers la commission pour lui déclarer qu'il n'avoit procédé contre ces accusés que par suite du procès d'*inquisition spéciale* déjà commencé contre eux, *il y avoit deux ans*, et par ordre du pape, procès que le concile appelé à Paris étoit chargé de finir, suivant les *mêmes ordres du pape*, et qu'il avoit été obligé de terminer dans cette session, d'autant que l'archevêque de Sens qui le présidoit ne pouvoit le réunir aussi souvent qu'il le voudroit. La commission trouva cette

les conséquences (1). Plusieurs, et ceci est remarquable, qui avoient nié dans les tortures, avouent ensuite sans être torturés, quelquefois n'avouent

---

réponse satisfaisante, et continua ses opérations, ce qui prouve que le concile n'avoit péché ni par la forme ni par le fond.

Ces cinquante-quatre Templiers furent condamnés comme *rétractants* ou *relaps*. Les apologistes ont cru trouver de la contradiction dans ces deux termes : ils se sont trompés. L'instruction de leur procès (et cette instruction ayant duré *deux années entières*, on ne peut douter que toutes les formalités prescrites par la jurisprudence d'alors n'y eussent été scrupuleusement et complétement observées) avoit suffisamment éclairé la conscience de leurs juges, leur avoit apporté la conviction pleine et entière de leur culpabilité. On n'osera pas soutenir sans doute qu'il leur suffisoit de se *rétracter* pour être déclarés innocents, ni de se déclarer *défenseurs* de l'ordre pour arrêter le cours et l'action de la justice. Que prouvoit donc leur rétractation, lorsqu'ils étoient *évidemment reconnus coupables*, sinon leur endurcissement, leur orgueil, leur mauvaise foi, une véritable *rechute*, qui les rendoit indignes de la pitié de leurs juges, de l'indulgence offerte au seul repentir? Dans un tel cas, le devoir de ceux-ci n'étoit-il pas de se montrer inflexibles comme la loi, et de la faire exécuter dans toute sa rigueur*? Il nous semble que ceci est sans réplique, et qu'on n'y peut répondre, comme sur tout le reste, que par des déclamations.

(1) Pierre de Masvalier, 109e témoin; Jean Fabry, 110e témoin; Hugues de la Hugonie, 111e témoin; Pierre Pufand, 215e témoin; Hugues de Jausat; 216e témoin.

---

* Le grand-maître ayant osé porter une espèce de *défi* chevaleresque devant la commission, « l'Église n'en use pas ainsi, répondirent les commissaires: » elle juge les hérétiques qu'on découvre, et remet *les opiniâtres* au bras sé- » culier. » Telle fut en effet la marche qu'ils se tracèrent : il y eut indulgence et pardon pour tous ceux qui se montrèrent repentants. Ainsi la justice et la miséricorde présidoient à ces jugements, que des sophistes, dont les doctrines ont de nos jours créé des tribunaux d'assassins, et depuis trente ans ensanglantent le monde, osent appeler barbares!

que certaines choses, tandis qu'ils continuent d'en nier d'autres (1). Tilley, frère servant (2), raconte sa réception avec des circonstances qui ressemblent à celles des réceptions de la franc-maçonnerie. Au reste, presque tous conviennent que ces réceptions étoient clandestines (3), qu'il y avoit des statuts cachés et un point d'ordre très-secret. Un chevalier, vieillard de quatre-vingts ans (4), déclare que sa réception très-ancienne a été irréprochable ; il n'a renié ni vu personne renier Dieu ; mais il confesse *avoir entendu parler* de ces abnégations, il y a cinquante ans, et depuis ce temps il avoit *cessé d'assister aux réceptions;* au surplus il reconnoît l'orgueil et l'insolence des Templiers, il convient de leur avidité et de leurs extorsions. C'étoit un

---

(1) Raymond de Vassiniac, 10ᵉ témoin ; Baudouin de Saint-Just, 11ᵉ témoin ; Gérard de Caus, chevalier de Rouergue, 40ᵉ témoin.

(2) 35ᵉ témoin. *Voyez* à ce sujet un petit ouvrage de Cadet-Gassicourt, intitulé *Sur les Templiers et les Francs-Maçons*, 1821.

(3) Cette clandestinité des réceptions étoit une des présomptions les plus fortes qui s'élevoient contre eux. Elles se faisoient le plus souvent la nuit, et c'étoit aussi au milieu de ses ténèbres que se tenoient les chapitres généraux. Les précautions les plus extraordinaires étoient prises pour rendre ces assemblées inaccessibles à tous les regards. Non-seulement le lieu en étoit soigneusement fermé, mais encore on en faisoit garder les avenues, et, par un surcroît de précautions, on établissoit des sentinelles jusque sur les toits. Pourquoi ce mystère sans exemple dans aucun autre ordre religieux, s'il ne se passoit rien que d'innocent dans de telles assemblées ?

(4) Guillaume de Liége, 124ᵉ témoin.

homme instruit et sachant le latin. Un autre fait cet aveu remarquable que c'étoit, suivant lui, l'introduction *des juristes et des savants* dans l'ordre qui l'avoit corrompu (1); P. Blaye avoue tout, et déclare que, suivant ce qu'il avoit entendu dire, ces abus avoient pris *leur origine dans l'Orient* et n'étoient pas plus anciens que le règne des quatre derniers grands-maîtres (2). Gui, dauphin d'Auvergne (3), le même sans doute qui depuis se rétracta avec le grand-maître et fut brûlé avec lui, avoue ici les quatre articles et confirme

---

(1) Gérard de Caus, déjà cité.

(2) Il étoit le 221ᵉ témoin, et sa déposition sert à expliquer le peu d'uniformité de ces pratiques détestables dans les maisons de l'ordre qui en étoient déjà infectées, et comment plusieurs s'en trouvoient encore préservées. Ainsi s'expliquent en même temps les jugements différents et en apparence contradictoires rendus par les diverses commissions établies dans les autres parties de l'Europe. En Espagne, en Allemagne, plusieurs conciles déclarèrent innocents les Templiers qui comparurent devant eux. Ceux qui habitoient le Portugal, étant depuis long-temps sans communication directe avec l'ordre, et même jusqu'à un certain point hors de sa dépendance, furent reconnus entièrement étrangers à tous ces désordres. Partout ailleurs les Templiers furent convaincus et condamnés. Ainsi, pour établir l'innocence de ces moines, dont leurs apologistes les plus enthousiastes sont forcés d'avouer l'orgueil, l'insolence, la rapacité, les mœurs licencieuses, il faut supposer que presque tous les tribunaux ecclésiastiques de l'Europe, ayant à leur tête la plupart des évêques de la chrétienté, se sont tout à coup transformés, et simultanément, et par un concert unanime, en hordes de brigands et en conciliabules d'assassins.... Voilà les miracles que veulent nous faire croire les philosophes, qui cependant se moquent beaucoup des miracles.

(3) 46ᵉ témoin.

plusieurs fois ses aveux. Enfin avant cette instruction et avant d'être conduit en prison, *antequàm captus esset* (1), le grand-maître lui-même avoit avoué les deux principaux points de l'accusation, le *reniement* de Jésus-Christ, et l'obligation de *cracher sur la croix*. Il avoit fait ces aveux sans que l'on eût employé aucun moyen violent pour l'y contraindre, *sine omni tormento* (2); il les confirme dans l'interrogatoire de Chinon (3); il *varie* ensuite, mais *sans se rétracter*, et ne se rétracte

---

(1) Expressions des bulles du pape, répétées dans les articles de l'acte d'accusation.

(2) *Baluz. Vitæ Pap. Avenionens.* Hugues de Narsac, prieur d'Epanes en Saintonge, déclara depuis, devant la commission, que le même Jacques Molay étoit connu pour avoir un commerce honteux avec son valet-de-chambre favori, nommé Georges, ajoutant que plusieurs autres grands de l'ordre étoient renommés pour cette infamie.

(3) Ces aveux *confirmés* à Chinon importunent beaucoup l'auteur de la tragédie des *Templiers*, M. R.... qui, comme le dit assez plaisamment l'auteur des *Mémoires historiques*, s'étant identifié en prose et en vers avec ces *innocentes* victimes, a publié avec sa tragédie une espèce de *factum* pour démontrer leur innocence. Il a donc essayé de reporter la date des *variations* du grand-maître avant celle de ce fâcheux interrogatoire de Chinon; mais s'apercevant bientôt que toutes ces petites arguties venoient se briser contre la force des actes et des faits, il a pris alors un parti plus commode et plus expéditif : c'est de *rejeter* tous ces *actes et tous ces faits comme supposés*. Cette licence a paru un peu trop poétique, même à ceux de son parti qui n'ont pas encore fait une abnégation entière du sens-commun, et qui reconnoissent dans la critique historique et littéraire certaines règles qu'il n'est pas permis d'enfreindre *sous peine d'absurdité et même*

en effet que dans la confession publique qu'on voulut le forcer à faire sur un échafaud, « confession
» qui, dans les mœurs du temps, dit un apologiste
» déjà cité, *devoit surtout le révolter* (1). »

Cependant ce même apologiste et tous les autres avec lui, demeurent accablés sous le poids de tant de témoignages qu'ils ne songent ni à infirmer ni à détruire. Ils en confessent toute la force. Ils conviennent « que l'uniformité des aveux sur les
» faits principaux, leur donne une force réelle,
» une consistance par laquelle on *est ébranlé*
» *malgré soi;* que d'ailleurs plusieurs de ces aveux
» ne paroissent ni *forcés* ni *captés;* que d'autres
» sont chargés de détails qu'il est *impossible* qu'on
» ait *tous inventés* ou *suggérés* aux déposants;
» que telle circonstance répand sur ce qui la suit
» ou la précède une couleur de sincérité *tout à*
» *fait persuasive;* enfin que si l'ensemble des
» actes du procès laisse une impression générale,
» ce n'est sûrement pas celle de la *fausseté abso-*
» *lue* des accusations et des aveux (2). »

Que leur reste-t-il donc pour défendre encore les Templiers ? Nous allons le dire et l'on aura peine à le croire : quelques-uns, et ce sont les

---

de ridicule; et M. R.... en plaidant ainsi la cause des héros qu'il a rendus si dramatiques, a prouvé plus fortement que nous-mêmes ne pourrions le faire, combien cette cause étoit désespérée.

(1) Mémoires historiques sur les Templiers, etc., p. 169.
(2) *Ibid.*, p. 228.

érudits allemands, s'emparant de quelques dépositions assez vagues et les commentant à leur manière, ont essayé de donner une explication favorable des cérémonies impies qui se pratiquoient dans les réceptions. Sur le renoncement à Jésus-Christ ils ont dit sérieusement que c'étoit une sorte d'emblème du renoncement de saint Pierre, un acte symbolique par lequel on avertissoit le récipiendaire que la guerre qu'il alloit faire continuellement aux Sarrasins pouvoit l'exposer à une tentation toute semblable; et que, si jamais il tomboit entre leurs mains, il eût à se préserver d'un semblable égarement; puis que c'étoit *peut-être* une épreuve de *fermeté*; *peut-être* seulement une épreuve d'*obéissance*; *peut-être* enfin l'acte d'une religion *plus épurée* qui rejetoit *le culte des images*; et bientôt, par une contradiction grossière qu'ils ne semblent pas même avoir aperçue, ils supposent et ont de fortes raisons de croire que la tête mystérieuse qu'on faisoit adorer dans cette réception n'étoit autre chose qu'une *châsse de reliques*; *peut-être* un *sphinx*, symbole du silence absolu que l'on devoit garder sur les affaires de l'ordre; *peut-être* une tête *gnostique*; *peut-être* un simple *trophée*. Quant à la sodomie, elle n'étoit point ordonnée dans les statuts de l'ordre qui étoient *publics* et approuvés par le pape : donc elle n'étoit point autorisée dans les réceptions qui étoient *secrètes*, etc. etc. Nous épargnons à nos lecteurs un grand nombre d'autres raisonnements de cette force.

L'apologiste françois a reculé devant toutes ces absurdités germaniques ; et le cynisme philosophique lui fournit d'autres moyens de justifier les Templiers. Pour y parvenir, il passe le plus adroitement qu'il peut sur l'adoration de l'idole, et s'efforce d'établir, contre tous les actes du procès, que ce n'étoit point là un point *essentiel* de l'accusation (1), parce qu'il a très-bien senti, ayant plus d'esprit que les professeurs allemands, combien cette superstition stupide et détestable jetoit d'invraisemblance sur cette religion *épurée* que l'on vouloit trouver dans l'action de *renier* Jésus-Christ et de *cracher* sur la croix. Il s'empare alors de cette dernière idée et la développe avec une sorte de complaisance : « Nous admettons, dit-il (2), » comme un résultat *probable* qu'une partie des » chevaliers du Temple ne suivoit qu'*extérieure-* » *ment* la religion catholique, et qu'elle s'étoit

---

(1) On conserve à Vienne des monuments métalliques, lapidaires et manuscrits qui ne laissent aucun doute sur les pratiques secrètes et les turpitudes infâmes de la secte des Templiers; et parmi ces monuments se trouve, dit-on, une de ces têtes que l'on adoroit dans les réceptions. Il existe à ce sujet des recherches savantes et curieuses dans un ouvrage allemand dont il a été fait des extraits, il y a environ deux ans, dans plusieurs journaux anglois, et en France dans le journal des Débats. Nous avons oublié le nom de son auteur.

(2) Mémoires historiques sur les Templiers, p. 290.

» formé un christianisme *rectifié.* (1) exempt des
» *superstitions du vulgaire*, et qui *peut-être* voi-
» loit *un pur déisme;* mais que, soit la politique,
» soit l'influence des mœurs du siècle, soit même
» *le vice* de son origine, avoient revêtu cette
» religion *philosophique* de pratiques et de for-
» mes qui ne l'*étoient point;* inconvénient *iné-*
» *vitable* en tous temps, parce que tous les es-
» prits ne sont pas également propres à saisir des
» *idées simples* et à s'en contenter (2). Discutant

---

(1) Un christianisme *rectifié* en crachant sur la croix et en re-niant Jésus-Christ!.... O philosophes! quelle langue parlez-vous donc? prétendez-vous la faire entendre aux autres; et vous-mêmes, l'entendez-vous?

(2) Condorcet dit dans son *Esquisse des progrès de l'esprit humain* : « Cette époque (le quatorzième siècle) nous présente de
» *paisibles contempteurs de toutes les superstitions*, à côté des
» réformateurs enthousiastes de leurs abus les plus grossiers ; et
» nous pourrons presque lier l'histoire de ces réclamations *obscures*,
» de ces protestations en faveur *des droits de la raison*, à celle
» des derniers philosophes de l'école d'Alexandrie.
» Nous examinerons si, dans un temps où le prosélytisme phi-
» losophique eût été *si dangereux*, il ne se forma point des *so-*
» *ciétés secrètes* destinées à perpétuer, à répandre sourdement et
» *sans danger*, parmi quelques adeptes, un petit nombre de
» *vérités simples*, comme de sûrs préservatifs contre les préjugés
» dominateurs.
» Nous chercherons si l'on ne doit pas *placer au nombre de ces*
» *sociétés* cet ordre célèbre, contre lequel les papes et les rois
» conspirèrent avec tant de *bassesse*, et qu'ils détruisirent avec
» tant de *barbarie.* »

Voilà donc encore un apologiste des Templiers qui, jugeant un siècle avec les idées d'un autre, se range aussi de notre côté, et les *justifie* comme nous les aurions *accusés*.

ensuite gravement et savamment l'article de la sodomie et de l'autorisation qu'elle avoit reçue dans l'ordre, il en donne des raisons *justificatives* qu'on nous permettra sans doute de passer sous silence, et qu'il termine par ces paroles *philosophiques* plus étranges que tout ce que nous avons cité jusqu'à présent : « De telles pratiques semblent
» avoir pour but de forcer le néophyte à une *abné-*
» *gation de soi-même* qui le livre et le soumet
» tout entier à ceux qui osent la lui imposer. Une
» fois qu'il a subi ces humiliantes épreuves, il
» faut qu'il obéisse en tout aveuglément; *avec le*
» *sentiment moral s'éteint le sentiment de la*
» *personnalité.* En prostituant son corps, il a
» dévoué sa volonté même. Ses corrupteurs sont
» devenus ses maîtres. C'est là sans doute le pire
» des expédients de la tyrannie : et pourtant, ose-
» rai-je le dire? ce n'est qu'une application plus
» perverse du *même principe* qui a dicté *beaucoup*
» *d'observances monacales*, très-*opposées dans*
» *leurs effets*. Ce n'est *peut-être* qu'une *consé-*
» *quence* du système de ces religions qui n'ont
» affermi leur empire qu'*en opprimant* la raison
» humaine sous *l'incompréhensibilité des dog-*
» *mes* (1). » C'est ainsi que, dans leur criminelle et coupable indifférence, ces sophistes sans pudeur confondent ensemble les austérités qui font les

---

(1) *Mémoires historiques sur les Templiers*, page 308.

saints et les abominations qui font les monstres et les scélérats, avouant toutefois et avec un sang-froid qui révolte peut-être encore davantage, que ces pratiques diverses ont des suites à la vérité *différentes*, et des effets qu'on doit reconnoître comme *très-opposés*.

Avons-nous donc maintenant à répondre à des avocats qui ont ainsi plaidé pour nous ? Nous jetant mal à propos dans des incidents étrangers au procès, perdrons-nous du temps à prouver contre eux que renier Jésus-Christ et cracher sur la croix sont pour des chrétiens et des religieux d'exécrables impiétés et des crimes abominables ? Chercherons-nous avec eux et à l'aide d'une érudition puérilement curieuse, quelle étoit la source de l'hérésie des Templiers, si elle étoit grecque ou mahométane, gnostique où manichéenne ? Examinerons-nous encore si l'ambition et la puissance de ces moines en faisoient un objet de crainte et de jalousie pour les rois ; si Philippe-le-Bel étoit un prince avare ; si leurs richesses immenses avoient tenté son avarice, et mille autres questions non moins oiseuses ? Tout ceci pour le moment nous importe fort peu, et nous en finirons avec ces singuliers apologistes par ce peu de paroles : Les Templiers étoient-ils coupables d'hérésie et de tant d'autres abominations dont ils ont été accusés ? Étoient-ils justiciables du tribunal devant lequel ils ont comparu ? Ce tribunal a-t-il procédé dans les formes alors usitées? Est-il résulté de la procédure la conviction qui devoit les faire condamner? La peine qu'ils ont subie étoit-elle celle que les lois alors existantes infligeoient à des crimes de cette espèce? La confiscation des biens étoit-elle une suite légalement établie pour de semblables condamnations? Si vous m'accordez la première de ces propositions (et vous me l'avez accordée), il vous est impossible de me contester les autres : ainsi, bien que les crimes des Templiers soient inouïs, leur procès devient un événement ordinaire ; et si l'on peut s'étonner de quelque chose, c'est qu'on ait pu réussir à en faire tant de bruit, et qu'avec ce bruit on soit parvenu à faire tant de dupes.

Le pape Clément V supprima l'ordre des Templiers dans un consistoire secret tenu le mercredi Saint 22 mars 1312; le 3 avril suivant, cette suppression fut publiée, le concile de Vienne tenant alors sa seconde session ; et ensuite parut la bulle datée du 6 des nones de mai, laquelle déclare que l'abolition de l'ordre n'est point ordonnée par *jugement définitif, mais par sentence provisionnelle et ordonnance apostolique.* Cependant comme elle porte que les biens des Templiers seront *donnés aux Hospitaliers* de Saint-Jean-de-Jésusalem, le parlement rendit un arrêt le mercredi après l'Annonciation (1313), à l'effet de mettre frère Léonard de Tibertis, procureur général de l'ordre *du maître et des frères de l'ordre*

Hospitalier, en possession des biens des Templiers. Philippe-le-Bel ordonna l'exécution de cet arrêt, et les hospitaliers y ont été maintenus jusqu'à l'époque de leur destruction (1).

Ces religieux firent des bâtiments du Temple la maison provinciale du grand-prieuré de France. Cette maison occupoit un vaste terrain enfermé de hautes murailles crénelées, et fortifiées d'espace

---

(1) Ce fait, auquel on ne peut rien opposer, suffiroit seul pour détruire de fond en comble tous ces soupçons odieux élevés contre Philippe-le-Bel par les apologistes, qui sont allés chercher dans l'avarice de ce prince les motifs atroces de la condamnation des Templiers. Nous l'avons déjà dit et nous le répétons : quand même le roi de France se seroit emparé de ce que possédoit cet ordre dans son royaume, il n'eût fait qu'user du droit de souverain, lequel adjugeoit au profit du seigneur la confiscation des biens des coupables ; cependant il renonça à ce droit, et l'on ne peut assez s'étonner de l'aveuglement de ceux qui, pour l'insulter et le calomnier, ont justement choisi une circonstance dans laquelle, sortant en quelque sorte de son caractère, il donne la plus grande preuve de modération et de désintéressement. Quelques-uns de ces apologistes, moins absurdes que les autres, et que cet abandon des biens-fonds embarrassoit, ont essayé de soutenir l'accusation contre le roi en supputant curieusement la valeur des biens mobiliers, qu'ils ont fait monter à des sommes immenses, supérieures même à la valeur des autres biens, et cela au gré de leur imagination. Ce sont là sans doute de misérables subtilités, et nous ne perdrons point encore notre temps à les combattre. La vérité est que les Hospitaliers abandonnèrent à Philippe-le-Bel quelques sommes qui appartenoient aux Templiers, et qui lui furent payées en vertu d'une transaction passée en 1315 (Trésor des chartes; — Dupuy, p. 184); mais ce fut pour l'indemniser des frais considérables que ce procès avoit occasionnés, et qu'il n'étoit pas juste qu'on lui fît supporter.

en espace par des tours, lesquelles ont été abattues en partie dans le siècle dernier.

Dans la vaste enceinte qui formoit l'enclos, il y avoit plusieurs corps de bâtiments accompagnés de cours et jardins : le plus considérable étoit le palais du grand-prieur, dont l'entrée est dans la rue du Temple; il avoit été construit vers l'an 1566 par Jacques de Souvré, grand-prieur, sur les dessins de De Lisle. Le chevalier d'Orléans, ayant été depuis revêtu de cette dignité, fit faire à ce palais de grandes réparations en 1720 et 1721, par Oppenord, premier architecte du duc d'Orléans, régent.

La façade, d'une architecture assez médiocre, est décorée d'un ordre dorique à colonnes isolées, surmontées d'un attique avec fronton. La cour, très-spacieuse, étoit entourée d'un péristyle à colonnes couplées, que l'on détruisit lors des dernières réparations, parce qu'il tomboit en ruine; on y substitua des tilleuls plantés en palissade, qui furent loin de remplacer la magnificence de l'ancienne décoration. Le prince de Conti, mort grand-prieur en 1776, ajouta encore à ce palais divers bâtiments (1).

Les tours du Temple formoient aussi un édifice assez considérable : il étoit composé d'une tour carrée, flanquée de quatre autres tours rondes,

---

(1) *Voyez* pl. 116.

et accompagnées, du côté du nord, d'un massif surmonté de deux autres tourelles beaucoup plus basses. La hauteur de la grande tour étoit au moins de cent cinquante pieds, non compris le comble. Dans l'intérieur des créneaux on avoit pratiqué une galerie d'où l'on jouissoit d'une vue fort étendue. Ce bâtiment renfermoit quatre étages, à chacun desquels on trouvoit une pièce de trente pieds carrés et trois autres petites pièces pratiquées dans trois des petites tours. La quatrième renfermoit un très-bel escalier qui conduisoit à ces différents appartements, ainsi qu'aux deux tourelles. Les murs de la grosse tour avoient, dans leur moyenne proportion, neuf pieds d'épaisseur, et tout l'édifice étoit en pierres de taille. Cette tour, qui avoit été bâtie en 1306 par un commandeur de l'ordre des Templiers nommé *Jean le Turc* (1), servit, en plusieurs occasions, de prison d'état (2) et de magasin d'armes.

Il y avoit dans le Temple trois sortes d'habitants : plusieurs grands dignitaires et officiers de l'ordre y avoient leur demeure habituelle ; et quelques personnes de qualité y possédoient aussi des hôtels (3).

---

(1) Il fut condamné à être brûlé, comme étant particulièrement accusé d'hérésie.

(2) *Voy.* pl. 115. Elles seront fameuses jusque dans la dernière postérité, par la captivité de l'infortuné Louis XVI et de sa famille.

(3) Tout le monde sait que l'abbé de Chaulieu alla demeurer

La deuxième classe étoit composée des artisans que la franchise du lieu y avoit attirés.

La troisième comprenoit ceux qui s'y étoient réfugiés pour éviter les poursuites de leurs créanciers, dont ils ne pouvoient être atteints dans cet enclos privilégié (1).

La totalité de la population du Temple s'élevoit, en 1789, à trois ou quatre mille habitants.

L'église, d'architecture gothique assez jolie, fut bâtie, suivant la tradition, sur le modèle de Saint-Jean de Jérusalem. L'abbé Lebeuf, qui

---

au Temple, lorsque Philippe de Vendôme, avec qui il étoit lié d'amitié, en eut été nommé grand-prieur. Il y étoit visité par ses amis La Fare, Chapelle, etc., et par tous les beaux esprits du temps. Telle fut l'origine de ces réunions fameuses, connues sous le nom de *soupers du Temple*, auxquelles le prieur de Vendôme assistoit habituellement. Jean-Baptiste Rousseau s'y rendoit aussi très-souvent. On connoît son épître à Chaulieu, dans laquelle il dit :

> Par tes vertus, par ton exemple,
> Ce que j'ai de vertu fut trop bien cimenté,
> Cher abbé, dans la pureté
> Des innocents banquets du Temple.

Lorsque Jean-Jacques Rousseau revint de Suisse en 1770, il demeura aussi quelque temps au Temple, sous la protection du prince de Conti. Beaucoup de princes en Europe protégeoient alors les rhéteurs et les prétendus philosophes qui machinoient leur ruine, et ces princes vivoient familièrement avec eux.

(1) Les titres sur lesquels étoient fondés ces priviléges n'étoient peut-être pas d'une authenticité bien établie ; cependant nos rois y avoient consenti tacitement, d'autant mieux que les grands-prieurs n'en abusèrent jamais, et que tout réfugié réclamé par un ordre du prince étoit livré sur-le-champ.

l'avoit visitée, remarque, comme une singularité dans sa construction, une rotonde qui se trouvoit à l'entrée, et qui formoit la nef; elle consistoit en six gros piliers disposés en cercle, qui soutenoient la voûte; et il présume que primitivement cette voûte étoit surmontée d'un dôme (1).

Cet ouvrage, ainsi que quelques vitraux du fond de l'église, paroissoient être du treizième siècle. On y remarquoit les galeries du cloître, à peu près du même temps, et un grand vestibule dans le goût du quatorzième siècle.

Le chœur de cette église étoit assez vaste. On avoit placé l'autel, disposé dans la forme d'un tombeau antique, au milieu d'une balustrade de fer poli, d'une belle exécution.

L'église du Temple étoit dédiée à la Vierge, sous le titre de Sainte-Marie du Temple. Cependant, comme saint Jean-Baptiste étoit le patron de l'ordre, on y célébroit solennellement sa fête, et l'abbé Lebeuf voit en lui le second patron de cette paroisse. Le jour de Saint-Simon et Saint-Jude, anniversaire de la dédicace, il se tenoit au Temple une foire qui attiroit un grand concours de monde (2).

On donnoit à cette paroisse le titre de conventuelle. Elle étoit desservie par ses religieux appar-

---

(1) *Voyez* pl. 117.

(2) Il y avoit quatre confréries dans cette église : celle du

tenans à l'ordre, ou qui y étoient agrégés pour cet office. Ils composoient un chapitre qui avoit ses biens particuliers. L'un d'eux avoit le titre de prieur, et exerçoit les fonctions curiales, mais seulement dans l'enceinte du Temple.

Comme le Temple étoit la maison principale du grand-prieuré de France, tous les chevaliers de l'ordre qui mouroient à Paris ou plus près de cette ville que d'aucune autre commanderie, étoient enterrés dans cette église (1).

CURIOSITÉS DE L'ÉGLISE DU TEMPLE.

TABLEAUX.

Dans le chœur, une Nativité, par *Suvée*.

Dans la chapelle de Saint-Pantaléon, un tableau très-ancien représentant plusieurs miracles de ce saint.

Dans la chapelle de la Vierge, des vitraux attribués à *Albert Durer*, représentant diverses circonstances de la vie de Jésus-Christ.

Dans la chapelle de Saint-Jean, des vitraux, par le même, représentant Jésus-Christ couronné d'épines (*).

Saint-Sacrement, celle de Notre-Dame-de-Lorette, la confrérie de Sainte-Anne, établie par les menuisiers en 1683, et celle de Saint-Claude, par les marchands de pain d'épice.

(1) Le droit que l'église du Temple avoit d'inhumer tous les chevaliers de l'ordre de Saint-Jean qui mouroient dans l'étendue de sa juridiction, étoit fondé sur un usage fort ancien. En 1687, Charles Lefebvre d'Ormesson, chevalier, étant mort, et sa famille désirant qu'il fût enterré avec ses ancêtres à Saint-Nicolas-des-Champs, elle fut obligée de demander une permission au chapitre de l'église du Temple, qui l'accorda, *Sans tirer à conséquence pour l'avenir;* ce qui fut mentionné sur les registres.

(*) Ces vitraux, qui doivent être mis au nombre des plus beaux qu'il y eût

TOMBEAUX.

Dans le chœur s'élevoit un mausolée de marbre noir et blanc, sur lequel étoit la statue d'*Amador de la Porte*, grand-prieur de France, mort en 1640. Ce monument avoit été exécuté par *Michel Bourdin* (*).

François de Lorraine, grand-prieur de France, et frère de la reine, épouse de Henri III, roi de France, mort en 1562, étoit inhumé dans la chapelle de la Vierge.

Dans la chapelle du Saint-Nom de Jésus, ou de Saint-Jean, étoit le cénotaphe de *Philippe de Villiers de l'Isle-Adam* (**), grand-maître de l'ordre de Saint-Jean-de-Jérusalem, mort à Malte en 1534.

C'est dans cette chapelle que l'on enterroit tous les chevaliers de l'ordre qui mouroient à Paris et dans l'étendue du grand-prieuré.

Le bailli de Suffren, chef d'escadre, et vice-amiral de France, y fut inhumé en 1788.

On y voyoit encore les tombeaux et les épitaphes de François Faucon, chevalier, commandeur de Villedieu, mort en 1626; de Bertrand de Cluys et Pierre de Cluys son neveu, tous les deux grands-prieurs, et dont le dernier avoit fait bâtir la chapelle de Saint-Pantaléon. Leur tombeau, engagé sous une arcade dans cette même chapelle, offroit leurs deux statues à genoux, et placées l'une derrière l'autre (***).

---

dans les églises de Paris, se voyoient, pendant la révolution, au Musée des Petits-Augustins.

(*) Il étoit aussi déposé au Musée des Petits-Augustins : c'est un ouvrage médiocre.

(**) Ce cénotaphe, que l'on avoit déposé dans le même musée, représente ce chevalier à genoux devant un prie-dieu; auprès de lui sont déposés son casque et ses brassards. L'exécution totale en est médiocre; mais il y a de la naïveté dans la pose de la figure.

(***) La tour du Temple, l'église et une partie des bâtiments ont été détruites; l'hôtel du grand-prieur, qui subsiste encore, est occupé par les religieuses de *l'Adoration perpétuelle du Saint-Sacrement,* dont le couvent étoit établi, avant la révolution, rue Cassette. Elles ont pour supérieure madame Louise de Bourbon, fille de l'illustre et à jamais vénérable prince de Condé.

LES RELIGIEUSES
DE SAINTE-ÉLISABETH.

Ce couvent, situé vis-à-vis du Temple, et habité par des religieuses du Tiers-Ordre-de-Saint-François, doit son établissement ou plutôt son institution au père Vincent Mussart, qui rétablit en France l'entière discipline de cet ordre. Sa réforme fut d'abord adoptée par madame Marguerite Borrei et par Odille de Réci sa fille, qui avoient fondé, en 1604, un monastère du Tiers-Ordre au bourg de Verceil, près Besançon; et l'exemple de ces saintes femmes l'eut bientôt répandue partout. Ces dames, ayant transféré en 1608 leur couvent à Salins, le mirent, lorsqu'elle embrassèrent la réforme, sous le nom de Sainte-Elisabeth de Hongrie, laquelle fut en conséquence adoptée pour patronne par toutes les religieuses du Tiers-Ordre. Plusieurs, et entre autres le père Hélyot, ont avancé que cette princesse, mise au rang des saints à cause de ses vertus, étoit aussi religieuse du Tiers-Ordre, et qu'elle est la *première tertiaire qui ait fait des vœux solennels;*

mais les preuves qu'ils en apportent ne semblent pas décisives (1).

La réforme du père Mussart trouva des prosélytes à Paris. Sa belle-mère et sa sœur l'embrassèrent, et dix autres personnes suivirent leur exemple. Dès l'an 1613, on trouve plusieurs contrats de donations faites en faveur de cette institution nouvelle (2), ce qui détermina Louis XIII à l'approuver par des lettres-patentes données en 1614, et enregistrées l'année suivante, d'après le consentement accordé par l'évêque de Paris.

Cependant le père Mussart, ayant acheté une maison rue Neuve-Saint-Laurent, fit venir de Salins la mère Marguerite Borrei, et la mit à la tête de cette communauté naissante. Des douze novices que le roi avoit permis de recevoir, il n'y en eut que neuf qui persévérèrent, et qui furent admises à prononcer leurs vœux le 30 mai 1617.

Dans la suite ces religieuses ayant fait quelques acquisitions dans la même rue, vis-à-vis la maison des PP. de Nazareth, qui étoient du même ordre, elles y élevèrent un monastère et une

---

(1) Hist. des ord. mon., t. VII, p. 287.
(2) Hist. de Par., t. II, p. 1253, et t. V, p. 50. Quoique ces religieuses fissent profession du Tiers-Ordre-de-Saint-François, on croit néanmoins qu'elles possédoient des biens-fonds dont elles recevoient les revenus, comme semblent le prouver les donations qu'elles acceptèrent, et les acquisitions qu'elles firent de plusieurs maisons aux environs de leur monastère.

église, dont Marie de Médicis posa la première pierre en 1628, et qui furent achevés en 1630.

L'église fut dédiée, le 14 juillet 1646, sous le titre et invocation de *Notre-Dame de Pitié et de sainte Elisabeth de Hongrie*, par Jean-François-Paul de Gondi, alors coadjuteur de l'évêque de Paris.

Le portail, d'une forme pyramidale assez élégante, est décoré de deux ordres d'architecture en pilastres doriques et ioniques. L'église, qui vient d'être rendue au culte, présente intérieurement une ordonnance dorique (1).

CURIOSITÉS.

Le tableau du maître-autel représentoit Jésus-Christ sur la croix, la Vierge et saint Jean à ses pieds, par un peintre inconnu.

Près du sanctuaire, on lisoit l'épitaphe de M. Babinot, l'un des bienfaiteurs de cette maison. Au-dessus étoit un Christ en marbre.

LES PÈRES DE NAZARETH.

Nous parlerons de l'origine de ces religieux à l'article *Picpus* (quartier Saint-Antoine).

---

(1) *Voyez* pl. 117.

Dès l'année 1613, ils avoient, rue Neuve-Saint-Laurent, un hospice dont ils prêtoient une partie aux Filles de Sainte-Elisabeth, qui étoient sous leur direction. Ces religieuses y restèrent jusqu'en 1630, époque à laquelle elles prirent possession du monastère qu'elles venoient de faire bâtir dans le voisinage. Les pères de Nazareth saisirent cette occasion de se procurer un établissement permanent dans le lieu même qu'elles venoient de quitter. Les bâtiments y étoient disposés d'une façon convenable pour une communauté; et la direction de ces religieuses leur ayant été confiée, il étoit nécessaire qu'ils fussent à portée d'en remplir facilement les fonctions (1). M. le chancelier Séguier contribua puissamment, par ses libéralités, au succès de leur établissement, dont il mérita d'être regardé comme le principal fondateur. Toutefois

---

(1) Ces rapports qu'ils avoient avec les Filles de Sainte-Élisabeth, ont fait dire à l'abbé Lebeuf et à plusieurs historiens que cet établissement fut fait en 1630. Il paroit certain néanmoins qu'il ne fut légalement autorisé que quelques années après, car ce n'est qu'en 1642 que leur fut accordé le consentement de l'archevêque de Paris *pour l'établissement dudit couvent, et pour la demeure et les fonctions desdits religieux en icelui.* (Reg. du secrétariat.)

Les contrats pour la fondation sont du 19 novembre 1645 et dernier décembre 1649, et les lettres-patentes confirmatives de la fondation, du mois de janvier 1650. Ces religieux obtinrent des lettres de surannation en 1656, en vertu desquelles les précédentes furent enregistrées le 8 février suivant.

ces pères manquoient de fonds pour achever leur église, lorsqu'en 1732 une personne inconnue jeta dans leur tronc une somme de 5000 liv., qui fut employée à cet usage. L'église et le couvent furent bénits sous le titre de Notre-Dame de Nazareth.

CURIOSITÉS DE L'ÉGLISE DE NAZARETH.

Dans l'enfoncement de l'aile droite du chœur, une Annonciation, par *Le Brun*.

Dans la deuxième chapelle à gauche, Marthe et Marie, par *Jouvenet*.

SÉPULTURES.

Le cœur du chancelier Séguier étoit déposé dans le caveau d'une chapelle destinée à la sépulture de sa famille.

On remarquoit que dans cette chapelle et dans tout le reste de l'église il n'y avoit point d'épitaphes (*).

LES FILLES DU SAUVEUR.

CETTE communauté avoit été formée sur le modèle de celle du Bon-Pasteur, par les soins d'un pieux ecclésiastique nommé Raveau, en faveur

---

(*) Ce couvent a été transformé, depuis la révolution, en maisons particulières.

des personnes du sexe qui, après s'être plongées dans les désordres du monde, avoient pris la résolution de faire pénitence de leurs égarements. Madame Des Bordes et plusieurs autres personnes charitables à qui il avoit communiqué son projet se réunirent pour ouvrir un asile à ces infortunées. On les plaça d'abord, en 1701, rue du Temple; mais la maison qu'on leur avoit accordée n'étant ni assez grande ni assez commode, on leur en acheta une autre en 1704, dans la rue de Vendôme; elles y élevèrent une chapelle qui fut dédiée sous le titre *du Sauveur,* titre qu'elles adoptèrent aussi pour leur communauté.

Cet utile établissement fut autorisé par lettres-patentes du mois d'août 1727, enregistrées en 1731 (1).

---

(1) L'église, qui existe encore, a été changée en boutiques; les bâtiments sont occupés par des particuliers.

SPECTACLES DES BOULEVARTS.

Grands danseurs de Nicolet.

Ce théâtre, situé dans la partie du boulevart qui est au midi de la rue du Faubourg-du-Temple, n'étoit autre chose dans son origine qu'un de ces spectacles ambulants qui se promenoient alternativement de la foire Saint-Germain à celle de Saint-Laurent. Après avoir subi dans ces deux foires une foule de révolutions dont nous aurons occasion de parler par la suite, son dernier directeur, le sieur Nicolet, obtint, il y a environ cinquante ans, la permission de s'établir sur ce boulevart, auquel la ville venoit de faire des embellissements. Aux exercices de ses danseurs de corde, Nicolet joignit la représentation de pantomimes à grand spectacle, et de petites pièces badines qui piquèrent la curiosité des Parisiens, toujours amoureux de la nouveauté. Il y fit assez rapidement sa fortune; et l'existence, jusque là précaire de son théâtre fut enfin consolidée (1).

---

(1) Ce théâtre s'est maintenu, pendant la révolution, sous le nom de Théâtre de la Gaieté.

Ambigu-Comique.

Ce spectacle commença en 1768, par des marionnettes connues alors sous la dénomination de *comédiens de bois*. Le début s'en fit aux foires Saint-Germain et Saint-Laurent.

Cette nouveauté eut d'abord quelque succès, mais on ne tarda pas à s'en lasser. Le sieur Audinot, entrepreneur de ce spectacle, obtint alors la permission de substituer des enfants à ses marionnettes, et parvint, à force d'exercices et de soins, à leur faire jouer agréablement de petites pièces composées exprès pour eux, ce qui ramena à son théâtre la foule qui l'avoit déjà abandonné.

Établi sur le boulevart en même temps que les grands danseurs, le sieur Audinot se vit dans la nécessité d'augmenter les ressources de son spectacle, pour pouvoir rivaliser avec ce théâtre et avec celui des Variétés, également établi en 1775 dans son voisinage. Il joignit donc des représentations de pantomimes aux petites comédies qui formoient le fond de son répertoire, et cette innovation lui permit de soutenir la concurrence avec ses rivaux (1).

---

(1) Ce théâtre existe encore sous la même dénomination; et si l'on en excepte les enfants, auxquels on a substitué des acteurs ordinaires, le genre de son spectacle n'a point été changé.

Théâtre des Variétés-Amusantes.

Ce théâtre, qui avoit pris également naissance dans les foires, fut transporté en 1775 sur les boulevarts, sous la direction du sieur De l'Ecluse. On y jouoit de petites pièces de la nature des proverbes, dont le succès étoit principalement dû au jeu de quelques acteurs qui devinrent très-fameux, et que tout Paris voulut voir. Leur prospérité dans cette nouvelle demeure ne les empêchoit point de se transporter aux foires dès qu'elles étoient ouvertes, et d'y donner des représentations pendant toute leur durée.

Cet état de choses se maintint jusqu'en 1784, qu'on fit entrer dans le plan des nouveaux bâtiments qui devoient être élevés autour du Palais-Royal la construction de plusieurs salles de comédie. Avant même que ces bâtiments eussent été construits, on s'étoit empressé d'y bâtir un théâtre provisoire, sur lequel les acteurs des Variétés-Amusantes avoient été transférés. Il y jouèrent toutes sortes de pièces, excepté la tragédie et la comédie à ariettes, en attendant qu'on eût achevé pour eux la vaste salle qu'occupe maintenant la comédie françoise, alors au faubourg Saint-Germain. Ils continuèrent leurs représentations sur ce nouveau théâtre jusqu'à l'époque de la révolution (1).

---

(1) *Voyez* t. I., 2ᵉ partie, p. 887; et t. II, 1ʳᵉ partie, p. 293.

Il n'est point, pour les dernières classes de la société, de ferment de corruption plus actif que ces petits théâtres, où l'on ne représente que des mélodrames absurdes ou de petites comédies du genre le plus bas, et qui sont presque toujours très-licencieuses. La littérature des anciens *mystères* n'étoit pas au-dessous de la plupart de ces pièces de boulevart; et ce spectacle, si goûté de nos aïeux, étoit à la vérité grossier et ridicule, mais du moins sans danger.

HÔTELS.

HOTELS EXISTANTS EN 1789.

Hôtel de Cambis (rue d'Orléans).

Suivant Jaillot et Sauval, cet hôtel avoit appartenu dans l'origine aux ducs de Retz. Depuis il passa successivement à la famille de Sourdis, et à celle dont il portoit le nom au commencement de la révolution.

Hôtel Le Camus (rue de Thorigni).

Cet édifice, qui méritoit d'être remarqué, est situé au coin de la rue Couture-Sainte-Catherine.

Il fut bâti en 1656 par le sieur Aubert de Fontenai, sur une partie de la culture Saint-Gervais, qu'il avoit acquise dans cette intention; et comme ce particulier étoit intéressé dans les gabelles, le peuple donna à sa nouvelle habitation le nom d'hôtel *Salé*, nom que cette maison a porté long-temps, et sous lequel elle étoit encore connue au commencement de la révolution.

Hôtel d'Ecquevilly (rue Saint-Louis).

Cet hôtel avoit été bâti par Claude de Guénégaud, trésorier de l'Épargne. Il passa depuis au chancelier Boucherat, et enfin à la famille d'Ecquevilly. L'hôtel du chancelier Voisin étoit situé dans la même rue, entre celles de Saint-Claude et du Pont-aux-Choux.

Hôtel de Harlai (rue de Harlai).

Cet hôtel fut bâti au commencement du siècle dernier par M. de Harlai, sur un terrain qui s'étendoit entre le jardin de l'hôtel Boucherat et la rue Saint-Claude. Il a continué d'appartenir à sa famille jusqu'à la révolution, et sa construction donna naissance à la rue de Harlai, comme nous le dirons ci-après.

Hôtel de l'Hôpital (rue du Temple).

Cet hôtel faisoit l'angle de cette rue et de celle

de Vendôme, et ses jardins se prolongeoient sur le boulevart. Il existe encore, mais il a subi de grands changements depuis la révolution Ses constructions ont été augmentées d'une aile au coin du boulevart, et son jardin est devenu un lieu public où l'on donne des fêtes, des feux d'artifice, etc. (1)

AUTRES HOTELS

LES PLUS REMARQUABLES DE CE QUARTIER.

Hôtel de l'intendant de Paris, rue de Vendôme;
—— de Foulon, boulevart du Temple;
—— de la Michodière, rue du Grand-Chantier.

Bailliage du Temple.

Ce bailliage tenoit son siége dans l'enclos du Temple, et connoissoit de toutes les causes civiles et criminelles dans l'étendue de son ressort. Les appels se relevoient au parlement.

Société royale d'Agriculture.

Cette société, établie par arrêt du conseil du 1er mars 1761, tenoit ses assemblées, tous les jeudis, à l'hôtel de l'Intendance, rue de Vendôme.

---

(1) Il a porté successivement les noms de *Jardin de Paphos* et de *Jardin des Princes.*

Elle s'occupoit de tous les objets relatifs à l'agriculture ; sa principale destination étoit de faire connoître, dans la généralité de Paris, les différentes pratiques d'économie rurale mises en usage dans les diverses provinces du royaume et chez l'étranger. Cette société étoit divisée en trois classes : 1° les membres du bureau, au nombre de vingt ; 2° les associés, au nombre de quarante ; 3° cent correspondants.

École des Ponts et Chaussées.

Elle étoit située à l'extrémité de la rue de la Perle, dans la maison occupée par M. Perronnet, directeur du bureau des plans, l'un des plus habiles ingénieurs-architectes dont la France puisse se glorifier. Personne n'ignore quelle étoit la célébrité de cette école, d'où il est sorti tant d'ingénieurs distingués, et qui a été la source de tant de projets utiles et magnifiques, dont l'exécution avoit rendu ce beau royaume un objet d'admiration et d'envie pour tous les peuples de l'Europe.

FONTAINES.

Fontaine Boucherat, ou de l'Egout du Marais.

Cette fontaine, qui donne de l'eau de la Seine, fut construite au coin de la rue Charlot en 1697.

Fontaine du Calvaire du Temple.

Cette fontaine, construite en forme de piédestal, et ornée de deux tritons en sculpture, offroit l'inscription suivante, composée par Santeuil :

Felix sorte tuá Naïas amabilis,
Dignum quo flueres nacta situm loci;
Cui tot splendida tecta
Fluctu lambere contigit.
Te Triton geminus personat æmulá
Conchâ, te celebrat nomine régiam,
Læto non sine cantu,
Portat vasta per æquora.
Cedent, credo equidem, dotibus his tibi
Posthac nobilium numina fontium.
Hâc tu sorte beata
Labi non eris immemor.

Fontaine Saint-Claude.

Cette fontaine, située au coin de la rue du même nom, du côté du Temple, fut construite vers la fin du siècle dernier. On y avoit gravé cette inscription :

Fausta Parisiacam, Lodoico rege, per urbem,
Pax ut fundet opes, fons ita fundit aquas.

Fontaine de l'Échaudé.

Elle est située Vieille rue du Temple, au coin de celle de Poitou, fut bâtie en 1671, et donne de l'eau de l'aquéduc de Belleville.

Fontaine de Vendôme.

Cette fontaine, ainsi nommée parce qu'elle fut construite du temps que le chevalier de Vendôme étoit grand-prieur de France, est située à l'extrémité des murs du Temple, du côté du boulevart. On y lisoit les deux vers suivants :

> *Quem cernis fontem Malthæ debetur et urbi;*
> *Hæc præbet undas, præbuit illa locum.*

Fontaine des Vieilles Haudriettes.

Cette fontaine, située au coin de la rue dont elle a pris le nom et de la rue du Chaume, reçoit l'eau de l'aquéduc de Belleville. Elle fut construite sur les dessins de l'architecte Moreau, et ornée d'une figure de naïade en bas-relief, par un sculpteur nommé Mignot. Le tout est d'une grande médiocrité.

BARRIÈRES.

L'espace de l'enceinte qui borne au nord ce quartier en contenoit trois en 1789, savoir :

La barrière de Belleville ;
————— des Trois-Couronnes (*) ;
————— des Moulins (**).

(*) Elle a été supprimée pour les voitures.
(**) Elle avoit pris, pendant la révolution, le nom du fameux cabaretier *Ramponneau*, dont la maison étoit à côté. (Supprimée et murée.)

RUES ET PLACES

DU QUARTIER DU TEMPLE.

Rue Sainte-Anastase. Elle aboutit d'un côté à la rue Saint-Louis, et de l'autre aux rues de Thorigni et de Saint-Gervais. Ce nom lui vient de celui des religieuses hospitalières de Sainte-Anastase, dites depuis de Saint-Gervais. Le sixième plan du commissaire Delamare indique cette rue comme déjà existante en 1594 : c'est une erreur. Un procès-verbal d'alignement, trouvé dans les archives des dames hospitalières dont nous venons de parler, constatoit que ce ne fut qu'en 1620 que la culture de Saint-Gervais commença d'être couverte de maisons. Dans cette pièce, qui est du 4 juillet de cette année, il est dit qu'on a jugé nécessaire de faire sur le terrain de cette culture une rue de vingt pieds de large, pour donner entrée et issue à la ruelle de Thorigni, qui sera appelée rue Saint-Gervais; plus une autre rue de pareille largeur, aboutissant sur l'égout, qu'on appellera *rue Sainte-Anastase.*

Place d'Angoulême. Cette place, située rue des Fossés-du-Temple, et à laquelle vient aboutir la rue d'Angoulême, a été tracée dans cet emplacement depuis 1780.

Rue d'Anjou (1). Elle fait la continuation des rues

---

(1) Henri IV avoit conçu le projet de faire au Marais une place

Pastourelle et de Poitou, entre lesquelles elle se trouve située. Elle a été ainsi nommée dès son origine, c'est-à-dire en 1626, comme on peut le voir sur les plans de ce temps-là. Cependant on la trouve désignée sous le nom de rue de *Vaujour* dans quelques plans postérieurs, notamment dans ceux de Jouvin, de 1676, et de De Fer, en 1692.

Rue de Beaujolois. Elle aboutit d'un côté à la rue de Forez, et de l'autre à celle de Bourgogne. Elle a été ouverte en 1626 (1).

Rue de Beauce. Elle aboutit d'un côté à la rue d'Anjou, et de l'autre à l'extrémité des rues de la Corderie et de Bourgogne. Elle fut également tracée en 1626.

Rue de Berri. Elle fait la continuation de la rue d'Orléans, et aboutit aux rues de Bretagne et de Bourgogne, et à celle d'Angoumois ou Charlot. Son origine est de la même époque que les trois précédentes.

---

magnifique et de la plus vaste étendue, qui auroit été appelée *place de France*. Ce prince en fit tracer le plan en sa présence, l'an 1608. On devoit y entrer par huit rues, larges de dix toises, bordées de bâtiments uniformes, et chacune devoit porter le nom d'une de nos grandes provinces. La mort funeste du roi empêcha l'exécution de ce grand projet. Louis XIII ayant permis depuis de bâtir sur l'emplacement qui avoit été réservé à cet effet, on changea les alignements, et l'on donna aux rues qu'on y perça en 1626 et depuis, les noms de nos provinces et de leurs principales villes. Telle est l'origine des noms d'Anjou, de Bretagne, du Perche, de Limoges, de Périgueux, etc., sous lesquelles sont indiquées diverses rues de ce quartier.

(1) Sauval parle d'une communauté de *Barratines*, sous le titre de saint François de Paule, établie dans cette rue. Nous n'avons pu rien découvrir de cette communauté, détruite sans doute depuis très-long-temps, si elle a jamais existé. La rue de Beaujolois a pris pendant la révolution le nom de *rue des Alpes*.

Rue Blanche. C'est la partie de la rue Saint-Maur ou du chemin de Saint-Denis qui se trouve entre la rue des Trois-Bornes et celle du bas Popincourt. Nous n'avons pu rien découvrir au sujet de cette dénomination (1).

Rue des Trois Bornes. C'est un chemin qui traverse de la rue de la *Folie-Moricourt* dans celle du chemin de Saint-Denis, au coin de la rue Blanche. Elle doit vraisemblement son nom à quelques bornes qui s'y trouvoient, ou à trois maisons isolées qu'on voyoit encore à son extrémité dans le siècle dernier. Ce chemin étoit tracé dès la fin du dix-septième siècle; mais il ne paroît pas qu'on lui ait donné un nom avant 1730 (2).

Rue de Boucherat. C'est la continuation de la rue Saint-Louis jusqu'à celle de Vendôme, à partir de la rue des Filles-du-Calvaire. Le roi, par son arrêt du conseil du 23 novembre 1694, et par celui du 7 août 1696, avoit ordonné que la rue Saint-Louis seroit continuée jusqu'au nouveau cours, et de là en retour jusqu'à la rue du Temple. La ville fut autorisée, l'année suivante, à faire quelques changements à ce plan. La rue qui devoit être continuée jusqu'au rempart sous le nom de rue Neuve-Saint-Louis le fut sous celui de Boucherat, qui étoit le nom du chancelier d'alors, comme il paroît par le procès-verbal d'alignement, du 12 août 1697, et par l'arrêt confirmatif du 12 juillet 1698.

---

(1) Jaillot conjecture qu'elle pourroit venir d'une barrière dormante qu'on avoit posée à l'une de ses extrémités. Il y a eu effectivement plusieurs de ces barrières nommées *Blanches*.

(2) On la nomme aujourd'hui rue *Lorillon*. Robert indique une rue de la *Haute-Borne* : c'est la continuation du chemin de Mesnil-Montant, depuis la rue du Bas-Popincourt. Elle doit ce nom à un lieu dit la *Haute-Borne*, connu par quelques cabarets, dans l'un desquels le fameux *Cartouche* fut arrêté.

Rues de Bourgogne et de Bretagne. Nous réunissons ces deux rues, parce que l'une sert de continuation à l'autre depuis la rue de la Corderie jusqu'à celle de Saint-Louis, et que souvent on les a confondues ensemble. Tantôt les historiens n'en ont fait qu'une sous le nom de Bretagne ou sous celui de Bourgogne, comme on peut le voir sur plusieurs anciens plans ; tantôt on a distingué les rues de Bourgogne et de Bretagne, ce qui a été fait sur des plans plus modernes. Enfin il y en a qui lui donnent les deux noms, quoiqu'ils n'en fassent qu'une rue qu'ils nomment ainsi indistinctement de Bretagne ou de Bourgogne. Cependant il y a lieu de croire que, dans son origine, c'est-à-dire en 1626, on ne la connoissoit que sous le nom de Bretagne, car c'est ainsi qu'elle est indiquée dans le procès-verbal de 1636, et sur les plans antérieurs à celui de Gomboust, qui ne font point mention de la rue de Bourgogne.

Rue des Filles-du-Calvaire. Elle aboutit d'un côté aux rues Saint-Louis et de Boucherat, et de l'autre au boulevart; c'est une continuation de la Vieille rue du Temple. L'ouverture en fut ordonnée par arrêt du conseil, du 7 août 1696. On décida qu'elle seroit appelée rue du Calvaire, à cause du monastère des religieuses de ce nom qui y étoit situé.

Rue du Grand-Chantier. Elle fait la continuation de la rue du Chaume, et aboutit à celle des Enfants-Rouges, au coin des rues Pastourelle et d'Anjou. Nous avons déjà eu occasion de remarquer qu'anciennement elle portoit ce nom *du Chaume* dans toute son étendue, depuis la rue des Blancs-Manteaux. On l'appela ensuite rue *du Chantier du Temple*, à cause de celui qui y étoit situé, et enfin du Grand-Chantier, nom qu'elle a toujours conservé depuis.

Rue Charlot. Elle commence au bout des rues de Bourgogne et de Bretagne, et aboutit au Boulevart. Cette rue fut percée en 1626, et appelée d'*Angoumois*. Elle ne porte pas d'autre nom dans nos anciennes nomenclatures, et sur tous les plans du dix-septième siècle. Mais comme un riche financier, appelé Claude Charlot (1), y fit alors bâtir plusieurs maisons, le peuple lui donna le nom de ce particulier, et ce nom lui est resté; elle aboutissoit alors à la rue Boucherat. En 1694 il fut ordonné qu'elle seroit prolongée jusqu'au boulevart, et dans cette partie elle devoit être nommée rue *Bosc*, à cause de M. Charles Bosc, seigneur d'Ivry, alors prévôt des marchands. La rue a été continuée, mais sous le même nom d'Angoumois ou Charlot.

Rue Saint-Claude. Elle aboutit d'un côté à la rue Saint-Louis, et de l'autre au boulevart. On croit que son nom lui vient d'une statue de saint Claude, placée au coin du cul-de-sac qui se trouve dans cette rue. Elle existoit dès 1644. C'étoit la continuation de la rue ou chemin qu'on a depuis appelé rue Saint-Pierre. Elle a été ouverte en partie sur un terrain appartenant aux Célestins, nommé en 1481 le *clos Margot* (2).

Rue de la Corderie. Elle règne le long des murs de l'enclos du Temple, depuis la rue du Temple jusqu'à celle de Bourgogne. On l'a aussi nommée *Cordière* et des *Corderies*. Ces noms viennent des cordiers qui y travailloient avant que cet emplacement eût été couvert de maisons.

---

(1) Claude Charlot étoit originairement un pauvre paysan du Languedoc qui devint un riche financier, adjudicataire des gabelles et de cinq grosses fermes, et propriétaire d'une terre érigée en duché.

(2) Arch. de Saint-Opport. Il y a dans cette rue un cul-de-sac

Rue du Chemin-Saint-Denis (1). C'est un ancien chemin qui fait la continuation de la rue Saint-Maur jusqu'à la rue Blanche; il a été ainsi appelé parce qu'il conduit aux chemins de Saint-Denis et de Saint-Maur.

Rue de l'Échaudé. Elle traverse de la rue du Temple dans celle de Poitou, et doit son nom à sa situation. Nous avons déjà eu occasion de remarquer qu'on appelle *Echaudé* une île de maisons en forme triangulaire, qui donne sur trois rues.

Rue des Enfants-Rouges. C'est la continuation de la rue du Grand-Chantier, depuis la rue d'Anjou jusqu'à la rue Porte-Foin. Nous avons remarqué ci-dessus qu'on l'appeloit rue du Chantier-du-Temple, parce qu'on ne la distinguoit pas alors de celle qui porte ce nom. Elle reçut son nouveau nom de l'hôpital établi depuis dans la rue Porte-Foin.

Rue des Quatre-Fils. Elle traverse de la rue du Grand-Chantier dans la Vieille rue du Temple. Dans les anciens actes elle est nommée rue de l'*Echelle-du-Temple*, dont elle fait la continuation. Elle se prolongeoit même alors jusqu'à la rue de Thorigni. On la trouve aussi désignée, en 1358, et dans quelques titres du milieu du quinzième siècle (2), sous le nom de rue *des Deux-Portes*. Mais peu de temps après, une enseigne des Quatre Fils-Aimon lui en fit donner le nom, qu'elle a toujours conservé depuis. Aujourd'hui on dit simplement rue des Quatre-Fils.

---

qui porte le même nom, et qui existoit également en 1644. Il y en avoit un second qui conduisoit au jardin du chancelier Boucherat, et qui forme aujourd'hui une partie de la rue de Harlai. (*Voyez* plus bas cette rue.)

(1) Cette rue a pris le nom de celle de Saint-Maur, au bout de laquelle elle est située.

(2) Arch. du Templ. — Sauval, t. I, p. 160.

Rue de la Folie-Moricourt. Elle va de la rue du Faubourg-du-Temple à celle de Mesnil-Montant. C'est un chemin de traverse qu'on trouve nommé sur le plan de Bullet, la *Folie-Marcaut*, et sur d'autres plans, *Moricaut*, *Mauricaute*, et *Mauricourt* ou *Moricourt*, qui est le nom d'un particulier.

Rue des Fontaines-du-Roi. Elle aboutit d'un côté à la rue du Faubourg-du-Temple, et de l'autre à celle du chemin de Saint-Denis. Gomboust l'appelle *Chemin du Mesnil*. Elle doit sans doute son nom à quelques tuyaux de fontaines qui pouvoient y conduire les eaux de Belleville, ou à quelque réservoir qu'on y avoit construit (1).

Rue de Forez. Elle aboutit à la rue Charlot et à celle de Beaujolois. C'est une des rues qui furent tracées en 1626, et désignées sous un nom de province. (Voyez rue d'Anjou.)

Rue Neuve-Saint-François. Elle traverse de la Vieille rue du Temple dans celle de Saint-Louis, et doit le nom qu'elle porte à François Le Févre de Mormans, président des trésoriers de France, qui en donna l'alignement le 4 juillet 1620. Piganiol a été mal informé lorsqu'il a dit qu'elle s'appeloit Saint-François à cause de François Ier, sous le règne duquel elle fut bâtie. On l'a quelquefois confondue avec la rue Françoise, dite aujourd'hui du Roi-Doré.

Rue Saint-Gervais. Elle fait la continuation de la rue de Thorigni, et aboutit à la rue Neuve-Saint-François. Le procès-verbal de 1620, que nous avons déjà cité, porte que, *pour donner entrée et issue à la rue de Thorigni, il sera fait une rue de vingt pieds de large qui*

---

(1) On la nomme aujourd'hui rue *Fontaine.*

sera appelée rue Saint-Gervais. Malgré cela le peuple s'obstina à la nommer *rue des Morins*, comme on peut le voir sur les plans de Gomboust, de Bullet et autres, parce que la culture Saint-Gervais aboutissoit de ce côté au terrain des sieurs Morin, et qu'alors leurs jardins bordoient la rue Saint-Gervais.

Rue Culture-Saint-Gervais. Elle va de la Vieille rue du Temple à la rue Saint-Gervais et à celle de Thorigni. Elle a été percée en même temps que la précédente, et non pas en 1594, comme le dit le commissaire Delamare (1). Cette rue devoit être nommée rue de *l'Hôpital-Saint-Gervais*, et on la trouve désignée sous ce nom dans plusieurs titres des dames de Saint-Gervais jusqu'en 1653. Cependant dès 1636 on l'appeloit rue de *la Culture*, de *la Couture* et *des Coutures-Saint-Gervais*. Elle doit ce nom, ainsi que la précédente, au terrain de l'hôpital Saint-Gervais, sur lequel elle a été ouverte. Ce terrain ou culture s'étoit formé de différentes acquisitions, qui faisoient partie du clos Saint-Ladre et de la Courtille-Barbette.

Rues Saint-Gilles et *Neuve-Saint-Gilles.* Elles sont aussi connues sous le nom de *rue Neuve-Saint-Gilles* et *Petite rue Neuve-Saint-Gilles*. La grande commence à la rue Saint-Louis. On l'a prolongée en retour d'équerre pour communiquer au boulevart; et c'est ce retour d'équerre qu'on appelle petite rue Neuve-Saint-Gilles. Valleyre ne les distingue pas l'une de l'autre. La première étoit déjà ouverte en 1644; la seconde ne l'a été qu'à la fin du dix-septième siècle.

Rue du Harlai. Elle aboutit à la rue Sainte-Claude et au boulevart. Nous avons déjà dit que dans la rue Sainte-

---

(1) Trait. de la Pol., t. I, p. 81.

Claude il y avoit autrefois un second cul-de-sac ou ruelle qui conduisoit au jardin de l'hôtel de Boucherat. Ce jardin se prolongeoit jusqu'au boulevart, et il étoit encore en cet état au commencement du dernier siècle ; mais M. de Harlai ayant acheté le terrain qui s'étendoit entre ce jardin et la rue Sainte-Claude, et y ayant fait bâtir un hôtel, alors le cul-de-sac fut prolongé en retour d'équerre le long de cet hôtel jusqu'au boulevart, et prit le nom de rue de Harlai.

Rue des Vieilles-Haudriettes. Elle va de la rue du Temple dans celle du Grand-Chantier, vis-à-vis la rue des Quatre-Fils. Son premier nom étoit *rue Jehan l'Huilier*, qu'elle portoit en 1290 et qu'elle devoit à un particulier. Elle a été ensuite appelée *des Haudriettes* et *des Vieilles-Haudriettes*, à cause de quelques maisons qui y étoient situées, et qui appartenoient aux hospitalières fondées par Etienne Haudri. On lui donna ensuite le nom de *l'Echelle du Temple*, parce que le grand-prieur du Temple en avoit fait élever une à son extrémité (1). On trouve aussi qu'en 1636 on l'appeloit *rue de la Fontaine-Neuve*, à l'occasion de celle que la ville avoit fait construire à l'un des coins de cette rue, et qu'on a rebâtie en 1762. Enfin elle a repris son ancien nom des Vieilles-Haudriettes avant le milieu du dix-septième siècle, et l'a toujours conservé depuis.

---

(1) On voyoit encore en 1789, au coin de cette rue et de la rue du Temple, des fragments de cette échelle. Ces échelles, qui étoient des espèces de piloris, ou carcans, servoient de marque de haute-justice. Pendant la minorité de Louis XIV, de jeunes seigneurs, qu'on appeloit *les petits maîtres*, s'avisèrent de faire brûler l'échelle de la justice du Temple : elle fut rétablie sur-le-champ. L'archevêque de Paris en avoit deux, l'une dans le parvis Notre-Dame et l'autre au port Saint-Landri.

Rue de Limoges. Elle aboutit à celle de Poitou et à celle de Bretagne. C'est une des rues dont l'alignement et le nom furent ordonnés en 1626. (Voyez rue d'Anjou.)

Rue Saint-Louis (1). Elle commence, pour ce quartier, au coin des rues du Parc-Royal et Neuve-Saint-Gilles, et finit au carrefour de la Vieille rue du Temple et des Filles-du Calvaire. C'étoit sur l'emplacement qu'elle occupe que passoit un grand égout découvert, lequel a subsisté ainsi jusqu'au règne de Louis XIII. C'est pourquoi on l'a nommée successivement *rue de l'Egout* et *de l'Egout couvert*, ensuite *rue Neuve-Saint-Louis*, et *Grande rue Saint-Louis*. Cet égout couvert avoit été reconstruit à côté de l'ancien en 1618.

Rue de la Marche. Elle traverse de la rue de Poitou dans celle de Bretagne, et fut tracée comme celle-ci en 1626.

Rue de Mesnil-Montant. On appelle ainsi le chemin qui conduit du boulevart au hameau dont il a pris le nom. L'ancien nom de ce hameau est le *Mesnil-Maudan*. On l'a ensuite altéré en celui de *Mesnil-Mautemps* et *Mal-Temps*, enfin *Mesnil-Montant*. On sait qu'anciennement on appeloit *mesnil* une maison de campagne, *masnilium, mansionile*, et qu'on s'est souvent servi de ce mot pour désigner un hameau ou petit village. Si l'on a corrompu le nom primitif de *Mesnil-Maudan* en l'appelant *Montant*, ce nouveau nom étoit justifié par la position de ce hameau. Le chemin qui y conduisoit du rempart étoit roide et escarpé. La pente en fut adoucie, redressée et alignée en 1732. Deux ans après, le roi donna l'ordre de planter les arbres qui s'élèvent des deux côtés.

---

(1) On l'a nommée, pendant la révolution, *rue de Turenne.*

Rue des Moulins (1). C'est un chemin qui commence à la rue Saint-Maur, ou du chemin de Saint-Denis, et qui conduit aux moulins de la butte de Chaumont, d'où son nom est venu.

Rue de Normandie. Elle aboutit d'un côté à la rue Charlot, et de l'autre au carrefour des Filles-du-Calvaire. Ce n'étoit encore à la fin du dix-septième siècle qu'un chemin qui régnoit depuis ce carrefour jusqu'à l'ancienne porte du Temple. Le terrain entre ce chemin et le boulevart étoit vague. La ville ayant formé le dessein de le couvrir de rues et de maisons, il fut arrêté qu'on y traceroit une rue qui seroit appelée rue de Normandie. Mais elle fut supprimée par arrêt du conseil du 23 novembre 1694. Cette suppression ayant occasionné des plaintes et des représentations de la part des propriétaires des maisons qui avoient leur entrée dans cette rue, le roi y eut égard, et ordonna, par un nouvel arrêt du 7 août 1696, que le dessin formé pour la construction de cette rue seroit exécuté depuis la rue de Périgueux jusqu'à la rencontre de l'aile des murs du Temple. Elle a été prolongée ensuite jusqu'à la rue Saint-Louis, par un autre arrêt du conseil, du 21 février 1701.

Rue des Oiseaux. Elle commence à la rue de Beauce, et, retournant en équerre, elle aboutit à la rue de Bourgogne (2). Le nom de cette rue lui vient d'une

---

(1) On la nomme maintenant *rue Lorillon*.

(2) Il y a dans cet endroit un marché nommé autrefois le *Petit-Marché du Marais*, et que Piganiol dit avoir été établi en 1615 (t. IV, p. 371). Il y a sans doute une erreur dans cette date: car dans les lettres de permission du roi pour l'établissement de ce marché, il est dit qu'il sera construit sur une place contenant deux cent soixante-trois toises ou environ, tenant à la maison de M. Claude Charlot, à la rue de Bretagne et à la grande rue de

enseigne. Elle est aussi indiquée sur quelques plans sous le nom de *la petite rue Charlot*.

Rue d'Orléans. Elle aboutit d'un côté à la rue des Quatre-Fils, et de l'autre au coin des rue d'Anjou et de Poitou. Il y a dans cette rue une ruelle fermée à ses deux extrémités, qui, tournant en équerre, aboutit à la rue d'Anjou. On l'appelle *ruelle de Sourdis*, parce qu'elle règne des deux côtés le long de l'hôtel qui portoit autrefois ce nom.

Rue de l'Oseille. C'est la continuation de la rue de Poitou, depuis la Vieille rue du Temple jusqu'à celle de Saint-Louis. Les anciens plans ne la distinguent pas de l'autre, qui conservoit alors son nom jusqu'au rempart. Jaillot conjecture que les noms d'Oseille et de Pont-aux-Choux, qu'on a donnés à la prolongation de cette rue de Poitou, pouvoient venir des légumes dont étoient couverts les marais potagers sur lesquels elle a été continuée.

Rue du Parc-Royal. Elle aboutit d'un côté à la rue de Thorigni, et de l'autre à la rue Saint-Louis. Elle portoit anciennement le nom de *Thorigni* depuis la Vieille rue du Temple jusqu'à l'égout, ou rue Saint-Louis. Sauval dit (1) qu'on l'a nommée *rue du Petit-Paradis*, à l'occasion d'une enseigne, et *rue des Fusées*, à cause de l'hôtel des Fusées qui en occupoit une partie. Depuis on lui a donné le nom du *Parc-Royal*, parce qu'elle conduisoit au parc de l'hôtel des Tournelles.

Rue Pastourelle. Elle traverse de la rue du Temple dans celle du Grand-Chantier, vis-à-vis la rue d'Anjou.

Berri. Le procès-verbal de 1636 le place dans la rue de Berri; or, cette rue ainsi que celles qui sont contiguës à ce marché n'ont été percées qu'en 1626. On le nomme maintenant le *Marché-Rouge*.

(1) T. I, p. 155.

Suivant Sauval (1), cette rue s'appeloit *Groignet* en 1296, à cause de Guillaume Groignet, mesureur des blés du Temple, et en 1302 *rue Jehan de Saint - Quentin*. Elle ne conserva pas long-temps ce dernier nom; car on trouve dans un terrier de Saint-Martin-des-Champs une maison indiquée en 1328 rue du Temple, à l'opposite de *la Barre de la Pastourelle*; et en 1331, une maison à *Roger Pastourel*. Ainsi, il y a lieu de croire que c'est à ce particulier ou à sa famille que cette rue doit le nom qu'elle porte aujourd'hui.

Rue du Perche. Elle traverse de la rue d'Orléans dans la Vieille rue du Temple; c'est une de celles dont l'alignement fut ordonné en 1626.

Rue de Périgueux. Elle aboutit d'un côté à la rue de Bretagne, et de l'autre à celle de Boucherat. Elle ne s'étendoit d'abord que jusqu'au chemin sur lequel on a bâti la rue de Normandie; mais en 1697 il fut ordonné qu'elle seroit prolongée jusqu'à la rue de Boucherat. Elle devoit porter en cet endroit le nom de *rue Letourneur*, qui étoit celui d'un conseiller de ville, alors échevin; mais on ne se conforma point à cette dernière disposition.

Rue de la Perle. Elle traverse de la Vieille rue du Temple dans celle de Thorigni, dont elle a autrefois porté le nom, ainsi que celui de *l'Échelle-du-Temple*, comme nous l'avons observé ci-dessus. Sauval dit (2) « qu'elle n'avoit point encore de nom en 1759, et que » celui qu'elle porte vient d'un tripot carré qui a passé » long-temps pour le mieux entendu de Paris. » Piganiol, en copiant cet article (3), ajoute que c'était *la perle*

---

(1) T. I, p. 155.
(2) *Ibid.* p. 156.
(3) T. IV, p. 374.

des tripots. Il eût été plus simple et plus vrai de dire que ce nom venoit de l'enseigne de ce jeu de paume.

Rue Saint-Pierre ou *Neuve-Saint-Pierre*. Cette rue, qui aboutit d'un côté à la rue Saint-Gilles, et de l'autre à celle des Douze-Portes, fut ouverte en 1640, et appelée *rue Neuve*, ensuite *rue Neuve-Saint-Pierre* (1). Elle se prolongeoit alors jusqu'à la rue Saint-Claude, et même au-delà. Peu de temps après on la nomma *rue Neuve-des-Minimes* ; nom qu'elle portoit en 1655. Le roi, par ses lettres-patentes du mois d'octobre de cette année, permit à M. de Turenne, à M. de Guénégaud et à quelques autres de supprimer cette rue vis-à-vis de leurs maisons, et de la comprendre dans leurs jardins. Cette concession fut enregistrée au parlement le 26 août 1656. La rue ainsi diminuée reprit son ancien nom de Saint-Pierre, qu'elle tenoit d'une statue de ce saint placée à l'une de ses extrémités.

Rue de Poitou. Elle commence au carrefour des rues d'Orléans, d'Anjou et de Berri, et aboutit à la Vieille rue du Temple. Au milieu du dix-septième siècle elle se prolongeoit jusqu'au rempart, ainsi qu'il paroît par les anciens plans.

Rue du Pont-aux-Choux. Elle fait la continuation de la rue de l'Oseille, depuis la rue Saint-Louis jusqu'au boulevart. Ce n'étoit, dans le principe, qu'un chemin qui conduisoit à des marais où l'on cultivoit des choux et autres légumes. A l'endroit (2) où elle commence étoit un *ponceau* ou petit pont, pour traverser

---

(1) Il y a dans cette rue un cul-de-sac qui porte le même nom, lequel faisoit partie, ainsi que le retour de la petite rue Saint-Gilles, d'un chemin ou ruelle qui conduisoit au rempart.

(2) Il y avoit aussi dans cet endroit une porte qui avoit reçu le

l'égout que la rue Saint-Louis couvre aujourd'hui, et ce pont étoit appelé le pont Saint-Louis, ou le Pont-aux-Choux. Il en est fait mention dans un procès-verbal d'arpentage, du 2 janvier 1624, lequel se trouvoit dans les archives de l'archevêché.

Rue Porte-Foin. Elle va de la rue du Temple dans celle des Enfants-Rouges. Sauval dit (1) qu'en 1282 elle se nommoit la *rue des Poulies*, et *Richard-des-Poulies*; que depuis *Jean Porte-Fin* y ayant élevé un grand logis, le peuple donna son nom à la rue, et que ce nom a été changé depuis en celui de Porte-Foin. Quand on eut établi dans cette rue l'hôpital des Enfants-Rouges, le peuple lui donna aussitôt le nom de rue des *Enfants-Rouges*, et des *Bons-Enfants*, comme on le voit sur quelques plans; mais elle a repris le nom de Porte-Foin, qu'elle portoit long-temps avant l'établissement de cet hôpital (2).

---

nom de *Porte de Saint-Louis*, et sur laquelle on lisoit cette inscription :

Ludovicus Magnus avo divo Ludovico.
Anno R. S. M. DC LXXIV.

Cette inscription a fait croire à Piganiol que cette porte avoit été bâtie en 1674 (t. IV, p. 363). Jaillot prétend que cette date ne se rapporte qu'à sa reconstruction : car il dit avoir trouvé dans un registre des ensaisinements de Saint-Éloi, au 18 septembre 1642, *porte commencée à bâtir au bout de la rue de Poitou;* il ajoute toutefois qu'il est difficile de concilier cette date avec les provisions *de la charge de concierge de la nouvelle porte du Marais du Temple, appelée la porte Saint-Louis*, qui, suivant un mémorial de la chambre des comptes, furent accordées en 1637. Cette porte a été abattue en 1760.

(1) T. I, p. 158.
(2) La rue nouvelle percée sur l'emplacement de cet hôpital se nomme *rue Molay*.

Rue des Douze-Portes. Elle aboutit d'un côté à la rue Saint-Louis, et de l'autre à la rue Saint-Pierre. Son premier nom étoit celui de *Saint-Nicolas.* Sauval dit (1) qu'elle le devoit à M. Nicolas Le Jai, premier président, qui en étoit propriétaire. Elle a pris celui qu'elle porte de douze maisons dont elle étoit composée.

Rue du Roi-Doré. Elle traverse de la rue Saint-Gervais dans celle de Saint-Louis. Cette rue a d'abord été nommée *rue Saint-François* ; elle est ainsi désignée dans le procès-verbal d'alignement du 4 juillet 1620, et dans celui de 1636 elle est nommée *Françoise.* Enfin on lui donna le nom de *rue du Roi-Doré*, à cause d'un buste doré de Louis XIII, qu'on avoit placé à l'une de ses extrémités.

Rue de la Roulette (2). Cette rue n'est connue comme telle que depuis le milieu du dernier siècle. C'est la continuation de la rue du Mesnil-Montant, depuis la rue de la Folie-Moricourt jusqu'à celle du Bas-Popincourt. Son nom est dû à ces anciens bureaux des commis des fermes préposés pour empêcher la fraude. On les appeloit *roulettes*, parce qu'ils étoient montés sur des roulettes pour être plus facilement transportés d'un lieu à un autre.

Rue de Saintonge. Elle va de la rue de Bretagne au rempart. On la continua jusqu'à la rue de Boucherat en 1697. Ensuite on décida de la continuer jusqu'au boulevart, sous le nom de *rue de Montigni*, ce qui ne fut point exécuté.

Vieille rue du Temple (3). La partie de cette rue

---

(1) T. V, p. 158.

(2) Cette rue est nommée maintenant *Mesnil-Montant*, comme celle dont elle fait la continuation.

(3) Ce fut dans cette rue que fut assassiné le duc d'Orléans, frère

qui dépend de ce quartier commence aux coins des rues de la Perle et des Quatre-Fils, et finit au carrefour des Filles-du-Calvaire. On la nommoit autrefois rue de la *Couture*, *Culture*, et *Clôture du Temple*, parce qu'elle aboutissoit à cet édifice ; puis, rue de l'*Égout du Temple* à cause de l'égout qui passoit en cet endroit. Enfin on la trouve désignée sous les noms de rue de *la Porte Barbette*, de *la Poterne Barbette*, rue *Barbette* et *Vieille-Barbette*. Elle devoit ces noms à l'hôtel Barbette, dont il sera parlé au quartier Saint-Antoine.

Rue du Temple. Cette rue qui fait la continuation de la rue Sainte-Avoie, et aboutit au boulevart, doit son nom à la maison des Templiers, à laquelle elle conduisoit. Dès 1235 on l'appeloit *vicus militiæ Templi*, et en 1252 rue de la *Chevalerie du Temple*. (1) Elle a été prolongée jusqu'au boulevart en 1697 (2).

Rue du Faubourg-du-Temple. Le nom de cette rue est dû au Temple, au-delà duquel elle est située. Nous avons déjà dit que, dès avant le règne de Charles IX, il y avait déjà en cet endroit quelques maisons, dont le nombre, s'étant successivement augmenté, a formé ce faubourg. On trouve dans les archives de Saint-Merri

---

de Charles VI, vis-à-vis d'une maison qu'on appeloit alors l'image Notre-Dame, près le couvent des religieuses hospitalières de Saint-Gervais.

(1) Sauval, t. I, p. 163.

(2) Il y a dans la rue du Temple un cul-de-sac appelé *de l'Échiquier*, lequel a pris son nom de l'enseigne d'une maison qui en faisoit le coin. Sauval dit que ce cul-de-sac est un reste d'une rue nommée *du Noyer;* mais, selon Jaillot, cette rue du Noyer étoit placée entre celle de Braque et des Vieilles-Haudriettes. Il cite à l'appui de son opinion des lettres du garde de la prévôté de Paris, du 8 mai 1371, qui déterminent cette situation.

qu'au treizième siècle cet endroit s'appeloit *le clos de Malevart*, et qu'il fut donné à titre d'échange au chapitre en 1175 (1).

Rue des Fossés-du-Temple. Elle conduit du faubourg du Temple au Pont-aux-Choux, le long des fossés dont elle a tiré son nom.

Rue des Marais-du-Temple. Elle traverse de la rue du Faubourg-du-Temple dans celle de la Folie-Moricourt et de Mesnil-Montant. On l'a ainsi appelée à cause des marais potagers dont elle étoit environnée. Auparavant on la nommoit *Merderet*, et des *Trois-Portes*, parce qu'alors elle étoit en forme d'équerre, et fermée aux trois extrémités. (On la nomme maintenant rue du *Haut-Moulin*.)

Rue de Thorigni. Elle aboutit d'un côté à la rue Saint-Gervais, et de l'autre au coin des rues de la Perle et du Parc-Royal. On la nommoit anciennement *rue Neuve-Saint-Gervais*. Elle étoit connue sous le nom de Thorigni dès 1575 (2). Nous avons déjà eu occasion de remarquer qu'elle faisoit un retour d'équerre, et se prolongeoit jusqu'à la rue Saint-Louis. Ce retour s'appelle aujourd'hui *rue du Parc-Royal*.

Rue de Touraine. Elle traverse de la rue du Perche dans celle de Poitou. L'alignement en fut ordonné en 1626.

Rue de Vendôme. Elle aboutit d'un côté à la rue du Temple, et de l'autre à la rue Charlot, vis-à-vis celle de Boucherat. Le nom qu'elle porte n'a pas la même origine que ceux de la plupart des rues voisines qui tirent leur dénomination d'une province ou de sa

---

(1) A l'extrémité de cette rue étoit une caserne des Gardes-Françoises.
(2) Cens. de l'évêché, fol. 130.

ville capitale; mais il lui fut donné en l'honneur de Philippe de Vendôme, grand-prieur de France, sur le terrain duquel elle avoit été ouverte, en exécution du contrat qui fut passé avec la ville le 17 août 1695.

MONUMENTS NOUVEAUX

ET RÉPARATIONS FAITES AUX ANCIENS MONUMENTS DEPUIS 1789.

Eglise des Capucins. — Dans le chœur et derrière l'autel, on voit un tableau moderne représentant le *Baptême de Jésus-Christ* (donné par la ville en 1819).

Marché du Temple. — Il a été construit sur la place qu'occupoient autrefois l'église et la plus grande partie des constructions renfermées dans cet enclos. Ce marché se compose de quatre grands carrés, divisés par compartiments que forment des poteaux entre lesquels ont été établies les places des marchands; et chaque carré est couvert d'une toiture qui le met à couvert de la pluie. Ces marchands sont au nombre d'environ deux mille, fripiers, lingères, ferrailleurs, chapeliers, cordonniers, etc. etc. On entre dans cette vaste foire par deux grandes ouvertures que l'on a pratiquées en abattant plusieurs maisons de la rue du Temple.

Fontaines. — On en construit deux nouvelles devant l'hôtel du grand-prieur. Elles se composent de deux piédestaux sur lesquels s'élèvent deux figures de femmes assises et couronnées de roseaux : l'une tient une rame et une corne d'abondance; l'autre un roseau et une cruche d'où l'eau se répand. Ces figures d'un beau style ont été moulées par Pujol.

Panorama Dramatique. — C'est un petit théâtre que l'on vient de construire tout nouvellement. La façade en est d'un excellent goût. Elle se compose d'une grande arcade ornée de deux colonnes et de deux pilastres entre lesquels sont placées deux figures symboliques : l'une tient un masque et une épée, l'autre des instruments de musique. Dans le tympan sont deux génies tenant d'une main une trompette, de l'autre une couronne ; dans le fronton deux autres génies à genoux supportent les armes de France.

Jardin Turc. — Il règne le long du boulevart, et sert, particulièrement le samedi, de réunion aux familles juives.

RUES NOUVELLES.

Rue Neuve de Bretagne. Elle commence à la rue Neuve du Mesnil-Montant et finit à la rue Saint-Louis.

Rue Ferdinand. Elle commence à la rue des Moulins et vient aboutir à la rue Lorillon.

Rue Neuve du Mesnil-Montant. Elle vient aboutir à la rue Saint-Louis, commençant au boulevart.

Rue de la Rotonde. Elle commence dans la rue de Bretagne et vient aboutir dans l'enclos du Temple.

Il y a dans le même enclos une rue nouvellement percée qui vient aboutir à celle de Vendôme ; elle est encore sans nom.

QUARTIER SAINT-ANTOINE.

Ce quartier est borné à l'orient par les extrémités du faubourg jusqu'aux barrières inclusivement; au septentrion, par l'extrémité du même faubourg et par les rues de Mesnil-Montant, Neuve Saint-Gilles, du Parc-Royal et de la Perle exclusivement; à l'occident, par la Vieille rue du Temple inclusivement, depuis les coins des rues des Quatre-Fils et de la Perle jusqu'à la rue Saint-Antoine; et au midi, par la rue Saint-Antoine inclusivement, depuis le coin de la Vieille rue du Temple jusqu'à l'extrémité du faubourg.

On y comptoit, en 1789, soixante-quatorze rues, onze culs-de-sac, une église paroissiale, deux chapelles, cinq communautés d'hommes, neuf couvents et quatre communautés de filles, quatre maisons hospitalières, une grande quantité d'hôtels, plusieurs places, etc.

―――――

Avant le règne de Philippe-Auguste, tout le vaste emplacement qu'occupe ce quartier étoit hors des murs; on n'y voyoit, à cette époque, que des cultures et quelques hameaux répandus çà et là, à une assez grande distance de la ville.

Il n'y a pas même d'apparence que l'enceinte élevée par ce prince en ait renfermé quelques parties, car les historiens de Paris qui lui donnent le plus d'étendue de ce côté ne la placent pas plus loin que la porte *Baudoyer*, limite occidentale du quartier dont nous parlons.

Enfin, sous Charles V et Charles VI, on voit s'élever une nouvelle muraille, dans laquelle est renfermée toute la portion de ce quartier qui s'étend jusqu'à la Bastille. Il paroît, par le plan de Dheulland, que cette forteresse étoit appuyée à l'occident contre les murs de l'enceinte : car la porte de la ville y est indiquée dans la rue Saint-Antoine, entre celle des Tournelles et la rue Jean-Beausire.

Les choses restèrent en cet état jusqu'au règne de Henri III; et pendant ce long intervalle on voit se former la rue du faubourg qui conduit à l'abbaye Saint-Antoine, et celle qui aboutit au chemin de Charenton.

Sous les règnes suivants se formèrent successivement des rues dans la direction des divers bourgs ou villages situés dans le rayon de ce quartier; et pendant l'espace de deux cents ans ces accroissements continuels devinrent si considérables que le faubourg finit par embrasser dans sa circonférence le plus grand nombre de ces villages, tels que la Rapée, Reuilli, Picpus, la Croix-Faubin, Popincourt, etc.

Enfin la dernière enceinte élevée sous Louis XVI renferma dans la ville tout cet immense territoire.

Le quartier Saint-Antoine, qui, de même que celui de Saint-Paul, fut si long-temps habité par nos rois, devint aussi le lieu où demeurèrent de préférence les personnages les plus distingués de la cour et de la ville. De nombreux et magnifiques hôtels y furent élevés de tous les côtés ; jusqu'à la fin du règne de Louis XIV, il conserva cette antique splendeur, et fut pour la ville de Paris ce qu'ont été depuis les faubourgs Saint-Germain et Saint-Honoré (1).

LES HOSPITALIÈRES

DE SAINTE-ANASTASE,

DITES DES FILLES SAINT-GERVAIS.

« L'ON ne doute point, dit Sauval (2), que, sous
» le règne de Louis-le-Gros, l'hôpital Saint-Ger-
» vais n'ait été fondé, qui se nomme à présent
» l'hôpital des filles Sainte-Anastase. » Jaillot non-seulement en doute, mais il affirme le con-

---

(1) Nous avons joint à la représentation que nous donnons ici de la porte de ville qui dépendoit de ce quartier, celle du quartier du Temple située, jusqu'au règne de Louis XIV, à l'extrémité de la rue du même nom. (*Voyez* pl. 131.)

(2) T. I, p. 559.

traire, en produisant le plus ancien titre qui concerne cette maison, lequel est de 1171 (1). Ce titre nous apprend l'origine de cet hôpital, situé d'abord au parvis de l'église Saint-Gervais, et nous en avons déjà fait connoître les fondateurs (2). Par la bulle de confirmation que donna Alexandre III en 1173 (3), suivant quelques-uns, et en 1179, suivant d'autres (4), il étoit administré par un maître ou procureur, et par des frères. Les choses restèrent en cet état jusque vers le milieu du quatorzième siècle, que Foulques de Chanac, évêque de Paris, y plaça quatre religieuses, sous la direction d'un maître et d'un proviseur. Cette nouvelle forme d'administration subsista jusqu'en 1608, que le cardinal de Gondi, s'étant vu forcé de supprimer ces deux chefs à cause de leur mauvaise gestion, se réserva le droit de commettre l'agent nécessaire pour recevoir les vœux des religieuses et les comptes qu'elles devoient rendre de leur temporel; ce qui a toujours été observé depuis.

Le premier nom de cette maison, et son nom le plus ordinaire, a toujours été celui de Saint-

---

(1) Dubreul, p. 950.
(2) *Voyez* p. 847.
(3) Lemaire, t. III, p. 166.
(4) Hist. de Paris, t. I, p. 199. — Piganiol, t. IV, p. 128. — Dubreul, p. 951.

Gervais, qu'elle tiroit de son origine et de sa première situation. On s'étoit même habitué à le donner à la chapelle, quoiqu'elle fût dédiée, dès l'année 1358, sous celui de sainte Anastase, martyre, circonstance qui cependant fit naître l'usage d'appeler religieuses de Sainte-Anastase celles qui desservoient l'hôpital. Des causes semblables à celles qui ont occasionné tant de changements de domicile parmi les communautés hospitalières ou religieuses de Paris, telles que le nombre plus considérable des professes, des pauvres, des malades dont elles prenoient soin, la caducité de leurs bâtiments, devenus d'ailleurs trop petits, etc., les déterminèrent, en 1654, à chercher une autre demeure. Elles achetèrent, en conséquence, dans la Vieille rue du Temple, un hôtel assez vaste qui s'étendoit jusqu'à la rue des Francs-Bourgeois et à celle des Rosiers. Cet hôtel, qui avoit appartenu, dans l'origine, au comte de Châteauvilain, leur fut vendu par les créanciers du marquis d'O, surintendant des finances et gouverneur de Paris; l'acquisition en fut approuvée par l'autorité ecclésiastique le 30 mars 1656, confirmée et amortie par lettres-patentes de la même année.

Ces religieuses étoient de l'ordre de Saint-Augustin, et gouvernées par une prieure perpétuelle. Elles exerçoient l'hospitalité envers les hommes seulement, et pendant trois nuits de suite, comme celles de l'hôpital de Sainte-Catherine (1) la pratiquoient envers les femmes et les filles (2).

LE PETIT SAINT-ANTOINE.

Nous avons déjà parlé de ce fléau terrible connu sous les noms de *feu sacré*, *mal des ardents*, *mal de Saint-Antoine* (3), dont la France fut affligée pendant près de trois siècles, et dont les ravages furent tels qu'on put croire, à certaines époques, que la génération entière étoit condamnée à périr, à moins qu'un miracle n'opérât la guérison de ceux qui en étoient attaqués. Les secours humains ne pouvoient leur offrir d'autres moyens de salut que l'amputation du membre malade, et souvent la crainte de la contagion empêchoit de leur rendre ce triste et douloureux service. Ému du spectacle de tant de misères, un pieux et charitable gentilhomme du Dauphiné, nommé Gaston, conçut,

---

(1) *Voyez* t. I, p. 572, 2ᵉ partie.
(2) Les bâtiments de cette communauté sont maintenant occupés par une manufacture.
(3) *Voy.* t. I, p. 289, 1ʳᵉ partie.

vers l'an 1095, avec *Gérin* (ou Guerin) son fils, le projet de fonder un hôpital pour ces infortunés dans le lieu appelé *la Motte Saint-Didier*, aliàs *aux Bois*, et aujourd'hui le bourg ou petite ville de Saint-Antoine, au diocèse de Vienne. Plusieurs autres gentilshommes s'associèrent à leur généreuse entreprise; et la communauté séculière qu'ils formèrent, avec l'approbation du pape Urbain II, ne tarda pas à prendre une forme régulière. Honoré III leur permit, en 1218, de faire les trois vœux ordinaires; et l'on voit par la bulle de Boniface VIII, de 1297, qu'ils suivoient la règle de Saint-Augustin, et qu'on les appeloit *chanoines ou frères de Saint-Antoine*. C'est par cette bulle que leur maison fut érigée en abbaye, et qu'elle devint le chef-lieu de l'ordre; toutes les autres maisons n'avoient que le titre de commanderies.

Ceux qui ont écrit sur Paris assignent des époques différentes à l'établissement de ces religieux dans cette ville (1). On n'en connoît point en effet la date certaine; mais Jaillot, qui avoit vu l'histoire manuscrite de cette maison, ne croit pas qu'il soit possible d'en reculer l'origine au-delà du règne du roi Jean. Cette histoire (2) nous apprend

---

(1) Corrozet, Sauval et Lemaire le placent sous saint Louis, sans en apporter aucune preuve; l'abbé Lebeuf, vers 1360; Piganiol, en 1361; Dubreul et dom Félibien, en 1368.
(2) Archiv. du Petit Saint-Antoine.

en effet que la commanderie d'Auxerre comprenoit dans sa juridiction toutes les villes de la province de Sens dont Paris faisoit alors partie. On y lit que *Geoffroi de Privas*, grand-prieur de l'abbaye de Saint-Antoine, et commandeur d'Auxerre, venoit souvent dans cette capitale, soit pour les affaires de l'ordre, soit pour celles de sa commanderie; et qu'il occupoit, en 1359, une maison située près du lieu où fut depuis le Petit Saint-Antoine.

Charles, fils aîné du roi Jean, jouissoit alors du Dauphiné, que Humbert lui avoit cédé en 1349. Pendant le séjour qu'il avoit fait dans cette province, il avoit eu occasion de connoître l'ordre de Saint-Antoine; et le dévouement admirable de ces chanoines hospitaliers l'avoit profondément édifié. Il conçut dès lors le projet d'accorder la plus éclatante protection à une institution aussi utile, projet qu'il effectua en leur abandonnant d'abord des biens confisqués sur des vassaux rebelles (1), ensuite en leur faisant don, pour les établir à Paris, d'un grand manoir acheté de ses propres deniers et à leur intention, en l'année 1361. Ce terrain, appelé *la Saussaie*, contenoit 559 toises carrées, et étoit situé entre les rues Saint-Antoine et du Roi de Sicile. La nouvelle maison fut aus-

---

(1) Drocon Guarrel et Jean de Vaux, qui s'étoient soustraits à son obéissance, et avoient embrassé le parti du roi de Navarre.

sitôt érigée en commanderie par le chapitre général de l'ordre ; il fut décidé qu'elle seroit appelée *Commanderie de France*, et que celle d'Auxerre, venant à vaquer, par la mort ou par la démission de Geoffroi de Privas, y seroit réunie. Cette mort arriva bientôt, et *Pierre de Lobet*, général de l'ordre, donna, le 18 septembre 1361, des provisions à *Aimard Fulcevelli* pour réunir et gouverner ces deux commanderies. On doit donc regarder cette date comme celle de la véritable époque de cet établissement, sans avoir égard à tout ce qu'ont pu dire de contraire les divers historiens de Paris (1).

D. Félibien s'est encore trompé lorsqu'il dit que « ces religieux se servirent d'abord d'une cha-

---

(1) Les nouveaux établissements éprouvent toujours des difficultés, et celui-ci en eut plusieurs à vaincre : le curé de Saint-Paul, dans la paroisse duquel étoit situé le monastère du Petit Saint-Antoine, éleva quelques contestations qui furent terminées par une transaction passée le 26 février 1365, par laquelle Hugues d'Optère, commandeur, s'oblige, lui et ses successeurs, à payer tous les ans dix livres au curé de Saint-Paul, et à partager avec lui l'honoraire de ceux qui seroient inhumés dans la nouvelle église. Cette transaction fut confirmée par Estienne, évêque de Paris, et par Pierre de Lobet, général de l'ordre.

Peu de temps après il s'éleva un autre différend entre Hugues de Châteauneuf, successeur de Hugues d'Optère, et le prieur de Saint-Éloi, à l'occasion du manoir de la Saussaie, qui relevoit de son prieuré. Cette contestation fut encore terminée moyennant une rente annuelle de quarante livres, que le commandeur s'obligea de payer, lui et ses successeurs.

» pelle, jusqu'à ce que Charles V, parvenu à
» la couronne, leur eut fait bâtir une église, qui fut
» achevée en 1368 (1). » — Les lettres de Charles V ne parlent point d'église; elles ne font mention que du manoir de la Saussaie, et il paroît que la modicité des revenus n'avoit pas encore permis d'y bâtir ni l'hôpital ni l'église qui faisoient la base de l'établissement. Cet état de chose est prouvé jusqu'à l'évidence par un acte de 1373, dans lequel le chapitre déclare que « la commanderie
» de Paris, érigée depuis peu, *nova plantatio*, a
» besoin d'une église et d'un hôpital, et que la
» modicité de ses revenus ne lui fournissoit pas
» les moyens d'élever ces constructions; que, pour
» éviter le scandale qui en résulteroit s'il n'y avoit
» pas une église de Saint-Antoine à Paris, il a
» résolu d'unir à cette commanderie celle de Bail-
» leul en Flandre, laquelle est assez riche pour
» subvenir à ces dépenses. » Cette réunion fut effectivement opérée; et, suivant Dubreul et l'auteur des *Antiquités des villes de France* (2), l'église fut bâtie, en 1375, par Hugues de Châteauneuf, qu'ils qualifient d'abbé de Saint-Antoine, et qui n'étoit réellement que commandeur de la maison

---

(1) Hist. de Par., t. III, p. 484.
(2) Publiées sous le nom de Duchesne, chap. VII, p. 59, de l'édit. de 1614. — Dubreul, p. 997.

de Flandre, à laquelle celle de Paris venoit d'être réunie.

Dubreul, Lemaire et autres disent que cette église fut rebâtie en 1442, sans donner d'autre preuve de ce fait, sinon qu'elle fut dédiée cette même année; mais nous avons déjà fait voir que, depuis quelques siècles, la dédicace des églises se faisoit souvent à de longs intervalles après leur consécration (1), d'où il résulte qu'on ne peut rien inférer d'une semblable circonstance.

L'union de la commanderie de Paris avec celle de Bailleul subsista jusqu'en 1523, qu'elles furent séparées l'une de l'autre par l'empereur Charles-Quint, alors souverain des Pays-Bas, lequel ordonna que cette dernière commanderie ne seroit possédée à l'avenir que par un religieux né dans ses États. Environ un siècle après, en 1618, le titre de celle de Paris fut supprimé; et cette suppression devint commune, en 1622, à toutes les autres commanderies. Antoine Brunel de Grammont, abbé et général de l'ordre, qui l'ordonna, n'exerça un semblable coup d'autorité que par les plus louables motifs. Il considéra que l'autorité dont jouissoient les commandeurs apporteroit indubitablement des obstacles invincibles à la réforme qu'il se proposoit d'introduire dans son ordre,

---

(1) *Voyez* 1re partie de ce vol., p. 444.

réforme qu'il eut en effet le bonheur et la gloire de lui faire accepter. Ce changement fut opéré en vertu d'une bulle de Paul V, du 3 avril 1618, que suivirent des lettres-patentes du 8 juin suivant; et la maison fut dès lors changée en séminaire ou collège destiné à l'éducation des jeunes gens nouvellement admis dans la communauté.

C'est donc sans fondement que Piganiol place l'époque de ce changement en 1615 (1); cette réforme fut autorisée par Grégoire XV en 1622, et par Urbain VIII, son successeur, en 1624; enfin elle fut introduite dans toutes les maisons de l'ordre qui depuis furent gouvernées, ainsi que celle de Paris, par des supérieurs triennaux que nommoit le chapitre général.

La maison fut rebâtie en 1689; on lui donna le nom de Petit Saint-Antoine, pour la distinguer de l'abbaye Saint-Antoine, située dans le faubourg. Dans les dernières années qui ont précédé la révolution, les chanoines réguliers qui l'habitoient avoient été réunis à l'ordre de Malte, lequel avoit institué dans cette église un petit chapitre, avec un prieur chefcier destiné à l'acquit des fondations (2).

---

(1) T. IV, p. 476.
(2) Dans cette église étoit établie, depuis plusieurs siècles, une confrérie de Saint-Claude, autrefois si célèbre que le roi Charles VI ne dédaigna point de s'y faire recevoir, exemple qui fut suivi par les principaux seigneurs de sa cour.

Le maître-autel étoit décoré d'un tableau représentant l'Adoration des mages, par *Cazes* (1).

PRISON

DE L'HÔTEL DE LA FORCE.

Cet hôtel, dont nous ferons bientôt connoître l'origine et les diverses révolutions (2), après avoir appartenu à des rois, à des princes, à des particuliers opulents, avoit été, quelques années avant la fin de la monarchie, transformé en une prison, dans laquelle on renfermoit uniquement les personnes arrêtées pour dettes et autres délits civils. Au moyen de cet établissement, dû à la bienfaisance de Louis XVI, elles ne se trouvoient plus confondues avec les criminels auxquels étoient destinées les prisons du Grand Châtelet et de la Conciergerie.

---

(1) Les bâtiments du Petit Saint-Antoine sont remplacés par des maisons particulières, et l'on y a percé un passage qui donne vis-à-vis la rue des Juifs.

(2) *Voyez*, à la fin de ce quartier, l'article *Hôtels*.

Cette nouvelle prison étoit remarquable par son étendue, par sa salubrité, par la commodité des logements, la diminution des frais, la suppression des perceptions abusives, etc. Elle contenoit huit cours, dont quatre étoient très-spacieuses, et six départements, dans lesquels étoient renfermés séparément les prisonniers détenus pour mois de nourrice; les débiteurs civils de toute espèce; les gens arrêtés par ordre du roi et de la police; les femmes prisonnières; les mendiants et vagabonds. L'infirmerie, les dortoirs, les réfectoires, tout étoit distribué avec un ordre, une propreté, une commodité qui adoucissoit, autant qu'il étoit possible, la situation des malheureux forcés d'habiter cette triste demeure.

La nature des délits pour lesquels on étoit renfermé dans cette prison nous conduit naturellement à parler de la police de Paris, à la juridiction de laquelle quelques-uns de ces délits sembloient appartenir plus particulièrement.

Sur la police de Paris.

On a pu voir dans notre premier volume (1) les variations diverses qu'éprouva la police de Paris, non pas depuis son origine, mais à partir

---

(1) *Voyez* t. 1ᵉʳ, 2ᵉ partie, p. 531.

de l'époque où commença la troisième race de nos rois, jusqu'au règne de saint Louis, sous lequel le célèbre prévôt de Paris, Étienne Boislève, la rétablit dans toute sa vigueur. Dès ce temps-là le Châtelet étoit le siége de cette juridiction (1).

Elle fut successivement perfectionnée par les ordonnances des prévôts successeurs de Boislève. Ils continuèrent le recueil d'ordonnances que ce grand magistrat avoit commencé jusqu'en 1344; et l'on trouve qu'à cette époque Guillaume Germont, alors prévôt de Paris, y joignit la collection des lettres-patentes du roi et arrêts du parlement qui avoient rapport à ces matières; puis, ayant formé du tout un registre, le déposa à la chambre des comptes, où il a été conservé jusqu'à la fin de la monarchie, sous le titre de *Premier livre des métiers*.

Nous avons dit que le roi Jean, monté sur le trône au milieu des calamités de toute espèce qui avoient désolé la fin du règne de son prédécesseur, donna une grande application à la police de Paris (2). Les réglements généraux qu'il adressa à ce sujet au prévôt contiennent une foule de dispositions très-sages, pour bannir de cette grande cité les vices que la paresse et la mendicité y avoient introduits, maintenir la tranquillité et la

---

(1) Delamare, Trait. de la Pol., t. I, p. 114.
(2) *Voyez* t. Ier, p. 738, 2e partie

foi publique, protéger l'industrie, entretenir l'abondance des choses nécessaires à la vie, etc. Ils contiennent en outre des dispositions sur la juridiction du prévôt de Paris, qui prouvent l'unité de son tribunal en première instance sur tous ces points (1).

L'autorité de ce magistrat se maintint dans les mêmes attributions sous les successeurs de ce prince; et la première chose que fit Charles V lorsqu'il prit la place de son père, après cette longue anarchie qui avoit confondu tous les droits et fait méconnoître tous les pouvoirs, fut de rendre au prévôt de Paris toutes ses prérogatives, afin de parvenir à rétablir dans cette capitale l'ordre et la tranquillité. Dans les lettres-patentes données à ce sujet, il est remarquable que ce prince rappelle de nouveau ce principe déjà reconnu. « Qu'à cause du domaine de
» la couronne, la juridiction ordinaire de sa bonne
» ville de Paris appartient de plein droit et de
» temps immémorial, pour lui et en son nom,
» à son prévôt de Paris; qu'il le maintient dans
» cette possession, et qu'il veut et entend qu'il
» ait seul, à l'exclusion de tous autres juges,
» la connoissance, correction et punition de
» tous les délits et maléfices qui se commettent à

---

(1) Delamare, Traité de la Pol., t. Ier, p. 114.

» Paris par quelque personne que ce soit. » Cette unité de tribunal pour la police générale de la capitale fut également conservée par Charles VI ; et l'on voit même qu'il en étendit le ressort hors des limites de la prévôté, lorsque cela pouvoit être nécessaire pour le bien de la ville.

Les choses restèrent en cet état jusqu'à l'année 1498, que des lettres-patentes du roi créèrent, en titre d'office, des lieutenants du prévôt de Paris, auxquels l'administration de la justice civile et criminelle fut partagée sous la juridiction suprême de ce magistrat. Il en résulta que la police étant mixte entre le civil et le criminel, chacun des deux lieutenants prétendit qu'elle devoit appartenir à son tribunal ; et cette contestation, devenue très-vive, ne put être éclaircie par l'ancien usage : car le prévôt de Paris ayant éminemment l'une et l'autre juridiction, il étoit impossible de décider en vertu de laquelle il avoit exercé la police. Tous les deux apportoient, à l'appui de leurs prétentions, des ordonnances sur ces matières rendues par ce magistrat dans l'un et l'autre tribunal.

Il semble que, dans un cas pareil, l'autorité suprême auroit dû sur-le-champ donner une décision ; mais au lieu de prendre ce parti, qui seul pouvoit trancher toute difficulté, on souffrit que l'affaire fût portée au parlement, où elle fut débattue comme un procès ordinaire ; et pendant la longue plaidoirie qu'elle occasionna, le soin de la police fut entièrement abandonné. Les désordres qui en résultèrent furent tels, que lorsqu'un arrêt de la cour eut jugé l'affaire, en ordonnant qu'il y auroit concurrence de pouvoir jusqu'à nouvel ordre entre ces deux magistrats, ils sentirent qu'ils ne pouvoient remédier à tant de maux produits par leurs divisions, qu'en mettant un accord parfait dans l'exercice ultérieur de leurs fonctions. Toutefois, malgré leurs efforts et leur bonne volonté, ce partage du pouvoir produisit de funestes effets, dont Paris ne tarda pas à s'apercevoir. Il est remarquable que c'est précisément à partir de cette époque que l'on trouve, dans les réglements, des énumérations de désordres et de crimes monstrueux, autrefois très-rares dans cette ville, et devenus dès lors très-fréquents; alors naquirent les plaintes sur la négligence des officiers subalternes chargés des détails de la police; enfin c'est depuis ce temps et pendant plus d'un siècle que dura cette concurrence, que l'on voit tant d'assemblées, tant de bureaux et tant d'autres moyens extraordinaires mis en usage pour la réforme ou pour l'exercice de la police, « tant il » est vrai, dit le commissaire Delamare, que le » bon ordre et la discipline publique ne peuvent » jamais s'accorder avec la multiplicité des tri- » bunaux (1). »

---

(1) Delamare, Traité de la Pol.; t. I, p. 117.

Il paroît qu'on fut plus d'une fois frappé de ces inconvénients : car on voit, en 1572, un édit de Charles IX (1), portant formation d'un bureau de police composé de membres du parlement, des lieutenants civil et criminel, d'un membre du corps municipal et de plusieurs notables bourgeois. Cette chambre établie au palais jugeoit en dernier ressort de toutes les matières dépendantes de la police, et l'on pouvoit s'en promettre les plus heureux effets, lorsqu'une déclaration nouvelle, dont on ne peut expliquer les motifs, supprima, dès 1573, le bureau établi l'année précédente, et fit renaître l'ancien désordre, en renvoyant la police au Châtelet et au bureau de ville (2).

Une ordonnance de 1577 rétablit, au Châtelet seul, l'unité du tribunal du prévôt de Paris, pour la police générale, avec des modifications qui sembloient concilier tous les droits et toutes les prétentions. En effet, depuis cette époque jusqu'en 1630 (3), si l'on en excepte les contestations toujours trop fréquentes qui ne pouvoient manquer de s'élever entre les deux lieutenants de ce magistrat, sur la concurrence si mal éclaircie de leurs droits, la marche de la police, quoique moins vigoureuse qu'elle auroit dû l'être, prit de la régu-

---

(1) Delamare, Traité de la Pol., t. I, p. 118.
(2) *Ibid.*, p. 119.
(3) *Ibid.*, p. 120.

larité, et tous les réglements faits pendant cet intervalle furent exécutés indistinctement par l'un et l'autre de ces deux officiers, ou conjointement par tous les deux. Cependant, vers la fin, leurs divisions augmentèrent ; il en naquit des désordres qui de jour en jour devinrent plus intolérables : enfin une ordonnance du parlement de cette année 1630 y mit fin sans retour, et en transportant au lieutenant civil l'autorité tout entière qu'il avoit partagée avec le lieutenant criminel, lequel ne conserva de ses anciennes prérogatives que le droit de tenir la place de son rival, en cas de légitime empêchement dans l'exercice de ses fonctions. Il résulta de ce nouvel ordre des réglements plus complets, « qui, dit encore Delamare, assuroient
» la tranquillité publique, la correction des mœurs,
» la subsistance et la commodité des citoyens, et
» que soutint une force suffisante pour en assurer
» la pleine et entière exécution. »

Ce bel ordre dura peu : la minorité de Louis XIV ayant rallumé la guerre intestine et accru les calamités de la guerre étrangère, le bruit des armes imposa encore une fois silence aux lois; les soins de la police furent de nouveau abandonnés, et tout retomba dans l'ancienne confusion. Mais les troubles civils ayant été apaisés, et la paix des Pyrénées étant venue ensuite rendre un calme général à l'État, le roi, libre de se livrer uniquement aux soins qu'exigeoit l'administration générale de son royaume, donna une attention particulière à la police de Paris, qui subit alors une entière et heureuse réforme. Non-seulement il en ôta la connoissance aux autres tribunaux qui avoient recommencé leurs entreprises pour la partager avec le prévôt de Paris, mais dans le Châtelet même, il la sépara de la juridiction civile contentieuse, et créa un magistrat exprès pour exercer seul cette ancienne juridiction, parce qu'en effet ce qu'on appelle *Police* n'ayant pour objet que le service du prince et la tranquillité publique, son action est incompatible avec les embarras et les subtilités litigieuses, et tient beaucoup plus des fonctions du gouvernement que de celles de l'ordre judiciaire. Ce nouveau magistrat fut nommé *lieutenant du prévôt de Paris pour la police*, et son office a subsisté jusqu'à la fin de la monarchie.

Le lieutenant de police avoit sous ses ordres quarante inspecteurs, quarante-neuf commissaires, plusieurs exempts, un grand nombre de bureaux et une foule d'agents subalternes employés au service de sa vaste administration. Personne n'ignore qu'elle étoit parvenue, dans le siècle dernier, à un degré de perfection auquel rien n'étoit comparable dans aucun des états policés de l'Europe.

Police municipale.

On a pu voir, dans l'article où nous avons traité

de l'Hôtel-de-Ville, que le corps municipal avoit conservé de temps immémorial la juridiction de tout le commerce qui se faisoit par eau, ce qui comprenoit naturellement la police des ports, des ponts, des quais, des fontaines et égouts publics, les approvisionnements de la ville arrivant par la Seine, etc. Cette administration, dirigée par le prévôt des marchands, les échevins et le procureur du roi de la ville, ne fut point abolie par l'édit qui créa le *lieutenant de police*; mais comme cet édit n'avoit pas assez déterminé les bornes des deux juridictions, il naquit à ce sujet des contestations auxquelles le roi se vit obligé de remédier par une ordonnance nouvelle donnée en 1700, laquelle régla précisément les bornes et l'étendue de chaque juridiction, en sorte que l'une ne put jamais anticiper sur l'autre; et en effet, depuis ce moment jusqu'aux derniers temps, rien n'en avoit troublé l'harmonie.

Indépendamment de la police de la rivière, le bureau de ville dirigeoit tout ce qui avoit rapport aux édifices publics, aux fêtes et réjouissances, à la capitation, aux rentes créées sur l'hôtel de ville, etc. (1).

---

(1) L'hôtel de la Force, ainsi que la Petite-Force dont nous allons parler, sont encore aujourd'hui des prisons publiques.

LA PETITE FORCE.

Cette prison avoit été élevée, peu d'années avant la révolution, sur un terrain dépendant de l'hôtel de la Force, pour y renfermer les filles débauchées. Elle a son entrée par la rue Pavée.

La façade de cet édifice se compose d'un rez-de-chaussée appareillé en bossages vermiculés, au milieu duquel est pratiquée une arcade surbaissée qui sert d'entrée, et que surmonte une clef en grain d'orge. Au-dessus de la plinthe qui renferme cette portion du bâtiment, s'élève un massif formant deux étages, couronné d'une corniche dorique, et bordé dans ses angles par des appareils en pierres et en bossages également vermiculés. L'aspect général de cette construction a le caractère d'âpreté qui lui convient (1).

---

(1) *Voy.* pl. 133. La destination de cette prison est toujours la même.

LES ANNONCIADES CÉLESTES.

Cet ordre fut institué à Gênes en 1602 par une sainte femme nommée *Victoire Fornari*. Une bulle de Clément VIII en autorisa l'établissement en 1604 (1), le mit sous la règle de saint Augustin, et lui donna le titre de l'Annonciade. Il ne tarda pas à se répandre en Franche-Comté et en Lorraine; dès 1616, ces religieuses eurent un établissement à Nanci; et ce fut de ce monastère qu'elles furent appelées pour en former un nouveau à Paris. Madame Henriette de Balzac, marquise de Verneuil, qui avoit conçu ce projet, en facilita l'exécution, en leur assurant une rente de deux mille livres, par un contrat passé en 1621, en conséquence duquel M. Henri de Gondi, cardinal de Retz, et évêque de Paris, donna son consentement, en 1622 (2), lequel fut suivi des lettres-patentes enregistrées en 1623, confirmées en 1627

---

(1) Hélyot, Hist. des ord. relig., t. IV, p. 297.
(1) *Gall. Christ.*, t. VII, col. 173. — Sauval, t. III, p. 150.

et 1656. Les termes de ces lettres annoncent qu'à l'époque où elles furent accordées cet établissement étoit déjà formé.

La marquise de Verneuil avoit loué pour ces religieuses un hôtel assez vaste, situé rue Culture-Sainte-Catherine, que l'on nommoit alors l'hôtel Damville, et qui avoit appartenu à la famille de Montmorenci. Les donations considérables qui leur furent faites les mirent bientôt en état d'en faire l'acquisition; et dès 1626 elles s'en étoient rendues propriétaires pour une somme de 96,000 livres. Par de nouvelles lettres-patentes de 1629, il fut défendu aux Annonciades de faire aucun établissement dans le royaume sans le consentement du monastère de Paris, qui fut dès lors regardé comme le chef-lieu de l'ordre. L'église, assez jolie, avoit été bâtie par les libéralités de la comtesse des Hameaux, que l'on comptoit parmi les principales bienfaitrices de ce couvent.

La vie de ces religieuses, sans être très-austère, étoit extrêmement retirée. Aux trois vœux ordinaires, elles joignoient celui de ne se jamais laisser voir, si ce n'est à leurs plus proches parents, sans pouvoir cependant user de cette permission plus de trois fois par an. Elles portoient un habit blanc, un manteau et un scapulaire bleus, ce qui leur avoit fait donner le nom d'Annonciades *célestes*, et vulgairement celui de

Filles-Bleues. Suivant Sauval (1), on les appela quelque temps *Célestines;* et ce fut pour ne pas confondre leur ordre avec celui des Célestins que ce dernier nom fut changé (2).

CURIOSITÉS DE L'ÉGLISE DES ANNONCIADES.

TABLEAUX.

Sur le maître-autel, un tableau du *Poussin*, représentant une Annonciation.

Dans un parloir du premier étage, deux tableaux de fleurs et de fruits, par *Fontenay*.

Ces religieuses possédoient encore un *Ecce Homo* et une Mère de douleur, morceaux qui passoient pour très-précieux, et qu'on attribuoit à un ancien peintre allemand. Elles ne les exposoient qu'une fois l'an, le jeudi Saint, avec un autre tableau représentant une Magdeleine dans sa grotte, que les amateurs admiroient aussi pour l'extrême vérité de son exécution.

SÉPULTURES.

Dans la chapelle intérieure avoit été inhumée la comtesse des Hameaux, bienfaitrice de cette maison.

---

(1) T. I, p. 656.
(2) Les bâtiments de cette communauté ont été changés en maisons particulières.

L'ÉGLISE SAINT-LOUIS

ET LA MAISON PROFESSE DES JÉSUITES.

Ce fut en 1534 et dans l'église de Montmartre qu'Ignace de Loyola et les six compagnons qu'il s'étoit associés (1) se lièrent ensemble par un vœu solennel et jetèrent les premiers fondements de cet ordre fameux, qui remplit presque aussitôt le monde de ses travaux apostoliques; « institution » la plus parfaite qu'ait produite l'esprit du chri- » stianisme, dit M. de Bonald, née pour le com- » bat et cependant propre à la paix, constituée » pour tous les temps, tous les lieux et tous les » emplois; corps puissant et riche, où le particu- » lier étoit pauvre et soumis, considéré des grands » et respecté des peuples, réunissant à un degré » égal l'esprit et la piété, la politesse et l'austérité, » la dignité et la modestie, la science de Dieu et » celle des hommes. »

---

(1) François-Xavier, Pierre Lefèvre, Jacques Lainez, Alphonse Salmeron, Nicolas-Alphonse Bobadilla, Simon Rodriguez.

Arrêtons-nous un moment : ajoutons quelque développement à ces paroles si vraies d'un illustre écrivain. Nous avons déjà, ce nous semble, victorieusement combattu ceux qui accusoient les jésuites du plus détestable de tous les crimes : essayons de montrer quelles furent leurs vertus. Nous satisferons ainsi beaucoup de nos lecteurs, et nous en étonnerons sans doute quelques-uns qui ne savent des jésuites que ce qu'ils en ont entendu dire à leurs ennemis.

Si j'en excepte l'époque où nous vivons, jamais les sociétés chrétiennes n'eurent un besoin plus pressant de quelque secours extraordinaire d'en haut, qu'à l'époque où vivoit Ignace de Loyola. Le mal intérieur qui, depuis plus d'un siècle, couvoit sourdement dans leur sein, commençoit à se manifester avec les symptômes les plus effrayants. L'hérésie de Luther venoit d'éclater, et, comme un vaste embrasement, menaçoit déjà de tout dévorer ; elle ravageoit l'Allemagne où elle avoit soulevé toutes les passions, où elle s'établissoit au milieu du carnage et des spoliations; l'Angleterre étoit déchirée par un schisme précurseur de son apostasie, devenue depuis si funeste non-seulement à l'Europe, mais au monde entier ; l'erreur avoit des partisans partout; partout elle souffloit l'esprit de licence et de révolte, et la France étoit déjà infectée et agitée de ses poisons. L'*unité*, premier principe de vie que le divin fondateur du christianisme avoit établi dans sa religion, et qui en est le plus éclatant caractère de vérité, étoit surtout attaquée avec autant d'astuce que de fureur par la nouvelle hérésie ; et nous avons déjà montré par quel aveuglement inconcevable, de toutes parts et dans le sein même de l'Église catholique, on s'efforçoit d'affoiblir, de rendre moins vénérable l'autorité sacrée qui seule pouvoit maintenir cette précieuse unité. L'enfer ayant ainsi armé toutes ses puissances et tendu tous ses piéges, il falloit que, dans un danger si imminent, la fille du ciel réunît toutes ses forces et que la politique du christianisme déployât toutes ses ressources. Il n'y avoit plus qu'un seul moyen de rétablir et de maintenir l'unité du pouvoir dans la religion : c'étoit d'établir dans un seul corps l'*unité des œuvres*, ce qui n'avoit point encore été fait depuis la naissance des ordres religieux. Ainsi, par une inspiration de la Providence qu'il est impossible de méconnoître, fut créée cette sainte milice qui, embrassant toutes les fonctions du ministère, dirigeant tous ses travaux vers un même but par l'action d'une seule volonté, s'insinua de toutes parts dans le corps social, pour y combattre tout ce qui étoit mauvais, fortifier tout ce qui étoit bon, en cimenter toutes les parties déjà prêtes à se séparer et à se dissoudre ; ainsi furent divinement inspirées ces *constitutions* de la compagnie de Jésus, qu'un des plus furieux coryphées du moderne philosophisme (1), frappé d'une admiration qu'il ne pouvoit vaincre, appeloit le *chef-d'œuvre de l'esprit humain*, ce qui vouloit dire, sans qu'il s'en doutât, qu'en effet elles étoient au-dessus de l'esprit de l'homme.

L'édifice élevé par le saint fondateur fut consolidé par ses deux successeurs dans le généralat, les PP. Lainez et Aquaviva; et l'on peut dire que dès son origine l'ouvrage avoit atteint sa sublime perfection (2). Laissons maintenant de côté tout ce que la haine, la jalousie, l'impiété ont accumulé de mensonges contre la société : ce sera pour nous une triste nécessité d'y revenir plus tard; et trente années de désordres et de calamités inouïes ont trop cruellement vengé les jésuites de ces accusations perfides et insensées. Ne nous occupons ici que de l'institut; essayons d'en tracer une esquisse légère mais fidèle, d'en rassembler les principaux traits, autant qu'il est possible de le faire dans l'espace étroit où nous sommes forcé de nous circonscrire, et dans un ouvrage qui ne leur est point spécialement consacré.

---

(1) D'Alembert.

(2) Lainez porta la lumière dans plusieurs articles des constitutions, et, confident de saint Ignace pendant sa vie, fut son interprète après sa mort. On doit à Aquaviva une suite d'*instructions* faites pour prévenir les abus, et un choix d'*industries* propres à y remédier. C'est encore sous sa direction que de savantes mains dressèrent le plan d'études connu sous le nom de *Ratio studiorum*.

La plus grande gloire de Dieu, tel étoit le but unique auquel tendoit sans cesse l'institut : c'étoit là sa devise (1), son cri de guerre, le cri que ses disciples faisoient entendre partout où les appeloient leurs travaux apostoliques. En effet, Dieu n'a et ne peut avoir d'autre intérêt que sa gloire; c'est uniquement pour elle qu'il a créé le monde visible et invisible. « Les cieux racontent la gloire » du Seigneur (2), » dit le Psalmiste. Mais si le monde matériel atteste cette gloire, le monde des intelligences doit travailler à l'accroître, et c'est en cherchant à se rapprocher sans cesse de ses perfections infinies que la créature peut dignement honorer son créateur : c'est pour cette fin que l'homme, créé *intelligent et libre*, a reçu le christianisme qui est la perfection de la loi divine, et au moyen duquel, se sanctifiant lui-même et contribuant à sanctifier les autres, il coopère réellement à procurer la plus grande gloire de Dieu.

C'est ce qu'avoit merveilleusement compris le saint fondateur : c'est ce qu'il sut graver en traits de flamme dans le cœur de tous ses disciples. Tels étoient le principe et la fin des constitutions qu'il leur donna : se sanctifier soi-même, sanctifier les autres, et procurer ainsi la plus grande gloire de Dieu.

---

(1) *Ad majorem Dei gloriam.*
(2) Ps. xviii, 2.

Les jésuites faisoient donc tous les vœux et exerçoient toutes les pratiques qui sanctifient la vie religieuse, mais avec plus d'efficacité pour eux-mêmes et plus d'utilité pour les autres qu'on ne l'avoit fait avant eux dans aucune institution religieuse. Le vœu de pauvreté n'y fut point celui de la mendicité : il falloit, à la vérité, qu'un jésuite fût détaché de tout, mais, en même temps, que le trouble qui accompagne l'indigence, et l'incertitude de pouvoir satisfaire aux premiers besoins de la vie, ne vinssent pas le tourmenter dans ses études, ne l'arrêtassent point dans ses travaux (1). Par une admirable application de ce principe, les colléges étoient dotés, les maisons professes ne l'étoient pas : tout le ministère s'y faisoit gratuitement; on y attendoit tout de la charité des fidèles; et leurs largesses étoient employées d'une telle manière que l'opulence étoit dans les églises et dans les bibliothèques, la pauvreté dans l'intérieur des maisons (2).

Sur le vœu de chasteté, il est remarquable que saint Ignace est le premier qui ait donné des règles particulières et vraiment efficaces pour l'exacte

---

(1) *Constit.*, pars 10, §. 5, p. 446. — *Ibid*, pars 3, *cap. I*, §. 7, p. 371. — *Ibid*, pars 6, *cap. II*, §. 15, p. 410. — *Ibid*, §. 16. — Etc.

(2) *Privatus illis census erat brevis,*
    Commune magnum.
        Horat., lib. II, Od. 15.

observation de cette vertu précieuse, et tellement essentielle à la vie religieuse que, sans la chasteté, il est même impossible de la concevoir. Il entre sur ce point important dans un détail de préceptes et de pratiques qui prouve la connoissance du cœur humain la plus profonde (1): chaque jésuite, surveillé par les autres, étoit à son tour un surveillant pour ses frères; et la prière, les exercices spirituels, la fréquentation des sacrements, les travaux du ministère, les exhortations souvent réitérées, formoient pour lui un cercle d'occupations continuelles qui, ne laissant pas le moindre accès à l'oisiveté, étouffoient dans leur germe toutes les corruptions du cœur, toutes les mauvaises pensées de l'esprit (2). Aussi, au milieu de ce débordement de calomnies que la haine et la rage avoient accumulées contre l'institut, et parmi tant de voix qui, pour le perdre, s'étoient vouées à la perfidie et au mensonge, il n'en est pas une seule qui ait osé élever le moindre nuage contre la pureté de ses mœurs (3); et ce que l'on auroit peine à croire, s'il étoit quelque chose d'in-

---

(1) *Constit.*, pars 3, cap. I, §. 4. — *Regul. comm.*, reg. 34, p. 77, 2ᵉ vol. — *Constit.*, pars 3, cap. I, §. 6, p. 74. — *Ibid*, §. 3. — *Regul. sacerd.*, reg. 18, p. 139, 2ᵉ vol. — *Instit.*, p. 94, 299, 398, etc., etc.

(2) *Instit.*, p. 298, 2ᵉ vol. *Ibid*, 299.

(3) Quel procès à la fois plus injuste et plus célèbre que celui qui fut intenté au P. Girard? et cependant, malgré le nombre et la puissance des ennemis de la société, qui triomphoient contre

croyable lorsqu'il s'agit des turpitudes du dix-huitième siècle, c'est que parmi ces voix qui les outrageoient de toutes parts, il s'en trouva d'assez impudentes pour leur reprocher l'*excès* de cette vertu (1).

Le vœu d'obéissance, sans lequel l'existence de toute société est impossible, bien qu'établi dans l'institut sur un entier abandon de la volonté de tous ses membres, sur un abandon tel que, dans les actes les plus importants comme dans les moindres actions et même dans les plus indifférentes, tout jésuite ne savoit faire qu'une seule chose, obéir à l'instant même à la voix de son supérieur; ce vœu d'obéissance, dont la grande extension étoit si nécessaire dans un corps qui s'étoit destiné lui-même à d'aussi grands travaux, n'étoit point tel cependant qu'il n'eût des limites admirablement tracées et qui avoient leur fondement inébranlable dans la conscience et dans la religion. Les *libres représentations* et les *justes remontrances* étoient

---

elle de ce qui n'eût été, dans tous les cas, que la faute d'un de ses membres, la calomnie fut confondue cette fois et réduite à la honte et au silence.

(1) On aura peine à le croire, mais il n'en est pas moins vrai que les ennemis des jésuites, ne pouvant attaquer la pureté de leurs mœurs, en vinrent, par une contradiction monstrueuse, à soutenir que *la chasteté n'est point une vertu*; que si c'est une vertu, c'est une *vertu inutile*; que c'est du moins une *vertu barbare*, etc. (*Voyez* Apol. des Jés., *cap. IX.*) Voilà jusqu'où l'impiété peut faire descendre la raison humaine.

permises, lorsque l'ordre donné sembloit injuste à celui qui l'avoit reçu (1); et il étoit sans doute impossible d'accorder davantage, sans quoi l'obéissance n'eût été qu'un vain mot (2).

Enfin les règles de mortifications par lesquelles étoit prescrit aux jésuites le retranchement de toutes les commodités de la vie qui flattent les sens et énervent l'âme, s'arrêtoient prudemment à ces austérités excessives qui épuisent le corps et

---

(1) *Constit.*, pars 6, cap. 1, §. 1, p 407, Ier vol. — *Ibid.*, pars 3, cap. I, §. 23, Ier vol. — *Epist. B. Ignat. de obedientiâ*, etc., etc.

(2) Au-delà des *justes représentations* commence en effet la révolte; et c'est une bien pitoyable objection que celle qu'ont si souvent répétée les philosophes de nos jours : « Mais si celui qui » a l'autorité *absolue* commande de mauvaises actions, des bas- » sesses, des crimes, etc. » Nous ne connoissons pas, dans l'exercice de l'autorité spirituelle, un seul exemple éclatant qui puisse légitimer ces craintes si scrupuleuses, ces alarmes de conscience si édifiantes de nos honnêtes philosophes; mais si, par *impossible*, un tel cas se présentoit jamais, qui doute qu'un chrétien et à plus forte raison un religieux, appelant aussitôt à son secours une autorité infiniment supérieure, et *tout le corps des fidèles* faisant en même temps cause commune avec lui, celui qui auroit fait de tels commandements ne fût déclaré *fou*, et à l'instant même séquestré de la société, sans que pour cela il y eût la moindre violation du pouvoir et de son caractère sacré, sans que ceux qui lui doivent obéissance eussent la moindre pensée de l'envahir? Ce cas s'est présenté quelquefois pour la puissance temporelle. Sans attaquer le pouvoir monarchique, on a imposé des tuteurs à des rois qui avoient donné des preuves évidentes d'aliénation d'esprit; et il faut avoir soi-même perdu le sens, pour être sérieusement arrêté par de semblables difficultés.

portent quelquefois le désordre dans les facultés intellectuelles (1). Ainsi préservés du fanatisme, les jésuites l'étoient encore de l'hypocrisie par leur renoncement formel à tous les honneurs ecclésiastiques (2), par l'engagement positif qu'ils prenoient de ne rien faire, même pour parvenir aux charges de la compagnie. Les vertus et les travaux y étoient donc entièrement désintéressés, et pratiqués uniquement pour la plus grande gloire de Dieu.

Ainsi fortement et saintement constituée, la société de Jésus embrassoit, comme nous l'avons dit, *toutes les œuvres*, que se partageoient entre eux les autres ordres religieux; et l'on peut concevoir combien entre ses mains elles devoient être efficaces, ainsi réunies comme dans un faisceau, recevant leur impulsion, pour ainsi dire, d'une seule intelligence et d'une seule volonté, se prêtant un mutuel secours par le résultat nécessaire de leur commune dépendance; et en raison de cette *unité* dont elles découloient toutes ensemble, chacune de ces œuvres se trouvant presque toujours dirigée par les sujets les plus propres à l'étendre et à la faire valoir.

Les jésuites se vouèrent aux *Missions étrangères*; et le monde entier fut bientôt rempli de

---

(1) *Constit.*, pars 3, cap. *II*, §. 5, p. 377, vol. I.
(2) *Constit.*, pars 10, cap. unic., p. 446, vol. I.

leurs travaux apostoliques et arrosé du sang de leurs martyrs; ils portèrent la doctrine et les vertus du christianisme jusque chez les nations les plus barbares, jusqu'au milieu des hordes les plus farouches et les plus abruties (1). Ils surent pénétrer dans de grands empires (2) dont l'entrée jusqu'alors avoit été interdite aux peuples de l'Europe; ils y introduisirent nos sciences, nos arts, notre urbanité, et se firent considérer comme des hommes admirables, même par ceux qu'ils ne purent persuader; obtenant ainsi des princes une protection qu'ils surent faire tourner tout entière au profit de la religion; se faisant, comme l'apôtre, *tout à tous*; laissant de toutes parts des témoignages éclatants de leur savoir, de leur courage,

---

(1) En Europe jusqu'au fond de la Laponie; en Asie chez les Tartares, et parmi toutes ses peuplades les plus grossières; en Afrique, dans ses sables les plus brûlants; en Amérique, au milieu de ses forêts les plus inaccessibles. Vous attesterez à jamais leur courage et leurs travaux dans ces contrées affreuses, missions du Paraguay, en même temps que vous rendrez exécrable à la dernière postérité le nom de l'homme puissant dont la politique atroce et insensée épuisa à la fois toutes ses fureurs sur des religieux soumis et désarmés à qui elle arracha leur innocente conquête, et sur de pauvres sauvages qu'elle replongea dans leur misère et dans leur premier abrutissement.

(2) Dans tous les grands royaumes de l'Inde, et particulièrement à la Chine et au Japon.

de leur désintéressement (1), de leur immense charité.

Tandis qu'ils propageoient ainsi la foi chez les nations infidèles, ils l'entretenoient, ils la ranimoient au milieu des peuples chrétiens, par tout ce que le christianisme pouvoit leur offrir de ressources et d'autorité, par tout ce qu'il a de plus fort, de plus entraînant et de plus doux. Ils multiplièrent presqu'à l'infini les livres de dévotion, dont le nombre étoit si petit avant la création de l'institut (2) : ces livres furent proportionnés à tous les âges, à tous les esprits, à toutes les conditions ; également composés pour instruire, convertir et édifier, leur lecture répandit, dans toutes les classes de la société, des lumières nouvelles, et un goût de piété

---

(1) Non-seulement le commerce étoit défendu aux jésuites, mais même on leur défendoit jusqu'à l'*apparence* du commerce. (*Cong.* 2, *decr.* 61, p. 499, vol. I.) Rien ne le prouve plus que le bruit que l'on fit, dans l'Europe entière, de l'affaire du P. Lavalette, affaire qui même encore à présent n'est point suffisamment éclaircie, et qui ne démontra qu'une seule chose ; c'est que, dans l'espace de deux siècles qui avoient produit plus d'un million de jésuites, UN SEUL, sur ce point capital, avoit désobéi à la règle de l'institut ; encore ne le fit-il que par un zèle mal entendu pour le bien de la maison particulière à laquelle il appartenoit.

(2) Avant les jésuites, il n'y avoit guère d'autres livres de dévotion à l'usage des fidèles que l'*Imitation* et quelques Vies des saints, écrites avec plus de simplicité que d'exactitude et de discernement. Saint Ignace mit la composition et la publication de livres de piété au nombre des travaux de la société. (*Constit.*, pars 7, cap. IV, §. 11, p. 422, vol. I.)

plus vif et plus épuré. Ils pratiquèrent assidûment toutes les œuvres de charité, se consacrant à visiter les pauvres, les malades, les prisonniers ; et si l'on trouvoit des jésuites dans le palais des rois, on les rencontroit plus souvent encore dans les réduits de l'indigence et dans l'horreur des cachots. Les tribunaux de la pénitence étoient toujours ouverts au milieu de leurs églises ; et pour le choix des sujets propres aux fonctions importantes de la confession, l'institut avoit donné des règles si pleines de sagesse, et elles étoient si scrupuleusement observées, que les fidèles accouroient de toutes parts à leurs confessionnaux, sûrs d'y trouver les lumières qui tracent la véritable route des devoirs, le juste mélange de sévérité et de douceur qui effraie sans désespérer, cette entière abnégation de tout intérêt personnel qui attire la confiance, le zèle qui inspire le respect et l'affection (1). Également propres à confesser les derniers du peuple et à entendre les plus augustes pénitents (2), les jésuites, par la nature de leurs

---

(1) *Reg. provinc.* 100, p. 86, vol. II. — *Decret.* 16, *Cong.* 13, §. 3, p. 666, vol. I. — *Ibid.*, 62, *Cong.* 2, p. 499, vol. I. — *Constit., pars* 4, *cap.* VIII, D., p. 319, vol. I. — *Instruct.* 3, §. 1, p. 308, vol. II. — *Reg. sacerd.* 10, p. 138, vol. II. — *Ibid.*, 8 et 13, p. 138, vol. II. — *Instruct. pro confess.*, p. 310 et 331, §. 9, 11, 12, vol. II. — *Reg. sacerd.* 15, 16, 17, 19, 20, 23, 25, p. 139, vol. II, etc. etc.

(2) En France, la plus haute société ne prenoit guère ses con-

vœux et par cette position toute particulière qu'ils s'étoient faite, se trouvoient également à l'abri des séductions des cours, et des dégoûts qu'ils auroient pu éprouver dans les fonctions les plus obscures de ce pénible ministère. Ils se consacrèrent à la prédication : et l'institut, qui avoit su indiquer avec un discernement exquis tous les caractères qui font les grands prédicateurs, fournissoit encore les moyens de les reconnoître, de les choisir, de déterminer leur vocation, de provoquer le développement de leurs heureuses dispositions, en ne les laissant pas les arbitres de leurs études et de leurs travaux (1). Ainsi se releva surtout en France, et presque uniquement par la compagnie de Jésus, l'éloquence de la chaire, hérissée avant eux de toutes les subtilités de la scolastique, ravalée jusqu'aux pointes et aux jeux de mots; et depuis Edmond Auger et Lingendes jusqu'à de Neuville et Bourdaloue, il fut donné aux jésuites, par-dessus tous les autres, de faire entendre la parole de Dieu avec des accents vraiment dignes d'elle ; et

---

fesseurs que parmi les jésuites. On sait que Henri IV, Louis XIII et Louis XIV n'eurent point d'autres confesseurs.

(1) *Constit.*, pars 7, cap. II, E, p. 419, vol. II. — *Decret.*, 62, Cong. 2, p. 499, vol. I. — *Instruct. pro concion.* 19, §. 1, p. 306, vol. II. — *Ibid*, 10, p. 308. — *Reg. concion.*, 19, p. 140, 141, vol. II. — *Instruct. pro concion.*, §. 7, p. 307, vol. II. — *Constit.*, pars 4, cap. *VIII*, B, p. 390, 391, vol. 1. — *Ibid*, C, p. 391. — *Ibid*, pars 10, cap. unic., p. 446, vol. 1, etc. etc. etc.

peut-être n'appartint-il qu'à eux seuls de se montrer tout prêts, et au moindre signal de leurs chefs, à passer de la prédication la plus éloquente et la plus sublime aux instructions les plus vulgaires du plus simple catéchisme. C'est aux jésuites que l'on doit les *congrégations* : instituées d'abord uniquement pour leurs élèves (1), elles produisirent de tels fruits et si abondants, qu'ils résolurent d'y faire participer d'autres fidèles ; puis bientôt, par cet esprit de charité sans bornes qui étoit l'âme de leurs travaux, ils les répandirent peu à peu parmi toutes les classes de citoyens. Ainsi, sous la direction de ces dignes imitateurs des apôtres, se réunissoient, « comme ne formant qu'un » seul cœur et qu'une seule âme (2), » un nombre infini de chrétiens, séparés les uns des autres par le rang et par les habitudes de la vie, réunis dans les mêmes affections et dans les mêmes espérances par la foi, par les œuvres, par la prière, et offrant

---

(1) Les congrégations avoient pour objet le culte de la Mère de Dieu. Les statuts prescrits et les usages observés dans ces associations étoient « de s'assembler à des heures convenables, de » réciter l'office divin, d'écouter la parole de Dieu, de participer » aux sacrements, de vivre dans une grande union, de s'aimer » les uns les autres, de contribuer selon son pouvoir au culte » et à la gloire de Marie, de faire plusieurs œuvres de charité, » comme de secourir les malades, de pourvoir aux besoins de » pauvres, et de visiter les prisons, de prier pour la prospérité d » l'Église, de l'État et du roi. » (Bull., p. 92, vol. I.)

(2) *Act. IV*, 32.

ainsi dans ce monde une image de cette union plus intime et plus entière qui doit régner éternellement entre eux dans un monde meilleur. Les biens que produisirent les congrégations furent immenses; et c'est un fait incontestable que, dans les familles, dans le monde, dans les camps, dans les tribunaux, dans les ateliers, les hommes les plus laborieux, les plus intègres, les plus modestes, les plus courageux, les plus appliqués à tous leurs devoirs, étoient les congréganistes; et il étoit difficile qu'il en fût autrement. Cependant des légions de jésuites parcouroient sans relâche les villes et les campagnes, portant de toutes parts aux pasteurs et à leurs troupeaux des secours extraordinaires que leur expérience plus consommée, leur habileté plus grande, la supériorité de leurs talents, rendoient plus efficaces et faisoient recevoir avec plus d'empressement. Ils opéroient des prodiges dans ces *missions nationales*, qu'avant eux aucune autre société religieuse n'avoit su aussi bien concevoir (1); et dans beaucoup de parties de la France où ils ont planté la croix, le souvenir n'en est point encore effacé.

Ce n'étoit point assez pour la compagnie de Jésus de suivre ainsi l'homme dans tous les états

---

(1) *Instruct. pro Mission.* 2, 3, 4, 5, p. 322, 323, vol. II. — *Reg. Mission.* 1, 2, 7, 8, 12, 16, 18, 19, 25, 26, p. 141 et seqq., vol. II. — *Ordinat. general.*, cap. I, §. 18, p. 242, vol. II, etc. etc.

de la vie, pour fortifier sa croyance et régler ses mœurs : sa charité ingénieuse et infatigable voulut s'en emparer, pour ainsi dire, dès le berceau; n'ignorant point que les impressions reçues dans l'enfance sont les plus vives, les plus profondes, celles qu'il est le plus difficile d'effacer; que cet âge si tendre est celui dans lequel la religion place ses plus sûres et plus chères espérances; et que les semences qu'elle y a jetées manquent rarement de produire par la suite les fruits qui leur sont propres. L'éducation de la jeunesse fut donc mise par le saint fondateur au nombre des travaux de ses disciples, et au premier rang de ces travaux; et ce fut un devoir pour les jésuites d'élever des colléges. Dans ces établissements, comme dans les autres œuvres qu'ils avoient entreprises, l'esprit de l'institut féconda tout; un même plan d'études, mûri et perfectionné par une expérience toujours croissante, expérience que la subordination et le détachement de soi-même rendoient commune à tous (1); l'unité de pouvoir qui marquoit à chacun sa place selon la mesure de son savoir, de ses progrès et de ses talents; le zèle et le désintéressement qu'on ne peut guère rencontrer dans toute leur ardeur, dans toute leur pureté, que chez des hommes que la vie religieuse a entièrement séparés du monde,

---

(1) *Voyez*, dans le livre des Constitutions, les instructions dressées sous le titre de *Ratio studiorum*.

tout se réunit pour donner à ce nouveau corps enseignant une supériorité marquée et décisive. On put reconnoître alors à des signes éclatants si la religion, comme l'ont si souvent répété ses stupides détracteurs, nuit en effet au développement et aux progrès de l'intelligence : dès qu'il parut utile à de pauvres religieux, élevés et nourris dans la simplicité de l'Evangile, de s'occuper des sciences et des lettres profanes, ils ne tardèpoint à éclipser tout ce qui les avoit précédés dans cette carrière, et tout ce qui se présenta pour rivaliser avec eux (1). Les maîtres les plus célèbres dans toutes les branches des connoissances humaines se trouvèrent dès ce moment parmi les

---

(1) « J'ai observé, dit Henri IV lui-même en parlant au parle-
» ment (et ces paroles sont à jamais mémorables), quand j'ai
» commencé à parler de rétablir les jésuites, que deux sortes de
» personnes s'y opposoient, particulièrement ceux de la religion
» prétendue réformée, et les ecclésiastiques mal vivants; et c'est
» ce qui me fait estimer davantage les jésuites. Si la Sorbonne
» les a condamnés, ç'a été sans les connoître. L'université a occa-
» sion *de les regretter*, puisque, par leur absence, elle a été
» *comme déserte;* et les écoliers, *nonobstant tous vos arrêts*, ont
» été *chercher les jésuites au-dedans et au-dehors* de mon
» royaume. »
L'historien même de l'université est obligé de leur rendre le même témoignage : « On se rend en foule dans leurs écoles,
» dit-il, et on déserte celles de l'université; ce que perd par là
» l'université, la religion catholique le gagne, *de l'aveu même*
» *des plus grands ennemis de cette société.* »(Du Boulay, Hist.
de l'univ., I, VI, p. 916.)

jésuites (1); de leurs colléges sortirent presque tous les hommes qui depuis ont fait le plus d'honneur à la France; les meilleurs ouvrages élémentaires, les éditions classiques les plus parfaites furent le fruit de leurs travaux ; *la mère des sciences et des lettres*, l'université, si long-temps pédante et barbare, leur rendit un hommage forcé en empruntant leurs méthodes; et Rollin, dans son *Traité des Etudes*, ne fit autre chose que copier le père Jouvency. Cependant, comme le dit M. de Bonald, « instituée pour la guerre, de même « qu'elle l'étoit pour la paix, » créée dans un temps où les plus habiles et les plus audacieux novateurs infectoient le monde de la plus dangereuse des hérésies, consacrée à défendre la religion autant qu'à la propager ; la société de Jésus cultivoit les lettres sacrées avec encore plus de soin et d'ardeur que les lettres profanes; la prévoyance et la sagacité de l'homme prodigieux qui l'avoit fondée avoient encore su lui tracer la route la plus sûre pour arriver à la perfection des études théologiques ; et son école ne cessa point de fournir les plus savants et les plus profonds théologiens.

Telle étoit cette société qui pendant plus de

---

(1) La liste en seroit trop longue à donner ici. Leurs noms se trouvent à toutes les pages des Annales de la science et de la littérature, dans tous les pays et dans toutes les langues savantes de l'Europe.

deux siècles contribua si efficacement à maintenir l'ordre dans le monde et à y répandre la foi ; *société que l'on trouvoit partout*, ainsi que le lui ont follement reproché ses odieux et absurdes ennemis, parce que les besoins des hommes et la gloire de Dieu l'appeloient en effet *partout*, et que partout elle trouvoit quelque bien à faire, quelques travaux à entreprendre, quelque mal à combattre, quelque danger à braver; société incomparable, qui marcha ainsi dans la sainte et généreuse carrière qu'elle s'étoit ouverte, au milieu des bénédictions des peuples, protégée par les rois (1), louée par des saints (2), honorée par des conciles (3), approuvée par une succession de dix-neuf papes; qui sembloit s'accroître et prendre des forces nouvelles à mesure que les dangers du corps social devenoient plus pressants; qui tomba enfin au milieu du dix-huitième siècle, lorsque ces dangers furent parvenus à leur comble, c'est-à-dire lorsque l'impiété, qui, depuis sa naissance, n'avoit cessé de la poursuivre de ses cris, de ses violences et de ses menaces, eut obtenu de prévaloir dans les conseils des princes, et que l'heure des peuples de l'Europe fut arrivée.

---

(1) En France particulièrement par Henri IV, Louis XIII et Louis XIV.

(2) Saint Charles Borromée, saint François de Sales, saint Vincent-de-Paul, saint Philippe de Néri, sainte Thérèse.

(3) *Voyez* l'Hist. du concile de Trente par Pallavicin.

Elle tomba, et ce n'est point exagérer que de dire que l'univers entier fut ébranlé de sa chute. Avec cette sainte société tomba la dernière digue qui arrêtoit encore le génie du mal : à peine eut-elle été renversée, qu'il étendit partout ses ravages, ne rencontrant plus que de foibles obstacles et des efforts languissants, comme si l'esprit de vie qui jusqu'alors avoit animé les états chrétiens se fût tout à coup retiré d'eux. Mais n'anticipons point ici sur les événements : ces tristes récits trouveront leur place au milieu de ceux qui doivent terminer cette histoire, et seront alors mieux compris.

Les jésuites, quoique nés pour ainsi dire en France, y furent reçus plus tard que partout ailleurs. Ils y revenoient, descendant des Alpes et des Pyrénées, présentant un institut qui n'avoit point de modèle parmi les ordres religieux ; et les préjugés déplorables élevés dès lors contre ce que l'on appeloit et ce qu'on appelle si déraisonnablement encore l'*ultramontanisme*, inquiétoient à leur égard des esprits qui, par cette incurable contradiction que déjà nous avons signalée, s'effrayoient en même temps des doctrines et des progrès des novateurs. Le premier mouvement du clergé de France fut donc de repousser la société de Jésus ; mais enfin ce clergé, quelles que fussent son opposition contre la cour de Rome, et tant d'autres prétentions singulières que rien ne peut ni expliquer ni justifier, n'en étoit pas moins catholique de bonne foi; et ses objections contre les jésuites n'ayant aucun motif solide et qui pût même soutenir le moindre examen, il finit par les reconnoître, par les recevoir dans son sein; et même il les dédommagea depuis par d'éclatants témoignages d'estime et de bienveillance, de l'injustice et de la dureté de ses premiers refus.

Toutefois les jésuites n'avoient point encore de maison professe à Paris en 1580. Le 12 janvier de cette même année, le cardinal de Bourbon, voulant *leur fonder et établir une maison* de ce genre, leur donna un grand hôtel situé rue Saint-Antoine, qu'il avoit acquis, peu de temps auparavant, de Magdeleine de Savoie, duchesse de Montmorenci. Cet édifice, qui appartenoit à cette famille depuis le commencement du seizième siècle, avoit successivement porté les noms d'hôtel de Rochepot et de Damville. On y construisit sur-le-champ une petite église ou chapelle, qui, dès l'année 1582, avoit reçu, ainsi que la maison, le nom de Saint-Louis. Mais celle-ci fut considérablement agrandie par plusieurs acquisitions que ces religieux firent sous le règne de Louis XIII, et l'église fut peu après entièrement rebâtie par les ordres de ce prince, qui en posa la première pierre en 1627. Le portail, élevé en 1534, aux frais du cardinal de Richelieu, est décoré de trois ordres d'architecture élevés l'un sur l'autre, deux corinthiens et un composite. Le tout fut achevé en 1641, et l'église dédiée seulement en 1676.

Il y a long-temps que ce morceau d'architecture a été jugé comme une composition bizarre, chargée de beaucoup trop de sculptures, d'un style pesant, et n'offrant, dans cette profusion de richesses, qu'une confusion désagréable. Quoiqu'une partie de ces sculptures aient disparu pendant la révolution, il en reste cependant encore assez pour attester le mauvais goût de l'ancienne décoration, qui, associée avec une multitude de colonnes engagées et de profils de frontons, de tables saillantes et d'enroulements, déplaît même à l'œil le moins exercé (1). Le père François Derrand, jésuite, en fut l'architecte, et ne soutint pas, en cette occasion, la réputation qu'il s'étoit acquise.

L'église est en forme de croix romaine avec un dôme sur pendentifs, au centre de la croisée. Au pourtour sont plusieurs chapelles au-dessus desquelles règne une galerie voûtée. Une balustrade en fer s'étend dans toute la longueur de la grande corniche (2).

A la richesse des ornements, l'intérieur de cette basilique réunissoit celle des matières: les marbres, les bronzes, l'argent, la dorure éclatoient de tous côtés dans la décoration du maître-

---

(1) *Voyez* pl. 121.
(2) *Voyez* pl. 122.

autel et des chapelles latérales; on y voyoit en outre un grand nombre de monuments des arts extrêmement précieux; en un mot, il étoit peu d'églises à Paris aussi dignes d'attirer l'attention des curieux, et que les étrangers visitassent avec plus d'empressement.

CURIOSITÉS DE L'ÉGLISE DES JÉSUITES.

TABLEAUX.

Sur le maître-autel, saint Louis; par *Vouet*.

Dans la chapelle de la Vierge, l'Assomption, par *Taraval*.

Dans la croisée quatre grands tableaux, avec des bordures en marbre noir, par *Vouet*.

Dans une salle de la maison, la rencontre de Jacob et d'Ésaü, par *André del Sarte*.

La manne dans le désert, par le même.

Moïse frappant le rocher, par le même.

Les adieux de saint Pierre et de saint Paul, par *Dominique Passignano*.

Une Descente de Croix, par *Quintin-Messis*.

Une Nativité, par *Annibal Carrache*.

La Résurrection du Lazare, par *Sébastien del Piombo*.

Jésus-Christ au jardin des Olives, par *Albert Durer*.

Dans une autre salle plus élevée, un Christ couronné d'épines, par *le Titien*.

Saint Jean prêchant dans le désert, par *l'Albane*.

Saint Praxède recueillant le sang des martyrs, de l'école des *Carrache*.

Tomiris, par *le Brun*.

Louis XIV à cheval, par *Vander-Meulen*.

Une sainte Face, par *le Brun*.

Dans une salle à droite du jardin, les portraits des généraux de l'ordre, et trois paysages de *Patel*.

Dans un salon, sur la gauche du jardin, l'Apothéose de saint Louis, par *Vouet*.

Une Vierge et l'Enfant Jésus, par *la Hyre*.

Saint Roch guérissant les pestiférés, esquisse du *Tintoret*.

Les douze mois de l'année en douze tableaux, par *Patel*.

Dans le réfectoire, une Annonciation, par *Philippe de Champagne*.

La Visitation, par *Etienne Jeaurat*.

La Transfiguration, copie de Raphaël.

SCULPTURES.

Derrière le maître-autel, du côté du chœur des religieux, un bas-relief en bronze, ouvrage de *Germain Pilon*, représentant une Descente de croix.

Dans la chapelle de la Vierge, un groupe représentant la Religion qui instruit un Américain, par *Adam cadet*.

Un autre groupe offrant un ange qui foudroie l'Idolâtrie, par *Vinache*.

TOMBEAUX ET SÉPULTURES.

Dans les deux chapelles placées à droite et à gauche du maître-autel, quatre anges d'argent, avec des draperies en vermeil, soutenoient les cœurs de Louis XIII et de Louis XIV, lesquels avoient été déposés dans cette église. Ces deux morceaux, aussi précieux par l'art que par la matière, étoient de *Sarrazin* et de *Coustou jeune* (*). Les jambages des arcs étoient chargés de bas-reliefs également exécutés par ces deux habiles sculpteurs, et l'on y lisoit plusieurs inscriptions.

Dans la chapelle dite de Saint-Ignace, à gauche de la croisée, s'élevoit un mausolée imposant par sa masse, consacré à la mémoire de Henri, prince de Condé, et père du grand Condé, par le président Perrault, secrétaire de ses commandements. Les figures, bas-reliefs et autres ornements en avoient été jetés en bronze par *Perlan*, sur les modèles de *Sarrasin* (**). Le cœur de

---

(*) Ces monuments n'avoient point été déposés au Musée des Petits-Augustins; ils auront sans doute été détruits pendant le règne de la terreur; et le métal dont ils étoient formés étoit une proie bien faite pour tenter la cupidité des brigands révolutionnaires.

(**) Ce monument, qui avoit été transporté au musée des Petits-Augustins,

ce prince avoit été déposé dans cette chapelle, ainsi que ceux du grand Condé son fils, mort en 1686, de Henri-Jules de Condé, mort en 1709, et de Louis, duc de Bourbon, chef de la branche de Bourbon-Condé, mort en 1710.

Sur la clef de l'arc étoit un ange soutenant un cœur, avec plusieurs autres accessoires, le tout en bronze doré, par *Vanclève*.

De l'autre côté de la nef on trouvoit dans une chapelle plusieurs monuments qui appartenoient à la maison de La Tour-Bouillon. Des urnes de marbre blanc y renfermoient les cœurs de Marie-Anne de Mancini, duchesse de Bouillon; de Louis de Latour, prince de Turenne, mort en 1692, à la bataille de Steinkerque; et de Maurice-Emmanuel de La Tour-d'Auvergne, mort en 1731. Au milieu, sur une pierre carrée, on lisoit l'épitaphe d'Élisabeth de La Tour d'Auvergne, morte en 1725.

Sous le milieu de l'église, dans un caveau voûté qui servoit de sépulture aux religieux de la maison, avoient été inhumés :

Louis de Bourgogne, seigneur de Mautour, mort en 1656.

Daniel Huet, le savant évêque d'Avranches, qui passa les vingt dernières années de sa vie dans cette maison, et y mourut en 1721.

---

est composé de quatre statues de bronze de grandeur naturelle, représentant des Vertus assises sur des piédestaux de marbre noir, et environnées des symboles qui les caractérisent. Plusieurs des bas-reliefs offrent des allégories qui rappellent les principales actions du prince; et deux anges, placés un peu plus bas que les Vertus, soutiennent, l'un son épée, l'autre une table sur laquelle est gravée une inscription.

Tous les historiens de Paris ont parlé de ce monument avec la plus vive admiration; il a encore été vanté dernièrement avec une sorte d'enthousiasme par un auteur [*] qui devoit s'entendre aux arts; et l'on prétend que Le Bernin le regardoit comme un des chefs-d'œuvre les plus excellents de la sculpture françoise. Nous avouons que de tels jugements nous confondent : si l'on en excepte les bas-reliefs et l'ange qui soutient l'écusson, dans lesquels on retrouve le style de Sarrazin, les autres figures nous semblent d'une conception si médiocre, d'un dessin si faux, si mesquin, si maniéré, que nous serions tenté de croire qu'il y a ici quelque grande erreur, et que c'est faussement qu'on les a attribuées à cet habile sculpteur. On ne faisoit pas plus mal dans l'école dégénérée du dix-huitième siècle.

[*] M. Legrand, architecte.

La bibliothèque de ces pères, très-nombreuse et composée de livres du meilleur choix, avoit été formée 1° d'un fonds donné par le cardinal de Bourbon ; 2° du don que Gilles Ménage, l'un des plus savants hommes de son siècle, leur fit de la sienne en 1692 ; 3° de la bibliothèque de l'évêque d'Avranches, M. Huet, que ce prélat leur légua également par son testament.

Ils possédoient aussi un cabinet de médailles très-curieux, enrichi successivement par les PP. La Chaise et Chamillart. Enfin leur trésor étoit rempli d'une quantité prodigieuse de chandeliers, candélabres, girandoles, vases, lampes, reliquaires d'argent ou de vermeil, soleils enrichis de diamants d'un prix très-considérable, ornements d'église brodés en perles, en or, en argent, etc. (1).

BIBLIOTHÈQUE DE LA VILLE.

Cette bibliothèque, léguée au corps municipal de Paris par M. Morian, avocat et procureur du roi et de la ville, fut rendue publique en 1763, suivant la volonté du testateur. Transportée en 1773 de l'hôtel de Lamoignon à l'ancienne maison professe des jésuites, elle y fut placée dans la même galerie qu'occupoit déjà la bibliothèque de ces

---

(1) L'église a été rendue au culte.

pères. Le plafond de cette galerie, ainsi que celui de l'escalier qui y conduisoit, avoient été peints par *Gio Ghiardini*, peintre italien.

On y voyoit en outre :

Un grand tableau, sujet allégorique de la Paix, par *Hallé*.
Le buste en bronze de l'évêque de Callinique. Au bas du socle qui le soutenoit étoit une figure de la Charité entourée d'enfants. Le tout avoit été exécuté par M. *Gois*, sculpteur du roi.

LES CHANOINES RÉGULIERS

DE SAINTE-CATHERINE

DU VAL-DES-ÉCOLIERS.

CETTE congrégation commença en 1201, et voici quelle en fut l'origine. Quatre professeurs célèbres (1) de l'université de Paris, préférant la solitude au monde, et la vie obscure et contemplative à la réputation que leurs lumières et leurs talents

---

(1) L'histoire les nomme Guillaume dit l'Anglois, Richard de Narcey, Évrard et Manassès.

leur avoient acquise, se retirèrent dans une vallée déserte de la Champagne, au diocèse de Langres. Hilduin de Vandœuvre, alors évêque de cette ville, leur permit de bâtir dans ce lieu des cellules et un oratoire. Attirés par le bruit de leurs vertus, quelques écoliers abandonnèrent les universités, se rendirent dans cette solitude, et s'associèrent à leurs austérités. Ce fut cette réunion de jeunes disciples qui fit donner à la nouvelle congrégation le nom d'*ordre du Val-des-Ecoliers* : ils y joignirent peu après celui de sainte Catherine, qu'ils choisirent pour leur patrone.

Guillaume de Joinville, ayant succédé à Hilduin dans l'épiscopat de Langres, se déclara le protecteur des *écoliers du Val*, et leur donna, en 1212 (1), la vallée qu'ils habitoient, appelée *vallis Barbillorum*. Il y ajouta une chapelle qu'il avoit fondée dans ce même lieu, dix livres de rente, dix muids de vin et dix setiers de blé par an. Des lettres qu'il leur accorda la même année constatèrent cette donation, laquelle fut confirmée en 1218 par le chapitre de Langres (2). Ce sont sans doute ces lettres qui ont fait penser au savant abbé de Longuerue que cet ordre n'avoit été fondé qu'en 1212 (3).

---

(1) *Gall. Christ.*, t. IV, *instr. col.*, 199.

(2) *Ibid.*, col. 202.

(3) Descript. de la France, 1ʳᵉ part., p. 38. La Chronique

On voit par le réglement que le même Guillaume de Joinville fit pour cet ordre en 1215, que les religieux qui le composoient s'étoient soumis à la règle de saint Augustin, telle qu'elle étoit observée par les chanoines de Saint-Victor. Quatre ans après, en 1219, il fut approuvé par le pape Honorius; et dès lors son accroissement devint si rapide que, suivant la Chronique d'Albéric, il possédoit déjà seize prieurés dans les diverses provinces de la France.

Le nombre des écoliers qui se rendoient au prieuré de Sainte-Catherine du Val s'augmentant sans cesse, et les incommodités de leur habitation (1) se faisant sentir de jour en jour davantage, ces religieux formèrent le projet de s'en procurer une plus supportable. Robert de Torotte, évêque de

---

d'Albéric ne place aussi l'origine de ce couvent qu'en 1212, et sans doute par la même erreur. L'historien de la ville de Paris, qui en fixe l'époque en 1201, ne parle cependant de cet établissement que comme s'il n'eût été formé qu'en 1207, par la donation que leur fit en ce temps Guillaume de Joinville. Ces deux dates sont fausses : la donation ne fut faite, ainsi que nous l'avons dit, qu'en 1212, ce qui est parfaitement prouvé par la chronique d'Albéric, qui dit que Joinville procura cet établissement aux écoliers du Val, la troisième année de son épiscopat; or, Joinville n'étoit pas évêque en 1207.

(1) Ils se trouvoient, dans la vallée, exposés à la chute des pierres qui se détachoient des rochers dont la maison étoit environnée, aux pluies, à des neiges abondantes, dont la fonte occasionnoit des inondations qui leur faisoient craindre d'être submergés.

Langres, instruit de leur intention, les transféra, en 1234, dans une autre vallée, sur la rive opposée de la Marne. Ce prélat leur donna en même temps une partie d'un bois qu'on nommoit *Valedom*, et toute la vallée des deux côtés depuis Chamarande jusqu'au lieu dit *les Vannes*. C'est là qu'ils élevèrent le couvent et l'église qui subsistoient encore au commencement de la révolution. Ce prélat, du consentement de son chapitre, exempta ce monastère de la juridiction épiscopale, et Paul III, par sa bulle du 13 mai 1559, l'érigea en abbaye. Leur ancienne maison existoit encore à la fin du dernier siècle, et s'appeloit *le Vieux Val*.

Cependant, dès le commencement du règne de saint Louis, les chanoines du Val, considérant l'avantage qu'il y auroit pour eux de procurer aux jeunes gens de leur ordre les moyens de se livrer aux études, et d'acquérir dans les lettres des lumières qui étoient alors un si grand titre de recommandation, pensèrent à se procurer un établissement à Paris. Jean de Milli, chevalier et trésorier du Temple, instruit de leur intention, engagea un bourgeois de cette ville, nommé Nicolas Giboin, à leur faire présent de trois arpents de terre dont il étoit propriétaire près de la porte *Baudoyer*. Cette donation, faite en 1228, et confirmée la même année par Henri de Dreux, archevêque de Reims, fut suivie de celle d'un champ contigu que Pierre *de Brenne* (Braine ou

Brienne) leur céda dans le même temps. Ce champ étoit cultivé, et c'est là ce qui fit donner aux nouveaux propriétaires le nom de chanoines de la *Couture* ou *Culture*.

Une circonstance ne tarda pas à contribuer très-efficacement à la fortune du nouvel établissement, et ce fut l'exécution d'un vœu fait long-temps auparavant par les sergents d'armes qui composoient alors la garde de nos rois. Institués par Philippe-Auguste, ils avoient accompagné ce prince à la bataille de Bouvines; et, dans le moment le plus critique de cette journée mémorable, frappés de terreur à la vue des dangers extrêmes qu'il y couroit, ils avoient imploré le secours du ciel, et promis de faire bâtir une église, si leur vaillant monarque triomphoit de ses ennemis. Soit qu'il leur fût arrivé de négliger, après la victoire, l'accomplissement de ce vœu, soit qu'en effet ils n'eussent pu se procurer, sous ce règne et sous le suivant, les moyens de l'accomplir, ce qui semble plus probable, ce ne fut que sous la régence de la reine Blanche qu'ils songèrent à l'exécuter, parce que la piété de cette princesse et celle du jeune roi son fils leur firent espérer d'en obtenir les secours qui leur étoient nécessaires. La conjoncture parut favorable pour consolider l'établissement des chanoines du Val-des-Écoliers. Il fut donc décidé que la nouvelle église, vouée par les sergents d'armes, seroit bâtie (1) sur le terrain que Giboin avoit donné à ces chanoines, et qu'ils en auroient l'administration. Guillaume d'Auvergne, alors évêque de Paris, parut d'abord vouloir mettre quelques obstacles à ces dispositions; mais il les leva lui-même bientôt après par le consentement qu'il y donna au mois d'octobre 1229. On peut même inférer des lettres qu'il fit expédier à ce sujet, qu'avant cette époque les chanoines avoient déjà une église, ou du moins qu'on l'avoit commencée : *Servientes.... unam fabricaverunt ecclesiam ad opus dictorum fratrum* (2).

---

(1) La fondation de cette église étoit gravée sur deux pierres du portail : l'une représentoit saint Louis, gravé en creux entre deux archers de sa garde ; l'autre les effigies d'un chanoine régulier du Val-des-Écoliers, revêtu de sa chape, et ayant aussi à ses côtés deux archers armés de pied en cap. Sur la première de ces pierres on lisoit cette inscription :

A la prière des sergents d'armes, monsieur saint Louis fonda cette église, et y mit la première pierre ; et fut pour la joye de la victoire qui fut au pont de Bouvines, l'an 1214.

Sur l'autre pierre on lisoit :

Les sergents d'armes pour le temps gardoient ledit pont, et vouèrent que si Dieu leur donnoit victoire, ils fonderoient une église de Sainte-Catherine, et ainsi soit-il.

(2) Jaillot apporte une foule de preuves qui confirment cette opinion. « Il n'est guère possible de douter, dit-il, que ces chanoines n'eussent commencé leur église avant cette époque, puisque le nécrologe de cette maison assure que ce bâtiment fut achevé en 1229. *Ecclesia.... fundata et perfecta fuit in opere suo anno Domini* 1229. Germain Brice dit qu'elle ne fut bâtie

Tout semble donc prouver que, dès l'année 1228, on travailloit aux bâtiments et à l'église.

---

qu'en 1234 : son opinion seroit-elle fondée sur les doutes des nouveaux auteurs du *Gallia Christiana*, qui ne croient pas que ce bâtiment ait été sitôt achevé : 1° parce que dans le nombre de ceux qui ont contribué aux frais de la construction est nommé Geoffroi, évêque du Mans, qui ne fut pourvu de cet évêché qu'en 1234; 2° parce que le Nécrologe déjà cité porte que saint Louis mit la première pierre à cette église, après le consentement de l'évêque, donné au mois d'octobre 1229, et que l'espace de temps qui restoit à écouler de cette année n'étoit pas assez long pour cette construction? »

Jaillot répond à ces objections que, lorsque l'on dit que saint Louis mit la première pierre au mois d'octobre 1229, cela ne doit pas s'entendre strictement de la première pose dans les fondements : le bâtiment pouvoit être dès lors élevé à une certaine hauteur lorsque ce prince fit cette cérémonie. On en peut citer un exemple dans l'église de Sainte-Geneviève, commencée le 1er août 1758, et dont le roi ne posa la première pierre que le 6 septembre 1764.

« En second lieu, dit encore Jaillot, quoique Geoffroi n'ait été élevé à l'épiscopat qu'en 1234, je ne crois pas qu'on en puisse tirer une conséquence juste qui détruise le fait avancé dans le Nécrologe : ce registre n'a été fait que long-temps après; on y a donné à Geoffroi le titre d'évêque, qu'il avoit à son décès; mais cela ne prouve ni ne suppose qu'il fût décoré de cette dignité lorsqu'il donna 600 livres pour la construction de l'église. Ainsi nos historiens disent que Childebert fit bâtir l'église et le monastère de Saint-Vincent (depuis Saint-Germain-des-Prés) à la sollicitation de saint Germain, évêque de Paris, quoique ce saint n'ait été placé sur le trône épiscopal que plus de dix ans après qu'on eut commencé les bâtiments et l'église de l'abbaye. Je crois donc devoir préférer le témoignage du Nécrologe aux opinions contraires, et ne regarder celles-ci que comme des conjectures incapables de détruire un fait constaté par un monument aussi authentique que la lettre de Guillaume d'Auvergne. »

L'ouvrage dut avancer rapidement; si l'on en juge par le nombre de ceux dont les libéralités contribuèrent à son édification. Herbert et Chrétien, chevaliers du Temple, firent bâtir à leurs frais les trois quarts de l'église. Geoffroi, la reine Blanche et Henri de Groslei donnèrent entre eux une somme de 1,100 livres. Guillaume Le Breton, clerc du Temple, fit construire le réfectoire, les écoles, les chambres d'hôtes, la chapelle de l'infirmerie et les stalles du chœur. Jean de Milli, chevalier du Temple, éleva le dortoir et le cloître. Les libéralités de Gilon, trésorier du Temple, servirent à construire les bâtiments de l'infirmerie; et Herbert joignit à ses premiers bienfaits celui de faire clore de murs toute l'enceinte du monastère.

Saint Louis se mit au nombre des bienfaiteurs de cette maison, et lui donna trente deniers par jour, dix livres de rente, un muid de blé, deux milliers de harengs le jour des cendres, et deux pièces de drap de vingt-cinq aunes chacune, l'une blanche et l'autre noire. Philippe-le-Hardi, Philippe-le-Bel, Louis X, Philippe VI, Charles V et Louis XI firent aussi des dons considérables à l'église et au monastère de Sainte-Catherine-du-Val-des-Ecoliers. Les sergents d'armes, de leur côté, convinrent entre eux de faire à cette église une rente qui alloit pour chacun à dix sous quatre deniers par an.

Ils manifestèrent plus particulièrement encore

dans le siècle suivant l'attachement qu'ils avoient pour cette communauté, en y formant une confrérie composée uniquement de membres de leur corps, et dans laquelle ils ne pouvoient être admis qu'en donnant *deux francs d'or* lors de la réception, et un tous les ans. Tous les mardis de la Pentecôte, les confrères dînoient dans l'église; et l'aggrégation dans la confrérie donnoit le droit de sépulture dans le cloître ou le chapitre (1). Après les funérailles d'un sergent d'armes, son écu et sa masse étoient appendus dans l'église.

Cette maison ne tarda pas à devenir le collége de toute la congrégation du Val-des-Ecoliers, et les religieux qui y étudioient étoient admis aux degrés dans l'université. Dans la suite des temps, le relâchement s'étant introduit dans cet ordre, le cardinal de La Rochefoucauld, autorisé par le saint Siége à faire des réformes dans les différentes maisons religieuses, plaça dans celle-ci, en 1629, plusieurs chanoines de la nouvelle réforme de Sainte-Geneviève. Cette mesure éprouva d'abord quelques difficultés de la part de l'abbé, qui se plaignit d'un changement par lequel ses droits étoient blessés; mais comme les dispositions du cardinal furent confirmées par arrêt du conseil,

---

(1) On voyoit encore, du temps de Henri III, plusieurs de leurs tombeaux; mais le cloître ayant été rebâti, il ne resta plus aucun vestige de ces monuments.

du 5 août 1633, cet abbé prit enfin le parti, en 1636, d'unir son ordre à celui de la congrégation de Sainte-Geneviève; et le prieuré de Paris servit depuis de noviciat à ceux qui désiroient devenir chanoines réguliers.

Les choses restèrent en cet état jusqu'au 23 mai 1767, que le roi jugea à propos de faire transférer les chanoines de la Couture-Sainte-Catherine dans la maison que les Jésuites occupoient jadis rue Saint-Antoine, et de destiner l'emplacement de leur église et de leurs bâtiments, déjà caducs, à la construction d'un marché public, ce qui fut exécuté.

Lors de l'introduction des chanoines réguliers de Sainte-Geneviève dans cette maison, le cloître du couvent et le portail de l'église avoient été rebâtis à neuf, tous les deux par le même architecte (1), mais dans un goût bien différent l'un de l'autre. Il se conforma, pour le premier édifice, au caractère des anciens bâtiments de ce monastère, qui étoient tous d'architecture gothique; et ce cloître fut composé de doubles arcades ogives d'une forme très-élégante, et telles que nous les représentons ici. Quant au portail, il lui donna la forme d'une tour creuse, au milieu de laquelle

---

(1) C'étoit un religieux de cette congrégation, nommé *Decreil*. L'intérieur du cloître que nous donnons ici, relevé sur d'anciens plans, n'a jamais été gravé en perspective. (*Voyez* pl. 123.)

étoit un porche soutenu par deux colonnes avancées qui mettoient à couvert la porte d'entrée. Cette tour creuse étoit entourée de pilastres, entre lesquels il plaça, de chaque côté, deux niches circulaires enfermées dans des niches carrées, distribuées avec symétrie, et d'une forme très-régulière. Les deux colonnes du porche étoient accompagnées de triglyphes, mélange qui ne se pratique, dit-on, que dans les temples consacrés aux vierges qui ont reçu la couronne du martyre. Des feuilles de palmier en composoient les chapiteaux, et quoiqu'on pût reprocher des défauts à l'ensemble de cette composition, ces deux colonnes, formant un porche quadrangulaire au milieu de cette façade, circulaire à ses extrémités, présentoient une disposition d'ordonnance assez agréable. Au-dessus s'élevoit un amortissement, sur le sommet duquel étoit la statue de sainte Catherine appuyée sur une roue, symbole de son martyre. Les génies placés à l'aplomb des colonnes, et sur les pilastres des tours creuses, servoient de couronnement à tout ce frontispice. Ils portoient les instruments du supplice de la sainte, et avoient été exécutés, ainsi que sa statue et tous les ornemens du portail, par *Desjardins* (1).

Cette église renfermoit plusieurs monuments

---

(1) *Voyez* pl. 133.

curieux, qui furent transférés, avec la communauté, dans l'église de Saint-Louis. Nous croyons mieux suivre l'ordre que nous avons adopté, en les décrivant ici, que si nous les avions joints aux monuments de l'autre église.

CURIOSITÉS DE L'ÉGLISE DE SAINTE-CATHERINE.

TOMBEAUX ET SÉPULTURES.

Dans cette église avoient été inhumés :

Pierre d'Orgemont, chancelier de France sous Charles V et Charles VI, mort en 1389. Son tombeau (*) étoit placé dans une chapelle qu'il y avoit fondée, et qui servit depuis de sépulture à plusieurs seigneurs de sa famille.

Jacques de Ligneries, seigneur de Crosnes, président au parlement de Paris, mort en 1556.

Antoine Sanguin, connu sous le nom du cardinal de Meudon, grand-aumônier de France sous François Ier, mort en 1559.

René de Birague, chancelier de France, mort en 1583. Son mausolée (**), placé dans la chapelle qui portoit son nom, étoit de la main du célèbre *Germain Pilon*.

(*) Cette sculpture, qui a toute la roideur et toute la barbarie du style gothique, représente ce chancelier à genoux et les mains jointes. Il est revêtu de l'habit militaire, lequel est orné, suivant l'usage de ce temps-là, de ses armoiries brodées dans la partie inférieure de la soubreveste. Une particularité remarquable de ce monument, c'est que la figure et le vêtement sont peints de couleurs imitant le naturel. Nous ignorons à quelle époque ces couleurs y ont été appliquées; mais elles paroissent très-anciennes. Il étoit déposé au musée des Petits-Augustins.

(**) Ce chef-d'œuvre de la sculpture françoise avoit été déposé dans le même musée. Le chancelier de Birague y est représenté, en bronze, à genoux devant un prie-dieu, et revêtu des marques de sa dignité. Derrière lui, un génie éploré semble éteindre un flambeau. Il est impossible de rien imaginer de plus noble et de plus vrai que la tête de cette figure. La draperie, si difficile à agencer à cause de son énorme volume, est rendue avec un art admirable; et telle est la

Valence Balbienne, femme de René de Birague, morte en 1572. Son tombeau, exécuté par le même sculpteur, étoit placé auprès de celui de son mari (*).

Dans ce même monument étoit renfermé le cœur de Jean de Laval, marquis de Nesle, etc., second mari de Françoise de Birague, fille unique du chancelier, mort en 1578.

---

vérité qui règne dans son exécution, que l'on y sent tout le mouvement, que l'on y retrouve en quelque sorte toutes les formes du corps, bien qu'il soit entièrement enseveli sous cette vaste simarre. Le génie n'est pas exécuté avec moins de sentiment et de délicatesse; tout enfin, dans ce monument, rappelle le bel âge de la sculpture moderne, et porte l'empreinte d'un talent du premier ordre.

(*) Cette dame y est représentée à demi couchée sur son sarcophage, appuyée sur un coussin, et tenant un livre de la main droite. La forme de sa robe, composée d'une étoffe brochée et à grands ramages, ainsi que celle de sa coiffure, offrent une image exacte et naïve des modes de cette époque; auprès d'elle est un chien, symbole de la fidélité, et à ses pieds, de même que dans l'autre monument, un génie en pleurs éteint un flambeau. Dans cette sculpture, non moins excellente que la première, éclatent toute la grâce, tout le sentiment, toute la finesse qui caractérisent les productions de Germain Pilon; et, pour la délicatesse du ciseau, peut-être est-elle préférable même à la statue du chancelier. Le marbre nous y semble travaillé avec une facilité égale à celle que l'on admire dans les plus beaux monuments antiques. Cette facilité si attrayante, lorsqu'elle est réunie à la science et au sentiment, est surtout remarquable dans un bas-relief placé sur la partie inférieure du sarcophage, dans lequel est représenté le cadavre de madame de Birague, consumé par la maladie et déjà défiguré par la mort. Nous croyons qu'il n'y a rien dans la sculpture françoise que l'on puisse mettre au-dessus de ce morceau. Il avoit été déposé dans le même musée.

LE PALAIS DES TOURNELLES.

Le palais des Tournelles, que Dubreul et son éditeur (1) ont confondu avec l'hôtel royal de Saint-Paul, étoit une vaste maison que Pierre d'Orgemont, seigneur de Chantilli, chancelier de France et de Dauphiné, avoit fait rebâtir et qu'il s'étoit plu à orner pour en faire sa demeure. Après sa mort, il passa à Pierre d'Orgemont son fils, évêque de Paris, qui le vendit à Jean, duc de Berri, frère de Charles V. Le contrat de vente, déposé dans les archives de l'archevêché, est du 16 mai 1402 (2). En 1404, le duc de Berri le céda, par échange, au duc d'Orléans. Ce palais ne tarda pas à entrer dans les domaines de la couronne : car,

---

(1) Liv. III, p. 1050.

(2) Sauval, qui ne connoissoit pas ce contrat, dit que cette vente se fit en 1398; D. Félibien s'est conformé à cette date. Dans un autre endroit Sauval avance que ce fut en 1404, et que ce prince l'échangea, en 1422, avec le duc d'Orléans. Cet historien ne s'étoit pas aperçu que ces dates étoient doublement inadmissibles, le duc d'Orléans ayant été assassiné en 1407, et le duc de Berri étant mort en 1416.

dès 1417, il est qualifié *Domus regia Tornellarum* dans les registres capitulaires du chapitre de Notre-Dame (1).

Les Anglais s'étant rendus maîtres de Paris, le duc de Betford, régent du royaume au nom du roi d'Angleterre, choisit l'hôtel des Tournelles pour en faire sa demeure, et l'agrandit en y joignant huit arpents et demi de terre qu'il acheta des religieux de Sainte-Catherine. Cette acquisition avoit été faite le 17 juin 1423, moyennant 200 liv. une fois payées, et 16 sols de chef-cens; mais on voit dans les archives de cette communauté que cette vente forcée fut cassée douze ans après, et qu'en vertu des lettres de Charles VII, données le 3 décembre 1437, les religieux rentrèrent dans leur possession (2).

Cet hôtel étoit si spacieux qu'il renfermoit alors tout le terrain compris entre le boulevart, la rue Saint-Gilles, et celles de l'Égout et de Saint-Antoine. Charles VII et ses successeurs en préférèrent le séjour à celui de l'hôtel Saint-Paul (3). Louis XII y mourut; et c'est aussi dans cette

---

(1) *Cap.* VIII, p. 177.
(2) Archiv. de S. Cather.
(3) A l'exception de Louis XI, car on voit dans les registres de la chambre des comptes qu'en 1467 « ce prince donna à Jacques » Coitier (*alias* l'Hoste), *astrologien*, la conciergerie des jardins » de l'hôtel des Tournelles, et les profits, sa vie durante. » L'année suivante il appartenoit à la comtesse d'Angoulême.

maison qu'expira Henri II, blessé mortellement dans une joute par un coup de lance qu'il avoit reçu du comte de Montgommeri. Ce funeste événement détermina Catherine de Médicis à quitter ce palais, et Charles IX à donner l'édit du 28 janvier 1565, qui en ordonnoit la démolition.

D. Félibien a avancé que l'exécution de cet édit fut pressée avec une si grande ardeur « que bientôt, » par ordre de la reine, on eut abattu tout ce qu'il » y avoit de bâtiments, que les jardins furent » pareillement détruits, les murailles renversées, » les fossés comblés; et qu'afin qu'il n'en restât aucun » vestige, elle ordonna que la cour intérieure » fût réduite en place publique, pour servir de » marché aux chevaux. » Cependant Jaillot ne pense pas que cette démolition ait été aussi prompte; et il cite à l'appui de son opinion de nouvelles lettres-patentes du 15 mai 1565, et d'autres de 1569, qui contenoient encore des dispositions à ce sujet. Sauval prétend même que par la suite Henri III y plaça des Hiéronymites; mais il y a apparence que ce fut dans des bâtiments construits exprès pour eux sur une partie du palais des Tournelles, et qu'alors cet édifice étoit entièrement démoli.

On comptoit, dans cette immense demeure, plusieurs préaux et chapelles, douze galeries, deux parcs, six grands jardins, un labyrinthe qu'on nommoit *Dédale*, et un septième jardin de neuf arpents, que le duc de Betford faisoit labourer par son jardinier.

L'emplacement qu'il occupoit a été successivement couvert par la place Royale et par les rues dont elle est environnée.

Sauval a dit avec raison que tant que ce palais a subsisté, et dans le temps même que nos rois l'habitoient, il devoit au prieur et aux religieux de Sainte-Catherine, lots et ventes, cens et rentes. François Ier, qui disoit avec raison que le roi ne relevoit de personne, et que tout le monde relevoit du roi, les paya lui-même à l'exemple de ses prédécesseurs : et lorsque Henri IV en vendit les places vides, avec la réserve des droits seigneuriaux pour lui et ses successeurs, il promit aux religieux de Sainte-Catherine de les en dédommager, promesse qui fut exécutée par Louis XIII en 1615.

LA PLACE ROYALE.

CETTE place fut commencée en 1604, par ordre de Henri IV, sur la portion de l'emplacement du palais des Tournelles qui servoit alors de marché aux chevaux. Il y fit bâtir d'abord un vaste bâtiment de cent toises de long sur soixante de large, dans lequel il plaça des manufactures de soie; et la même année vit s'élever une partie des constructions régulières qui devoient former la nouvelle place. On construisit à ses frais le côté parallèle à la rue Saint-Antoine et le pavillon qui fait face à la rue de la chaussée des Minimes; les places des trois autres côtés ayant été ensuite distribuées par portions égales, on les céda à des particuliers pour un écu d'or de cens, à la charge de bâtir toutes les maisons sur un plan symétrique et entièrement semblable au dessin de celles que le roi avoit fait édifier, lesquelles furent vendues depuis à d'autres particuliers. Des lettres-patentes de ce prince, du mois de juillet 1605, ordonnèrent que cette place seroit appelée *place Royale*.

L'enceinte en fut achevée en 1612 (1). Elle offre dans son intérieur une surface de soixante-douze toises en carré. Tous les édifices qui la composent forment autant de pavillons bâtis de pierre et de brique, et couverts séparément d'un comble à deux égouts. Au pied de ces façades règne une suite d'arcades, formant une galerie couverte de douze pieds dans œuvre sur environ douze pieds

---

(1) Le 5 avril de cette même année, Marie de Médicis y donna le spectacle d'un magnifique carrousel, qu'elle avoit ordonné à l'occasion de la double alliance contractée entre la France et l'Espagne.

de hauteur. Ces galeries sont voûtées en cintre surbaissé, construites des mêmes matières que les pavillons, et décorées du côté de la place d'un ordre toscan de vingt-deux pouces de diamètre, sans entablement ni corniche. Au-dessus de cet ordre s'élèvent deux rangs d'étages, non compris les logements pratiqués dans les combles. Les entrées des rues Royale, des Minimes et du pas de la Mule sont pratiquées sous les arcades de trois de ces pavillons. Celle de la rue de l'Écharpe est à découvert, et interrompt seule la clôture des bâtiments.

Entre tous ces corps de logis se font remarquer deux pavillons beaucoup plus élevés que les autres, et sous lesquels sont ouvertes deux des entrées dont nous venons de parler (1). Ces deux pavillons sont décorés de pilastres d'ordre dorique de vingt pouces de diamètre, couronnés d'un entablement composé, au-dessus duquel s'élèvent également deux étages surmontés d'un grand comble qui domine sur tous les autres combles de la place (2).

Au-devant de ces galeries est une chaussée pavée, de quarante pieds de largeur, établie pour le passage des voitures. Cette chaussée, du côté opposé aux galeries, est bordée d'une grille de fer, renfermant un grand préau orné de gazons et

---

(1) Celles des rues Royale et des Minimes.
(2) *Voy.* pl. 124.

d'allées sablées. C'est au milieu de cette enceinte que le cardinal de Richelieu fit placer, le 27 septembre 1639, la statue équestre de Louis XIII. Elle étoit élevée sur un piédestal de marbre.

Ce prince y étoit représenté le casque en tête, vêtu à la romaine, retenant d'une main la bride de son cheval et étendant l'autre en signe de commandement. La figure, exécutée par *Biard* le fils, sculpteur très médiocre, passoit pour un très-mauvais ouvrage; mais les connoisseurs donnoient de grands éloges au cheval, que l'on devoit à une main plus habile, et qui n'avoit point été fait pour le monument auquel il étoit adapté. *Daniel Ricciarelli*, élève de Michel-Ange, l'avoit exécuté, dit-on, pour y placer une statue de Henri II. La mort l'empêcha de terminer ce grand ouvrage, et c'est ce qui en fit changer la destination (1).

Sur les faces du piédestal étoient placées des incriptions à la louange de Louis XIII et de son ministre (2).

Ce ne fut qu'en 1685, sous le règne de Louis XIV, que fut élevée la grille qui entoure ce monument :

---

(1) *Voyez* pl. 131. Cette statue a été abattue le 10 août 1792.

(2) Sur la face qui étoit du côté de la rue Saint-Antoine, on lisoit :

« Pour la glorieuse et immortelle mémoire du très-grand et très-invincible
» Louis-le-Juste, XIIIe du nom, roi de France et de Navarre, *Armund*,

on la doit à la générosité des propriétaires des trente-cinq pavillons qui la composent, lesquels

---

» *cardinal et duc de Richelieu*, son principal ministre dans tous ses illustres
» et généreux desseins, comblé d'honneurs et de bienfaits par un si bon
» maître et un si généreux monarque, lui a fait élever cette statue, pour une
» marque éternelle de son zèle, de sa fidélité et de sa reconnoissance. 1639. »

Sur la face du côté des Minimes :

Ludovico XIII, christianissimo Galliæ et Navarræ regi, justo, pio, felici, victori, triomphatori, semper augusto, Armandus cardinalis, dux Richelius, *præcipuorum regni onerum adjutor et administer, domino optime merito. principique munificentissimo, fidei suæ, devotionis, et ob innumera beneficia immensosque honores sibi collatos, porenne grati animi monimentum, hanc statuam equestrem ponendam curavit, anno Domin.* 1639.

Sur la face à droite :

POUR LOUIS-LE-JUSTE.

SONNET.

Que ne peut la vertu ? que ne peut le courage ?
J'ai dompté pour jamais l'hérésie en son fort.
Du Tage impérieux j'ai fait trembler le bord,
Et du Rhin jusqu'à l'Ebre accru mon héritage.
J'ai sauvé par mon bras l'Europe d'esclavage ;
Et si tant de travaux n'eussent hâté mon sort,
J'eusse attaqué l'Asie, et d'un pieux effort,
J'eusse du saint tombeau vengé le long servage.
Armand, le grand *Armand* *, l'âme de mes exploits,
Porta de toutes parts mes armes et mes lois,
Et donna tout l'éclat aux rayons de ma gloire.
Enfin il m'éleva ce pompeux monument,
Où, pour rendre à son nom mémoire pour mémoire,
Je veux qu'avec le mien il vive incessamment.

Sur la face à gauche :

*Quod bellator hydros pacem spirare rebelles,
Deplumes trepidare aquilas, mitescere pardos,*

---

* On doit remarquer, pour l'honneur du cardinal de Richelieu, que ce sonnet ridicule, composé par Desmarets de Saint-Sorlin, ne fut gravé sur ce piédestal que long-temps après la mort de ce ministre.

donnèrent chacun à cet effet une somme de 1000 l. Ces maisons étoient alors regardées comme les plus grandes et les plus superbes habitations de Paris; elles servoient de demeure à ce qu'il y avoit de plus illustre à la cour et à la ville : elles ont beaucoup perdu de leur ancienne splendeur.

LES MINIMES
DE LA PLACE ROYALE.

Nous avons déjà fait connoître en parlant des Minimes de Chaillot (1), vulgairement connus sous le nom de *Bons-Hommes*, tout ce qui a rapport à l'origine et à l'établissement en France de ces religieux. On a vu que leur premier couvent avoit été bâti sur le terrain de l'ancien manoir de

---

Et depressa jugo submittere colla leones,
Despectat Lodoicus, equo sublimis aheno,
Non digiti, non artifices fecere camini;
Sed virtus et plena Deo fortuna peregit.
Armandus vindex fidei pacisque sequester
Augustum curavit opus; populisque verendam
Regali voluit statuam consurgere circo,
Ut post civilis depulsa pericula belli,
Et circum domitos armis felicibus hostes,
Æternum Dominâ Lodoicus in urbe triumphet.

(1) *Voyez* t. I.er, 2.e partie, p. 1053.

Nijon, et le second, établi dans le monastère *de Grandmont*, situé au milieu du bois de Vincennes. Les choses restèrent en cet état jusqu'au commencement du dix-septième siècle.

Vers la fin du siècle précédent, les Minimes de Chaillot, qui désiroient vivement former un établissement dans l'intérieur même de Paris, avoient été sur le point de voir leurs vœux exaucés par la libéralité de Henri de Joyeuse, d'abord duc, pair et maréchal de France, connu depuis dans l'histoire sous le nom de Père Ange de Joyeuse, capucin. Cet homme célèbre, ayant pris l'habit de Saint-François le 4 septembre 1587, avoit légué en 1588 une portion de son hôtel (1) aux Minimes de Chaillot, à la charge par eux de remplir différentes fondations; mais il changea presque aussitôt de disposition, et le donna en entier aux Minimes de la province de France, sous d'autres conditions, qui sont étrangères à l'objet que nous traitons ici.

Leurs espérances ayant été frustrées de ce côté, ils sembloient avoir entièrement renoncé à leur projet, lorsqu'environ vingt ans après Olivier Chaillou, chanoine de Notre-Dame, et descen-

---

(1) Cet hôtel, situé dans le quartier du Palais-Royal, étoit contigu à celui que le cardinal de La Rochefoucauld céda aux religieuses de l'Assomption. Il y en eut même une petite portion d'enclavée dans ce monastère.

dant d'une sœur de saint François de Paule, fondateur de leur ordre, entra dans le couvent des Minimes de Chaillot, et, par le don qu'il leur fit de tous ses biens, les mit en état d'acheter une partie du parc des Tournelles, et de bâtir les lieux qu'ils y ont occupés depuis jusqu'à la fin de la monarchie. Nos historiens ont fort varié sur la date de cet établissement, qu'il faut fixer, avec Jaillot, à l'année 1609, date du contrat (1) par lequel M. de Vitri vendit au provincial des Minimes une place sur laquelle avoient été situés les bâtiments élevés dans le parc des Tournelles, par Henri III, pour y établir les Hiéronymites. L'achat de ce terrain, qui ne composoit qu'une portion du jardin de ce seigneur, fut bientôt suivi de l'acquisition d'un autre morceau de terre situé à l'extrémité de ce même jardin, et la totalité de l'emplacement forma environ 2000 toises de superficie. Henri IV donna en 1610 des lettres-patentes qui autorisèrent cette transaction, laquelle fut confirmée la même année par de nouvelles lettres de Louis XIII. Elles furent enregistrées au parlement le 19 juillet de la même année et à la chambre des comptes le 14 juillet 1611.

Les Minimes se contentèrent d'abord d'élever sur cet emplacement quelques légers bâtiments

---

(1) Ch. des comptes. Mémor. 4, L. f° 316, verso. — Ibid., Reg. des arrêts, R. 1700, f° 658.

construits à la hâte et une petite chapelle où la messe fut célébrée pour la première fois le 25 mars 1610, jour de l'Annonciation, circonstance qui engagea sans doute à désigner cette maison sous le nom de l'*Annonciade*.

Il n'y a pas d'apparence qu'ils eussent pu de long-temps y établir un monastère, si Marie de Médicis n'eût eu la pensée de se déclarer fondatrice de ce couvent. Afin de mériter ce titre d'une manière digne d'elle, elle fit d'abord rembourser aux Minimes la somme qu'ils avoient payée pour le prix de leur acquisition, et ordonna aussitôt la construction de l'église qui a subsisté jusqu'à la destruction de cet ordre. Le cardinal de Gondi y mit la première pierre au nom de cette princesse; et, le 4 mai 1630, M. de La Vieuville, petit-neveu de saint François de Paule, posa celle du maître-autel, lequel fut sans doute élevé et décoré par sa libéralité, car il est qualifié de fondateur dans l'inscription qui y fut gravée. L'église fut dédiée le 29 août 1679, sous l'invocation du saint instituteur de l'ordre des Minimes.

Cette église, construite sur les dessins de François Mansard, étoit remarquable par son portail, élevé après coup, et qui passa long-temps pour un beau morceau d'architecture. C'étoit un de ces frontispices si communs dans nos églises modernes, lesquels présentent plusieurs ordonnances de colonnes, élevées les unes sur les autres, dans une forme pyramidale, sorte de décoration qui ne se rattache en aucune manière à l'édifice ; qui, dans sa construction, ne présente aucun but d'utilité, et que nous avons déjà signalée comme un des abus les plus déplorables du faux goût qui a régné si long-temps en France dans l'architecture. Ce portail étoit composé au rez-de-chaussée d'un ordre dorique surmonté d'un fronton triangulaire, au-dessus duquel s'élevoit un ordre composite, que couronnoit un second fronton de forme circulaire. Toute cette composition avoit une sorte d'éclat ; mais quoiqu'elle ait été mise par les connoisseurs du siècle dernier au rang des monuments françois les plus recommandables, l'assemblage bizarre de tant de parties incohérentes ne pouvoit satisfaire les yeux d'un homme de goût (1).

Plusieurs bienfaiteurs de la plus haute distinction, entre autres M. le marquis de Sourdis, MM. Lefevre d'Eaubonne et d'Ormesson joignirent leurs dons à ceux de la reine et du marquis de La Vieuville. Tant de bienfaits et une si haute protection procurèrent aux Minimes des moyens suffisants, non-seulement pour joindre des bâtiments vastes et commodes à l'église qu'ils venoient de faire bâtir, mais encore pour l'enrichir et la décorer de manière à la rendre digne de l'attention des curieux.

---

(1) *Voyez* pl. 133.

CURIOSITÉS DE L'ÉGLISE ET DE LA MAISON DES MINIMES.

TABLEAUX.

Sur le maître-autel, lequel étoit orné de six colonnes d'ordre corinthien en marbre de Dinan, une très-belle copie de la Descente de croix de *Daniel de Volterre*.

Dans la première chapelle à gauche du sanctuaire, saint François de Paule ressuscitant un enfant, par *Simon Vouet*.

Sur les panneaux de la boiserie de cette chapelle, les principaux traits de la vie de ce saint, par les élèves du même peintre.

Dans la chapelle de Villacerf, une copie du saint Michel de *Raphaël*.

Dans la chapelle de saint François de Sales, qui étoit hors-d'œuvre et d'un plan octogone, un tableau où ce saint étoit représenté, par un peintre inconnu (*).

Dans la cinquième chapelle, les anges portant le corps de Jésus-Christ, par un peintre inconnu.

Dans la sixième, sainte Marguerite et un autre tableau, vœu des prévôt des marchands et échevins, aussi sans nom d'auteur.

Dans la troisième chapelle à droite, le sommeil de saint Joseph, excellent tableau de *Philippe de Champagne*.

Dans la quatrième, une sainte Famille, peinte par *Sarrasin*, sculpteur.

Dans la cinquième, dite chapelle de *Castille*, le mystère de la Trinité, par *La Hyre*.

Sur l'autel de la sixième, dite de *Verthamont*, un Christ accompagné de trois figures.

Dans la première sacristie, un tableau représentant saint Pierre-ès-liens. Ce morceau, qu'on estimoit surtout pour l'effet de lumière, étoit sans nom d'auteur.

(*) Cette chapelle étoit décorée de pilastres composites à cannelures dorées; le plafond en calotte étoit chargé de sculptures qui se détachoient sur un fond doré.

A côté, saint François de Paule délivrant de la peste les habitants de Fréjus, par *Depape*.

A droite, Louis XI allant au-devant du saint ermite, par *Dumont le Romain*.

Dans le fond, le même saint traversant le phare de Messine sur son manteau, par *Noël Coypel*.

Dans la deuxième sacristie, une Descente de croix, par *Jouvenet*.

Vis-à-vis de ce tableau, saint François de Paule rendant la vue à une jeune fille, par *Dumont le Romain*.

En face des croisées, un grand tableau de *Largillière*, représentant l'érection d'un prévôt des marchands, lors de l'avénement de Philippe V au trône d'Espagne.

Dans le chapitre qui joignoit cette pièce, une suite de peintures en grisaille attribuées à *La Hyre*, et représentant les principaux traits de la vie de Jésus-Christ. Ces morceaux jouissoient de la plus haute estime. — Sur l'autel étoit un très-beau tableau représentant Notre-Seigneur crucifié. — Plusieurs tableaux, par *Prévost* (*).

SCULPTURES.

Sur le maître-autel de l'église, les statues de la Vierge et de saint François de Paule, par *Guérin*.

Dans la quatrième chapelle à droite, des sculptures d'ornement, par *Surrazin*.

SÉPULTURES ET TOMBEAUX.

Dans l'église, Jean de Launoy, docteur en théologie de la faculté de Paris, savant distingué, mort en 1678.

(*) Les galeries qui régnoient au-dessus du cloître étoient également ornées de peintures. On y remarquoit une Magdeleine et un saint Jean dans l'île de Pathmos, ouvrages du père *Niceron*, religieux de cette maison, et fameux mathématicien. Ces deux tableaux, peu remarquables sous le rapport de l'art, étoient extrêmement curieux comme prestiges d'optique. A mesure que le spectateur s'en approchoit, le sujet principal s'évanouissoit, et l'on n'apercevoit plus qu'un paysage.

Dans la chapelle de Villacerf, laquelle étoit ornée de colonnes torses, avec festons et pampres, on voyoit le portrait en médaillon d'Édouard Colbert de Villacerf, surintendant des bâtiments du roi. Ce médaillon, exécuté par *Coustou* l'aîné, étoit entouré d'une draperie. Une table de marbre offroit au-dessous l'épitaphe de ce ministre (*).

La chapelle de saint François de Sales renfermoit le mausolée du duc de La Vieuville, ministre d'État sous Louis XIII et Louis XIV, mort en 1653, et de dame Marie Bouhier son épouse, morte en 1663 (**).

Dans la chapelle de Bon-Secours, la quatrième à gauche, avoient été inhumés, Diane de France, duchesse d'Angoulême, fille naturelle de Henri II, morte en 1619 (***); Charles de Valois, duc d'Angoulême, fils naturel de Charles IX, mort en 1650 (****).

Dans un caveau pratiqué sous la chapelle étoient renfermés les cercueils de Charlotte de Montmorenci son épouse, morte en 1636; de Marie Touchet sa mère, morte en 1638; et de presque tous les princes et princesses de sa famille.

Dans la cinquième chapelle du même côté étoient déposés trois ossements du B. Jean-de-Dieu, et l'on y lisoit les épitaphes de plusieurs personnes de la famille Lecamus qui y avoient leur sépulture.

Dans la chapelle de Sainte-Marguerite avoit été inhumé Octave de Périgny, président en la troisième chambre des enquêtes, et précepteur de Louis de France, dauphin de Viennois.

(*) Ce médaillon, qui étoit déposé au musée des monuments françois, est du bon faire de ce sculpteur. Les cheveux y sont traités surtout avec une grande vérité.

(**) (Déposé aux Petits-Augustins.) Il est représenté à genoux, revêtu des marques de sa dignité, et tenant un livre de la main gauche. Sa femme est également à genoux, avec un livre entre ses mains. Ces deux statues sont d'une assez bonne exécution, quoiqu'un peu maniérée. La tête de madame La Vieuville annonce une femme d'une grande beauté, et se fait remarquer surtout par une coiffure pleine d'élégance et de simplicité.

(***) Elle est à genoux devant un prie-dieu. Très-mauvaise sculpture. (Déposé dans le même musée.)

(****) Il est couché sur des canons, et revêtu du manteau ducal. Sculpture barbare. (Déposé dans le même musée.)

La chapelle Saint-Nicolas renfermoit le mausolée en marbre blanc du premier président Le Jay et de Magdeleine Marchand (*) son épouse ; les bustes de Guillaume Leserat, seigneur de Lancrau, et de Charles Le Jay, baron de Maison-Rouge (**).

Dans la troisième à droite avoit été inhumé Abel de Sainte-Marthe, doyen de la cour des aides, garde de la bibliothéque royale de Fontainebleau.

Dans la chapelle de Castille étoit le mausolée de Pierre de Castille, orné de deux génies en bronze qui éteignoient un flambeau.

Le réfectoire de ces religieux étoit immense, et éclairé par neuf croisées, auxquelles correspondoient des arcades symétriques sur lesquelles Laurent de La Hyre avoit peint des paysages d'un très-bon choix. Il avoit aussi enrichi ces salles de figures et d'ornements d'architecture imitant le bas-relief. Toutes ces peintures passoient pour excellentes.

La bibliothéque étoit composée d'environ vingt-six mille volumes, parmi lesquels on comptoit plusieurs manuscrits.

Cet ordre, qui avoit toujours conservé, sans aucune altération, la règle de son institut, qui n'avoit même jamais voulu accepter les adoucissements qu'on avoit offert de lui procurer,

---

(*) La statue de Magdeleine Marchand la représente à genoux et les mains jointes, dans le costume maussade de la fin du seizième siècle. La tête a quelque naïveté, mais tout le reste est traité d'une manière rude et grossière. (Déposé dans le même musée.)

(**) Le marbre, dans ces deux bustes, est manié avec intelligence et facilité. (Déposé dans le même musée.)

a produit plusieurs religieux également recommandables par leurs talents et par leurs vertus, entre lesquels on doit surtout distinguer les PP. Niceron, Mersenne, Plumier, Avrillon, Le Clerc, de Coste, Giry, etc. (1).

HÔPITAL
DE LA CHARITÉ-NOTRE-DAME,

OU

LES HOSPITALIÈRES DE LA CHARITÉ-NOTRE-DAME, DE L'ORDRE DE SAINT-AUGUSTIN.

CETTE institution, si digne de la charité chrétienne, où l'on voyoit de jeunes filles consacrer toute leur vie au service et au soulagement des pauvres malades, fut fondée par Simonne Gauguin, plus connue sous le nom de Françoise de La Croix (2). Dès sa tendre jeunesse elle avoit formé le projet d'un établissement pour les personnes malades de son sexe. Sa fortune, aussi médiocre que sa naissance, étoit loin de pouvoir lui

---

(1) L'église des Minimes a été détruite; les bâtiments ont été changés en caserne.
(2) Vie de la V. mère Françoise de la Croix, etc., 1745.

procurer les moyens de le réaliser; mais, dit Jaillot, la Providence qui lui en avoit inspiré l'idée, et dont les desseins s'accomplissent malgré tous les obstacles, lui ménagea l'affection et les secours de la dame Hennequin, veuve d'un procureur en la chambre des comptes de Rouen, qui l'adopta pour sa fille. Réunies ensemble, ces deux vertueuses personnes conçurent le dessein plus vaste de fonder un double hôpital pour les hommes et pour les femmes, dont le dernier seroit desservi par elles; l'autre devoit être confié aux soins des frères de la Charité. On commença cet établissement à Louviers, au diocèse d'Évreux; et il fut autorisé par des lettres-patentes qui nommoient les religieux du tiers-ordre de Saint-François supérieurs de ces deux communautés. Ces dames et les personnes qu'elles s'associèrent avoient pris en 1617 un habit de religieuse, sans cependant se lier encore par aucun vœu, et leur institution charitable commençoit à prospérer, lorsque la mort imprévue de madame Hennequin vint tout à coup en arrêter les progrès. Françoise de La Croix prit aussitôt la résolution de venir à Paris, avec quelques-unes de ses compagnes, pour former un nouvel établissement dans cette capitale. Elles y arrivèrent en 1623, et se logèrent d'abord au faubourg Saint-Germain, rue du Colombier. L'archevêque de Paris ayant permis cet établissement par ses constitutions du 25 novembre 1624, les lettres-patentes qui le confirmoient leur furent accordées au mois de janvier de l'année suivante, et furent enregistrées le 16 mars 1626. Les libéralités de madame d'Orsai mirent bientôt ces religieuses en état de louer une grande maison rue des Tournelles ; mais M. Faure, maître-d'hôtel ordinaire du roi, mérita surtout le titre de fondateur, en leur donnant de quoi acheter cette maison, et fonder douze lits *pour les femmes ou filles malades, qui, nées dans une condition honnête, mais sans fortune, se font une peine de se rendre à l'Hôtel-Dieu*. M. Faure ne vécut que trois heures après cette fondation, laquelle fut exécutée avec tant de zèle par sa veuve, que la plupart des historiens de Paris lui ont aussi donné le titre de fondatrice.

Cependant les frères de la Charité et les administrateurs de l'Hôtel-Dieu, par des motifs qu'il est impossible de concevoir et d'expliquer, virent avec déplaisir l'établissement d'une maison qui diminuoit réellement leurs fatigues et leurs dépenses, en multipliant les soins et les secours donnés aux malades, et formèrent opposition à l'enregistrement des lettres-patentes que Marie de Médicis avoit procurées aux hospitalières. Le parlement n'eut aucun égard aux motifs d'opposition qu'ils présentèrent, et mit les parties hors de cour et de procès ; mais comme il n'enregistra les lettres-patentes qu'avec des modifications qui changeoient le plan de l'établissement, les hospitalières obtinrent deux lettres de jussion pour l'enregistrement pur et simple, auquel le parlement se conforma en 1628. Le 9 juin de cette année, M. de Gondi donna une nouvelle permission, et le 12 du même mois Françoise de La Croix et ses compagnes furent mises en possession de leur hôpital, en présence de Marie de Médicis. Un an après elles firent leurs vœux; et leur ordre fut approuvé par Urbain VIII, le 20 décembre 1633.

Aux trois vœux ordinaires ces religieuses ajoutoient celui de se consacrer au service des pauvres malades. Elles suivoient la règle de saint Augustin (1).

La grande salle contenoit vingt-trois lits destinés à recevoir gratuitement les pauvres femmes et filles malades. Sur l'autel de la chapelle étoit une Nativité peinte par *Coypel* (2).

---

(1) Cette maison se faisoit honneur d'avoir servi de retraite à *Françoise d'Aubigné*, marquise de Maintenon, avant son séjour à la cour de Louis XIV.

(2) On a établi dans les bâtiments de cette communauté une filature en faveur des indigents.

LES FILLES

DE LA SOCIÉTÉ DE LA CROIX.

Nous avons déjà parlé de cet établissement formé à Roye par les soins de M. Guérin, curé à Amiens (1). Nous avons raconté comment, étant venues se réfugier à Paris pour échapper aux désastres de la guerre, ces filles y furent accueillies par une vertueuse dame nommée Marie Luillier, qui voulut même aller s'établir avec elles dans l'asile qu'elle leur avoit procuré à Brie-Comte-Robert. Enfin, on n'a point sans doute oublié que le refus fait par quelques-unes des sœurs de s'engager avec elle par des vœux solennels à la profession religieuse, occasionna une scission dans ce petit troupeau, dont une partie resta encore quelque temps à Brie-Comte-Robert, pour venir s'établir ensuite à Paris, rue des Barres, tandis que l'autre alla sur-le-champ rejoindre madame Luil-

---

(1) *Voyez* p. 848.

lier, déjà établie dans cette capitale, rue de Vaugirard. Ceci se passa en 1643.

Ce fut alors que cette dame acheta des sieurs de Villebousin l'hôtel des Tournelles, c'est-à-dire une portion du terrain sur lequel il avoit été situé. Les bâtiments dont il étoit composé se trouvèrent suffisants pour y installer sa nouvelle communauté (1). Madame la duchesse d'Aiguillon, qui s'étoit déclarée fondatrice des filles de la Croix, et qui, à ce titre, leur avoit donné, par contrat, une somme de 30,851 liv., leur procura, de plus, un autre établissement à Ruel, lequel fut autorisé par lettres-patentes données en 1655.

LES RELIGIEUSES DE LA VISITATION

DE SAINTE-MARIE.

Personne n'ignore que cet ordre célèbre doit son institution à saint François de Sales, qui en jeta les fondements dans la petite ville d'Anneci, résidence des évêques de Genève, le 6 juin 1610.

---

(1) Ces bâtiments sont maintenant occupés par des particuliers.

Ce ne fut, dans son origine, qu'une assemblée ou congrégation de filles et de veuves, dont l'objet étoit de visiter, de consoler les malades, et de soulager les pauvres en l'honneur de Dieu, et en mémoire de la visite que la Sainte-Vierge fit à sainte Élisibeth. Ces personnes gardoient la chasteté, la pauvreté et l'obéissance, portoient un habit séculier, mais modeste, ne s'obligeoient point à garder la clôture, et n'étoient engagées que par un vœu simple à ces exercices de piété et de charité. Le saint prélat pensoit, comme il le dit lui-même dans ses lettres, « que les vœux » simples sont aussi forts que les vœux de tous les » ordres de religion, pour obliger la conscience à » leur observation (1), » et le savant cardinal Bellarmin étoit du même sentiment. Cependant, malgré les avantages qui résultoient de semblables congrégations, et particulièrement de celle-ci, saint François de Sales, sollicité par l'archevêque de Lyon, Denis de Marguemont, crut devoir sacrifier sa façon de penser aux instances de ce prélat, et consentit, peu de temps après l'institution de cette communauté, qu'elle devînt un ordre religieux. Elle fut donc érigée en titre par un bref de Paul V, du 23 avril 1618, sous la règle de saint Augustin, et saint François de Sales fut commis lui-même pour en régler les constitutions, qui furent approu-

---

(1) Lett. de S. Franç. de Sales, liv. I, lett. 21.

vées par le même pontife le 9 octobre de la même année, et confirmées par Urbain VIII en 1626.

La réputation d'un ordre aussi utile se répandit bientôt partout; et ce succès fit naître au saint instituteur, qui se trouvoit alors à Paris, le dessein de lui procurer une maison dans cette capitale. Il écrivit à cet effet à la célèbre Jeanne-Françoise Frémiot, veuve de Christophe de Rabutin, baron de Chantal, qui, non moins zélée que lui pour le nouvel institut, avoit tout sacrifié pour le former, et en avoit été nommée première supérieure. A la réception de sa lettre, elle partit de Bourges, où elle étoit alors occupée à l'établissement d'un monastère de son ordre, et se rendit à Paris avec trois de ses religieuses. Arrivée dans cette ville le 6 avril 1619, elle alla demeurer chez madame Gouffier, au faubourg Saint-Marceau, et ne tarda pas à obtenir de M. Henri de Gondi, cardinal de Retz et évêque de Paris, la permission de se fixer dans cette ville. Les lettres-patentes du roi, à cet effet, furent données au mois de juin suivant (1). Madame de Chantal se rendit alors avec son troupeau au faubourg Saint-Michel, où on leur avoit préparé une maison. La douceur de cet institut, qui n'exigeoit ni le chant des offices, ni les abstinences ou jeûnes particuliers, ni l'austérité

---

(1) Elles furent enregistrées le 5 avril 1621, et ratifiées par Louis XIV en 1651.

qui se pratiquoit dans les autres ordres monastiques, excita dans ceux-ci quelques inquiétudes, et fit même naître, de la part de quelques-uns d'entre eux, des représentations auxquelles on n'eut aucun égard. Les motifs mêmes qu'on alléguoit pour empêcher l'établisssement des Filles de Sainte-Marie ne firent qu'en accélérer les progrès, et tant de personnes s'y engagèrent, qu'en moins de trente ans elles possédèrent trois maisons dans Paris.

Dès l'année 1621 ces religieuses furent transférées dans un logement plus vaste et plus commode, situé rue du Petit-Musc et de la Cerisaie (1); mais cet hôtel ne se trouvant bientôt plus assez grand pour le nombre de personnes qui entroient dans leur ordre, la dame Hélène-Angélique l'Huillier, bienfaitrice et supérieure de l'établissement, acheta l'hôtel de Cossé, rue Saint-Antoine, dont le jardin étoit contigu à celui des religieuses. On travailla de suite aux bâtiments nécessaires à une communauté, et, le 14 août 1629, les religieuses

---

(1) 27e liv. des Chart., fos. 329 et 330. On l'appeloit hôtel du Petit-Bourbon. Il fut confisqué, ainsi que tous les biens du connétable de Bourbon, et vendu à François de Kervenoi le 10 décembre 1554, moyennant 6,125 liv. La dame de Kervenoi le rétrocéda au roi le 16 décembre 1576; les filles de la Visitation en firent l'acquisition le 18 février 1621; et cette acquisition fut amortie par deux lettres-patentes, l'une du mois d'avril suivant, enregistrée au parlement le 3 juillet de la même année; l'autre du mois d'août, enregistrée à la chambre des comptes le 10 septembre de ladite année 1621.

s'y rendirent, sans être obligées de sortir de leur enclos (1).

Le commandeur de Silleri, ami de madame de Chantal, donna une somme considérable pour faire bâtir l'église, dont il posa la première pierre le 31 octobre 1632. Elle fut achevée en moins de deux ans, et dédiée le 14 septembre 1634 sous le titre de *Notre-Dame-des-Anges*, par M. Fremiot, archevêque de Bourges, frère de madame de Chantal. Cette église, qui est du dessin de François Mansart, fut édifiée sur le modèle de Notre-Dame de la Rotonde à Rome (2).

« L'ensemble en est agréable, dit un habile
» architecte du siècle passé (3), et l'on trouve
» dans le plan l'idée première du dôme des In-
» valides, idée que Jules-Hardouin Mansard,
» neveu de celui-ci, agrandit et perfectionna
» beaucoup, pour produire son chef-d'œuvre
» plus de quarante ans après.

---

(1) C'est apparemment à ces émigrations qu'il faut attribuer les différentes époques que les historiens de Paris ont fixées à l'établissement des filles de la Visitation. L'abbé Lebeuf et M. Robert donnent à tort pour époque l'année 1528. L'éditeur de Du Breul commet encore une plus grande erreur en faisant venir ces religieuses au faubourg Saint-Michel en 1612, et Le Maire en les établissant rue Saint-Antoine en 1619; enfin l'auteur du *Calendrier historique* a renchéri sur ces fautes, en plaçant ces religieuses, à leur arrivée, rue du Faubourg-Saint-Jacques, en 1623.

(2) *Voyez* pl. 133.

(3) M. Legrand.

» L'église de Sainte-Marie put ajouter à la
» réputation de François Mansard; il n'avoit pas
» encore produit alors les nombreux édifices qui
» l'ont rendu célèbre. Cependant il faut conve-
» nir que ni le plan ni l'élévation ne donnent
» l'idée de cette pureté de goût et de ce soin
» d'exécution qu'on lui attribue, et dont il a fait
» preuve dans beaucoup d'autres ouvrages. »

Louis XIII, qui avoit confirmé l'établissement général de cet ordre par ses lettres-patentes de 1620, enregistrées le 5 avril suivant, en accorda de particulières à la maison de Paris, au mois d'octobre 1630. Son successeur fit don à ces religieuses, par son brevet du 12 juin 1643, de trois places entre la porte Saint-Antoine, la Bastille, et leur monastère, à la charge d'y faire bâtir « des mai-
» sons de même décoration et symétrie, » et il confirma ce don par ses lettres-patentes du mois de septembre de la même année, enregistrées le 13 mai de l'année suivante.

CURIOSITÉS DE L'ÉGLISE DE LA VISITATION.

TABLEAUX.

Dans une chapelle, un saint Augustin, par *Restout* fils.
Dans le chapitre, une descente de Croix, par *La Hyre*.

SÉPULTURES.

André Fremiot, archevêque de Bourges, et frère de madame

de Chantal, avoit sa sépulture dans une chapelle à gauche en entrant.

Sous les marches de la même chapelle étoit inhumé *François Fouquet*.

Et dans le même endroit, *Nicolas Fouquet* son fils, si connu par sa faveur et par sa disgrâce (*).

LA PORTE SAINT-ANTOINE.

Lorsque Charles V fit bâtir la nouvelle enceinte dont nous avons si souvent parlé, il est hors de doute qu'il fit en même temps élever une porte pour servir de communication entre la ville et le faubourg Saint-Antoine. On trouve en effet différents actes qui font mention de cette porte, plusieurs même en parlent comme d'une espèce de forteresse; ce que confirment les dessins qui nous en sont restés (1). Le monument qui l'a remplacée, et dont nous offrons ici une représentation, ne fut construit que très-long-temps après. Cependant, quoique cette époque soit assez rapprochée de nous, les historiens n'en ont pas moins varié sur sa véritable date, les uns pla-

---

(*) L'église est maintenant destinée au culte des Réformés.
(1) *Voyez* pl. 131.

çant son érection sous le règne de Henri II (1), d'autres soutenant qu'elle fut construite en 1573, pour l'entrée solennelle que fit Henri III, en qualité de roi de Pologne (2). Jaillot présente comme une preuve décisive contre ces assertions une inscription conservée par Du Breul (3), laquelle porte que cet arc de triomphe avoit été construit, dès les fondements, l'an 1585, et par conséquent plus de dix ans après le retour de Henri III. Mais cet habile critique n'a pas fait attention qu'il détruit lui-même cette preuve quelques lignes plus bas, en rappelant les bas-reliefs dont *Jean Goujon* avoit décoré ce monument; et personne n'ignore que ce sculpteur célèbre étoit mort avant l'avénement de ce dernier prince au trône de France. Les mêmes contradictions se trouvent dans ce que ces historiens rapportent sur la reconstruction de cette porte. Sauval et Delamare (4) avancent qu'elle fut bâtie sur l'emplacement de l'enceinte. Quelques-uns parlent d'un arc de triomphe élevé au-devant de la première porte Saint-Antoine, auquel on ajouta depuis deux portiques qui en dégagoient l'entrée, en même temps qu'on abattit l'ancienne con-

---

(1) Germ. Brice, p. 237.
(2) Lemaire, t. III, p. 462.
(3) P. 1063.
(4) Sauval, t. I, p. 105. — Delamarre, t. I, p. 88.

struction gothique. Ceux-là prétendent qu'on en conserva les sculptures lorsqu'on la rebâtit en 1660.

Le plan de Saint-Victor, gravé par Dheulland, et celui de Gomboust, peuvent servir à jeter quelques lumières sur ces récits contradictoires. Le premier ne nous offre qu'une simple porte, telle qu'on les construisoit alors, placée entre la rue Jean Beausire et celle des Tournelles. Le second nous fait voir une porte semblable, située au lieu même où fut bâtie depuis celle dont nous parlons. Elle est accompagnée d'un pont jeté sur le fossé, pour communiquer avec le faubourg, et de retraites en forme de tourelles, comme celles du pont Neuf; au milieu s'élève une autre porte, ou arc triomphal, que Jaillot présume avoir été effectivement construit lors de l'entrée de Henri III. Mais il prétend ensuite, sans en donner aucune preuve, que ce monument n'est pas le même auquel François Blondel fut chargé d'ajouter de nouveaux ornements, lorsque, sous le règne de Louis XIV, on eut décidé de faire des principales portes de la ville autant d'arcs de triomphe destinés à rappeler les souvenirs de la gloire de ce monarque. Cependant ce célèbre architecte dit lui-même que celle de Saint-Antoine fut conservée en partie. « Ce n'est, dit-il, qu'un rhabillage, un
» rajustement. On a voulu conserver la vieille

» porte, parce qu'elle avoit au dehors des figures
» de fleuves en bas-reliefs, *faits de la main de*
» *l'illustre Goujon.........* Je n'ai point trouvé
» d'autre expédient plus commode que de joindre
» deux autres portes, une à chaque côté de la
» *vieille.* » Tout nous porte donc à croire que
cet arc de triomphe et l'ancienne porte restaurée
par Blondel ne sont qu'un même monument.

Cette restauration, commencée en 1671, se
composa de deux autres portes, ou ouvertures,
que cet architecte ajouta à celle du milieu, et à
peu près dans les mêmes dimensions, ce qui donna
au monument entier une longueur de neuf toises
sur sept à huit de hauteur. Il continua de chaque
côté l'ordre dorique qui en faisoit la décoration.

Sur le tympan de la porte du milieu, du côté
qui regardoit la ville, étoient sculptées en bas-
relief les armes de France et de Navarre. Les
tympans des deux autres portes offroient la copie
d'une médaille frappée par ordre de la ville à
la gloire de Louis XIV. Elle portoit d'un côté
la tête de ce prince, avec cette légende : *Lu-*
dovicus magnus, Francorum et Navarræ rex.
P. P. 1671. De l'autre, une Vertu assise et
appuyée sur un bouclier aux armes de la ville,
avec cette autre légende : *Felicitas publica.* Au-
dessus on lisoit *Lutetia*. Dans l'attique étoit un
globe entre deux trophées d'armes, et surmonté
d'un soleil, devise du monarque.

La face du côté du faubourg offroit une décoration beaucoup plus riche. Elle étoit ornée de refends et d'un grand entablement dorique qui régnoit sur toute sa largeur. Au-dessus s'élevoit un attique formant une sorte de piédestal continu, que couronnoient deux obélisques placés à ses extrémités. Des niches placées entre les pilastres contenoient deux statues allégoriques, destinées à représenter les suites heureuses de la paix des Pyrénées; elles étoient de la main de François Anguier. Au-dessus et de chaque côté étoit un vaisseau semblable à celui que la ville de Paris porte dans ses armes. Un buste du roi, en bronze, sculpté par Vanopstal, étoit placé sur une console entre les deux statues; les armes de France et de Navarre et des trophées surmontoient l'attique du grand arc, et remplissoient l'intérieur du fronton, sur lequel étoient encore couchées deux statues représentant la France et l'Espagne qui se donnoient la main. Enfin l'Hymen s'élevoit au-dessus de toute cette composition, tenant son flambeau, et sembloit, par son attitude, approuver et confirmer l'auguste alliance des deux grandes nations. Toutes ces figures, plus grandes de quatre pieds que le naturel, avoient été exécutées par le même Vanopstal, et jouissoient de beaucoup d'estime; mais ce qu'il y avoit de vraiment admirable dans ce monument, c'étoient les deux figures de fleuves dont nous avons parlé, ouvrages de Jean Goujon. Elles étoient placées dans les impostes du grand arc, au-dessous de l'attique, lequel se composoit d'une grande table de marbre noir ornée d'une instription (1).

Les deux ouvertures latérales ne furent achevées qu'en 1672, comme il paroissoit par les inscriptions gravées sur l'attique (2).

La porte Saint-Antoine a été abattue quelques années avant la révolution. C'étoit un monument de mauvais goût sous le rapport de l'architecture, et toute l'habileté de Blondel n'avoit pu sauver l'inconvénient qui résultoit de cette réunion des parties incohérentes et de constructions ajoutées après coup (3).

---

(1) Cette inscription étoit conçue en ces termes :

Paci, victricibus Ludovici XIV armis, felicibus Annæ consiliis, augustis M. Theresiæ nuptiis, assiduis Julii cardinalis Mazarini curis, portæ fundatæ, æternùm firmatæ, præfectus urbis, ædilesque sacravére. Anno M. D. C. LX.

(2) La première portoit :

Ludovico Magno, præfectus et ædiles. Anno R. s. H. 1672.

On lisoit sur l'autre :

Quod urbem auxit, ornavit, locupletavit. P. O.

(3) *Voyez* pl. 127.

LA BASTILLE.

Il n'est personne qui n'ait entendu parler de cette célèbre prison d'État, qui servit si souvent de texte aux déclamations des sophistes du dix-huitième siècle, et dont la chute a signalé la plus grande époque de notre histoire, et peut-être de l'histoire du monde entier. Germain Brice (1) dit que c'étoit autrefois une des principales portes de la ville. Il eût été sans doute bien embarrassé s'il eût fallu en apporter la preuve; car il est certain qu'avant le règne de Charles V les murs de la ville ne s'étendoient pas jusque là, et il ne l'est pas moins que cette forteresse ne fut construite que sous le règne de ce prince, lorsque la guerre avec l'Angleterre eut mis dans la nécessité de fortifier la ville, et de reculer l'enceinte de Philippe-Auguste. Cette nouvelle clôture ne se composa d'abord que de fossés et d'arrière-fossés; mais Charles V, devenu roi en 1364, ayant donné

---

(3) T. I, p. 159.

l'ordre d'élever de nouveaux murs, depuis le bastion de l'arsenal jusqu'au Louvre, Hugues Aubriot, alors prévôt de Paris, fit construire la Bastille, non pour servir de porte à la nouvelle enceinte, mais comme un château destiné à défendre la porte même, et à arrêter les efforts de l'ennemi.

Nos historiens varient sur l'époque à laquelle la construction en fut commencée, depuis 1369 jusqu'à 1371. Il en est même qui prétendent que ce château n'a été que réparé par Hugues Aubriot, et qu'il subsistoit dès le règne du roi Jean, puisqu'il est dit qu'Étienne Marcel, prévôt des marchands, s'y étant réfugié pour éviter la fureur de la populace, fut massacré dans son enceinte (1); mais Jaillot, dont la critique est si supérieure à tous ces écrivains, donne des preuves du contraire qui nous semblent décisives, et desquelles il faut conclure avec lui que Mézerai parle exactement, lorsqu'il dit « qu'en 1369 Hugues Aubriot » fit édifier les tours de la Bastille, près la porte » Saint-Antoine, telles qu'on les voit aujour- » d'hui (2). »

La Bastille, telle qu'elle étoit avant sa démolition, offroit un vaste édifice, dont le plan auroit

---

(1) Le récit de sa mort n'est présenté de cette manière que par des écrivains qui ont peu d'autorité, tels que Du Breul, Piganiol, Belle-forêt. Sur les circonstances authentiques de la mort de ce traître, *voyez* 1re partie de ce vol., p. 56.

(2) Méz., règne de Charles V.

figuré un parallélogramme régulier, si les deux tours du milieu de la façade qui regardoit le faubourg n'eussent formé une espèce d'avant-corps. Ces deux tours paroissoient avoir servi jadis d'entrée à ce château, car on y voyoit encore, dans les derniers temps, le cintre gothique de la porte murée, les rainures où se plaçoient les montants du pont-levis, et quelques statues de saints qui en ornoient la partie supérieure.

Cette forteresse étoit composée de huit grosses tours en pierres de taille, et jointes les unes aux autres par des massifs égaux en dimensions. On les nommoit :

Du côté de la ville.	*Du côté du faubourg.*
1° La tour du Puits.	1° La tour du Coin.
2° —— de la Liberté.	2° —— de la Chapelle.
3° —— de la Bertaudière.	3° —— du Trésor.
4° —— de la Bassinière.	4° —— de la Comté (1).

Elles étoient de forme ronde, et avoient chacune, hors d'œuvre, huit toises de diamètre. Les massifs, tant de ces tours que des murs qui les unissoient, offroient une épaisseur d'environ dix pieds. Le parallélogramme entier embrassoit une étendue de trente-quatre toises de long sur dix-huit dans sa plus grande largeur, aussi hors d'œuvre, et sans y comprendre la saillie des tours ; la

---

(1) *Voyez* pl. 132.

hauteur de l'édifice, prise du sol des deux cours intérieures, étoit de soixante-treize pieds.

Il étoit entouré d'un fossé de six toises de profondeur, et dont la largeur varioit de dix à quinze toises, suivant les endroits. Ce fossé étoit bordé d'un mur auquel étoient adossées, dans quelques parties, des maisons de particuliers. On avoit pratiqué à l'intérieur une banquette de cinq pieds de large, qu'on appeloit le *chemin des rondes*. Toutes ces constructions furent achevées en 1383 (1).

Depuis, on jugea à propos de l'entourer de fortifications nouvelles, consistant en une courtine flanquée de bastions, que bordoient de larges fossés à fond de cuve. Ces constructions, commencées en 1553, étoient entièrement terminées en 1559. Les propriétaires des maisons de Paris furent, dit-on, taxés pour cette dépense, depuis 4 livres jusqu'à 24, suivant le produit qu'ils tiroient de leurs locations. A l'époque de la révolution on y avoit planté un jardin qui appartenoit au gouverneur.

En 1634 on fit encore de nouvelles réparations à ce château, tant pour le fortifier que pour en agrandir les dépendances; mais jusque là l'intérieur n'offroit aucune division, et l'on n'y voyoit qu'une vaste cour qui régnoit dans toute son étendue.

---

(1) *Voyez* pl. 126.

Ce fut seulement en 1761, sous le règne de Louis XV et sous le ministère de M. Phelypeaux de Saint-Florentin, qu'on fit élever le bâtiment moderne, qui servit depuis de logement aux officiers de l'état-major. Ce bâtiment divisa la cour en deux parties, qui furent appelées, l'une, la *cour du Puits*, l'autre, la *grande cour* (1).

Destinée d'abord à la défense de la ville de Paris, cette forteresse servit ensuite de prison aux criminels d'État, et quelquefois de dépôt au trésor de nos rois. Les mémoires du règne de Henri IV nous apprennent que ce prince y faisoit mettre ses épargnes en réserve, et qu'à sa mort on y trouva une somme de 36 millions.

On arrivoit à la Bastille par une première porte, ouverte à l'extrémité de la rue Saint-Antoine; à droite étoient des casernes d'invalides. On voyoit plus loin une petite place, vis-à-vis de laquelle étoit située, à gauche, la première porte d'entrée du château. Cette porte étoit défendue par un pont-levis appelé le *pont-levis de l'avancé;* elle introduisoit dans la cour du gouverneur, bordée à droite par l'hôtel du gouvernement, au fond par une terrasse qui dominoit les fossés de la ville; à gauche étoient les fossés de la Bastille et le pont qui conduisoit dans la forteresse même. Au bout de ce pont, construit en pierres, on trouvoit deux

---

(2) *Voyez* pl. 132.

ponts-levis, l'un pour les gens de pied, l'autre pour les voitures. On parvenoit ensuite, à travers une voûte sombre et gothique, dans la grande cour dont nous avons déjà donné la description.

Autrefois la Bastille et l'Arsenal ne formoient qu'un même gouvernement. M. de Sully les réunissoit tous les deux : depuis ils furent séparés. A l'époque de la révolution, cette forteresse, placée dans le département du ministre de Paris, étoit administrée par un gouverneur et trois autres officiers supérieurs, sous lesquels deux capitaines commandoient une escouade de quatre-vingt-deux invalides. Telle étoit la troupe formidable que cent mille patriotes eurent la gloire de vaincre, et dont la défaite leur valut le titre pompeux de *vainqueurs de la Bastille* (1).

Magasin d'armes.

En face des ponts-levis de la Bastille étoient de grandes salles, formant magasin, où l'on avoit rassemblé des armes de toute espèce, au nombre d'environ trente mille pièces, qui toutes étoient rangées avec beaucoup d'ordre, et entretenues avec le plus grand soin.

---

(1) Personne n'ignore à quelle époque la Bastille a été abattue. Cent mille bastilles s'élevèrent aussitôt dans tous les coins de la France; et il n'y eut presque pas de famille, dans toutes les classes de la société, qui n'y comptât des prisonniers.

HÔPITAL ROYAL
DES QUINZE-VINGTS.

Nous avons déjà dit, en parlant de la place Vendôme (1), qu'en 1699 le roi céda à la ville l'emplacement et les matériaux qu'il avoit achetés pour la construction de cette place, sous diverses conditions, entre lesquelles étoit celle de faire bâtir au faubourg Saint-Antoine un hôtel et des écuries pour la seconde compagnie des mousquetaires, dits *mousquetaires noirs*. La ville mit tant de zèle et d'exactitude à remplir ses engagements, que cet édifice, l'un des plus vastes de Paris, et dans lequel peuvent être logées mille à douze cents personnes avec toutes les commodités nécessaires, fut achevé dès l'année 1701.

Les mousquetaires noirs y furent établis; et les choses restèrent en cet état jusqu'en 1780, que le roi, sur la demande du cardinal de Rohan, or-

---

(1) *Voy.* t. Ier, p. 977, 2e partie.

donna que les Quinze-Vingts, qui, à cette époque, occupoient encore leur première demeure, rue Saint-Honoré, seroient transférés dans cette maison. Cette translation fut faite d'après un plan que cette éminence avoit présenté au monarque, et dont l'objet principal étoit de créer de nouvelles places pour les pauvres aveugles. Au moyen du nouveau réglement, adopté le 14 mars 1783, cet hôpital, qui n'avoit été fondé que pour trois cents aveugles, dont le nombre même n'avoit jamais été complet, put recevoir dans son sein environ huit cents de ces infortunés, avec des avantages nouveaux et des douceurs dans leur traitement qu'ils n'avoient point encore éprouvées.

Le maison des Quinze-Vingts étoit administrée par sept gouverneurs, à la nomination du grand aumônier. Ces gouverneurs tenoient des chapitres, auxquels le maître, le ministre et douze frères avoient le droit d'assister. On y délibéroit sur tout ce qui concernoit la régie et l'administration. Les jugements de ce chapitre ressortissoient directement au parlement.

L'église de cette maison étoit ornée de quelques tableaux représentant différents sujets tirés de la vie de saint Louis. Elle étoit desservie par huit ecclésiastiques, également à la nomination du grand aumônier (1).

---

(1) Cet hôpital existe, et n'a point changé de destination.

LES RELIGIEUSES ANGLOISES,

AUTREMENT DITES

DE LA CONCEPTION.

Presque tous les historiens de Paris se sont trompés sur l'origine de cette maison, parce qu'ils ont confondu ensemble deux établissements différents de religieuses angloises (1).

Jaillot est le seul qui, avec sa critique ordinaire, ait rassemblé des matériaux exacts à ce

---

(1) Les Angloises qui ont causé cette erreur étoient des chanoinesses régulières, réformées, de l'ordre de Saint-Augustin, qui avoient obtenu, en 1633, la permission de s'établir dans la ville ou dans les faubourgs de Paris. Elles se fixèrent effectivement près des fossés Saint-Victor, sous la direction de la sœur Marie *Tresdurai*. Quoique, aux termes des lettres-patentes qui leur avoient été accordées, elles n'eussent pas été autorisées à créer un second établissement, cependant leur supérieure imagina de faire, dans la rue de Charenton, l'acquisition d'une maison et d'un jardin; puis, ayant fait approuver ce nouveau monastère, elle s'y transporta avec sa communauté. Mais comme il ne se présentoit pas, pour la profession, autant de sujets qu'elle l'avoit espéré, cette dame prit le parti de ramener son troupeau à l'ancien couvent, et céda celui-ci, en 1660, aux Angloises du tiers-ordre dont nous parlons.

sujet; et son autorité, toujours si considérable dans tout ce qui tient aux antiquités de cette ville, l'est d'autant plus dans cette circonstance qu'elle est appuyée sur un manuscrit qui lui avoit été communiqué par les religieuses mêmes de ce couvent.

« Ces religieuses, dit-il, sont du tiers-ordre de Saint-François; elles étoient primitivement établies à Nieuport. Les malheurs de la guerre, et les dangers auxquels elle expose, les obligèrent de se rendre à Paris sous la conduite de la dame Jernigan leur abbesse. En 1658 on leur procura une maison au faubourg Saint-Jacques. Deux ans après elles firent l'acquisition d'une maison et d'un jardin rue de Charenton, et l'année suivante elles obtinrent du souverain pontife Alexandre VII une bulle qui leur permettoit de prendre l'institut de l'ordre de la Conception. Cet établissement fut confirmé par lettres-patentes en 1670. Madame la chancelière Le Tellier posa la première pierre de leur église le 2 juin 1672, et la chapelle fut bénite sous l'invocation de sainte Anne; mais en 1676 madame de Cléveland fit construire celle qu'on voit encore aujourd'hui. Elle en posa la première pierre le 13 novembre 1679. » Sauval (1) dit que cette église fut dédiée sous le nom de sainte Anne; mais le mémoire manuscrit qui étoit entre les

---

(1) T. Ier, p. 652.

mains de Jaillot déclaroit expressément que cette église n'avoit point été dédiée.

La supérieure de ce couvent étoit triennale, et portoit le nom d'abbesse, suivant l'usage reçu dans l'ordre de Saint-François. Le monastère étoit appelé *Bethléem* (1).

L'HÔPITAL

DES ENFANTS-TROUVÉS.

Il est inutile de répéter ce que nous avons dit au sujet des deux établissements destinés aux enfants trouvés (2). Nous ferons seulement observer que celui-ci fut construit en 1669, et non en 1677, comme l'avance l'abbé Lebeuf (3). Ce qui a pu l'induire en erreur, c'est qu'effectivement la première pierre de l'église fut posée par la reine Marie-Thérèse d'Autriche en 1676; mais il est certain que les autres bâtiments existoient déjà à cette époque. Elisabeth Luillier, femme du chancelier d'Aligre, et le président de Berci, donnè-

---

(1) Ces bâtiments sont occupés aujourd'hui par des religieux qui tiennent une maison d'éducation.
(2) *Voyez* t. Ier, p. 384, 1re partie.
(3) T. II, p. 539.

rent chacun 20,000 liv. pour cet établissement. Cette dame l'affectionna même à un tel point qu'elle jugea à propos de s'y retirer après la mort de son époux, et y fit construire une chapelle où elle a été inhumée. L'église de cet hôpital a été dédiée sous l'invocation de saint Louis.

La distribution de cet hôpital étoit heureuse; les classes et les dortoirs étoient bien entretenus. Les sœurs de la Charité, qui dirigeoient l'éducation des orphelins avec un zèle et une vigilance au-dessus de tout éloge, faisoient apprendre la broderie aux jeunes filles et le tricot aux garçons, jusqu'à ce qu'ils eussent fait leur première communion : alors on les mettoit en métier (1).

CURIOSITÉS.

Sur le maître-autel de l'église, dont l'architecture étoit très-simple, on voyoit un tableau représentant Jésus-Christ qui appelle à lui les petits enfants et les bénit, par *La Fosse*.

Maison de la Providence.

Près de la rue Saint-Nicolas, un ecclésiastique nommé Barberé avoit établi, sous le nom de *la Providence*, une maison destinée au même usage.

---

(1) Cet hôpital existe encore sous le même nom et avec la même destination.

L'utilité de cet établissement ayant été constatée par une expérience de douze années, l'archevêque de Paris le confirma en 1648, et la ville y donna son consentement en 1651. En 1775 il n'existoit plus depuis long-temps, sans que nous ayons pu découvrir les motifs qui l'avoient fait supprimer.

LES RELIGIEUSES ANNONCIADES

DU SAINT-ESPRIT.

Cet ordre doit sa naissance à Jeanne de Valois, cette malheureuse épouse de Louis XII, que la politique et l'amour firent descendre d'un trône qu'elle eût mérité plus qu'une autre de posséder, s'il eût été le prix de la vertu la plus pure. Forcée de céder la place à son heureuse rivale, Anne de Bretagne, Jeanne se retira à Bourges, capitale du duché de Berri, qu'on lui avoit abandonnée; et ce fut dans cette ville qu'elle institua, en 1500, l'ordre de *la bienheureuse vierge Marie*, dit *de l'Annonciade*, ou *des dix vertus* de la Sainte-Vierge. Elle le mit sous la conduite des religieux de Saint-François de l'Observance. Il fut approuvé par Alexandre VI le 14 février 1501, et confirmé depuis par Léon X en 1514 et 1517 (1).

En lisant tous nos historiens, Jaillot excepté, on ne sait à quoi s'en tenir sur l'établissement de ces religieuses à Paris. Sauval (2) fait mention de deux couvents d'Annonciades à Popincourt, l'un établi en 1636, l'autre en 1654 : Piganiol adopte ces deux dates (3); l'abbé Lebeuf, Lacaille et Robert ne parlent que de la dernière.

Ces contradictions viennent de ce qu'on a confondu ensemble les divers établissements des Annonciades, erreur qu'il étoit d'ailleurs facile de commettre, en ce qu'ils ont été presque tous formés à la même époque. Quoique celui-ci soit le seul qui ait subsisté jusque dans les derniers temps, nous croyons devoir parler de tous, et raconter les faits tels que Jaillot les a rétablis.

Ce judicieux critique trouve qu'il y a eu à Paris trois établissements d'Annonciades, et une congrégation du même nom. Celle-ci, formée dans le diocèse de Troyes, par dame Marie d'Abra de Raconis, fut transférée à Paris en 1628, rue Cassette. Cet institut *des sœurs de la Congrégation de Notre-Dame de l'Annonciade* ne subsista pas long-temps.

---

(1) Hist. des ordr. relig., t. VII, p. 345 et 349.
(2) T. Ier, p. 655.
(3) T. V, p. 105.

Des trois couvents de l'Annonciade, le premier est celui des *Annonciades du Saint-Sacrement de saint Nicolas de Lorraine*, que les désastres de la guerre et l'incendie du bourg qu'elles habitoient obligèrent de venir chercher un asile à Paris. Logées d'abord dans une maison qu'elles avoient louée rue du Colombier, elles obtinrent, le 15 juin 1636, un brevet de l'abbé de Saint-Germain, et des lettres-patentes du mois d'août de la même année, en vertu desquelles elles formèrent un établissement rue du Bac, à l'endroit qu'occupèrent depuis les religieuses de la Conception, ou Récollettes. Deux ans après elles furent transférées rue de Vaugirard; mais la maison qu'elles occupoient fut vendue, en 1656, par décret; et elles furent remplacées par quelques religieuses de l'Assomption, dont nous aurons occasion de parler par la suite.

Le second établissement des Annonciades fut fait presque en même temps que le premier. Les titres de l'abbaye de Saint-Germain, qui ont fourni des éclaircissements sur celui dont nous venons de parler, font aussi connoître que dès le 1er avril 1636 il vint de Bourges d'autres religieuses Annonciades, qui sollicitèrent également la permission de se fixer à Paris. Sur le consentement qu'elles en obtinrent, l'année suivante, de l'abbé de ce monastère, elles choisirent une maison rue des Saints-Pères, entre la rue de Grenelle et la rue Taranne, et ce fut là qu'elles se logèrent d'abord. Une dotation de 2,000 liv. de rente que leur fit Monsieur, frère unique du roi, leur donna le moyen d'obtenir, en cette même année 1637, des lettres-patentes, et leur installation par l'official de Saint-Germain-des-Prés. Le 15 octobre 1640, elles présentèrent requête pour être transférées dans un hôtel, rue de Sèvres, près les Petites-Maisons. Ce nouveau couvent, bâti sous le nom des *Annonciades des dix vertus*, fut bénit le 20 du même mois, en présence de mademoiselle de Bourbon, fondatrice principale, de la princesse de Condé, etc. Il ne subsista toutefois que jusqu'en 1654. Ces religieuses se virent forcées de l'abandonner à leurs créanciers, et il fut acquis par celles de l'Abbaye-aux-Bois, qui l'occupèrent jusqu'au moment de la révolution.

Le troisième couvent des Annonciades est celui dont il est question dans cet article, et qui, comme l'a marqué Sauval, est une émigration de celui de Melun. Barbe Jacquet, mère *ancelle* (1) de ce couvent, avoit obtenu, le 1er février 1630, des lettres-patentes qui permettoient l'établissement des Annonciades à Corbeil. N'ayant pas trouvé dans cette ville de lieu commode pour y fixer leur domicile, des lettres de l'archevêque de Paris leur

---

(1) Ce mot est formé du mot latin *ancilla*, qui signifie *servante*. Les religieuses de l'Annonciade l'avoient pris par humilité.

permirent, en 1632, de s'établir à Saint-Mandé, près Vincennes. Forcées, peu de temps après, de quitter ce nouveau séjour, parce que le roi eut besoin du terrain qu'elles occupoient, elles acquirent de M. Angrand, secrétaire du roi, une grande maison et un jardin à Popincourt, où elles se transportèrent le 12 août 1636. Il y avoit dans cette maison une chapelle sous l'invocation de sainte Marthe, qui leur servit jusqu'en 1659, époque à laquelle fut achevée l'église qu'elles avoient fait bâtir. Des lettres-patentes données en 1640, et enregistrées au parlement, confirmèrent cet établissement. Ces religieuses y sont nommées *Annonciades du Saint-Esprit*, nom qui étoit commun à toutes les maisons de leur ordre. L'église avoit été dédiée, l'année précédente, sous le vocable de *Notre-Dame de Protection*.

Ce couvent fut supprimé quelques années avant la révolution (1).

---

(1) L'église a été rendue au culte.

LES RELIGIEUSES HOSPITALIÈRES

DE LA ROQUETTE.

Cette communauté prit naissance dans le sein de celle des Hospitalières de là Charité-Notre Dame (1), dont nous avons déjà parlé, et voici ce qui donna lieu à ce nouvel établissement. La duchesse de Mercœur, qui protégeoit cette communauté, lui avoit facilité l'acquisition d'une maison avec ses dépendances, située à l'extrémité de la rue de la *Roquette*, et nommée, de même que cette rue, *Rochette*, *Raquette* ou *Roquette*. Le contrat de vente en fut passé au profit des Hospitalières le 30 janvier 1636, et l'archevêque donna, la même année, son consentement aux dispositions que ces religieuses avoient le projet d'y faire, dispositions qui n'avoient alors d'autre but que d'en former une retraite où leurs malades convalescents pussent venir respirer un air plus pur, et achever ainsi leur entière guérison. Par la suite des temps,

---

(1) *Voyez* p. 1244.

le zèle et la charité chrétienne ayant déterminé un grand nombre de personnes à entrer dans cette société, et le nombre des religieuses s'étant ainsi considérablement augmenté, on pensa qu'il seroit convenable et même nécessaire de diviser la communauté en deux parties, dont l'une seroit perpétuellement fixée à Paris, et l'autre à la Roquette. Ce changement, qui multiplioit les secours et les asiles ouverts aux infirmités humaines, ne pouvoit qu'être favorablement accueilli, et fut en effet autorisé par un décret de séparation que rendit l'archevêque le 12 octobre 1690. Depuis ce temps il n'y eut plus rien de commun entre les deux maisons, que les liens de la charité et les vœux ordinaires de religion, auxquels ces religieuses ajoutoient celui d'exercer l'hospitalité. Elles suivoient la règle de Saint-Augustin, et avoient quelques constitutions différentes de celles qui s'observoient dans les autres monastères de cet ordre.

Il y avoit dans leur maison vingt lits destinés pour les femmes vieilles et infirmes, dont quinze étoient à la nomination des fondateurs. Pour les distinguer des dames Hospitalières de la Charité-Notre-Dame, on les appeloit Hospitalières de Saint-Joseph, parce que leur chapelle avoit été bénite sous l'invocation de ce saint (1).

---

(1) Les bâtiments de cette communauté sont occupés par une filature.

LES FILLES DE SAINTE-MARTHE.

Cette communauté, instituée en 1713 par Elisabeth Jourdain, veuve du sieur Théodon, sculpteur du roi, avoit pour objet de procurer aux pauvres jeunes filles du faubourg Saint-Antoine une instruction convenable, c'est-à-dire de leur apprendre à lire, à écrire et à travailler. Placées d'abord dans une maison de la rue du faubourg, nommée *le Pavillon Adam*, que les Filles de la Trinité venoient de quitter, les filles de Sainte-Marthe changèrent de demeure en 1719, et vinrent s'établir rue de la Muette. Mais peu de temps après, la maison qu'elles occupoient fut vendue par décret; et ces filles eussent été obligées d'en sortir, si l'adjudicataire n'eût eu la générosité de leur en céder gratuitement la jouissance. Elles s'y sont maintenues jusqu'au moment de la révolution.

Cette petite société étoit gouvernée par une supérieure qui n'avoit que le titre de sœur première. C'étoit de leur communauté qu'on avoit tiré les sœurs chargées des petites écoles des paroisses Saint-Severin et Saint-Paul (1).

LES RELIGIEUSES

DE

NOTRE-DAME-DE-BON-SECOURS.

Ce prieuré perpétuel de bénédictines *mitigées* fut fondé en 1648 par dame Claude de Bouchavanne, veuve de M. Vignier, conseiller du roi, en faveur de demoiselle Magdeleine-Emmanuelle de Bouchavanne, sa sœur, religieuse du monastère de Notre-Dame de Soissons. Dès l'année 1646, madame Vignier avoit obtenu la permission de faire bâtir un monastère à Paris; et en conséquence elle avoit acheté, en 1647, une maison avec ses dépendances, située dans la rue de Charonne, dont elle fit don le 20 avril de l'année suivante, pour la fondation de ce couvent. L'évêque de Soissons et l'abbesse de Notre-Dame ayant consenti à ce nouvel établissement, l'archevêque de

---

(1) Leurs bâtiments ont été changés en maisons particulières.

Paris donna, le 30 mars 1648, ses lettres pour l'érection du monastère, par lesquelles il consent « qu'il soit en titre de prieuré conventuel, que » sœur Emmanuelle de Bouchavanne en soit » prieure, et que la dame Vignier jouisse, sa vie » durant, du droit de présentation, réservé après » sa mort à l'archevêque et à ses successeurs. » En conséquence de ces lettres, la sœur de Bouchavanne et deux autres religieuses de Notre-Dame de Soissons entrèrent dans la maison de Bon-Secours le 1er septembre 1648, et la clôture y fut mise le 8 du même mois (1). L'établissement légal de ce monastère n'eut lieu qu'en 1670, par

---

(1) Sauval, t I, p. 663. Les Bénédictins qui ont donné l'*Histoire de Paris* et le *Gallia Christiana* donnent pour époque de cette institution l'année 1670, et l'auteur du *Calendrier historique* a suivi la même date. Il est vrai que les lettres-patentes ne sont que du mois de juillet 1667, et que le parlement ne les a enregistrées le 16 mai qu'après avoir vu le consentement de l'archevêque du 23 janvier 1669, et l'avis des prévôt des marchands et échevins, du lieutenant-général de police et du substitut du procureur-général au Châtelet, en date des 16 mars et 18 juillet de la même année; mais il faut observer, dit Jaillot, qu'on néglige quelquefois d'obtenir des lettres-patentes pour certains établissements religieux, ou qu'on ne les demande que plusieurs années après qu'ils ont été formés ; que les lettres-patentes de 1667 n'ont pas pour objet de permettre, mais de confirmer l'établissement fait par la dame Vignier, ce qui prouve son existence antérieure ; enfin que les auteurs du *Gallia Christiana* en fournissent eux-mêmes la preuve, en disant que la seconde prieure de cette maison fut dame Laurence de Saint-Simon Sandricourt, qui en étoit la première professe, *y ayant pris l'habit le 27 décembre 1648*, et

l'enregistrement des lettres-patentes de 1667. Vers 1770 on fit de nombreuses réparations et des augmentations au monastère de ces religieuses, et elles obtinrent qu'on réunît à leur temporel l'abbaye de Malnoüe, qui tomboit en ruine (1). La chapelle fut alors réparée avec beaucoup d'adresse par M. Louis, architecte du roi de Pologne, qui parvint à faire un petit monument assez élégant d'un édifice jusqu'alors choquant par ses irrégularités.

CURIOSITÉS.

Dans le vestibule, deux vases d'une belle forme et bien exécutés, qui servoient de bénitiers; ils étoient placés dans deux niches, au-dessus desquelles on lisoit d'un côté les vers suivants :

Non tantùm digitis benedicta hæc hæreat unda,
Abluat et mentes flexuras judicis iram.

De l'autre côté :

Qui Samaritanæ donum imo pectore anhelant,
Hic fons ad vitam fit salientis aquæ (*).

---

prononcé ses vœux le 1er février 1650. Ainsi l'établissement réel et de fait du prieuré de *Notre-Dame-de-Bon-Secours* est de l'année 1648.

(1) Cette abbaye est située à quatre lieues de Paris du côté du levant.

(*) Cette maison a été changée en atelier de filature.

LES RELIGIEUSES

DE

LA MAGDELEINE-DE-TRAINEL.

Ce couvent fut fondé avant le milieu du douzième siècle, au lieu de Trainel en Champagne, sur les confins du diocèse de Sens, à deux lieues de Nogent-sur-Seine. D. Félibien avoit conjecturé, d'après un titre peu certain, que la fondation de ce prieuré de Bénédictines devoit être attribuée à la comtesse Mathilde, femme de Thibaut, comte de Champagne; et sa conjecture a été présentée comme un fait certain par Piganiol (1), aveugle copiste de tous ceux qui l'ont précédé. Cependant Jaillot demande avec raison sur quoi peut être appuyée une semblable assertion, puisque le titre primordial n'existe plus. « Seroit-ce, dit-il, parce que le monastère de la » Pommeraie, fondé par cette dame après le mi- » lieu du douzième siècle, fut déclaré être une » dépendance de l'abbaye du Paraclet, ainsi que

---

(1) T. V, p. 119.

» celui de Trainel ? Mais ce dernier y avoit été
» soumis plus de dix ans auparavant, puisqu'on
» lit dans le *Gallia Christiana* (1), qu'en 1142
» Héloïse, abbesse du Paraclet, y avoit passé une
» transaction avec l'abbé de Vauluisant. Cette pré-
» tendue origine est d'ailleurs détruite par le né-
» crologe même de cette maison, lequel faisoit
» mention au 4 des ides de décembre, du décès de
» Gundric, prêtre auquel on donne le titre de
» *fondateur.* »

D. Félibien, et ceux qui ont écrit après lui, n'ont pas été mieux instruits en plaçant la translation de ces religieuses à Melun en 1622, et à Paris en 1644. Ils ont ainsi confondu les faits et les dates. Celle de 1622 ne convient qu'à la réformation qui fut faite à Trainel même, par dame de Veny d'Arbouze, qui en étoit prieure ; et ce ne fut qu'en 1630 que sa communauté se réfugia à Melun, pour éviter les désastres de la guerre qui désoloit alors ces contrées. Ne trouvant pas dans cette ville toute la sûreté qu'elles désiroient, ces religieuses résolurent, en 1652, de venir chercher un asile à Paris, où elles demeurèrent quelque temps en maison privée, du consentement des archevêques de Sens et de Paris. Enfin, en 1654, sur la permission que ces deux prélats leur en

---

(1) T. XII, col. 574.

donnèrent, elle achetèrent une grande maison et un jardin dans la rue de Charonne, et y firent bâtir des lieux réguliers et une chapelle dont la reine Anne d'Autriche voulut bien poser la première pierre.

Ces religieuses étoient soumises à la juridiction de l'archevêque ; et la seule marque d'autorité qui fût restée à l'abbesse du Paraclet consistoit dans le droit d'élire et d'instituer la prieure. Leur premier bienfaiteur, après leur établissement, fut le garde des sceaux d'Argenson. Elles durent à ce ministre non-seulement une augmentation considérable dans leur revenu temporel, mais encore des constructions nouvelles qui rendirent leur habitation plus vaste et plus commode. Il fit en outre rétablir et décorer l'église, et construire, par l'architecte Cartaud, une chapelle sous l'invocation de saint René son patron, dans laquelle son cœur fut déposé. La duchesse d'Orléans, douairière, donna depuis aux religieuses de la Magdeleine des marques éclatantes de sa protection, et ajouta encore de nouveaux bâtiments à leur monastère.

CURIOSITÉS DE L'ÉGLISE.

TABLEAU.

Sur le maître-autel, une Descente de croix, par *Louis Boullongne*.

SÉPULTURES.

Dans la chapelle construite par M. d'Argenson s'élevoit son mausolée. La figure principale étoit un ange de marbre blanc à genoux sur un nuage, et présentant le cœur de ce ministre à saint René son patron. Ce monument avoit été exécuté par un sculpteur nommé *Rousseau* (*).

Dans le bas-côté, à droite, étoit le cénotaphe élevé par demoiselle de Marillac à la mémoire de M. de La Fayette son époux, colonel du régiment de La Fère, mort, en 1694, à l'armée d'Allemagne.

La duchesse d'Orléans et l'abbesse de Chelles sa fille avoient été inhumées dans cette église (**).

LES RELIGIEUSES DE LA CROIX.

Ces religieuses sont les mêmes que celles de l'ordre de Saint-Dominique, dont nous avons parlé à l'article des Filles-Saint-Thomas, établies rue Vivienne (1). Nous avons déjà dit que leur première habitation étoit, suivant tous nos historiens, dans le faubourg Saint-Marcel. Le nombre des

---

(*) Il avoit été déposé au musée des Petits-Augustins, et scellé sur les murs du cloître. C'est une sculpture extrêmement médiocre.

(**) On a aussi établi une filature dans les bâtiments de cette communauté.

(1) *Voyez* 1re partie de ce vol., p. 229.

religieuses devenant trop considérable pour la maison qu'elles y occupoient, on prit des mesures pour les transférer en partie rue d'Orléans, au Marais, et ce furent celles dont nous parlons ici qui allèrent habiter cette nouvelle demeure. Le 6 mars 1627, la mère Marguerite de Jésus, qu'on avoit chargée de former le premier établissement, et qui en étoit prieure, accompagna la petite colonie qu'on en faisoit sortir; et en 1636 elle la transporta de nouveau rue Plâtrière, où ces religieuses restèrent jusqu'à la fin de cette même année. Le manque des commodités nécessaires à une communauté les força encore de chercher un autre asile : elles le choisirent rue de Matignon, où elles demeurèrent jusqu'en 1641, qu'elles se trouvèrent en état d'acheter la maison dont elles ne sont sorties qu'au moment de la révolution. Cette dernière migration a trompé presque tous nos historiens, qui l'ont prise pour celle de leur établissement. Le détail dans lequel nous venons d'entrer, pris sur des mémoires fournis à Jaillot par ces religieuses elles-mêmes, servira à rectifier les erreurs de date dans lesquelles ils sont tombés.

Les Filles de la Croix durent le repos et le bonheur dont elles jouirent depuis cette époque à la piété généreuse de mademoiselle Ruzé d'Effiat, fille du maréchal de ce nom, qui donna tout son bien à cette maison, et s'y fit religieuse en 1637. Ce fut ce don considérable qui leur fournit les moyens d'acheter le terrain qu'elles occupoient, et d'y faire élever les bâtiments nécessaires. La première pierre en fut posée, le 3 août 1639, par madame la duchesse d'Aiguillon, et par mademoiselle d'Effiat elle-même, à qui la reconnoissance de la communauté décerna justement le titre de fondatrice.

CURIOSITÉS.

L'église de ce monastère étoit petite, mais jolie; le maître-autel étoit décoré d'un très-bon tableau de *Jouvenet*, représentant l'Élévation de la Croix (*).

L'ÉGLISE SAINTE-MARGUERITE.

CETTE paroisse est un démembrement de celle de Saint-Paul, de laquelle dépendoient jadis les habitants du faubourg Saint-Antoine et des hameaux voisins, qu'on y a depuis renfermés. Cependant, vu l'éloignement où le plus grand nombre d'entre eux étoient de l'église paroissiale, on avoit permis de dire la grand'messe, de faire le prône et de bénir l'eau dans la chapelle Saint-

---

(*) Il y a maintenant une école dans les bâtiments de cette communauté.

Pierre, près l'église de l'abbaye Saint-Antoine. En l'année 1627, Antoine Fayet, curé de Saint-Paul, fit construire une seconde chapelle sous l'invocation de sainte Marguerite, et quoique le nombre des habitants du faubourg fût considérablement augmenté, son intention, en élevant ce petit monument, fut uniquement de se procurer, par cette fondation, une sépulture particulière pour lui et pour sa famille (1); et, quoi qu'en ait dit Piganiol, il ne pensa nullement à créer une succursale de son église (2).

Il étoit si loin d'avoir cette intention, que l'archevêque de Paris, sur le rapport qu'on lui fit que les habitants faisoient célébrer le service divin, les dimanches et fêtes, dans cette chapelle, ayant voulu, de son propre mouvement, l'ériger en succursale, les marguilliers de Saint-Paul se présentèrent comme opposants, et, sur leur requête, il intervint un arrêt le 26 juillet 1629, qui ordonna qu'elle demeureroit simple chapelle, sans qu'on pût y faire aucunes fonctions curiales, le titre de patron et fondateur étant réservé au sieur Fayet, et à ses parents ou héritiers.

---

(1) Hist. de Par., t. II, p. 356.
(2) Ce motif est constaté dans sa requête, visée dans l'arrêt du 4 février 1634, et détruit tout le récit de cet historien, qui n'avoit pas lu sans doute les titres originaux qu'il cite, et qui a pris pour une donation une vente réelle faite au curé de Saint-Paul par le seigneur de Reuilli.

Cependant le besoin de cette succursale devenant de jour en jour plus pressant, les habitants du faubourg mirent tant d'instances et d'activité dans leurs démarches, qu'ils obtinrent un nouvel arrêt, par lequel il fut décidé qu'après le décès du fondateur la chapelle seroit succursale, toujours avec la réserve des droits honorifiques de patron et fondateur appartenants à sa famille, et sous la condition que les habitants s'obligeroient à faire construire les logements nécessaires pour les prêtres chargés de la desservir.

On n'attendit pas le terme fixé par cet arrêt; et dès l'année suivante il en intervint un autre, qui, du consentement des parties, ordonna que la chapelle deviendroit à l'instant même succursale, sous les conditions déjà énoncées; mais les habitants s'étant trouvés dans l'impossibilité de les remplir, malgré les délais qui leur furent accordés, M. Fayet lui-même demanda que la chapelle fût déclarée simple comme auparavant, ce qu'il obtint par un nouvel arrêt du 4 février 1634, et quatre jours après il mourut, après avoir nommé, par son testament, un chapelain pour la desservir. Elle fut alors déclarée succursale de Saint-Paul, et les choses restèrent en cet état jusqu'en 1712, que M. le cardinal de Noailles, archevêque de Paris, sépara, par un décret, tout le faubourg Saint-Antoine de la paroisse Saint-Paul, et érigea en cure l'église Sainte-Marguerite, réservant à

la famille Fayet le droit de nomination à la cha=
pelle ancienne, qui dès lors ne faisoit qu'une pe=
tite partie de l'église : car on en avoit successive=
ment augmenté les constructions, en raison de
l'accroissement successif des habitants. Ce décret
fut confirmé par des lettres-patentes du mois de
février 1713.

Toutefois, malgré ces augmentations faites tant
à l'église elle-même qu'aux logements du curé et
des prêtres, cette paroisse se trouvant encore trop
petite pour plus de quarante mille paroissiens que
contenoit sa circonscription, on ne vit d'autre
moyen de remédier aux incommodités continuelles
qui en résultoient, que de prendre une partie du
cimetière contigu, et de construire sur ce terrain
une chapelle assez vaste pour permettre à tous les
fidèles de participer aux offices.

Cet édifice fut exécuté en 1765, sur les dessins
de M. Louis, architecte du Palais-Royal. Il a qua-
rante-sept pieds de long sur trente de large et
trente-cinq de hauteur. Il est décoré de colonnes
feintes, éclairé par une ouverture de dix pieds carrés, pratiquée dans la voûte ; et l'autel, en forme
de tombeau, étoit isolé à l'une de ses extrémités.
La peinture, tant en architecture qu'en ornements, étoit de *Brunetti*, artiste qui passoit pour
habile en ce genre. Enfin ce petit monument méritoit d'être vu pour l'élégance de la construction
et la richesse de sa décoration.

CURIOSITÉS DE L'ÉGLISE SAINTE-MARGUERITE.

TABLEAUX.

Dans la chapelle de Sainte-Margaerite, derrière le chœur, cette sainte enchaînée dans sa prison, par *Alphonse Dufresnoi*.

Dans la chapelle neuve, la Délivrance des âmes du purgatoire, par *Briard*.

Deux bas-reliefs peints représentant la mort de Jacob, et Adam et Ève chassés du paradis.

Sur l'autel de la chapelle de la communion, des camaïeux, par *Louis Boullongne*.

SÉPULTURES.

Entre les deux arcades qui servoient d'entrée à cette chapelle, on voyoit le médaillon, en marbre blanc, de M. de Vaucanson, mécanicien célèbre, mort en 1782. Son épitaphe étoit gravée en latin sur une table de marbre placée au-dessous.

CIRCONSCRIPTION.

Le territoire de cette paroisse, outre le faubourg Saint-Antoine, s'étendoit depuis la porte de ce nom jusque et par-delà le couvent des religieux de Picpus d'un côté, et de l'autre, depuis le petit Bercy jusqu'à Mont-Louis, y compris les moulins de Mesnil-Montant (1).

---

(1) Cette église a été rendue au culte.

LES FILLES
DE NOTRE-DAME-DES-VERTUS.

Ces filles, communément appelées *les Filles Sainte-Marguerite*, étoient destinées à l'instruction des pauvres filles du faubourg Saint-Antoine. Cet utile établissement fut commencé en 1679 par quelques sœurs de la communauté des Filles de Notre-Dame d'Aubervilliers (village appelé plus communément Notre-Dame-des-Vertus), que les duchesses de Noailles et de Lesdiguières, et quelques dames de charité de la paroisse Saint-Paul avoient appelées à Paris à cette intention. Elles les placèrent d'abord dans une maison située rue Basfroi, où elles commencèrent à tenir une école de jeunes filles. Le succès qu'elles y obtinrent engagea M. Masure, curé de Saint-Paul, à consolider leur institution, ce qu'il fit en leur donnant en 1681 la propriété d'une maison qu'il avoit rue Saint-Bernard; l'année suivante, il leur procura des lettres-patentes. Les sœurs de Notre-Dame-des-Vertus, transférées en 1685 dans ce nouveau domicile, y furent bientôt inquiétées par les créanciers de M. Masure, qui trouvèrent le moyen de faire annuler la donation et vendre la maison. Heureusement pour elles que M. de Bragelongne, conseiller à la cour des aides, s'en étant rendu adjudicataire, non-seulement eut la générosité de la leur rendre, mais encore joignit à ce premier bienfait une rente pour l'entretien de sept sœurs. Elles se sont toujours maintenues depuis dans cette demeure jusqu'au moment de la révolution (1).

Il y avoit encore dans cette rue une maison des sœurs de la Charité.

L'ABBAYE DE SAINT-ANTOINE.

L'ÉPOQUE de la fondation de cette abbaye est rapportée différemment par les historiens. Du Breul la fixe en 1181, La Caille en 1182, Lemaire en 1190, Germain Brice en 1195, Rigord et Nangis en 1198, et Albéric en 1199. Corrozet adopte la date de 1198; mais il ajoute mal à propos que ce fut sous

---

(1) Cette maison est maintenant occupée par des particuliers.

l'épiscopat et par la libéralité de Maurice de Sulli, évêque de Paris, que s'éleva cette communauté, puisque ce prélat étoit mort en 1196. On trouve cependant un contrat de vente fait à cette maison en 1191, et passé sous le scel de Philippe-Auguste, la dixième année de son règne (1).

Jaillot, pour concilier ces différentes époques, pense que cette maison, où étoit primitivement une chapelle de saint Antoine, parut propre, en 1198, à servir d'asile aux filles et femmes débauchées que Foulques, curé de Neuilli, avoit converties par ses prédications, et que ce fut seulement alors qu'on éleva les bâtiments nécessaires pour les recevoir. Quoi qu'il en soit, ces nouvelles religieuses embrassèrent la règle de Cîteaux; leur maison fut agrégée à ce chef-d'ordre, et érigée en abbaye par Eudes de Sulli, évêque de Paris, qui leur accorda tous les priviléges et toutes les exemptions dont jouissent les abbayes de cet ordre, ainsi qu'il est constaté par les lettres qu'il en fit expédier en 1204 (2).

---

(1) *Gall. Christ.*, t. VII, col. 899.

(2) *Hist. eccles. Paris.*, t. II, p. 209. On voit par le diplôme de saint Louis, pour la confirmation des droits de cette abbaye, donné à Saint-Germain-en-Laye, au mois de novembre 1227, et par l'acte de donation de Barthélemi de Roie, chambrier de France, dans la seigneurie duquel étoit située l'abbaye de Saint-Antoine, que l'enclos de cette abbaye contenoit quatorze arpents de terre; que les religieuses en possédoient en outre cent soixante-

La première chapelle, fondée, suivant les apparences, par Robert de Mauvoisin, fut construite sous l'invocation de saint Pierre, et dans les derniers temps il en existoit encore une sous le même titre. Du Breul et ses copistes se sont encore trompés lorsqu'ils ont avancé qu'on l'avoit dédiée sous le nom de saint Antoine; et cette erreur vient de ce qu'ils ont confondu cette chapelle avec celle des religieuses. Piganiol, qui la plaçoit sous l'invocation de saint Hubert, rapporte qu'on y a « donné long-temps le répit à ceux qui avoient été » mordus par des bêtes enragées, et fait flâtrer » des chiens soupçonnés d'être enragés, » mais il est facile de voir que cet historien a pris cette chapelle pour celle d'une maison appelée *le Répi Saint-Hubert*, qui étoit située plus haut, comme on le voit sur les plans du siècle dernier, et qui servoit encore, avant la révolution, d'asile à des vieillards infirmes, ou à des personnes dont la raison étoit aliénée.

L'abbaye de Saint-Antoine étant bâtie dans l'étendue de la paroisse Saint-Paul, Gui, curé

---

quatorze arpents, plus onze arpents et un quartier de vigne entre Paris et le bois de Vincennes, et deux maisons dans la ville, le tout dans la censive du chambrier. Cette communauté jouissoit de tous ces biens dès le temps de Philippe-Auguste et de Louis VIII. Ces deux actes détruisent entièrement ce qui a été avancé par Du Breul sur une prétendue donation faite à cette abbaye, donation qu'il suppose bien plus considérable qu'elle n'étoit.

de cette église, voulut d'abord jouir des droits curiaux sur ce monastère ; mais il ne tarda pas à se désister de ses prétentions, à la sollicitation de Pierre de Nemours, évêque de Paris. Ce prélat, par ses lettres du mois de mai 1215, ne se contenta pas d'exempter l'abbaye de toute dépendance, il consentit encore à ce que le desservant de la chapelle Saint-Pierre exerçât les droits utiles et honorifiques sur tout l'enclos, sur les domestiques et sur les particuliers mêmes qui s'y établiroient. Cependant, par la suite, ils furent bornés à l'administration des derniers sacrements et à la sépulture.

Ce fut peu de temps après qu'en raison de l'accroissement continuel de la population dans ce quartier, on commença à élever la grande église qui existoit encore au commencement de la révolution. Quelques auteurs en font honneur à saint Louis ; mais Jaillot pense avec plus de fondement qu'on doit l'attribuer au seigneur de Saint-Mandé, qui donna à cet effet des sommes assez considérables, et accorda trente arpents à l'abbaye dans l'étendue de sa seigneurie. Cette église fut dédiée sous le titre de N. S., de la Sainte-Vierge et de saint Antoine. C'étoit un monument gothique assez estimé (1). On en remarquoit surtout le chevet, à

---

(1) *Voyez* pl. 132.

eause de la délicatesse de sa construction, et de la belle clarté que répandoit dans l'intérieur du vaisseau le double rang de ses vitraux. La nef étoit accompagnée de deux bas-côtés, au-dessus desquels s'élevoient de petites arcades vitrées, et des galeries où se plaçoient les pensionnaires pendant l'office divin. Le sanctuaire avoit été réparé quelques années avant la révolution, sur les dessins de M. Lenoir Le Romain; le chœur des religieuses occupoit une partie de la nef.

Les bâtiments du monastère, déjà reconstruits au commencement du siècle dernier, avoient été édifiés de nouveau à l'époque où l'on répara l'église, et sous la conduite du même architecte (1);

---

(1) L'enclos de l'abbaye étoit entouré d'un fossé. On remarquoit, à l'angle qu'il forme avec la rue de Reuilli, une croix dont Du Breul fait mention : cet historien ajoute qu'en 1562 on trouva parmi les ruines de cette croix une pierre qui en faisoit partie, avec cette inscription :

L'an M. CCCC. LXV fut ici tenu le landit des trahisons, et fut par unes tresves qui furent données : maudit soit il qui en fut cause.

C'est d'après ce rapport que Sauval dit « qu'en 1465 on érigea une » croix au carrefour de Reuilli, en mémoire de la paix faite entre » le roi et les premiers chefs de la guerre du bien public. » Cependant, d'après l'inscription, il paroît constant que la croix ne fut point érigée en souvenir des traités de Conflans, de Saint-Maur et de la Grange-aux-Merciers, mais bien plutôt comme une marque de l'inexécution de ces traités, et de la perfidie de ceux qui s'étoient de nouveau révoltés contre le roi. D'ailleurs, le compte du domaine de 1479, rapporté par Sauval (t. V, p. 456),

ils étoient vastes et magnifiques. L'abbesse jouissoit du titre de dame du faubourg Saint-Antoine.

CURIOSITÉS DE L'ÉGLISE SAINT-ANTOINE.

TOMBEAUX.

Dans l'église avoient été inhumées Jeanne et Bonne de France, filles du roi Charles V, mortes toutes les deux en 1360; on y voyoit leurs statues en marbre blanc, placées sur un tombeau en marbre noir. (Elles ont été brisées en 1793.)

Au milieu du chœur, près de la grille, étoit la tombe de madame de Bourbon, avant-dernière abbesse de cette communauté, morte en 1760.

Dans le mur du pilier, à droite en entrant, on voyoit une table de marbre dont l'inscription annonçoit que les cœurs du maréchal de Clérambault et de dame Bouthillier de Chavigni son épouse y étoient renfermés. Le maréchal étoit mort en 1665, et sa femme en 1722. Le corps de la maréchale étoit inhumé dans l'église intérieure de l'abbaye (1).

---

prouve que ce ne fut qu'en cette année que ce monument fut élevé; on y lit, fol. 378 :

A Jean Chevrin, maçon, pour avoir assis, par ordonnance du roi, une croix et épitaphe près la Grange-du-Roi, au lieu où l'on appelle le Fossé des Trahisons, derrière Saint-Antoine-des-Champs.

(1) L'église a été abattue, et son emplacement forme maintenant une petite place. Le monastère a été changé en hôpital.

LA MANUFACTURE ROYALE

DES GLACES.

Cette manufacture est située à l'entrée de la rue de Reuilli. Les lettres-patentes du 1er août 1634, enregistrées le 21 du même mois, nous apprennent à peu près l'époque de son établissement (1). Elle dut ses progrès à la protection éclatante de M. Colbert, qui poursuivoit en cela le noble projet qu'il avoit conçu d'affranchir la France de tous les tributs qu'elle payoit à l'industrie des nations étrangères. En effet, avant cet établissement, les plus belles glaces se tiroient de Venise, et le besoin continuel qu'on en avoit faisoit sortir du royaume des sommes considérables. En peu de temps la manufacture de Paris parvint non-seulement à rivaliser avec celles de cette ville, mais même à les surpasser pour le volume et pour la beauté des glaces. On imagina des procédés nouveaux pour les fondre et pour les couler (2), et de cette ma-

---

(1) Hist. de Par., t. V, p. 94.
(2) La fonte et le coulage s'en font à Tour-la-Ville, près de

nière on parvint à en fabriquer d'une grandeur extraordinaire. Le moyen qu'on emploie pour les polir fut inventé par Rivière Dufresny, qui, pour récompense de son invention, obtint un privilége exclusif, qu'il vendit ensuite à la manufacture.

Les ateliers de cette manufacture, où l'on emploie un nombre considérable d'ouvriers, méritent d'être visités (1).

LES FILLES DE LA TRINITÉ.

Cette communauté, connue aussi sous le nom de *Mathurines*, doit son établissement à une dame nommée Susanne Farrabat, qui, ayant eu le bonheur de reconnoître les erreurs du calvinisme, dans lequel elle avoit été élevée, et celui de les faire abjurer en même temps à sa mère et à deux de ses nièces, conçut avec elles le projet de se consacrer entièrement à l'éducation des jeunes

---

Cherbourg, et à Saint-Gobin; elles sont mises ensuite à leur perfection dans cette manufacture, où elles reçoivent le *douci*, le *poli* et l'*étamure*.

(1) Ils existent encore dans le même état qu'avant la révolution.

filles. Ces dames ayant fait adopter la même résolution à deux demoiselles auxquelles elles montroient à travailler, ces six personnes formèrent entre elles une société à laquelle madame Voisin, épouse de M. Voisin, alors conseiller d'État, et depuis chancelier de France, procura la protection de M. le cardinal de Noailles, archevêque de Paris, et les permissions nécessaires pour former un établissement. Celui-ci se fit d'abord en 1703 (1), près le cloître Saint-Marcel. Peu de temps après, il fut transféré au faubourg Saint-Jacques, dans le voisinage de l'Observatoire. Enfin les accroissements considérables que venoit de recevoir le faubourg Saint-Antoine firent penser aux filles de la Trinité qu'elles seroient plus utiles dans ce quartier. Elles obtinrent, en conséquence, dès l'année 1707, la permission de s'y transporter, et s'établirent d'abord dans une maison qu'elles avoient louée dans la grande rue du faubourg. Mais, en 1713, mademoiselle Fréard de Chantelou leur

---

(1) C'est par erreur que Sauval place cette époque au commencement du seizième siècle (t. I, p. 702), et dit qu'après avoir demeuré quelque temps aux faubourgs Saint-Marcel et Saint-Jacques, les *Filles de la Trinité* vinrent demeurer dans celui de Saint-Antoine en 1608, et dans la petite rue de Reuilli en 1613. L'abbé Lebeuf, Piganiol et l'auteur des *Tablettes parisiennes* en fixent la date en 1618 ; et ceci est une suite de l'erreur de Sauval. Ces historiens, en se copiant ainsi, ne se sont pas aperçus que cette date étoit inadmissible, puisque, à cette époque, madame Voisin et M. de Noailles n'étoient pas encore au monde.

ceda une maison qu'elle possédoit dans la petite rue de Reuilli, et c'est là qu'elles sont restées jusqu'au moment de la révolution, consacrant tous leurs moments à l'éducation gratuite des pauvres filles, qui sont en très-grand nombre dans ce quartier (1).

LES CHANOINESSES RÉGULIÈRES

DE

NOTRE-DAME-DE-LA-VICTOIRE.

Ces religieuses, connues sous le titre de *Notre-Dame de la Victoire de Lépante et de Saint-Joseph*, sont redevables de leur établissement à Jean-François de Gondi, archevêque de Paris, et à M. Tubeuf, surintendant des finances de la reine. Ce fut celui-ci qui en conçut le premier le dessein, et qui détermina le prélat à écrire, en 1640, à l'abbesse de Saint-Étienne de Reims, qu'il désiroit établir à Paris des religieuses de son ordre. Sur cet avis, cette abbesse se rendit la même année

---

(1) Cette maison a été changée en ateliers de filature.

dans la capitale, amenant avec elle six religieuses, qui furent aussitôt placées à Picpus, où M. Tubeuf avoit acheté une maison et un enclos de sept arpents. Elles obtinrent de l'archevêque la permission d'élire une prieure triennale, et leur premier choix tomba sur madame Susanne Tubeuf, sœur de leur fondateur. Du reste, celui-ci pourvut à tous les besoins de cette maison, et lui procura, en 1647, des lettres-patentes qui confirmoient son établissement.

Ces chanoinesses étoient sous le titre de *Notre-Dame de la Victoire*, parce qu'elles avoient ajouté à leur règle l'obligation de célébrer, le 7 octobre de chaque année, la victoire remportée sur les Turcs à Lépante, à pareil jour, en l'an 1571.

Leur église n'avoit rien de remarquable (1).

CURIOSITÉS.

SÉPULTURES.

Marguerite-Louise d'Orléans, grande-duchesse de Toscane, fille de Jean Gaston de France et de Marguerite de Lorraine, avoit été inhumée dans le cloître de ces religieuses en 1721.

---

(1) Ce couvent est maintenant occupé par un pensionnat de jeunes demoiselles.

LES PÉNITENTS RÉFORMÉS

DU TIERS-ORDRE DE SAINT-FRANÇOIS,

VULGAIREMENT NOMMÉS PICPUS.

Le tiers-ordre, ainsi appelé parce qu'il fut le troisième que saint François d'Assise institua en 1221, avoit été formé en faveur des personnes des deux sexes qui, sans s'assujettir à aucuns vœux, désiroient mener une vie chrétienne et pénitente. Dans la suite il devint régulier, et fut approuvé et confirmé sous ces deux formes, par Clément VIII, en 1603, et par un bref de Paul V, du 22 avril 1613.

Vers l'an 1594, le P. Vincent Mussart introduisit dans le tiers-ordre une réforme qui donna lieu à l'établissement de soixante monastères que ces religieux avoient encore en France avant la révolution, dont la maison de Paris étoit le chef-lieu, et auxquels elle avoit communiqué le nom de Picpus. Leur premier établissement se fit en 1594, à Franconville près de Beaumont, diocèse de Beauvais, et non à Franconville près Saint-Denis, comme l'ont avancé presque tous nos historiens (1). En 1600 ou 1601, ayant désiré s'établir à Paris, madame Jeanne de Saulx, veuve de M. René de Rochechouart, comte de Mortemart, chevalier des ordres du roi, leur donna le terrain et les bâtiments qu'ils occupoient encore au moment de la révolution (2). Les pénitents du tiers-ordre obtinrent, la même année, le consentement de l'évêque de Paris, lequel fut aussitôt ratifié par des lettres-patentes, confirmées par celles de Louis XIII, du 31 juillet 1621, enregistrées le 21 août suivant, et par celles de Louis XIV, du mois d'octobre 1701.

---

(1) Hist. de Par., t. II, p. 1252. — Piganiol, t. V, p. 82, etc.

(2) Un ancien mémoire manuscrit porte que, dans l'endroit où ils s'établirent, étoit autrefois un lieu destiné aux lépreux, et qu'il y avoit un bâtiment et une chapelle desservie par des chanoines, qui l'abandonnèrent. Mais, dit Jaillot, je n'en ai trouvé aucune preuve; j'ai seulement lu que les capucins s'y établirent en 1573, et qu'ils n'en sortirent que pour venir occuper la maison qu'ils habitèrent depuis rue Saint-Honoré. Les jésuites succédèrent ensuite aux capucins : leur dessein étoit d'y établir une maison professe; mais le cardinal de Bourbon leur ayant procuré un emplacement plus convenable (*voyez* p. 1208), ils abandonnèrent la chapelle, qui passa aux héritiers de l'évêque de Sisteron. Ceux-ci, à la considération de Diane de France, duchesse d'Angoulême, consentirent que la maison et la chapelle fussent occupées par *Robert Reche* (alias *Richer*), ermite de l'ordre de Saint-Augustin, qui s'y établit avec son frère, en vertu de la permission de Jean Prévôt, vicaire-général du cardinal de Gondi, évêque de Paris, en date du 29 août 1588. (Sauval, t. III, p. 220. — Lebeuf, t. II, p. 538.)

La première pierre de l'église que les Picpus firent élever à la place de leur chapelle fut posée par Louis XIII, le 13 mars 1611, faveur qui procura à leur maison le titre de fondation royale.

Il y avoit dans ce couvent une salle où se rendoient les ambassadeurs des puissances catholiques le jour de leur entrée, et dans laquelle ils recevoient les compliments des princes et princesses de la maison royale.

CURIOSITÉS DE L'ÉGLISE DE PICPUS.

SCULPTURES ET TABLEAUX.

Sur le maître-autel, une Adoration des rois et deux anges de grandeur naturelle, qu'on croyoit sculptés par *Germain Pilon*.

Sur les confessionnaux de la nef, six statues grandes comme nature, parmi lesquelles on remarquoit un *Ecce Homo*, de *Germain Pilon*; un Christ prêchant, du même auteur, et une Vierge du *frère Blaise*, religieux de cette maison.

Dans le réfectoire, le Serpent d'airain, peint par *Le Brun*; quelques statues de terre cuite représentant les instituteurs des ordres religieux, par deux frères convers de cette maison.

SÉPULTURES.

Plusieurs personnes illustres avoient été inhumées dans cette église, savoir :

Dans la chapelle de la Vierge, sous une tombe de marbre noir, Antoine Le Clerc de La Forest, l'un des descendants de Jean Le Clerc, chancelier de France, mort en 1628.

Gui-Aldonce, dit le chevalier Chabot, frère de Henri Chabot, duc de Rohan, mort en 1646; il n'avoit ni tombe ni épitaphe.

Judith de Mesmes, marquise de Soyecour, morte en 1659; aussi sans tombe et sans épitaphe.

Le maréchal de Choiseul, mort en 1711.

Dans le chœur de l'église étoient les sépultures de plusieurs seigneurs et dames de la famille de Mortemart.

De madame de Damas-Thianges, veuve de Louis Conti-Sforce, duc de Segui, dame d'honneur de la duchesse d'Orléans, morte en 1730.

De Claude-François, comte de Bussi-Lamet, mort en 1730.

Les entrailles du cardinal du Perron, mort en 1618, avoient été inhumées dans le même lieu.

Dans un caveau sous la chapelle Saint-Joseph, étoient déposés les corps de huit seigneurs ou dames de la maison d'Aumont, depuis 1615 jusqu'en 1666.

Dans la chapelle des Mortemart, le cœur de Joseph-François de la Croix, marquis de Castries, gouverneur de Montpellier, etc., mort en 1728.

La bibliothéque de ce couvent étoit considérable, et son enclos très-spacieux (1).

ARC DE TRIOMPHE

DE LA BARRIÈRE DU TRÔNE.

A l'extrémité du faubourg Saint-Antoine étoit une place circulaire et entourée d'arbres, qu'on appeloit *le Trône*. Ce nom lui avoit été donné

---

(1) La maison et le terrain sont maintenant occupés par des jardiniers.

parce qu'en 1660 la ville y avoit fait élever un trône magnifique, sur lequel Louis XIV et Marie-Thérèse d'Autriche se placèrent le 26 août de la même année, et reçurent l'hommage et le serment de fidélité de leurs sujets. Pour consacrer la mémoire de cette grande solennité, et pour donner en même temps à ce prince un témoignage d'amour et de reconnoissance, les officiers municipaux résolurent de faire élever sur cette même place un arc de triomphe qui surpassât en grandeur et en magnificence les plus beaux qui nous soient restés de l'antiquité. Tous les artistes furent appelés à ce concours mémorable, dans lequel Charles Perrault eut encore la gloire de l'emporter sur tous ses rivaux. Son plan ayant été accepté par la ville, la première pierre en fut posée le 6 août 1670, et les constructions s'élevèrent rapidement jusqu'aux piédestaux des colonnes. Diverses circonstances en ayant arrêté les travaux, on voulut cependant juger de l'effet général de ce monument, et l'ordre fut donné de l'exécuter en plâtre sur les constructions déjà commencées. Il fut, assure-t-on, généralement approuvé des connoisseurs, malgré les nombreux ennemis de l'architecte. « Cependant, dit Jacques Blondel, le roi parut si peu sensible à tout ce qu'on faisoit pour lui dans cette circonstance, que la ville ne jugea pas à propos de pousser plus loin les marques d'un zèle qui étoit si froidement accueilli. Ce prince étant mort, le duc d'Orléans, régent du royaume, y prit encore moins d'intérêt; de sorte qu'en 1716 on se détermina à raser cet édifice, qui d'ailleurs tomboit en ruine; et, sous l'administration du duc de Bourbon, on acheva de le détruire jusqu'aux fondements. »

On peut juger, par le dessin que nous en offrons ici, que cet arc de triomphe étoit digne de l'architecte célèbre auquel nous devons le péristyle du Louvre. On y retrouve la même élégance, la même richesse et le même système de composition. Il avoit 146 pieds de largeur, sans compter la saillie des colonnes des faces latérales, sur cent cinquante pieds de hauteur y compris l'amortissement. Son ordonnance étoit composée d'un ordre de colonnes corinthiennes groupées deux à deux, et dans la même proportion que celles que Perrault avoit employées dans son péristyle, c'est-à-dire qu'elles étoient élevées d'un module de plus que l'ordre ne le requiert, afin d'y répandre plus d'élégance. La hauteur de l'arcade étoit à sa largeur dans la proportion de deux à un, suivant les principes rigoureux de l'architecture; cependant on a observé qu'en raison de la plus grande dimension des colonnes, il auroit fallu peut-être lui donner aussi un peu plus d'élévation. Les portes latérales, larges seulement de quinze pieds, et dans le même rapport que la grande arcade, étoient renfermées dans des niches carrées, couronnées de tables saillantes et rentrantes, que l'on avoit enrichies de sculptures en bas-reliefs. Entre chaque groupe de colonnes, des médaillons attachés sur le nu du mur, avec des rubans de sculpture, offroient les principales actions, les exploits et les conquêtes de Louis XIV.

Sur l'entablement corinthien régnoit un socle de toute la hauteur de la corniche, et sur ce socle étoient placés des esclaves et des trophées. A plomb du nu du mur s'élevoit une espèce d'attique, dont la hauteur, ainsi que celle des socles, égaloit la moitié de l'élévation des colonnes, et cet attique, ainsi reculé, laissoit une place convenable pour la saillie des groupes. Sur l'espace qu'il occupoit au-dessus du grand entrecolonnement devoit être gravée une inscription dans une table rentrante; et dans de pareilles tables au-dessus des portes latérales étoient des bas-reliefs qui désignoient les principales batailles de Louis XIV, ainsi que l'a pratiqué François Blondel à la porte Saint-Denis et aux portes Saint-Antoine et Saint-Bernard.

Enfin cet attique, dans toute la largeur du principal avant-corps, étoit surmonté d'un grand amortissement, orné des armes du roi; et cet amortissement supportoit le piédestal d'une statue équestre de ce prince, laquelle terminoit majestueusement cette magnifique composition (1).

---

(1) *Voyez* pl. 127.

HÔTELS.

ANCIENS HÔTELS DÉTRUITS.

Hôtel de Rieux (Vieille rue du Temple).

Il étoit situé dans cette rue, au coin de celle des Blancs-Manteaux. Le maréchal Jean II de Rieux et Pierre de Rieux de Rochefort son fils, également maréchal de France, l'occupoient à la fin du quatorzième et au commencement du quinzième siècle. Il fut confisqué sur ce dernier par les Anglais en 1421, passa depuis successivement à plusieurs particuliers, et enfin dans le siècle dernier à M. Amelot de Biseuil. Cet hôtel a été remplacé par une maison particulière.

L'assassinat du duc d'Orléans, frère de Charles VI, fut commis justement vis-à-vis de cet hôtel, et son corps y fut d'abord déposé.

Hôtel Barbette.

Cet hôtel, sur lequel a été percée la rue qui

porte aujourd'hui son nom, étoit très-vaste, et accompagné d'une culture qui portoit la même dénomination, et qui l'avoit donnée à une fausse porte située dans la Vieille rue du Temple, un peu au-dessus des Blancs-Manteaux. La famille Barbette, à qui il appartenoit dans le principe, étoit très-connue vers le milieu du treizième siècle (1); et l'on trouve qu'en 1306, sous le règne de Philippe-le-Bel, le peuple, mécontent de l'altération et de la diminution des espèces ordonnée par ce prince, et persuadé que c'étoit Étienne Barbette, alors maître des monnoies, qui lui en avoit donné le conseil, se porta en foule à son hôtel, en força les portes et le pilla. Jean de Montaigu, en étant devenu depuis propriétaire, le vendit en 1403 à Isabelle de Bavière, femme de Charles VI, qui en fit son *petit séjour* (2). Cet hôtel passa ensuite dans la maison de Brezé, et ce fut à titre de femme de Louis de Brezé, comte de Maulevrier, grand-sénéchal de Normandie, qu'il appartint à Diane de Poitiers, depuis duchesse de Valentinois. Il fut vendu et démoli après la mort de son mari, arrivée en 1561.

---

(1) Sauval, t. I, p. 68.
(2) Les historiens disent que le duc d'Orléans en sortoit lorsqu'il fut assassiné.

Hôtel du Petit-Musc (rue Saint-Antoine).

Louis Ier, duc de Bourbon, ayant acheté cet hôtel en 1312, y joignit un autre logis nommé la maison du *Pont-Perrin*, et Charles V acheta ensuite ces deux édifices réunis, pour en agrandir l'hôtel Saint-Paul. Son successeur le fit rebâtir, et alors il prit le nom d'hôtel d'Etampes, dit l'hôtel Neuf. Il a été depuis démembré : les religieuses de la Visitation en occupèrent une partie, et l'autre forma l'hôtel d'Ormesson, dont nous ne tarderons pas à parler (1).

Hôtel de Cossé-Brissac (même rue).

Cet hôtel étoit situé sur le terrain qu'occupe aujourd'hui l'église des Filles-de-Sainte-Marie.

---

(1) Tout ce vaste emplacement, depuis la rue Saint-Antoine jusqu'aux Célestins et à la rivière, étoit couvert de maisons, cours, jardins, et de vastes hôtels qui furent presque tous réunis à la maison royale dite l'hôtel Saint-Paul, et ensuite divisés et vendus comme nous l'avons dit en parlant de ce célèbre édifice. Cette division a trompé nos historiens, et les a mis dans le cas ou de confondre ces différents hôtels, ou de ne pas remarquer que les noms divers qu'ils ont portés ne doivent souvent s'appliquer qu'à la même demeure, successivement occupée par divers particuliers. Ainsi cet hôtel du Petit-Musc a porté successivement les noms d'hôtel Neuf, d'Étampes, de Bretagne, d'Orange, de Valentinois, de Boisi, de Langres, du Maine (Mayenne), et d'Ormesson.

Sauval l'a confondu avec l'hôtel de Boisi, ci-devant du Petit-Musc (1).

Hôtel de la Reine (entre la rue du Petit-Musc et celle de Beautreillis).

Cet hôtel, connu dans le principe sous le nom de la *Pissote,* prit ensuite les noms d'hôtel de la Reine et de Beautreillis. Louis XI le donna, en 1463, à Charles de Melun, bailli de Sens, et son lieutenant à Paris. Il devoit passer à sa postérité; mais cette clause n'eut pas son exécution : car on trouve qu'en 1490 Charles VIII en fit présent à Antoine de Chabannes, grand-maître-d'hôtel de France; Louis XII en confirma depuis la propriété à son fils (2).

Hôtel des comtes d'Angoulême (rue de l'Égout-Sainte-Catherine).

On n'a aucun détail sur cet hôtel; tout ce qu'on en sait, c'est qu'il étoit situé dans cette rue, et que François 1er, étant parvenu à la couronne, le joignit au palais des Tournelles. Charles IX en ordonna la démolition et la vente en 1565.

---

(1) T. II, p. 126.
(2) Nous avons parlé de ce qui a rapport à la démolition de cet hôtel à l'article des hôtels du quartier Saint-Paul.

Hôtel du duc d'Orléans.

On ne sait également de cet hôtel rien autre chose que sa situation, laquelle étoit très-proche de l'enceinte de la ville, et sur un terrain qui depuis a fait partie des jardins de l'Arsenal.

Maison de plaisance de Henri II (rue de la Roquette).

Jaillot dit avoir lu dans un mémoire imprimé que Henri II et Henri IV avoient leur maison de plaisance à la Grande-Roquette, au lieu même où étoient les Hospitalières. Nos historiens n'en font pas mention; mais il est certain que Henri II y a demeuré, car nous avons des lettres de ce prince du 29 août 1568, données à la Roquette (1), pour informer « des pilleries, voleries et autres » torts faits à ceux de la religion prétendue ré- » formée. »

Château de Reuilli (rue du bas de Reuilli).

Cet ancien château avoit donné son nom à la rue où il étoit situé; et D. Mabillon, s'appuyant sur un passage de Frédégaire (2), prétend que dans l'em-

---

(1) Bannières du Châtelet, vol. VII, f° 204, *verso*.
(2) *Fredeg. Schol. Chron.*, n° 58. — Duchesne, t. Ier, p. 757. Coll. hist. Fr., t. II, n° 58.

placement qu'il occupoit étoit jadis une maison de plaisance qui avoit appartenu à nos rois de la première race, et que ce fut là que Dagobert Ier épousa et répudia ensuite Gomatrude pour contracter un nouveau mariage avec Nanthilde. Quoi qu'il en soit de cette opinion qui a trouvé des contradicteurs, on ne doute pas qu'en effet Reuilli, que les anciens historiens appellent *Romiliacum*, ne fût un château appartenant aux rois Mérovingiens. Il est probable qu'il n'avoit point été aliéné, ou du moins que s'il a pu l'être il étoit rentré dans le domaine de la couronne, car on voit qu'en 1352 le roi Jean promit d'en faire la vente à Humbert, patriarche d'Alexandrie, ancien dauphin de Viennois.

HÔTELS EXISTANTS EN 1789.

Hôtel d'Estrées (rue Barbette).

Il fut construit par François-Annibal d'Estrées, maréchal de France, et quoiqu'il ait depuis changé plusieurs fois de maître, il en a toujours conservé le nom.

Hôtel Pelletier (entre la rue des Rosiers et celle du Roi-de-Sicile).

Cet hôtel avoit été bâti pour Antoine Coiffier de

Ruzé, dit le maréchal d'Effiat, surintendant des finances en 1626. Après sa mort, ses héritiers le vendirent à Claude Le Pelletier, d'abord prévôt des marchands, puis contrôleur-général des finances et ministre d'État. Il n'est point sorti de cette famille jusqu'à la fin de la monarchie.

Hôtel d'Argenson (même rue).

Il appartenoit au garde des sceaux d'Argenson, et avoit son entrée par un cul-de-sac qui en a pris le nom et qui existe encore.

Hôtel d'Albret (rue des Francs-Bourgeois).

Cet hôtel, le plus considérable de ceux qui sont situés dans cette rue, fut construit au milieu du seizième siècle, sur cinq places de la culture Sainte-Catherine, lesquelles furent acquises par le connétable Anne de Montmorenci. Après un assez grand nombre de révolutions qu'il seroit fastidieux de rapporter, il fut porté dans la maison d'Albret par le mariage de Magdeleine de Guénégaud avec César-Phébus d'Albret, comte de Miossans et maréchal de France. Après sa mort, ses héritiers le vendirent à Jean Brunet de Chailli, garde du trésor royal; et son dernier propriétaire fut M. du Tillet, président honoraire au parlement.

Dans cette même rue demeuroit Michel Le Tellier, chancelier sous Louis XIV.

Hôtel de Lorraine ou *d'Herbouville* (rue Pavée).

Cet hôtel, connu d'abord sous les noms d'hôtel de Savoisi et de Lorraine, est célèbre dans l'histoire du règne de Charles VI. Il appartenoit alors à Charles de Savoisi, chambellan et favori de ce prince. Le 13 ou le 14 juillet 1404, l'université étant allée en procession à Sainte-Catherine-du-Val-des-Écoliers, il survint entre ses suppôts et les domestiques de ce seigneur une querelle qui dégénéra bientôt en une rixe scandaleuse et sanglante, dont les suites nous apprennent jusqu'à quel point cette compagnie poussoit, dans ces temps-là, l'abus de son pouvoir et de ses priviléges. Non contente de porter ses plaintes au prévôt de Paris, à la reine, aux ducs d'Orléans et de Bourgogne, au parlement, elle n'eut pas même la patience d'attendre la satisfaction qu'elle demandoit, et ordonna sur-le-champ de fermer les classes et de cesser les prédications. Cette violence eut tout l'effet qu'elle en pouvoit espérer dans un siècle où le respect qu'on lui portoit alloit jusqu'à la superstition la plus ridicule. Sur sa requête, le parlement de Paris ordonna, dès le 19 du même mois, que M. de Savoisi seroit arrêté, c'est-à-dire qu'il auroit la ville pour prison, avec défense d'en sortir, sous peine de confiscation de tous ses biens, et d'être réputé coupable des excès commis dans la journée du 14. Le 22 août suivant, le roi rendit son arrêt, par lequel il ordonna « que la maison » de Charles Savoisi seroit démolie le 26, aux frais » des matériaux, dont le surplus seroit donné à » l'église Sainte-Catherine, et qu'il feroit assiette » de 100 liv. parisis de rente amortie pour fonda- » tion de chapelles. » Il fut en outre *condamné en 1000 liv. envers les blessés, et pareille somme euvers l'université,* moyennant quoi *on lui donne main levée de sa personne;* et pour le jugement des coupables, le roi les renvoie par-devant les juges ordinaires, et *veut qu'ils soient très-bien punis selon leurs démérites.*

En conséquence, trois domestiques de M. de Savoisi firent amende honorable devant les églises de Sainte-Geneviève, de Sainte-Catherine et de Saint-Severin, furent fouettés ensuite aux carrefours de la ville, et bannis pour trois ans. La partie de l'arrêt qui regardoit ce gentilhomme ne fut pas exécutée avec moins de rigueur, malgré les prières du roi, qui s'intéressoit à ce que sa maison fût du moins respectée (1); l'université fut in-

---

(1) On proposa, dit l'historien de ce prince, de la donner au roi de Navarre, qui offroit de la payer comptant; « mais il fut » impossible d'y réduire l'université : si bien que le roi n'en put » sauver que les galeries qui étoient bâties sur les murailles de la » ville, et qui furent conservées, en les payant selon l'estimation » pour la merveille de l'ouvrage, pour la rareté et la diversité des » peintures. »

flexible : la démolition s'en fit même avec une solennité nouvelle, au son des trompettes ; elle fut rasée jusqu'à terre, et les historiens ajoutent même que Savoisi fut banni.

Ce fut en vain que deux ans après ce favori obtint de Charles VI la permission de rétablir son hôtel; l'université s'y opposa avec plus de fureur que jamais, et l'autorité du roi fut encore obligée de céder à cette corporation redoutable. Enfin il fallut cent douze ans d'intervalle pour satisfaire sa vengeance et adoucir son animosité, encore n'accorda-t-elle la permission de rétablir cet édifice que sous la condition expresse qu'il y seroit placé une inscription contenant l'arrêt rendu contre Savoisi, et la grâce spéciale qu'elle vouloit bien accorder (1).

---

(1) Cette pierre, qui avoit deux pieds carrés, fut enlevée quand on bâtit l'hôtel de Lorraine, et trouvée depuis dans quelques démolitions. Elle a été long-temps encastrée dans les murs du jardin de M. Foucault, conseiller d'État. Voici ce qu'on y lisoit :

« Cette maison *de Savoisi*, en 1404, fut démolie et abattue
» par arrêt, pour certains forfaits et excès commis par messire
» *Charles de Savoisi*, chevalier, pour lors seigneur et propriétaire
» d'icelle maison, et ses serviteurs, à aucuns écoliers et suppôts
» de l'université de Paris, en faisant la procession de ladite uni-
» versité à Sainte-Catherine-du-Val-des-Écoliers, près dudit
» lieu, avec autres réparations, fondations de chapelles et charges
» déclarées audit arrêt, et a demeuré démolie et abattue l'espace
» de cent douze ans, et jusqu'à ce que ladite université, de grâce
» spéciale, et pour certaines causes, a permis la réédification
» d'icelle, aux charges contenues et déclarées ès lettres sur ce
» faites et passées à ladite université en l'an 1517. »

Il y a quelques incertitudes sur le personnage qui fit rebâtir cet hôtel. Les traditions les plus sûres nous apprennent que ce fut le trésorier Morlet (1). Il passa ensuite à la famille des Savari, dont il prit le nom. Il le portoit en 1533, et c'est là que le duc de Norfolck, ambassadeur d'Angleterre, fut logé pendant le séjour qu'il fit à Paris dans le courant de cette année. Dix ans après, le 1er juin 1543, l'amiral de Chabot y mourut. On ignore à quel titre il lui appartenoit; mais en 1545 sa veuve le vendit au sieur de Bellassise, trésorier de l'extraordinaire des guerres, des mains duquel il passa dans celles du duc de Lorraine. Les princes de cette maison l'embellirent, le décorèrent et lui donnèrent leur nom, qu'il conserva même après avoir été acquis par les familles Desmarets et d'Herbouville.

Hôtel de Lamoignon (même rue).

Cet hôtel avoit été bâti, de même que l'hôtel d'Albret, au milieu du seizième siècle, et sur cinq places de la culture Sainte-Catherine, que les chanoines de cette maison ainsi que ceux de Saint-Victor avoient eu la permission d'aliéner en 1545. Acquises d'abord par MM. Claude de Tudert et Simon Gallet, la propriété en passa,

---

(1) Corroz., f° 135, *recto*.

en 1555, à M. Robert de Beauvais. A cette époque on avoit déjà joint à ce terrain une grande maison avec cour, jardin et étables à pourceaux, qui avoit appartenu aux religieux de Saint-Antoine, et à laquelle on donnoit le nom de *Porcherie de Saint-Antoine*. Elle passa ensuite à la famille de Pisseleu et à plusieurs autres particuliers jusqu'en 1581, que le duc d'Angoulême en fit l'acquisition. On trouve qu'il étoit occupé, en 1622, par l'un de ses héritiers, M. Charles de Valois, comte d'Alez, et qu'il fut enfin vendu, en 1684, à M. Chrétien de Lamoignon, qui le transmit à ses descendants. D. Félibien (1) a confondu cet hôtel avec celui des comtes d'Angoulême dont nous avons déjà parlé.

Hôtel Saint-Paul ou *de la Force* (rue du Roi-de-Sicile).

Cet hôtel fut bâti, suivant les apparences, par Charles, frère de saint Louis, comte d'Anjou et de Provence, et depuis appelé aux royaumes de Naples et de Sicile; il en est du moins le premier possesseur dont l'histoire fasse mention. Son fils, héritier de cette demeure, la donna, en 1292, à Charles de Valois et d'Alençon, fils de Philippe-le-Hardi; et les comtes d'Alençon continuèrent

---

(1) T. II, p. 1090.

d'en jouir jusqu'au règne de Charles VI. Ce prince, qui aimoit passionnément les exercices de chevalerie alors en usage, ayant remarqué que cet hôtel n'étoit séparé que par l'enceinte de Philippe-Auguste des lices de la culture Sainte-Catherine, jugea qu'il seroit commode pour lui d'avoir une semblable maison dans laquelle il pourroit ou se reposer ou se préparer aux joutes et aux tournois qui se donnoient fréquemment en cet endroit. Il la fit en conséquence demander à Pierre d'Alençon, qui la lui céda par deux actes de 1389 et 1390 (1), dont le second contenoit un abandon pur et simple. Le roi la donna aussitôt à Robert et Charles de Bausson, sans doute sous certaines réserves qui toutefois ne sont point mentionnées par les historiens.

Cet hôtel appartint depuis aux rois de Navarre et aux comtes de Tancarville. Le cardinal de Meudon en étant devenu propriétaire, le fit rebâtir en 1559; mais il ne fut achevé que par René de Birague (2), aussi cardinal et chancelier de France. Après sa mort, arrivée en 1583, cet hôtel, acquis d'abord par le maréchal de Roquelaure, fut bientôt revendu par lui à M. François d'Orléans-Longueville, comte de Saint-Paul, ce qui lui fit

---

(1) Chamb. des compt. Mémor. E., f° 223.

(2) La gravure que nous en donnons ici représente cet hôtel tel qu'il étoit après ces dernières constructions. (*Voyez* pl. 128.)

donner le nom d'*hôtel Saint-Paul*, qu'il a conservé jusqu'au milieu du siècle dernier, quoiqu'il ait appartenu depuis à M. de Chavigni, ministre et secrétaire d'État, sous le nom duquel il est indiqué dans quelques anciens plans. Étant passé ensuite à M. de La Force par son mariage avec la petite-fille de M. de Chavigni, il prit enfin le nom de ce seigneur, et l'a conservé jusqu'à nos jours.

A la fin du règne de Louis XIV, cet édifice fut partagé en deux parties, dont l'une formoit l'hôtel de Brienne, et avoit son entrée dans la rue Pavée; l'autre, qui conserva son entrée dans celle du Roi-de-Sicile, fut acquise, en 1715, par les frères Pâris, deux financiers fameux qui y firent de grands embellissemens. En 1731 cette portion de l'hôtel de La Force changea encore de propriétaire. On trouve que MM. Pâris le vendirent à la demoiselle Toupel, de qui M. d'Argenson l'acheta le 12 septembre 1754, pour le compte de l'École Militaire; acquisition que confirma un édit du mois d'août 1760.

Nous avons fait connoître plus haut la dernière destination de cet hôtel (1).

───────────

(1) *Voyez* p. 1175.

Hôtel de Carnavalet (rue Culture-Sainte-Catherine).

Cet hôtel, qui mériteroit la célébrité dont il jouit, seulement pour avoir été quelque temps habité par l'illustre madame de Sévigné et par la comtesse de Grignan sa fille, est digne en outre, sous le rapport de l'art, de fixer l'attention des curieux autant peut-être qu'aucun autre monument de Paris.

Cet édifice, commencé par Bullant, continué par Ducerceau, ne fut achevé que dans le dix-septième siècle par François Mansard. Il se compose d'abord d'un bâtiment sur la rue, lequel n'est élevé que d'un seul étage au-dessus du rez-de-chaussée. Il a cinq croisées de face, et présente deux pavillons en avant-corps placés à ses deux extrémités, et couronnés de frontons. Le rez-de-chaussée, orné de refends vermiculés, forme le soubassement d'un ordre de pilastres ioniques accouplés qui décore le premier étage. La porte est en plate-bande dans une niche cintrée, et surmontée d'une corniche en forme de fronton. On ne peut se dissimuler que toute l'architecture de cet hôtel, si l'on en excepte cette porte, exécutée par le premier architecte, ne soit d'un effet très-médiocre, et peu digne des éloges qu'elle a reçus de tous les historiens de Paris (1).

Mais ce qui lui assure une réputation à jamais durable, ce sont les sculptures dont il a été décoré par le célèbre Jean Goujon, et dont plusieurs doivent être mises au nombre des ouvrages les plus charmants qui soient sortis de son ciseau. Toutefois les divers écrivains qui ont fait des descriptions de Paris, même en payant à ces chefs-d'œuvre le tribut d'admiration qu'ils méritent, ont donné une preuve nouvelle de leur inexactitude, et surtout de leur ignorance dans tout ce qui tient aux arts du dessin.

Le plus grand nombre de ces écrivains ne se sont pas aperçus que ces excellentes sculptures étoient mêlées avec d'autres faites long-temps après, et d'une exécution bien inférieure; et, se figurant qu'elles étoient toutes de la même main, ils les ont toutes confondues dans le même éloge.

Quelques-uns, qui même ont écrit de nos jours, ayant voulu se donner un air plus savant, ont cherché à reconnoître les ouvrages de Jean Goujon parmi ceux de ses successeurs; mais, par une bévue pire peut-être que l'ignorance des premiers, ils lui ont justement attribué ce qu'il y avoit de plus médiocre parmi ces dernières sculptures.

---

(1) *Voyez* pl. 129.

Nous espérons être plus heureux dans l'examen que nous allons en faire, et distinguer, pour la première fois, ce qui appartient réellement à ce grand sculpteur.

A l'extérieur, les deux enfants qui sont groupés dans l'écusson, les ornements qui le soutiennent, la petite figure ailée placée sur la clef, le lion et le léopard entourés de trophées que l'on voit aux deux côtés de la porte, sont bien certainement de la main de Jean Goujon. Les deux figures représentant la Force et la Vigilance, posées sur les trumeaux du premier étage, et la Minerve qui s'élève au-dessus, non-seulement n'ont point été faites par lui, mais doivent être considérées comme de très-mauvais ouvrages, d'un style mesquin et d'une exécution grossière (1).

Au pourtour de la cour, sur les trumeaux des faces du premier étage, s'élèvent encore douze figures colossales en bas-relief. A la première inspection il est facile de reconnoître que les quatre qui sont placées dans le fond, et qui représentent les saisons, peuvent être seules attribuées à Jean Goujon; mais ce que n'ont point dit ceux qui ont décrit cet hôtel, et ce qu'il étoit toutefois important de faire connoître, c'est qu'elles sont inférieures aux autres sous tous les rapports. Quoiqu'elles rappel-

---

(1) L'auteur du quatrième volume de la *Description de Paris et de ses édifices* les présente comme des chefs-d'œuvre.

lent bien certainement le style de ce maître, on y découvre une sorte d'exagération de sa manière, qui pourroit faire penser qu'elles ont été exécutées après sa mort sur de simples croquis de sa main, non encore arrêtés.

Enfin ce dont aucun auteur n'a fait mention, et ce qui mérite cependant plus d'attention que tout le reste, ce sont trois petites figures sculptées en bas-relief sur le fronton intérieur du portail, dont deux sont couchées, et tiennent à la main une branche de laurier et une palme; la troisième, debout au milieu, et posée sur un globe, est armée d'un arc et d'une flèche. Non-seulement ces figures sont de Jean Goujon, mais on peut dire qu'elles surpassent toutes les autres, et qu'elles égalent ce qui nous reste de plus pur et de plus gracieux de cet artiste excellent.

Cet hôtel avoit été commencé vers le milieu du seizième siècle pour le président de Ligneries. Il fut vendu en 1678 à Françoise de La Baume, dame de Carnavalet, dont il prit le nom qu'il porte encore aujourd'hui, quoiqu'il ait depuis changé très-souvent de propriétaire.

Hôtel Turgot, ci-devant de Sulli (rue Saint-Antoine).

Jaillot dit avoir trouvé dans les titres originaux qui concernent l'hôtel de Sulli, que, le 15 avril 1624, le sieur Mesme Gallet acquit deux maisons qui appartenoient à M. Louis Huaut de Montmagñi et autres; qu'il y fit construire cet hôtel qu'il n'acheva pas, parce que le terrain sur lequel la façade étoit bâtie ne lui appartenoit qu'en partie; et que sa fortune s'étant trouvée dérangée, cette propriété fut saisie et vendue par décret en 1627. Plusieurs propriétaires qui se succédèrent accrurent depuis cet édifice de plusieurs maisons qu'ils achetèrent dans le voisinage, et le dernier, M. du Vigean, fit construire l'entrée de l'hôtel en 1629. Il fut cédé en cet état, par échange, à M. Maximilien de Béthune, duc de Sulli, qui l'agrandit encore par l'acquisition d'une maison, laquelle forma le petit hôtel de Sulli. Le grand hôtel fut depuis acquis, en 1752, par M. Turgot de Saint-Clair, qui lui donna le nom qu'il a porté jusqu'au commencement de la révolution.

Hôtel de Beauvais (même rue).

Cet hôtel doit son nom à M. Pierre de Beauvais, conseiller ordinaire du roi, qui le fit bâtir. L'histoire en fait mention, parce que l'épouse de M. de Beauvais, première femme de chambre d'Anne d'Autriche, eut l'honneur d'y recevoir cette reine, la reine d'Angleterre, les dames de la cour et le cardinal Mazarin, le 26 août 1660, jour de l'entrée solennelle de Louis XIV et de Marie-Thérèse d'Autriche.

Hôtel de Guémené.

Cet hôtel, situé à l'extrémité du cul-de-sac auquel il a donné son nom, a son entrée principale sur la place Royale, et avoit appartenu, dans le principe, à la famille de Lavardin. Il passa ensuite dans la maison de Rohan, et dans la branche de Rohan-Guémené.

Hôtels de la place Royale.

Tous les édifices qui composent cette place étoient occupés, comme nous l'avons déjà dit, par les gens les plus qualifiés de la cour et de la ville; et plusieurs de ces hôtels avoient, comme celui de Guémené, une sortie sur les rues adjacentes. Nous croyons qu'on verra avec quelque intérêt les noms des principaux habitants de cette place vers le milieu du siècle dernier.

M. le duc de Richelieu.
M. d'Ormesson père.
M. d'Ormesson, avocat général.
M. le prince de Talmon.
Madame la marquise de Menoux.
M. le marquis de Tessé.
Mademoiselle du Châtelet.
M. l'évêque de Verdun.
M. de Gagny.

Madame la comtesse d'Armalay.
M. le marquis de Beausang.
M. de Nicolaï.
M. de Creil.
M. le comte de Chabot.
M. d'Ormesson du Charet.
M. le comte de Chabane.
M. le président d'Etiaux.

Hôtel d'Ormesson. (rue Saint-Antoine).

Il est bâti sur une portion du terrain occupé autrefois par l'hôtel du Petit-Musc.

Hôtel royal de l'Arquebuse (au coin de la rue de la Roquette et de celle de Contrescarpe).

Dans cet endroit étoit un jardin sur la porte duquel on lisoit cette inscription : *Hôtel royal de l'Arquebuse.* C'étoit le lieu destiné jadis aux exercices de la *compagnie royale des chevaliers de l'arbalète et de l'arquebuse de Paris* (1). On ignore l'origine de cette société ou confrérie d'arbalétriers, qu'il ne faut pas confondre avec les compagnies de bourgeois qui formèrent depuis la garde de la ville. Celle-ci, beaucoup plus ancienne, jouissoit, dès le règne de Louis-le-Gros, de plusieurs priviléges, et son objet étoit de servir le roi quand il le requéroit, et de défendre Paris contre les ennemis du dehors. Nous apprenons que saint Louis ne dédaigna pas de régler lui-même ses exercices, et fixa le nombre des chevaliers à cent quatre-vingts. Il fut depuis porté à deux cents par des lettres-patentes de Charles, dauphin (depuis

---

(1) Sauval, t. I, p. 693.

Charles V). Ce prince, étant devenu roi, montra l'affection qu'il avoit pour ce corps, et l'importance qu'il y attachoit, par une ordonnance rendue en 1369, dans laquelle il défend les jeux de hasard, et excite la jeunesse à se livrer à de nobles exercices, tels que l'arc et l'arbalète, capables de fortifier le corps et de le rendre propre à supporter les fatigues de la guerre. Depuis cette époque, cette compagnie n'a cessé de voir augmenter et confirmer ses priviléges par tous les rois qui ont succédé à Charles V, jusqu'à Louis XV inclusivement.

Nos historiens ne font point mention des lieux anciennement destinés aux exercices de ces chevaliers de l'arquebuse. Le premier qu'on ait pu découvrir étoit situé près des murs de l'enceinte de Philippe-Auguste, et dans l'endroit où est aujourd'hui la rue des Francs-Bourgeois. Ils y furent établis, en 1379, par Charles V, et l'on trouve que, dès 1390, on les avoit transférés entre les rues Saint-Denis et Mauconseil. En 1604, sous le règne de Henri IV, ils occupoient un espace dans le bastion situé entre les portes du Temple et de Saint-Antoine. Enfin, en vertu de lettres-patentes données en 1671, cet établissement fut transporté dans le lieu que nous venons d'indiquer, et depuis n'en a point changé (1).

---

(1) Sur plusieurs plans du dix-huitième siècle on trouve un

Les brevets des chevaliers de l'arquebuse étoient signés du gouverneur de Paris, colonel de cette compagnie royale. Dans les cas urgents, ils étoient tenus de faire le service comme les troupes réglées; et tous les dimanches, à partir du premier dimanche de mai jusqu'au jour de saint Denis inclusivement, ils se rassembloient pour leurs exercices, et distribuoient des prix composés de jetons d'argent frappés au coin de la compagnie. Le corps de ville assistoit un jour de l'année à cet exercice, et distribuoit lui-même trois prix aux vainqueurs.

Hôtel Montalembert (rue de la Roquette).

C'étoit une grande maison, agrandie et embellie dans le dix-huitième siècle par le comte de Clermont, qui en fit sa demeure. Elle prit depuis le nom qu'elle a porté jusqu'en 1789, et le dut sans doute à son nouveau propriétaire.

Hôtel de Mortagne (rue de Charonne).

Cette maison, connue depuis long-temps sous

---

jardin des arquebusiers placé à côté de la boucherie, qui étoit alors située à l'esplanade de la porte Saint-Antoine. Quelques particuliers s'y exerçoient effectivement à tirer de l'arquebuse, et même on y distribuoit des prix; mais ils ne formoient point un corps comme la compagnie des arquebusiers.

ce nom, fut habitée dans le siècle dernier par le célèbre mécanicien M. de Vaucanson. Cet artiste ayant légué au roi les pièces mécaniques de son invention, qui composoient son cabinet, Louis XVI, alors régnant, résolut de faire l'acquisition de la maison où tous ces objets étoient rassemblés, et d'y former un établissement de mécanique que son intention étoit de rendre public, et d'enrichir de tout ce que l'Europe pouvoit offrir de plus intéressant en ce genre. Cet établissement, déjà commencé et dirigé par un membre de l'académie des sciences, M. de Vandermonde, fut détruit par la révolution, avant d'avoir acquis toute la perfection dont il étoit susceptible.

Maison de Mont-Louis.

Elle étoit située dans la rue de la *Folie-Regnaut* : on donnoit autrefois et assez souvent le nom de *Folie* à une maison de campagne destinée seulement à être un lieu de plaisir ou de délassement. Telle étoit la *Folie-Regnaut*, maison de campagne dont le premier propriétaire fut un épicier nommé *Regnaut*, qui l'avoit fait bâtir. Il y avoit dans ce manoir un corps-de-logis, des cours, des jardins, des étables, une chapelle; le tout contenant environ six arpents. Quelques maisons bâties successivement en cet endroit, qu'on appeloit alors le *Champ-l'Evêque*, parce qu'il étoit situé dans sa censive, formèrent une espèce de hameau qui prit le nom du petit château que ces maisons avoisinoient. On voit dans les archives de l'archevêché qu'en 1427 l'évêque de Paris y avoit son pressoir, lequel étoit contigu à celui du chapitre et à la maison de *Regnaut* l'épicier. En 1626 les jésuites de la maison professe achetèrent cette maison, y joignirent plusieurs portions de terres environnantes, qu'ils acquirent successivement, et donnèrent à ce nouvel établissement le nom de *Mont-Louis*. La maison le porta dès l'année suivante; et dans quelques actes elle est appelée *Mont-Saint-Louis*.

Une erreur populaire avoit répandu assez généralement l'opinion que cette maison n'avoit été appelée *Mont-Louis* que parce que Louis XIV en avoit fait don au P. La Chaise son confesseur : or il est constant qu'il y avoit plus de cinquante ans que les jésuites possédoient cette maison lorsqu'il fut nommé à cette fonction importante, puisque cela n'arriva qu'en 1675. Toutefois cette opinion avoit tellement prévalu qu'on l'appeloit encore, dans le siècle dernier, *maison du P. La Chaise*, et que le cimetière établi dans son enclos porte encore aujourd'hui le nom de ce père (1).

Il est vrai qu'il avoit payé de ses propres de-

---

(1) *Voyez* à la fin de ce quartier l'article *Monuments nouveaux*.

niers quelques portions de terrain qui y étoient enclavées; et c'est là sans doute ce qui a donné lieu à cette petite anecdote entièrement dénuée de fondement.

La maison de Mont-Louis fut vendue, lors de l'expulsion des jésuites, le 31 août 1763, et revendue le 16 décembre 1771 (1).

Le jardin de Reuilli.

On avoit donné ce nom à une maison située dans la rue de la Planchette. Cette maison, très-belle, très-vaste, et accompagnée d'un jardin planté avec autant de goût que de magnificence, avoit pris d'abord le nom de Rambouillet, qui étoit celui du particulier qui l'avoit fait bâtir, et elle le portoit dès 1676. On la trouve aussi quelquefois indiquée sous celui des *Quatre Pavillons.* C'étoit là que se rendoient les ambassadeurs des puissances étrangères non catholiques, le jour destiné à leur entrée solennelle. Cette habitation fut acquise en 1720 par une personne qui, préférant l'utile à l'agréable, ne laissa subsister que le logement du

---

(1) Tout près d'un des angles du clos de Mont-Louis, et dans le parc du seigneur de Charonne, étoit une petite terrasse qui avoit pris la place d'un pavillon assez anciennement construit. On assure que ce fut en cet endroit que le cardinal Mazarin plaça Louis XIV, pour lui faire voir la bataille qui se donna au faubourg Saint-Antoine le 2 juillet 1652.

jardinier, changea les bocages en vergers, et les parterres en marais potagers.

FONTAINES.

Fontaine de Birague ou *de Sainte-Catherine.*

Cette fontaine, ainsi nommée parce qu'elle fut achevée en 1579 par la munificence de René de Birague, cardinal et chancelier de France, est située sur une place, nommée alors *Cimetière des Anglois*, que depuis Louis XIII donna aux Jésuites, afin de rendre plus commode et plus agréable l'entrée de leur église et de leur maison professe. Lors de cette première construction, on grava sur une table de marbre les inscriptions suivantes :

Henrico III,
Franciæ et Poloniæ rege Christianissimo.
Renat. Birag.
Sanctæ Romanæ ecclesiæ presbyt. cardin.
Et Franc. cancellar. illustriss.
Beneficio Claudii d'Aubray, præfecto
Mercator. Johann. Le Comte ;
Renat. Baudert ; Johann. Gedoyn ;
Petr. Laisné, tribunis plebis
Curantibus.
Anno Redemptionis M. D. LXXIX.

Hanc deduxit aquam duplicem Biragus in usum ;
Serviat ut domino ; serviat ut populo.

*Publica sed quanta privatis commoda, tanto
Præstat amore domûs, publicus urbis amor.*

Renat. Birag. Franc. Cancell.
Publ. comm.
M. D. LXXXII.

Cette fontaine fut refaite sous la prévôté de *Nicolas Bailleul*, et l'on y grava alors cette inscription :

*Siccatos latices, et ademptum fontis honorem
Officio ædiles restituére suo.*

———

Ob reditum aquarum. 1627.

Enfin on la rebâtit pour la dernière fois en 1707, et cette construction, plus élégante que les autres, subsiste encore aujourd'hui. Elle a la forme d'une espèce de tour à cinq pans, ornée, sur chaque face, de pilastres, de frontons, de tables renfoncées, et recouverte d'une calotte sphérique appareillée en pierres que surmonte un clocheton ; le tout d'un style assez agréable. Les tables et les frontons sont enrichis de sculptures et d'inscriptions en vers latins.

1re face.

*Prætor et ædiles fontem hunc posuére, beati
Sceptrum si Lodoix, dum fluet unda, regat.*

IIe.

*Ante habuit raros, habet urbs nunc mille canales
Ditior, hos sumptus oppida longa bibant.*

III.ᵉ

Ebibe quem fundit purum Catharina liquorem,
Fontem at virginem, non nisi purus, adi.

IV.ᵉ

Naïas exesis male tuta recesserat antris;
Sed notam sequitur, vix reparata, viam.

V.ᵉ

Civibus hinc ut volvat opes, nova munera, largas
Nympha, supernè fons, desinit in fluvium.

Son eau, qui lui vient de la pompe construite sur le pont Notre-Dame, se distribue ensuite dans plusieurs quartiers, et principalement dans le faubourg Saint-Antoine.

Fontaine royale.

Cette fontaine, construite entre les années 1687 et 1692, dans la rue Saint-Louis, auprès de la place dont elle a pris le nom, est ornée de sculptures représentant deux tritons. Son eau vient de l'aqueduc de Belleville.

Fontaine des Tournelles.

Cette fontaine, située au coin de la rue de ce nom et de celle Saint-Antoine, fut construite en 1671. Elle donne de l'eau de la Seine.

Fontaine des Mousquetaires.

Construite en 1719, rue de Charenton, faubourg Saint-Antoine. Son eau vient aussi de la Seine.

Fontaine de l'Abbaye Saint-Antoine.

Située dans la grande rue du faubourg de ce nom, au coin de la rue de Montreuil. Elle tire également son eau de la Seine.

Fontaine de Charonne.

Placée à l'entrée de la rue de ce nom; la Seine lui fournit son eau.

Fontaine de Basfroi.

Elle est située à l'angle de la rue du même nom, et tire son eau de la même source.

BOULEVARTS ANCIENS.

Il est inutile de répéter que cette promenade, qui embrasse dans son circuit et coupe en deux parties tout le côté septentrional de Paris, a été formée sur l'emplacement de ses dernières murailles, dont elle retrace assez exactement l'enceinte. Elle est composée d'un grande allée pavée pour le passage des voitures, de deux contre-allées plantées d'arbres, et sert de communication entre *la ville*, proprement dite, et les faubourgs qui la terminent. Quoiqu'elle n'ait rien de très-remarquable, ni par la beauté de ses ombrages, ni par la nouveauté de leur disposition, les jolies maisons, les cafés, les salles de spectacle, les monuments, les jardins élégants qui la bordent dans toute sa longueur, en font un des aspects les plus brillants et les plus variés de Paris.

Les boulevarts anciens commencent à la porte Saint-Honoré, et, renfermant tous les quartiers que nous venons de décrire, leurs faubourgs exceptés, viennent finir à la porte Saint-Antoine. Dans ce long espace qu'ils parcourent, leur nom change plusieurs fois et dans l'ordre suivant :

Depuis la rue Saint-Honoré jusqu'à celle des Capucines, *boulevart de la Magdeleine*.

Depuis cette dernière rue jusqu'à celle du Mont-Blanc (ci-devant de la Chaussée-d'Antin), *boulevart-des Capucines*.

De la rue du Mont-Blanc à celle de Richelieu, *boulevart des Italiens*.

De cette dernière rue jusqu'à celle de Montmartre, *boulevart Montmartre*.

De la rue Montmartre jusqu'à la rue Poissonnière, *boulevart Poissonnière*.

De la rue Poissonnière jusqu'à celle de Saint-Denis, *boulevart de Bonne-Nouvelle*.

De cette dernière rue jusqu'à la rue Saint-Martin, *boulevart Saint-Denis*.

De la rue Saint-Martin jusqu'à la rue du Temple, *boulevart Saint-Martin.*

De la rue du Temple jusqu'à celle des Filles du Calvaire, *boulevart du Temple.*

De ce dernier point jusqu'à la rue du Pont-aux-Choux, *boulevart des Filles du Calvaire.*

De la rue du Pont-aux-Choux jusqu'à la rue Saint-Antoine, *boulevart Saint-Antoine* (1).

BARRIÈRES.

On en compte douze dans le vaste territoire qu'embrasse ce quartier, depuis son extrémité septentrionale jusqu'à la rivière, savoir :

1. Barrière des Amandiers.
2. ——— de la Folie-Regnaut (2).
3. ——— des Rats (3).
4. ——— de Charonne (4).
5. ——— de Montreuil.
6. ——— du Trône.
7. Barrière Saint-Mandé (5).
8. ——— de Picpus.
9. ——— de Reuilli.
10. ——— de Charenton.
11. ——— de Berci.
12. ——— de la Rapée.

---

(1) *Voyez* pl. 130, une Vue de la portion de ces boulevarts qui est la plus élégante et la plus fréquentée.

(2) Maintenant barrière d'Aunay.

(3) Elle est fermée.

(4) Elle a pris le nom de la barrière des Rats.

(5) Elle est fermée pour les voitures.

RUES ET PLACES

DU QUARTIER SAINT-ANTOINE.

Rue d'Aligre. Cette rue, percée depuis 1780, donne d'un côté dans la rue de Charenton, de l'autre sur le marché Beauvau.

Rue des Amandiers. Elle fait la Continuation de la rue du Chemin-Vert, dont on lui a quelquefois donné le nom, et aboutit à la campagne et à la rue des Murs de la Roquette. Le terrain sur lequel elle fut percée s'appeloit encore, dans le siècle dernier, *les Amandiers*. Peut-être y avoit-il en cet endroit une certaine quantité d'arbres de cette espèce, ce qui lui en aura fait donner le nom.

Rue Amelot. Cette rue donne d'un côté sur le boulevart, au coin de la rue Daval, de l'autre à l'entrée du faubourg Saint-Antoine. Elle a été ouverte depuis 1780.

Rue Saint-André. Elle aboutit d'un côté à la rue des Rats, et de l'autre à celle de la Folie-Regnaut. On n'a nul renseignement sur l'origine de son nom.

Rue Saint-Antoine. Elle commence à la porte Baudoyer, et finit à la porte Saint-Antoine. Jaillot croit qu'elle doit ce nom à l'abbaye située dans le faubourg, à laquelle elle conduit, plutôt qu'à la maison du Petit-Saint-Antoine, ce qui étoit l'opinion de l'abbé Lebeuf (1).

---

(1) T. II, p. 598.

Le premier nom que cette rue ait porté est celui de rue de la *Porte Baudéer*, *vicus Portæ Baldeerii* : on l'appeloit ainsi au commencement du treizième siècle ; mais il faut observer que c'étoit seulement dans la partie voisine de cette porte ; plus loin on la nommoit *rue de l'Aigle*, *vicus de Aquilá*. Elle devoit ce nom à une maison qui portoit vraisemblablement un aigle dans son enseigne. Les cartulaires de Saint-Eloi et de Saint-Maur en font souvent mention, ainsi que du four banal que le prieuré de Saint-Eloi avoit dans cette rue, presque au coin de la rue de Joui : *domus Aquilæ in vico Baldaeri*, 1227. En 1230 elle est ainsi désignée, *domus Aquilæ sita apud portam Bauderii* ; on y trouve aussi la rue indiquée sous le même nom de *vicus de Aquilá per quem itur apud Sanctum Antonium*, juin 1244 (1). Ainsi la rue de l'Aigle faisoit la continuation de la rue de la porte Baudeer. Or, comme la censive de Saint-Eloi ne s'étendoit pas en-deçà de la rue des Barres, il est aisé d'en conclure que la rue de l'Aigle n'étoit ainsi nommée que depuis celle-ci jusqu'à la porte Saint-Antoine de l'enceinte de Philippe-Auguste. Le Cartulaire de Saint-Germain-l'Auxerrois (2) fait mention de cet endroit à l'an 1289, et le nomme *terra quæ dicitur de Aquilá versus portam Sancti Antonii*. Enfin, depuis cette porte jusqu'à celle qui fut depuis construite sous le même nom, au règne de Charles VI, la rue Saint-Antoine portoit celui de *rue du Pont-Perrin* (3) : la place qui est à l'extrémité

---

(1) *Cart. S. Mauri*, p. 1284.

(2) Fol. 7, *recto*.

(3) Cens. de S. Éloi, 1367. Nicolas Boufons, libraire, qui nous a donné une édition plus ample des *Antiquités de Paris*, publiées par Corrozet, indique, dans ce quartier, quatre rues que nous ne connoissons plus : la *rue Sainte-Catherine*, *pour aller droit à la porte*

de cette rue, près de l'emplacement de la Bastille, se nomme *place Saint-Antoine*.

Rue du Faubourg-Saint-Antoine. Elle commence à la porte Saint-Antoine, et finit à l'endroit dit le *Trône*. On l'appeloit anciennement la *chaussée Saint-Antoine*, et ce nom elle le portoit encore en 1632 (1).

Rue des Fossés-Saint-Antoine. Elle règne le long des Fossés depuis la rue du faubourg jusqu'à la rivière; on la nomme aussi rue de la Contrescarpe.

Rue des Ballets. Elle aboutit à la rue Saint-Antoine et à celle du Roi-de-Sicile. Sauval (2) a pensé que la famille des *Baillet* avoit pu donner son nom à cette rue, et que le peuple l'aura corrompu en l'appelant rue des Ballets au lieu de *rue des Baillet*; mais il n'en donne

---

Saint-Antoine, la *rue de la Royne*, la *rue Royale* et la *rue d'Orléans*. Corrozet n'avoit point fait mention de ces rues, soit par oubli, soit qu'elles n'existassent point alors, comme cela paroît plus vraisemblable.

Le palais des Tournelles ayant été détruit presque de fond en comble en 1565, on put faire un chemin qui conduisoit en droite ligne de l'église de la Couture Sainte-Catherine à la porte Saint-Antoine, et qui se trouve aujourd'hui couvert de maisons: ce seroit la *rue Sainte-Catherine*. La rue *d'Orléans* semble être le chemin qui conduit à la Bastille et à l'Arsenal. On sait que le duc d'Orléans avoit un hôtel situé en cet endroit, et qui fait partie des jardins de l'Arsenal. La rue de *la Royne* pourroit être le passage qui conduisoit au cimetière Saint-Paul et aux charniers, lesquels subsistoient encore vers la fin du dix-huitième siècle. Jaillot avoit vu cependant un ancien plan manuscrit de la censive et des terrains dépendants du monastère de la culture Sainte-Catherine, sur lequel ce passage étoit indiqué sous le nom de *rue aux Lyons*. La rue *Royale* semble être représentée par le cul-de-sac Guémené.

(1) Dans cette même rue, et un peu avant celle de Saint-Bernard qui vient y aboutir, il y a un cul-de-sac nommé des *Forges Royales*.

(2) T. I, p. 112.

aucune preuve. Guillot et le rôle de taxe de 1313 n'en parlent point. La liste du quinzième siècle et le censier de l'archevêché de 1495 en font mention sous le nom de *rue des Ballays* ; et celui de Saint-Eloi, en 1613, énonce une maison au coin de la *rue des Balloys*, acquise par la ville, pour agrandir cette rue. Cette orthographe détruit l'étymologie que Sauval en a donnée.

Rue Barbette. Elle aboutit d'un côté à la Vieille rue du Temple, et de l'autre à celle des Trois-Pavillons. Elle tire son nom de l'hôtel Barbette, dont nous avons déjà parlé, et sur l'emplacement duquel elle a été ouverte.

Rue de Basfroi. Elle fait la continuation de la rue de Popincourt, et traverse de la rue de la Roquette dans celle de Charonne. Nous n'avons rien pu découvrir sur l'étymologie du nom de cette rue, qu'on appelle et qu'on écrit communément *Basfroid*. Le plus ancien titre qui en fasse mention est un bail à cens du 15 novembre 1393 (1), d'un arpent et demi et sept perches de vignes au lieu dit *Baffer*, sur le chemin Saint-Antoine. Les déclarations passées au terrier du roi en 1540 (2) énoncent le terroir de *Basfert*, *Baffer*, ou *Baffroi* ; et dans un ancien compte (3) on lit : *Le chantier du Grand-Basfroi et celui de Popincourt, dit le Petit-Basfroi.*

Place et marché Beauvau. Cette place et ce marché, situés entre la rue Saint-Antoine et celle de Charenton, communiquent à ces deux rues par diverses autres rues transversales.

Rue Beauvau. Cette rue, ouverte depuis 1780, donne d'un côté rue de Charenton, de l'autre sur le marché Beauvau.

---

(1) Arch. de l'archev.
(2) Portef. de Blondeau, t. XII, 1er et 8e cahiers.
(3) Compt. de Recett. de Ligny de 1601 à 1602, f° 257, verso.

Rue de Bercy. Elle fait la continuation de la rue de la Rapée, et aboutit hors la ville au château de Berci, dont elle a tiré son nom.

Rue Saint-Bernard. Elle traverse de la rue de Charonne dans celle du faubourg Saint-Antoine. On pense qu'elle a reçu le nom de ce saint parce que l'abbaye Saint-Antoine en suivoit la règle (1).

Rue des Boulets. Elle va de la barrière Saint-Antoine à celle de Charonne, et fait la continuation des rues de la Muette et du Trône. Quelques nomenclateurs l'appellent *rue des Boules*, mais mal à propos. Elle doit ce nom au territoire où elle est située, que d'anciennes déclarations du seizième siècle indiquent ainsi : *Lieu dit les Boulets, anciennement les Basses-Vignolles.* Cette rue porte la même dénomination sur le plan de Jouvin, publié en 1676, et sur tous ceux qu'on a faits depuis.

Rue des Buttes. Cette rue, ou plutôt ce chemin n'étoit presque pas connu avant l'enceinte élevée sous Louis XVI, parce que la plus grande partie des plans de Paris ne s'étendoient pas jusque là. Elle traverse de la grande rue de Reuilly dans celle de Picpus.

Rue Caron. Cette rue, ouverte en même temps que le marché Sainte-Catherine, donne d'un côté sur ce marché, de l'autre dans la rue de Jarentes.

Rue Culture-Sainte-Catherine. Elle aboutit d'un côté à la rue Saint-Antoine, et de l'autre à celle du Parc-Royal. Nous avons déjà fait observer qu'elle doit ce nom au terrain cultivé des chanoines de Sainte-Catherine-du-Val-des-Écoliers, sur lequel elle fut ouverte. On la nommoit d'abord simplement rue Sainte-Catherine, comme on peut le voir sur le plan de d'Heuland et dans

---

(1) Il y a dans cette rue un cul-de-sac qui porte le même nom.

Corrozet; et Robert l'appelle encore de même, quoiqu'avant le milieu du siècle passé on la désignât déjà sous le nom de la *Couture* et *Culture Sainte-Catherine*, et qu'elle porte cette dénomination sur le plan de Gomboust et sur les autres plans postérieurs. Boisseau, sur le sien, en fait deux rues : celle qu'il appelle de la Couture prend depuis la rue Saint-Antoine jusqu'à celle des Francs-Bourgeois, et depuis celle-ci jusqu'à la rue du Parc-Royal il la nomme *rue du Val* (1).

Rue Neuve-Sainte-Catherine. Elle aboutit d'un côté à la rue Culture-Sainte-Catherine, et de l'autre à la rue Saint-Louis et à celle de l'Egout. Son nom est dû au terrain du prieuré sur lequel elle a été ouverte.

Rue de l'Egout Sainte-Catherine. Elle va de la rue Saint-Antoine aux rues Saint-Louis et Neuve Sainte-Catherine. Elle est ainsi nommée à cause d'un égout qui passoit sur le terrain de Sainte-Catherine, près de l'endroit où cette rue a été ouverte. On l'appeloit, en 1590, *ruelle des Égouts*, et *rue des Égouts* en 1606 (2). On l'a nommée depuis *rue de l'Égout couvert*. Nous avons déjà parlé de l'égout du pont Perrin, qui régnoit le long de la rue Saint-Antoine. En 1417 il fut ordonné de le détourner et de le joindre à celui qui portoit les eaux et les immondices au grand égout du Temple.

On le fit donc passer sur le terrain de la culture Sainte-Catherine, dans la longueur de 625 toises, jusqu'à l'en-

---

(1) Ce fut dans cette rue que le connétable de Clisson fut assassiné par l'ordre de Pierre de Craon le 13 juin 1392, et que le roi et une partie de sa cour allèrent le visiter dans la boutique d'un boulanger chez lequel il s'étoit réfugié. (*Voyez* 1re partie de ce volume, p. 97.

(2) Arch. de Sainte-Cather.

droit où finit aujourd'hui la rue de Boucherat : il ne fut couvert qu'au commencement du siècle dernier.

Marché Sainte-Catherine. Il a été ouvert, comme nous l'avons déjà dit, vers la fin du siècle dernier, sur l'emplacement de l'église du même nom.

Rue des Chantiers. La plupart de nos plans ne la distinguent pas de la rue Traversière, dont elle fait la continuation depuis la rue de la Rapée jusqu'à la rivière. Ces deux rues ne doivent pas cependant être confondues, celle-ci n'ayant été ouverte qu'à la fin du dix-septième siècle. On voit, par les anciens plans, qu'on la nommoit alors, ainsi que la rue Traversière, rue du *Cler-Chantier*. Sur d'autres plans elle est appelée *rue de la Planchette* et *rue Pavée*. Elle doit son dernier nom aux chantiers auxquels elle aboutissoit. Nous ferons observer en passant que le terrain où elle est située fait partie de celui qu'on appeloit anciennement le *Champ au Plâtre*, et qu'on nommoit encore dans le siècle dernier *Port au Plâtre*, dans la partie qui borde la rivière, depuis le bastion de l'Arsenal jusqu'à Saint-Bonnet.

Rue des Charbonniers. Elle aboutit d'un côté à la rue de Charenton et de l'autre au port au plâtre. Les anciens plans l'indiquent sous le nom de *rue du Port-au-Plâtre*, et *rue Clochepin*. Nous ignorons à quelle occasion elle a quitté ces anciennes dénominations pour prendre celle qu'elle porte encore aujourd'hui (1).

Rue de Charenton. Elle commence au fossé de la porte Saint-Antoine, et aboutit au coin de la petite rue de Reuilli et de celle de Rambouillet. Son nom provient du bourg de Charenton, où elle conduit.

---

(1) Cette rue est fermée maintenant depuis la rue de Bercy jusqu'à la rivière.

Rue de Charonne. Elle aboutit à la rue du Faubourg-Saint-Antoine et à la barrière qui portoit jadis la même dénomination. Cette rue tire aussi son nom du village où elle conduit (1).

Rue du Chemin-Vert. Elle aboutit d'un côté à la rue de la Contrescarpe, et de l'autre à celle des Amandiers, au coin de la rue de Popincourt. Ce n'étoit encore, au milieu du seizième siècle, qu'un chemin qu'on appeloit *Vert*, à cause des herbes dont il étoit bordé, et des marais potagers au travers desquels il passoit. En 1667 on le nommoit simplement *ruelle qui va à Popincourt* (2). Il est indiqué dans le censier de Saint-Éloi, sous le nom de *ruelle des Neuf-Arpents*, parce qu'il avoit été ouvert sur un terrain nommé la culture Saint-Eloi, lequel contenoit neuf arpents. Cette culture étoit divisée en deux parties, et bornée par les rues de Mesnil-Montant, de Popincourt, de la Contrescarpe et du Chemin-Vert. Cette dernière est nommée rue *Verte* dans des actes de 1718, quoiqu'elle fût connue, dès le siècle passé, sous le nom qu'elle porte, comme on peut le voir sur quelques plans de ce temps-là.

Rue Cloche-Perce. Elle traverse de la rue Saint-Antoine dans celle du Roi-de-Sicile (3). Le procès-verbal

---

(1) Il y avoit dans la rue de Charonne deux culs-de-sac : le premier, appelé de *Mortagne*, lequel n'existe plus, devoit son nom à un hôtel voisin ; le second, nommé de la *Croix-Faubin*, existe encore, et doit son nom à une croix qui s'élevoit vis-à-vis de l'endroit où il est situé. Du reste ce nom tire sa première origine d'un petit hameau qui fait aujourd'hui partie du faubourg Saint-Antoine.

(2) Arch. de Sainte-Cather.

(3) L'abbé Lebeuf, dans ses notes sur le *Dit* des rues de Paris de Guillot (p. 597), a cru que c'étoit cette rue-ci que le poète désigne sous le nom du *Pute-y-Muce*. Robert, en lui donnant

de 1636 la nomme *rue de la Cloche-Percée*. C'étoit le nom d'une enseigne qu'on a changé en celui de Cloche-Perce, et c'est ainsi qu'elle est écrite sur tous les plans. Si on lui a donné ensuite, vers 1660, le nom de *rue de la Grosse Margot*, comme le dit Sauval (1), à cause de l'enseigne d'un cabaret, ce nom, adopté par le bas peuple, n'a pas fait fortune, car on ne le trouve ni dans aucun acte ni sur aucun plan. Nous ignorons quelle pouvoit être la rue de *Pute-y-Muce* dont parle Guillot. Mais sa marche nous fait conjecturer qu'il pouvoit y avoir alors une rue ou ruelle qui ne subsiste plus depuis long-temps, et qui traversoit de la rue Cloche-Perce dans celle de Tiron.

Rue Neuve-du-Colombier. Cette rue, ouverte sur le marché Sainte-Catherine, et à la même époque que ce marché, donne de l'autre bout dans la rue Saint-Antoine.

Rue de la Contrescarpe (2). Cette rue nouvelle, percée depuis 1780, donne d'un côté à l'extrémité des rues Daval et de Lappe, de l'autre à la petite rue Saint-Pierre.

Rue de Cotte. Cette rue, ouverte depuis 1780, donne d'un côté rue du Faubourg-Saint-Antoine, de l'autre sur le marché Beauvau.

---

aussi ce dernier nom, ajoute qu'elle le portoit encore en 1560, et qu'en 1620 on lui donnoit celui de la *Grosse-Margot*, de l'enseigne d'un cabaret. Nous croyons que ces deux auteurs se sont trompés. Guillot, d'accord avec les rôles de taxes de 1300 et de 1313, indique la *rue Renaut Lefèvre* ; or c'étoit ce nom que portoit alors la rue Cloche-Perce, comme on peut s'en convaincre en voyant le plan de d'Heuland et autres plans anciens, de même qu'en lisant Sauval et Corroset.

(1) T. I, p. 126.
(2) On la nomme maintenant *rue Saint-Sabin*.

Rue Daval. Elle donne d'un côté sur le boulevart, de l'autre dans la rue de la Contrescarpe. Cette rue a été percée depuis 1780.

Rue de l'Echarpe. Elle commence à la rue Saint-Louis, et aboutit à la place Royale. On l'appela d'abord *rue de Henri IV*, parce que cette place fut commencée sous le règne de ce prince. Une enseigne lui fit donner le nom de *rue de l'Echarpe Blanche.* Elle le portoit dès 1636. Depuis, on a dit simplement rue de l'Echarpe.

Rue des Ecouffes. Elle aboutit d'un côté à la rue des Rosiers, et de l'autre à celle du Roi-de-Sicile. Cette rue est ancienne; son nom n'a varié que dans la façon de l'écrire ou de le prononcer. On disoit, en 1233 et en 1254, *rue de l'Ecofle*; en 1300 *de l'Escoufle*; en 1313 *des Escoufles*; en 1430, *des Escofles*, et au siècle suivant, *des Escloffes*, enfin des *Ecouffes*. Un topographe du siècle passé a jugé à propos de la nommer *rue des Ecossois*, quoiqu'elle n'ait jamais été appelée ainsi.

Rue de la Vallée de Fécan. Elle fait la continuation de la rue de la Planchette, et conduit au chemin de Charenton. Son nom est dû au terrain sur lequel elle est située. On l'appeloit *le bas de Fécant* au quinzième siècle, et c'est ainsi que ce terrain est nommé dans un titre nouvel, du 16 février 1498 (1). Dans une déclaration rendue au terrier du roi en 1540, il est fait mention d'une vigne hors la porte Saint-Antoine, *au val de Fesquant, lieu dit Beauregard* (2).

Rue du Foin. Elle va de la rue Saint-Louis à celle de la Chaussée-des-Minimes. Elle s'étendoit même autrefois jusqu'à la maison des Hospitalières. Nous ne trouvons point

---

(1) Arch. de l'archev.
(2) Recueil de Blondeau, t. XII, 6e cahier.

qu'elle ait eu d'autre nom. Il est assez vraisemblable qu'elle doit celui qu'elle porte à un terrain en pâturage qui faisoit partie du parc des Tournelles, sur lequel elle fut ouverte sous le règne de Henri IV.

Rue de la Folie-Regnaut (1). Elle aboutit d'un côté à la barrière qui porte ce nom, de l'autre à la rue des Murs-de-la-Roquette. Cette dénomination vient d'une maison de plaisance qui appartenoit à *Regnaut l'épicier*.

Rue des Francs-Bourgeois. Elle va de la Vieille rue du Temple à celle Sainte-Catherine (2). Elle se nommoit d'abord *rue des Poulies*, et conserva ce nom jusqu'au moment de la construction d'un hôpital qui fut fondé dans cette rue en 1334, suivant dom Félibien (3), et vers l'an 1350, suivant Sauval (4), par Jean Roussel et Alix sa femme. Cet hôpital se composoit de vingt-quatre chambres contiguës, dans lesquelles on retiroit des pauvres. En 1415, Pierre Le Mazurier et sa femme, fille de Jean Roussel, donnèrent cet hôpital au grand-prieur de France, avec 70 livres de rente, sous la condition de loger deux

---

(1) On la nomme maintenant rue Sainte-Anne.

(2) Sauval et ses copistes disent qu'elle a porté successivement les noms de *Vieille-Barbette*, des *Poulies*, des *Viez-Poulies*, de *Ferri-des-Poulies* en 1258, et de *Richard-des-Poulies*. Cet auteur ajoute que les poulies étoient un jeu usité alors, et qu'on ne connoit plus aujourd'hui, lequel produisoit 20 sols parisis de rente, que Jean Gennis et sa femme donnèrent aux Templiers en 1271. Il est certain qu'au quinzième siècle et au suivant cette rue portoit le nom *des Poulies*; mais nous n'avons point trouvé ailleurs que dans Sauval qu'elle ait été appelée *Vieille-Barbette*. Il l'a peut-être confondue avec la Vieille rue du Temple, à laquelle elle aboutit, et qui, dans cet endroit, se nommoit *rue Vieille-Barbette*.

(3) Hist. de Par., t. I, p. 591.

(4) Sauval, t. I, p. 135, 136, 521.

pauvres dans chaque chambre. Ce fut cet asile qui fit donner à cette rue le nom de Francs-Bourgeois, ceux qui demeuroient dans cet hôpital étant, par leur pauvreté, *francs*, c'est-à-dire exempts de toutes taxes et impositions.

Rue de Jarentes. Ouverte en même temps que le marché Sainte-Catherine, elle le traverse et va aboutir d'un côté rue de l'Egout-Sainte-Catherine, de l'autre rue Culture-Sainte-Catherine.

Rue Jean-Beausire. Elle commence à la rue Saint-Antoine, vis-à-vis la Bastille, et, formant un retour d'équerre, aboutit au boulevart. Boisseau, sur son plan, la nomme *rue du Rempart*. Au quatorzième siècle, elle s'appeloit *rue d'Espagne* (1). On trouve bien au siècle suivant une rue Jean-Beausire; mais ce nom étoit donné à celle qu'on a depuis appelée rue des Tournelles. Il fut appliqué à celle-ci dès 1538 (2).

Rue des Juifs. Elle traverse de la rue du Roi-de-Sicile dans celle des Rosiers. Dom Félibien a suivi exactement ce que le commissaire Delamare avoit écrit sur le rappel des Juifs en 1198 (3). Ces auteurs disent qu'après cette époque les Juifs se logèrent dans différents quartiers qu'ils indiquent; et ils mettent de ce nombre la rue dont il s'agit. Ce fait peut être vrai, et il y a grande apparence que le nom des Juifs qu'elle porte ne vient que de ceux qui l'ont habitée; mais nous n'avons pu découvrir si elle existoit alors, et sous quel nom. Ce qu'il y a de certain, c'est qu'il n'en est point fait mention dans Guillot, ni dans les rôles de taxes de 1300 et de 1313, ni

---

(1) Sauval, t. I, p. 143.
(2) Il y a, dans la rue Saint-Antoine, un cul-de-sac parallèle à cette rue, et qui porte le même nom.
(3) Trait. de la Pol., t. I, p. 181.

même dans la liste du milieu du quinzième siècle. Corroset est, si nous ne nous trompons point, le premier qui l'ait désignée sous ce nom, lequel se trouve sur tous les plans postérieurs. Nous pensons donc avec Jaillot qu'elle ne l'a pris que sous le règne de Louis XII (1).

Rue de Lappe. Elle va de la rue de la Roquette à celle de Charonne. On lit dans un registre des ensaisinements de Saint-Eloi (2), que le 22 décembre 1635, les chanoinesses régulières de Saint-Augustin (les Filles Angloises de Notre-Dame de Sion) acquirent de Bertrand Ferrier, marchand épicier, « cinq arpents de terre hors la porte
» Saint-Antoine, sur le chemin de Charonne, au lieu dit
» *l'eau qui dort*, tenant d'une part à *Girard de Lappe*,
» maître jardinier, d'autre au chemin tendant de Paris
» à la Roquette, etc., à présent clos de murs; fors du côté
» dudit Girard de Lappe. » C'est donc de ce jardinier que la rue dont il s'agit a pris son nom. Piganiol a tort d'écrire *rue de la Lape* (3).

---

(1) Au bout de cette rue, et en face de celle des Rosiers, est un cul-de-sac appelé *Coquerel*. C'étoit anciennement une rue ou ruelle nommée de la *Lamproie*, laquelle aboutissoit à la rue Couture-Sainte-Catherine. (Arch. de Sainte-Cather.) Dans le terrier du roi de 1540 elle est nommée *rue de la Cocquerie, rue Coquerée* dans les titres des Haudriettes, et de la *Cocquerée* dans ceux du Temple en 1415.

En face de cette rue, sur le terrain du Petit-Saint-Antoine, on a ouvert un passage qui donne dans la rue du même nom. On l'appelle passage du *Petit-Saint-Antoine*.

(2) Arch. de l'archev.

(3) De Chuyes, dans son *Guide de Paris*, ne fait pas mention de la rue de Lappe, mais il indique une *rue Gaillard*, qui nous paroit être celle-ci; s'il dit qu'elle aboutit à la rue de Charenton, c'est une faute d'impression, il faut lire : à la rue de Charonne. Cette identité nous semble prouvée par la fondation que l'abbé

Rue Saint-Louis. La partie de cette rue comprise dans ce quartier commence au coin des rues Neuve-Sainte-Catherine et de l'Echarpe, et finit à celles du Parc-Royal et Neuve-Saint-Gilles. Nous avons déjà remarqué qu'elle s'appeloit *rue de l'Egoût couvert*, *rue Neuve-Saint-Louis*, et *Grande rue Saint-Louis*.

Rue Sainte-Marguerite. Elle va de la rue du Faubourg-Saint-Antoine à celle de Charonne. Son nom est dû à l'église paroissiale de Sainte-Marguerite, dont elle est voisine.

Rue des Minimes. Elle aboutit d'un côté à la rue Saint-Louis, et de l'autre à celle des Tournelles. On l'a nommée ainsi à cause des religieux qui s'y sont établis.

Rue de la Chaussée-des-Minimes. Elle aboutit d'un côté à l'un des pavillons de la place Royale, et de l'autre à l'église des Minimes. C'est de cette situation qu'elle a pris le nom qu'on lui donne aujourd'hui. Cette rue fut percée sous le règne de Henri IV, et appelée *rue du Parc-Royal*. En 1637 on la nomma *rue du Parc-des-Tournelles*, parce qu'elle fut ouverte alors sur le parc du palais des Tournelles (1).

Rue de Mongallet. Elle aboutit d'un côté à la rue de Reuilli, et de l'autre à celles de la Planchette et de la Vallée-de-Fécan. On la nommoit dans l'origine *rue du Bas-Reuilli*.

Rue de Montreuil. Elle conduit du faubourg Saint-Antoine au petit village de Montreuil, dont on lui a

---

Gaillard avoit faite dans cette rue, d'une communauté composée de six frères et d'un supérieur ecclésiastique, pour apprendre à lire et à écrire aux pauvres garçons du faubourg Saint-Antoine.

(1) Il y a dans cette rue un cul-de-sac qui faisoit la continuation de la rue du Foin. On l'appelle *des Hospitalières*, parce que leur maison y étoit située.

donné le nom. Ce chemin est ancien, car il est fait mention de Montreuil dès le commencement du douzième siècle (1).

Rue Moreau. Elle conduit de la rue de Charenton à celle de la Rapée. On la nomme aussi *ruelle des Filles-Angloises*, parce qu'elle régnoit en partie le long du couvent de ces religieuses.

Rue de la Muette. Cette rue, qui aboutit aux barrières de la Croix-Faubin et de la Roquette, doit son nom au territoire où elle est située. Le lieu dit *la Muette* est énoncé dans la déclaration des censitaires du grand chambrier de France, en 1540.

Rue du Pas-de-la-Mule. Elle aboutit d'un côté à la place Royale, et de l'autre au boulevart. Il paroît par plusieurs titres que le premier nom qu'on lui donna fut celui de *rue Royale*, que portoient également les autres rues par lesquelles on entroit dans cette place. Elle prit ensuite celui de *Petite rue Royale*. Cette rue fut ouverte en 1604, selon Le Maire (2); cependant elle est indiquée dès 1603 sous le nom de rue du Pas-de-la-Mule. Elle aboutissoit alors, et même long-temps après, à la rue des Tournelles; mais par arrêt du conseil du 15 juillet 1673, il fut ordonné qu'elle seroit prolongée jusqu'au boulevart, ce qui fut exécuté, comme on peut le voir sur le plan de Bullet, publié en 1676. Cependant les plans de Nollin et du sieur De Fer, qui sont postérieurs de plus de vingt ans, la nomment encore rue Royale. Nous n'avons pu rien découvrir sur l'étymologie du nom de Pas-de-la-Mule qu'on lui a donné.

---

(1) L'avenue qui donne d'un côté sur la place du Trône, de l'autre dans cette rue, se nomme *avenue des Ormes.*

(2) T. III, p. 307.

Rue Necker. Cette rue, ouverte en même temps que le marché Sainte-Catherine, donne d'un côté dans la rue de Jarentes, de l'autre dans celle d'Ormesson.

Rue Saint-Nicolas. Elle traverse de la rue du Faubourg-Saint-Antoine dans celle de Charenton. Sur un plan de 1676 elle est déjà indiquée sous ce nom, qu'elle doit à une enseigne.

Rue Le Noir. Cette rue, percée depuis 1780, donne d'un côté rue du Faubourg-Saint-Antoine, de l'autre sur le marché Beauvau.

Rue d'Ormesson. Cette rue, percée et bâtie en même temps que le marché Sainte-Catherine, donne d'un côté rue de la Culture-Sainte-Catherine, de l'autre dans celle de l'Egout-de-Sainte-Catherine, en traversant ledit marché.

Rue Pavée. Elle aboutit d'un côté à la rue des Francs-Bourgeois, et de l'autre à celle du Roi-de-Sicile. Sauval dit qu'en 1406 on l'appeloit *rue du Petit-Marais*, et depuis *rue de Marivas*, *de Marivaux* et *du Petit-Marivaux*. Corrozet la nomme *rue du Petit-Marivaux*, et il est certain qu'on l'appeloit ainsi en 1235 (1). Cependant la liste du quinzième siècle fait mention d'une *rue Pavée* qui nous paroît être celle-ci. Elle est désignée sur tous les plans sous ce dernier nom.

Rue des Trois-Pavillons. Elle aboutit d'un côté à la rue du Parc-Royal, et de l'autre à celle des Francs-Bourgeois. Anciennement ce n'étoit qu'un chemin qui coupoit le terrain de Sainte-Catherine. En 1545 on l'appeloit *rue de la Culture-Sainte-Catherine*. Elle se prolongeoit alors le long de l'hôtel d'Albret jusqu'au retour de la rue des Rosiers, qu'on a depuis appelée *rue des Juifs*, et

---

(1) Archiv. du Templ.

dans cette partie elle se nommoit *rue des Valets*. Cette dernière rue, ainsi que celle de *la Lamproie*, dont il subsiste encore une partie sous le nom de cul-de-sac Coquerel, furent bouchées en 1604.

Sauval dit que cette rue fut pratiquée dans l'hôtel Barbette (1). Cela n'est pas exact. Nous venons d'observer qu'elle existoit en 1545, et cet hôtel ne fut vendu qu'en 1561. La source de son erreur vient sans doute du nom que cette rue portoit encore au dix-septième siècle. On l'appeloit *rue Diane*, à cause de Diane de Poitiers de Valentinois. Elle occupoit l'hôtel Barbette, dont les jardins s'étendoient jusqu'à la rue dont nous parlons. Pigamiol (2), en adoptant l'opinion de Sauval, ajoute que *dans la suite on l'a nommée des Trois-Pavillons, sans qu'on en sache la raison*. Jaillot a été plus heureux que lui dans ses recherches, car il a trouvé qu'elle devoit ce nom à la maison *des Trois-Pavillons*, appartenant à dame Anne Châtelain. Elle étoit située au coin de la rue des Francs-Bourgeois et de celle-ci, et composée de trois pavillons qui lui en firent donner le nom dès la fin du seizième siècle, le même auteur l'ayant trouvée indiquée, en 1598, sous celui *des Trois-Pavillons*, ou *de Diane* (3).

Rue Païenne. Elle fait la continuation de la rue Pavée, et aboutit aux rues du Parc-Royal et des Francs-Bourgeois. De Chuyes la nomme *rue Payelle*; le Tableau des rues de Paris par Valleyre, *rue Parelle*, et l'éditeur de Du Breul, en 1639, *rue de Guienne*. On voit cependant, par le procès-verbal de 1636, que dès lors elle s'appeloit *Païenne*, nom qu'elle a toujours conservé depuis. Henri II ayant demandé à la ville, en 1547, les granges pour l'ar-

---

(1) T. Ier, p. 165, et t. II, p. 121 et 255.
(2) T. IV, p. 401.
(3) Arch. de Sainte-Cather. et du Temple.

tillerie qui avoient été prêtées à François I er en 1533, et *d'aviser à ce qu'elle vouloit pour son dédommagement* (1), elle délibéra, le 10 mars 1550, d'acheter une grange et une partie de terrain de la culture Sainte-Catherine. Elle y fit construire ensuite un nouvel arsenal, lequel étoit situé au coin de cette rue et de celle du Parc-Royal. Cet emplacement a été occupé depuis par un hôtel.

Rue de Picpus. Elle va de la barrière du Trône à celle de Picpus, à laquelle elle a donné son nom, lequel vient de celui du petit village qu'elle traverse. Dès 1540 on trouve indiqués le terroir et la ruelle de *Piquepusse*. Ce nom n'a varié que dans la manière de l'écrire ; car on lit dans les différents actes *Picpus*, *Piquepus*, *Picpuce*, *Picpusse* et *Piquepusse*. Nous n'avons rien découvert sur l'étymologie de ce nom, qui est plus ancien que l'abbé Lebeuf ne l'indique. Jaillot pense que ce fut en cet endroit qu'on éleva, en 1191, une croix, qui fut nommée *la Croix Benoiste*, et depuis *la Croix Brisée*. Dubreul rapporte l'événement à l'occasion duquel cette croix fut érigée, lequel ne vaut pas la peine d'être répété, n'étant autre chose qu'une pieuse tradition absolument destituée de toute authenticité (2).

Rue Saint-Pierre. C'est le nom que l'on donne maintenant au chemin qui règne le long du boulevart et du fossé depuis la rue de Mesnil-Montant jusqu'à la rivière. On le nommoit autrefois *rue de la Contrescarpe* (3).

Petite rue Saint-Pierre. C'est une petite rue ouverte

---

(1) *Voyez* p. 954.

(2) P. 1237.

(3) Il y avoit anciennement dans cette rue, entre la rue Saint-Sébastien et celle du Chemin-Vert, trois culs-de-sac qui n'existent plus. Le premier n'avoit point de nom certain ; le second étoit appelé *des Jardiniers* ; le troisième, *de la ruelle Pelée*.

depuis 1780, qui donne d'un côté rue Contrescarpe, et de l'autre sur le boulevart.

Ire *Rue de la Planchette.* Cette rue, qui aboutit d'un côté à la rue de Charenton, et de l'autre à celle des Terres-Fortes, fut ouverte, au milieu du dix-septième siècle, au travers de plusieurs chantiers de bois flotté. On ne lui donna d'abord aucun nom, mais on la trouve indiquée sous celui qu'elle porte dans un contrat de vente de 1660 (1); cependant elle n'étoit encore marquée sur aucun plan. Celui de Roussel, publié en 1731, est le premier dans lequel on la trouve. Le commissaire Du Brillet fait mention d'une rue de la Planchette ou *des Charbonniers.* Cette dernière est connue, et nous en avons parlé ci-dessus; mais sa position ne convient ni à cette rue-ci ni à la suivante.

IIe. *Rue de la Planchette.* On appelle ainsi la continuation de la rue de Charenton, depuis les coins de la petite rue de Reuilli et de celle de Rambouillet, jusqu'à la Vallée de Fécan. Elle est mentionnée dans des actes de 1540, sous le nom de *chemin de Charenton* et de *rue de la Planchette allant de Paris à Charenton* (2).

Rue de Popincourt. Elle traverse de la rue de Mesnil-Montant à celle de la Roquette. L'auteur des *Tablettes Parisiennes* la coupe en deux sur son plan, et donne le nom de *Pincourt* à la partie qui commence à la rue du Chemin-Vert, et aboutit à celle de la Roquette. L'abbé de La Grive avoit fait la même faute. Il est vrai que le peuple appeloit autrefois cette rue *Pincourt* dans toute son étendue; mais c'est par aphérèse du nom de Popincourt. Elle le doit à Jean de Popincourt, premier prési-

---

(1) Recueil de Blondeau, t. LXVI.
(2) *Ibid*, t. XXX, 4e et 5e cahiers.

dent du parlement sous Charles VI, dont la maison de plaisance étoit située en cet endroit (1). On en bâtit successivement aux environs plusieurs autres, qui formèrent un petit hameau. Il prit le nom de Popincourt, et, vers la fin du règne de Louis XIII, fut réuni au faubourg Saint-Antoine.

Rue du Bas-Popincourt. Elle fait la continuation de la rue du Chemin-Saint-Denis, et aboutit à la rue des Amandiers. On a altéré ou abrégé son nom, comme celui de la précédente; c'est pourquoi on la trouve presque partout indiquée sous le nom de *rue du Bas-Pincourt*.

Rue de Rambouillet. Cette rue, qui va des rues de Charenton et de la Planchette à celle de la Rapée, doit son nom à un particulier (2).

Rue de la Rapée. Elle commence à la rue des Fossés-Saint-Antoine, et finit à la barrière du même nom, à l'extrémité de la rue de Rambouillet. Ce nom est dû à une maison, ainsi appelée parce qu'elle avoit été bâtie par M. de La Rapée, commissaire-général des troupes. C'est depuis long-temps une guinguette très-fréquentée.

Rue des Rats. Elle va de la rue des murs de la Ro-

---

(1) Cette maison est mentionnée dans l'histoire de Charles IX; les protestants y tenoient une de leurs assemblées. Les registres de la ville nous apprennent que, le 24 avril 1562, le connétable de Montmorenci s'y transporta, ainsi que dans deux autres appelées *le Patriarche* et *le Temple de Jérusalem*, et fit brûler les bancs et la chaire du ministre. Quelques auteurs ont prétendu que ce lieu fut ensuite donné à des hospitalières du Saint-Esprit de Montpellier, qu'on y construisit une chapelle sous le titre du Saint-Esprit, et que c'est de là que les religieuses *Annonciades du Saint-Esprit* ont pris leur nom; mais cette opinion est destituée de tout fondement.

(2) Depuis la rue de Berci jusqu'à la rivière on la nomme maintenant *rue Villiot*.

quette à celle de Saint-André. Tous nos plans, et les nomenclatures, la nomment rue de l'*Air*, ou de *Lair*. Nous ne savons d'où lui vient ce dernier nom, ni celui des Rats qu'on y a substitué depuis 1731.

Rue de Reuilli. Elle commence à la rue du Faubourg-Saint-Antoine, près de l'Abbaye, et finit au chemin de Charenton. Nous avons déjà donné l'étymologie de ce nom, qui étoit celui d'un territoire remarquable par sa grande antiquité, et par un palais de nos rois dont nous avons également fait mention (1).

Rue du Bas-Reuilli, qu'on appelle aussi quelquefois *petite rue de Reuilli*. Nous avons déjà remarqué qu'on avoit donné le même nom à la rue Mongallet. Celle-ci aboutit à la rue de Reuilli et à celle de la Planchette. Le château de Reuilli, auquel elle doit son nom, y étoit situé (2).

Rue du Roi-de-Sicile. Elle aboutit d'un côté à la Vieille rue du Temple, et de l'autre à celle des Balets. Il n'est pas douteux qu'elle ne doive son nom à Charles, comte d'Anjou et de Provence, frère de Saint-Louis, appelé aux royaumes de Naples et de Sicile, qui avoit son hôtel dans cette rue.

Rue de la Roquette. Elle commence à l'esplanade de la porte Saint-Antoine, et aboutissoit jadis à la maison hospitalière qui y étoit située. Son nom lui vient du terrain sur lequel elle a été ouverte. Dans le Terrier du roi

---

(1) Dans cette rue aboutissent trois ruelles : la première, nommée *ruelle des Quatre-Chemins*, commence à côté de la barrière de Charenton ; la seconde s'appelle *ruelle des Trois-Chandelles* ; la troisième, désignée sous le titre de *ruelle des Trois-Sabres*, se dirige vers la barrière de Reuilly.

(2) Il y a dans cette rue un cul-de-sac nommé *cul-de-sac de Reuilli*.

de 1540, et dans les titres de l'archevêché, ce lieu est appelé *la Rochette* (1).

Rue des Murs de la Roquette (2). On donnoit ce nom au chemin qui règne autour des murs de l'enclos des Hospitalières, depuis l'entrée de leur maison jusqu'à la rue des Amandiers. Dans la nomenclature des rues de Paris, de Valleyre, elle est nommée *rue des Canettes*. Nous ne l'avons pas trouvée indiquée ailleurs sous cette dénomination.

Rue des Rosiers. Elle aboutit d'un côté à la Vieille rue du Temple, et de l'autre à celle des Juifs. Elle portoit ce nom dès 1233 (3), et nous ne voyons pas qu'elle en ait changé; mais nous conjecturons qu'elle faisoit alors un retour d'équerre, et qu'elle aboutissoit à la rue du Roi-de-Sicile. Cette dernière partie forme aujourd'hui la rue des Juifs (4).

---

(1) Il y a dans cette rue un cul-de-sac qui porte le même nom.
(2) On la nomme maintenant *rue de la Folie-Regnau*
(3) Arch. du Templ.
(4) En parlant de la rue des Juifs, nous avons remarqué que Guillot, le rôle de 1313 et autres titres subséquents n'en faisoient pas mention, et cette observation pourroit suffire; mais nous avons encore, pour nous appuyer dans notre opinion, un monument de sculpture placé à la maison qui fait l'angle de la rue du Roi-de-Sicile et de celle des Juifs. Nos historiens nous ont conservé le souvenir de l'attentat commis sur une statue de la Sainte-Vierge qui fut mutilée la nuit du 31 mai au 1er juin 1528 : elle étoit placée *en la rue des Rosiers*. François Ier fit faire une autre statue en argent, qu'il plaça *au lieu même où étoit l'ancienne de pierre*. Cette cérémonie se fit le 12 dudit mois, à la fin d'une procession générale ordonnée à cet effet. Cette statue ayant été volée en 1545, on en substitua une troisième en bois qui fut brisée par les hérétiques la nuit du 13 au 14 décembre 1551. On fit de nouveau une semblable procession, et l'on y plaça alors une statue de marbre. Les actes qui constatent ces différents faits indiquent que ces ré-

Rue Royale (1). Elle commence à la rue Saint-Antoine, et finit à la place Royale, dont elle a tiré son nom, ainsi que les autres qui aboutissoient à cette place. Pour la distinguer, on la nomme *rue du Pavillon du Roi.* Elle est indiquée ainsi sur le plan de Boisseau.

Rue Saint-Sébastien. Elle aboutit d'un côté au chemin de la Contrescarpe, et de l'autre à la rue de Popincourt. Au siècle dernier, on l'appeloit rue *Saint-Etienne.* Elle est ainsi désignée sur les plans de Jouvin, de Fer, etc., et même sur celui que publia de Lisle en 1715; mais en 1718 on la trouve sous sa dénomination actuelle. Ces deux noms viennent de deux enseignes (2).

Vieille rue du Temple. Nous avons déjà parlé de cette rue. (*Voyez quartier du Temple.*) La partie qui dépend du quartier Saint-Antoine commence à la rue Saint-Antoine, et finit au coin des rues de la Perle et des Quatre-Fils. L'auteur des *Tablettes Parisiennes* (3) dit qu'en 1300 elle s'appeloit simplement *rue du Temple.* Il est vrai que Guillot ne la nomme pas autrement, et que l'abbé Lebeuf (4) dit qu'elle n'a pas changé de nom; mais Jaillot croit qu'ils se sont trompés, et que la rue du Temple a toujours été distinguée de celle-ci.

Rue des Terres-Fortes. Elle aboutit d'un côté à la rue des Fossés-Saint-Antoine, et de l'autre à la rue

---

parations furent faites *rue des Rosiers, devant l'huis de derrière du Petit-Saint-Antoine.* Ce monument en sculpture, où François Ier est représenté, a toujours subsisté depuis au même lieu, et n'a été déplacé qu'au moment de la révolution.

(1) On la nommoit, pendant la révolution, rue des *Vosges,* ainsi que la place.

(2) Il y a dans cette rue un cul-de-sac qui porte le même nom.

(3) Pag. 48.

(4) T. II, p. 597.

Moreau. Elle s'appeloit auparavant *rue des Marais*, parce qu'elle étoit environnée de marais potagers. Sur les plans de MM. de La Grive et Robert, elle est nommée *rue du Fumier*. Ils l'ont confondue avec une ruelle qui portoit ce nom, et qui étoit parallèle à celle-ci. Cette ruelle ne subsiste plus.

Rue Tiron. Elle traverse de la rue Saint-Antoine dans celle du Roi-de-Sicile. Corrozet l'appelle *rue Jean-de-Tizon*. Un grand nombre d'autres la nomment simplement *rue Tison*. Cependant dès le treizième siècle elle se nommoit *de Tiron*. Elle devait ce nom à une grande maison qu'on y avoit bâtie, dont l'entrée subsistoit encore vers la fin du siècle dernier, et qui avoit appartenu à l'abbaye de Tiron.

Rue des Tournelles. Elle aboutit d'un côté à la rue Saint-Antoine, et de l'autre à la rue Neuve-Saint-Gilles. Nous voyons, par les plans manuscrits de Sainte-Catherine du Val-des-Ecoliers, qu'on l'appeloit dans le principe *rue Jean-Beausire*, comme nous l'avons remarqué à l'article de la rue qui porte ce nom. Mais on la trouve indiquée, dès 1546, sous sa nouvelle dénomination dans plusieurs titres des archives de Sainte-Opportune. Elle la devoit au palais des Tournelles.

Rue Traversière. Elle est ainsi nommée parce qu'elle traverse de la rue du Faubourg-Saint-Antoine à celle de Charenton. Elle se prolonge même sous ce nom jusqu'à celle de la Rapée, et jusqu'au chemin qui règne le long de la rivière dans cette dernière partie. On la trouve indiquée sur quelques plans sous le nom de *rue des Chantiers*, sous ceux *du Cler-Chantier*, et de *rue Pavée*, entre les rues de Charenton et de la Rapée.

---

(1) Elle a porté, pendant la révolution, le nom de *rue Saint-Denis*.

Rue du Trône. Elle fait la continuation de la rue des Boulets, depuis la rue de Montreuil jusqu'à celle du Faubourg-Saint-Antoine. Son nom est dû à la place du Trône dont nous avons parlé, et à laquelle elle conduit (1).

Rue Trouvée. Cette rue, percée depuis 1780, donne d'un côté rue de Charenton, de l'autre sur le marché Beauvau.

QUAIS.

Quai de la Rapée. On donne ce nom à tout l'espace qui s'étend le long de la rivière, depuis la rue des Fossés-Saint-Antoine jusqu'à la barrière de la Rapée. Il est destiné à l'arrivée de diverses marchandises, telles que vins, charbon de terre, bois flotté, etc.

MONUMENTS NOUVEAUX

ET RÉPARATIONS FAITES AUX ANCIENS MONUMENTS DEPUIS 1789.

Eglise Sainte-Marguerite. On a déposé dans cette église, et derrière le maître-autel, le tombeau élevé à son épouse par Girardon, monument qui se voyoit autrefois dans l'église de Saint-Landri, et qui depuis la révolution avoit été transporté au musée des Petits-Augustins (1).

Cette même église possède plusieurs tableaux modernes qui lui ont été donnés par la ville en 1817, 1819 et 1822.

Dans une chapelle à gauche, sainte Marguerite, par *Vafflard.* Au-dessus du maître-autel, saint Ambroise

---

(1) *Voy.* t. I, p. 279, 1re partie.

sauvant un prêtre des fureurs du peuple, par le même. Dans le chœur un portement de croix, par ***.

Séminaire de Saint-Ambroise. Il est situé à peu de distance de l'église et dans la rue de Popincourt.

Fontaine de la place Royale. Cette fontaine, établie pendant la révolution à la place qu'occupoit la statue de Louis XIII, se composoit de plusieurs tuyaux formant une gerbe dont l'eau retomboit dans un bassin circulaire. Elle n'existe plus, et cet espace est maintenant occupé par l'atelier où se fait la nouvelle statue qu'on élève à ce monarque.

Fontaine de l'Éléphant (place de la Bastille). L'atelier où l'on exécute le modèle de cette fontaine existe toujours. Rien n'indique que l'on y travaille maintenant.

Fontaine de Popincourt. Cette fontaine a la forme d'un cippe terminé par des enroulements, au milieu desquels s'élève un pélican nourrissant ses petits. La face principale est ornée d'un bas-relief représentant une femme, sans doute la Charité, qui allaite un enfant, et donne à boire à plusieurs autres qui sont groupés autour d'elle ; l'eau tombe par un tuyau dans une cuvette oblongue.

Marché des Blancs-Manteaux. Ce marché a été construit dans la Vieille rue du Temple, en face de la rue des Blancs-Manteaux. C'est un carré long, couvert en tuiles, et percé sur deux faces de trois arcades, deux petites et une grande.

Pont-du-Jardin-du-Roi. Ce pont se compose de quatre piliers et de deux fortes culées qui supportent cinq arches de fer de fonte surbaissées, sur lesquelles repose la charpente ; chaque poutre est ornée à ses extrémités d'une gueule de lion en fonte ; et sur cette charpente est étendu un plancher que recouvrent une feuille de plomb, un lit de gravier et un pavé. Des deux côtés règne un trottoir garni d'appuis de fer et de huit réverbères. Ce pont, que l'on avoit construit avec l'intention de le rendre assez solide pour supporter le passage des charrettes les plus chargées, a déjà éprouvé de nombreuses fractures par les secousses multipliées qu'il a reçues, le fer fondu n'ayant pas l'élasticité qui seule auroit pu y opposer une résistance suffisante; et sa carcasse ne subsiste que par la précaution que l'on a prise d'en lier toutes les parties par des bandes de fer forgé. Cet accident a fait abandonner cette invention moderne; et nous lui devons le magnifique pont des Invalides, que l'on avoit eu d'abord le projet de construire aussi en fer fondu.

Le pont du Jardin-du-Roi s'est nommé, pendant la révolution, pont d'*Austerlitz*. Il est accompagné d'un chemin de halage.

Cimetière du Père La Chaise. Ce cimetière, le plus vaste de Paris, a été formé dans l'enclos de la maison de Mont-Louis, dite du Père La Chaise, puis successivement agrandi de plusieurs portions du terrain environnant. C'est à notre avis le spectacle le plus curieux et en même temps le plus déplorable que présente cette grande ville, et nulle description n'en pourroit donner un juste idée. La révolution qui depuis si long-temps désole la terre des vivants reparoît tout entière dans cette demeure des morts; au milieu du silence des tombeaux, les pierres élèvent la voix et retracent toutes les passions qui fermentent dans la société, et ce désordre effrayant des esprits qui, pour la première fois depuis l'existence du monde, la menace d'une entière dissolution. Là s'élève comme une ville composée de monuments funèbres, où les rangs sont confondus, non pas seulement dans la même poussière, mais encore dans le même orgueil : le dernier artisan y a les honneurs de l'épitaphe; des marchands y bâtissent des mausolées qui le disputent à ceux des ducs et des princes; les familles des banquiers s'y font faire des caveaux comme faisoient autrefois les Châtillon et les Montmorenci ; à côté du médaillon d'un magistrat s'élève la statue d'une courtisane ou d'un histrion, dont le marbre raconte les talents et les vertus. Dans ce nombre infini d'inscriptions funéraires, dont cette enceinte est comme pavée, reparoissent les attachements terrestres dans toute leur misère, c'est-à-dire sans espérance et sans résignation ; elles présentent quelquefois des diffamations et des confidences scandaleuses ; de toutes parts des éloges qui ressemblent à des apothéoses. Ces inscriptions nous apprennent que là sont confondues toutes les religions ; souvent même elles expriment l'indifférence religieuse dans ce qu'elle a de plus révoltant, et en cherchant bien, on y trouveroit jusqu'à la profession de foi du matérialiste et de l'athée (1). On rencontre presque à chaque pas de ces pierres sépulcrales couvertes de fleurs sans cesse renouvelées, sans que cette offrande puérile, faite à de froids débris, soit accompagnée de la prière que demandent les âmes des trépassés : ainsi faisoient les païens, et il n'y manque plus que leurs libations. Enfin, d'espace en espace, la croix y distingue les tombes des chrétiens qui ont fait bénir les places qu'ils y occupent ; et bientôt sans doute il n'y en aura plus pour eux, parce qu'il ne restera plus un seul coin de cette terre qui n'ait été profané.

Congrégation de Sainte-Clotilde. C'est un vaste bâtiment situé dans la rue de Reuilli, vers la barrière. La porte d'entrée, ornée de deux colonnes, est surmontée

---

(1) Le scandale de ces inscriptions a été porté si loin, que depuis quelque temps, dit-on, il a été nommé des inspecteurs chargés d'examiner, d'admettre ou de rejeter les épitaphes.

d'un écusson aux armes de France au-dessous duquel on lit cette inscription :

« Institution de Jeunes Demoiselles, sous la protection du Roi
» et de LL. AA. RR. le duc et la duchesse d'Angoulême, dirigée
» par les dames de la Congrégation de Sainte-Clotilde. »

Abattoir de Mesnil-Montant. Il est situé entre la rue Saint-Maur et celle de Popincourt, vers la rue des Amandiers. L'avenue qui en borde la façade se nomme avenue *Parmentier*. — (Voyez à la fin de l'ouvrage l'article *Abattoirs*.)

RUES NOUVELLES.

Rue de la Boucherie. Cette rue nouvelle, percée vis-à-vis le marché des Blancs-Manteaux, a pour entrée une arcade qui correspond à celles de ce marché. Sur les deux jambages de cette arcade sont deux têtes de bœuf qui vomissent de l'eau dans un bassin demi-circulaire.

Rue de la Chaussée. Cette rue, percée sur le terrain des Minimes, donne d'un côté dans la rue Saint-Gilles, de l'autre dans celle des Minimes.

Rue des hospitalières Saint-Gervais. Elle commence dans celle des Rosiers, et vient aboutir à celle des Francs-Bourgeois, séparant ainsi le marché des Blancs-Manteaux de la Boucherie.

Ruelle des Jardiniers. Elle aboutit d'un côté à la rue de la Planchette, de l'autre aux murs de la ville.

Rue Saint-Jules. Elle a été percée à l'endroit où la rue Saint-Antoine se rencontre avec celle de Montreuil, elle aboutit à l'une et à l'autre.

Rue des Morts. Elle commence à la rue des Amandiers, vis-à-vis celle de Saint-Maur, et vient se terminer à la rue de la Roquette.

Rue des Moulins. Elle donne d'un côté dans la rue de Picpus, de l'autre dans la grande rue de Reuilli, en face de la barrière.

Rue des Ormeaux. Cette rue a été ouverte à la barrière du Trône et parallèlement à l'avenue des Ormes.

PASSAGES.

Sur une partie du territoire des Filles-Saint-Gervais, Vieille rue du Temple, on a ouvert trois passages, l'un qui donne rue des Rosiers, l'autre rue des Francs-Bourgeois, le troisième dans la Vieille rue du Temple.

FIN DE LA SECONDE PARTIE DU SECOND VOLUME.

TABLE DES MATIÈRES.

SECOND VOLUME. — SECONDE PARTIE.

QUARTIER SAINT-MARTIN.

	Pages.
Paris sous Louis XI.	589
Origine du quartier.	663
Eglise Saint-Merri.	666
Les Juges-Consuls.	678
L'église Saint-Julien-des-Ménétriers.	683
Les Carmélites de la rue Chapon.	689
L'église Saint-Nicolas-des-Champs.	686
Le prieuré Saint-Martin-des-Champs.	695
Les Filles de la Magdeleine.	709
La porte Saint-Martin.	716
L'Opéra.	718
L'église Saint-Laurent.	735
Les Récollets.	747
L'hôpital du Saint-Nom-de-Jésus.	750
L'hôpital Saint-Louis.	752
Hôtels.	759
Fontaines.	764
Rues et places du quartier Saint-Martin.	766
Monuments nouveaux, etc.	789
Rues nouvelles.	792

QUARTIER DE LA GRÈVE.

Origine du quartier.	793
Place de Grève.	995
Hospice et Chapelle des Haudriettes.	998
Hôtel-de-Ville.	801
Hôpital du Saint-Esprit.	818

TABLE DES MATIÈRES.

Pages.

Chapelle Saint-Bont. 821
L'église Saint-Jean. 822
Marché ou vieux Cimetière Saint-Jean. 829
Cloître Saint-Jean. 833
Place Baudoyer. 834
L'église Saint-Gervais. 836
Les Filles de la Croix. 848
Hôtels. 851
Fontaines. 854
Rues et places du quartier de la Grève. 855
Monuments nouveaux, etc. 873
Rues nouvelles. 874

QUARTIER SAINT-PAUL ou DE LA MORTELLERIE.

Paris sous Charles VIII et sous Louis XII. 875
Origine du quartier. 916
Les Religieuses de l'Ave-Maria. 917
L'église Saint-Paul. 926
Les Célestins. 935
L'Arsenal. 952
Hôtels. 957
Fontaines. 965
Rues et places du quartier Saint-Paul. 966
Quais. 974
Monuments nouveaux, etc. 975
Rues nouvelles. 976

QUARTIER SAINTE-AVOIE.

Origine du quartier. 977
Les Carmes-Billettes. 978
Les chanoines de Sainte-Croix-de-la-Bretonnerie. . . 985
Les Religieuses de Sainte-Avoie. 989
Les Religieux de la Merci. 993
Les Blancs-Manteaux. 998
Hôtels. 1004
Fontaines. 1012

TABLE DES MATIÈRES.

Pages.

Rues et places du quartier Sainte-Avoie. 1013
Rues nouvelles. 1022
Passages nouveaux. . . . . *Ibid.*

QUARTIER DU TEMPLE OU DU MARAIS.

Paris sous François Ier. 1023
Origine du quartier. 1083
Les Capucins du Marais. 1084
Les Filles du Saint-Sacrement. 1085
Les Religieuses du Calvaire. 1088
L'hôpital des Enfants-Rouges. 1090
Le Temple. 1092
Les Religieuses de Sainte-Elisabeth. 1126
Les pères de Nazareth. 1128
Les Filles du Sauveur. 1130
Spectacles des boulevarts. 1132
Hôtels. 1135
Fontaines. 1138
Barrières. 1140
Rues et places du quartier du Temple. 1141
Monuments nouveaux, etc. 1159
Rues nouvelles. 1160

QUARTIER SAINT-ANTOINE.

Origine du quartier. 1161
Hospitalières de Sainte-Anastase. 1163
Petit-Saint-Antoine. 1166
Prison de la Force. 1173
Police de Paris. 1174
Petite-Force. 1183
Les Annonciades-Célestes. 1184
L'église de Saint-Louis. 1187
Bibliothèque de la Ville. 1213
Les Chanoines de Sainte-Catherine-du-Val. . . . 1214
Palais des Tournelles. 1227
La place Royale. 1230

TABLE DES MATIÈRES.

	Pages.
Les Minimes de la place Royale.	1235
Hôpital de la Charité-Notre-Dame.	1244
Les filles de la Société-de-la-Croix.	1248
Les Religieuses de Sainte-Marie.	1249
La porte Saint-Antoine.	1255
La Bastille.	1261
Les Quinze-Vingts.	1267
Les religieuses Anglaises.	1269
L'Hôpital des Enfants-Trouvés.	1271
Les Annonciades du Saint-Esprit.	1273
Les religieuses Hospitalières de la Roquette.	1278
Les filles de Sainte-Marthe.	1280
Les religieuses de Notre-Dame-de-Bon-Secours.	1281
Les religieuses de la Magdeleine-de-Traînel.	1284
Les religieuses de la Croix.	1287
L'église de Sainte-Marguerite.	1289
Les filles de Notre-Dame-des-Vertus.	1294
L'abbaye Saint-Antoine.	1292
La Manufacture des Glaces.	1301
Les filles de la Trinité.	1302
Les chanoinesses de Notre-Dame-de-la-Victoire.	1304
Les Pénitents réformés du Tiers-Ordre de Saint-François, vulgairement nommés Picpus.	1306
Arc de Triomphe de la barrière du Trône.	1309
Hôtels.	1313
Fontaines.	1339
Boulevarts.	1342
Barrières.	1344
Rues et places du quartier Saint-Antoine.	1345
Quais.	1369
Monuments nouveaux.	*Ibid*
Rues nouvelles.	1373
Passages.	1374

FIN DE LA TABLE.

www.ingramcontent.com/pod-product-compliance
Lightning Source LLC
Chambersburg PA
CBHW052107010526
44111CB00036B/1502